W0399469

Karol
Modzelewski

ZAJEŹDZIMY
KOBYŁĘ
HISTORII

Karol Modzelewski

ZAJEŹDZIMY KOBYŁĘ HISTORII. WYZNANIA POOBIJANEGO JEŹDŹCA

ISKRY

Opracowanie graficzne: Andrzej Barecki
Opracowanie: Małgorzata Goetz
Korekta: Dobrosława Pańkowska
Zdjęcie na obwolucie: PAP/Leszek Szymański

Copyright © by Karol Modzelewski
Copyright © by Wydawnictwo ISKRY, Warszawa 2013

ISBN 978-83-244-0335-6

Wydawnictwo ISKRY
ul. Smolna 11, 00-375 Warszawa
tel./faks 22 827-94-15
e-mail: iskry@iskry.com.pl
www.iskry.com.pl

Moim najbliższym

Jak grosz miedziany cała Ziemia,
a gdzieś tam, na niebiosach
krążą bogowie ponade mną,
czytając w moich losach
i Ksiąg Żywota tom ogromny
wertują pomalutku.
Po tych stronicach chodzę skromnie –
ślepy i wesolutki.

Bułat Okudżawa, *Moi bogowie*,
przekład Seweryn Pollak

W tej książce próbuję zdać sprawę z doświadczeń własnego życia. Początkowo chciałem ją nawet nazwać „rachunkiem doświadczenia", ale nieuniknione skojarzenie z rachunkiem sumienia byłoby mimo wszystko mylące. Mam siedemdziesiąt sześć lat i sporo na sumieniu. Czuję się winny wobec moich najbliższych, a także wobec moich bardzo licznych bliskich nieznajomych. Publiczna spowiedź nie jest jednak gatunkiem pisarskim, który potrafię uprawiać. Jestem oczywiście świadom kluczowej roli wyborów etycznych, zarówno w życiu publicznym, jak i w moim własnym życiu, siłą rzeczy więc także o nich piszę w tej książce. Unikam natomiast aktów skruchy i prawienia morałów. Myślę, że moim czytelnikom, a wśród nich zwłaszcza tym spadkobiercom mojego środowiska i mojego pokolenia, którzy podejmą trud kontestacji tego, cośmy zdziałali, oraz próbę wywrócenia lub naprawy tego, co nam nie wyszło, bardziej od ekspiacji przyda się porządne sprawozdanie z moich doświadczeń w życiu publicznym połączone z odrobiną autorefleksji. Nie zamierzam ich pouczać (i tak zresztą nie posłuchają), ale chciałbym dostarczyć im nieco materiału do przemyśleń.

Z zawodu jestem historykiem wyspecjalizowanym w badaniach nad średniowieczem, czyli mediewistą. Obok odległych czasów, które badam, i dawnych kultur, których odmienność muszę zrozumieć, rozszyfrować i przełożyć na kategorie dostępne naszej współczesności, jestem jednak uczestnikiem tej historii, która dzieje się na naszych oczach. Wszyscy tworzymy ją, najczęściej bezwiednie, swoją codzienną krzątaniną. Zdarzają się też rewolucyjne próby oddziałania na bieg dziejów w sposób zamierzony. W roku 1956, w latach sześćdziesiątych, a zwłaszcza w latach osiemdziesiątych uczestniczyłem w takich próbach. W końcu udało się nam przestawić zwrotnicę historii, ale rezultat okazał się dość odmienny od naszych, a w każdym razie moich zamierzeń i oczekiwań. Jak wielu przed nami, a podobnie będzie chyba z wieloma po nas, znaleźliśmy się w sytuacji uczniów czarnoksiężnika. Myślę, że trzeba zdać z tego sprawę.

Doświadczenie, którym próbuję podzielić się z czytelnikami tej książki, było udziałem wielu ludzi. Zamierzam jednak pokazać je z osobistego punktu widzenia. To moje doświadczenie, istotna część mojego życia. Nie da się zrozumieć tego, co robiłem, bez rozpoznania wartości, które mi przyświecały, a więc i bez przedstawienia okoliczności, które, poczynając od dzieciństwa i lat młodzieńczych, kształtowały mój emocjonalny stosunek do świata. Rachunek doświadczeń przedstawiony z osobistego punktu widzenia nosi w znacznej mierze autobiograficzny charakter. Od klasycznej autobiografii różni się on tym, że jest selektywny: uwzględnia tylko to, co w istotny sposób warunkowało moją działalność publiczną. Zacząć jednak trzeba jak w życiorysie – od urodzenia.

I. Dzieci Ojczyzny

Edukacja sentymentalna i wspólnota narodowa

> Narody, narody, po diabła narody
> stojące na drodze do szczęścia i zgody.
> Pragniecie pokoju? Usuńcie przeszkody!
> Narody, narody, narody...
>
> Jacek Kaczmarski

Pod koniec lat dziewięćdziesiątych ubiegłego wieku zostałem zaproszony na Uniwersytet Europy Środkowej w Budapeszcie, by wygłosić dla tamtejszych doktorantów historii wykład o barbarzyńskich korzeniach Europy. Na sali było co najmniej stu młodych ludzi. Językiem wykładowym jest tam angielski. Potrafię po angielsku czytać, ale nie wykładać, a w dodatku nigdy nie piszę i nie odczytuję tego, co mam słuchaczom powiedzieć. Zapytałem więc, kto zna francuski, ale przyznało się do tego nie więcej niż dwadzieścia osób. Włoski? Najwyżej dziesiątka. Coś mnie tknęło, zapytałem o rosyjski. Podniósł się las rąk. Lwia część doktorantów pochodziła z Rosji lub z krajów poradzieckich. Dla jednych rosyjski był mową ojczystą, dla drugich – wspólnym językiem mieszkańców Imperium.

Po wykładzie poszliśmy z kilkoma profesorami na kolację. Była wśród nich urocza osoba, świetna moskiewska mediewistka Anna Michajłowna Kuzniecowa, która zapytała z zaciekawieniem, skąd tak dobrze znam rosyjski. Odpowiedziałem z satysfakcją, że urodziłem się w Moskwie w listopadzie 1937 r. Rozmówczyni moja aż jęknęła: „Wot uż naszli wy siebie gorod i god dla togo, cztoby rożdatsia!" (Ależ pan sobie znalazł miasto i rok, żeby się urodzić).

Rzeczywiście było to złe miejsce i zły czas. Na lata 1937–1938 przypadło apogeum stalinowskiego terroru. Na mocy doraźnych wyroków tzw. trojek NKWD rozstrzelano wówczas w ZSRR około miliona osób, najczęściej wielkomiejskich inteligentów. Były to na ogół wyroki zaoczne. Skazańcy nawet nie widzieli na oczy oficerów NKWD, którzy ich posyłali na śmierć. W końcu 1938 r. rozstrzelano na rozkaz Stalina samego Nikołaja Jeżowa – ludowego komisarza bezpieczeństwa, który kierował tą masakrą. Po jego upadku praktykę doraźnych zaocznych wyroków i masowych rozstrzeliwań zawieszono, ale wiosną 1940 r. sięgnięto do niej ponownie, żeby w ekspresowym tempie zamordować polskich oficerów z obozów jenieckich w Kozielsku, Starobielsku i Ostaszkowie. Zostali oni rozstrzelani w ten sam sposób, jak milion ich radzieckich poprzedników, i pochowani w tych samych masowych grobach, w których grzebano ofiary wielkiej czystki lat 1937–1938: w Katyniu, Charkowie, Miednoje, Bykowni.

Prócz miliona rozstrzelanych, w ciągu dwóch najkrwawszych lat wielkiego terroru aresztowano i posłano do łagrów co najmniej dziesięć milionów osób. Znaczna, być może przeważająca ich część zmarła za drutami. W mojej rodzinie aresztowano najpierw dziadka, ojca mojej matki. Był on inżynierem górnikiem, świetnie wykształconym w paryskiej École des Mines, a zarazem mieńszewikiem zaprzyjaźnionym z wybitnymi działaczami tej znienawidzonej przez bolszewików partii, więc w latach „wielkiej czystki" miał wyrok gwarantowany. 9 grudnia 1937 r., gdy miałem siedemnaście dni, aresztowano też mojego biologicznego ojca – pierwszego męża mojej matki, Aleksandra Budniewicza. Nie był on ani oponentem bolszewików, ani człowiekiem na stanowisku, tylko zwykłym podchorążym wyższej oficerskiej szkoły wojsk pancernych w Moskwie. Ale masowe represje, które spadły na kadrę oficerską Armii Czerwonej po procesie i rozstrzelaniu marszałka Tuchaczewskiego, sięgnęły do spodu, aż do podchorążych. Aleksander Budniewicz dostał osiem lat łagru. Był to podówczas wyrok standardowy, nic nadzwyczajnego.

Zresztą przeżył obóz. Spotkałem go dwa razy w życiu. Pierwszy raz w 1947; matka zawiozła mnie wtedy z Warszawy do Moskwy i w mieszkaniu jakichś nieznanych mi ludzi (dopiero po wielu latach dowiedziałem się, że pani domu była moją kuzynką) pokazano mi obcego pana w spłowiałym demobilu i oznajmiono: „To jest twój tata. Teraz musisz sam zdecydować, czy chcesz spędzić życie w Rosji z tatą, czy wolisz wrócić z mamą do Polski". Pamiętam tylko tyle, że ze strachu wtuliłem się w matczyną spódnicę.

Po raz drugi spotkaliśmy się w styczniu 1956 r. Matka moja była już drugi rok wdową. Pojechała do ZSRR na zaproszenie radzieckiego odpowiednika Instytutu Badań Literackich jako polska badaczka literatury rosyjskiej i wzięła mnie ze sobą. Mój naturalny ojciec przyjechał z Baszkirii do Moskwy nielegalnie (wciąż miał zakaz przebywania w stolicy), żeby spotkać się z nami. Tym razem jednak była już odwilż, w następnym miesiącu na XX Zjeździe Komunistycznej Partii Związku Radzieckiego potępiono Stalina, więc ryzyko kary za złamanie zakazu przyjazdu byłego łagiernika do Moskwy było niewielkie. Chodziliśmy razem po mieście, zrobiliśmy sobie wspólne zdjęcie u fotografa, rozmawialiśmy o łagrach, terrorze i Stalinie. Miałem osiemnaście lat i nie były to już dla mnie tematy tabu.

Wcześniej jednak – aż do czerwca 1954 r. – nic nie wiedziałem o łagiernych losach dziadka ani ojca. Jeszcze w Rosji, gdy byłem już na tyle duży, by zauważyć, że inne dzieci mają ojców, i dopytywałem się o mojego, powiedziano mi, że jest wojna, więc ojciec walczy na froncie za radziecką Ojczyznę. Matka pisała do niego listy, a nawet jeździła transsyberyjską koleją na widzenia, ale nic mu nie mówiła o tym, że jest już związana z Polakiem, Zygmuntem Modzelewskim. W listopadzie 1945 r., trzy tygodnie przed wyjściem pierwszego męża z obozu, zabrała mnie z Moskwy do Warszawy.

O ile los mojego dziadka był w stalinowskim ZSRR z góry przesądzony, a los mojego biologicznego ojca mieścił się w masowych standardach, o tyle niezwykłe były losy mojego przybranego ojca, Zygmunta Modzelewskiego. Był on w gruncie rzeczy moim prawdziwym ojcem, bo to on mnie wychowywał, i myślę, że wywarł na mnie głęboki wpływ. Pochodził z Częstochowy, urodził się w 1900 r. jako ósme dziecko w rodzinie robotnika kolejowego – wszystko jak w socrealistycznej czytance. Obie jego starsze siostry, które zdążyłem jeszcze poznać – Apolonia i Stacha – zakończyły edukację na czteroletniej szkole powszechnej. Ciotka Pola z ledwością potrafiła czytać i pisać, ale we włókienniczej fabryce Częstochowianka aktywnie działała w klasowych związkach zawodowych. W latach trzydziestych podczas strajku narzuciła dyrektorowi jutowy worek na głowę, dzięki czemu nie widział tych, co go wywieźli na taczce za bramę. Ciotkę jednak zauważył i powiedział do niej potem na boku: „Borowikowa, ja wiem, że to pani mi ten worek narzuciła. Gdybym był taką świnią, za jaką wy mnie uważacie, wywaliłbym panią z pracy. Ale mam sumienie, wiem, że pani ma jedenaścioro dzieci".

Ojciec tych dzieci, pan Borowik, miał dobrze płatne zajęcie dekarza, był jednak nałogowym pijakiem, miewał napady obsesyjnej zazdrości i ciotkę bijał. Wreszcie użył brzytwy: podciął ciotce żyły na szyi i usiłował poderżnąć sobie gardło. Na szczęście najstarsza córka Honorka wyrwała mu brzytwę gołymi rękami. Za próbę zabójstwa dostał pięć lat, a ciotka opowiadała mi z dumą: „I wiesz, Karolku, taka byłam wtedy stanowcza, że się z nim rozwiodłam".

W czasie okupacji ciotka Pola nie działała w żadnej konspiracji. Musiała utrzymać dzieci, więc nosiła z córką Honoratą żywność na szmugiel do Rzeszy (granica była wtedy blisko Częstochowy). Honorkę złapano na próbie przemytu i trafiła do Oświęcimia, skąd wróciła ze skamieniałym sercem.

Zygmunt Modzelewski zachował bardzo dobre kontakty z rodziną, po wojnie opiekował się serdecznie Polą, ale zdobywając wykształcenie, wyszedł ze środowiska rodzinnego. Był wybitnie zdolny, więc dostał w szkole stypendium, a jako syn kolejarza, czyli pracownika państwowego, był chyba zwolniony od czesnego. W każdym razie ukończył gimnazjum handlowe (dziś powiedzielibyśmy „liceum ekonomiczne") w Częstochowie i rozpoczął studia na Wydziale Prawa Uniwersytetu Jagiellońskiego.

Według oficjalnego życiorysu ojciec mój w 1917 r., czyli mniej więcej na rok przed maturą, miał przystąpić do Socjaldemokracji Królestwa Polskiego i Litwy. Za prawdziwością tej informacji może przemawiać jego świadectwo szkolne. Pochodził z katolickiej rodziny, był nawet ministrantem, ale na świadectwie z 1917 r. obok piątki z religii figuruje obniżony stopień ze sprawowania z objaśniającą adnotacją: „nieposłuszny wobec księdza, przestał chodzić do kościoła". Duże brawa dla katechety, który postawił mu ocenę za wiedzę, a nie za gorliwość w praktykach religijnych. Nie jest jednak pewne, czy odejście od wiary nastąpiło pod wpływem kontaktu z tajną partią radykalnej lewicy, czy raczej w wyniku częstego u siedemnastolatków kryzysu światopoglądowego. Wkrótce bowiem po zjednoczeniu SDKPiL z PPS-Lewicą w Komunistyczną Partię Robotniczą Polski (grudzień 1918 r.), do której ojciec mój miał od początku należeć, przerwał studia i zgłosił się na ochotnika do Wojska Polskiego, by walczyć z bolszewikami. Jak na komunistę, był to postępek niesłychany. Ojciec zdołał go ukryć właściwie przed wszystkimi. Nie dowiedziały się o tym – na jego szczęście – organy NKWD; nie wiedziały władze jego partii, ani nawet moja mama. Do niedawna nie wiedziałem i ja.

Kilka lat temu zadzwoniła do mnie w Warszawie pani Maria Wieczorek, z którą przedtem się nie znaliśmy. Wyjaśniła, że jest siostrzenicą częstochowskiej komunistki Jadwigi Blum, pierwszej partnerki życiowej mojego ojca, która razem z nim wyemigrowała w 1925 r. do Francji. Jadwiga Blum spędziła tam wojnę i zachowała dokumenty osobiste mojego ojca, których nie zabrał na szczęście ze sobą, gdy w 1937 r. na polecenie partii wyjeżdżał z Paryża do Moskwy. Kiedy ciotka zmarła, pani Wieczorek znalazła się w posiadaniu jej osobistych rzeczy, w tym dokumentów mojego ojca, które chyba zechcę przejrzeć, a może nawet zabrać.

Wśród tych dokumentów, oprócz metryki, fotografii, świadectw szkolnych i kart egzaminacyjnych z Uniwersytetu Jagiellońskiego, znalazłem dwa dokumenty wojskowe z 1921 r.: zaświadczenie o demobilizacji oraz pismo do władz uniwersyteckich podpisane przez kpt. Czumę. Wynika z nich, że „plutonowy Modzelewski Zygmunt służył jako ochotnik w 24. pułku piechoty WP, brał czynny udział w odparciu inwazji bolszewickiej spod Warszawy i dalej na froncie litewsko-białoruskim, aż do podpisania preliminariów pokojowych. W grudniu 20 roku, wskutek nieszczególnego stanu zdrowia, przeniesiony został do kadry Baonu Zapasowego 24. p. p. i tu został referentem oświatowym, później podoficerem gospodarczym. Z obowiązków: żołnierza frontowego, refer. oświat. i podof. gospodarczego wywiązywał się wzorowo". Teraz zostaje zwolniony z wojska „jako akademik" (tzn. student). Kpt. Czuma wyraził nadzieję, „iż społeczeństwo należycie oceni spełnienie obowiązku względem Ojczyzny i nie odmówi wyżej wym. wszelkiej pomocy przy kontynuowaniu studiów uniwersyteckich".

Zamiast ukończyć studia, obrońca Ojczyzny zajął się jednak obroną uciskanych robotników. Czy był komunistą, zanim poszedł na wojnę, nie jestem pewny; może tak, ale w obliczu najazdu górę wziął zrozumiały u młodego Polaka patriotyczny odruch obrony ledwie odzyskanej niepodległości. W każdym razie po demobilizacji nie ulega już wątpliwości jego zaangażowanie w partii komunistycznej, którą tymczasem zdelegalizowano, bo w 1920 r. opowiadała się za najeźdźcą. W komunistycznej konspiracji młodziutki Zygmunt Modzelewski szybko awansował. Został okręgowcem, czyli szefem podziemnych struktur partyjnych w okręgu śląsko-dąbrowskim. Prowadził działalność wśród górników, organizował tam strajki. Nie rozwodził się nad tym, ale po wielu latach wyczuwałem w jego oszczędnych słowach i emocjonalnych reakcjach poczucie więzi ze środowiskami robotniczymi. Sam się zresztą z takiego środowiska wywodził.

Okręgowiec Zygmunt Modzelewski został po niedługim czasie namierzony przez policję. Dwa razy go aresztowano, ale oba razy uciekł; raz w czasie transportu, gdy go na zatłoczonym dworcu jako więźnia politycznego nie skuto kajdankami, a biegał szybciej od konwojentów; drugi raz, jak mi opowiadał w przystępie dobrego humoru, podkopem. Jako PRL-owski multirecydywista czuję się zażenowany nieskutecznością służby więziennej w II RP. Zbiegłego aresztanta poszukiwała jednak policja, wobec czego partia postanowiła skierować go do Francji, by prowadził tam działalność wśród polskich robotników, zwłaszcza górników, których wielu pracowało w kopalniach na terenie departamentów Nord i Pas de Calais. Ojciec przekroczył granicę ucharakteryzowany, posługując się paszportem nienotowanego przez policję sympatyka KPP, rękawicznika z Bielska, Józefa Fiszera. Do Francji zabrał jednak również swoje własne papiery, w tym świadectwo maturalne. Pozwoliło mu to rozpocząć w Paryżu studia i ukończyć renomowaną uczelnię École des Sciences Politiques.

W połowie lat trzydziestych ojciec zajmował już dość wysoką pozycję we władzach Francuskiej Partii Komunistycznej: był członkiem jej Komitetu Centralnego i kierował Sekcją Polską. W 1937 r., gdy Stalin przygotowywał się do likwidacji kadry kierowniczej KPP i rozwiązania tej partii, Zygmunt Modzelewski stał się dogodnym obiektem wielkiej czystki. Być może chodziło również o trzymanie w szachu kierownictwa Francuskiej Partii Komunistycznej, chociaż jej przywódca Maurice Thorez był Stalinowi bezwzględnie wierny. Międzynarodówka Komunistyczna wezwała więc Modzelewskiego do Moskwy. Ojciec wiedział, że nie wróży to nic dobrego, ale łudził się, że go tylko sprawdzą, a ponieważ jest czysty, to wkrótce wypuszczą. Aresztowano go niebawem po przyjeździe do ZSRR, w październiku 1937 r.

Na Łubiance zapewniono mu szczególne traktowanie. Nie wystarczyło dać mu parę razy w mordę i potrzymać dwadzieścia godzin na stojąco, jak podchorążego Budniewicza, a potem dać zaocznie wyrok osiem lat łagru. Modzelewskiego upatrzono sobie na bohatera pokazowego procesu, w którym miał przyznać się do najgorszych win i obciążyć współoskarżonych. Oskarżonego, któremu przeznaczono taką rolę do odegrania, należało poddać odpowiedniej obróbce. Ale on był uparty. Bito go, nie dawano spać, trzymano w lodowym karcerze – wszystko na nic. Zaparł się, że nie był, jak mu zarzucano, agentem francuskiego i do tego jeszcze japońskiego wywiadu. Bywał bezczelny. Śledczemu, który nazwał go starym prowokatorem, potrafił odpowiedzieć: „Nie, to ty jesteś stary prowokator", chociaż wiedział, że oberwie za to dodatkowo.

Przez ten zawzięty upór stracił zdrowie na torturach, ale ocalił życie i wolność: przetrwał Jeżowa i pół roku po jego upadku, w lipcu 1939 r., wyszedł z więzienia w ramach tzw. beriowskoj pieredyszki (beriowskiego wytchnienia). Tak nazwali dowcipni Rosjanie złagodzenie terroru w pierwszym okresie urzędowania Ławrentija Berii w NKWD. Wypuszczono wtedy wielu oskarżonych, którzy nie przyznali się do winy, a ich niesłuszne uwięzienie można było przedstawić jako przykład przewrotnego szkodnictwa ukrytego wroga ludu, jakim okazał się Jeżow. Ojca mojego oczyszczono z zarzutów i zwrócono mu legitymację Francuskiej Partii Komunistycznej (KPP tymczasem rozwiązano). Do partii radzieckiej ojciec nie wstąpił i nie poprosił o radzieckie obywatelstwo, ale nie spotkały go już z tego powodu żadne szykany. Potrzebował jednak opieki, bo w pierwszych tygodniach po zwolnieniu nie mógł utrzymać łyżki w ręku.

Polscy komuniści przebywający w Moskwie (oczywiście ci, co byli na wolności, a nie w więzieniu) znaleźli mu więc miejsce i opiekę u mojej mamy. Była ona kuzynką żony uwięzionego działacza KPP Juliusza Majskiego, przez którą znała grono moskiewskich Polaków. Była też „słomianą wdową" po uwięzionym podchorążym Armii Czerwonej i miała, jak na tamte czasy, niezłe warunki mieszkaniowe. Zajmowaliśmy największy z pięciu pokoi mieszczańskiego apartamentu przekształconego w tzw. komunalną kwartirę dla pięciu rodzin. W naszym przestronnym pokoju mieszkała tylko mama, ja i babcia (mój ojciec oraz dziadek już siedzieli w obozach), poza tym zaś we wnęce za kotarą mieszkała ciotka Lola i jej mąż, wujek Mikołaj (jak się później okazało, konfident NKWD), a przy drzwiach wejściowych, za przepierzeniem z dykty – Jekatierina Fiedusiejewa, chłopka spod Tambowa. Po jakimś rodzinnym nieszczęściu, a może po kolektywizacji, weszła ona do naszej rodziny jako osoba prowadząca dom pana inżyniera Wiltera, czyli mojego dziadka. Była też moją nianią. Kochałem Katię Fiedusiejewą wielką, całkowicie odwzajemnioną miłością i myślę, że w sprawach uczuć zawdzięczam jej bardzo dużo.

Do takiego domu wszedł skrajnie wyczerpany więzieniem Zygmunt Modzelewski. Mama go jakoś odchuchała, wykarmiła łyżeczką, a potem już tak zostało. Początkowo nazywałem go „diadia Zyg" (wujek Zygmunt), bo nikt jeszcze nie oswajał mnie z myślą, że to właśnie będzie mój ojciec. Kiedy jednak wybuchła wojna (dla ludzi radzieckich stało się to 22 czerwca 1941 r.) i w Moskwie powstał Związek Patriotów Polskich, Zygmunt Modzelewski, który odgrywał w tym związku ważną rolę, oznajmił oficjalnie, że jestem jego synem. W listopadzie, gdy Niemcy zbliżali się do Moskwy, a rodziców objęto planową ewakuacją i umieszczono w mieście Engels, ja zostałem potraktowany jako syn Modzelewskiego i wysłany do domu dziecka zwanego Leśnym Kurortem. Dom ten, przydzielony do dyspozycji Kominternu, położony był w gorkowskim obwodzie, jakieś 1000 km na wschód od Moskwy. Umieszczono tam dzieci tych komunistycznych imigrantów, którzy pozostawali na wolności i byli traktowani jak zagraniczni towarzysze, a nie jak wrogowie ludu. Z tego powodu wyżywienie mieliśmy jak na wojenne czasy bardzo przyzwoite, coś w rodzaju wiktu stołówkowego w czasach pokoju. W każdym razie nie zaznałem tam głodu, który doskwierał moim rodzicom w mieście Engels. Trzeba dodać, że Katia Fiedusiejewa nie wyjechała z rodzicami, tylko pojechała ze mną do domu dziecka i zatrudniła się tam jako pomoc kuchenna, żebym wśród obcych ludzi miał się do kogo przytulić.

* * *

Pod koniec 1941 r., gdy wyjeżdżałem do domu dziecka, miałem cztery lata. Z tych pierwszych lat życia prawie nic nie pamiętam, tylko jakieś niepowiązane ze sobą migawki. W Leśnym Kurorcie natomiast stałem się od razu, wspólnie z innymi dziećmi w moim wieku, obiektem wychowania nowych pokoleń według wzorów stosowanych przez państwo radzieckie.

Brzmi to okropnie, ale moje wspomnienia z domu dziecka wcale nie są straszne. Przede wszystkim wpajano nam poczucie rosyjskiej przynależności narodowej. Taki był standard. Zwłaszcza w czasie wojny oficjalne wychowanie dzieci radzieckich naznaczone było – mimo wielonarodowego charakteru imperium – wielkoruskim nacjonalizmem. Związek Radziecki i Matka Rosja, śmiertelnie zagrożona i heroicznie broniąca się Ojczyzna, stapiały się w jedną całość. My sami – przyszli żołnierze, przyszłe sanitariuszki, przyszli budowniczowie – byliśmy przyszłością, dumą i nadzieją Wielkiej Rosji. Osobliwe, że wychowaniu temu patronowała Międzynarodówka Komunistyczna.

Nie przypuszczam, żeby nasze wychowawczynie (najmłodszymi, do których się zaliczałem, zajmowały się wyłącznie kobiety) kierowały się zamiarem wynarodowienia tych dzieci cudzoziemców przybyłych do ZSRR z różnych stron Europy i świata. Zresztą wcale nie trzeba było przerabiać nas na małych Rosjan. Przeważnie pochodziliśmy z rodzin mieszanych: ojciec – cudzoziemski komunista, matka – Rosjanka. Tak było z moją pierwszą narzeczoną Lucettą Negarville, no i podobnie ze mną. Mieliśmy po pięć lat, gdy nasze mamy przyjechały równocześnie odwiedzić nas w Leśnym Kurorcie. W tamtym czasie wymagało to przynajmniej tygodniowej podróży w prymitywnym wagonie, więc zdrożonym rodzicom i ich pociechom przydzielano na parę dni miejsca w dwupokojowym domku campingowym wyposażonym w małą kuchenkę (Leśny Kurort był widocznie przedtem, jak sama nazwa wskazuje, ośrodkiem wypoczynkowym). Dostaliśmy taki domek i w czasie zabaw we wspólnej kuchni rozkwitła nasza miłość. Mamy rozmawiały po rosyjsku, my rzecz jasna też. Chyba jeszcze nie wiedziałem, że poza rosyjskim istnieją na świecie jakieś inne języki. Lucetta była dla mnie Łuszą, a ja dla niej – Kiriuszą (zdrobnienie od Kirył, czyli Cyryl – tak brzmiało moje imię od urodzenia do 1947 r.). Olśnienia doznałem w 1994 r. Po wykładzie, jaki wygłosiłem wówczas w Rzymie, podeszła do mnie jakaś przystojna Włoszka. Powiedziała, że nazywa się Lucetta Negarville i że od dawna się znamy. Widząc, że nie kojarzę, przeszła raptem na nienaganną ruszczyznę: „Kiriusza, ty mienia nie uznajosz? Ja – Łusza!". Nogi się pode mną ugięły. Moja pierwsza narzeczona była córką jednego z historycznych przywódców Komunistycznej Partii Włoch.

Przed wyjazdem do domu dziecka nie wiedziałem nie tylko o istnieniu innych języków niż rosyjski, ale i o istnieniu jakichś innych narodów. Tym samym nie zdawałem sobie sprawy z tego, że istnieje naród rosyjski. Pojęcie narodu powstaje przez odróżnienie swoich od innych, obcych; inaczej nie jest uchwytne. Dla całkiem małego dziecka jest to zresztą trudne do wyobrażenia, jeśli nie ma naocznych doświadczeń. Musiałem zauważyć, że „wujek Zygmunt", czyli mój ojciec, ma jakąś dziwną wymowę, posługiwał się jednak tymi samymi słowami co wszyscy. Na pewno mówiło się w domu, że jest Polakiem, ale nie zapamiętałem tego, bo dla mnie nic to jeszcze wtedy nie znaczyło.

Moje poczucie rosyjskiej tożsamości budowano w Leśnym Kurorcie na czytelnym przeciwstawieniu nas, czyli Rosjan, wrogom, czyli Niemcom. Najważniejsze wartości, które nam wpajano, i wzory, które miały nam przyświecać, oparte były na tym przeciwstawieniu. Największą cnotą był wojenny heroizm w walce z wrogiem, aż do ofiary z życia. Bohaterem naszym był żołnierz o nazwisku Matrosow, który własną piersią przykrył otwór strzelniczy niemieckiego bunkra, skąd strzelał karabin maszynowy. Kule przebijały martwe ciało bohatera, ale traciły impet i nie dolatywały do nacierających czerwonoarmistów, co umożliwiło im opanowanie niemieckich umocnień. Chcieliśmy być jak Matrosow albo jak Zoja Kosmodemianskaja – poległa bohaterka z tego samego zbioru ikon dla maluchów. Nakaz heroizmu, kult ofiary i pogarda śmierci nabyte w kolektywistycznym wychowaniu czasu wojny mogą zmienić barwy, bo zmienić się może (tak stało się w moim wypadku) poczucie narodowej przynależności, pozostają jednak ukształtowane w dzieciństwie schematy emocji. Stary wzór wypełnia się nową treścią.

Niemiec jako symbol zagrożenia, które trzeba zniszczyć, a zarazem jako kontrastowy wyznacznik naszej narodowej wspólnoty był dla nas – wychowanków radzieckiego domu dziecka – abstrakcją bez twarzy. Front był daleko. Pewnego wiosennego lub jesiennego dnia podczas spaceru – pamiętam, że byliśmy w płaszczykach stosownych do pory roku – spotkaliśmy jednak wrogów twarzą w twarz. Polną drogą szła do jakichś syberyjskich miejsc przeznaczenia kolumna niemieckich jeńców. Prowadził ich radziecki żołnierz uzbrojony w ręcznie repetowany karabin z długim bagnetem. Niemcy szli bardzo wolno, ledwie powłóczyli nogami. Żaden nie miał butów. Na nogach mieli jakieś szmaty powiązane sznurkami, na grzbietach dziwaczne łachmany, a wielu także wełniane chustki z frędzlami, widocznie podarowane im z litości przez wiejskie kobiety. Chłopcy z mojej grupy wiedzieli, że nie mogą litować się nad wrogiem jak baby. Na jeńców posypały się obelgi, a w ślad za obelgami kamienie. Kamyki rzucane dziecinnymi rączkami nie mogły zrobić im wiele złego; nasza wychowawczyni nie reagowała, konwojent leniwie pokrzykiwał, żebyśmy dali spokój, a ja stałem jak sparaliżowany. Dobrze zapamiętałem tę scenę i okropne uczucie niezdecydowania: czy też mam rzucić kamieniem, jak przystało prawdziwemu Rosjaninowi i prawdziwemu mężczyźnie?

Może przypomniałem sobie, że mama zawsze mówiła, żeby nie bić słabszych. Wrogowie, których mieliśmy przed oczyma, nie byli potężni ani groźni. Wyglądali jak samo dno ludzkiej nędzy. Byli bezsilni wobec konwojenta ze staroświecką strzelbą i wobec grupy małych dzieci. Moja bierność nie wynikała jednak z etycznego wyboru, z dumnej odmowy udziału w czymś złym. Była wyrazem niezdecydowania, którego wstydziłem się okropnie. Właśnie palący wstyd pozwolił mi tak dokładnie zapamiętać to zdarzenie i przechować zawarty w nim morał.

Nie wynika z tego, bym nie uległ wielkoruskiej indoktrynacji, jakiej poddawano nas w domu dziecka. Przeciwnie: przyswoiłem ją i nosiłem głęboko w sercu. W 1943 r. mój ojciec został mianowany kapitanem (błyskawiczny awans, jak na plutonowego) i organizował w Sielcach nad Oką I Dywizję Ludowego Wojska Polskiego. Zabrał tam ze sobą mamę. Nie zapewnił jej wprawdzie stopnia oficerskiego, ale ją umundurował i zaprowiantował jako korespondenta wojennego. Gdy więc mama znów przyjechała do Leśnego Kurortu, była w polskim mundurze i z prawdziwą kaburą u pasa. Pękałem z dumy, że moja matka jest umundurowana i uzbrojona, ale jednocześnie czułem się upokorzony, że jej mundur jest obcy. Płaszcz nie był bury, jak w Armii Radzieckiej, tylko zielony; guziki nie były złote, tylko też zielone, a w dodatku na tych guzikach i na czapce zamiast gwiazdy był jakiś ptak. Pięcioramienna gwiazda – czerwona na czapce, złota na guzikach – była dla mnie upragnionym znakiem mojej własnej tożsamości. Nie przyznałem się do tego wprost, ale gdy matka zapytała, czy chcę jakiś prezent, odpowiedziałem skwapliwie: „ja szyniel choczu" (chcę płaszcz wojskowy). „Taki jak mój?"– upewniła się mama. „Nie, chcę prawdziwy!" Chyba wszystko zrozumiała, bo uszyła i podarowała mi na odjezdnym szynel małego krasnoarmiejca.

Następnego dnia podczas spaceru dzieci z mojej grupy opadły mnie jak muchy. Każde pragnęło takiego symbolu tożsamości, każde chciało mieć złoty guzik z pięcioramienną gwiazdą. Broniłem się, ale uległem przewadze liczebnej i straciłem swoje insygnia. Wieczorem, żebym mógł zapiąć mój nowy płaszcz, wychowawczyni naszyła mi ohydne czarne guziki, jakby to było zwykłe cywilne palto. Całą noc płakałem z upokorzenia. Do dziś nie dostrzegam śmieszności w słowach marszałka Śmigłego-Rydza, że nie oddamy ani guzika od munduru. Dla mnie brzmi w tym prawdziwy patos.

Radzieckie wychowanie w ogóle, a szczególnie wychowanie w domach dziecka, miało kolektywistyczny charakter. Wpajano nam uznanie nadrzędności wspólnoty nad jednostką. Dotyczyło to nie tylko wspólnoty narodowej, ale także innych grup, od pionierskiego zastępu i drużyny poprzez kolektyw pracowniczy lub oddział wojskowy aż po Partię (jedyną, pisaną przez duże „P"). W Leśnym Kurorcie chłopcy, poczynając od dwunastego roku życia, odbywali ćwiczenie wojskowe (strasznie im tego zazdrościliśmy) i obowiązkowe zajęcia w warsztatach produkcyjnych, gdzie wpajano im nawyki zespołowej pracy. Praca fizyczna była zresztą przedmiotem kultu, prawie jak wojna. Wierzyliśmy, że człowiek istnieje w kolektywie, a poza nawiasem kolektywu jednostka traci człowieczeństwo. Nie używaliśmy wprawdzie, a nawet nie znaliśmy takich słów, ale tak czuliśmy. Skuteczność tego wychowania wynikała nie tylko, a nawet nie tyle z nacisku, jaki na nas wywierano, ile z właściwej każdemu człowiekowi potrzeby przynależności do grupy. W latach wojny najwyższą rangę w hierarchii kolektywistycznych wartości osiągnęła wspólnota narodowa.

Co mi z tego pozostało? Sporo, mimo że moja rosyjska tożsamość ustąpiła z czasem polskiemu poczuciu tożsamości narodowej.

* * *

Na początku 1944 r. wróciłem z Leśnego Kurortu do Moskwy. „Wujek Zygmunt" chodził teraz w mundurze kapitana Wojska Polskiego. Miałem mówić do niego „tato", ale przyzwyczajałem się do tego bardzo wolno, chociaż nie znałem swojego naturalnego ojca. Zresztą „diadia Zyg", który stał się moim ojcem, rzadko pojawiał się w domu. Był w sztabie I Armii, jeździł na front, a potem do Lublina, skąd powrócił do Moskwy w cywilnym garniturze jako pierwszy ambasador Polski Ludowej.

Przeprowadziliśmy się wówczas z pokoju w „komunalnoj kwartirie" do pałacyku na ul. Tołstoja, gdzie umieszczono polską ambasadę. Widywałem tam sporo panów w mundurach podobnych do tych, jakie nosili do niedawna moi rodzice. Już wiedziałem, że są to mundury sojusznicze, więc nie całkiem obce – zawsze jednak nie to, co „prawdziwe", czyli radzieckie. Kiedy attaché handlowy ambasady, pan Adam Zausznica, przy okazji świetny majsterkowicz, zapytał, czy chciałbym jakiś order, nie zażyczyłem sobie polskiego Krzyża Walecznych, tylko radzieckiego Medalu za Odwagę. Pan Zausznica przewiercił dziurkę w miedzianej monecie o nominale 20 kopiejek, dorobił odpowiednią zawieszkę i przypiął mi do piersi. Nosiłem to cacko z dumą i Adama Zausznicę zapamiętałem z wdzięcznością.

Przeprowadzka do ambasady oznaczała dla mnie zmianę środowiska. Personel dyplomatyczny składał się oczywiście z Polaków i mówił po polsku. Od pewnego czasu mama starała się uczyć mnie tego języka – obcego przecież nie tylko dla mnie, ale i dla niej. Dzieci urzędników ambasady, z którymi bawiłem się na podwórku, mówiły między sobą i ze mną po rosyjsku, ale polski znały i uważały się za Polaków. Ja natomiast z uporem powtarzałem, że nie jestem Polakiem, tylko Rosjaninem, i broniłem zawzięcie swojej dziecięcej tożsamości.

Najboleśniejszą ranę, jaką odniosłem w tej obronie, zadał mi starszy kolega z podwórka. Był to syn jakiegoś urzędnika lub urzędniczki ambasady. Mówiliśmy oczywiście po rosyjsku, byliśmy w dobrej komitywie, ale na moje buńczuczne zapewnienie, że jestem Rosjaninem, odpowiedział spokojnie, tonem przyjacielskiego objaśnienia: „Niet, Kiriusza, ty nie russkij, ty jewrej" (nie jesteś Rosjaninem, tylko Żydem). Prawdopodobnie chodziło mu o moją matkę, która był z domu Wilter (o czym wiedziałem) i rzeczywiście pochodziła ze zruszczonej rodziny wileńskich Żydów (o czym nie wiedziałem); a może opierał się na pogłosce, jakoby Zygmunt Modzelewski nazywał się w rzeczywistości Józef Fiszer i nie był Polakiem, tylko Żydem. Może mój rozmówca nie miał na myśli nic złego; może sam był synem polskiego komunisty o żydowskich korzeniach i dawał mi do zrozumienia, że jestem jak on. Nie znałem jednak słowa „Żyd", a w każdym razie nie rozumiałem jego znaczenia. Zrozumiałem tyle, że jest to jakieś piętno, które mnie wyklucza z mojej, czyli rosyjskiej, wspólnoty. Naznaczony tym obcym, niezrozumiałym piętnem, byłbym wyzuty z mojej, czyli rosyjskiej, tożsamości. Z czymś takim nie mogłem się pogodzić.

Poszedłem do mamy i zapytałem, co to słowo oznacza. Mama zaczęła od tego, że ona sama jest Żydówką, podobnie jak moja babcia i nieżyjący dziadek. Żydzi to nic złego, po prostu narodowość, jak choćby Rosjanie, a ja nie muszę się martwić, bo można być i jednym, i drugim, to się wcale nie wyklucza. Usiłowałem przyjąć to do wiadomości, ale jakoś mi nie szło. Wcale nie uważałem, ze jedna narodowość jest równie dobra jak druga. Nie przychodziło mi do głowy, że można być jednym i drugim naraz, na przykład Rosjaninem i Polakiem, a tym bardziej Rosjaninem i jakimś tajemniczym Żydem, o którym dotychczas w ogóle nie słyszałem. Zresztą mój kolega z podwórka ambasady wyraził się w tej sprawie jasno, bez niedomówień – nie mogę być Rosjaninem, skoro on mnie zaklasyfikował jako Żyda. To był znak wykluczenia. Nalepienie takiej etykietki miało mnie odciąć od korzeni, które uważałem za swoje. Trzeba to było odrzucić. I tak mi zostało.

Polska uchodzi za kraj antysemicki, ale tylko parę razy w moim długim życiu zdarzyło się, że ktoś mi wypomniał żydowskich przodków. Robili to głównie, jeśli nie wyłącznie, ludzie na usługach władzy: wyrobnicy rynsztokowej propagandy w marcu 1968 r., major Bogal z Biura Śledczego MSW, który mnie wówczas przesłuchiwał w więzieniu, prokurator Leszek Pietrasiński na sali sądowej w styczniu 1969 r., jakiś podstawiony przez bezpiekę dyskutant na przedwyborczym spotkaniu w maju 1989 r. Niestety także Jarosław Iwaszkiewicz, którego wolałbym w tym wyliczeniu pominąć.

Ludzie ci na ogół woleli posługiwać się aluzjami, niż mówić wprost. Major Bogal był tak delikatny, że czynił aluzje nie na mój temat, tylko mówił o moich znajomych: „Panie Modzelewski – taki na przykład Aleksander Perski, jakie dziwne nazwisko... Gdzie właściwie jest Persja, czy nie na Bliskim Wschodzie?". Jedynie prokurator Pietrasiński, bardziej znany z tego, że na toruńskim procesie zabójców księdza Popiełuszki zamiast morderców oskarżał płomiennie ich ofiarę, wyraził się jasno: „Wszyscy oskarżeni oprócz Jacka Kuronia są pochodzenia żydowskiego i zostało to w czasie śledztwa bezspornie udowodnione".

W takich wypadkach bywałem wściekły, ale nie czułem się zobowiązany do przyjęcia wykluczającego piętna z dumą, godnością i dobrodziejstwem rasistowskiego inwentarza. Przeciwnie – czułem, że mi przyprawiają gębę. Prokuratorowi Pietrasińskiemu odpowiedziałem z ławy oskarżonych w ostatnim słowie, które zostało wkrótce opublikowane w paryskiej „Kulturze" i było nieraz cytowane w wolnej Polsce. Nigdy w życiu nie skierowałbym podobnych słów do moich żydowskich przyjaciół i nie bardzo wiem, jak im bez urazy odpowiedzieć na ten sam temat.

Rzecz w tym, że częściej od antysemickich aluzji zdarzało mi się słyszeć podobne słowa w tonie ciepłym i serdecznie zapraszającym. Czasem przyjaciele, czasem bliscy znajomi albo i ledwie znajomi ludzie brali mnie delikatnie za łokieć, zaglądali nieśmiało w oczy i dawali do zrozumienia: jesteś nasz, zapraszamy do wspólnoty. Elementem łączącym wspólnotę miało być jednak to samo, co panowie Bogal i Pietrasiński traktowali jako czynnik wykluczający z polskości.

Drodzy przyjaciele, bliscy znajomi i ledwie znajomi, nie gniewajcie się, ale nie mogę przyjąć zaproszenia. Bardzo was lubię (no, może nie wszystkich jednakowo), dobrze mi z wami, ale nie przystąpię do kręgu etnicznego wtajemniczenia. Poczucie narodowej przynależności nie jest zapisane w genach, tylko w głowie. Owszem, społecznie ważne jest nie tylko to, za kogo się człowiek uważa, ale i to, za kogo uważają go inni. Z tego jednak nie wynika, że mamy posłusznie przejmować przesądy i stereotypy, według których ktoś nas klasyfikuje i ocenia.

* * *

Kwestia żydowska w Polsce jest sprawą zbyt poważną, by uwagi na ten temat sprowadzić do osobistych wspomnień. Pozwolę więc sobie na ogólniejszy komentarz, chociaż w pracy zawodowej nie zajmowałem się historią Żydów i stosunków polsko-żydowskich. Na tym polu jestem dyletantem. Pozostaję jednak, nawet pisząc bardzo osobistą książkę, historykiem świadomym reguł swojego fachu. Wiem, że solidna wiedza akademicka raczej mnoży pytania i wątpliwości, niż je bezapelacyjnie rozstrzyga. Sytuacja dyletanta wkraczającego na chybotliwy grunt nakłada na mnie obowiązek szczególnej ostrożności.

Zacznę jednak od spostrzeżeń stosunkowo pewnych, dotyczących kategorii pojęciowych i nawyków językowych. Bardzo wielu Polaków nosi cudzoziemskie nazwiska. Są one pamiątką po mniej lub bardziej odległych cudzoziemskich przodkach, zwykle jednak nie wyciągamy z tego wniosków dotyczących narodowej tożsamości człowieka. Aleksander Brückner miał bez wątpienia jakichś niemieckich, a właściwie austriackich przodków, ale nikt nie powie, że był Niemcem lub Austriakiem. Wiemy, że był Polakiem, wielkim luminarzem polskiej humanistyki. Nikt też nie powie, że Niemcem był Ryszard Reiff, w czasie okupacji żołnierz AK, potem jeniec NKWD, który zdołał uciec na piechotę z Syberii do kraju, następnie działacz PAX, przewodniczący tego stowarzyszenia, jedyny członek Rady Państwa PRL, który nie głosował za wprowadzeniem stanu wojennego, a w 1989 r. senator z listy OKP. Był to szczery Polak i – bez względu na powikłane losy – prawdziwy patriota. Podobnie Jadwigi Staniszkis nikt nie uważa za Litwinkę, a Romualda Szeremietiewa – za Rosjanina.

Ale o Sewerynie Blumsztajnie mówimy bez zastanowienia: to Żyd. Mówimy tak, bo miał żydowskich przodków, podobnie jak Reiff – niemieckich, Jadwiga Staniszkis – litewskich, a Szeremietiew – rosyjskich. Tyle, że tamci się spolszczyli, więc są Polakami. A Blumsztajn to Żyd. Przecież ma żydowskie nazwisko. Ostatecznie możemy złożyć daninę poprawności politycznej i powiedzieć o nim, że to Polak pochodzenia żydowskiego. Wbrew pozorom jednak niewiele to zmienia. Nie mówimy przecież o Szeremietiewie, że jest Polakiem pochodzenia rosyjskiego. Widocznie jest tu jakaś nieusuwalna różnica.

Trzeba się przyjrzeć tej różnicy. Byłoby zbyt prosto i niesprawiedliwie powiedzieć, że pojęcie Żyda w polskim języku i kulturze oparte jest na wyróżniku rasowym, jak w ustawach norymberskich lub w bystrych oczkach polskich szmalcowników, którzy w latach okupacji wprawnie rozpoznawali, szantażowali i wydawali w ręce gestapo żydowskich współobywateli. Iwaszkiewicz i Kossak-Szczucka odróżniali wprawdzie Żydów od Polaków wedle podobnych kryteriów, jak czynili to szmalcownicy, myśleli jednak całkiem inaczej niż oni, skoro nie wahali się ryzykować życia własnego i rodziny, żeby tropionych Żydów ratować przed zagładą. Nieusuwalne rozróżnienie Polaka i Żyda mogło umocnić się pod wpływem rasizmu, ale się z niego nie wywodzi, gdyż jest znacznie starsze od rasizmu.

Żydzi, podobnie jak Niemcy, osiedlali się w Polsce od średniowiecza. I jedni, i drudzy znajdowali się pod specjalną opieką władców i uzyskiwali specjalny status prawny, który wyróżniał i odgradzał zorganizowane na własnych zasadach gminy cudzoziemców od polskiej ludności. Nie była to dyskryminacja ani wykluczenie, lecz przywilej należny obcym przybyszom zgodnie z regułą określaną w pozytywistycznej historiografii jako „zasada osobowości praw". Wywodziła się ta reguła z archaicznej, sakralnej normy, która zobowiązywała wspólnotę do zapewnienia przybywającemu z odległych krain „gościowi" osobistego bezpieczeństwa (miru), dachu nad głową i poczęstunku.

Od początku jednak Żydzi, w przeciwieństwie do Niemców, różnili się od miejscowej ludności pod względem religijnym. Z biegiem czasu różnica ta nabierała znaczenia pod wpływem Kościoła. Chrześcijaństwo u swych źródeł odłączyło się od judaizmu, musiało więc silnie akcentować różnice. W dodatku księża przedstawiali Żydów jako morderców Chrystusa. Stereotyp ten umacniał się wraz z oddziaływaniem Kościoła na wiernych, w miarę rozbudowy sieci parafialnej.

W czasach nowożytnych, gdy Polska stała się krajem katolików, prawosławnych i protestantów, wszyscy oni jako chrześcijanie odgrodzeni byli nieprzekraczalną barierą od żydów. Między chrześcijanami różnych wyznań możliwe były małżeństwa, między żydami a chrześcijanami – nie. W miastach gildie i cechy pełniły funkcje religijne obok gospodarczych, więc Żydzi pozostawali poza ich obrębem. Naruszało to korporacyjny monopol w rzemiośle i handlu. Konflikty na tym tle wybuchały przez długi czas. Przymus cechowy obowiązywał w Polsce jeszcze u schyłku XVIII w.

Mury odgradzające społeczność żydowską od wszystkich innych budowane były od obu stron i rosły długo. Wreszcie przybrały postać religijnej segregacji, która obowiązywała we wszystkich dziedzinach życia. Nie umiem powiedzieć, jaką metrykę ma rygorystyczny ekskluzywizm gmin żydowskich, uchwytny już w czasach kontrreformacji, sporadycznie kontestowany w epoce Oświecenia i coraz częściej naruszany przez ruchliwość społeczną XIX stulecia. Nie przemawia do mnie pogląd, że zaryglowanie się w religijnej tradycji oraz społeczna i kulturowa samoizolacja w gettach były odwieczną, heroiczną samoobroną Żydów przed wynarodowieniem po utracie starodawnej ojczyzny. Pogląd ten ma wyraźne znamiona ahistorycznego stereotypu. Wiara w żydowską wyjątkowość wśród wszystkich ludów świata nie przystoi, jak myślę, historykowi. Koncept ludu wybranego przez Boga nie ma w sobie nic wyjątkowego. Odnajdujemy go w mitologii różnych indoeuropejskich plemion. Longobardowie zostali gremialnie adoptowani przez Wotana, więc nosili, jak on, charakterystyczne długie brody. Słowiańscy Rugianie strzygli się tak, by przypominać z wyglądu figurę Świętowita, którego uważali widocznie za swego boskiego protoplastę. Bliźniacze bóstwa obfitości postrzygły i nadały wróżebne imię Siemowita założycielowi panującego rodu Piastów, adoptując w ten sposób jego samego i dynastię, a za jej pośrednictwem – całe plemię Polan. Wcale nie jesteśmy gorsi od Żydów, tylko swojscy.

W XIX w., gdy nowoczesne szkolnictwo i narodziny inteligencji otwierały nowe możliwości awansu społecznego, coraz liczniejsi Żydzi próbowali skorzystać z tej szansy. Narażali się przy tym nie tylko na ostracyzm ze strony macierzystej wspólnoty, którą opuszczali, ale i na rosnące trudności ze strony środowisk polskich, do których próbowali się upodobnić. Narody europejskie przybierały wtedy nowoczesną postać i rodził się nacjonalizm. W Polsce, szczególnie w skrwawionym powstaniami 1830 i 1863 r. i poddanym brutalnej rusyfikacji zaborze rosyjskim, narodowy opór przeciw prawosławnemu caratowi przybierał katolickie barwy. Tworzył się stereotyp Polaka – katolika, podjęty wkrótce przez ideologów Narodowej Demokracji. Wszystko to wzmacniało bariery między Polakami a Żydami i utrudniało asymilację. Bezrefleksyjne, a przez to znamienne różnice w postrzeganiu tożsamości narodowej Szeremietiewa i Blumsztajna zostały, jak widać, ukształtowane przez długą i złożoną historię.

Aż po wiek XX nie były to różnice uwarunkowane przez rasowy przesąd, tylko przez odmienność społeczno-kulturową. Nie możemy jednak przyznawać sobie ulgowej taryfy. Religijno-kulturowa segregacja miała taką strukturę, że łatwo było nałożyć na nią siatkę pojęciową rasizmu. Może nie musiało do tego dojść, ale mogło i faktycznie doszło. Istniały po temu przesłanki nie tylko w Polsce, ale i w innych krajach europejskich: na Litwie, Białorusi, Ukrainie, w Rosji, w Niemczech, w Austrii. W końcu hitleryzm zrodził się w Niemczech, a nazistowskie porządki zostały nam narzucone przez okupanta. Opinia, jakoby największe obozy zagłady umieszczono w naszym kraju dlatego, że hitlerowcy liczyli na wsparcie w polskim antysemityzmie, nie wyraża niczego poza antypolskim stereotypem. Naziści nie liczyli się ze stanem ducha okupowanych Polaków. Liczyli koszty transportu i mieli na widoku logistyczną dogodność. Rachunek ekonomiczny podpowiadał, że trzeba dowozić ludzi do gazu tam, gdzie jest największe w Europie skupisko żydowskiej ludności.

A jednak to, że na naszej ziemi masowo mordowano ludzi jak insekty cyklonem B, zobowiązuje do szczególnej pamięci i ostrożności. Na cmentarzysku Zagłady nie uchodzi lekkomyślnie trwać przy pojęciowym dziedzictwie religijno-kulturowej segregacji Polaków i Żydów. Musimy wiedzieć, że to nie jest niewinna igraszka.

Musimy też zdawać sobie sprawę z tego, że jest to dziedzictwo długiej historii. Nie ustąpi ono prędko pod wpływem racjonalnej perswazji, zwłaszcza że komunizm i PRL dolały własnej oliwy do tego ognia (będzie jeszcze o tym mowa w tej książce). Trzeba będzie dużo zrozumienia i cierpliwej pracy, jakiej wymaga się od sapera na polu minowym. Trzeba krok za krokiem rozbrajać toksyczne stereotypy, aby nie rozrywały społecznych, w tym również narodowych więzi między Polakami.

Na koniec tych uwag wypada powiedzieć jeszcze parę słów o moim przyjacielu Sewerynie Blumsztajnie, którego nazwiskiem posłużyłem się tytułem przykładu, nie pytając go o zgodę. W marcu 1968 r. został on aresztowany, a w grudniu tegoż roku skazany na dwa lata więzienia za udział w wydarzeniach marcowych. Wyszedł na wolność na mocy amnestii w lipcu 1969 r. i właśnie po opuszczeniu więzienia musiał stawić czoło wyjątkowo ciężkiej próbie. W atmosferze antysemickiej nagonki cała jego rodzina opuściła Polskę. Sewek został zupełnie sam: bez rodziców, bez krewnych, bez mieszkania, bez źródeł utrzymania, bez prawa powrotu na Uniwersytet Warszawski, bez perspektyw życiowych. Władze PRL dawały mu do zrozumienia, że ma przed sobą tylko jedną drogę; otworzy ją tzw. dokument podróży, czyli paszport emigracyjny do Izraela, po czym jechać sobie może do każdego zachodniego kraju, nie może tylko wrócić do Polski, której obywatelstwa musi zrzec się przy wyjeździe. Blumsztajn wolał jednak zostać w Polsce.

Podobną w pewnym sensie próbę przeszedł Seweryn Blumsztajn w latach osiemdziesiątych. Stan wojenny zastał go w Paryżu; miał to być krótki pobyt, ale przyszedł 13 grudnia i Sewek został jednym z głównych animatorów paryskiego biura zdelegalizowanej „Solidarności". W styczniu 1985 r. postanowił wracać do kraju. Miał polski paszport uprawniający do powrotu. Spodziewał się aresztowania. Na warszawskim lotnisku rzeczywiście czekała na niego bezpieka, nie po to jednak, by go aresztować, lecz po to, by go deportować. Funkcjonariusze wsadzili go do samolotu i ekspediowali z powrotem do Paryża. W stosunku do polskiego obywatela było to rażące bezprawie, ale nie takie rzeczy się wtedy robiło. Ostatecznie Blumsztajn wrócił do kraju w sierpniu 1989 r.

W 1967 lub 1968 r. jeden z sekretarzy KC ZMS, niejaki Hasiak, na spotkaniu z aktywem studenckim Uniwersytetu Warszawskiego oznajmił: „Nie będą nas uczyć patriotyzmu Blumsztajny i inne Sztajny". Szkoda. Polski patriotyzm Sewka Blumsztajna przeszedł pomyślnie najtrudniejsze sprawdziany. Przydałoby się trochę nauki opartej na takich wzorach zarówno towarzyszowi Hasiakowi i jemu podobnym marcowym naganiaczom z PZPR, jak też podobnie myślącym aktywistom dzisiejszej narodowej prawicy.

* * *

Od września 1944 do listopada 1945 r. chodziłem w Moskwie do szkoły w rejonie naszej „komunalnoj kwartiry". Skończyłem tam pierwszą klasę i rozpocząłem naukę w drugiej klasie. Moi szkolni koledzy byli Rosjanami. Stanowiło to skuteczną zaporę przeciwko pierwszym impulsom polonizacji. Powolna i czasami bolesna przemiana poczucia tożsamości narodowej rozpoczęła się na dobre dopiero po przyjeździe do Polski.

Każdy człowiek potrzebuje uczestnictwa we wspólnocie. Dziecku potrzebna jest przede wszystkim przynależność do grupy rówieśniczej i akceptacja z jej strony. Pierwsza grupa, do jakiej trafiłem w Warszawie, miała charakter przejściowy; zbierała się na kompletach zorganizowanych w prywatnym mieszkaniu w celu przygotowania dzieci, które przyjechały z Rosji, do podjęcia nauki w polskiej szkole. Pamiętam, że maszerowaliśmy dookoła stołu i śpiewaliśmy „Morze, nasze morze", „Krakowiaczek jeden miał koników siedem" oraz „Myśmy przyszłością narodu". Dobry pomysł; w Leśnym Kurorcie też nas kształtowano śpiewem. Radzieckie pieśni z czasów Wielkiej Wojny Ojczyźnianej pozostają do dziś jedynymi utworami muzycznymi, których nie fałszuję.

Po wakacjach poszedłem do szkoły powszechnej nr 191 przy ul. Narbutta. Zamiast do trzeciej, zapisano mnie od razu do czwartej klasy, byłem bowiem dobry z polskiego. Rzeczywiście radziłem sobie z ortografią; wiedziałem, że tam, gdzie po rosyjsku jest „r", po polsku musi być „rz" a nie „z" z kropką, a tam, gdzie Rosjanie piszą „o", po polsku ma być „ó", a nie „u". Lekcje rachunków były jednak moją zmorą i tak już, niestety, zostało.

Szkoła na Narbutta ogromnie różniła się od radzieckiej. Każdego dnia rano ustawialiśmy się w długą kolumnę na korytarzu do zbiorowej modlitwy. W Moskwie tylko raz byłem w cerkwi. Zaprowadziła mnie tam Katia w tajemnicy przed rodzicami. Pamiętam półmrok, pełgające światło świec, dym kadzideł i piękny chóralny śpiew. Było to bardzo tajemnicze i uroczyste. Wspólna modlitwa w szkole na Narbutta nie miała w sobie nic tajemniczego ani uroczystego. Dzieci, skądinąd katolickie, psociły ile wlezie: kopały w tyłek lub ciągnęły za uszy stojących z przodu kolegów, strzelały do siebie z gumek i chichotały. Uczyłem się nieśmiało, że oficjalne uroczystości religijne można traktować z przymrużeniem oka. W szkole były też lekcje religii, na które mogłem nie chodzić jako syn komunistycznego wiceministra spraw zagranicznych. Ale chodziłem. Chciałem być z innymi dziećmi, a poza tym podobała mi się katechetka.

Szkoła pierwszych lat powojennych nie była jeszcze skomunizowana; w każdym razie nie ta, do której wtedy chodziłem. W gabinecie pani dyrektor wisiał w najlepsze portret Piłsudskiego. Na lekcjach śpiewu uczyliśmy się hymnu *My chcemy Boga*. Rodzice moich kolegów psioczyli jeszcze wtedy w domu na rządzących, a dzieci to w szkole powtarzały. W ZSRR tylko raz usłyszałem, jak moja babcia powiedziała o Stalinie „etot izwierg" (ten potwór). Bardzo się wtedy przeraziłem. W Polsce lat 1945–1947 słyszałem często zgryźliwe uwagi o komunistach, może nie tak dosadne, ale niebudzące wątpliwości. Początkowo było to dla mnie egzotyczne, a czasem bolesne; potem ucichło, zanim zdążyło spowszednieć.

Rodzice sprzyjali mojej adaptacji do nowego środowiska. Moim dorosłym (i bardzo taktownym) przewodnikiem w polskości był oczywiście ojciec, ale obojgu zależało, żebym nie czuł się obco i nie był traktowany jako obcy. Mama dała się nawet przekonać przyjaciółce, że trzeba zmienić mi imię, bo Cyryl kojarzy się z prawosławiem; tak z Kiryła stałem się Karolem, a Cyryla pozostawiono mi gwoli przyzwoitości jako drugie imię. Był to w istocie zabieg magiczny bez większych praktycznych następstw. Istotną rolę odegrał natomiast wybór szkoły powszechnej, a także kolonie letnie we Władysławowie; nie dorośli bowiem, lecz dzieci były środowiskiem, z którym musiałem się zżyć.

W moich zabawach z rówieśnikami królowała oczywiście wojna, jak w Leśnym Kurorcie. Była to jednak jakaś inna wojna. Wrogiem byli wciąż Niemcy, tak samo albo i bardziej znienawidzeni, ale „nasi", w których się wcielałem z nowymi towarzyszami zabaw, nie byli już czerwonoarmistami, tylko powstańcami warszawskimi lub żołnierzami spod Monte Cassino. Musiałem się dobrze wczuwać w te nowe role, bo na moich rysunkach po dawnemu widniały stosy niemieckich trupów, ale sprawcami tej masakry nie byli już czerwonoarmiści, tylko Polacy. W przeciwieństwie do krasnoarmiejców nasi spod Monte Cassino też czasem ginęli, gdyż tego wymagała martyrologiczna konwencja polskiego patriotyzmu i słowa piosenki. Matka przechowała mój rysunek z tamtych czasów. Przedstawiłem na nim żołnierzy szturmujących klasztor na szczycie góry. Niektórzy z nich przewracają się, co objaśnia umieszczony pod spodem napis z charakterystycznym dla przybysza z Rosji błędem językowym: „niejeden z nich dostał i pał".

Poza tym mogłem wyczuć w rozmowach i zabawach z rówieśnikami, że mimo posiadania tego samego wroga w postaci Niemców, żołnierze z czerwonymi gwiazdami na czapkach niekoniecznie byli naszymi sojusznikami. Zaczytana przedwojenna książeczka dla dzieci, która wpadła mi w ręce podczas wakacji na Dolnym Śląsku, wskazywała, że Armia Czerwona była nawet kiedyś dla Polaków najeźdźcą. Bohaterem książeczki był pluszowy miś ze Lwowa, który w żołnierskim tornistrze powędrował na front, by bronić Ojczyzny przed bolszewikami. Nie miałem wtedy pojęcia i chyba nie pomieściłoby mi się w głowie, że podobnie jak posiadacz owego misia postąpił w 1920 r. mój ojciec. Niezadługo jednak natrafiłem na przypadek niemal tak samo bulwersujący.

Było to, o ile pamiętam, w kwietniu 1950 r. Pojechałem z matką do Zakopanego. Zamieszkaliśmy na Bystrem w pensjonacie Lwowianka, gdzie chętnie gościły rodziny ówczesnych polityków i znani pisarze. Zaraz pierwszego dnia, gdy zeszliśmy do jadalni na spóźniony posiłek, podszedł do mamy niewysoki starszy pan w garniturku, ucałował ją dwornie w rękę, a następnie obdarzył uwagą mnie.

– Jestem Władysław Broniewski – oznajmił. – Znasz mnie, prawda?

Byłem przyuczony, że należy mówić prawdę, więc odpowiedziałem grzecznie:

– Nie, pszę pana.

– Jak to, nie znasz moich wierszy?

– Nie, pszę pana.

Starszy pan nie dał za wygraną:

– No, jakby ci to wytłumaczyć... Ja jestem taki polski Majakowski.

Spojrzałem na niego z najwyższym podziwem. Uwielbiałem Majakowskiego, znałem jego poezje w oryginale i potrafiłem je recytować godzinami. Broniewski nie mógł trafić w bardziej czuły punkt. Po chwili zapytał mamy, czy pozwoli mi pójść z nim na spacer. Mama zgodziła się z jakimś wymuszonym uśmiechem. Zanim się ubrałem do wyjścia, powiedziała mi, że pan Broniewski jest człowiekiem schorowanym i pod żadnym pozorem nie powinienem się zgodzić, by trasa naszego spaceru prowadziła w góry, bo może mu się coś stać.

Najpierw jednak poszliśmy nie w góry, tylko w dół, do Ronda. Był tam wtedy dorożkarski bar Pokrzep Się. Broniewski zostawił mnie na chodniku, a sam wstąpił się pokrzepić. Po niedługim czasie wyszedł weselszy, wsiedliśmy na postoju przy barze w dorożkę i pojechaliśmy do Kuźnic. Tam poeta kazał mi poczekać w dorożce, a sam zniknął na trochę dłużej w restauracji III kategorii. Gdy stamtąd wyszedł, polecił dorożkarzowi, żeby nadal na nas czekał, machnął ręką w stronę Nosala i oznajmił, że teraz pójdziemy na tę górę. Natychmiast zaoponowałem:

– Mamusia mówiła, że nie powinniśmy chodzić w góry, bo to niebezpieczne.

Ale Broniewski mnie wyśmiał:

– Na tę górę nawet osiemdziesięcioletnia staruszka wejdzie bez trudu.

Podrażniona ambicja kazała mi podjąć wyzwanie. Zaczęliśmy podchodzić po śniegu jakimś leśnym duktem. O ile mogę skojarzyć na podstawie mojej późniejszej znajomości tras narciarskich, był to końcowy odcinek nartostrady z Hali Gąsienicowej. Na szczęście nikt akurat tamtędy nie zjeżdżał i na nas nie wpadł.

Posapując, doszliśmy do przełęczy Obłaz. Tam zatrzymaliśmy się dla odpoczynku, obejrzeliśmy widok i Broniewski wyznał mi, że góry mają w sobie niezwykłą magię i człowiek czuje się w nich jak orzeł szybujący w przestworzach. Następnie zawróciliśmy i zaczęliśmy schodzić z powrotem. Górskie powietrze chyba zaszkodziło poecie, bo zaczął się zataczać. W pewnym momencie wskazał na przysypane śniegiem sążki drewna z wycinki i oznajmił, że są to groby tych, co tu zginęli. Natychmiast ustawiłem się między nim a bandą z faszyny osłaniającą brzeg nartostrady, żeby go w razie czego ochronić przed upadkiem między domniemane groby. Zeszliśmy jednak szczęśliwie do Kuźnic, gdzie Broniewski posadził mnie w dorożce, a sam znów wstąpił do restauracji.

Wreszcie powrócił, z widocznym trudem wgramolił się do dorożki i ruszyliśmy kłusem w stronę Lwowianki. Broniewski popadł w zadumę, a po dłuższej chwili wyznał mi, że miał bardzo ciężkie życie.

– Wiesz synku, gdy byłem na wojnie z bolszewikami, zginęli wszyscy żołnierze z mojego plutonu, moi towarzysze broni, kochani moi przyjaciele. Wszystkich wystrzelali bolszewicy. Ja jeden ocalałem.

Zdrętwiałem. Wiadomość, że polski Majakowski walczył na wojnie przeciwko bolszewikom była gorsza niż uderzenie pioruna. Broniewski pomilczał, potem przyjrzał mi się uważnie, z odcieniem niepokoju, i oznajmił:

– Muszę ci w tajemnicy powiedzieć coś, o czym nikt nie wie. Ja, Władysław Broniewski – robił długie przerwy między wyrazami – wielki rewolucyjny poeta, prawdziwy komunista – to powiedział z naciskiem – jestem troszkę pijany. Ale tylko troszeczkę.

Po tych słowach zasnął, przechylił się i o mało nie wypadł z dorożki. Chwyciłem go za klapy marynarki i wciągnąłem do środka. Broniewski obudził się i spojrzał na mnie przeciągle. Miałem niespełna trzynaście lat i buzię bez zarostu, a na głowie kaptur wiatrówki.

– Zdaje się, że ja pani jeszcze nie znam – stwierdził mój bohater.

Po czym wsunął mi rękę pod wiatrówkę w poszukiwaniu biustu.

– Ale ja nie jestem żadna pani! – krzyknąłem trochę wystraszony.

– A, prawda, ty jesteś gówniarz – przypomniał sobie Broniewski i natychmiast znowu zasnął.

Wreszcie dojechaliśmy. Broniewski wręczył dorożkarzowi bez liczenia garść banknotów. Trzeba było jeszcze dobrnąć po schodach do jego pokoju, a jak na złość nie spotkaliśmy nikogo dorosłego, żeby mi pomógł. Jakoś go doholowałem na drugie piętro, otworzyłem drzwi, które mi wskazał, i doprowadziłem do żelaznego łóżka. Poeta stał przy nim i chwiał się, więc mu podstawiłem nogę i popchnąłem, aż upadł na materac. Wyrzuty sumienia rozrywały mi serce. Pobiegłem do matki, żeby się zwierzyć. Ku mojemu zdumieniu mama, zamiast podzielić moją rozpacz, zaczęła się strasznie śmiać. Zaskoczony zapytałem, z czego się śmieje.

– Przecież to strasznie śmieszne – odparła po prostu.

Zawołałem bezradnie:

– Mamo, ale przecież to polski Majakowski!

* * *

W latach 1948–1949 Moskwa postanowiła ujednolicić porządki w satelickich państwach Europy Wschodniej na własny obraz i podobieństwo. W Polsce nastał czas klasycznego stalinizmu. Dziś obraz tego czasu malowany jest w szkolnych czytankach i publicystyce politycznej, a często również w poważnej historiografii jednolitą, zgęszczoną czernią, a zarazem w patetycznej tonacji. Nie sprzyja to rozumieniu społecznych realiów epoki. Nie ulega jednak wątpliwości, że nad publicznym i prywatnym życiem Polaków naprawdę zaciążył wtedy wszechobecny strach. Terror srożył się co prawda już wcześniej, zwłaszcza w okresie lubelskim i w pierwszych powojennych latach, gdy komunistyczna władza prowadziła krwawą walkę ze zbrojnym podziemiem. Liczba orzeczonych i wykonanych wyroków śmierci w sprawach politycznych była wtedy wyższa niż w pierwszej połowie lat pięćdziesiątych. Wyniki referendum w 1946 r. oraz wyborów parlamentarnych w 1947 r. zostały sfałszowane. Były to jednak wybory pluralistyczne, w których obywatele głosowali nie na rozkaz, tylko według własnego uznania; istniała legalna opozycja i niekomunistyczne gazety, a w prywatnych rozmowach ludzie nie bali się jeszcze wyrażać własnego zdania. W niedługim czasie wszystko to się zmieniło. Wielogłos ustąpił miejsca chóralnemu monologowi. Strach dyktował nie tylko słowa i gesty, ale także myśli i uczucia. Życie duchowe społeczeństwa wyglądało jak rzeka skuta lodem. Coś tam się działo i zmieniało pod tą skorupą, ale kto by się w tym rozeznał, skoro na powierzchni brakowało uchwytnych oznak życia. Dopiero gdy lód zaczął pękać z nadejściem odwilży, a potem nastał rewolucyjny 1956 rok, okazało się, jak istotne zmiany zaszły w tym pozornie martwym czasie.

Zaszły one także w moim życiu i w mojej głowie. Świadomość dziecka jest plastyczna i łatwiej dokonują się w niej przemiany poczucia tożsamości narodowej niż u dorosłego; zawsze jednak jest to proces, którego wyniki ocenić można, spoglądając wstecz, gdy przemiana jest już faktem dokonanym. Zadomowienie w mowie polskiej nastąpiło prędko, jak to u dzieci; decydowała o tym codzienna komunikacja z rówieśnikami. Przyswajanie kultury narodowej poprzez wielką literaturę jest procesem dłuższym, wymagającym nauki i dobrego nauczyciela. W tej dziedzinie zawdzięczam najwięcej mojej licealnej polonistce – pani Eugenii Sasin. Przypuszczam, że pracę nauczycielską zaczynała przed wojną, ale równie ważne jest to, że miała prawdziwą iskrę bożą. Traktowała nas jak intelektualnych partnerów, prowadziła z nami dyskusje, podczas których uważnie wsłuchiwała się w nasze opinie i potrafiła je uznawać, wprowadzała nas w kulturę dyskusji między sobą, uczyła precyzyjnego formułowania myśli i sztuki pisania. Była jak najlepsi nauczyciele akademiccy; bez niej nie byłbym, kim jestem. I to wszystko podczas najczarniejszej nocy stalinizmu! Jednego tylko nie mogła wtedy otwarcie wyartykułować: politycznego wymiaru tożsamości narodowej. To musiało dojrzewać podskórnie. W tej materii moment podsumowania nadszedł dla mnie z upadkiem stalinizmu. Miałem wtedy niespełna dziewiętnaście lat i w jaskrawym świetle wydarzeń październikowych 1956 r., w których brałem czynny udział, zobaczyłem bez cienia wątpliwości, że nie jestem Rosjaninem, tylko Polakiem.

W maju 1956 r. odbyła się na Uniwersytecie Warszawskim uczelniana konferencja Związku Młodzieży Polskiej, na której wybrano delegatów na krajową naradę aktywu studenckiego (miała się odbyć po wakacjach). Zostałem wybrany. Uniwersyteccy delegaci okazali się grupą zwartą, złożoną z ludzi zbuntowanych i zdeterminowanych, którzy bez trudu przejęli lokal, pieczątkę i firmę rozpadającego się Zarządu Uczelnianego ZMP. Zyskaliśmy w ten sposób oficjalną platformę dla prowadzenia działalności w naszym własnym mniemaniu rewolucyjnej. Tuż po wakacjach koledzy powierzyli mi nawiązanie współpracy z organizacją ZMP w Fabryce Samochodów Osobowych na Żeraniu. I sekretarzem Komitetu Zakładowego PZPR był tam od niedawna ślusarz narzędziowy Lechosław Goździk, charyzmatyczny przywódca polskiego Października. Dostałem stałą przepustkę pracowniczą do fabryki i codziennie jeździłem tam na czternastą, by po zakończeniu pierwszej zmiany animować na wydziałach produkcyjnych dyskusje z młodzieżą robotniczą.

Kryzys polityczny w PRL i w rządzącej krajem partii zmierzał właśnie do spektakularnego rozstrzygnięcia. Zwołane na 19 października plenum KC PZPR miało dokonać zmiany kierownictwa, powierzyć funkcję I sekretarza KC zwolnionemu niedawno z więzienia Władysławowi Gomułce i usunąć z Biura Politycznego kilku protegowanych Moskwy, w tym radzieckiego marszałka Konstantego Rokossowskiego, który był w Polsce ministrem obrony narodowej. Zmian tych nawet nie próbowano uzgodnić z Kremlem. Strona radziecka uznała to za jaskrawe pogwałcenie internacjonalizmu, czyli reguł wasalnej zależności. Do Warszawy przybyła niespodziewanie delegacja radziecka najwyższego szczebla, żądając zaniechania samowolnych zmian personalnych, poskromienia rozdyskutowanej prasy i konsolidacji rozchwianej dyktatury. Jednocześnie dwie dywizje pancerne Armii Czerwonej, wspomagane na rozkaz Rokossowskiego przez pomniejsze jednostki polskie, wyruszyły z baz w Legnicy i na Pomorzu w kierunku Warszawy, a radziecki przywódca Nikita Chruszczow zawiadomił kierownictwa partii komunistycznych Chin, Jugosławii, Włoch i Francji, że w Polsce doszło do kontrrewolucji, którą w najbliższych dniach stłumią radzieckie wojska. Nad krajem zawisła groźba braterskiej inwazji.

19 października przyjechałem jak zwykle do FSO. Działo się tam jednak coś niezwykłego: przy bramie zgromadził się kilkutysięczny tłum robotników. Zorganizowano wiec w najdogodniejszym momencie, gdy pierwsza zmiana wychodziła, a druga wchodziła do fabryki. Z ustawionej przy portierni ciężarówki przemówił do zebranych Goździk. Wiedział on od II sekretarza KW PZPR Stanisława Kuzińskiego o zamierzonej zmianie kierownictwa partii i o radzieckiej próbie powstrzymania zmian, zaczął więc od tego, że odczytał proponowany skład nowego Biura Politycznego. Nazwiska te – poza Gomułką – niewiele mówiły robotnikom, więc Goździk zwrócił uwagę, że nie ma wśród nich Rokossowskiego.

Zrobiło się bardzo cicho. Pierwszy raz w życiu usłyszałem wtedy tę wielką ciszę tłumu, po której zwykle następuje krzyk i rodzi się determinacja. Wszyscy wiedzieli, że Rokossowski to człowiek Kremla w polskim rządzie, i zrozumieli, że jest jakaś próba sił między nami a Moskwą. W dodatku ulicą Stalingradzką przejechała akurat kolumna pojazdów wojskowych. Goździk wykorzystał efekt i dodał:

– Jeśli pod naszą bramą jeżdżą w tej chwili samochody pancerne, to na pewno nie dzieje się to bez wiedzy marszałka Rokossowskiego. Przecież to on jest ciągle jeszcze ministrem obrony.

Tłum zagotował się, buchnęły gniewne okrzyki. Wtedy Leszek wspomniał, że rozpoczęte rano obrady plenum przerwano z powodu przyjazdu delegacji radzieckiej, a w kraju są jakieś ruchy wojsk; wobec tego „jest propozycja", żeby ci pracownicy pierwszej zmiany, którzy się zdecydują, pojechali do domu na obiad, a po obiedzie wrócili do fabryki. Może trzeba będzie razem strzec zakładu. Ludzie zrozumieli, że chodzi o coś więcej niż zakład, i zaczęli wołać, że nie jadą do domu, zostają, niech stołówka nagotuje dla wszystkich zupy.

Pojęcia klasy robotniczej i demokracji socjalistycznej były wówczas podstawą mojego politycznego elementarza. Podczas tego wiecu przy fabrycznej bramie kilkutysięczny tłum robotników na moich oczach zmienił się w zwartą, bojową wspólnotę. Płaszczyzna tej integracji nie była jednak klasowa, lecz narodowa. Zwarliśmy szeregi w obliczu moskiewskiego zagrożenia. Stałem w tłumie, byłem jego częścią, rozumiałem i podzielałem jego emocje. Postanowiłem nocować w fabryce wraz z okupującymi zakład robotnikami i zadzwoniłem do domu, żeby uprzedzić o tym matkę. W odpowiedzi usłyszałem „tak, oczywiście", jakby dla mojej mamy też było to oczywiste. Nie wiem, jak sobie radziła z własnym poczuciem tożsamości narodowej, ale bez wahania przyjęła rolę matki-Polki, którą ja bez namysłu złożyłem na jej barki.

W otoczeniu Leszka Goździka wszyscy byli starsi ode mnie; byłem dla nich studencikiem i chyba traktowali mnie trochę jak maskotkę, a trochę jak syna pułku. W każdym razie wieczorem wpuścili mnie bez problemu na spotkanie w gronie aktywu, gdzie ustalano strategię na najgorszą ewentualność. Wiedzieliśmy już, że robotnicy dojeżdżający do fabryki z podwarszawskiego Henrykowa zauważyli kolumnę około trzydziestu czołgów, która zmierzała początkowo w kierunku Warszawy, ale potem dostała jakiś inny rozkaz, zatrzymała się i skoncentrowała w lesie pod Jabłonną. Dziś wiadomo, że była to jednostka polska. Rosjanie zbliżali się od strony Woli i też zatrzymali się na przedpolach stolicy. Wtedy jednak tego nie wiedzieliśmy i Leszek Goździk przedstawił plan działań obronnych.

– Jest propozycja – powiedział – żebyśmy załadowali ciężarówki piaskiem i zatarasowali przejazd pod wiaduktem kolejowym na Stalingradzkiej. Weźmiemy dwa sztandary – czerwony i biało-czerwony, zapas butelek z benzyną i parę skrzyń odkuwek [są to metalowe półfabrykaty produkowane w fabrycznej kuźni, którymi można rzucać skuteczniej niż kamieniami]. Ustawimy się za ciężarówkami. Gdy przyjadą czołgi, dowódca zatrzyma się przed przeszkodą, otworzy właz i wyjrzy [Goździk miał, jak widać, wszystko obmyślane w najdrobniejszych szczegółach]. Wtedy my zaśpiewamy *Międzynarodówkę* i nasz hymn narodowy. I jeżeli to będą Polacy, to na pewno nie będą do nas strzelać [nie wiem, skąd czerpał tę pewność parę miesięcy po tym, jak w Poznaniu polskie wojsko strzelało do polskich robotników]. A jeżeli to będą Ruscy…"

Tu I sekretarz Komitetu Zakładowego rozłożył ręce bez słów. Rozumiało się, że Ruscy będą do nas strzelać, ale my ich przepędzimy spod Warszawy tymi odkuwkami i butelkami z benzyną. Ja w każdym razie nie miałem co do tego wątpliwości. Byłem gotów stanąć do nierównej walki przeciwko bohaterom mojego dzieciństwa – żołnierzom z pięcioramiennymi gwiazdami na hełmach i na guzikach mundurów.

Dodam tylko, że ulica Stalingradzka nazywa się dziś Jagiellońska, a Fabryka Samochodów Osobowych na Żeraniu już nie istnieje.

* * *

Zmarły niedawno w Świnoujściu Lechosław Goździk był idolem mojej młodości, a następnie moim przyjacielem. Pod koniec lat dziewięćdziesiątych przy jakiejś towarzyskiej okazji zapytałem go, co właściwie zamierzał zrobić odkuwkami radzieckim czołgom. Leszek miał znakomite poczucie humoru, ale tym razem odpowiedział ze śmiertelną powagą: „Na pewno by nas rozgnietli, ale przynajmniej następne pokolenia wiedziałyby, że stawiliśmy opór". Tak wygląda w koncentracie romantyczny kanon polskiej tradycji narodowej. W październiku 1956 czułem podobnie, do czego poza wielką poezją romantyczną przyczynił się już chyba film Andrzeja Wajdy *Kanał*. Gdy Goździk planował blokadę wiaduktu na Stalingradzkiej, czułem dreszczyk emocji godnych dziewiętnastolatka – może my też będziemy mieli nasze powstanie?

Jak się wydaje, naszą skórę uratował wówczas Mao Tse-tung, który na list Chruszczowa zapowiadający zbrojną interwencję w Polsce odpowiedział bardzo ostro, ostrzegając przed kryzysem w stosunkach chińsko-radzieckich. Mieliśmy szczęście, którego kilka dni później zabrakło naszym rówieśnikom z fabryk i uczelni Budapesztu.

24 października (traf chciał, że było to nazajutrz po dramatycznych wydarzeniach pod budynkiem węgierskiego radia w Budapeszcie) odbył się na warszawskim placu Defilad gigantyczny wiec. Władysław Gomułka wezwał na nim wiwatujące tłumy, by wróciły do pracy, przestały manifestować i nie przeszkadzały partii spokojnie kierować krajem. Na Uniwersytecie źle odebraliśmy ten apel. Zrozumieliśmy, że Gomułka chce zakończyć naszą rewolucję, zanim się ona na dobre zaczęła, więc postanowiliśmy przejść do opozycji.

Tymczasem jednak uformowały się na mieście dwie duże grupy manifestantów z polskimi i węgierskimi sztandarami. Zmierzały one w stronę ambasady radzieckiej. To nas ostudziło. Wiedzieliśmy, że czołgi radzieckie wciąż stoją na przedpolach Woli i nie należy ich stamtąd wywoływać bezmyślnym marszem na ambasadę. Wmieszaliśmy się w czołówkę jednego z pochodów i zdołaliśmy wciągnąć tych ludzi na wiec do auli Politechniki. Aby uśmierzyć ich emocje, prowadzący wiec Krzysztof Pomian dramatycznie zawołał:

– Kto chce kolejnego rozbioru Polski?!

Zgiełk przycichł, a Krzysztof spuentował:

– Kto chce kolejnego rozbioru Polski, niech idzie wywoływać burdy pod ambasadę radziecką!

Wszyscy – od Jacka Kuronia aż po mnie – wypowiedzieliśmy się w podobnym duchu. W końcu uczestnicy wiecu, zamiast podjąć przerwany marsz na radziecką placówkę dyplomatyczną, uchwalili rezolucję wzywającą do rozwagi.

To też był kanon narodowej tradycji, ale odmienny od romantycznego. W Polsce określa się go jako pozytywistyczny. Przyjęło się uważać, że kanony romantyczny i pozytywistyczny są sobie przeciwstawne. Oba ukształtowały się w XIX w. i trwały przez całe XX stulecie. Występowały one naprzemiennie lub równocześnie, ścierały się i uzupełniały, ale w gruncie rzeczy jeden nie mógłby istnieć bez drugiego. Kanon romantyczny daje determinację niezbędną dla bohaterskiej walki o wolność, w ostateczności aż do ofiary z życia (dobrze, jeśli własnego). Postawa taka, na pierwszy rzut oka irracjonalna, chroni przed wyrzeczeniem się niepodległościowych aspiracji. Na kanonie pozytywistycznym opiera się trzeźwa kalkulacja narodowych zysków i strat, a także nakaz, by nie szafować krwią Polaków, lecz chronić biologiczną, ekonomiczną i kulturową substancję narodu.

Dialektyka romantyzmu i pozytywizmu jest charakterystyczna dla kraju pozbawionego niepodległości (jak Polska pod zaborami) lub poddanego obcej dominacji (jak PRL). W moim życiu dramatyczne napięcia między romantycznym a pozytywistycznym paradygmatem wystąpiły po raz pierwszy w 1956 r. i ponownie w czasie solidarnościowej rewolucji lat 1980–1981. W październiku 1956 odkrywałem dopiero atmosferę i mechanizmy wielkich poruszeń społecznych. Wystąpienie w auli Politechniki Warszawskiej było moim debiutem w roli mówcy wiecowego. Działałem z wielkim przejęciem, jakby losy kraju zależały ode mnie. W zmieniającej się z godziny na godzinę sytuacji na ulicach Warszawy to, co robiliśmy wtedy, nie było może całkiem bez znaczenia, rozstrzygnięcia polityczne zapadały jednak wysoko ponad naszymi głowami.

W marcu 1981 r., w momencie najpoważniejszej przed stanem wojennym próby sił między „Solidarnością" a władzami PRL, mogłem niemało. Miałem czterdzieści trzy lata, byłem rzecznikiem prasowym „Solidarności", w znacznym stopniu samodzielnie kształtowałem jej politykę informacyjną i wywierałem istotny wpływ na komunikację między krajowym przywództwem związku a wielką rzeszą aktywnych uczestników tego ruchu. Słuchano mnie uważnie na posiedzeniach Krajowej Komisji Porozumiewawczej i nieraz udawało mi się przeprowadzić swoje racje podczas obrad tego gremium; nieraz zresztą sam redagowałem jego uchwały. W najgroźniejszych momentach czułem ciężar odpowiedzialności za to, co się może stać.

19 marca 1981 r. oddział ZOMO wkroczył na salę obrad Wojewódzkiej Rady Narodowej w Bydgoszczy i pobił przywódców regionalnej „Solidarności", którzy usiłowali wyjednać od władz wojewódzkich ustępstwa na rzecz założycieli związku chłopskiego. W kraju zawrzało. 23 marca zebrała się w Bydgoszczy KKP. Związek musiał zareagować w obronie własnego bezpieczeństwa i podjąć decyzje pozwalające utrzymać kontrolę nad ruchem w warunkach narastającego wzburzenia społecznego. Znaczna większość działaczy z regionów parła do bezterminowego strajku generalnego. Część – w tym ja – chciała go poprzedzić ogólnopolskim strajkiem ostrzegawczym. Strajk ostrzegawczy miał wykazać siłę związku i skłonić rząd do ustępstw, które – gdyby KKP uznała, że są wystarczające – pozwoliłyby uniknąć strajku generalnego. Trzecie stanowisko reprezentowała część doradców, którzy chcieli ograniczyć się do ostrych słów bez grożenia rządowi strajkiem generalnym, a w każdym razie starali się zmiękczyć reakcję związku. Władysław Siła-Nowicki powiedział, że strajk generalny byłby próbą obalenia rządu. Jan Olszewski – późniejszy premier i patriotyczny radykał, wówczas jednak orędownik umiaru – stwierdził, że strajk generalny jest w naszych warunkach odpowiednikiem powstania narodowego. Cichym, dramatycznym głosem opowiedział, że był w powstaniu warszawskim dowódcą drużyny. Zginęli wtedy prawie wszyscy jego podkomendni, siedemnasto-, osiemnastoletni chłopcy. On sam był ich rówieśnikiem, ale do dziś czuje się odpowiedzialny za ich śmierć. Co powiedzieć o dowódcach Armii Krajowej, którzy odpowiadali za śmierć blisko dwudziestu tysięcy takich chłopców i stu osiemdziesięciu tysięcy cywilnych mieszkańców miasta? Czy Krajowa Komisja Porozumiewawcza jest gotowa wziąć na swoje sumienie odpowiedzialność za podobne skutki własnej, nie dość rozważnej decyzji?

Słowa te wywarły duże wrażenie, ale podjąłem polemikę. Zwróciłem uwagę, że Armia Krajowa była wojskiem – wprawdzie konspiracyjnym, lecz działającym na rozkaz dowództwa, a nie pod presją mas. „Solidarność" natomiast jest masowym ruchem o wielkiej spontaniczności, który uznaje autorytet przywódców, jeżeli rozumie i aprobuje ich decyzje; w przeciwnym razie działa na własną rękę. W obecnej sytuacji brak czytelnych decyzji może grozić konfrontacją chaotyczną i niezborną, z czym wiąże się największe niebezpieczeństwo rozlewu krwi. Poza tym uważałem, ze nie dość zdecydowane stanowisko związku może być po drugiej stronie barykady uznane za wyraz słabości i wzmocnić pokusę rozstrzygnięcia konfliktu siłą. Dlatego za uchwałę zapowiadającą strajk generalny i za niepodjęcie takiej uchwały „ponosi się odpowiedzialność w tych samych kategoriach (...) tragedii narodowej, albowiem każda z tych decyzji może doprowadzić do rozlewu krwi, do zagrożenia bytu narodowego i państwowego. Więc nie jest tak prosto, żeby [samym] przypomnieniem zagrożenia elementarnych wartości narodowych można było tę decyzję przesądzić".

Nie był to, jak widać, konflikt między romantycznym a pozytywistycznym systemem wartości. W grę wchodziła odmienna ocena sytuacji, może też odmienne rozumienie realizmu i jego wymogów. W końcu KKP podjęła uchwałę dość bliską temu, co proponowałem: czterogodzinny strajk ostrzegawczy 27 marca i negocjacje, a w razie ich niepowodzenia strajk generalny od 31 marca.

Nazajutrz po posiedzeniu KKP wracałem z Bydgoszczy furgonetką wrocławskiej „Solidarności" do swojego związkowego matecznika (byłem członkiem Prezydium MKZ Regionu Dolny Śląsk i uważałem – do dziś zresztą uważam – Wrocław za swoje miasto). Po drodze mijaliśmy długie kolumny transporterów i czołgów z czerwoną gwiazdą oraz grupy radzieckich żołnierzy. Były to manewry Sojuz-81, teoretycznie wspólne, ale nie dostrzegliśmy ani jednego polskiego żołnierza. Było widoczne, że na drogach jest obce wojsko i że nie przybywa ono w ćwiczebnych celach, lecz jako forpoczta ewentualnej inwazji. Patrzyłem na bure szynele i złote guziki, do których tak wzdychałem w dzieciństwie, i nie miałem wątpliwości, że mam przed sobą najeźdźców.

W czasie solidarnościowej rewolucji lat 1980–1981 chodziło o przebudowę ładu społecznego w komunistycznym państwie. Nie zmierzaliśmy do usunięcia rządzącej formacji politycznej ani do zerwania sojuszniczej zależności od ZSRR. Chcieliśmy ograniczenia wszechwładzy partii przez wprowadzenie wolnego ruchu związkowego i niezbędne poszerzenie wolności słowa i innych swobód obywatelskich oraz zastąpienia nomenklatury w zarządzaniu przedsiębiorstwami przez samorządność pracowniczą. Samoograniczenie postulatów miało upewnić Związek Radziecki, że ster rządów pozostanie w rękach partii, którą Kreml uważał za gwaranta swoich imperialnych interesów w Polsce. Kreml uważał jednak nie bez racji, że gwarancją dla niego jest nie tylko to, iż bratnia partia, a nie ktokolwiek inny formuje w Warszawie rząd, ale i to, że partia sprawuje w Polsce niepodzielną wszechwładzę, opartą na obowiązującym w całym imperium wzorze komunistycznej dyktatury. Szybko postępująca erozja tej dyktatury była w oczach ekipy Breżniewa śmiertelnym zagrożeniem także ze względu na tzw. efekt demonstracji: skoro coś takiego jest możliwe w Polsce, to jest do pomyślenia wszędzie indziej, nawet w samym ZSRR. Moskwa domagała się więc ukrócenia swobód i poskromienia „kontrrewolucji", a wobec ociągania się polskich władz mnożyła naciski i groziła interwencją wojskową. Nadawało to konfliktom społecznym w PRL, zdawałoby się wewnętrznym, wymiar narodowy. Jest on widoczny w słownictwie przytoczonych wypowiedzi na posiedzeniu KKP. W związku ze strajkiem proklamowanym w obronie fizycznej nietykalności działaczy związkowych mówiło się o „powstaniu narodowym". Padały słowa o „zagrożeniu bytu narodowego i państwowego"i o „elementarnych wartościach narodowych". To ja tak mówiłem, a nie jakiś nacjonalistyczny oszołom. Słownictwo naszych wewnętrznych sporów było nieomylną oznaką, że wspólnota narodowa zajmowała w naszej aksjologii pozycję nadrzędną nad innymi wartościami, których dotyczyła nasza związkowa i obywatelska działalność. Lech Wałęsa wyrażał to po swojemu: „Przede wszystkim jesteśmy Polakami, a dopiero potem związkowcami". Frazes ten wówczas mnie trochę śmieszył, a trochę irytował. Muszę jednak przyznać, że mimo uproszczonej formy opisywał on trafnie naszą, w tym także moją, hierarchię wartości.

* * *

Między październikiem 1956 a solidarnościową rewolucją słupem milowym w mojej biografii był rok 1968. Polsce nie groziła wtedy zbrojna interwencja. Narodowy wymiar społecznego konfliktu nie wyrażał się bezpośrednio w napięciu między romantyczną a pozytywistyczną receptą działania. Wymiar narodowy był jednak obecny w naszym ówczesnym działaniu i zasługuje na przypomnienie.

3 sierpnia 1967 r. zostałem warunkowo zwolniony z więzienia, w którym odbywałem karę trzech i pół roku pozbawienia wolności za napisany wspólnie z Jac-

kiem Kuroniem *List otwarty do partii*. Jacek, którego sąd unieszczęśliwił wtedy niższym o sześć miesięcy wyrokiem, wyszedł w maju. Na nasz powrót czekało więcej osób, niż nas żegnało. Obaj staliśmy się w naturalny sposób duchowymi przywódcami studenckich kontestatorów nowego pokolenia. Ich matecznikiem był Uniwersytet Warszawski, a ich skądinąd nieliczne środowisko (właściwie kilka zazębiających się paczek koleżeńskich z wydziałów historii, filozofii i socjologii, ekonomii, matematyki i fizyki, w sumie mniej niż sto osób) zostało przez sekretarza Komitetu Uczelnianego PZPR określone zbiorczą nazwą „komandosi". Nazwa wzięła się stąd, że ci młodzi, oczytani i wyszczekani ludzie spadali niczym desant spadochroniarzy na organizowane przez partię i ZMS zebrania dyskusyjne i niesłusznymi pytaniami lub wypowiedziami spychali dyskusję na niewłaściwe tory. Wśród „komandosów" nie brakowało indywidualności, chyba jednak najbardziej wyróżniał się student historii Adam Michnik.

W listopadzie 1967 r. partia zorganizowała w uniwersyteckim Audytorium Maximum spotkanie z bliskim współpracownikiem Gomułki Walerym Namiotkiewiczem, który wygłosił referat o radzieckiej polityce zagranicznej. Prelegent stwierdził, że polityka ZSRR nigdy nie była sprzeczna z narodowym interesem Polaków. Student Michnik zgłosił się wówczas do dyskusji i zacytował słynną mowę Mołotowa z października 1939 r. („Nareszcie zniknęła z mapy Europy Polska – ten bękart traktatu wersalskiego"), a następnie zapytał: „W jakim stosunku pozostawały te słowa oficjalnego sternika radzieckiej polityki zagranicznej do polskiego interesu narodowego?".

Pytanie było bezczelne, gdyż prelegent z KC nie mógł udzielić na nie sensownej odpowiedzi. Zarazem był to dla partii i bezpieki niepokojący sygnał. „Komandosi" byli znani jako tzw. raczkujący rewizjoniści, czyli młodociani heretycy marksizmu. Byli wśród nich synowie i córki przedwojennych komunistów dogmatycznie przywiązanych do internacjonalistycznej retoryki. Partia, a zwłaszcza rosnąca w siłę i prąca do przejęcia steru władzy koteria Mieczysława Moczara, była przekonana, że smarkateria, która rozrabia na Uniwersytecie Warszawskim, to narodowi nihiliści. Patent na patriotyzm (a właściwie na patriotyczną frazeologię) partyjni bonzowie, szczególnie zaś moczarowcy, przypisywali tylko sobie. Spotkał ich przykry zawód.

Narodowa retoryka moczarowskiej koterii przedstawiana jest w rocznicowych obchodach Marca '68 i w historycznej publicystyce głównie jako eksplozja antysemickiej propagandy. Jest to obraz uproszczony. Zwolennicy Moczara, którzy sami siebie określali nazwą „partyzantów", poszukiwali dla siebie narodowej legitymizacji na gruncie walki o pamięć historyczną. Służyło temu wspólne oddawanie czci okupacyjnym kombatantom z AL i AK oraz przywracanie blasku romantycznej tradycji powstań narodowych XIX w. Publicystyka Zbigniewa Załuskiego była nobliwą wizytówką tej orientacji, a przywabiać miał do niej głęboko ukryty podtekst antysowiecki. Ujawnienie tego podtekstu nie wchodziło w rachubę, bo w wasalnym państwie pociągnęłoby to za sobą niełaskę Kremla, a w konsekwencji klęskę w walce o ster władzy. Moczarowcy też byli wasalami Moskwy, a retoryka narodowa służyła im w gruncie rzeczy do nabierania ludzi. Rozkraczeni między wymogami wasalnej zależności a narodową demagogią, „partyzanci" znaleźli się w niewygodnej pozycji, gdy na scenie pojawił się podmiot wprawdzie bardzo słaby, ale niezależny od partii, jej wewnętrznych koterii i rozgrywek i nieskrępowany autocenzurą w wypowiedziach dotyczących relacji Warszawy z Moskwą.

„Komandosi" byli środowiskiem liczebnie szczupłym, nie mieli organizacyjnej struktury ani procedur decyzyjnych, działali spontanicznie, a nawet impulsywnie, więc szybko reagowali na wydarzenia. 28 lub 29 stycznia 1968 r. kilkoro z nich przybiegło do mnie z wiadomością, że najwyższe władze PRL zakazały wystawiania w Teatrze Narodowym *Dziadów* Adama Mickiewicza i już wiadomo, że spektakl 30 stycznia, na który bilety są wyprzedane, będzie ostatnim przedstawieniem tej sztuki. Widziałem już niejedno, ale to był bezprzykładny akt narodowego świętokradztwa i wymagał natychmiastowej odpowiedzi. Moje mieszkanie było na podsłuchu, więc wyrwałem kartkę z zeszytu i napisałem: „Zawiadomcie kogo się da, że spotykamy się przed spektaklem w hallu teatru, próbujemy wcisnąć się na widownię i po przedstawieniu skandujemy hasło: NIEPODLEGŁOŚĆ BEZ CENZURY!". Moim młodym przyjaciołom nie trzeba było tego powtarzać.

Dwuznaczność sloganu „Niepodległość bez cenzury!" była zamierzona. Jak pisaliśmy kilka dni później w ulotce kolportowanej na Uniwersytecie, slogan ten był protestem przeciwko cenzurowaniu „niepodległościowej i demokratycznej tradycji narodu". Zarazem jednak miał się on kojarzyć z polskimi aspiracjami do nieokrojonej niepodległości, czyli godził w tzw. doktrynę Breżniewa. Na to żadna z partyjnych koterii nie mogła sobie pozwolić.

30 stycznia udało nam się wywołać planowaną demonstrację na widowni, a niezależnie od tego studenci ze Szkoły Teatralnej pod wodzą Andrzeja Seweryna przybyli pod teatr z transparentem „Żądamy dalszych przedstawień". Doszło do ulicznej demonstracji szybko rozproszonej przez milicję, zatrzymań i kar finansowych nakładanych przez Kolegium Orzekające. „Komandosi" wylansowali z wielkim powodzeniem petycję do sejmu przeciw zakazowi *Dziadów*, a po przekazaniu do sejmu listu z 3145 podpisami toczyła się na warszawskich uczelniach „wojna ulotkowa". W końcu lutego zabrał głos w obronie Mickiewicza, a zarazem w obronie studentów, Związek Literatów Polskich. Preludium do wydarzeń marcowych stało pod znakiem obrony romantycznego kanonu tradycji narodowej, czyli pod znakiem niepodległościowych aspiracji.

Partia dysponowała absolutnym monopolem prasy, radia i telewizji. Po 8 marca, gdy protesty objęły wszystkie miasta uniwersyteckie Polski i przekształciły się w masowe wiece, manifestacje i strajki młodzieży akademickiej, machina propagandowa PRL wylała morze pomyj na kilkudziesięciu studentów zwanych „komandosami". Dziś trudno sobie wyobrazić dysproporcję środków, jakimi dysponowali „oni" z jednej, a „my" z drugiej strony. W styczniu 1969 r. na ławie oskarżonych Jacek Kuroń znalazł na to odpowiednie słowa: „Największą od czasów stalinowskich kampanię propagandową rozpętano przeciwko małej grupie młodzieży zbrojnej w maszyny do pisania". Rzeczywiście nie mieliśmy innych środków technicznych. Ulotki nasze były pisane na maszynie, nalepiane na murach i smarowane klejem od zewnątrz, żeby funkcjonariuszom SB i partyjnym aktywistom trudniej było je zdzierać. Wykorzystanie wyżymaczki od pralki Frania jako najprostszego powielacza spirytusowego, na którym można odbić 25 czytelnych kopii, było wielkim osiągnięciem opozycyjnej myśli technicznej, ale koledzy wpadli na to dopiero w czerwcu 1968 r.

Ton komunistycznej propagandzie nadawała w marcu koteria Moczara; jej główny rywal, czyli kierownicza ekipa Gomułki, przemawiał początkowo podobnym językiem i dopiero latem zaczął go tonować. Obok sztancy antysemickiej skrytej pod maskującą siatką „walki z syjonizmem" (slogan zapożyczony z sowieckiego repertuaru czasów Stalina) kluczowym elementem tej kampanii stało się wskazywanie ukrytych inspiratorów zamieszek. Mieli to być bonzowie partyjni z wpływowej niegdyś „grupy puławskiej", wprawdzie od kilku lat zmarginalizowani lub całkiem odsunięci od władzy, ale szukający okazji, by odzyskać stołki. W tym celu „puławianie" mieliby użyć własnych dzieci, które jakoby wodziły rej wśród „komandosów".

Bardzo trudno było zilustrować ten niedorzeczny pomysł jakimiś przykładami. Ojciec Ireny Grudzińskiej był w Ministerstwie Rolnictwa podsekretarzem odpowiedzialnym za leśnictwo, a ojciec Wiktora Góreckiego – dyrektorem generalnym w Ministerstwie Finansów. Poza tym można było wspomnieć, że ojciec Henryka Szlajfera pracował w cenzurze, a ojciec Adama Michnika redagował w Książce i Wiedzy wydanie dzieł Marksa. Nawet dla ludzi zaprawionych w kłamstwie było tego za mało. Dla uwiarygodnienia tezy o spisku „puławian" aresztowano więc Antoniego Zambrowskiego. Ojciec jego, Roman, był do 1963 r. sekretarzem KC, członkiem Biura Politycznego i faktycznym liderem „grupy puławskiej". Antoni Zambrowski nie pracował już jednak w 1968 r. na Uniwersytecie, nie brał udziału w wydarzeniach marcowych i nie udało się wyczarować żadnych dowodów, że było inaczej. Oskarżono go, że pożyczał znajomym niedozwolone książki (co było prawdą) i że w rozmowach z kolegami biurowymi lżył naród polski (co było kłamstwem). To wystarczyło, by go objąć wspólnym aktem oskarżenia ze mną, Kuroniem i czołowymi „komandosami", a nawet skazać. W prasowym komunikacie o wyrokach za wydarzenia marcowe potrzebne było jego nazwisko.

Piana wytwarzana wówczas przez propagandową machinę PRL przyczyniła się do dezorientacji sporej części społeczeństwa, nie ma jednak powodu, żeby dziś mydliła nam oczy. Wydarzenia marcowe były zjawiskiem szczególnie złożonym, gdyż splotły się wtedy i nałożyły na siebie dwa różne konflikty. Wewnątrz partii rozgrywała się walka o władzę między koterią Moczara a rządzącą ekipą Gomułki („puławianie" już się w tej rozgrywce nie liczyli, a czas Gierka miał dopiero nadejść). Następstwem i przedłużeniem wewnątrzpartyjnej rywalizacji było kadrowe trzęsienie ziemi w strukturach państwa. Równocześnie i niejako równolegle do tego wybuchł społeczny konflikt między sprawującą władzę partią a inteligencją i młodzieżą studencką. Właściwym przedmiotem tego społecznego konfliktu były ograniczone, ale istotne swobody, z jakich po 1956 r. korzystała polska inteligencja w twórczości artystycznej, pracy naukowej i nauczaniu uniwersyteckim. Samorządność związków twórczych i ustawowa autonomia wyższych uczelni stwarzały prawne gwarancje swobód, które nie miały kluczowego znaczenia w życiu politycznym kraju, miały jednak żywotne znaczenie w pracy zawodowej intelektualistów i w kształceniu nowych pokoleń polskiej inteligencji.

Przez blisko dwanaście lat po Październiku '56 partia traktowała te skromne oazy wolnego słowa jako wentyl bezpieczeństwa. W miarę narastania zjawisk kryzysowych i napięć społecznych u kresu „małej stabilizacji" wentyl okazał się jednak szczeliną, przez którą wylewało się na powierzchnię życia publicznego nagromadzone niezadowolenie. Ekipa Gomułki ponaglana przez moczarowców skłaniała się do tego, by wentyle pozatykać: zaostrzyć cenzurę, brać za twarz stowarzyszenia twórcze, a przede wszystkim zlikwidować autonomię uczelni w nowej ustawie o szkolnictwie wyższym (uchwalono ją w listopadzie 1968 r., ale przygotowano przed marcem). W ciągu dwunastu lat inteligencja zdążyła się jednak do tych swobód przyzwyczaić i uważała, że się jej należą. Tym bardziej uważali tak z natury zapalni studenci.

Zamach na te skromne swobody, które w marcu nazywaliśmy z pewną przesadą „prawami obywatelskimi", musiał natrafić na opór. Nasi profesorowie woleliby uniknąć starcia i zachować autonomię, ale okazało się, że to niemożliwe. Zresztą do walki przystąpili najpierw studenci. Ja sam sprzeciwiałem się początkowo zwołaniu wiecu. Też chciałem „chronić substancję", a nie miałem wątpliwości, że tłumny wiec oznacza przekroczenie Rubikonu. Skończy się wtedy krucha tolerancja władz, a młodzi ludzie, którzy mi ufali, trafią do więzienia lub zostaną usunięci ze studiów, co złamie im życie. Ale władze zdecydowały się na relegacje ze studiów zanim doszło do tłumnych protestów, uczyniły to w trybie sprzecznym z obowiązującą ustawą i wcale nie kryły, że traktują to jako precedens, czyli wzór nowych zasad. Zostaliśmy przyparci do muru i musieliśmy podjąć wyzwanie.

Słowa o naszym „prawie do obrony demokratycznych i niepodległościowych tradycji narodu polskiego", które sam umieściłem w rezolucji wiecu 8 marca, nie pojawiają się w późniejszych dokumentach ruchu studenckiego. W masowych wystąpieniach, które zapoczątkowaliśmy naszym protestem, chodziło o obronę znacznie skromniejszych swobód. Dominowała retoryka praw obywatelskich, zwłaszcza wolności słowa, z odwołaniem się do Konstytucji PRL, a czasem także do zasad socjalizmu. Wcześniejszy zakaz wystawiania *Dziadów*, który uruchomił lawinę wydarzeń, uderzył jednak w podstawowy kanon wartości narodowych. Tego też nie mogliśmy pozostawić bez odpowiedzi. Czuliśmy, że nie mamy wyboru.

Nie przemawia do mnie hipoteza, jakoby zakaz wystawiania *Dziadów* był przemyślną prowokacją moczarowców. Z partyjnych archiwów zdaje się wynikać, że decyzję w tej sprawie podjął sekretarz KC Zenon Kliszko na wniosek kierownika Wydziału Kultury KC Wincentego Kraśki. Kliszko był prawą ręką Gomułki, Kraśko reprezentował podobną orientację. W aktach śledztwa przeciwko Jackowi Kuroniowi i mnie (t. I, k. 74) zachowała się notatka służbowa oficera SB dotycząca reakcji publiczności podczas przedstawienia *Dziadów*. Był to wykaz kwestii, po których na widowni wybuchały oklaski. Wynikało z tego wykazu niezbicie, ze publiczność odbiera słowa Mickiewicza jako rodzaj antypartyjnego i antyradzieckiego manifestu. Był to oczywiście wyraz nastrojów i napięć, wynik sytuacji, w której „wentyl bezpieczeństwa" zamiast rozładowywać nastroje, dawał niebezpieczny wyraz nastrojom niezadowolenia. Zanim umieszczono ją w aktach śledztwa, notatka bezpieki trafiła niewątpliwie na biurka Kraśki i Kliszki. Taki był rutynowy obieg dokumentów przed podjęciem decyzji. Owszem, Moczar był ministrem spraw wewnętrznych, a bezpieka potrafiła manipulować informacjami dostarczonymi partyjnym decydentom. O przedstawieniu *Dziadów* i reakcjach publiczności mówiła jednak cała Warszawa. Nie widać tu miejsca na tajemną intrygę. Przeciwnie, wygląda na to, że moczarowskie MSW i gomułkowskie kierownictwo KC zgodnie pracowały nad obłożeniem Mickiewicza cenzorskim zakazem. Uderza jedynie całkowity brak poszanowania, a raczej wyczucia narodowych imponderabiliów ze strony obu frakcji ścierających się na szczytach PZPR. Dlatego, mimo miażdżącej dysproporcji środków przekazu, nie przegraliśmy walki z nimi podjętej na tej płaszczyźnie.

Zgiełk propagandy nie mógł całkowicie zagłuszyć wymowy zdarzeń, bo wyrobnicy propagandy musieli o tych zdarzeniach mówić i pisać. Nie dało się zaprzeczyć, ze studenci, a następnie pisarze wystąpili przeciwko zakazowi wystawiania dramatu, który każdy Polak znał ze szkolnej nauki i traktował jako symbol polskich aspiracji niepodległościowych. Slogan „Niepodległość bez cenzury" przedarł się przez zgiełk mediów nie tylko dzięki audycjom Radia Wolna Europa, ale i dlatego, że piętnowały go partyjne gazety, choćby w sprawozdaniach z sali sądowej. Zakazując wystawiania *Dziadów* w Teatrze Narodowym, władze PRL przeniosły ten dramat na scenę narodową i same obsadziły się w roli Nowosilcowa. Ich patriotyczna, a nawet nacjonalistyczna frazeologia została obnażona jako fałsz. Na tej płaszczyźnie nie mieliśmy powodu czuć się pokonani.

* * *

Poczucie klęski spadło na mnie pięć miesięcy po wydarzeniach marcowych. Byłem w mokotowskim więzieniu, czyli w ówczesnej sytuacji na swoim miejscu. Udostępniono mi właśnie jako oskarżonemu akta śledztwa. Lektura ich była zajęciem emocjonującym, czasem denerwującym, ale sensownym. W wolnych chwilach z zapartym tchem i duszą na ramieniu czytałem w dostarczanej codziennie do celi „Trybunie Ludu" doniesienia i komentarze dotyczące Czechosłowacji. „Praska wiosna" budziła nasze nadzieje, a jednocześnie rosnące obawy, że położy jej kres radziecka interwencja zbrojna. Wiadomość, że do tego doszło, przekreślała nadzieję, ale nie była niespodzianką. Prawdziwym wstrząsem było to, że wraz z Armią Radziecką oraz wojskami Węgier, Bułgarii i NRD w roli okupanta wystąpiło Wojsko Polskie. Czułem głębokie upokorzenie i palący wstyd. Było tak, jakby ktoś szyderczo odwrócił piękne hasło dziewiętnastowiecznych powstańców skierowane do żołnierzy zaborczych armii. Teraz nasi żołnierze szli do Czechosłowacji „Za naszą i waszą niewolę".

Po latach wystygł mi gniew na Gomułkę za represje wobec mnie i moich przyjaciół. Dostawałem od niego baty, ale sam pchałem się do bijatyki. Starałem się uderzać celnie i dotkliwie, nie powinienem się więc dziwić, że sam też obrywałem. Gorzej jest z kampanią „antysyjonistyczną" i wypchnięciem na obczyznę tysięcy Bogu ducha winnych Polaków wyłącznie za żydowskie pochodzenie. Ta rana czasem jeszcze ropieje, w gruncie rzeczy był to jednak problem wewnętrznopolski. Ale sierpniowej hańby 1968 r. nie umiem Gomułce darować, ponieważ to, co Polacy zrobili wówczas Czechom i Słowakom, jest także moją hańbą.

Wstyd należy do kategorii uczuć wyższych. Wstyd za haniebne czyny rodaków, jak przenikliwie zauważyła Teresa Bogucka podczas dyskusji o Jedwabnem, jest nieomylną oznaką więzi narodowej. W kręgu europejskiej kultury nie wierzymy w odpowiedzialność zbiorową. Uważamy, że sprawcy czynów, które potępiamy, powinni sami za nie odpowiadać. Jeżeli jednak naprawdę poczuwamy się do wspólnoty narodowej, to siłą rzeczy odczuwamy też wstyd za haniebne czyny popełnione przez jej uczestników i w jej imieniu. W celi w III pawilonie czułem w sierpniu 1968 r. bezsilny gniew na Rosjan z Armii Radzieckiej, na Niemców z Narodowo-Ludowej Armii NRD, na Bułgarów i na Węgrów posłanych do Czechosłowacji dla nadania sowieckiej inwazji pozorów akcji międzynarodowej. Wstydziłem się jednak tylko za Polaków – ślepych wykonawców woli Breżniewa.

Trzynaście lat później wysłuchałem zwierzeń jednego z tych Polaków. Był to mój bliski kolega, można nawet powiedzieć współbojownik – Janusz Bałenkowski, robotnik Polskich Zakładów Lotniczych Hydral we Wrocławiu i przewodniczący tamtejszej Komisji Zakładowej NSZZ „Solidarność". Chyba we wrześniu 1981 r., po wiecu w tej fabryce lub w pobliskich zakładach Predom-Polar, Janusz zaciągnął mnie do parku, żeby porozmawiać na osobności. Opowiedział mi, że latem 1968 r. służył w wojsku jako dowódca czołgu. Od kwietnia zamknęli ich w jakichś lasach na Dolnym Śląsku. Nie dostawali przepustek, nie widywali nikogo spoza jednostki i narastała w nich ślepa złość. Wreszcie zarządzono alarm i ruszyli ku granicy. Czołg Janusza jechał pierwszy i to on rozwalił szlaban. Na dalszej drodze do Hradca Kralove nie napotkali oporu. W pewnym momencie przejeżdżali koło koszar. Czechosłowaccy żołnierze stali za płotem jak aresztanci, bez broni, bez pasów; patrzyli na najeźdźców i płakali. Nagle jak na komendę odwrócili się, spuścili spodnie i wypięli na okupantów gołe tyłki.

Janusz opowiadał mi przez ściśnięte gardło, że wtedy wybuchnął śmiechem. Teraz, kiedy sami spodziewaliśmy się inwazji, chciał, żebyśmy potrafili uchronić polskich żołnierzy przed bezbronnością i bezsilnością, które trzynaście lat wcześniej były udziałem czeskich chłopców z koszar pod Hradcem. Ważniejsze od naiwnych skądinąd pomysłów, jak mamy ustrzec polskie wojsko przed zamknięciem w koszarach, wydało mi się przewartościowanie stosunku polskiego żołnierza do wydarzeń z sierpnia 1968 r. Wracając pamięcią do swoich doświadczeń w roli okupanta, Janusz potrafił zrozumieć swoich rówieśników w czeskich mundurach i odkrywał w sobie wstyd; ten wstyd, który jest najwyższą formą uczuć narodowych.

Żal mi okropnie, że w stanie wojennym, po wyjściu z obozu internowanych, Janusz Bałenkowski – podobnie jak wielu innych działaczy pierwszej „Solidarności"– opuścił Polskę z paszportem, który uprawniał do wyjazdu bez powrotu.

* * *

Wstyd ma także właściwości terapeutyczne; pomaga leczyć ksenofobiczne zwyrodnienia świadomości narodowej. Nie byłem wolny od ksenofobii. Wszczepiono mi ją w dzieciństwie wraz z rosyjskim nacjonalizmem czasu wielkiej wojny. Dla nas, dzieci z Leśnego Kurortu, wielkoruskie samookreślenie narodowe polegało na wspólnym przeciwstawieniu nas i wszystkich naszych złowrogim Niemcom, którzy – mimo że byli abstrakcją – ucieleśniali wszelkie zło. „Za mir i swiet my boriemsia, oni – za carstwo t'my" – głosiła pieśń radziecka o tamtej wojnie. Nasi to światłość, ocalenie świata, oni – to królestwo ciemności. Do dziś mam gęsią skórkę, gdy to słyszę. Siły ciemności należało zniszczyć, a ich nosicieli – wybić do nogi. Ale niemieccy jeńcy, których kolumnę spotkaliśmy podczas spaceru z wychowawczynią, nie wyglądali wcale jak złowroga siła, a nawet w ogóle nie kojarzyli się z siłą, tylko z wycieńczeniem, złachmanieniem i bezradnością. Obraz ten pozostał mi w pamięci i był skojarzony z niezrozumiałym dla mnie samego uczuciem zawstydzenia, nadal jednak rysowałem z upodobaniem stosy niemieckich trupów. W Polsce też je rysowałem, bo podobnie postrzegali Niemców moi polscy rówieśnicy. Dodać trzeba, że komunistyczna propaganda manipulowała wtedy bez skrupułów świeżą, traumatyczną pamięcią okupacji hitlerowskiej i wyrosłym na tym gruncie szowinizmem. W wieku dziewięciu lat przyglądałem się z życzliwym zainteresowaniem pracownikom służb miejskich, którzy rozlepiali plakaty wzywające do glosowania w referendum tak, jak chciała PPR: „niemcom nie w smak 3 razy tak". Etniczną nazwę Niemców pisano wtedy, wbrew regułom polskiej ortografii, małą literą.

Nic dziwnego, że i mnie zdarzyło się przy rodzinnym stole powiedzieć z miną przemądrzałego dziecka: „Wszystkich Niemców należałoby rozstrzelać". Ostudził mnie ojciec. Przyjrzał mi się uważnie i bardzo spokojnie zapytał, czy według mnie trzeba rozstrzelać także małą Barbel. Jej ojciec Hans był stelmachem w majątku Schaffgotschów w Kowarach koło Jeleniej Góry. Majątek został oczywiście przejęty przez państwo polskie i latem 1946 oraz 1947 byłem tam na wakacjach. Bawiłem się z Barbel, a ponieważ była o rok młodsza ode mnie i bardzo drobna, przypisałem sobie w tych zabawach rolę jej opiekuna. Nie pamiętam, czy pierwszego, czy drugiego lata Hans z rodziną został wysiedlony do Niemiec. Widziałem ich odjazd. Dobytek rodziny był załadowany na furmankę. Na kufrach umieszczono i przywiązano sznurami wielką pierzynę, a na tym wszystkim siedziała Barbel. Nie płakała, miała bardzo poważny wyraz twarzy i nawet na mnie nie spojrzała. Stałem, patrzyłem na nią i czułem zamęt, którego powodów nie umiałem nazwać. Obrazek ten mam do dziś w pamięci, a mój wewnętrzny zamęt dopiero z upływem lat przybrał wyraźną postać wstydu.

Ten wstyd ma zresztą swoje granice. Mogę je bez trudu wskazać na mapie: są to granice na Odrze i Nysie. Wiem, że nie można pozwolić na ich kwestionowanie, a więc i na ich moralną delegitymizację. We Wrocławiu, który uważam za swoje miasto, do dziś rozbrzmiewa lwowski zaśpiew. Gdzieś trzeba było po 1945 r. znaleźć dom i nowe miejsce na ziemi dla Polaków ze Lwowa i Stanisławowa. „W polskim Wrocławiu niemieckie domy – to właśnie moja ojczyzna. A Lwów – to dla mnie zagranica...". Bardzo lubię tę przewrotną piosenkę Romka Kołakowskiego.

Granicą mojego wstydu są też roszczenia niemieckiego Związku Wypędzonych i nawoływania Eriki Steinbach. Nie widzę politycznych ani moralnych powodów, żeby im ustępować. Historia jest splątana, okrutna i niesprawiedliwa, ale nie godzę się, żeby miraż historycznej sprawiedliwości miał uzasadniać wypłatę odszkodowań dla spadkobierców wysiedlonych z górą pół wieku temu Niemców kosztem środków przeznaczanych dziś na utrzymanie polskich szpitali i szkół lub na fundusz emerytalny ZUS. Z tego samego powodu apelowaliśmy – Jacek Kuroń i ja – do prezydenta RP Aleksandra Kwaśniewskiego o zawetowanie uchwalonej przez koalicję AWS-UW ustawy reprywatyzacyjnej. Ustawa ta przekreślała powojenne dekrety o nacjonalizacji, a dla spadkobierców wywłaszczonych ziemian i przemysłowców przewidywała częściowe odszkodowanie o łącznej wartości 58 miliardów zł. Od autorów ustawy różniła nas hierarchia wartości: nie godziliśmy się z poglądem, że naruszona niegdyś własność i prawa spadkobierców są bardziej święte od ludzkiego życia i zdrowia, zabezpieczenia na starość i równego dostępu do kształcenia dzieci.

Wszystko to jednak nie oznacza, że niemieckiej dziewczynce wypędzonej z rodzinnego domu w Kowarach nie wyrządziliśmy żadnej krzywdy. Mam słuszne prawo do wstydu z jej powodu, bo poczuwam się do narodowej wspólnoty z poprzednimi pokoleniami Polaków, w tym z moim własnym ojcem, który w latach 1946–1947 faktycznie kierował polskim MSZ i w interesie Polaków nadzorował realizację postanowień zwycięskich mocarstw dotyczących Dolnego Śląska.

Ani widok Barbel siedzącej na tobołach, ani nawet słowa mojego ojca nie stały się dla mnie źródłem jednorazowej iluminacji, pozostały mi jednak w pamięci i pomagały wyzbywać się stopniowo powojennej germanofobii. Złość, którą odczuwam, gdy polski polityk zajmuje się w kampanii wyborczej tropieniem cudzych dziadków lub mówi o „ukrytej opcji niemieckiej", wskazuje, że w końcu wyleczyłem się z tej groźnej i wstydliwej choroby.

Od początku natomiast byłem odporny na zarazę rusofobii. Jest to odporność nabyta we wczesnym dzieciństwie, a może nawet dziedziczna. Moja matka miała w 1945 r., gdy przenieśliśmy się do Polski, trzydzieści osiem lat. Stopniowo wrastała w polską kulturę, ale nie pozbywała się przy tym rosyjskiego dziedzictwa. Bardzo boleśnie reagowała na objawy rusofobii i czuła się nimi osobiście dotknięta. Z odcieniem niepokoju patrzyła, jak reaguję w sytuacjach, które czyniły z nas przeciwników sowieckiego imperium i groziły zbrojną konfrontacją z Rosjanami. Przed nadawaniem temu konfliktowi wymiaru etnicznej wrogości chroniły mnie jednak zarówno wspomnienia z dzieciństwa, jak i okruchy wiedzy o związkach rodzinnych.

Gdy byłem mały, oduczono mnie pytać o ojca i dziadka, bo nie można mi było powiedzieć prawdy o ich losie. W styczniu 1956 r., gdy po raz drugi i ostatni spotkałem swojego biologicznego ojca, mieliśmy jednak okazję porozmawiać. Powiedział mi wówczas, że w Baszkirii, gdzie wtedy mieszkał, ożenił się powtórnie (z Rosjanką, nie z Baszkirką, jak nie omieszkał zaznaczyć) i ma sześcioletniego syna. Wobec tego nieznanego mi brata o imieniu Władimir mam bardzo ważny obowiązek: gdy ojciec umrze (rzeczywiście zmarł dwa lata później), muszę wrócić do Rosji lub ściągnąć chłopca do Polski, aby zapewnić mu „mużskoje wospitanije" (męskie wychowanie), bo przecież samotna kobieta nie może wychować pełnowartościowego mężczyzny. Niedoszły lejtnant Aleksander Budniewicz wyniósł z Armii Czerwonej patriarchalny pogląd na świat.

Nie zamierzałem wracać do Rosji ani ściągać osieroconego chłopca do Polski, ale myśl o tym, że mam rosyjskiego brata, kołatała mi się w głowie. W marcu 1981 r., podczas bydgoskiego kryzysu, liczyliśmy się z radziecką inwazją. Na radzieckich żołnierzy pod bronią, których mijaliśmy, wracając z posiedzenia KKP do Wrocławia, patrzyłem jak na potencjalnych najeźdźców. Kręcili się oni też po Wrocławiu i właśnie na wrocławskim Dworcu Głównym spotkałem czerwonoarmistę, który z wyglądu przypominał mnie samego za młodych lat. Coś mnie tknęło. A może ten najeźdźca jest moim bratem? Chciałem go nawet zapytać o nazwisko, ale uprzytomniłem sobie, że mój brat ma już 31 lat i na pewno jest już po wojsku (faktycznie odsłużył swoje znacznie wcześniej jako artylerzysta w Estonii).

Przed popadnięciem w rusofobię chroniły mnie także najstarsze pokłady emocji ukształtowane w radzieckim domu dziecka. W grudniu 1991 r. Związek Radziecki został formalnie rozwiązany, a we wrześniu 1993 r. opuściły Polskę ostatnie oddziały Północnej Grupy Wojsk do niedawna radzieckich, a teraz już rosyjskich. Były to wydarzenia, które umacniały naszą ledwie co odzyskaną niepodległość. Mogliśmy czuć się bezpieczniejsi i mieliśmy powody do satysfakcji. Jesienią 1993 r. byłem na zabiegach rehabilitacyjnych w Głuchołazach i wybrałem się na targ do pobliskiej Nysy. Przeszedłem wzdłuż straganów i na końcu targowiska zobaczyłem rozłożone wprost na ziemi radzieckie, a właściwie już rosyjskie mundury. Przydrożny pył osiadał na czapkach z czerwoną gwiazdą i na złotych guzikach, takich samych jak te, w obronie których stoczyłem dramatyczną i w końcu przegraną walkę z moimi kolegami z domu dziecka. Poniewierka upragnionego symbolu wielkoruskiej tożsamości powinna mnie była teraz ucieszyć, ale nie czułem radości. Przez chwilę nawet ścisnęło mi się serce, jakbym wciąż był małym radzieckim chłopcem. Być może to właśnie sprawia, że rozumiem emocje Rosjan również wtedy, gdy ich nie podzielam.

* * *

W doświadczeniach mojego życia więź narodowa jest bardzo ważną osią porządkującą; bez niej nie potrafiłbym zdać sprawy z tych doświadczeń w sposób sensowny. Mam dobrze zasłużoną reputację człowieka lewicy. Młodzi ludzie orientacji lewicowej, zbliżeni do środowiska „Krytyki Politycznej", i ci, którym bliska jest tradycja anarchizmu, chętnie ze mną rozmawiają, a nawet dość uważnie słuchają, co mówię. Są dobrze wychowani i delikatni, starają się więc nie okazywać zmieszania, gdy w rozmowie używam słowa naród. Ich zdaniem jest to konserwatywna mrzonka, archaiczne zaklęcie bez pokrycia, którym myślący człowiek lewicy (a za takiego mnie mają) nie powinien się posługiwać.

Dość podobnie, choć bez powoływania się na lewicowe autorytety, myślą o kategorii narodu ultranowocześni Europejczycy, a także profesorowie ekonomii, którzy odkryli, że globalny kapitalizm to tysiącletnie Królestwo Boże na Ziemi i żyją z głoszenia tego odkrycia profanom. Z profesorami ekonomii nie mam co dyskutować, gdyż ich zajęcie nie polega na wymianie poglądów. Z europejskimi modernizatorami, a zwłaszcza z młodymi lewicowcami, mam jednak obowiązek rozmawiać bez względu na to, co z moich opinii będą skłonni uznać.

Z mojej zawodowej wiedzy wynika, że narody nie istniały od zawsze, więc można przypuszczać, że nie będą trwały wiecznie. Sam badałem starsze i mniejsze od narodów wspólnoty etniczne zwane przez historyków i antropologów plemionami. Wiem, jaką rolę w utrzymywaniu ich spójności odgrywał symbol wspólnego terytorium („nasza ziemia") oraz mit pokrewieństwa łączącego ogół współplemieńców ze sobą nawzajem, z plemiennym królem (o ile taki był) i z boskim opiekunem plemienia postrzeganym jako naturalny lub adopcyjny praojciec ludu. Archetypy plemiennej mitologii miały długi żywot i nieraz kołatały się w świadomości narodowej aż po XIX i XX w., czego dobrymi przykładami są słowa *Roty* Marii Konopnickiej, a także trwający w polszczyźnie nawyk określania wojny domowej jako konfliktu bratobójczego.

Polityczna organizacja plemion została w Europie zniszczona przez państwa. Chrześcijańska monarchia nie mogła współistnieć ze strukturami, które groziły rozsadzeniem jej jedności. W dodatku plemiona były matecznikami pogańskiego kultu. Nie umiemy jednak określić, jak przebiegał i jak długo trwał proces wykorzeniania plemiennych więzi. Więź narodowa – etniczny korelat średniowiecznej państwowości – kształtowała się bardzo powoli, chociaż jej zarodki uchwytne są dość wcześnie w środowisku elity politycznej. Wśród historyków, podobnie jak wśród socjologów, przeważa opinia, że nowoczesny naród, obejmujący poczuciem wspólnoty ponad klasowymi i politycznymi podziałami wszystkich, którzy uznają się za dzieci tej samej ojczyzny, ukształtował się po obaleniu barier stanowych, czyli pod koniec XVIII i w XIX w. A co z narodem po nowoczesności?

Bliski kres narodów, wieszczony przez postmodernistyczną myśl europejską, nie jest prognozą wysnutą z historycznej, socjologicznej lub ekonomicznej wiedzy, lecz typowym proroctwem. Kto chce, niech wierzy; ja jestem sceptyczny. Głosiciele tego proroctwa zwracają uwagę, że globalizacja pozbawia państwa narodowe instrumentów kontroli nad funkcjonowaniem kapitalistycznej gospodarki, a w rezultacie podmywa fundamenty dwudziestowiecznego welfare state. Jest to obserwacja trafna, tyle że nie wynika z niej wniosek o końcu narodów, które nie są przecież produktem keynesowskich recept interwencjonizmu ekonomicznego.

Wypowiadanie się o przyszłości nie należy do zawodu historyka. Może on oczywiście prorokować, podobnie jak może to czynić szewc, ekonomista lub poeta, ale nie powinien powoływać się na powagę swojego fachu, aby stworzyć wrażenie wiarygodności przepowiedni. Parę razy w życiu zdarzyło mi się prorokować lub wypowiedzieć słowa pogróżki, które zinterpretowano jako proroctwo („musimy im jasno powiedzieć, że bój to będzie ich ostatni…"). Po pewnym czasie zebrałem nawet za to najwyższe pochwały, bo uznano, że przepowiedziałem trafnie. Nie podzielam tej pochwalnej oceny i wcale nie czuję się dumny. Dziś wolę zachować powściągliwość i ważyć słowa.

Moim lewicowym i euroentuzjastycznym przyjaciołom skłonnym do wiary w bliski koniec narodów doradzałbym nade wszystko ostrożność. Rozpad Związku Radzieckiego, a niezadługo potem rozpad Jugosławii potwierdzają wielką żywotność narodowych wspólnot, emocji i konfliktów. Nikt przy zdrowych zmysłach nie będzie twierdził, że Ukraina odłączyła się od Rosji, a Bośnia od Serbii wiedzione ekonomiczną racjonalnością. Było raczej przeciwnie. Czystki etniczne na Bałkanach lub jatki w Czeczenii to, rzecz jasna, nieszczęścia, zbrodnie, humanitarne katastrofy, nie wyciągamy jednak z tego wniosku, że świadomość narodowa to wyłącznie źródło nieszczęść. W naszym względnie spokojnym kraju publicyści wszelkich orientacji ubolewają nad „wojną polsko-polską" i apelują, by retoryka walk między partiami nie rozrywała więzi, jaka łączy nas i łączyć powinna ponad podziałami, choć owe podziały są skądinąd w demokracji zjawiskiem naturalnym. Te więzi, do których odwołujemy się w obawie przed dezintegracją społeczeństwa i destrukcją państwa, mają przecież wymiar narodowy. Lech Wałęsa i Mieczysław Jagielski przy podpisywaniu porozumienia gdańskiego też mówili o dogadaniu się „jak Polak z Polakiem". Był to, owszem, frazes i dalszy rozwój wydarzeń poddał go bardzo ciężkim próbom, nie zgodzę się jednak, że ten frazes nie wyrażał postaw obecnych po obu stronach barykady i nie miał tonizującego wpływu na ostrość konfliktów – nawet w czasie stanu wojennego.

Po upadku Związku Radzieckiego i tryumfach globalizacji świat stał się mniej przewidywalny, niż był w drugiej połowie XX w. Nie ma już dwubiegunowego ładu pod nadzorem supermocarstw, które dzieliły między siebie strefy wpływów i nie pozwalały na takie konflikty, których nie mogłyby kontrolować. Globalny kapitał finansowy wyrwał się spod kontroli państw, nawet tych najpotężniejszych, a spekulacje destabilizują gospodarkę w USA i w Europie. W połączeniu z deregulacją dyktowaną względami doktrynalnymi i z kryzysem polityki społecznej wprowadza to w życie codzienne zamożnych dotychczas krajów dramatyczną niepewność jutra i nowe napięcia społeczne. Wszystko to prawda, ale naród nie jest kategorią ekonomiczną. Zamęt w gospodarce nie musi spowodować zniknięcia narodów. Istniały one przed Keynesem i będą istnieć po Friedmanie. Ich żywot nie jest wieczny, ale ich kres nie wydaje mi się bliski, a zmierzch może trwać długo; znacznie dłużej niż moje życie, a nawet życie młodych warszawskich anarchistów oraz ich jeszcze nienarodzonych dzieci.

Pozwalam sobie zwrócić uwagę na te banały, ponieważ w czasach zamętu i niepewności wspólnoty narodowe mogą odegrać istotną rolę. Po pierwsze, populizm rośnie dziś w siłę, a tam, gdzie dochodzi do władzy, próbuje wprowadzić w życie nacjonalistyczny wariant obrony przed globalizacją: sięga po protekcjonizm, buduje szańce wokół gospodarki narodowej, ustanawia ścisłą kontrolę państwa nad bankami. Jest to reakcja spójna, chociaż nie ma wielkich szans powodzenia, gdyż państwo narodowe (zwłaszcza tak małe jak Węgry) nie poradzi sobie w pojedynkę z potęgą globalnego kapitału finansowego. Ale próby takie są i może będą podejmowane, oczywiście z odwołaniem się do wspólnoty narodowej.

Po drugie, globalnemu kapitałowi finansowemu może próbować stawić czoło dostatecznie silna grupa narodowych państw. Na tym w gruncie rzeczy polega (lub może polegać) projekt europejski. Czy Unia jest w stanie temu podołać? Szczerze mówiąc, nie wiem. W każdym razie wymaga to znacznie większej integracji instrumentów politycznych i fiskalnych, a to jest nieosiągalne bez porozumienia między europejskimi narodami. Nie należy zapominać, że społeczeństwo obywatelskie i demokracja istnieją tylko w obrębie wspólnot narodowych. Nie ma dotychczas wdrożonych i uznanych struktur europejskiej, a tym bardziej globalnej demokracji.

Po trzecie wreszcie, futurologowie mogą spodziewać się tendencji, by w ślad za globalizacją gospodarki nastąpiła globalizacja polityki. Pozwoliłaby ona okiełznać globalny kapitalizm, nie widać jednak demokratycznych mechanizmów ani demokratycznej drogi do tego celu. Konflikty o panowanie nad światem już bywały, z reguły jednak toczyły się przy użyciu sił zbrojnych. Armie i arsenały, w przeciwieństwie do banków, znajdują się ciągle w rękach państw narodowych.

Pogrzeb narodów wydaje mi się przedwczesny, a nawet ryzykowny, jak każda próba zaklinania rzeczywistości. Lepiej nie mówić, że nie ma takich zwierząt, dopóki one są. Sami się do nich zaliczamy i musimy się wśród nich poruszać, najlepiej z otwartymi oczami.

II. My, ZMP

Pędzi pociąg historii,
błyska stulecie – semafor.
Rewolucji nie trzeba glorii,
nie potrzeba szumnych metafor.
Potrzebny jest maszynista,
którym jest On:
towarzysz, wódz, komunista –
Stalin – słowo jak dzwon.

Władysław Broniewski, *Słowo o Stalinie*

Pamięć i strach

Stalinizm uniformizował ludzkie myśli, uczucia i wyobraźnię. Wymuszał tę uniformizację potężny aparat państwa przy użyciu bogatych środków. Czy udało mu się zuniformizować pamięć?

„To dobre pytanie" – tak zazwyczaj mówimy, gdy odpowiedź sprawia nam kłopot. Nie tylko w szkolnych podręcznikach i w okolicznościowej publicystyce obraz lat 1948–1955 jest sprowadzany do bardzo prostego schematu. Podobnie jest w osobistej pamięci ludzi, którzy wtedy byli dorośli, lub – jak ja – dopiero dorastali.

Jest po temu wiele powodów. Nie trzeba zwalać całej winy za tabloidyzację pamięci na tych, którzy kształtują dzisiejsze standardy poprawności politycznej. Istotną rolę w dopasowywaniu osobistej pamięci do zmiennych wymogów współczesności odgrywa konformizm – zjawisko samo w sobie zmienne, ale zawsze obecne w życiu społecznym. Normy, do których w 1951 r. dopasowywali się zarówno ówcześni fanatycy, jak i konformiści lub ludzie po prostu zastraszeni, czyli prawie wszyscy, są dziś symbolem hańby. Życie ze wspomnieniem hańby nie jest komfortowe. Trzeba więc wyprzeć hańbę z pamięci i wmawiać wszystkim, a zwłaszcza samemu sobie, że ulegaliśmy przemocy, lecz zachowaliśmy wewnętrzną niezależność ducha. Takiej autokreacji wymaga od nas, świadków tamtej epoki, konformizm czasów obecnych. I jak tu ufać wspomnieniom?

Cóż jednak począć, skoro piszę o własnych doświadczeniach? Za okoliczność szczęśliwą można uznać to, że rozpleniony obyczaj fryzowania wspomnień pod dyktando dzisiejszej mody bardzo mnie złości. Uznaję tę złość za anioła stróża własnej pamięci, do której ośmielam się pod taką opieką sięgnąć.

Największą trudność przy próbie opisu świadomości Polaków w latach stalinizmu sprawia charakterystyczne pomieszanie strachu, fałszu i udawanych okrzyków entuzjazmu z autentycznym, czasem nawet fanatycznym poparciem dla dyktatury i jej poczynań. Nie sposób tego węzła rozplątać, bo prawie wszyscy wypowiadali te same słowa i zdania, skandowali te same slogany, a jeśli nie całkiem w nie wierzyli, to się ze swoją niewiarą nie zdradzali nawet przed własnymi dziećmi.

Stan pomieszania postaw był, jak mi się zdaje, zjawiskiem powszechnym. Strach nieobcy był nawet fanatycznym zwolennikom komunizmu, którzy bali się ujawnić swoje wątpliwości, wiedzieli bowiem, jak niebezpiecznie jest wątpić. Poparcie społeczne bardzo trudno zmierzyć, zwłaszcza że nie było (i nadal nie ma) żadnych instrumentów, które pozwoliłyby przeprowadzić taki pomiar w odniesieniu do tamtych czasów. Moje osobiste doświadczenie, choć bardzo ograniczone, nie pozwala jednak wątpić, że zakres społecznego poparcia dla komunistycznej władzy i realizowanych przez nią poczynań był znaczny. Dotyczy to zwłaszcza odbudowy i uprzemysłowienia kraju, który przed wojną należał do europejskiej strefy niedorozwoju, oraz upowszechnienia oświaty i udostępnienia wyższych studiów młodzieży z rodzin chłopskich i robotniczych. Masowy awans społeczny związany z tymi przemianami siłą rzeczy wpływał na postawy milionów ludzi, zwłaszcza młodych ludzi, przed którymi Polska Ludowa otwierała niedostępne wcześniej perspektywy. Nawet przeciwnikom reżimu nieobce było uznanie dla jego osiągnięć, zwykle wypowiadane otwarcie w przeciwieństwie do ciężkiego rachunku krzywd, który ci sami ludzie przeżuwali w trwożliwym milczeniu.

Postawy były różne, lecz różnic nie ujawniano. Słowa, których nikt nie wypowiada, znikają z obiegu komunikacyjnego. Wraz z nimi zanika lub zamiera myśl sprowadzona do zasuszonej postaci przetrwalnika. Mogło się wydawać, że wszyscy myślą tak, jak mówią – a mówili tak, jak nakazywała komunistyczna ideologia i propaganda. Dziś łatwo twierdzić, że był to pozór. Wszechobecne panowanie tego pozoru miało jednak istotne skutki dla języka, którym mówiło i myślało dorastające pokolenie, moje pokolenie.

Szczera rozmowa o sprawach publicznych dorosłych z dziećmi, albo w obecności dzieci, była wówczas po prostu niebezpieczna. Pozwolę sobie podać za przykład zdarzenie z dzieciństwa mojej żony, urodzonej w 1949 r. Jej matka ciężko chorowała na gruźlicę, przebywała w szpitalach lub sanatoriach, a ojciec – zatrzymywany i szykanowany z powodu podejrzeń o powojenną konspirację – żył w stanie ciągłego zagrożenia. Postanowiono zatem oddać chwilowo dziewczynkę na wychowanie dziadkowi. Był on wiejskim kowalem, członkiem Rady Parafialnej i autorytetem dla sąsiadów, którzy czasem przychodzili do niego porozmawiać. Mówili o różnych sprawach, także o polityce; na wsi częściej niż w mieście ludzie pozwalali sobie w takich rozmowach na szczerość, ale oczywiście nie przy dzieciach. Mała Małgosia była jednak bardzo drobna i ciekawska, więc czasem chowała się pod fotelem dziadka i słuchała.

W marcu 1953 r. kierowniczka przedszkola, do którego od niedawna chodziła Małgosia, zebrała dzieci i oznajmiła z grobową miną, że stało się wielkie nieszczęście – umarł wielki przyjaciel dzieci z całego świata, Józef Stalin, bardzo dobry człowiek. Moja przyszła żona natychmiast wyrwała się z odrębnym zdaniem:

– A wcale nieprawda, bo mój dziadek mówił, że Stalin już się w piekle smaży.

Na szczęście kierowniczka przedszkola była osobą bardzo przyzwoitą. Wezwała dziadka i powiedziała mu, żeby zabrał wnuczkę z przedszkola.

– Wie pan, jakie są dzieci – gdy usłyszą coś niezwykłego, lubią pochwalić się tym w domu. Jeżeli Małgosia zniknie z przedszkola, to może zapomną i nie będą opowiadać. W przeciwnym razie wie pan, jacy są dorośli – czterech nic nie powie, a piąty pójdzie i doniesie. Nieszczęście gotowe dla pana i dla dziecka. Niech lepiej ona nie pojawia się więcej w przedszkolu.

Jest to historia z happy endem. Wiele podobnych skończyło się dużo gorzej. Na temat bieżącej polityki czy bulwersujących zdarzeń z niedawnej przeszłości w ogóle z dziećmi nie rozmawiano, gdyż było to niebezpieczne dla dorosłych i dla dorastających. W ten sposób przerwana została komunikacja międzypokoleniowa. Strach siedział przy rodzinnym stole i tłumił wszelki dyskurs o sprawach publicznych. Nawet jeśli starsi wygłaszali na zebraniach obowiązujące slogany, trudno było bez żenady powtarzać je w domowym zaciszu. Gdy więc przyszedł czas na to, by mówić o podstawowych sprawach życia publicznego, nie znaliśmy – ja i moi rówieśnicy – żadnego kodu komunikacyjnego poza językiem komunistycznej ideologii i propagandy. Tym językiem mówiły do nas radio, prasa, szkoła i organizacja młodzieżowa. Rodzina milczała.

Było tak nie tylko w tych rodzinach, gdzie starsi w skrytości ducha myśleli jak najgorzej o komunizmie i o Sowietach. Podobnie było w rodzinach komunistów, także i w moim domu. O więziennej epopei mojego ojca na Łubiance dowiedziałem się dopiero w 1954 r., gdy była już odwilż. Do tego czasu ukrywano przede mną również prawdę o losach mojego dziadka i mojego biologicznego ojca. W marcu 1952 r. Informacja Wojskowa aresztowała bliskiego przyjaciela moich rodziców, pułkownika Witolda Ledera. Był on zastępcą szefa II Oddziału Sztabu Generalnego, generała Wacława Komara, również aresztowanego pod zarzutem szpiegostwa. Witolda dobrze znałem, mówiłem do niego na „ty", więc gdy od dłuższego czasu nie pojawiał się, zapytałem, gdzie się podziewa. Nie byłem małym chłopcem, miałem już piętnaście lat, ale w odpowiedzi usłyszałem:

– Witold pracuje w wywiadzie, więc czasem musi wyjeżdżać. Nie musimy widzieć, gdzie jest i po co. Nie należy o to pytać.

Warto dodać, że w obronie Witolda ojciec podjął interwencję. Rozmawiał z Bermanem, rozmawiał z Bierutem – oczywiście bezskutecznie, gdyż Informacja działała na bezpośrednie polecenie Moskwy. Mój ojciec musiał o tym wiedzieć, nie zawahał się jednak ręczyć za aresztowanego. Ale własnemu synowi Zygmunt Modzelewski, człowiek dzielny i odważny, nie ważył się powiedzieć prawdy.

No, chyba że stracił panowanie nad sobą. Zdarzyło się tak wkrótce po zniknięciu Witolda. Matka mojego szkolnego przyjaciela, Irena Krzywicka, lubiła imponować kolegom syna. Któregoś dnia w mojej obecności zapytała:

– Jak to się stało, że ten szpieg Komar wychował córkę na taką dobrą komunistkę?

Bóg raczy wiedzieć, czy była w tym ironia, ale postanowiłem sprawdzić wiadomość o Komarze. Miałem na to swój sposób: zadawałem przemyślnie sformułowane pytanie przy stole, podczas obiadu lub kolacji. Nie wiem czemu uważałem, że wtedy rodzice będą musieli powiedzieć mi prawdę. Powtórzyłem słowa pani Ireny, nie powołując się na nią, jakbym to ja sam zastanawiał się nad Komarem i jego córką.

Ojciec dostał szału. Krzyczał, wymyślał mi:

– Co ty wygadujesz, gówniarzu! Dlaczego szpieg, jaki szpieg?!

Nigdy mnie tak nie traktował. Wybąkałem:

– Jak to, przecież jest aresztowany...

– To co, że aresztowany! Aresztowany to wcale nie znaczy, że winny!

Prawda ta, dziś całkiem banalna, brzmiała wtedy gorzej niż najgorsza herezja. Ze słów ojca wynikało niezbicie, że u nas aresztuje się ludzi niewinnych. Tak mógł mówić tylko wróg. W ZMP mieliśmy na zebraniach coś w rodzaju szkoleń ideologicznych i tłumaczono nam, że wróg jest podstępny, ukrywa się i przenika wszędzie, nawet do partii, ba – do jej kierownictwa. Ojciec był starym komunistą, członkiem KC PZPR, ale co z tego? Może mój ojciec, skoro tak mówi, jest właśnie ukrytym wrogiem, któremu udało się wśliznąć do KC? Lepiej, żebym tego nie usłyszał. Ze wszystkich sił starałem się zapomnieć o słowach ojca wykrzyczanych w gniewie i bez wątpienia szczerych. Ale pamiętam je do dziś.

Równie dokładnie pamiętam jego bulwersującą wypowiedź o polityce gospodarczej rządu. W 1950 r., gdy na żądanie Kremla zrewidowano w Polsce plan sześcioletni, zwiększając ponad wszelką miarę obciążenie dochodu narodowego inwestycjami w przemyśle zbrojeniowym, załamała się równowaga rynkowa i zabrakło podstawowych artykułów żywnościowych w sklepach. Wprowadzono wówczas kartki na mięso i tłuszcze, jak w latach osiemdziesiątych. 3 stycznia 1953 r. przydziały kartkowe zniesiono, przy czym drastycznie podwyższono ceny i bardzo nieznacznie – płace, a czołówki gazet obwieszczały, że jest to ważny krok podnoszący poziom życia ludzi pracy. Liczyłem, liczyłem i ciągle mi wychodziło, że to nieprawda. Poszedłem do ojca w nadziei, że on mi to pomoże zrozumieć, i zapytałem:

– Tato, po co to zrobiono?

Ojciec odpowiedział mi z ledwie skrywaną złością, brutalnie i bez osłonek:

– Żeby ludzie mniej jedli i więcej pracowali.

Tak też mógł mówić wróg, ale zapamiętałem tę celną formułę na całe życie. Dziś mógłby ją wygłosić jakiś ekstremalny wielbiciel Balcerowicza, w słowach mojego ojca dźwięczała jednak niedwuznaczna dezaprobata dla antyrobotniczej polityki władz.

Podobnie jak wtedy, gdy pytałem o Komara, ojciec uległ emocjom i powiedział mi więcej, niżby chciał. Myślę, że wyniósł z domu rodzinnego emocjonalny związek ze środowiskiem robotniczym, umocniony następnie w czasach jego działalności wśród górników w Zagłębiu Dąbrowskim i na Górnym Śląsku oraz we Francji. Pod tym względem ojciec mój, skądinąd człowiek bardzo dobrze wykształcony we Francji i obyty także w salonach tamtejszej lewicy intelektualnej, różnił się od inteligentów, którzy przyszli do ruchu komunistycznego ze środowisk mieszczańskich. Dla nich „klasa robotnicza" była kategorią teoretyczną, filarem ideologii, dla niego natomiast – naturalnym, w pewnym sensie rodzinnym układem odniesienia.

Byłem świadkiem zderzenia tych dwóch wrażliwości, gdy na początku lat pięćdziesiątych odwiedził nas w Warszawie Józef Olszewski, wówczas I sekretarz KW PZPR w Katowicach, a wcześniej bliski współpracownik mojego ojca w MSZ. Było widać, że są zaprzyjaźnieni, rozmawiali swobodnie w mojej obecności, bo wydawało się, że nie mogą się pojawić w ich rozmowie żadne zakazane treści. Olszewski trochę się przechwalał, że dobrze sobie radzi w roli gospodarza śląskich kopalń i hut, i mówił o tym, jak rygorystyczne są środki zapewniające górnikom bezpieczeństwo od pożarów. Przy zjeździe na dół przeprowadza się osobiste rewizje, a jeśli ktoś ma przy sobie bodaj pudełko zapałek, zostaje natychmiast zwolniony z pracy.

Ojciec okropnie się zirytował. Krzyczał na Olszewskiego:

– Czym się różnicie od przedwojennych właścicieli, którzy traktowali górników jak bezrozumne bydło?! To oni za pudełko zapałek wyrzucali z roboty! A myśmy o to sztrejki robili! Sztrejki!!!

Był tak wzburzony, że słowo „strajki" wymawiał jak w miejscowej gwarze. Olszewski wydawał się zaskoczony i chyba nie rozumiał, o co chodzi. Rzeczywiście było czymś niezwykłym, że mój ojciec, który od początków PRL uczestniczył w sprawowaniu władzy, przechował przez te lata wcześniejsze emocje robotniczego dziecka i robotniczego działacza. Byłem mimowolnym świadkiem tej sprzeczki. Czułem, że chodzi o dwie sprzeczne racje i za każdą coś przemawia, ale w głębi ducha byłem po stronie ojca i myślę, że jego emocje i odruchy wywarły dość trwały wpływ na moje późniejsze postawy wobec relacji władza–robotnicy.

Rozmowy takie i wybuchy irytacji, w których ujawniało się, co rodzice myślą naprawdę, były jednak czymś zupełnie wyjątkowym. Na co dzień u mnie w domu było podobnie jak wszędzie indziej: rodzina milczała, mówiły natomiast instytucje, których zadaniem była indoktrynacja obywateli w ogóle, a dorastających pokoleń w szczególności. Oprócz Polskiej Kroniki Filmowej, Polskiego Radia, gazet, socrealistycznych powieści i filmów indoktrynowała nas szkoła i organizacja młodzieżowa. Zewsząd słyszeliśmy to samo i bardzo trudno było temu nie ulec.

* * *

Pod koniec 1947 lub na początku 1948 r. przeprowadziliśmy się z alei Szucha na ulicę Wawelską. W ślad za tym, poczynając od siódmej klasy, zmieniłem też szkołę. Nowa szkoła należała do Towarzystwa Przyjaciół Dzieci. Ze strony moich rodziców nie był to, jak myślę, wybór polityczny. Nowa szkoła przypadła mi z rejonizacji, bo znajdowała się jakieś dwieście metrów od naszego nowego domu. Porządki były w niej jednak całkiem inne niż w starym powszechniaku. Przede wszystkim nie było tu lekcji religii ani porannej modlitwy na korytarzu. Zamiast tego przez całą siódmą klasę nauczyciel rozpoczynał każdą lekcję polskiego (a było ich pięć w tygodniu) od chóralnej recytacji wiersza Adama Ważyka:

> Mądrość Stalina – rzeka szeroka
> w ciężkich turbinach przetacza wody.
> Płynąc, wysiewa zboże na tundrach,
> zalesia stepy, stawia ogrody.
> Góry wysokie
> w kraju poety Mao Tse Tunga...
> Zgryzła opokę, panów zwaliła
> i nawodniła biedniackie grunta.

Byliśmy dopiero na progu Nowej Epoki. Wiersz Ważyka bardzo nas wtedy śmieszył i przerobiliśmy go na komiks, w którym mądrość gryząca opokę została przedstawiona w postaci wąsatego krokodyla z długimi zębami, a rzeka siała zboże z płachty. Nikt nie doniósł. Dwa lata później podobne żarciki nie uszłyby nam na sucho, zresztą sami nie pozwolilibyśmy na to sobie ani innym. Nowa Epoka indoktrynowała nas bowiem – i to było może najbardziej perfidne – naszymi własnymi rękami, zaprzęgając do chóralnego myślenia i zbiorowego entuzjazmu nasze młode umysły i serca.

W 1950 r. zapisaliśmy się do Związku Młodzieży Polskiej. Liczba mnoga jest w tym wypadku na miejscu, na krok ten zdecydowała się bowiem jednego dnia za poradą wychowawców blisko połowa uczniów w mojej klasie. Od razu nas umundurowano. Chodziliśmy do szkoły w strojach organizacyjnych: zielonych koszulach z naszywką ZMP na rękawie i w czerwonych krawatach. To nas wyróżniało. Czuliśmy się lepsi od „niezorganizowanych", powołani do tego, by im przewodzić, i, co gorsza, by ich nadzorować. W sprawach większej wagi działalnością ZMP w szkole kierowała „dzielnica" (Zarząd Dzielnicowy ZMP Warszawa-Śródmieście), ale w sprawach klasy szkolnej decydował Zarząd Klasowy. Ta samodzielność na najniższym szczeblu była pomysłem wychowawczym w stylu Antoniego Makarenki. System próbował (nie bez skutku) zrobić z nas swoich janczarów.

Wychowanie w ZMP było w latach stalinowskich jeszcze bardziej kolektywistyczne niż w Leśnym Kurorcie. Żeby zewrzeć szeregi, musieliśmy mieć swój ideał, w który należało wierzyć bez cienia wątpliwości, oraz wroga – wcielenie zła przeciwstawnego naszemu ideałowi. Zestaw ideałów i odpowiadająca mu wizja świata były gotowe, skodyfikowane przez stalinowską, skrajnie uproszczoną i łatwo przyswajalną wersję marksizmu.

Równość

Wśród ideałów najważniejsza była bez wątpienia równość. W dziejach europejskiej kultury jest to jedna z wartości założycielskich – od chrześcijańskich korzeni poprzez środkowy człon triady z czasów rewolucji francuskiej aż po socjalistyczne i komunistyczne utopie, których realizacją mieniła się być stalinowska dyktatura. Przyznać trzeba, że Polska Ludowa, choć nie dorastała do ideału, znacznie zmniejszyła rozpiętość dochodów i zwiększyła ruchliwość społeczną, dając środowiskom od dawna upośledzonym perspektywę awansu. Było to dostrzegane i akceptowane także przez ludzi niechętnych komunizmowi. Wysoki był też poziom aprobaty dla powojennych decyzji zmieniających – w imię egalitaryzmu – stosunki własnościowe w gospodarce: reformy rolnej oraz nacjonalizacji przemysłu i banków. W latach 1980–1981, gdy zgłaszano rozmaite żądania często nie krępując się wymogami realizmu, nie pojawił się w ogóle postulat reprywatyzacji mienia przejętego przez państwo lub rozdzielonego między chłopów na mocy dekretów z lat 1944–1946. Taki postulat nie mieściłby się ludziom w głowie, ponieważ nie mieścił się w horyzoncie aksjologicznym polskiego społeczeństwa. Wielka „Solidarność" była ruchem egalitarnym i kolektywistycznym. My z ZMP, którzy w dojrzałym wieku staliśmy się działaczami pierwszej „Solidarności", byliśmy egalitarni i kolektywistyczni już za młodu, w zielonych koszulach i czerwonych krawatach.

Równość w wersji obowiązującej za naszych zetempowskich czasów przejawiała się, oprócz niewielkiej rozpiętości płac, także w bardzo rozbudowanym „socjalu" obejmującym sferę budownictwa i mieszkalnictwa, żłobki i przedszkola, system wczasów pracowniczych, opiekę zdrowotną, wreszcie politykę pełnego zatrudnienia, którą wcielano w życie, nie cofając się przed przymusem. Wszystko to, oprócz przymusu pracy, cieszyło się aprobatą społeczną, co łatwo stwierdzić, analizując postulaty strajkowe z sierpnia 1980 r. oraz żądania wysuwane przez „Solidarność" w ciągu następnych szesnastu miesięcy. Z jednym wyjątkiem – nie akceptowano tej części „socjalu", która zapewniała rządzącej nomenklaturze oraz milicji i Służbie Bezpieczeństwa ukryte, lecz istotne w gospodarce niedoboru przywileje zaopatrzeniowe (tzw. sklepy za żółtymi firankami) oraz specjalne emerytury.

Przywileje te sprawiały, że w latach szkolnych miałem kłopot z ideałem równości. Warunki życia mojej rodziny wydawały mi się sprzeczne z oficjalnie głoszoną normą. Ojciec mój był ministrem spraw zagranicznych faktycznie do 1949, a formalnie do 1951 r. Po odejściu z MSZ pozostał jednak w nomenklaturze jako członek Rady Państwa, rektor partyjnego Instytutu Kształcenia Kadr Naukowych i członek KC. Nie wiem, ile zarabiał; z pewnością mniej niż dzisiejsi ministrowie, nie mówiąc już o prezesach spółek. Nie tyle jednak pensja wyznaczała nasz standard życia, ile bezgotówkowe przywileje, swego rodzaju socjal dla elity. W latach 1945–1947 mieszkaliśmy w pięciopokojowym apartamencie, a potem w ośmiopokojowej willi z ogrodem. W obu wypadkach były to mieszkania komunalne, a czynsz wynosił tyle co nic. W willi byli też zatrudnieni na etatach Urzędu Rady Ministrów dozorca – konserwator i gosposia, która gotowała i sprzątała. Samochody były wtedy w Polsce oznaką najwyższego luksusu. Nie mieliśmy prywatnego samochodu. Nie był on nam jednak potrzebny, do dyspozycji ojca pozostawała bowiem służbowa limuzyna z kierowcą – wszystko na koszt URM. Gdy trzeba było wybrać się na urlop, do dyspozycji były eleganckie domy wypoczynkowe Urzędu Rady Ministrów lub Ministerstwa Zdrowia w Zakopanem, Juracie albo Międzyzdrojach. Za pobyt tam płaciło się symboliczne grosze. Dzięki sklepom za żółtymi firankami nie dotyczyła nas zmora kolejek, w których ludzie wystawali godzinami po kawałek zwyczajnej kiełbasy.

Wszystko to był luksus ze wspólnego kotła, niemający cech prywatnej własności, a więc niedziedziczony, niemniej jednak rażący na tle powszechnej biedy i gorszący, bo obłudnie ukrywany, jak owe sklepy, w których towaru nigdy nie brakowało. Wstydziłem się tych przywilejów, co świadczy nie tylko o skuteczności zetempowskiej indoktrynacji, ale i o domowym wychowaniu. Pytałem o to ojca, który coś tam mi tłumaczył, ale nie był w tym przekonujący, bo chyba sam nie był przekonany.

Uprzywilejowaną pozycję wytknął mi zresztą mój kolega z klasy Tadek Gulik. Byliśmy z nim i z Andrzejem Krzywickim blisko zaprzyjaźnieni, właściwie nierozłączni, no i należeliśmy do ZMP. Andrzej był synem znanej i dobrze widzianej pisarki; ojciec jego zginął w Katyniu (nie pamiętam, by się o tym wtedy mówiło), dziadkiem zaś był Ludwik Krzywicki, słynny socjolog i działacz socjalistyczny. Irena Krzywicka nie należała do partii, uchodziła jednak za tzw. pozytywną bezpartyjną, była nawet w latach czterdziestych attaché kulturalnym w ambasadzie PRL w Paryżu. Miała eleganckie i dobrze urządzone, czteropokojowe mieszkanie na ulicy Langiewicza. Ojciec Tadka Gulika pochodził bodaj z wioski Okuniew pod Mińskiem Mazowieckim, ale w czasie okupacji przeniósł się do Warszawy i po wojnie był stróżem w Centrali Handlowej Przemysłu Drzewnego. Sześcioosobowa rodzina Gulików mieszkała w tzw. domku fińskim na terenie Pola Mokotowskiego. Jak na owe czasy było to i tak nieźle, zwłaszcza że przy domku mieli ogródek warzywny i szopę, w której trzymali kozę i zapas siana. Kontrast między warunkami, w jakich żyli Gulikowie, a relatywnym komfortem Ireny Krzywickiej czy willowym luksusem Modzelewskich był jednak bardzo widoczny. Wszyscy przejmowaliśmy się ideałem równości, ale Tadek jakoś bardziej osobiście. Dusił to w sobie, aż pewnego dnia wręczył nam poemat własnego autorstwa, który był manifestem klasowego gniewu i deklaracją zerwania przyjaźni: „Od dzisiaj nie mam nic wspólnego z wami,/nie chcę się zadawać z kapitalistami".

Poszliśmy we trójkę do mnie na poważną rozmowę. Tłumaczyliśmy Tadkowi, że wraz z nacjonalizacją środków produkcji klasa kapitalistów została zlikwidowana, a różnice w poziomie życia nie mają od 1945 r. klasowego charakteru. Andrzej wywodził to z nieubłaganą logiką. Był przywódcą ZMP w naszej klasie, a ponadto miał ścisły, matematyczny umysł. Emocji starał się nie okazywać, obskubywał jednak nerwowo palcami wszystko, co miał pod ręką. Staliśmy podczas tego sporu przy moim biureczku, gdzie zazwyczaj odrabiałem lekcje, i Andrzej, skubiąc zawzięcie jego brzeg, natrafił na jakąś przyśrubowaną do blatu blaszkę. Pochylił się i odczytał napis na blaszce: „Inwentaryzacja MSZ" oraz numer i data.

– Widzisz! – Andrzej błyskawicznie przeszedł od teorii do empirii. – Nawet to biurko nie jest jego własnością!

Tadek nic nie odpowiedział, ale widać było, że ten namacalny przykład zrobił na nim wielkie wrażenie. Nasza przyjaźń przetrzymała tę próbę. Tadek już nie powracał do tematu. Ja jednak nie czułem się do końca przekonany. Uprzywilejowanie materialne mojej rodziny było dla mnie sprawą bardzo wstydliwą, a w argumentach uzasadniających słuszność tego stanu rzeczy dostrzegałem jakiś fałsz. Nie potrzebuję wielkiego wysiłku wyobraźni, by zrozumieć motywacje młodych ludzi z zamożnych mieszczańskich domów, którzy w imię równości przystępowali kiedyś do ruchu komunistycznego.

Chyba w 1962 r. pani Irena Krzywicka wyjechała do Francji z ciężko chorym Andrzejem i Tadkiem Gulikiem, który z ogromnym poświęceniem opiekował się przyjacielem. Andrzej został we Francji wybitnym fizykiem teoretycznym, a Tadek – świetnym biofizykiem. Dziś są francuskimi profesorami na emeryturze. Tadek był konsultantem wielkich koncernów produkujących kosmetyki i zarabiał bardzo dobrze. Dziś ma w Bure sur Yvette piękny dom z dużym ogrodem, jak przystało na zamożnego bourgeois. Od dawna nie pytałem go, co myśli o równości.

Braterstwo

Rewolucja francuska na swój sposób przeglądała się w komunistycznym zwierciadle. Braterstwo, podobnie jak równość, miało tu swój odpowiednik. Wyrażało się ono w stosunku ludzi pracy umysłowej do ludzi pracy fizycznej, zwłaszcza do klasy robotniczej. Wyrażało się też w kolektywizmie.

Dziś, gdy z perspektywy nagromadzonych doświadczeń myślę o marksistowskiej edukacji w stalinowskim ZMP, uderza mnie istotna rola inteligenckich kompleksów w stosunku do klasy robotniczej. Kult pracy fizycznej nie był zresztą dla mnie niczym nowym – tak mnie wychowywano już w radzieckim domu dziecka. Rewolucyjna poezja Majakowskiego, która kształtowała moją dziecięcą wrażliwość estetyczną, pragnęła wykuwać świetlaną przyszłość „pleczom k pleczu mołotobojca" (ramię w ramię z tym, który bije młotem).

Jest to punkt widzenia poety, a nie robotnika. Dość liczni robotnicy, których miałem okazję w życiu poznać, nie widzieli w machaniu młotem nic wzniosłego. W czasach, gdy sam wykonywałem ciężką pracę fizyczną w zakładach karnych w Barczewie i w Wołowie, wyzbyłem się skłonności do poetyzacji robotniczego trudu. Pozostał mi jednak z tego czasu, a może także z młodzieńczej edukacji i ze wspomnień o rozmaitych rozmowach z ojcem, szacunek dla pracy fizycznej i przekonanie, że nie jest ona niczym gorszym od umysłowej pracy tych, którym dane było zdobyć wyższe wykształcenie.

Konstytutywny dla marksizmu i dla komunistycznej ideologii był zresztą nie tyle sam kult pracy fizycznej, ile mit klasy robotniczej. Ma on swoje źródło u Marksa. W jego filozofii proletariat przedstawia się jako zbiorowy podmiot wyzuty z własności i z kontroli nad swoją pracą. Produkt pracy przeciwstawia się swojemu twórcy – robotnikowi – jako obca i wroga siła. Jednocześnie klasa robotnicza, wdrożona w fabrykach do zbiorowego działania, jest siłą wyzwolicielską z natury przeciwstawną dyktatowi kapitału. Tylko klasa robotnicza przez rewolucję może wyzwolić samą siebie i zarazem wszystkich pozostałych, ponieważ jej zniewolenie jest praźródłem wszelkiego zniewolenia ludzi przez kapitał.

Mit klasy robotniczej był więc w marksizmie i w komunistycznej ideologii sprzężony z mitem proletariackiej rewolucji. Jej wzorem była w moich zetempowskich czasach rewolucja bolszewicka. Na tym przykładzie uczono nas, że proletariat staje się siłą zdolną do obalenia kapitalizmu nie sam z siebie, lecz dzięki misyjnej pracy świadomych rzeczy inteligentów, którzy wnoszą do środowisk robotniczych rewolucyjną świadomość. Nauka ta nie poszła w las i stała się dla nas busolą praktycznego działania, gdy sami podjęliśmy walkę z komunistyczną dyktaturą. W tym wypadku indoktrynacja nie wyszła systemowi na dobre.

Na wyższych uczelniach indoktrynacji towarzyszyły też zajęcia praktyczne, które miały zapoznać studentów – przyszłą socjalistyczną inteligencję – z realnym życiem, trudem i postawą klasy robotniczej, o której wiedzieliśmy z napisów na transparentach, że jest przodującą siłą narodu. Na politechnikach służyły temu praktyki robotnicze w fabrykach, ale studentów uniwersyteckich wydziałów humanistycznych posyłano po prostu tam, gdzie było niezaspokojone zapotrzebowanie na sezonową siłę roboczą, czyli na przykład do Państwowych Gospodarstw Rolnych. Po I roku studiów historycznych byłem w lipcu 1955 r. przez dwa tygodnie na brygadach żniwnych w PGR Różnowo (Zespół Miłakowo, pow. Ostróda), a w październiku również przez dwa tygodnie na brygadach wykopkowych w PGR Trumieje.

Nie trwało to długo, ale wystarczyło, by doświadczyć twardego zderzenia teorii z rzeczywistością. W teorii, której nas nauczano, PGR-y były najwyższą formą socjalistycznej własności w rolnictwie. Wynikało z tego, że muszą być bardziej efektywne od spółdzielni produkcyjnych, a zwłaszcza od indywidualnych chłopskich gospodarstw. Jasne było, że robotnicy w PGR żyją lepiej i bardziej sprawiedliwie niż chłopi, zwłaszcza że w indywidualnej chłopskiej gospodarce „co dzień, co godzina" odradza się kapitalizm i następuje rozwarstwienie społeczne. Ale to, co zobaczyliśmy na własne oczy, przeczyło teorii.

Zobaczyliśmy wielkie majątki ziemskie w stanie kompletnego upadku. Były one dramatycznie niedoinwestowane. W Trumiejach kopaczki, za którymi chodziliśmy po polu zbierać ziemniaki, były okazami zdatnymi do muzeum, wyprodukowano je bowiem przed 1914 r. Ciągle się psuły, a poza tym były dostosowane do trakcji konnej, zbyt lekkie do ciągnika, pozostawiały więc przeważającą część kartofli w ziemi na zmarnowanie. W Rożnowie nie było chlewni. Świnie trzymano na placu pod gołym niebem, tyle że za ogrodzeniem, żeby nie uciekły w poszukiwaniu czegokolwiek do zjedzenia. W teorii przeznaczone do tuczu, zwierzęta te wyglądały jak w przededniu śmierci głodowej, z zapadniętymi bokami, wystającymi żebrami i oblepione warstwą zeschłego błota.

Spaliśmy w prymitywnych barakach na zapchlonych siennikach, ale nie przyjechaliśmy przecież do eleganckiego hotelu, a z plagą pcheł walczyliśmy, paląc i wymieniając słomę. Gorzej było ze stołówką. Pracowaliśmy ciężko, a przez pierwszy tydzień pobytu w Rożnowie chodziliśmy głodni. Nie dostawaliśmy mięsa, smalcu tylko odrobinę, do picia czarną kawę zbożową, mleka w ogóle nie było, chociaż w oborze po udoju stało ono w bańkach, czekając na transport nieraz tak długo, aż skwaśniało. Tłumaczenia, że chyba lepiej dać trochę do stołówki, nie zdawały się na nic. Mleko musiało być dostarczone do zlewni, a stołówka musiała otrzymywać zaopatrzenie z powiatu. Gdy z Miłakowa przyjechał na inspekcję dyrektor zespołu PGR, obstąpiliśmy go z krzykiem, dziewczyny wymachiwały mu widłami przed nosem i facet chyba się przestraszył, bo obiecał poprawić zaopatrzenie. Rzeczywiście stołówka uraczyła nas potem kilkakrotnie kawałkiem mięsa, pojawił się na śniadanie twaróg, a na kolację półkwaśne mleko, raz był nawet kawałek kiełbasy. Byliśmy dumni, że wywalczyliśmy trochę lepsze posiłki także dla kilku miejscowych robotników, którzy widocznie byli kawalerami lub wdowcami, bo jadali z nami w stołówce.

Jeden z nich wyjaśnił nam, gdy już zbieraliśmy się do odjazdu, że nie ma czym się szczycić. Był to mężczyzna w nieokreślonym wieku, wychudzony, zawsze nieogolony i z brakami w uzębieniu. Na koniec pobytu podliczono nasze mizerne zarobki oraz koszt wyżywienia stołówkowego, który nam potrącono z wypłaty. Okazało się że w wyniku wymuszonej przez nas poprawy jadłospisu dzienny koszt wyżywienia wzrósł z 8 do 9,20 zł. Wychudzony robotnik z brakami w uzębieniu czynił nam z tego powodu wyrzuty – przez nasze fanaberie musiał przez kilka dni jeść frykasy w postaci kawałka mięsa na obiad lub kubka mleka wieczorem, a 1,20 zł potrącenia to dla niego dotkliwa strata. Jemu się nie przelewa.

Żadne teorie nie mogły na nas zrobić większego wrażenia niż ten wyrzut. Czytaliśmy *Kapitał* Marksa i wiedzieliśmy, że poziom płacy roboczej w kapitalizmie jest wyznaczony przez minimum egzystencji. Robotnicy Państwowych Gospodarstw Rolnych w naszym socjalistycznym państwie żyli znacznie poniżej tego minimum.

* * *

Oprócz naiwnej, ale w zasadzie szlachetnej postawy wobec klasy robotniczej, komunistyczne braterstwo przybierało też groźną, a nawet złowrogą postać kolektywizmu. Była to forma przymusu, który wywierano na nas naszymi własnymi rękami. Najprostszym tego przykładem może być rytuał oklasków i skandowania na tzw. akademiach, czyli uroczystych zgromadzeniach rocznicowych ku czci rewolucji październikowej, Manifestu PKWN lub Święta Pracy. Mistrzem ceremonii był przy takiej okazji prelegent. Jeżeli uroczystość odbywała się w szkole, rola ta przypadała przewodniczącemu lub jednemu z członków zarządu szkolnego ZMP. Wygłaszał on referat poświęcony wydarzeniu, którego rocznicę czciliśmy. Schemat referatu był z góry znany, nikt tu nie silił się na oryginalność i nikt się jej nie spodziewał. Z akademii na akademię powtarzały się te same frazeologiczne gotowce, niczym w kościelnej liturgii. Jak w kościele powtarzały się też zawsze te same reakcje zgromadzonych. Wiadomo było, jak się zachować. Ilekroć z mównicy padło nazwisko Stalin, wszyscy wstawali, rytmicznie klaskali i skandowali: STA-LIN, STA-LIN, STA-LIN!

Nie pamiętam, by ktoś kiedyś nie wstał, nie klaskał i nie skandował ze wszystkimi, choć na pewno byli jacyś ludzie, którzy w skrytości ducha odważali się myśleć o Stalinie bez entuzjazmu. Ja sam, choć byłem w latach szkolnych wierzącym członkiem ZMP, wyczuwałem w tym rytuale fałsz i przymus, lecz nigdy się z niego nie wyłamałem. Nie mam wątpliwości, że ulegałem nie tyle nawet odruchowi stadnemu, ile odruchowi strachu. Sołżenicyn wspomina (bodaj w *Archipelagu GUŁag*) o sytuacji, gdy klaszczącym już omdlewały ręce, ale nie przerywali owacji – ten, który przestał klaskać pierwszy, dostrzeżony przez donosicieli, lądował w łagrze. Nie słyszałem o takim wypadku w Polsce, ale świetnie pamiętam, że trzeba było niemałej odwagi, by przestać klaskać i usiąść, gdy inni jeszcze skandowali. A przecież nie było żadnego wodzireja. Nikt nie dawał nam znaku, byśmy wstali i wykrzykiwali nazwisko Wodza. Sami siebie trzymaliśmy za mordę.

Podobne rytuały rządziły pochodami pierwszomajowymi. Brali w nich udział prawie wszyscy, jak w akademiach, tyle że na pochodach obowiązywała bardziej skomplikowana choreografia i aktywiści kierowali naszymi zachowaniami, przydzielając do niesienia szturmówki i transparenty z zatwierdzonymi „na dzielnicy" lub jeszcze wyżej hasłami.

Więcej aktywności własnej było w tzw. brygadach agitacyjnych. Były to przedwyborcze uliczne manifestacje urządzane przez ZMP chyba w 1951 r. Uczestniczyli w nich głównie, jeśli nie wyłącznie, członkowie ZMP, obowiązkowo w strojach organizacyjnych, więc wyglądaliśmy jak formacja paramilitarna. Tak też się zachowywaliśmy – butnie i agresywnie. Uważaliśmy się za młodą gwardię socjalizmu i odczuwaliśmy wewnętrzną potrzebę odniesienia tryumfu nad wrogiem. Organizatorem brygad była „dzielnica" lub może Zarząd Stołeczny ZMP, ale wyruszaliśmy spod szkoły i szliśmy jako kolumna szkolna. Skandowaliśmy jakieś hasła, śpiewaliśmy idiotyczne propagandowe kuplety („Pan Marshall i spółka/telefon – dwa kółka/ i z Francji kolonię zrobić chcą…"). Wypatrywaliśmy kogoś, kto spróbuje się nam sprzeciwić – ale gdzie tam! Raz tylko spod jakiegoś płotu rozległy się gwizdy. Natychmiast tam skręciliśmy – a było nas ze 150 osób – i osaczyliśmy grupkę pięciu chłopców uczesanych i ubranych wedle wzorów tępionej wówczas subkultury, tzw. bikiniarzy. Przyparliśmy ich do płotu tak, że nie mogli się wymknąć, i przemaszerowaliśmy koło nich skandując: PRZEZ NAUKĘ I KULTURĘ BIKINIARZOM DAMY W SKÓRĘ! Był to łatwy tryumf. Bikiniarze stali przy płocie jak pod pręgierzem, wystraszeni i bierni.

Wreszcie w poszukiwaniu pola walki z wrogiem zwróciliśmy uwagę na własną klasę szkolną. W wieku dojrzewania z przedmiotu indoktrynacji przeistoczyliśmy się w jej świadomy i aktywny podmiot. Piszę to w liczbie mnogiej, ale nie mam na myśli wszystkich członków ZMP w naszej trzydziestoosobowej klasie. Blisko połowę klasy stanowili „niezorganizowani"; ci byli bierni z natury rzeczy. Obowiązkowe i nadobowiązkowe lektury związane z ideologicznym samokształceniem, zwłaszcza *Krótki kurs historii Wszechzwiązkowej Komunistycznej Partii (bolszewików)*, uprzytomniły jednak mnie i moim najbliższym kolegom, że również ZMP jest organizacją zbyt masową, by mogła stać się awangardą środowiska, w którym działa. Na partię byliśmy za młodzi, ale postanowiliśmy sami wykreować awangardę w szkole, a na początek w naszej klasie X b. Skupiliśmy tam szczupłe, ale zdeterminowane grono aktywistów, które za Makarenką nazwaliśmy „kolektywem". Początkowo było nas chyba sześciu lub siedmiu. „Kolektyw" był ciałem nieformalnym, tyle że przewodził mu Andrzej Krzywicki, który był zarazem przewodniczącym Zarządu Klasowego ZMP. Zbieraliśmy się w mieszkaniu Ireny Krzywickiej i ustalaliśmy, co ZMP ma zrobić, by reedukować jednostki chwiejne, izolować „wrogów", osaczyć ich i poddać presji tak silnej, żeby załamali się i przeszli na naszą stronę.

Zebrania ZMP przestały być nudne – zyskały inkwizytorską dramaturgię. Najpierw „kolektyw" upatrywał ofiarę, formułował zarzuty i rozdzielał role między przyszłych dyskutantów. Potem, na właściwym zebraniu ZMP, odgrywaliśmy przygotowaną psychodramę. Jednemu z kolegów zarzuciliśmy, że na szkolnych potańcówkach (oficjalnych, zwanych wieczornicami) wyraźnie woli fokstrota od walczyka, przy tańcu nadmiernie ugina nogi w kolanach, a w dodatku ma zbyt długie włosy. Były to objawy ulegania zachodniemu stylowi życia – grzech bardzo ciężki, ale możliwy do odkupienia. Gdy piąty mówca z rzędu zapytał podsądnego, czemu nadmiernie ugina kolana przy fokstrocie, nieszczęsny nasz kolega odpowiedział: „Bo ja bardzo lubię tańczyć". Widać było z tego, jak głęboko tkwił w błędach. Na szczęście przewidzieliśmy to i na zakończenie ktoś obszedł zebranych z czapką, do której wrzucaliśmy drobne monety, żeby nasz grzesznik miał za co pójść do fryzjera. Nieborak rozpłakał się i nazajutrz przyszedł do szkoły z wysoko podgolonym karkiem. Mieliśmy poczucie głębokiej satysfakcji. Podobnie jak dawni inkwizytorzy, pragnęliśmy nade wszystko doprowadzić grzesznika do aktu skruchy, by mógł wrócić na łono Kościoła.

Potrzebowaliśmy nie tylko błądzących, ale i wroga. Za przywódcę wrogiej grupy uznaliśmy Jolę Klippel. Była „niezorganizowana", podobnie jak kilkoro jej przyjaciół. Razem stanowili zżytą paczkę, razem jeździli na wycieczki i wyraźnie się lubili. W dodatku Jola była najładniejszą dziewczyną w klasie, więc każdy dorastający samczyk miał jej za złe, że z nim nie chodzi. Znęcaliśmy się nad nią ze szczególną wytrwałością. Ktoś wykradł z jej teczki i zaniósł do zarządu ZMP brulion z rysunkami. Był tam szkic żubra, na którym Jola dwiema równoległymi kreseczkami zaznaczyła genitalia. Uznaliśmy to niemal za wrogą propagandę: zasady moralności socjalistycznej wymagały, by żubr nie miał genitaliów. Na zebraniu, gdzie odprawiano nad nią sąd, Jola pokazała rysunek żubra w naszym podręczniku biologii, który posłużył jej za pierwowzór. W podręczniku też dwie kreseczki sygnalizowały, że to zwierzę jednak ma genitalia. Wybieg ten nie mógł rzecz jasna zmylić naszej czujności: „A dlaczego – pytaliśmy – przerysowałaś akurat żubra? Dlaczego nie pantofelka?".

Wśród oficjalnych pretensji do Joli pojawił się też zarzut bierności. Szermując tym zarzutem, zmusiliśmy ją do zrobienia w ramach prac społecznych gazetki ściennej. Dobrze rysowała i ozdobiła tę gazetkę rysunkami, w których czyjeś czujne oko dopatrzyło się ukrytych wrogich treści. Był to zarzut o wiele groźniejszy od żubrzych genitaliów i też wymagał osądzenia na zebraniu ZMP, na które Jolę trzeba było tam ściągnąć, mimo że nie miała formalnego obowiązku bywać na zebraniach organizacji, do której nie należała. W rozmowie z Agatą Tuszyńską (opublikowanej w *Długim życiu gorszycielki*) Jola wspominała z wdzięcznością, że ją wtedy ostrzegłem przed grożącym niebezpieczeństwem. Niestety, zupełnie tego nie pamiętam. Przypuszczam raczej, że na naradzie „kolektywu" okazałem właściwy sobie brak charakteru, np. rozważając możliwość, że Jola ilustrowała gazetkę bez złych intencji. Koledzy mogli wtedy w trosce o moją stanowczość nałożyć właśnie na mnie obowiązek zawiadomienia Joli, że ma stawić się na zebranie. Nie wykluczam, że zamiast stanowczości znów okazałem inteligenckie mazgajstwo i powiedziałem jej przy okazji, na co powinna się przygotować.

W moim wspomnieniu Jola urasta do heroicznych wymiarów. Na zebranie przyszła, ale nie pokajała się. Odpowiadała spokojnie, logicznie i z godnością. Potem jeszcze próbowała ją nakłonić do skruchy Irena Krzywicka, ale też bez skutku. Dla czternastoletniej dziewczynki wszystko to musiało być ciężkim przeżyciem i echo tamtej traumy dźwięczy jeszcze w jej rozmowie z Agatą Tuszyńską. Możliwe, że wobec matki Andrzeja Jola nie była w rozmowie z Tuszyńską sprawiedliwa, ale w roku szkolnym 1952/1953 naprawdę unosił się nad naszymi inkwizytorskimi harcami smród siarki. Na szczęście nie złamaliśmy Joli życia, lecz uraz pozostał jej do śmierci. Zmarła parę lat temu.

Nasz „kolektyw" zatruwał atmosferę w klasie przez jeden rok szkolny. W marcu 1953 r. umarł Stalin. Wkrótce po jego śmierci wypuszczono z aresztu kremlowskich lekarzy, którym paranoiczny wódz zarzucił, że są syjonistycznymi spiskowcami i przez złe leczenie chcieli uśmiercić kierownictwo partii i państwa. Donosicielce, która ich oskarżyła, odebrano order Lenina, a w oficjalnym komunikacie o umorzeniu śledztwa stwierdzono, że wobec niesłusznie oskarżonych profesorów medycyny stosowano niedopuszczalne metody wymuszania zeznań. Czuło się pierwsze podmuchy odwilży. Po wakacjach wybrano nowy zarząd ZMP, a „kolektyw" w zmienionej atmosferze ogólnej po prostu się rozpadł. Wróciliśmy z dalekiej podróży.

Było to ważne doświadczenie. Pozostał mi po nim wstyd i wyraziste wspomnienie, że uczestniczyłem w nagonce. Nagonka na „czarną owcę" nie jest wyłączną właściwością stalinizmu ani komunizmu. Jest to mechanizm bardzo stary i wciąż obecny w naszym życiu. Przechorowałem tę infekcję w szczenięcych latach i pozostały mi po niej przeciwciała. Gdy grupa zwraca się przeciw jednostce, rozpoznaję bezbłędnie jazgot nagonki i mam odruch sprzeciwu. Trzeba potraktować ten odruch jak busolę. Jest to reakcja immunologiczna, rękojmia zdrowia.

III. Rewolucja do poprawki

Prawdziwa wolność jest tam, gdzie nie ma zwyczajnej wolności.

Sławomir Mrożek, *Na pełnym morzu*

Wolność w godzinie prawdy

Spośród trzech sztandarowych ideałów rewolucji francuskiej najwięcej kłopotów sprawiała komunistycznym ideologom wolność. W gruncie rzeczy był to paradoks, gdyż kłopot z tym hasłem, a także wyjście z kłopotu znali już jakobini. Gilotyna pracowała pod ich rządami bez wytchnienia. Skracano o głowę tych, co byli przeciwnikami rewolucji, a także rewolucjonistów nie dość radykalnych, bądź po prostu chwiejnych i niepewnych. Posyłano na szafot arystokratów, ale masakrowano też chłopów z Wandei. Uzasadnienie tej praktyki było gotowe już za czasów Robespierre'a i bolszewikom, którzy od 1917 r. zapatrzeni byli w jakobiński wzór, wystarczyło przejąć jakobiński slogan: „Nie ma wolności dla wrogów wolności". Rewolucja komunistyczna wyzwalała proletariat i inne grupy społeczne spod jarzma kapitału, była więc wcieleniem wolności i zamykając usta lub obcinając głowy wszelkim oponentom rewolucyjnej dyktatury, w istocie broniła wolności. Sofizmat ten rzeszom wyznawców komunizmu był znany, powtarzany przez wszystkich uczestników niezliczonych szkoleń ideologicznych i przez nikogo otwarcie niekwestionowany. Pogłoski o wymuszaniu w więzieniach torturami fałszywych zeznań i samooskarżeń odrzucano jako kłamstwa wrogiej propagandy, a Radio Wolna Europa, które tę propagandę szerzyło, zagłuszano, gdyż był to głos wrogów wolności.

W referacie na zamkniętym posiedzeniu XX Zjazdu Komunistycznej Partii Związku Radzieckiego Nikita Chruszczow poinformował o liczbie ofiar stalinowskiego terroru wśród delegatów na XVII Zjazd radzieckiej partii oraz wśród członków wyłonionego na tym zjeździe (tj. w 1934 r.) Komitetu Centralnego. Wielka czystka lat 1937–1938 oraz późniejsze fale terroru pochłonęły 1108 spośród 1966 delegatów uczestniczących w XVII Zjeździe. Spośród 139 członków i zastępców członków KC wybranych na tym zjeździe „98 osób (tj. 70%, jak skrupulatnie wyliczył Chruszczow) zostało aresztowanych i rozstrzelanych, głównie w latach 1937–1938". Z tej krwawej statystyki wynika niezbicie, że ryzyko uwięzienia, łagru lub strzału w potylicę było tym większe, im wyższą ktoś zajmował pozycję w hierarchii partyjnej.

Chruszczow nie przypadkiem wybrał rok 1934 za chronologiczną podstawę tych makabrycznych wyliczeń. XVII Zjazd odbywał się już po likwidacji wewnątrzpartyjnych ugrupowań opozycyjnych i po zakończeniu przymusowej kolektywizacji wsi. Komitet Centralny wyłoniony na tym zjeździe składał się z lojalnych stalinowców. Podając liczbę uwięzionych i rozstrzelanych członków tego gremium, Chruszczow pokazywał naocznie, że wielki terror był niedopuszczalną masakrą swoich, a nie usprawiedliwioną masakrą przeciwników dyktatury. Dzięki tej statystyce możemy jednak bez trudu wyobrazić sobie stan ducha radzieckiej elity rządzącej w latach stalinizmu. Ludzie ci żyli w nieustannym, paraliżującym lęku o własne życie i o życie swoich rodzin. Mołotow był premierem, ale nie miał śmiałości upomnieć się o własną żonę, która siedziała w łagrze. Po śmierci Stalina pierwszym naturalnym ich odruchem było zapewnienie sobie samym elementarnego bezpieczeństwa. Nie dało się tego zrobić w tajemnicy. Spadkobiercy Stalina nie ufali sobie nawzajem i nie ufali własnej policji. Dla własnego bezpieczeństwa musieli zdezawuować system terroru, bo tylko jawne napiętnowanie nadużyć pozwalało zabezpieczyć się przed recydywą. Po to, by mogli sami spać spokojnie, spadkobiercy Stalina musieli uwolnić od zagrożenia terrorem także swoich lojalnych poddanych i ujawnić bodaj część prawdy. Było to ryzykowne, bo wraz ze słowami prawdy wymknął się spod klucza demon wolności – tej zwyczajnej, a nie tej „prawdziwej".

Publiczne odwołanie wkrótce po śmierci Stalina fałszywych oskarżeń, pod którymi aresztowano grupę najwybitniejszych radzieckich lekarzy, oraz potępienie „niepraworządnych metod" stosowanych wobec nich podczas śledztwa było pierwszym, nieśmiałym jeszcze krokiem w kierunku ujawnienia prawdy o terrorze. Ezopowy język komunikatu w tej sprawie był mimo wszystko zrozumiały dla tych, co umieli czytać między wierszami, a było ich w tamtych czasach dość wielu. Uruchomiony został proces nazwany – od aluzyjnego tytułu powieści Erenburga – odwilżą. Pierwsze wstrząsy społeczne w imperium komunistycznym, zwłaszcza strajki i demonstracje robotnicze we wschodnim Berlinie 17 czerwca 1953 r., choć stłumione przez jednostki Armii Radzieckiej, nie przerwały procesu destalinizacji. W czerwcu 1953 r. kierownictwu KPZR udało się wyeliminować Ławrentija Berię, a w grudniu 1953 r. osądzono jego bliskich współpracowników z kierownictwa NKWD i ograniczono samowolę radzieckich służb bezpieczeństwa. W rezultacie zmieniała się także atmosfera w Warszawie.

* * *

W maju lub na początku czerwca 1954 r. mój szkolny kolega Janek Lorin, syn repatrianta z Francji pracującego w MSZ, wspomniał w tonacji pośredniej między pytaniem a stwierdzeniem faktu, że mój ojciec siedział w latach trzydziestych w radzieckim więzieniu. Rok wcześniej uznałbym to za bzdurę. Teraz nie byłem pewny i postanowiłem tę wiadomość sprawdzić swoją wypróbowaną metodą, czyli zadając odpowiednio sformułowane pytanie przy obiedzie. Ojciec był już bardzo ciężko chory, krótko po trzecim zawale, postanowiono jednak nie hospitalizować go, tylko leczyć w domu. Obiady jadaliśmy razem, zwróciłem się więc przy stole do ojca:

– Miałeś szczęście, że przyjechałeś do Rosji w 1937, a nie w 1939. Bo przecież zaraz po wybuchu wojny i zajęciu przez Armię Czerwoną Wilna i Lwowa wielu Polaków uwięziono.

Ojciec popatrzył na mnie z widoczną ironią i odpowiedział sucho:

– Ja już wtedy wyszedłem z więzienia. Siedziałem na Łubiance od października 1937 do lipca 1939. Próbowali wymusić ode mnie fałszywe samooskarżenie i fałszywe zeznania obciążające innych ludzi. To Łubianka zepsuła mi serce. Przedtem miałem bardzo zdrowe serce.

Nie miałem odwagi dopytywać się o szczegóły. Ze skąpych słów ojca wynikało, że przetrzymał tortury i że fałszywe oskarżenia oraz torturowanie więźniów były nagminną praktyką radzieckich organów śledczych. Nie miałem okazji powrócić do tematu i dowiedzieć się od niego czegokolwiek więcej. Ojciec zmarł 18 czerwca 1954 r.

Parę miesięcy po jego śmierci matka uzupełniła moją wiedzę o zatajanych do niedawna przede mną zdarzeniach z rodzinnej i powszechnej historii. Nie byłem już dzieckiem, miałem prawie siedemnaście lat, ale poczułem się, jakby ktoś rozdarł sielankowe malowidło, za którym ukrywała się makabryczna rzeczywistość. Matka powiedziała mi, gdzie naprawdę zniknął mój biologiczny ojciec, którego nieobecność tłumaczono mi niegdyś jego rzekomym udziałem w wojennych zmaganiach z Niemcami. Powiedziała mi też, gdzie zniknął mój dziadek, i opowiedziała o radzieckich obozach koncentracyjnych w taki mniej więcej sposób, w jaki opisywał je później Aleksander Sołżenicyn. Według mojej mamy siedziało w tych obozach co najmniej osiem milionów Bogu ducha winnych ludzi. Jasne było, że nie chodzi o zamknięty, choć tragiczny rozdział historii, lecz o dramat jeszcze nieprzezwyciężony, i że dotyczy to również Polski. Przy tej okazji dowiedziałem się od matki, gdzie naprawdę przebywa nadal nasz przyjaciel Witold Leder. Wypuszczono go z aresztu dwa czy trzy tygodnie później, gdzieś pod koniec grudnia 1954 r. Pojechaliśmy do niego z mamą nazajutrz po jego zwolnieniu. Przed aresztowaniem Witold był zażywnym mężczyzną; teraz zobaczyłem człowieka bardzo wychudzonego, o szarej, dosłownie ziemistej cerze, ale niezłamanego psychicznie. Opowiadał, że ich nie bito, lecz torturowano bezsennością. W języku oficerów Informacji nazywano to z rosyjska „konwejerem" (taśmą montażową); oficerowie śledczy zmieniali się co parę godzin, przesłuchując bez przerwy w dzień i w nocy tego samego więźnia. Witoldowi nie pozwolono zasnąć ani na godzinę przez pierwsze sześć tygodni w areszcie. On to przetrzymał, ale większość współoskarżonych załamała się i pozwoliła sobie podyktować zeznania obmyślane przez reżyserów śledztwa.

Minął jeszcze rok i z pierwszej ręki – od mojego biologicznego ojca – dowiedziałem się o warunkach życia i śmierci w radzieckich łagrach. Najbardziej utkwiła mi w pamięci jego opowieść o karaniu śmiercią za dyscyplinarne wykroczenia przeciwko regulaminowi obozowemu. W 1938 r. na wieczornych apelach odczytywano listę rozstrzelanych: „za grę w karty, za stosunek seksualny z kobietą, za systematyczne niewykonywanie normy skazani zostali na najwyższy wymiar kary...", po czym następował wykaz nazwisk oraz sakramentalna formułka „prigowory wwiedieny w ispołnienije" (wyroki zostały wykonane).

Nie byłem skłonny uznać, że stalinowskie obozy koncentracyjne niczym nie różniły się od hitlerowskich, ale trudno było nie dostrzec podobieństwa.

Niektóre z tych informacji miały walor osobistego świadectwa. W dodatku wszystkie one pochodziły od osób, którym bezwzględnie ufałem; wszystkie też były całkowicie sprzeczne z tym, co głoszono oficjalnie. Między czerwcem 1954 r. a styczniem 1956 r. przekonywałem się raz po raz, że fundamentem indoktrynacji, której poddawano mnie i moje pokolenie, było gigantyczne kłamstwo. Teraz upadło ono w zderzeniu z prawdą, a w rezultacie rozsypał się mój pogląd na świat. Trzeba było zrozumieć i jakoś wyjaśnić te nowe informacje, aby nadać im sens i z odłamków poskładać nowy obraz świata. Większość moich rówieśników znalazła się w podobnej sytuacji wiosną 1956 r.

Zwiastuny kryzysu politycznego w PZPR pojawiły się wkrótce po śmierci Stalina i upadku Berii. Szczególną rolę odegrała w tym ucieczka na Zachód pułkownika Józefa Światły, który w Ministerstwie Bezpieczeństwa Publicznego kierował rozpracowaniem ludzi partyjnej elity. Jego rewelacje nadawane przez Radio Wolna Europa mogły być przez prawowiernych członków partii odrzucane jako wroga propaganda, ale w środowisku centralnego aktywu PZPR potraktowane zostały bardzo poważnie i wywołały burzę podczas narady 29 listopada – 2 grudnia 1954 r., zwanej w tych kręgach „powstaniem listopadowym". Informacje o wewnątrzpartyjnych sporach wokół pozycji bezpieki w państwie wydostawały się pocztą pantoflową poza obręb rządzącej elity, lecz ich zasięg był początkowo bardzo ograniczony. Jakieś echa sporów w elitarnych środowiskach aktywu partyjnego rozchodziły się jednak szeroko, niczym kręgi na powierzchni wody, do której wrzucono kamień. Istotną rolę odgrywał w tym ferment wśród intelektualistów, kontestatorskie utwory literackie (zwłaszcza *Poemat dla dorosłych* Adama Ważyka) i coraz śmielsze teksty publicystyczne w takich tygodnikach, jak „Po prostu" czy „Nowa Kultura".

Uniwersytet Warszawski, gdzie od jesieni 1954 r. studiowałem historię, odbierał sygnały zmieniającej się atmosfery jak czuły barometr. Było to miejsce pod wieloma względami niezwykłe. Środowisku historyków ton nadawali profesorowie znakomici, ale bezpartyjni, którzy w latach okupacji związani byli z tajnym uniwersytetem oraz Biurem Informacji i Propagandy Komendy Głównej Armii Krajowej: Tadeusz Manteuffel (dyrektor Instytutu Historii PAN), Aleksander Gieysztor (dyrektor Instytutu Historycznego UW), Stanisław Herbst,

Stefan Kieniewicz, Marian Małowist i jego żona Iza Bieżuńska, Witold Kula. W 1945 r. zamienili oni powstańcze opaski na profesorskie togi, by pod rządami komunistów odbudować i zachować w przyzwoitym stanie struktury polskiej nauki i szkolnictwa wyższego. Niekwestionowany przywódca tego środowiska Tadeusz Manteuffel oznajmił kategorycznie Aleksandrowi Gieysztorowi, który zamierzał przystąpić do komendy WiN: „Teraz nie będziemy robić żadnej partyzantki, tylko Uniwersytet". Władze Polski Ludowej przyjęły wówczas ten wybór ze zrozumiałą ulgą, choć badacze najnowszej historii nie wyjaśnili dotychczas, jakim cudem ten kruchy i niepisany kompromis między nierównymi stronami przetrwał, mimo zmiennych koniunktur i burz, aż do upadku komunizmu.

Nasi uniwersyteccy mistrzowie nie byli politycznymi kontestatorami. Po wojnie zmienili się z romantyków w pozytywistów. „Chronili substancję", do której zaliczaliśmy się także my – ich uczniowie. Jeśli stawali w obronie wolności myśli i słowa, to w pozornie skromnym zakresie – chodziło im o zachowanie specjalnej strefy swobody myśli badawczej, publikacji naukowych i uniwersyteckiego nauczania. Ja i mnie podobni młodzi kontestatorzy bywaliśmy wobec naszych rozważnych mistrzów niesprawiedliwi, gdy uważaliśmy ich naczelną dewizę „ochrony substancji" za maskę konformizmu. Tymczasem właśnie ich organicznej pracy zawdzięczaliśmy to, że od pierwszego roku studiów wdrażano nas do samodzielnego i krytycznego myślenia. Bardzo się to nam przydało, gdy przyszło stawiać pierwsze samodzielne kroki w życiu publicznym, które na naszych oczach traciło stabilność i pozory prostoty.

W roku akademickim 1955/1956 zlikwidowano wydział historii w Państwowej Wyższej Szkole Pedagogicznej. Była to na giełdzie politycznej PRL uczelnia wysoko notowana, prawdziwa „kuźnia kadr". Studenci historii przeszli stamtąd na Wydział Historyczny Uniwersytetu Warszawskiego, wzmacniając nasz polityczny potencjał, który wkrótce okazał się potencjałem kontestacji. Wśród kolegów, którzy przenieśli się do nas z PWSP, nie brakowało barwnych postaci, ale najbarwniejszy był bez wątpienia Jacek Kuroń. Zobaczyłem go po raz pierwszy na walnym zebraniu wydziałowego ZMP. Na studiach była to organizacja prawie powszechna. Wypełnialiśmy szczelnie niewielką salę wykładową, ale Jacek mówił jak na tłumnym wiecu – z zamaszystą gestykulacją, tubalnym i schrypniętym głosem, nieszablonowo, odważnie i spontanicznie. Nasza dyskusja na tym zebraniu wpisywała się zapewne w ramy odwilży, ale ich nie przekraczała. Jacek uznał to za kunktatorstwo, a mówił w stylu, jakiego dotychczas nie znałem: „W starożytności greccy żeglarze przemierzali Morze Śródziemne z ładunkami wina i oliwy. Gdy burza groziła okrętowi katastrofą, rozbijali beczki i wylewali oliwę na spienione fale. Pokryte warstwą oliwy morze uspokajało się. Płynęli po gładkiej powierzchni, ale przecież pod spodem nadal szalała burza. Jesteśmy jak ci żeglarze! Dyskutujemy o sprawach drugorzędnych, jakby nic szczególnego się nie działo, ale burza wzbiera pod gładką powierzchnią, po której płyniemy nieświadomi tego, co nadciąga".

Brzmiało to patetycznie, niczym proroctwo, ale wkrótce rzeczywiście nastąpiła burza. Rozpętał ją referat sekretarza generalnego Komunistycznej Partii Związku Radzieckiego Nikity Chruszczowa *O kulcie jednostki i jego następstwach*, który dla większości moich uniwersyteckich kolegów stał się pierwszym źródłem wstrząsającej wiedzy o stalinowskim terrorze.

Referat ten został wygłoszony 25 lutego 1956 r. na zamkniętym posiedzeniu XX Zjazdu Komunistycznej Partii Związku Radzieckiego i nie był przeznaczony ani do publikacji w mediach, ani do wiadomości ogółu członków partii. W Polsce stało się inaczej, ponieważ podczas XX Zjazdu umarł w Moskwie przywódca PZPR Bolesław Bierut, więc kryzys polityczny dojrzewający w polskiej partii został gwałtownie zaostrzony przez spór o sukcesję. W gorączce tego sporu Biuro Polityczne postanowiło w marcu 1956 r. wydać „tajny" referat Chruszczowa jako druk wewnątrzpartyjny i rozesłać go do wszystkich Podstawowych Organizacji Partyjnych w kraju (a było ich wiele tysięcy). Mimo nadruku „Wyłącznie do użytku organizacji partyjnych" równało się to przekazaniu referatu do wiadomości publicznej. Odczytywano go zresztą na głos na otwartych zebraniach partyjnych, czyli takich, na jakie bezpartyjni mieli wolny wstęp. Sam – nie będąc jeszcze członkiem PZPR – wysłuchałem na stojąco tego referatu w zatłoczonej Sali nr 17 Wydziału Historycznego UW podczas otwartego zebrania partyjnego; odczytywali go tam na zmianę przez dobre dwie godziny Henryk Samsonowicz i Antoni Mączak.

Rewelacje Chruszczowa wywoływały u słuchaczy głęboki szok. Pod wpływem tego szoku moi rówieśnicy – żarliwi zetempowcy wychowani w duchu komunizmu i marksistowskiej ortodoksji – przeżywali kryzys wiary podobny do tego, który był moim udziałem dwa lata wcześniej, gdy poznałem zatajaną do tej pory przede mną historię mojej rodziny. Informacje o zbrodniach popełnianych w masowej skali pod sztandarem komunizmu pochodziły tym razem z najbardziej autorytatywnego źródła – od samego sekretarza generalnego KPZR. Nie sposób było im zaprzeczyć. Z informacji tych wynikało niezbicie, że praktyka systemu pozostawała w jaskrawej sprzeczności z głoszonym przez ten system ideałem. Musieliśmy tę sprzeczność wyjaśnić i znaleźć praktyczne wyjście z sytuacji, której nie można było zaakceptować. Chruszczow obarczał wprawdzie winą za dziesięciolecia krwawego terroru wyłącznie zmarłego dyktatora, a nie dyktaturę – nas jednak, młodych ludzi kształconych w marksizmie, takie wyjaśnienie nie mogło zadowolić. Dla nas było jasne, że korzenie zła tkwią w systemie, a system, który jest nosicielem zła, należy obalić – tak nas przecież uczono – przez rewolucję. Wiedzieliśmy też dzięki marksistowskiej indoktrynacji, że rewolucję robi klasa robotnicza, wspierana w tym przez inteligencję, która wnosi do środowiska robotniczego rewolucyjną świadomość. Z tych ideologicznych przesłanek zrodziła się radykalna odmiana tzw. rewizjonizmu.

Nawiasem mówiąc, Lenin i bolszewicy bardzo wcześnie wprowadzili w obieg termin rewizjonizm jako deprecjonujący epitet. Nazywali oni rewizjonistami socjaldemokratycznych reformistów z II Międzynarodówki, którzy zasługiwali na potępienie, gdyż rewidowali (czyli w istocie kwestionowali) marksizm. Piętnując w ten sposób oponentów w ruchu robotniczym, Lenin i jego stronnicy określali samych siebie jako ortodoksów, czyli prawowiernych strażników czystości doktryny. Jako przeciwieństwo ortodoksji, rewizjonizm był siłą rzeczy odpowiednikiem herezji. Religijne, a nawet kościelne konotacje obu tych przeciwstawnych pojęć świadczą wymownie, że marksizm – nieodrodne dziecko europejskiej kultury – wyrastał z chrześcijańskich korzeni, a w ruchu komunistycznym pełnił funkcję podobną do religii.

Dopóki byliśmy rewizjonistami, z oburzeniem odrzucaliśmy ten epitet, którym nas piętnowali ideologowie rządzącej partii. Dziś skłonny jestem przyznać im w tym terminologicznym sporze trochę racji. Początkowo byliśmy zwolennikami systemu i wyznawcami jego ideologii. Potem wszczęliśmy bunt przeciwko systemowi z tego powodu, że deptał on w praktyce ideały, które w teorii głosił. Pragnęliśmy obalić system w imię tych podeptanych ideałów. Byliśmy rzeczywiście podobni do heretyków gotowych zwalczać Kościół w imię Ewangelii.

Wstrząs wywołany upublicznieniem referatu Chruszczowa rozpętał w całej Polsce dyskusje nad charakterem ustroju, który utracił marksistowską legitymizację. Jednocześnie zachwiana została wiara w stabilność ładu społecznego. To, co wydawało się niewzruszone, okazało się kruche. Rodziło się przeświadczenie, że można podnieść rękę na dyktatorskie praktyki władzy. Bez takiego przeświadczenia nie doszłoby zapewne do robotniczego buntu w Poznaniu. Paniczna reakcja najwyższych władz PRL na powszechny strajk poznańskich załóg fabrycznych i wielką manifestację uliczną zrujnowała do reszty propagandową fasadę systemu. Po tym, jak wojsko dokonało krwawej pacyfikacji robotniczego protestu, a premier zapowiedział, że władza ludowa każdemu szaleńcowi, który się na nią targnie, odrąbie rękę, nie dało się już uniknąć pytań o klasowy charakter tej władzy.

Na sposób mniej dramatyczny, ale również brzemienny w skutki zaistniało politycznie w 1956 r. środowisko robotników warszawskich. Wspomniany już Lechosław Goździk, ślusarz narzędziowy w FSO na Żeraniu, który został tam wybrany I sekretarzem Komitetu Zakładowego Partii, nawoływał do utworzenia we wszystkich fabrykach w Polsce rad robotniczych, które miałyby przejąć z rąk ministerialnej i branżowej biurokracji zarządzanie przedsiębiorstwami. Prasa chadzała w tych burzliwych miesiącach samopas i nadała inicjatywie FSO znaczny rozgłos. W buntowniczym gronie młodzieży uniwersyteckiej, które po wyborach delegatów na krajową naradę aktywu studenckiego występowało pod firmą Zarządu Uczelnianego ZMP, dostrzegliśmy w lansowanym na Żeraniu haśle przejęcia fabryk przez rady robotnicze oczekiwany znak, sztandar i program rewolucji, która położy kres dyktaturze. Jacek Kuroń, Krzysztof Pomian, Andrzej Garlicki i Bogdan Jankowski spotkali się we wrześniu z Goździkiem i uzgodnili, że zostanie nawiązana współpraca między organizacjami ZMP na Uniwersytecie i w FSO. Zgodnie z marksistowsko-leninowską formułą o inteligentach, którzy wnoszą w szeregi klasy robotniczej rewolucyjną świadomość, studenci mieli organizować zebrania dyskusyjne z młodymi robotnikami na Żeraniu. Do dziś nie wiem, czemu akurat mnie powierzono tę misję, która stała się moim pierwszym, w gruncie rzeczy formacyjnym doświadczeniem działalności w środowisku robotniczym.

* * *

24 października 1956 r. na warszawskim placu Defilad dwieście tysięcy osób śpiewało Władysławowi Gomułce „Sto lat". Krótkie przemówienie, w którym ufetowany przez tłumy przywódca wezwał lud, by wrócił do pracy, a politykę

zostawił w rękach partii i rządu, wzbudziło nasz sprzeciw. Wróciliśmy z wiecu na Uniwersytet i zdążyliśmy właśnie uchwalić, że przechodzimy do opozycji, gdy przybiegł ktoś z ulicy i zawołał, że spora grupa manifestantów zmierza ku ambasadzie radzieckiej. Wbrew temu, co przed chwilą postanowiliśmy, pobiegliśmy za manifestantami, skierowaliśmy ich na Politechnikę i tam przekonywaliśmy o potrzebie rozwagi.

Czuliśmy się wzięci w dwa ognie. Poprzedniego dnia rozpoczęła się rewolucja na Węgrzech i do Budapesztu wkroczyły radzieckie czołgi. W obliczu tragedii węgierskiej dominowała obawa, że na Polskę może spaść podobne nieszczęście. Podzielaliśmy tę obawę. Uważaliśmy się za rewolucjonistów, ale pozytywistyczny imperatyw ochrony substancji narodowej krępował nam skrzydła. W społeczeństwie zresztą, w tym również w odzyskujących mowę po wypluciu knebla opiniotwórczych środowiskach niekomunistycznych, przeważał pogląd, że trzeba zadowolić się tym, co Gomułka nam oferuje, bo tylko to jest osiągalne. Współczujemy Węgrom i tym bardziej musimy dbać o siebie.

Rychło okazało się, że my – młodzi rewolucjoniści roku 56 – jesteśmy coraz słabsi, osamotnieni, a w dodatku nam samym brak determinacji. Rewolucyjny Związek Młodzieży, którego byliśmy współtwórcami, zapowiadał się na dynamiczną, ogólnopolską organizację o niemałej sile liczebnej (ponad dwadzieścia tysięcy członków), ale miał krótki żywot. Aparat partyjny budował początkowo w zakładach pracy jego przeciwwagę nazwaną Związkiem Młodzieży Robotniczej i domagał się ograniczenia RZM do środowiska studenckiego, ale gdy się to nie udało i wbrew woli partii polityczny pluralizm ruchu młodzieżowego stał się w polskich fabrykach faktem dokonanym, władze PRL zmieniły koncepcję. Postanowiono połączyć RZM i ZMR w jeden Związek Młodzieży Socjalistycznej. Z działaczami Rewolucyjnego Związku Młodzieży, którzy początkowo odgrywali w ZMS bardzo poważną rolę, partia poradziła sobie w ciągu niespełna roku.

Dyscyplinowanie prasy, w której rewizjoniści mieli silną pozycję, dokonało się w tym samym mniej więcej czasie. Stosowano przy tym sankcje partyjne (rewizjonistyczni dziennikarze z reguły należeli do PZPR) oraz środki administracyjne. W październiku 1957 r. władze zamknęły niezwykle popularny tygodnik „Po prostu", a trzydniowe demonstracje warszawskich studentów w obronie tego pisma zostały brutalnie spacyfikowane przez ZOMO. Zalegalizowanych i wybranych w 1957 r. rad robotniczych nie rozwiązano, lecz skazano na marginalizację i uwiąd. Wbrew postulatom Rady Ekonomicznej zachowano bez istotnych zmian nakazowo-rozdzielczy system zarządzania w przemyśle, który nie dawał radom robotniczym pola do samodzielnych decyzji. Wiosną 1958 r. owe rady zostały ostatecznie ubezwłasnowolnione przez włączenie do tzw. Konferencji Samorządu Robotniczego, w których przewagę liczebną i głos decydujący miały Komitety Zakładowe PZPR i kontrolowane przez partię zarządy związków zawodowych.

Krok po kroku Gomułka przeprowadził swoją normalizację, likwidując te z popaździernikowych zmian, które nie mieściły się w ustrojowych ramach komunistycznej dyktatury. Dokonało się to za cenę ograniczonej liberalizacji systemu. W wyniku tej liberalizacji PRL wyróżniała się korzystnie na tle innych krajów komunistycznych. Wydaje się też prawdopodobne, że ratując zręby systemu, Gomułka ocalił przy okazji naszą (w tym także moją) skórę. Rewolucja, do której dążyliśmy, została jednak zlikwidowana, nim się zdążyła rozwinąć. Co po niej pozostało? Zadatek na przyszłość – dorobek krytycznej myśli, do którego można było nawiązać, i zalążek nowej utopii. Dorobek ten zachował się w naszych głowach, w niepewnym schowku pamięci. Myśl polityczna październikowego rewizjonizmu utrwaliła się drukiem jedynie w postaci doraźnej publicystyki, która nie przekraczała horyzontu chwili bieżącej i nie miała systematycznego charakteru.

Cennym wyjątkiem na tym tle jest deklaracja ideowa uniwersyteckich buntowników, pisana z myślą o zainicjowaniu dyskusji, z której miał się zrodzić program nowej, rewolucyjnej organizacji. Zachowałem pamięć o tym dokumencie, bo się z nim w owym czasie politycznie identyfikowałem, a także dlatego, że wspominał o nim wielokrotnie Jacek Kuroń. Jacek był zresztą moim zdaniem głównym autorem tego tekstu. Sam tekst jednak nie został nigdy wydany drukiem. Krążył jako maszynopis lub w postaci powielaczowych odbitek i nie był podpisany. Miał formę odezwy wystosowanej przez „kolektyw skupiony wokół Zarządu Uczelnianego ZMP przy UW" do studentów Uniwersytetu Warszawskiego. Nie był datowany, ale z treści wynika, że powstał na kilka lub kilkanaście dni przed VIII Plenum KC PZPR (19–20 października 1956 r.), na którym Gomułka powrócił do władzy. Mój obrachunek z własną przeszłością polityczną nie mógłby się obyć bez tego dokumentu, nie znalazłem go jednak w publikacjach historycznych dotyczących 1956 r. Dopiero niedawno, na moją prośbę i posiłkując się moimi wskazówkami, Joanna Szczęsna i Wanda Lacrampe odnalazły go w Archiwum Akt Nowych wśród materiałów pozostałych po Komitecie Warszawskim PZPR. Dokument zachował się w wersji niepełnej, brakuje w nim bowiem zapowiedzianego na wstępie programu działania, ale krytyka panujących stosunków społecznych i politycznych pozwala domyślać się, w jakim kierunku zmierzały nasze wnioski programowe.

Przedstawiona przez autorów „platforma ideowo-polityczna" zaczynała się od figury retorycznej jakby żywcem wyjętej z pamfletu Leszka Kołakowskiego *Czym jest socjalizm*. Nie wydaje mi się, byśmy już wówczas ten pamflet znali, ale myśleliśmy podobnie: „Chcemy zbudować w Polsce socjalizm. Dlatego musimy zdecydowanie odciąć się od tego wszystkiego, co w przeszłości utożsamiane było z socjalizmem, a co naszym zdaniem socjalizmem nie jest". Po tych słowach następowało pięć twierdzeń demaskujących to, czym „był i jest" stalinizm w przeciwieństwie do socjalizmu. Po upływie półwiecza trzy z tych twierdzeń wydają mi się warte przytoczenia i komentarza:

„Stalinizm był i jest praktycznym zaprzeczeniem głoszonej przez komunistów zasady, że państwo socjalistyczne to państwo dyktatury proletariatu. System państwowy stworzony przez stalinizm to dyktatura nad proletariatem, chłopstwem i inteligencją. W tym systemie rzeczywista władza państwowa należy do wąskiej grupy aparatu partyjnego i państwowego, sprawującego swe rządy w oparciu o szeroko rozbudowany aparat przymusu: policję polityczną ingerującą we wszystkie dziedziny życia zbiorowego i osobistego, obozy pracy, które w tym systemie stanowią również rezerwuar niewolniczej siły roboczej, sądy doraźne niemające nic wspólnego z prawem i sprawiedliwością".

„Stalinizm był i jest zaprzeczeniem głoszonej przez komunistów tezy, że podstawą ustroju socjalistycznego jest społeczna własność środków produkcji, a warunkiem jego budownictwa uspołecznianie środków produkcji drobnych wytwórców przez dobrowolne zrzeszanie się w kooperatywy. W warunkach stalinizmu **środki produkcji** były tylko de nomine własnością społeczną, de facto jednak były zarządzane przez wąską grupę biurokracji. Powstała siła społeczna, która w imieniu mas dysponowała środkami produkcji tak dalece, że przekształcała się powoli w ich **wyłącznego** właściciela. W warunkach stalinizmu uspołecznienie środków produkcji drobnych wytwórców na wsi i w mieście nie miało nic wspólnego z dobrowolnością, przeciwnie, odbywało się przy użyciu ekonomicznego i pozaekonomicznego przymusu".

„Stalinizm był i jest praktycznym zaprzeczeniem głoszonych przez komunistów zasad **internacjonalizmu proletariackiego**. Dyskryminacja poszczególnych narodów w ZSRR w imię rosyjskiej racji stanu, łamanie i ograniczanie suwerenności krajów obozu socjalizmu w imię radzieckiej racji stanu, zaprzeczanie w praktyce zasadzie o niemożności [sic! – K.M.] eksportu rewolucji społecznej przy użyciu bagnetów – wszystko to, zdaniem naszym, nie ma nic wspólnego z komunizmem i, co więcej, godzi w interesy komunizmu w każdym poszczególnym kraju, jak i w dobre imię komunizmu międzynarodowego".

Przytoczyłem te fragmenty, w których nasza krytyka systemu sformułowana została w sposób najbardziej radykalny. Mimo to widoczne są jej niespójności. Powtarzająca się jak w litanii formuła „stalinizm był i jest" zdaje się sugerować, że piętnowana przez nas praktyka nadal trwa, gdyż jest to społeczno-polityczny system, który należy obalić, a nie tylko zła przeszłość, której pozostałości trzeba przezwyciężyć. Mimo to mówiliśmy o stalinizmie raz w czasie teraźniejszym, a raz w czasie przeszłym, jakbyśmy się nie mogli ostatecznie zdecydować. Mówiliśmy o „dyktaturze nad proletariatem" sprawowanej przez elitę partyjno-państwową. Mówiliśmy, że dysponując samowładnie, poza wszelką kontrolą społeczną, państwowymi środkami produkcji, owa elita przekształcała się w ich wyłącznego właściciela, czyli – dopowiadając w marksistowskim języku to, czegośmy wówczas nie dopowiedzieli – w klasę panującą. Jednocześnie jednak w innym fragmencie „platformy ideowo-politycznej" upominaliśmy się o podmiotowość organizacji partyjnych, jakbyśmy nie wiedzieli, że zasady i praktyka tzw. centralizmu demokratycznego czynią z tych organizacji wykonawczy instrument tej samej rządzącej elity, która zawłaszczyła państwo i państwowe fabryki. Niespójności te brały się stąd, że zaczynaliśmy myśleć jak opozycja antysystemowa, jednocześnie zaś zamierzaliśmy działać jak opozycja wewnątrzsystemowa. Ten ptak nie mógł latać. Zresztą władze PRL i tak postanowiły go odstrzelić, gdyż ich liberalizm nie sięgał tak daleko, by tolerować jakąkolwiek opozycję – obojętne, wewnątrzsystemową czy antysystemową. Stosunek sił nie dawał nam szans.

Gdy dziś odczytuję cztery kartki odnalezione w Archiwum Akt Nowych, istotne wydaje mi się nie to, żeśmy wówczas przegrali, lecz to, że w naszym ówczesnym myśleniu zawarty był – mimo niekonsekwencji i niejasności – ideowy genotyp, z którego wyrósł po latach *List otwarty do partii*.

Bunt i utopia

W publicystyce, politologii i historiografii odżywają co pewien czas spory o to, czy PRL po 1956 r. była państwem totalitarnym, czy autorytarnym. Nie chcę dezawuować tych sporów, gdyż o coś istotnego w nich mimo wszystko chodzi. Wydaje mi się jednak, że mamy tu do czynienia z pomieszaniem dwóch różnych porządków, co nie służy ani teorii, ani empirii. Totalitaryzm i autorytaryzm są pojęciami teoretycznymi stworzonymi przez politologów. Na gruncie teorii rozróżnić je łatwo, to kwestia precyzyjnych definicji. Ale teoria, jak wiadomo, jest szara i sztywna, podczas gdy drzewo życia jest zielone, jego gałęzie szumią i poruszają się na wietrze, więc trudno ułożyć je w precyzyjnie zdefiniowanych kategoriach. Historyk zwraca uwagę raczej na to szumiące drzewo niż na szufladki i etykietki.

Nic nas nie zmusza do uznania wielkiego terroru czasów stalinowskich za pojęciowy wyznacznik totalitaryzmu. Terror przeminął, a nawet został potępiony, ale struktury władzy nie uległy przy tym zasadniczej przebudowie. Nadal obowiązywał ład monocentryczny. Nadal podstawą systemu była wszechogarniająca kontrola, a właściwie wszechwładza monopartii nad państwem, gospodarką i organizacjami społecznymi. Od rządu, ministerstw, zjednoczeń branżowych i stanowisk dyrektorskich w przedsiębiorstwach poprzez związki zawodowe i organizacje młodzieżowe aż po stowarzyszenia sportowe i turystyczne obowiązywała zasada nomenklatury – funkcje kierownicze, nawet gdy obsadzane były formalnie w drodze konkursu lub wyborów, mogły być powierzone tylko ludziom akceptowanym przez odpowiednie instancje partyjne. Instancje te, działające na zasadach tzw. centralizmu demokratycznego, czyli hierarchicznej podległości Komitetowi Centralnemu i jego wydziałom, kształtowały też najważniejsze decyzje wszystkich tych instytucji, urzędów, przedsiębiorstw i organizacji społecznych. Dla wielu teoretyków polityki wszystko to jest aż nadto wystarczającym powodem, by zaszufladkować Polskę pod rządami Gomułki jako państwo totalitarne. Czemu więc bliższe jest mi stanowisko Bronisława Łagowskiego, który oponuje przeciw temu schematowi i twierdzi, że Polska po 1956 r. była już innym krajem?

Zgadzam się z Łagowskim, bo mam inne niż politologowie kryteria ważności. Dla mnie ważna jest – za przeproszeniem – moja własna skóra. W odróżnieniu od teoretyków, którzy zajmują się modelami ustrojów dyktatorskich, spędziłem łącznie osiem i pół lat w więzieniach za czasów Gomułki, Gierka i Jaruzelskiego. Różnica między tym, czego wówczas doświadczyłem, a stalinowską praktyką śledczą, sądową i penitencjarną jest uderzająca. Może jest to zbyt osobisty punkt widzenia, ale nie mogę się zgodzić, że jest on bez znaczenia; w każdym razie nie dla mnie.

Różnica, do której przywiązuję taką wagę, była głównie (choć nie wyłącznie) wynikiem zerwania ze stalinowskim terrorem. Nie zabieram głosu w sporze o zakres kategorii totalitaryzmu i autorytaryzmu. Nie jestem pewny, czy ten spór ma empiryczny sens. Definicja jest wyborem konwencji pojęciowej, a nie tezą o rzeczywistości, nie może więc być fałszywa ani prawdziwa, co najwyżej poręczna lub nieporęczna z punktu widzenia jakichś zamierzeń badawczych. Nie godzę się tylko na lekceważenie różnicy między państwem policyjnym czasów Bieruta a państwem policyjnym czasów Gomułki. Uważam, że była między nimi bardzo istotna różnica.

Potępienie i zaprzestanie masowego terroru było trwałym wynikiem destalinizacji w całym imperium radzieckim. Pod tym względem Polska nie była wyjątkiem, choć wyróżniała się konsekwentną realizacją zmian. Po 1956 r. represji karnej o charakterze politycznym mógł się spodziewać w zasadzie tylko ten, kto przekroczył granice działalności opozycyjnej i wszedł w konflikt z systemem. Państwo nie rościło sobie pretensji do ingerowania w to, co obywatele myślą i mówią na gruncie prywatnym. Partia zrezygnowała z przymusowego narzucania komunistycznej ideologii ogółowi obywateli. Kto się nie buntował, mógł spać spokojnie. Dziś trudno pojąć, z jak wielką ulgą przyjmowano wówczas te skromne z pozoru zmiany. Dodać trzeba, że zakazano stosowania tortur fizycznych w śledztwie, na ogół respektowano autonomię adwokatury, a wywierając polityczne naciski na sędziów, oglądano się, choćby dla zachowania pozorów, na literę prawa.

Absolutnym wyjątkiem w skali imperium było to, że władze PRL po październiku 1956 r. pozwoliły chłopom wycofać się ze spółdzielni produkcyjnych i że odtąd nie próbowały wymusić kolektywizacji rolnictwa. Miało to rozległe konsekwencje w życiu społecznym, których nowe pokolenie znawców problematyki gospodarczej i społecznej, ubolewających nad archaiczną strukturą polskiej wsi, chyba nie docenia lub nawet nie pojmuje.

Wyjątkowa była też w porównaniu z innymi krajami komunistycznymi sytuacja Kościoła w Polsce po 1956 r. Brutalne próby poddania duchowieństwa dyktatowi komunistycznej władzy, których kulminacja wiązała się z uwięzieniem Prymasa jesienią 1953 r., zostały potępione i zarzucone. Mimo powracających napięć i nacisków Kościół katolicki pozostał w PRL wielką instytucją niezależną od monopartii. Miało to istotne (i po dziś dzień doceniane) konsekwencje w życiu społecznym i w krajobrazie polskiej kultury.

Wreszcie polską osobliwością był po 1956 r. liberalizm komunistycznego państwa w stosunku do twórców kultury, uczonych i nauczycieli akademickich. Mogłoby się wydawać, że odgórna dobrotliwość władz politycznych wobec intelektualistów jest jak łaska pańska, co jeździ na pstrym koniu, ale ekipa Gomułki traktowała pozostawienie intelektualistom znacznych swobód w wykonywaniu ich misji zawodowej jako wentyl bezpieczeństwa – niech się lepiej wyszumią, skoro muszą, w swoich niskonakładowych publikacjach, na seminariach uniwersyteckich lub w salkach teatralnych, niżby mieli wkraczać na zastrzeżone dla partii obszary politycznego działania. Jerzy Grotowski był początkowo jednym z najbardziej radykalnych działaczy Rewolucyjnego Związku Młodzieży, ale zrozumiał, że przegrał, zajął się awangardowym teatrem, którego prosty lud i tak nie zrozumie, no i bardzo dobrze, niech sobie reżyseruje i zbiera laury. W stosownym miejscu przytoczę jeszcze parę przykładów takiego rozumowania partyjnych dostojników. Niektórzy z nich zresztą, jak choćby Adam Rapacki czy Stefan Żółkiewski, byli zapewne szczerze przekonani, że władza ludowa powinna zagwarantować w nauce i w nauczaniu uniwersyteckim swobodę myśli, bez której te dziedziny nie mogą się rozwijać. Zarządzenie ministerialne z 1956 r., a następnie ustawa o szkolnictwie wyższym uchwalona w 1958 r. zagwarantowały polskim uczelniom wyższym autonomię. Polska była jedynym krajem komunistycznym, w którym rektorów i dziekanów wybierali profesorowie. Wiedzieli oni wprawdzie, że nie należy wybierać na te funkcje ludzi, których partia uważa za swoich politycznych przeciwników, ale i partia wiedziała, że nie ma co forsować na rektora lub dziekana takich kandydatów, którzy w środowisku uczelnianym nie znajdą poparcia. Ucierała się praktyka kompromisu.

W zagospodarowanych dzięki takiemu kompromisowi niszach ekologicznych nauka polska i nauczanie uniwersyteckie uzyskały rzeczywiście sprzyjające warunki rozwoju, zwłaszcza że równocześnie nastąpiło owocne otwarcie na Zachód. Dla polskiej humanistyki lata 1956–1968 były okresem obfitego urodzaju. Po marcu 1968 autonomię uczelni zniesiono, a nauka poniosła niepowetowane straty kadrowe, wkrótce jednak robotniczy bunt na Wybrzeżu i zmiana ekipy rządzącej przyniosły faktyczne, choć tym razem niezagwarantowane prawnie, złagodzenie polityki władz państwowych wobec intelektualistów. Zresztą idea autonomii nie umarła. Jesienią 1980 r. nauczyciele akademiccy Uniwersytetu Warszawskiego po raz pierwszy od 12 lat przeprowadzili wolny wybór rektora (został nim Henryk Samsonowicz). Był to fakt dokonany niemający jeszcze oparcia w obowiązującym prawie, ale minister usankcjonował wybór własną nominacją. W stanie wojennym Samsonowicza wprawdzie odwołano, trwały jednak w sejmie prace nad projektem ustawy przywracającej autonomię wyższych uczelni i w końcu uchwalono ją w 1982 r. Po upadku komunizmu autonomia wyższych uczelni zapisana została w Konstytucji. Jest to okoliczność bardzo szczęśliwa, bo także w wolnej Polsce rozmaite ekipy rządowe miewają pokusę, by wziąć uczonych i uniwersytety na krótką ministerialną smycz.

Popaździernikowe zmiany, które korzystnie wyróżniały Polskę wśród komunistycznych państw wschodniej Europy, ostały się głównie z tej przyczyny, że były do pogodzenia z podstawowymi zasadami dyktatury. Rewizjonistom, zwłaszcza młodym i radykalnym, nie mogło to wystarczyć. Próbowaliśmy stawiać opór, gdy Gomułka pacyfikował rozdyskutowaną prasę, organizacje młodzieżowe i rady robotnicze, ale był to opór nieskoordynowany i słaby. W horyzoncie programowym radykalnych rewizjonistów było miejsce dla postulatów przekazania radom robotniczym zarządzania przedsiębiorstwami, dla ograniczenia cenzury i dla swobody wewnątrzpartyjnych dyskusji, ale nie było miejsca dla pluralizmu politycznego. Nasz opór mieścił się w ramach monopartii i był pacyfikowany na zasadach partyjnej dyscypliny. Bytowanie wewnątrz partii i jej przybudówek pozwalało dłużej przetrwać, nie dawało jednak – wbrew naszym złudzeniom – szans powodzenia.

W marcu 1957 r. zapisałem się do PZPR. Wynikało to z mojego dojrzałego namysłu, warto jednak wspomnieć o dwóch osobach, które mi sugerowały, że trzeba się zdecydować. Byli to Jack Kuroń i Antoni Mączak. Jacek tłumaczył, że walka między zwolennikami demokratycznych przemian a tymi, co chcą zachować instytucjonalne dziedzictwo stalinizmu, rozstrzygnie się w łonie partii, więc musimy tam być, jeżeli chcemy uczestniczyć w tej walce. Podzielałem ten pogląd bez zastrzeżeń. Mączak nic takiego mi nie mówił. Był zresztą raczej człowiekiem pracy organicznej niż urodzonym bojownikiem, ale w 1957 r. pełnił funkcję sekretarza organizacji partyjnej na Wydziale Historycznym i to on mi formalnie zaproponował, bym złożył deklarację. Siedem lat później, 27 listopada 1964 r., Komitet Uczelniany PZPR na Uniwersytecie Warszawskim podjął jednomyślną (i całkowicie uzasadnioną) uchwałę o wykluczeniu Jacka Kuronia i mnie z partii. Antek Mączak przewodniczył temu posiedzeniu, gdyż był wtedy I sekretarzem Komitetu Uczelnianego. Na niego przyszła kolej później – w 1982 r. Antek wystąpił z PZPR, uznając, że w jej szeregach nie da się już zdziałać nic dobrego. Koło się zamknęło, ale nie oznacza to, że nie ma o czym mówić. Nasze wewnątrzpartyjne doświadczenie zasługuje na poważną refleksję.

* * *

W 1956 r. nasza rewolucyjna śmiałość nie sięgała jeszcze tak daleko, by domagać się wielopartyjności, niczym w burżuazyjnej (czyli zachodniej) demokracji. Dotyczyło to również pluralizmu w ruchu młodzieżowym. Nie protestowaliśmy, gdy odmówiono rejestracji grupie założycielskiej Związku Młodych Demokratów. ZMD był w naszych oczach politycznym marginesem, a w dodatku prawicowym, więc nie widzieliśmy powodu, żeby się o niego upominać (chlubnymi wyjątkami byli wśród nas Janusz Trybusiewicz i Staszek Gruca, którzy coś w tej sprawie wołali na puszczy). Jako ludzie konsekwentni nie opieraliśmy się również, gdy nas samych, czyli Rewolucyjny Związek Młodzieży zjednoczono z aparatczykami z ZMR w jednym Związku Młodzieży Socjalistycznej. Nawet cieszyliśmy się, że upadła koncepcja organizacyjnego odgrodzenia młodzieży robotniczej od studentów. Jedynie w Krakowie część środowiska RZM odmówiła przystąpienia do ZMS, a Jerzy Grotowski rozciągnął nad dysydentami parasol ochronny, tworząc razem z nimi Polityczny Ośrodek Lewicy Akademickiej i Robotniczej. Po stronie przeciwnej zmobilizowano wówczas środowisko zetempowskich aparatczyków, które akcję „odzyskiwania" ZMS rozpoczęło od komisji skrutacyjnych, by na wojewódzkiej konferencji nowej organizacji wyeliminować Grotowskiego i jego zwolenników starodawną metodą cudu nad urną. Wybuchł skandal, Tymczasowy Komitet Centralny ZMS skierował do Krakowa dla zbadania zarzutów o nadużycia wyborcze komisję, w której uczestniczyłem wraz z trzema robotnikami z FSO – Ryszardem Adamkiewiczem, Markiem Borusińskim i Szymonem Firerem. Próbowaliśmy jeździć po zakładach, zwołaliśmy nawet coś w rodzaju wiecu w chrzanowskiej Fabryce Lokomotyw, ale to już nie był czas rewolucyjnych nastrojów. Aparat partyjny miał w takich sprawach ogromne doświadczenie i wprawę, więc radził sobie z nami bez większego trudu, chociaż nie z dnia na dzień.

Działacze wywodzący się z RZM też zresztą próbowali odzyskiwać utracone pozycje. Czasem to się nawet udawało. Latem 1957 r. koledzy zawiązali zmowę, która miała doprowadzić do zmiany kierownictwa Komitetu Warszawskiego ZMS. We wrześniu na plenarnym zebraniu doprowadzili oni do odwołania dotychczasowych władz i wyboru nowego sekretariatu, w którym znaleźli się: były przywódca Rewolucyjnego Związku Młodzieży Józef Lenart, Eugeniusz Noworyta, Zdzisław Kuksewicz i ja. Stało się to pod moją nieobecność, gdyż wrzesień spędziłem na zaproszenie kuzynów mojej matki we Francji. Gdy przeczytałem w „Le Monde" o zamknięciu „Po prostu" i manifestacjach studenckich w Warszawie, przebukowałem bilet kolejowy i wróciłem do kraju, ale smród gazów łzawiących już tymczasem wywietrzał. Zajścia zaczęły się od wiecu protestacyjnego na dziedzińcu wielkiego akademika na placu Narutowicza, a inicjatorami wiecu byli dwaj aktywiści warszawskiego ZMS – Janusz Gilas i Leszek Gronostaj. Co gorsza, wydrukowali oni ulotki wzywające do udziału w wiecu na powielaczach KW ZMS, co spowodowało rewizję w lokalach organizacji. Na domiar wszystkiego nowy sekretariat KW ZMS nie chciał początkowo uznać słuszności decyzji o likwidacji naszego ulubionego tygodnika. Wszystkich członków sekretariatu wzywano więc do KW PZPR, gdzie musieliśmy (na miejscu!) czytać szczotki drukarskie ostatniego numeru „Po prostu", który został w całości skonfiskowany przez cenzurę. Lektura ta miała nas przekonać, że pismo ześlizgnęło się na pozycje antypartyjne, więc słusznie zostało zlikwidowane. Dwóch czy trzech kolegów okazało należytą giętkość karku, ale sytuacja w warszawskiej organizacji ZMS wymagała zasadniczego uzdrowienia. Sądziliśmy naiwnie, że sprawa rozstrzygnie się demokratycznie przez głosowanie nad rozbieżnymi stanowiskami na plenarnym posiedzeniu Komitetu Warszawskiego ZMS. Partia zarządziła jednak, że najpierw musi podjąć merytoryczną decyzję zespół partyjny tej instancji.

Z instytucją zespołu partyjnego zetknąłem się wówczas po raz pierwszy, ale nie ostatni. Było to zgromadzenie członków PZPR wchodzących w skład zarządu organizacji, która nie była częścią PZPR, choć oczywiście uznawała jej „kierowniczą rolę". Zespół partyjny zbierał się po to, by w zamkniętym gronie przedyskutować, a następnie przeforsować na otwartym forum społecznej organizacji decyzję zgodną z wolą partii. W październiku 1957 r. obradom zespołu partyjnego Komitetu Warszawskiego Związku Młodzieży Socjalistycznej przewodniczył Witold Jarosiński, członek sekretariatu KC PZPR. W ówczesnym kierownictwie partii bez trudu można było znaleźć kogoś, kto dogadałby się z nami łatwiej niż Jarosiński. Ale partia nie zamierzała szukać z nami porozumienia. Zamierzała komenderować. Do tego Jarosiński nadawał się bardzo dobrze. Na posiedzeniu zespołu partyjnego każdy z nas mówił, co uważał za stosowne. Było to nie tylko dopuszczalne, ale pożądane. Malkontenci powinni byli wygadać się w zamkniętym gronie, aby można było im zakazać powtarzania niesłusznych opinii na otwartym forum. Większość naszych kolegów wystraszyła się komend Jarosińskiego i karnie wstąpiła do szeregu. Krytycznie o decyzji zamknięcia „Po prostu" i o ataku ZOMO na studencki wiec wypowiedziało się tylko trzech uczestników zebrania: Józef Lenart, Zdzisław Kuksewicz i ja. W uchwale podjętej pod dyktando Jarosińskiego zakazano nam w trybie partyjnej dyscypliny powtarzania naszych krytycznych wywodów na plenum KW ZMS w obecności bezpartyjnych. Pozwolono tylko złożyć rezygnację z członkostwa w sekretariacie. Mogliśmy to uzasadnić lakoniczną, a właściwie enigmatyczną formułką o różnicy zdań, jaka wystąpiła między nami a większością kolegów. Na plenarnym zebraniu KW ZMS bezpartyjni koledzy oglądali się na nas jako na liderów. Oglądali się na próżno. Byliśmy członkami PZPR i partyjna dyscyplina zamknęła nam usta.

* * *

Gdy byłem studentem Uniwersytetu Warszawskiego, a także znacznie później, gdy byłem tam profesorem, kształcono studentów tak, jakby wszyscy mieli zostać po uzyskaniu dyplomu uczonymi-badaczami. Zapewniało to bardzo wysoki poziom i sprawdzało się na rynku pracy. Na trzecim roku należało wybrać sobie seminarium, a wraz z nim specjalizację badawczą. Mój wybór padł na średniowiecze. Był akurat październik 1956 r. Zapisałem się na seminarium Aleksandra Gieysztora. Niestety odbywało się ono o trzeciej po południu i nie było możliwości, bym zdążył z zebrania dyskusyjnego w Fabryce Samochodów Osobowych na Krakowskie Przedmieście. Trzeba było wybierać, więc wybrałem to, co wówczas uważałem za ważniejsze. Na seminarium pojawiłem się po raz pierwszy dopiero w połowie listopada. W dodatku przyszedłem spóźniony o pięć minut, wszyscy siedzieli już dookoła stołu, a mój mistrz spojrzał na mnie znad okularów i powiedział: „O, pan Modzelewski. To może pan będzie teraz przychodził na seminaria?". Odpowiedziałem w najlepszej wierze, że to zależy od rozwoju sytuacji.

Ponieważ jednak sytuacja się nie rozwijała, a nawet przeciwnie, chodziłem na seminaria, uczestniczyłem we wspólnych lekturach i analizach średniowiecznych dokumentów i z biegiem czasu stałem się mediewistą. To bardzo pracochłonna specjalność. Wymaga, by poświęcić jej tyle czasu, inwencji i uwagi, że niewiele pozostaje na inne zajęcia. Obcowanie z pisemnymi śladami dawnych kultur, odczytywanie ich kodu komunikacyjnego, wnikanie w mentalność odmienną od naszej fascynowało mnie i pochłaniało na tyle, że musiałem wybierać między rolą działacza społecznego a rolą historyka. Nie dało się być jednym i drugim równocześnie. Bywałem działaczem, zwłaszcza w okresach wielkich napięć i wstrząsów. Poza tym jednak byłem historykiem i temu zajęciu poświęciłem przeważającą część mojego życia. Jacek Kuroń, z którym łączyła mnie przyjaźń, a czasami także wspólna działalność, mawiał z przekąsem, że jestem „niedzielnym politykiem" na podobieństwo niedzielnego kierowcy.

Mogę to potwierdzić, ale u schyłku lat pięćdziesiątych nie tylko ja odstawiłem pojazd rewolucji do garażu. „Mała stabilizacja" na tym między innymi polegała, że dawała żyć. Żołnierze i oficerowie rozmontowanej rewolucji znajdowali sobie nisze, w których mogli bytować bez utraty twarzy i realizować swoje aspiracje zawodowe.

Najtrudniej przyszło to Leszkowi Goździkowi. Pod koniec 1957 r. zwierzchność partyjna znalazła pretekst, by niepokornego przywódcę żerańskich robotników usunąć z funkcji I sekretarza Komitetu Zakładowego. Leszek powrócił wówczas tam, skąd przyszedł – na stanowisko ślusarza w fabrycznej narzędziowni. Był jednak nadal popularny. Gdy w I kwartale 1959 r. zarządzono odgórnie, że trzeba zwolnić z narzędziowni 50 ślusarzy, a z planu na następny kwartał wynikało, że trzeba będzie zatrudnić dodatkowo 49 osób, Leszek zaproponował na zebraniu, żeby nikogo nie zwalniać; zamiast tego niech wszyscy zgodzą się na przejściową obniżkę płacy. Załoga poparła tę propozycję, ale zwierzchność przeraziła się widma robotniczej solidarności. Uznano, że Goździk stwarza zagrożenie, więc zwolniono go z pracy i zabroniono zatrudnić w którejkolwiek z okolicznych fabryk. Jednocześnie posypało mu się życie osobiste. Leszek postanowił zacząć od zera. Spakował walizkę i na warszawskim dworcu poprosił kasjerkę o bilet do takiej stacji, z której pociąg już dalej nie jedzie. Tak trafił do Świnoujścia. Wkrótce się tam ożenił, wyremontował z kolegami stary kuter rybacki i zaczął łowić. Morze stało się jego niszą. Na zjeździe „Solidarności" w 1981 r. Leszek był honorowym gościem. Francuski dziennikarz zapytał go tam, czemu się nie włączył do tego ruchu. Goździk odpowiedział: „Bo w morzu jest dużo ryb do złowienia". Dziennikarz zauważył, że tu można złowić grubsze ryby. „Owszem – odparł Leszek – ale w morzu są świeże". Dopiero po 1989 r. powrócił do życia publicznego jako działacz samorządowy.

Inteligentom łatwiej było o niszę. Krzysztof Pomian był chyba najwybitniejszym uczniem Leszka Kołakowskiego i poświęcił się pracy na Uniwersytecie. W wypadku Jerzego Grotowskiego trudno mówić o niszy. Teatr był jego życiowym powołaniem i mało kto dziś wie, że Grotowski, zanim został awangardowym reżyserem, był najprawdziwszym działaczem rewolucyjnym. Niszą Jacka Kuronia stało się harcerstwo, a właściwie stworzony i prowadzony przez niego w ZHP Krąg Walterowski. Na tym polu tolerancja władz okazała się dość krucha i nie trwała długo, początkowo jednak Jacek mógł tam rozwinąć skrzydła.

Moją niszą, albo raczej moim zawodowym życiem, stała się mediewistyka. W czerwcu 1959 r. zrobiłem magisterium i Gieysztor zaproponował, bym pozostał na uczelni. Etatów asystenckich akurat nie było, więc początkowo zaczepiłem się na tzw. stypendium doktorskim Ministerstwa Szkolnictwa Wyższego przy Instytucie Historycznym UW. Prowadziłem zajęcia jak asystent i zacząłem przygotowywać się do doktoratu; w gruncie rzeczy było to coś na kształt stażu asystenckiego. W kwietniu 1961 r. z rekomendacji Gieysztora otrzymałem roczne stypendium naukowe Fundacji Giorgio Cini i wyjechałem do Wenecji. Pobyt we Włoszech był bardzo istotnym etapem na mojej drodze życiowej historyka-mediewisty, zarazem jednak dostarczył silnych impulsów, które pchnęły mnie ponownie na drogę politycznej kontestacji. W drugiej połowie lat sześćdziesiątych, gdy już zawędrowałem tą drogą do więzienia, bezpieka wychodziła ze skóry, by wytropić jakiś ślad obcej, najlepiej trockistowskiej inspiracji moich działań sięgający czasu mojego pobytu we Włoszech. Staraniom tym nie przyświecało bezinteresowne dążenie do prawdy, lecz wymogi gry między koteriami na szczytach PZPR. Niezależnie jednak od roli, jaką straszak trockizmu odgrywał w wyobraźni kremlowskich władców, a w rezultacie w intrygach ich polskich wasali, światopogląd SB po prostu nie dopuszczał myśli, że do kontestacji mogą człowieka popychać warunki życia w Polsce Ludowej skonfrontowane z realiami zachodniej demokracji.

Nie mogłem nie zauważyć, że otwarta krytyka rządu, partii chadeckiej, a nawet ustroju jest we Włoszech wyrażana publicznie i bez najmniejszej obawy o konsekwencje. Byłem w Wenecji na zebraniu śródmiejskiej organizacji Partii Komunistycznej poświęconym materiałom XXII Zjazdu KPZR, a nawet zabierałem tam głos w dyskusji. Nie eurokomunizm jednak wywarł na mnie głębokie wrażenie, lecz banalna konstatacja, że działalność tej partii, nie dość, że opozycyjnej, ale oficjalnie przedstawiającej się jako antykapitalistyczna, jest tam elementem zwykłego krajobrazu politycznego. Wiedziałem o tym rzecz jasna przed wyjazdem do Włoch, ale co innego wiedzieć teoretycznie, a co innego zobaczyć na własne oczy i dotknąć palcem. Byłem na zgromadzeniu młodzieży akademickiej w wielkiej Sali Ca' Giustinian, gdzie przewodniczący włoskiego związku studentów, spokojny, kompetentny i bardzo sprawny mówca, nie zostawił suchej nitki na rządowym projekcie reformy szkolnictwa wyższego. Widziałem strajk przeciw rządowemu projektowi na weneckim uniwersytecie i widziałem, jak rektor Siciliano, skądinąd chadek, wyszedł do studentów, usiadł z nimi na schodach przed gmachem głównym i wdał się w dyskusję jak równy z równymi. Wszystko to było – przepraszam za wyrażenie – **normalne**. Nikt nie uważał, że ustrój się od tego zawali. Nie nastawiało mnie przeciwko Polsce Ludowej to, że spotkałem we Włoszech jakiegoś trockistę, wielu eurokomunistów, licznych socjalistów czy chrześcijańskich demokratów. Nikt z nich nie obdarzył mnie kamieniem filozoficznym. Istotne i rewoltujące było to, że widziałem na co dzień wolność – tę zwyczajną, której boją się wyznawcy wolności „prawdziwej". Widziałem, jak funkcjonuje demokracja liberalna, którą przywykliśmy nazywać

„burżuazyjną". Widziałem, jak korzystają z tej wolności partia komunistyczna, socjaliści, lewicowe organizacje studenckie i związki zawodowe, których żadną miarą nie dałoby się uznać za burżuazyjne. Zobaczyłem i pozazdrościłem. Na tym polega tzw. efekt demonstracji.

Efekt ten zadziałał z całą mocą dopiero po powrocie do kraju. Trudno powiedzieć, żebym nie znał Polski Ludowej, ale kontrast między codziennością wolnego kraju a życiem w PRL czasu „małej stabilizacji" odebrałem teraz jako głębokie upokorzenie. Władze pozwalały nam spokojnie żyć, pracować, a nawet myśleć i mówić swoje, byle w domowym zaciszu, a nie publicznie. Przyzwyczailiśmy się do tego knebla tak dalece, że prawie go już nie czuliśmy. Teraz poczułem, że to jest nie do zniesienia. Był to bardzo silny impuls skłaniający do powrotu na drogę, z której zeszliśmy, żeby normalnie żyć. Niestety, już nie mogłem uznawać wyrzeczenia się wolności w życiu publicznym za życiową normę.

Miałem za sobą doświadczenie buntu z 1956 r. Wiedziałem, że trzeba powrócić do tamtego doświadczenia i zacząć od bardziej gruntownej niż poprzednio krytyki systemu, który dał sobie z nami radę i od namysłu nad programem działania wymierzonego w ten system. Przede wszystkim jednak trzeba skrzyknąć się z tymi, którzy czują i myślą podobnie, choćby nas była początkowo tylko garstka.

Pierwszą osobą, do której się z tym zwróciłem, był Jacek Kuroń. W 1956 r. traktowałem go jako lidera i można powiedzieć, że spośród ówczesnych uniwersyteckich przywódców właśnie on wywarł największy wpływ na mój sposób myślenia. Spotkaliśmy się ponownie wkrótce po moim powrocie z Włoch (czyli wiosną 1962 r.) i z przyjemnością stwierdziłem, że rozumiemy się w pół słowa. Nie mam wątpliwości, że była to obopólna satysfakcja. Dogadaliśmy się, w którą stronę iść, i postanowiliśmy zacząć od nowa tam, gdzieśmy przerwali – na Uniwersytecie. Od listopada 1962 r. należałem do tzw. młodej kadry naukowo-dydaktycznej UW, gdyż rozpocząłem czteroletnie studia doktoranckie. Oznaczało to w moim wypadku także przynależność do uniwersyteckiej organizacji partyjnej i zetemesowskiej. Jacek pracował wtedy w Głównej Kwaterze Związku Harcerstwa Polskiego i nie był formalnie związany z uczelnią, ale miał wśród studentów Uniwersytetu kilkudziesięcioosobowe grono wychowanków z Kręgu Walterowskiego. Na tle politycznego marazmu tamtych czasów wyróżniali się oni nonkonformizmem i głębokim przekonaniem, że trzeba walczyć o zmianę świata na lepsze. To wystarczało, żeby poruszyć Uniwersytet, choć może jeszcze nie bryłę świata.

Uniwersytet to miejsce, gdzie powinna toczyć się dyskusja; tymczasem dominantą jego życia ideowego i politycznego jest milczący zastój. Trzeba to zmienić, tworząc pod auspicjami Komitetu Uczelnianego ZMS Polityczny Klub Dyskusyjny. Z takim pomysłem udałem się na rozmowę z miarodajnymi liderami ZMS i partii na Uniwersytecie. Spotkałem się z całkowitym zrozumieniem i otrzymałem zielone światło. Ze strony ZMS moim rozmówcą w tej sprawie był Aleksander Smolar, a ze strony partii – Włodzimierz Brus. W moich oczach byli oni wtedy ludźmi establishmentu, co prawda liberalnymi i światłymi, ale tak jakby z drugiej strony barykady. Skąd miałem wiedzieć, że nie minie sześć lat, a obaj znajdą się poza partią, Smolar zaś będzie nawet moim sąsiadem w więzieniu.

Zostałem przewodniczącym Klubu Dyskusyjnego i zapewne z tej racji na uniwersyteckiej konferencji PZPR wybrano mnie na członka Komitetu Uczelnianego partii. Traktowałem to jako parasol, który (do czasu) może osłaniać moją właściwą działalność w Klubie Dyskusyjnym. Wymogłem zgodę na swobodny udział w dyskusjach klubowych ludzi spoza Uniwersytetu. Było to ważne ze względu na Jacka Kuronia, którego wystąpienia stały się największą atrakcją klubowych dyskusji. Przede wszystkim jednak dynamikę tym dyskusjom nadawali studenci, początkowo głównie walterowcy – świetnie przygotowani do działalności społecznej wychowankowie Jacka z harcerstwa. Magnes ten szybko przyciągnął do Klubu niespokojne duchy ze wszystkich wydziałów Uniwersytetu. W tym środowisku i w tym pokoleniu, o parę lat starszym od marcowych „komandosów", rozpoczynali swoją polityczną działalność tacy ludzie, jak Stanisław Gómułka, Waldemar Kuczyński, Ryszard Bugaj czy Stefan Meller.

Działalność nasza była czujnie obserwowana przez bezpiekę, która słała alarmujące informacje do KC. Z punktu widzenia stróżów porządku było jasne, że publiczne dyskusje organizowane regularnie na Uniwersytecie są formą działalności wywrotowej, a rozbita przed paru laty opozycja zyskała w Klubie legalną platformę. Polityczny Klub Dyskusyjny Młodzieży Uniwersyteckiej (tak brzmiała jego oficjalna nazwa) przetrwał rok; działał od listopada 1962 r. do listopada 1963 r., po czym został zamknięty. Wokół Klubu skupiło się jednak w ciągu tego roku spore środowisko krytycznie myślącej młodzieży, która wcale nie zamierzała dać za wygraną. Na wydziałach spotykały się nadal, pod firmą ZMS lub na gruncie prywatnym, małe grupy dyskusyjne niekrępowane odgórną kontrolą. Ludzie ci znali się z Klubu i potrafili się skrzyknąć między wydziałami, byli więc zdolni do wspólnej akcji.

Postanowiliśmy podjąć taką akcję w związku z wyznaczoną na początek marca 1964 r. konferencją sprawozdawczo-wyborczą uniwersyteckiego ZMS. Mieliśmy tam większość, gdyż uczestnicy klubowych dyskusji byli przeważnie najaktywniejszymi członkami ZMS na swoich wydziałach i bez trudu uzyskali mandaty delegatów. Ordynacja wyborcza przewidywała, że 2/3 składu nowego Komitetu Uczelnianego proponuje Komitet ustępujący, z sali zaś można zgłosić najwyżej 1/3. Żeby zgłosić kandydata poza tym limitem, trzeba było wskazać, na czyje miejsce się go proponuje, i wówczas odbywa się wstępne głosowanie, kogo umieścić na liście. System ten wykluczał inicjatywę oddolną, chyba że „doły" nie potrafiły się zorganizować. My jednak byliśmy zorganizowani, uzgodniliśmy, jak głosować, i bez trudu wyeliminowaliśmy posłusznych wobec partyjnej zwierzchności działaczy starego Komitetu Uczelnianego. Kierownictwo uniwersyteckiej organizacji ZMS znalazło się w rękach aktywistów zlikwidowanego klubu dyskusyjnego. I sekretarzem ZMS został walterowiec Marek Żelazkiewicz, w skład sekretariatu wszedł też radykalny działacz klubowy Eugeniusz Chyla z fizyki, a w Komitecie Uczelnianym znaleźli się ponadto Staszek Gómułka, Anatol Lawina i ja.

Tak rozpasanej demokracji w swojej młodzieżowej przybudówce partia nie mogła tolerować. Sytuację zaognił dodatkowo list protestacyjny przeciwko zaostrzeniu cenzury, skierowany 14 marca 1964 r. do premiera przez 34 wybitnych intelektualistów. 14 kwietnia odbył się na dziedzińcu Uniwersytetu krótki wiec poparcia dla autorów listu. Organizatorzy wiecu nie byli z nami związani, musieliśmy jednak zająć stanowisko i nie było ono zgodne ze stanowiskiem partii. Doszło do konfliktu, podczas którego Komitet Uczelniany ZMS zażądał reaktywowania Klubu Dyskusyjnego, a II sekretarz Komitetu Uczelnianego partii Jan Detko domagał się od nas, byśmy unieważnili swoje uchwały i potępili organizatorów wiecu z 14 kwietnia. Zwołał on w tym celu zespół partyjny przy KU ZMS, a gdy i tam nie uzyskał większości, wyjął z kieszeni i odczytał odgórną decyzję władz partyjnych, które nakazywały nam podporządkować się ich woli pod groźbą kar dyscyplinarnych. W tej sytuacji złożyliśmy rezygnacje z funkcji, na które nas wybrano przed kilkoma tygodniami. Zostałem też usunięty z Komitetu Uczelnianego PZPR i ukarany upomnieniem za to, że zbuntowałem przeciwko partii jej własną młodzieżową organizację. Doszliśmy do ściany. Było jasne, że w tym systemie niezależna działalność możliwa jest tylko poza regułami obowiązującymi w partii i w podległych jej organizacjach społecznych. Czyli poza granicą legalności.

* * *

Organizując klub dyskusyjny, a następnie uczestnicząc w wyborze nowego kierownictwa ZMS na Uniwersytecie, nie liczyliśmy z Jackiem, że uda się utrzymać przez dłuższy czas przyczółki politycznej wolności w ramach systemu, który polityczną wolność wykluczał. Postanowiliśmy zmontować zespół ludzi zdecydowanych na wspólne opracowanie programu, wokół którego powstanie podziemna organizacja rewolucyjna. Zespół ten spotykał się z zachowaniem reguł konspiracji (a raczej tego, co nam się regułami konspiracji wydawało), poczynając od 14 marca 1964. W skład tej grupy wchodziło, poza Jackiem i mną, pięć osób z Uniwersytetu: Marek Żelazkiewicz, Eugeniusz Chyla, Stanisław Gómułka i jego żona Joanna Majerczyk oraz Bernard Tejkowski (w 1956 r. przewodniczący Studenckiego Komitetu Rewolucyjnego w Krakowie, a od 1962 r. asystent Zygmunta Baumana w Instytucie Socjologii UW). Ponadto Jacek wprowadził do naszego grona trzech działaczy harcerskich: Mieczysława Krajewskiego z Warszawy, Andrzeja Klimowicza z Lublina oraz Andrzeja Mazura z Łodzi. Obaj z Jackiem skłoniliśmy też do udziału w pracach tej grupy Szymona Firera, szlifierza z Fabryki Samochodów Osobowych na Żeraniu, który był tam w 1956 r. przewodniczącym ZMP. Szymek mówił, że można liczyć na współpracę sześciu innych robotników z FSO, którzy swego czasu związani byli z Goździkiem, ale nie zgodził się przyprowadzić żadnego z nich na nasze spotkania. Całe szczęście: on jeden okazał wyczucie godne konspiratora. Skuteczność podejmowanych przez nas środków ostrożności (wyszukiwanie „czystych" mieszkań na spotkania, unikanie kontaktów telefonicznych itp.) była niemal żadna wobec faktu, że Andrzej Mazur był inteligentnym i bardzo aktywnym agentem Służby Bezpieczeństwa. Raporty jego są dziś naprawdę cennym źródłem dla historyka badającego owe czasy, zaś w czasach, gdy je pisał, były bardzo cenne dla bezpieki.

Mazur miał barwną przeszłość. Rocznik 1928, w czasie okupacji w Szarych Szeregach i w AK, żołnierz powstania warszawskiego odznaczony Krzyżem Walecznych, po wojnie więziony w latach 1945–1946 oraz 1950–1954, działacz harcerski od 1956 r., został w 1959 r. zwerbowany na tajnego współpracownika (TW „Wacław"); w tej roli wyróżniał się wybitną inteligencją, inicjatywą oraz tym, że nie zabiegał o pieniężne wynagrodzenie. Bezpieka była dzięki niemu informowana na bieżąco o naszych knowaniach i otrzymywała krążące wśród uczestników grupy robocze fragmenty projektów programu.

Te projekty szły w rozmaitych kierunkach i było widoczne, że nie da się ich połączyć w całość. Mieczysław Krajewski wykazywał silną skłonność do maoizmu. Bernard Tejkowski, do którego zgłosiliśmy się jako do legendarnej postaci krakowskiego Października, głosił w 1964 r. poglądy zbliżone do późniejszego stanowiska programowego KPN i wszedł na tym tle w ostry spór z Jackiem Kuroniem. Dopiero później Tejkowski popadł w antysemicką obsesję, która zbliżyła go (raczej jednak politycznie niż agenturalnie) do moczarowskiej bezpieki, by wreszcie, już w wolnej Polsce, pod imieniem Bolesława zostać liderem narodowych skinów. Staszek Gómułka przedstawiał propozycje, które bardziej nadawały się do technicznej dyskusji wśród ekonomistów niż do prac nad programem politycznym nielegalnej partii. W rezultacie tylko z fragmentów opracowanych przez Jacka i przeze mnie dało się złożyć spójny tekst.

Od początku wspólnej pracy w tym gronie zakładaliśmy, że program, który się z niej zrodzi, musi być powielony i potajemnie rozkolportowany w uczelniach i fabrykach. Jacek zapewniał, że będziemy mogli posłużyć się, oczywiście w nocy i po kryjomu, powielaczami Głównej Kwatery Harcerstwa. Było to jednak myślenie życzeniowe. Dla zdeklarowanego opozycjonisty nie było miejsca we władzach ZHP. Jacek stracił tam nie tylko pracę, ale i wpływy. Powielacze, nawet najprymitywniejsze, znajdowały się w PRL pod surowym policyjnym nadzorem. W poszukiwaniu możliwości potajemnego druku, a także kanałów kolportażu, trzeba było rozejrzeć się gdzie indziej. W tej intencji Jacek zwrócił się do działacza harcerskiego z Krakowa Krzysztofa Gąsiorowskiego, który podobnie jak Mazur był więźniem politycznym w latach stalinowskich i też został w 1960 r. agentem bezpieki (TW „Klinowski"). Ja ze swej strony zaproponowałem Jackowi, by zwrócić się o pomoc do polskich trockistów. Było ich raptem dwóch (Kazimierz Badowski z Krakowa i Ludwik Hass z Warszawy), ale wiedziałem, że przemycono dla nich z Belgii nigdzie nierejestrowany i dość nowoczesny powielacz. Zwróciliśmy się do Hassa z prośbą o wypożyczenie tego drogocennego sprzętu, siłą rzeczy więc musieliśmy także jemu dać do przeczytania, cośmy spłodzili. Hass przeczytał i – jak przystało na ortodoksyjnego trockistę – ocenił nasz program negatywnie. Nie powiedział nam tego wprost, ale domyśliłem się, że on rewizjonistycznym zgniłkom pomagać nie zamierza. Rzeczywiście przekazał taką opinię Badowskiemu za pośrednictwem Romka Śmiecha, który jeździł do Krakowa i służył obu starszym panom za łącznika.

Powielacz był jednak w rękach Badowskiego, który odpisał Hassowi, że wprawdzie nie jesteśmy trockistami, ale za to jesteśmy pierwszą w Polsce grupą, która opracowała własną platformę polityczną „i z platformą tą w ręku przekracza granicę legalności – ten Rubikon, poza który czyniono dotychczas jedynie sporadyczne wypady". Możliwość zacytowania tego listu zawdzięczam roztargnieniu Badowskiego, który zapomniał spalić jego brudnopis, a także nieocenionej bezpiece, która ów brudnopis znalazła podczas rewizji u Badowskiego i włączyła do akt śledztwa przeciwko Kuroniowi i mnie. W każdym razie na początku listopada, gdy sam pojechałem do Badowskiego i zreferowałem mu z pamięci nasz program, otrzymałem od niego 95 białkowych matryc oraz obietnicę wydania powielacza naszemu kurierowi, który zgłosi się, gdy będziemy gotowi do druku. Zastanawiam się tylko, czy w ślad za Hassem informacje o naszych zamiarach i o tekście otrzymała także bezpieka. Sam Hass nie był jeszcze wtedy na jej usługach, ale miał bliski kontakt z jej wieloletnim agentem Józefem Kosseckim (TW „X"), któremu przekazywał bez oporów wszystko, co od nas dostawał. Później, już w stanie wojennym, Hass i Kossecki występowali wspólnie w napastliwych audycjach Polskiego Radia dyskredytujących zdelegalizowaną „Solidarność". Rozwój wydarzeń nie pozostawiał wątpliwości, że w 1964 r. SB skutecznie infiltrowała naszą grupę, ale dopiero praca Andrzeja Friszkego *Anatomia buntu* pokazała, jak szczelnie oplotła nas wtedy agentura.

Ręce opadają, gdy to piszę. Po tylu latach wypada raczej śmiać się niż płakać, gdyż rozlane mleko dawno już wyschło, a na miejscu, gdzie była jego kałuża, wyrosły kwiaty. Nie da się jednak zaprzeczyć, że nasze pierwsze kroki na ścieżce konspiracji doprowadziły do żałosnego blamażu. Zgubił nas zrozumiały brak doświadczenia oraz naiwne zaufanie do każdego, kto był w przeszłości więźniem politycznym. Taką przeszłość mieli za sobą Mazur, Gąsiorowski, Hass, a nawet i Kossecki. Niewielka to pociecha, że również z bezpieki, skądinąd profesjonalnej, przeciekały czasem do nas ważne wiadomości. Chyba przez Krajewskiego lub któregoś z dawnych znajomych z aparatu ZMP Jacek dowiedział się, że w MSW czytano (i oczywiście skopiowano) jakieś rozdziały naszego tekstu. Wynikało z tego, że wśród osób, które dostarczały sobie nawzajem to, co napisały na użytek wspólnego przedsięwzięcia, jest agent. W tej sytuacji postanowiliśmy obaj z Jackiem sfinalizować pracę i wydrukować tekst na własną rękę. Nie wiem, jaka nieostrożność z naszej strony sprawiła, że pozostali uczestnicy grupy domyślili się, co knujemy. Wybuchła awantura, podczas której Andrzej Mazur zarzucił nam nielojalność wobec kolegów; obok innych talentów miał spore zdolności aktorskie. Wraz z Mazurem także bezpieka uznała, że traci kontrolę nad sytuacją i może dlatego postanowiła wkroczyć bez dalszej zwłoki. 14 listopada 1964 r. zostaliśmy wszyscy zatrzymani, a podczas rewizji mieszkaniowych funkcjonariusze znaleźli oryginalny maszynopis i jedyną kopię programu, który przygotowywaliśmy wspólnie z Jackiem. Była to wersja robocza, jeszcze nieukończona. Matryce, które przywiozłem od Badowskiego, ocalały, gdyż umieściłem je u osoby całkowicie postronnej, ale zostały po naszej wpadce zniszczone, żeby nie posłużyły jako dowód obciążający.

Nie umieszczono nas w regularnym areszcie, tylko w Ministerstwie Spraw Wewnętrznych. Na najwyższym piętrze były tam małe pokoiki, z wyglądu biurowe, wyposażone w biurko, dwa krzesła i kozetkę – tyle że okno zabezpieczone było zasuwaną żaluzją zamkniętą na kłódkę. W drzwiach nie było judasza, ale gdy w pokoju nie było oficera śledczego, drzwi pozostawały otwarte, a po korytarzu przechadzał się milicjant. Nie były to warunki izolacyjne, dzięki czemu mogłem usłyszeć, jak oficer śledczy wydziera się na Szymka Firera (w państwie dyktatury proletariatu robotników zawsze traktowano po chamsku), a Szymek nie pozostaje dłużny i woła: „Powiedz mi pan, do cholery, czy ja jestem oskarżony, czy świadek, czy kto?!". Mogłem też błyskawicznie, na migi, uzgodnić z Jackiem, gdy milicjant prowadził go do toalety, że deklarujemy się jako wyłączni autorzy programu. Było to zgodne z prawdą, początkowo jednak oznajmiłem, że napisałem go sam i nikogo nie informowałem, więc o innych osobach nie będę mówić, bo nie mają związku ze sprawą. Następnego dnia rano kpt. Józef Bartczak przedstawił mi zarzut z art. 155 § 1 i 2 przedwojennego kodeksu karnego oraz poinformował, że grozi mi do pięciu lat więzienia (wziąłem to naiwnie za dobrą monetę), ale że od tej pory mogę bezkarnie kłamać. Nie kwapiłem się korzystać z tego przywileju, bo w nocy wymyśliłem, że zamiast plątać się w zeznaniach najlepiej po prostu nic nie mówić. Odtąd odmawiałem odpowiedzi na wszystkie pytania śledczego. Bartczak się złościł, ale nie mógł zaprzeczyć, że jako podejrzany mam takie prawo.

Po upływie 48 godzin zamiast aresztować, wszystkich nas zwolniono. Na odchodnym pewien starszy, posiwiały w bojach funkcjonariusz powiedział mi protekcjonalnie: „Ech, panie Modzelewski, taką konspirację to wziąć i o dupę potłuc". Bardzo mnie jego słowa zabolały, bo wiedziałem, że to szczera prawda. Zrobiłem w duchu rachunek sumienia i powziąłem mocne postanowienie poprawy.

Śledztwo formalnie trwało, ale zapadła na najwyższych szczeblach polityczna decyzja, żeby raczej nie robić procesu, tylko usunąć winowajców z partii i z uczelni. Bez wątpienia byłoby to lepsze z punktu widzenia kierownictwa partii, które nie chciało narażać na szwank spokojnej atmosfery „małej stabilizacji". Ciekawe jednak, że zgodne stanowisko w tej sprawie zajęli wówczas: kierownik Wydziału Nauki KC Andrzej Werblan oraz pułkownicy Filipiak i Bryniarski z kierownictwa MSW; oba dokumenty – partyjny i policyjny – zachowały się w archiwach. Moczar był wprawdzie wiceministrem spraw wewnętrznych, a w grudniu 1964 r. został ministrem tego resortu, ale widocznie jeszcze nie próbował rozgrywać naszej sprawy po swojemu, jako narzędzia walki o najwyższą władzę w partii.

Zadanie usunięcia Kuronia i mnie, a także Stanisława Gomułki, Joanny Majerczyk i Eugeniusza Chyli, z szeregów PZPR złożono na barki Komitetu Uczelnianego na Uniwersytecie. Nie było to całkiem formalne, gdyż Jacek nie był pracownikiem UW i należał do terenowej organizacji partyjnej na Żoliborzu. Wydano jednak polecenie, by go przenieść do Podstawowej Organizacji Partyjnej na Uniwersytecie tylko po to, żeby właśnie Komitet Uczelniany wykonał na nim partyjny wyrok. Byłbym skłonny dopatrywać się w tym swoistej złośliwości wobec towarzyszy z uczelni. Zwierzchność nie rozpieszczała intelektualistów, którzy starali się jakoś godzić przynależność do PZPR z niezbyt ortodoksyjnymi poglądami oraz wybujałym poczuciem własnej przyzwoitości. Teraz zwierzchność dawała im do zrozumienia: „Wyhodowaliście tę żmiję na własnej piersi, osłanialiście ją wbrew naszym sugestiom, no to ją z łaski swojej zaduście".

27 listopada, gdy Komitet Uczelniany zebrał się dla omówienia tego, cośmy w skrytości uczynili, oraz podjęcia stosownej decyzji, dyskomfort naszych uni-

wersyteckich kolegów – członków tej instancji partyjnej – rzucał się w oczy. Nasza rola była prosta, a nawet łatwa, gdyż dekonspiracja zapewniła nam przywilej jednoznaczności. Obaj opowiedzieliśmy się za decyzją o wykluczeniu z PZPR, ponieważ w naszym manifeście uznaliśmy tę partię za główny filar i narzędzie dyktatury. Deklarowaliśmy wolę walki z dyktaturą, więc i z partią. Po czymś takim nie pozostawało nic innego, jak się rozstać. Mówiąc to, wcale nie ułatwialiśmy sytuacji naszym kolegom z Komitetu Uczelnianego. Jacek nie zawahał się nawet użyć wobec nich słów graniczących z okrucieństwem: „Weszliście z policją do mojego domu, zabraliście moje niedokończone notatki, a teraz chcecie odprawiać sąd nad tym, co myślę". Po latach ciekawsza i bardziej godna refleksji wydaje mi się jednak sytuacja oraz ówczesny sposób myślenia naszych partyjnych kolegów, których my z Jackiem (między sobą, oczywiście) określaliśmy lekceważąco jako „liberałów".

Byli to na ogół umiarkowani rewizjoniści, którzy liczyli na stopniową demokratyzację systemu, a działalność w szeregach partii na rzecz takiej ewolucji uważali za swoją misję. Starali się oni też – czasem nie bez powodzenia – uczynić z uniwersyteckiej organizacji partyjnej coś w rodzaju parasola osłaniającego autonomię nauki i nauczania. To, że przekroczyliśmy Rubikon i odrzuciliśmy perspektywę wewnątrzpartyjnej pracy organicznej, było dla nich szokujące i równało się działaniu na szkodę „dobra wspólnego". Część z nich uznała za stosowne potępić nas w dyskusji podczas obrad KU, część milczała (i to milczenie zostało odnotowane w Wydziale Nauki KC i w Komitecie Warszawskim jako niepokojący objaw „złych" nastrojów), ale wszyscy, rzecz jasna, głosowali za wykluczeniem nas z szeregów PZPR. Jedna z tych milczących osób napisała do mnie w trakcie owego posiedzenia karteczkę, nad której sensem długo się potem zastanawiałem: „Karol, wiesz, że nigdy nie miałam nic przeciwko twoim poglądom, ale nie mogę ci wybaczyć, że zdradziłeś (to okropne słowo, ale tak jest) Partię". Nie dziwiłbym się, gdyby to napisał któryś z przedwojennych komunistów, nawykłych do traktowania partii jako wartości absolutnie nadrzędnej, ale autorka tych słów była zaledwie o kilka lat starsza ode mnie; sama zresztą niespełna cztery lata później rozstała się z legitymacją członkowską PZPR. Pisząc do mnie w emocjach, wyraziła ona w egzaltowany sposób powszechne przed 1968 r. wśród umiarkowanych rewizjonistów traktowanie partii jako wartości wprawdzie instrumentalnej, ale bardzo istotnej.

Panowało wówczas przekonanie, że partia jest jedynym zrzeszeniem pełnoprawnych obywateli i że tylko w jej szeregach można prowadzić skuteczną działalność publiczną. „Nie ma zbawienia poza Kościołem". W tym sensie wybór, którego dokonaliśmy, zrywając z partią, był porównywalny nie tyle nawet z herezją, ile z apostazją; był całkowitym politycznym odstępstwem. Pozostawała jeszcze tylko ideologiczna pępowina łącząca nas z marksizmem i z marksowską utopią.

Odstępstwo nasze wyartykułowaliśmy na piśmie, najpierw w manifeście, którego pierwszą redakcję odebrała nam 14 listopada 1964 r. Służba Bezpieczeństwa, a następnie w tzw. *Liście otwartym do partii*. Uchwałę o wykluczeniu z PZPR Jacka i mnie, a także Stanisława Gómułki, Joanny Majerczyk i Eugeniusza Chyli, rozesłano do organizacji partyjnych na wydziałach. Odbywały się na ten temat zebrania Oddziałowych Organizacji Partyjnych, ale ich członkom nie udostępniono naszego tekstu, tylko potępiający go referat i uchwałę KU PZPR. Wywoływało to niezadowolenie członków partii, którzy uważali, że im odmówiono prawa do informacji i do własnej oceny. Na Wydziale Historycznym pojawiłem się na takim zebraniu i w dłuższym wystąpieniu streściłem nasz tekst. Podobnie postąpiłem na zebraniu Komitetu Uczelnianego ZMS, które miało głosować nad usunięciem z organizacji mnie, Gómułki i Chyli, ale zamiast tekstu, za który mieliśmy być ukarani, dostarczono – jakby na wzór – partyjną uchwałę w tej sprawie. W rezultacie przyszło mi do głowy, że możemy wystąpić z podniesioną przyłbicą i odtworzyć nasz manifest w formie listu otwartego do wszystkich członków partii i ZMS na Uniwersytecie, którym odmówiono rzetelnej informacji na ten temat. Jacek zaakceptował ten pomysł bez wahania. Nauczeni gorzkim doświadczeniem nie informowaliśmy już nikogo innego i nie szukaliśmy powielacza, tylko w ścisłej tajemnicy sporządziliśmy rękopis (pisałem go odręcznie w trzech egzemplarzach, posługując się kalką maszynową), który następnie dwukrotnie wystukałem na maszynie do pisania mojej matki, wkręcając każdorazowo sześć kopii na przebitkach. Było więc tego razem czternaście egzemplarzy maszynowych i trzy egzemplarze odręczne. Mało, jak na tekst, który uczynił tyle hałasu w Polsce i na świecie. 18 marca 1965 r. złożyliśmy po jednym egzemplarzu *Listu otwartego* w Komitetach Uczelnianych – partii i ZMS, a resztę rozkolportowaliśmy. Następnego dnia o szóstej rano zostaliśmy aresztowani we własnych mieszkaniach, a w lipcu

1965 r. po procesie przy drzwiach zamkniętych (tj. niedostępnym dla publiczności) Sąd Wojewódzki dla miasta Warszawy skazał Jacka na trzy lata, a mnie na trzy i pół roku więzienia. Tym razem władze nie zastanawiały się, czy zastosować represję karną. Nie zostawiliśmy im wyboru.

* * *

„Według oficjalnej doktryny, żyjemy w kraju socjalistycznym. Teza ta opiera się na utożsamieniu państwowej własności środków produkcji z własnością społeczną. Akt nacjonalizacji przekazał przemysł, transport, banki na własność społeczeństwu, a stosunki produkcji oparte na własności społecznej są *ex definitione* socjalistyczne.

Rozumowanie to jest pozornie marksistowskie. W rzeczywistości do marksowskiej teorii wprowadzono tu element z gruntu jej obcy: formalno-prawne rozumienie własności. Własność państwowa może kryć rozmaite treści klasowe w zależności od klasowego charakteru państwa. (...)

Państwowa własność środków produkcji – to tylko forma własności. Należy ona do tych grup społecznych, do których należy państwo. W systemie gospodarki znacjonalizowanej (...) władza polityczna łączy się z władzą nad procesem produkcji i podziału.

Do kogo należy władza w naszym państwie?".

Tak zaczynał się pierwszy rozdział *Listu otwartego*, zatytułowany „Władza biurokracji". Początek ten był zarazem ideologiczną wizytówką autorów. Piętnując panujący ustrój jako łże-socjalizm, dawaliśmy tym samym wyraz swojemu przywiązaniu do socjalistycznych ideałów. Demaskując oficjalną retorykę skrywającą naturę tego ustroju jako „wywody pozornie marksistowskie", zapowiadaliśmy użycie marksizmu jako narzędzia krytycznej analizy, która prawdziwą naturę tego ustroju obnaży.

Kiedy więc dociekaliśmy, w czyich rękach znajduje się rzeczywiście państwo zwane ludowym i upaństwowione środki produkcji, przyświecały nam wartości socjalistyczne, a za busolę służył marksizm. Zaczęliśmy od mechanizmów monopolu władzy zwanego oficjalnie kierowniczą rolą partii oraz od monolitycznych zasad wewnętrznej organizacji monopartii, zwanych centralizmem demokratycznym. Znaliśmy te mechanizmy i zasady nie tylko z książek. Wypróbowaliśmy je na własnej skórze, toteż analiza nasza, według zgodnej opinii ówczesnych nieoficjalnych autorytetów, wypadła dość przekonująco. Prowadziła nas ona do wniosku, że „centralna biurokracja polityczna", jak nazwaliśmy partyjno-państwową elitę władzy, dysponuje arbitralnie, poza wszelką kontrolą społeczną, „całokształtem upaństwowionych środków produkcji, decyduje o rozmiarach akumulacji i spożycia, o kierunkach inwestycji (...) o podziale i wykorzystaniu całego produktu społecznego".

Przeprowadziliśmy następnie na podstawie oficjalnych roczników statystycznych GUS analizę dynamiki dochodu narodowego i płac realnych. Prowadziła ona do wniosku, że płaca robocza w naszym ustroju, podobnie jak w kapitalizmie, odpowiada historycznie ukształtowanemu minimum egzystencji. Pomijając trzyletni okres poprawy zarobków, związanej z osłabieniem dyktatury po kryzysie politycznym 1956 r., płace robotnicze pozostawały – z grubsza rzecz biorąc – na tym samym, bardzo niskim poziomie, podczas gdy wzrostowi gospodarczemu towarzyszyła rozbudowa przemysłu ciężkiego, od której zależał potencjał militarny państwa. Przeczyło to deklarowanej oficjalnie dbałości o interesy świata pracy, wiązało się natomiast z brakiem jakiejkolwiek opozycji, pozbawieniem środowisk robotniczych możliwości organizowania się w niezależne od rządzącej partii i od państwowego pracodawcy związki zawodowe oraz z bezwzględnym tłumieniem rewindykacji płacowych, a zwłaszcza w formie strajków. „Znaczy to – konkludowaliśmy – że robotnik jest wyzyskiwany. Produkuje on minimum egzystencji dla siebie i całą potęgę państwa przeciw sobie. Produkt jego własnej pracy przeciwstawia mu się jako siła obca i wroga, a więc nie należy do niego".

Dwa ostatnie zdania były rozmyślną parafrazą słów Karola Marksa dotyczących alienacji pracy. W marksowskim duchu sformułowana była też nasza konkluzja – po przejęciu środków produkcji z rąk burżuazji biurokracja polityczna zajęła miejsce swej obalonej poprzedniczki. Panuje ona nad pracą robotników i nad wytwarzanym przez nich produktem, jest więc nową klasą panującą. Na przeciwległym biegunie struktury społecznej znajduje się antagonistka panującej biurokracji – klasa robotnicza. Reszta społeczeństwa obraca się wokół osi, jaką tworzy konflikt dwóch antagonistycznych klas.

Z tej perspektywy rozpatrywaliśmy dostrzegalne w połowie lat sześćdziesiątych zwiastuny ekonomicznego i społecznego kryzysu systemu. Uważaliśmy, że wielkie konflikty, jakie ten kryzys musi zrodzić, przybiorą postać starcia między dyktatorskimi rządami biurokracji a buntującą się klasą robotniczą. Lektura roczników statystycznych (do których przywiązywaliśmy chyba nadmierną wagę) oraz wskaźników nowego planu pięcioletniego nasuwała nam wniosek, że w latach 1966–1970 nastąpi znaczny spadek płac realnych, który „zmusi klasę robotniczą do wystąpienia przeciw biurokracji i systemowi w obronie swojej egzystencji materialnej i duchowej na obecnym poziomie".

W grudniu 1970 r. odsiadywaliśmy już drugą karę więzienia (tym razem za wydarzenia marcowe). O podwyżce cen żywności, o robotniczym buncie na Wybrzeżu i o upadku ekipy Gomułki dowiadywałem się z wiszącego w celi głośnika, przez który nadawano m. in. ogólnopolskie wiadomości radiowe. Wkrótce poprzez grube mury zakładu karnego dla recydywistów w Wołowie doszły mnie echa gratulacji z powodu trafnej prognozy. Nie uważam, żeby to były uzasadnione gratulacje. Ostrożność jest cnotą proroków; powinna ona powstrzymywać przed wpisywaniem proroctw do kalendarza. W naszym wypadku to nie proroctwo się sprawdziło, tylko kalendarz. Robotniczy bunt 1970 r. zmiótł Gomułkę, wyniósł do władzy Gierka, spowodował istotne zmiany w polityce władz i miał społeczne następstwa, których doniosłość ujawniła się w sierpniu 1980 r., sam w sobie jednak rewolucją jeszcze nie był. My natomiast w 1965 r. byliśmy naprawdę przekonani, że robotnicza rewolucja już puka do bram i że zachodzi nagląca potrzeba stworzenia dla tej rewolucji perspektywy programowej oraz struktur politycznej organizacji.

List otwarty był próbą odpowiedzi na tę potrzebę. Obok demaskatorskiej analizy systemu oraz diagnozy jego narastającej niewydolności zawarliśmy w naszym manifeście program lub, jak kto woli, utopię – zarys najważniejszych instytucji przyszłego państwa demokracji robotniczej, które powinno powstać na gruzach obalonej dyktatury.

Program nasz zaczynał się siłą rzeczy od tego miejsca, w którym po przesileniu 1956 r. zatrzymano polski Październik – od samorządności załóg fabrycznych. Postulowaliśmy przekazanie zarządzania przedsiębiorstwami w ręce rad robotniczych przy jednoczesnym usamodzielnieniu przedsiębiorstwa. Dyrektywne planowanie i nakazowo-rozdzielczy system zarządzania miały ulec likwidacji, a sterowanie gospodarką narodową miało być realizowane poprzez mechanizmy rynkowe, przy użyciu ekonomicznych instrumentów interwencjonizmu gospodarczego. Można dopatrywać się w tym wpływu reformatorskiego programu Rady Ekonomicznej przy premierze z 1957 r., który wtedy pozostał na papierze, a może także wzorów jugosłowiańskich; dla nas jednak najważniejsze nie były pomysły ekonomistów i doświadczenia reform gospodarczych, lecz potrzeba emancypacji robotnika w fabryce. „Gdyby w miejscu pracy pozostał on niewolnikiem – pisaliśmy – to wszelka wolność poza miejscem pracy stałaby się rychło wolnością od święta, czyli wolnością fikcyjną".

Postulowaliśmy także utworzenie ogólnopolskiego przedstawicielstwa załóg fabrycznych, czyli centralnej rady delegatów robotniczych, która miałaby podejmować kluczowe decyzje w skali gospodarki narodowej. „Gdyby te centralne decyzje pozostały poza zasięgiem wpływów klasy robotniczej, nie mogłaby ona panować nad wytworzonym przez siebie produktem, a tym samym nad swoją pracą" – pisaliśmy z żelazną logiką wizjonerów. „Samorząd robotniczy ograniczony do szczebla zakładowego stałby się nieuchronnie fikcją osłaniającą władzę dyrekcji w fabryce i panowanie nowej biurokracji w państwie".

Byliśmy świadomi tego, że żadna demokracja, a więc i demokracja robotnicza nie jest możliwa w systemie monopartyjnym. Postulowaliśmy zatem pluralizm, czyli nieograniczoną swobodę tworzenia partii politycznych, zniesienie cenzury oraz wszelkich ograniczeń wolności słowa, druku i zgromadzeń, a także całkowitą swobodę badań naukowych i twórczości artystycznej. Do anarchosyndykalistycznego projektu państwa rad robotniczych wprowadzaliśmy w ten sposób liberalny wzór obywatelskich swobód zaczerpniętych z praktyki zachodnich demokracji. Sceptycznie jednak, a nawet z pewnym lekceważeniem wypowiadaliśmy się o parlamencie, podkreślając, że był on atrapą w PRL, a w latach trzydziestych nie zapobiegł przekształceniu II Rzeczypospolitej w państwo autorytarne. W naszej wizji demokracji robotniczej sejmowi przypadała zresztą w najlepszym razie rola drugoplanowa, gdyż władza nad gospodarką przypisana była systemowi rad.

Przed tymi radami jednak i przed własnym państwem robotnicy też musieli mieć możliwość obrony. Zapewnić ją miały, jak zapisaliśmy w programie, „zupełnie niezależne od państwa związki zawodowe z prawem do strajków ekonomicznych i politycznych". Z satysfakcją wspominam, że właśnie to zdanie z *Listu otwartego* cytowane było w tajnej instrukcji Prokuratora Generalnego PRL Lucjana Czubińskiego, która w listopadzie 1980 r. wytyczała organom ścigania główne kierunki walki z kontrrewolucyjnym zagrożeniem.

Wreszcie postulowaliśmy całkowitą likwidację policji politycznej, a w zasadzie także likwidację armii regularnej, z której pozostać miałyby jedynie wojska lotnicze i rakietowe, marynarka wojenna oraz wyspecjalizowane jednostki obsługujące zaawansowane technologicznie rodzaje broni, gdzie niezbędny jest personel o wysokich kwalifikacjach technicznych. Całą resztę, czyli to, co wówczas nazywano piechotą i co dziś stanowi trzon wojsk lądowych, miałaby zastąpić powszechna milicja robotnicza. Motywem naszym było to, że armia regularna „odrywa podstawową siłę zbrojną państwa od społeczeństwa tak, aby można ją było w każdej chwili społeczeństwu przeciwstawić". Łatwo ją użyć do krwawego tłumienia masowych protestów (powoływaliśmy się na wydarzenia poznańskie 1956 r.), a także do zamachu stanu. Póki siły zbrojne są zorganizowane jako armia regularna, „klika generałów może zawsze okazać się silniejsza od wszelkich partii i rad".

Ci inteligenci, którzy mieli okazję zapoznać się z naszym programem, oceniali go zwykle jako utopijny. Myślę, że jest to w znacznej mierze opinia trafna, i to w dwojakim sensie terminu „utopia". W znaczeniu najbardziej trywialnym utopijne są takie postulaty, których bez względu na okoliczności niepodobna zrealizować. W tym sensie postulat likwidacji armii regularnej był z pewnością utopijny. Trudno wyobrazić sobie jakiekolwiek nowoczesne państwo – czy to dyktatorskie, czy demokratyczne – bez obronności zapewnianej przez taką amię. Zmiany w tej dziedzinie zmierzają w kierunku odwrotnym od tego, co postulowaliśmy – następuje zmniejszenie liczebności wojska i jego profesjonalizacja wymuszona przez rozwój militarnych technologii. Nie unieważnia to jednak krytycznych przesłanek, z których wywodziliśmy nasz utopijny postulat. Powoływaliśmy się na doświadczenie wydarzeń poznańskich, bo pisaliśmy nasz tekst w 1965 r. Dziś można by dodać dalsze przykłady: grudzień 1970 i grudzień 1981 r. Nie chcę ujmować niczego członkom Wojskowej Rady Ocalenia Narodowego, którzy dziś ciągani są przed sąd. Czuję zażenowanie, gdy widzę tych starych ludzi na ławie oskarżonych. Są oni jednak żywym (na szczęście wciąż jeszcze żywym) dowodem na to, że „klika generałów może okazać się silniejsza od wszelkich partii, rad" i – dodajmy – związków zawodowych. Tak było u schyłku PRL i tak może się zdarzyć również w liberalnej demokracji; w latach sześćdziesiątych zdarzyło się w Grecji, nie mówiąc już o Chile czy Argentynie. To nie powód, żeby demokratyczne państwo pozbywało się armii, ale to dobry powód, żeby jej czujnie patrzyło na ręce.

To samo dotyczy służb specjalnych. Na progu III RP rozważano tzw. opcję zerową. Pomysł ten nie przeszedł. Tak czy owak nasze służby specjalne nie są już dziś pod względem kadrowym kontynuacją SB. Odżegnują się one od etykietki policji politycznej, zdarza się jednak, że postępują tak, jakby faktycznie nią były. Od tzw. inwigilacji prawicy poprzez sprawę Oleksego, działania ABW i CBA jako sił budujących IV Rzeczpospolitą, śmierć Barbary Blidy i prowokację wobec wicepremiera Andrzeja Leppera, służby specjalne wolnej Polski bywały źródłem patologii śmiertelnie groźnych dla naszej młodej demokracji. Trzeba umieć je kontrolować i trzymać na smyczy, ale to nie znaczy, że należy je hurtem zlikwidować i zostawić puste miejsce.

Postulat samorządności robotniczej na szczeblu przedsiębiorstw był wprowadzony w życie w Jugosławii, a w istotnym zakresie pod wpływem SPD także w Republice Federalnej Niemiec. Nie jest on utopijny, skoro mógł stać się praktyką. Pomysł, by powierzyć politykę gospodarczą państwa krajowemu przedstawicielstwu fabrycznych samorządów, zakrawa jednak na utopię, gdyż nie spełnia kryteriów ekonomicznej efektywności i wymogów konkurencji. Warto przypomnieć, że pomysł taki wysunęli w latach 1956–1957 działacze rad robotniczych powstających w polskich przedsiębiorstwach przemysłowych. Władysław Gomułka dostrzegł w tym poważne zagrożenie i zdecydował się na publiczną replikę. Zwrócił uwagę, że postulowana przez samorządowych działaczy centralna rada robotnicza miałaby podejmować decyzje, które obecnie należą do partii i rządu. „Partia i rząd okazują się niepotrzebne – gorszył się I sekretarz KC – bo zamiast nich pojawia się jakaś czapka nałożona na głowę rad robotniczych. Słowem, w całej tej koncepcji objawiła się anarchistyczna utopia. Myślę, że nie warto nad nią dyskutować".

Na swój przewrotny sposób zgadzam się z przytoczoną wypowiedzią Władysława Gomułki. Niezależnie od szans realizacji poszczególnych punktów naszego programu, w całości był on utopią, która pozbawiała partię i rząd racji bytu. Dlatego właśnie sformułowaliśmy tę utopię. Głosiliśmy ją przeciwko partii i rządowi, a więc z tego samego powodu, dla którego Władysław Gomułka nie chciał nad nią dyskutować.

Brzmi to jak żart, ale sprawa jest poważna. Mniejsza o to, czy postulaty są realne, czy iluzoryczne. Tym razem chodzi o utopię w znaczeniu, jakie nadaje temu pojęciu historia myśli społecznej. Myśl chrześcijańska jako sposób wartościowania świata nie może obyć się bez eschatologicznej wizji Królestwa Bożego na ziemi. Tylko w blasku tego przyszłego Królestwa można dostrzec i napiętnować całe zło świata. Marksowska krytyka kapitalizmu byłaby nie do pomyślenia bez utopijnej wizji przyszłego społeczeństwa bezklasowego, w którym ludzkość będzie wolna od wszelkiego ucisku i niesprawiedliwości. Utopia przeciwstawia niesprawiedliwemu światu ład idealny. W ten sposób wyznacza ona aksjologiczny horyzont, tworzy system wartości, bez którego niemożliwa jest rewolucyjna krytyka rzeczywistości zastanej. Aksjologiczny horyzont utopii jest wprawdzie nieosiągalny, lecz jest nieodzowny dla ostrości widzenia. Programowy rozdział *Listu otwartego* był – mimo całej swojej nieporadności – taką właśnie utopią i pełnił taką funkcję w naszym krytycznym spojrzeniu na system.

W drugiej połowie lat sześćdziesiątych inteligenccy czytelnicy *Listu otwartego* z dystansem odnosili się do naszych postulatów programowych, ale w znacznej mierze podzielali naszą krytykę systemu. Nie przeszkadzał im marksistowski język tej krytyki. Przeciwnie: w owym czasie myśl wywrotowa łatwiej docierała do odbiorcy, gdy była sformułowana w marksistowskich kategoriach. Dziś jest inaczej. Marksistowska terminologia odstręcza. Mnie samemu trudno dziś czytać własne słowa sprzed pół wieku. Razi mnie nasze ówczesne doktrynerstwo. Wiem jednak, że rewizjonizm, czyli heretycka odmiana marksizmu, jest nie tylko ważnym fragmentem mojej osobistej biografii, ale i ogniwem naszej wspólnej historii.

System komunistyczny opierał się na przemocy i strachu, ale nie mógł na długą metę istnieć bez panowania nad umysłami. Współpraca opiniotwórczych środowisk inteligencji stanowiła niezbędny warunek stabilności systemu. Przez dłuższy czas warunek ten był spełniany. Autorzy piszący dziś o ówczesnych postawach intelektualistów nie kryją na ogół oburzenia. Okrzyki zgrozy wydawane w naszych czasach przez publicystów piszących o PRL świadczą jednak nie tyle o wysokich standardach moralności autorów, którzy tak bardzo się oburzają, ile o niedostatku historycznej wiedzy i wyobraźni. Czołowe osobistości polskiego życia umysłowego popierały komunizm nie tylko z lękliwej służalczości, ale i z przekonania. W pierwszym dwudziestoleciu Polski Ludowej ideologiczna hegemonia komunistów była faktem. Inteligencja kształtująca życie umysłowe kraju posługiwała się językiem marksistowskim. Młode pokolenia, wychowane już po wojnie, w ogóle nie znały innego języka, w którym mogłyby wypowiadać się o sprawach publicznych. Język prawicy, nieobecny w życiu publicznym od dwudziestu lat, wymagał reanimacji i nie nadawał się do opisu zmienionej rzeczywistości. Można było co najwyżej wznosić prawicowe okrzyki według przedwojennego wzoru, ale nie dało się w tym zasuszonym kodzie komunikacyjnym odpowiadać na wyzwania nowej epoki. Gdy nadszedł czas kontestacji, musiała ona zostać wyrażona w języku, którym mówili intelektualiści i który rozumiała młodzież.

Kluczową kategorią marksizmu było pojęcie panowania klasowego. W oficjalnej ideologii i propagandzie posługiwano się tą kategorią dla usprawiedliwienia komunistycznego systemu władzy. Występujące w tym systemie przywileje i upośledzenia bagatelizowano, a zniewolenie rządzonych uznawano za obronę konieczną przed zachodnim kapitalizmem. Najgorsze bowiem było klasowe panowanie wyzyskiwaczy, któremu upaństwowienie fabryk i banków położyło kres. Po zniesieniu prywatnej własności środków produkcji żadne nierówności ani ucisk nie noszą już znamion panowania klasowego. Dziś widzimy w tym wywodzie grę słów, zwykły wybieg, ale jeszcze w czasach mojej młodości obezwładniał on każdego kontestatora.

Pierwszym, który odczarował to językowe tabu nowomowy, był jugosłowiański dysydent Milovan Đilas. W książce napisanej w połowie lat pięćdziesiątych przekreślił on znak równania między zniesieniem prywatnej własności a zniesieniem klas. Na sposób publicystyczny, bez wdawania się w socjologiczne subtelności, Đilas stwierdził po prostu, że biurokracja polityczna w krajach rządzonych przez komunistów „rozporządza państwowymi środkami produkcji i korzysta z nich", jest więc ich właścicielem, czyli nową klasą panującą. W *Liście otwartym* przejęliśmy pomysł Đilasa i staraliśmy się go uzasadnić. Inspirację czerpaliśmy także z opublikowanej w 1957 r. pracy Stanisława Ossowskiego *Struktura klasowa w społecznej świadomości*. W monografii tej wielki polski socjolog zauważył, że kryteria podziału klasowego mogą być rozmaite, zależnie od historycznych zmian w układzie stosunków społecznych. Kryterium prawnego tytułu własności środków produkcji odpowiadało podstawom ładu społecznego w dziewiętnastowiecznym kapitalizmie, ale niekoniecznie przystaje do wcześniejszych i późniejszych warunków ustrojowych. W naszych czasach istotniejszą rolę odgrywa władza, zwłaszcza gdy staje się wszechwładzą i jest zmonopolizowana przez jedną grupę społeczną.

Wywód, że biurokracja polityczna w komunistycznych państwach zajęła miejsce burżuazji i jest nową klasą panującą godził w samo serce systemu, gdyż delegitymizował go na gruncie jego własnej ideologii. Ustrój tych państw okazywał się łże-socjalizmem, a twierdzenia, że góruje on nad zachodnimi demokracjami, ponieważ jest wolny od wyzysku i realizuje ideały sprawiedliwości społecznej, okazywały się zwykłym szalbierstwem. Przeciwnie, po rozebraniu propagandowych dekoracji odsłaniał się obraz wyzysku szczególnie bezwzględnego, bo niełagodzonego przez swobody obywatelskie i wolności związkowe, oraz ucisku szczególnie brutalnego, bo realizowanego przez opresyjną dyktaturę. Pozostawaliśmy wciąż w obrębie rewizjonizmu, gdyż wszczynaliśmy bunt w obronie wartości, które system w teorii głosił, choć w praktyce deptał. Była to jednak najbardziej radykalna wersja rewizjonizmu. Nie chodziło już o to, by ten ustrój naprawić, lecz o to, by go obalić. Różnica między „naprawić" a „obalić" nie jest błaha.

Na domiar złego odwoływaliśmy się do klasy robotniczej, widząc w niej siłę, która ma obalić panowanie biurokracji i pogrzebać system. Było to szczególnie dotkliwe z punktu widzenia rządzącej monopartii, która podawała się za awangardę klasy robotniczej i na tym sloganie w znacznej mierze opierała swoje własne poczucie prawomocności, a zarazem panicznie bała się robotniczych buntów. Trzy i pół roku więzienia może wydawać się represją niewspółmierną do czternastu egzemplarzy maszynopisu. Biorąc jednak pod uwagę treść owego maszynopisu, mogę uznać, że trzy i pół roku było – jak na ten system – reakcją nieomal powściągliwą. Komunizm po polsku był jednak o wiele łagodniejszy od sowieckiego pierwowzoru. Mam powody, by to docenić.

Pisząc, że klasa robotnicza obali ten system, ważyliśmy się na sformułowanie proroctwa. Dziś można, a nawet wypada zapytać, czy nasza przepowiednia się spełniła. W skali całego radzieckiego imperium – a jest to perspektywa najwłaściwsza do rozważania tej kwestii – odpowiedź musi być przecząca. Dotyczy to zwłaszcza Związku Radzieckiego. Jedyny znany mi bunt robotniczy na terenie tego mocarstwa wydarzył się w 1961 r. w Nowoczerkasku. Wojsko strzelało tam – jak u nas w Poznaniu – do strajkujących robotników, którzy wyszli z zakładów na ulice. Nic podobnego nie wydarzyło się jednak później, w szczególności podczas pierestrojki. Imperium radzieckie rozpadło się wskutek próby jego modernizacji i liberalizacji podjętej przez ekipę Michaiła Gorbaczowa. Bardzo istotną rolę odegrały w tym tendencje odśrodkowe w republikach związkowych oraz pucz Janajewa, który miał ocalić imperium, ale je w rezultacie dobił. Załamanie się komunizmu w Związku Radzieckim pociągnęło za sobą jego upadek w państwach satelickich.

Wcześniej – w okresie Chruszczowowskiej destalinizacji – do wielkiej robotniczej rewolty doszło w Niemieckiej Republice Demokratycznej. Miała ona postać strajku powszechnego i potężnych demonstracji ulicznych we wschodnim Berlinie, które jednak zostały stłumione przez stacjonujące tam wojska radzieckie. Środowiska robotnicze odgrywały też istotną rolę na Węgrzech w październiku i listopadzie 1956 r., ale los węgierskiej rewolucji był w ówczesnym świecie przesądzony i został krwawo przypieczętowany przez radziecką inwazję.

Na tym tle Polska pozostawała chronicznie najsłabszym ogniwem radzieckiego imperium. Od 1956 r. masowe protesty społeczne powtarzały się u nas co kilka lub kilkanaście lat, ale Związek Radziecki, mimo przygotowań i gróźb, nie zdecydował się interweniować zbrojnie w naszym kraju. Z wyjątkiem marca 1968 r., w wielkich konfliktach społecznych w Polsce stroną występującą przeciwko partii oraz ścierającą się z milicją i wojskiem były środowiska wielkoprzemysłowych robotników. Tak było w Poznaniu w czerwcu 1956 r., tak samo w Gdańsku, Gdyni, Szczecinie i Elblągu w grudniu 1970 r. oraz w Radomiu, Ursusie i Płocku w czerwcu 1976 r. Podobnie było w czasie wielkich strajków, które ogarnęły kraj w lipcu i sierpniu 1980 r., w czasie solidarnościowej rewolucji 1980–1981 r., podczas strajków przeciwko stanowi wojennemu w grudniu 1981 r., wreszcie podczas strajków majowych i sierpniowych 1988 r. Te ostatnie były wprawdzie znacznie słabsze niż w 1980 r., ale zostały uznane przez rządzących krajem generałów za sygnał alarmowy i w zmienionej sytuacji międzynarodowej przyczyniły się do ich decyzji, by szukać kompromisu z opozycją.

O ile więc nasza prognoza dotycząca robotniczej rewolucji nie sprawdziła się w skali imperium, o tyle bieg wydarzeń w Polsce zdawał się ją potwierdzać. Na zachowania buntujących się robotników *List otwarty* nie wywarł jednak bezpośredniego wpływu z tej prostej przyczyny, że nigdy do nich nie dotarł. Między sierpniem 1980 a grudniem 1981 r., gdy miałem okazję stykać się z wieloma robotnikami czynnymi w „Solidarności", nie natrafiłem wśród nich ani razu na ślad bezpośredniej znajomości naszego tekstu sprzed piętnastu lat. Nie drążyłem zresztą tematu ani nie spowodowałem reedycji *Listu otwartego* w ukazujących się poza cenzurą drukach związkowych. Nie zamierzałem bowiem już wtedy wzywać do obalenia ustroju ani rządu, choć w przededniu stanu wojennego rządowa propaganda twierdziła, że do tego właśnie wzywałem. Niektórzy robotnicy mogli swego czasu słyszeć o naszym manifeście, *List otwarty* był bowiem w 1966 r. nadawany w odcinkach przez Radio Wolna Europa. Audycje radiowe jednak, choć mogą przynieść znaczny rozgłos, nie są w stanie zastąpić funkcji komunikacyjnej, jaką zapewnia osobista, uważna lektura tekstu.

To, że *List otwarty* przedostał się na Zachód i został tam wydrukowany, było zasługą młodych ludzi z otoczenia Adama Michnika. Tekst nasz ukazał się po polsku w sierpniu 1966 r. w kierowanym przez Jerzego Giedroycia wydawnictwie Instytutu Literackiego w Paryżu. Docierał on następnie w kraju do tych samych środowisk, które czytywały paryską „Kulturę". Były to dość szczupłe liczebnie, ale opiniotwórcze i krytyczne wobec systemu kręgi polskiej inteligencji. Niektórzy ludzie z tych kręgów współpracowali w latach siedemdziesiątych z Komitetem Obrony Robotników, a bardzo wielu wzięło potem udział w działalności NSZZ „Solidarność". Był to w latach 1980–1981 ruch przeniknięty ideą zbratania inteligencji z robotnikami. Jeżeli to, cośmy z Jackiem Kuroniem w latach 1964–1965 napisali i zdołali wypuścić w świat, miało jakiś wpływ na postawy krajowych czytelników „Kultury" wobec największego ruchu robotniczego w dziejach Polski, to nasz wysiłek i nasza odsiadka nie były daremne. Pozostaje jeszcze pytanie o trwałość wpływu, jaki zdołaliśmy wywrzeć. Na to nie mam odpowiedzi.

* * *

List otwarty był szerzej znany na świecie niż w Polsce. Miałem w ręku jego wydania francuskie, włoskie, niemieckie, szwedzkie i japońskie – a były też inne, o których tylko słyszałem (np. czeskie i angielskie) lub nawet nie słyszałem. Publikowały nasz tekst głównie, jeśli nie wyłącznie, efemeryczne wydawnictwa radykalnej lewicy w latach 1966–1969. Był to czas młodzieżowej rewolty w Europie i Ameryce. Uczestnicy tej rewolty buntowali się zarówno przeciw konformizmowi mieszczańskich społeczeństw, jak i przeciw autorytarnemu konformizmowi zurzędniczałych partii komunistycznych oraz ich moskiewskiej Mekki. Manifest dwóch zbuntowanych marksistów z Warszawy budził wielkie zainteresowanie i sympatię zachodnich kontestatorów. Daniel Cohn-Bendit, gdy stawał za młodu przed sądem (nie pamiętam już – francuskim czy niemieckim) oskarżony o naruszanie porządku, na pytanie sędziego: „Jak się pan nazywa?", odpowiedział dumnie: „Kuroń-Modzelewski". Sędzia oczywiście nie rozumiał, co to znaczy, i „czerwony Dany" musiał mu to przystępnie objaśnić. Dla młodych ludzi, którzy w 1968 i 1969 r. wznosili barykady na ulicach uniwersyteckich miast zachodniej Europy, *List otwarty* do członków Podstawowej Organizacji Partyjnej PZPR i członków uczelnianej organizacji ZMS na Uniwersytecie Warszawskim był lekturą obowiązkową. Myślałem o tym z prawdziwą zazdrością – dlaczego tam, a nie u nas?

To dobre pytanie. Dobre, ponieważ zmusza do gruntownego namysłu. Zastanawiałem się, czy aby nasi zachodni czytelnicy rozumieli nasz *List otwarty* tak samo jak my, gdy go pisaliśmy? Na wątpliwość taką zawsze jest miejsce, ale nie należy przesadzać. Sprowadzając rzecz do nieporozumienia, ominęlibyśmy problem, który wymaga poważnej refleksji. Po pierwsze, myślę, że łączyło nas z naszymi zachodnimi czytelnikami podobieństwo kulturowe, pewien rodzaj podtekstu, dla którego sam tekst jest sygnałem wywoławczym. Ludzie tacy, jak wspomniany Daniel Cohn-Bendit, Bernard Guetta czy Lionel Jospin dostrzegli, że nasz *List otwarty* przywracał myśli marksistowskiej jej dawny buntowniczy urok. Nie było w tym nieporozumienia; taka była rzeczywiście nasza intencja. Co więcej, miałem okazję się przekonać, że również dziś łączy mnie z niektórymi spośród naszych ówczesnych czytelników podobny dyskomfort wobec współczesnego świata i obowiązujących w nim aksjomatów.

Chyba w końcu 1993 r. pojechałem do Paryża na wykłady. Nie startowałem w wyborach 1991 i 1993 r., nie miałem już parlamentarnych obowiązków, ale wciąż jeszcze byłem honorowym przewodniczącym Unii Pracy. Moi koledzy z klubu parlamentarnego tej partii (UP miała wówczas 41 mandatów) poprosili mnie, abym przy okazji porozmawiał z liderami francuskiej Partii Socjalistycznej o przystąpieniu UP do II Międzynarodówki. Krzysztof Pomian pomógł mi nawiązać kontakty z czołowymi francuskimi socjalistami. Tak poznałem Lionela Jospina, który przyjął mnie zresztą nie w biurze, lecz w domu. Zaraz po przywitaniu gospodarz wyznał, że z wielkim przejęciem czytał w młodości *List otwarty*, po czym zapytał wprost: „Jak «Solidarność» mogła poprzeć coś takiego jak plan Balcerowicza?". Też się nad tym zastanawiałem. Odpowiedziałem zgodnie z przekonaniem, że po stanie wojennym to już nie była ta sama „Solidarność". Po kilku latach Lionel Jospin został premierem francuskiego rządu. Niestety, już nie miałem okazji zapytać go, co teraz sądzi o swoim pytaniu na temat Balcerowicza. Nie ironizuję. Lionel Jospin od dzieciństwa kształtował się we francuskiej kulturze protestanckiej i traktuje swoje zasady poważnie. Jestem naprawdę ciekaw, jak radził sobie z napięciem między tymi zasadami a neoliberalnymi regułami gry, przed którymi musiał uginać karku socjalistyczny premier jednego z największych państw europejskich. Jestem ciekaw wniosków, jakie wyciąga on z tego doświadczenia. W końcu mój najbliższy przyjaciel i współautor *Listu otwartego* miał podobne dylematy jako minister pracy w rządach Tadeusza Mazowieckiego i Hanny Suchockiej.

Identyczne pytanie – „Jak «Solidarność» mogła poprzeć plan Balcerowicza" – zadał mi na początku lat dziewięćdziesiątych w Rzymie włoski związkowiec Emilio Gabaglio. Zetknąłem się z nim po raz pierwszy w styczniu 1981 r. Jako rzecznik prasowy Krajowej Komisji Porozumiewawczej wchodziłem wtedy w skład delegacji NSZZ „Solidarność", która przyjechała do Rzymu na zaproszenie włoskich związków zawodowych. Gabaglio kierował wówczas wydziałem zagranicznym chrześcijańskiej centrali związkowej CISL, która gościła nas wspólnie z prokomunistyczną CGIL oraz zbliżoną do socjalistów UIL. Razem z Gabaglio staraliśmy się rozładowywać napięcia, jakie powstawały przy okazji naszej wizyty między włoskimi związkowcami a polskimi księżmi z Watykanu. Razem też redagowaliśmy wspólny komunikat podsumowujący rezultaty wizyty. Poznaliśmy się nieźle i teraz, po dziesięciu latach, Emilio zaczął rozmowę od tego samego pytania, które zadał mi Jospin. Gabaglio był nadal związkowcem, a ze sposobu myślenia – człowiekiem lewicy, tyle że o chrześcijańskim, a nie „czerwonym" rodowodzie. No i też czytał w młodości *List otwarty*. W rozmowie ze mną jemu też narzucało się pytanie o Balcerowicza. Wkrótce został przewodniczącym Światowej Konfederacji Wolnych Związków Zawodowych. Na jego szczęście nie jest to rola społeczna, która by go zmuszała do zmiany stanowiska wobec neoliberalizmu.

Moi lewicowi czytelnicy z 1968 r. poszli jednak w różnych kierunkach. Obok tych, którzy pozostali na gruncie demokracji, byli i tacy, którzy wkroczyli na drogę przemocy. Nie zdarzyło mi się dyskutować z terrorystami. Trafiłem za to – czystym przypadkiem – na takich, którzy w walce o swoje ideały gotowi byli posłużyć się przemocą w wersji soft. We Włoszech przybrali oni nazwę Autonomi (nie chodziło w tym wypadku o autonomię narodową lub terytorialną, lecz o niezależność działania). Od Czerwonych Brygad „autonomiści" różnili się głównie techniką walki – zamiast rewolwerów używali łańcuchów rowerowych. W październiku 1978 r., kiedy dobrotliwe władze PRL przyznały mi paszport na prywatny, turystyczny wyjazd do Włoch, w ciągu trzech tygodni objechałem włoskie uniwersytety z wykładami o włoskim średniowieczu. Ukazał się bowiem tom wydawnictwa Storia d'Italia, w którym zamieszczono moją rozprawę habilitacyjną. Podróż moja zbiegła się z akcją protestacyjną organizacji studenckich. Zjazd delegatów tych organizacji w Pizie został rozpędzony – nie przez policję jednak, lecz przez „autonomistów", którzy nie mogli znieść, że do głosu w dyskusji dopuszczono reprezentanta młodzieżówki Włoskiej Partii Komunistycznej. Z okrzykiem „Nie ma wolności dla rewizjonistów" (czyli ugodowców z PCI) autonomiści wyciągnęli spod kurtek łańcuchy i zamienili aulę w pole bitwy. Byłem akurat w Padwie, ale wysłuchałem opowieści o tym zajściu od przybyłych z Pizy studentów.

W Padwie miałem wykład o prawach Longobardów z 643 r., a na przeciwległej ścianie uniwersyteckiego audytorium widniał włosko-łaciński napis sprayem: „Sparo ergo sum". „Sparo" znaczy po włosku „strzelam". „Strzelam" zamiast „myślę". Do dziś nie wiem, czy intencja tego postkartezjańskiego napisu była sarkastyczna, czy też chodziło o pochwałę terroryzmu. Może była to zamierzona dwuznaczność; dobry żart tynfa wart.

Z Padwy udałem się w sentymentalną podróż do pobliskiej Wenecji. Swego czasu spędziłem tam rok na stypendium i bardzo chciałem znów znaleźć się w mieście, z którym łączyły mnie wspomnienia młodości. Z polecenia przyjaciół udzieliła mi gościny sympatyczna młoda wenecjanka, która w czterech pokojach mieszkała tylko z narzeczonym. Był to chłopak mniej więcej trzydziestoletni, długowłosy, nieogolony i ubrany z wystudiowaną niedbałością; widać było, że pochodzi z zamożnej mieszczańskiej rodziny i ma bardzo lewicowe przekonania. Na drugi dzień po przyjeździe zapytał mnie, skąd tak dobrze znam włoski. Odpowiedziałem, że siedemnaście lat temu spędziłem tu rok na stypendium.

– A potem?

– Potem już nie przyjeżdżałem.

– Dlaczego?

– Bo nie miałem paszportu.

– Czemu nie miałeś?

– Bo się poróżniłem z władzami.

– A o co?

– Napisałem z przyjacielem list otwarty do partii komunistycznej.

Młody człowiek ożywił się:

– Jesteś Kuroń?

– Nie.

– No, to Modzelewski.

Przyznałem, że tak.

– Bracie, to fantastycznie! Chodź, tu w knajpce za rogiem jestem umówiony z kumplami, bardzo się ucieszą.

W knajpce za rogiem było trzech chłopaków – też mniej więcej trzydziestoletnich, też długowłosych, zarośniętych i niedbale ubranych.

– Chłopaki, to jest Karol Modzelewski! – oznajmił bez wstępów narzeczony mojej gospodyni. Pozostali przywitali mnie głośnym „Ooo!" i natychmiast zasypali gradem szczegółowych pytań dotyczących *Listu otwartego*. Wyglądało, jakby pilnie studiowali nasz tekst i znali go na wyrywki. Poczułem, jak mimowolnie pęcznieje we mnie balon próżności. Wzruszony, że mam do czynienia z tak wdzięcznym, choć szczupłym gronem słuchaczy, odpowiadałem na ich pytania, po czym sam zapytałem, czy należą do jakiejś organizacji.

– Wiesz – zaczęli mi wyjaśniać – jest teraz we Włoszech taki nowy ruch, nazywa się Autonomiści....

Wiedziałem. Poczułem się tak, jakby ktoś przekłuł ten balon, co pęczniał we mnie i zaczęła z niego z sykiem uchodzić próżność. Człowiek strzela, Pan Bóg kule nosi. Czasem nosi za daleko, a nawet nie w tę stronę, w którą były wycelowane.

IV. Obrona konieczna

Oni wyszukują przyczyny,
By uniwersytety znieść,
Krzyknąć, że uczniowie jakubiny,
I waszą młodzież zjeść.

Adam Mickiewicz, *Dziady*, część III

Za moich czasów więźniowi po wyroku przysługiwało co miesiąc jedno półgodzinne widzenie z osobą najbliższą. Musiała to być osoba wpisana w tzw. kartę korespondencyjną, czyli była uprawniona do pisania i otrzymywania listów (po dwa w każdym miesiącu w wypadku osób pierwszy raz karanych – oczywiście były to listy cenzurowane). Widzenia odbywały się zazwyczaj w tzw. tramwaju. Był to długi stół przegrodzony pośrodku deską; po jednej stronie siedzieli rzędem, jeden przy drugim, więźniowie, a po drugiej – odwiedzający ich krewni, u szczytu stołu zaś, na podwyższonym stołku, zasiadał strażnik, który czuwał nad całością. W październiku 1966 r. na takim właśnie widzeniu w zakładzie karnym w Barczewie moja ówczesna żona Bogna zdołała mnie ściszonym głosem poinformować, że na Wydziale Historycznym Uniwersytetu Warszawskiego odbyło się burzliwe spotkanie studentów z Leszkiem Kołakowskim i Krzysztofem Pomianem, po którym zgłoszono projekt rezolucji wzywającej władze PRL do wypuszczenia Kuronia i mnie z więzienia. Bogna opowiedziała też w skrócie o postawieniu Adama Michnika jako inicjatora owego spotkania przed uniwersytecką komisją dyscyplinarną i o akcjach solidarności z obwinionym, zwłaszcza zaś o petycji. Zapytałem: to wszyscy oni są teraz pod lupą bezpieki? Właściwie mogłem nie pytać, było to oczywiste. Strażnik dozorujący widzenie nie reagował, bo w ogólnym gwarze nie mógł dosłyszeć, co mówimy. Od tej pory miałem jednak widzenia znacznie bardziej komfortowe. Odbywały się w osobnym pokoiku, gdzie był stolik i trzy krzesła – dla osoby odwiedzającej, dla mnie i dla dozorującego nasze spotkanie kapitana Służby Więziennej, który pełnił w Barczewie funkcję zastępcy kierownika działu ochrony. Każde słowo słyszalne, każdy gest widoczny.

Opowieść Bogny nie dawała mi spać. Wynikało z niej, że nasi młodzi przyjaciele polityczni realizują się w otwartym rzucaniu wyzwania władzom PRL. Ignorują zakazy i przymus, zachowują się, jakby żyli w wolnym kraju, a przecież żyją w państwie policyjnym i są pod czujną obserwacją. Mogą nawet sporo powiedzieć publicznie na Uniwersytecie, póki ich stamtąd nie wywalą, ale się z góry dekonspirują i niewiele będą mogli zdziałać po kryjomu poza uczelnią; bezpieka nie spuści ich z oka. Nawet gdyby chcieli pójść do fabryk, to tam nie dotrą; a to właśnie jest najważniejsze. Postanowiłem przekazać im swoje zdanie w tej sprawie. Mogłem to zrobić jedynie w grypsie.

Zmieściłem swoje przesłanie na małej karteczce, żeby można ją było skutecznie ukryć, a następnie przekazać niepostrzeżenie podczas widzenia. Z tych powodów gryps musi być bezwzględnie lakoniczny i dobitny. Takie są reguły gatunku. W konkluzji napisałem: „Nam [tj. Kuroniowi i mnie – K.M.] chodziło o stworzenie prawdziwej, a nie salonowej opozycji". Było to na granicy zniewagi, ale zwięźle. Do dziś włos mi się jeży na wspomnienie tego, co zrobiłem. Mocą swojego autorytetu (a wiedziałem, że go mam) popychałem tych młodych ludzi na ciernistą drogę konspiry. Zresztą oni mnie nie posłuchali. Widocznie różnili się od rosyjskich narodników i nie byli przekonani, że najważniejsze jest „chodzenie w lud".

Nie wiedziałem oczywiście, kiedy będzie następne widzenie. Miałem szparę w podeszwie kapcia i tam wsunąłem swój gryps. Wiedziałem z doświadczenia, że w czasie rewizji zaglądają w kapcie, ale nie badają zelówek. Kiedy strażnik otworzył drzwi celi i zapowiedział: „Przygotować się na widzenie", wyjąłem gryps z podeszwy i włożyłem do pudełka zapałek. Na widzenie przyjechała moja mama. Mieliśmy wspomniane już luksusowe warunki. Pan kapitan z Działu Ochrony szarmancko stuknął obcasami, zasalutował i ucałował mamę w rękę (dla niego była wdową po budowniczym Polski Ludowej, ale ta galanteria bardzo mnie śmieszyła, gdyż do więźniów – także i do mnie – odzywał się gburowato). Siadamy, na stoliku stoi popielniczka. Mama wyciąga swoje giewonty, ja swoje sporty. W kwestii zapałek jestem szybszy, podaję jej ogień i sam zapalam, po czym przesuwam pudełko do niej, jakby to była jej własność. Mama moja była kobietą radziecką, zahartowaną i doświadczoną po licznych odwiedzinach w stalinowskich więzieniach i łagrach. Spojrzała mi uważnie w oczy, wzięła zapałki i włożyła do kieszeni. Kapitan się nie połapał.

Gryps dotarł do adresatów i wywołał wśród nich rozbawienie: „Cha, cha, Karol uważa, że nie trzeba się głośno wychylać, tylko po cichu iść z *Listem otwartym* do klasy robotniczej" (gdy już wyszedłem na wolność, tak mi to zrelacjonowała Irena Lasota). Komentarze te wygłaszano w mieszkaniach, które były na podsłuchu. Nasz szarmancki kapitan z Barczewa został widocznie zbesztany za brak czujności, bo na koniec następnego widzenia, które odbyło się w równie komfortowych warunkach, z fałszywym uśmieszkiem najpierw wymamrotał „przepraszam", po czym zaczął mamie zaglądać w wyłogi na rękawach. Tym razem jednak żadnego grypsu już nie było. Moja zahartowana w bojach mama spojrzała na kapitana swoimi niebieskimi oczami pełnymi niewinności i powiedziała: „Proszę pana, ja jestem uczciwą kobietą".

* * *

Wyszedłem z więzienia na tzw. warunkowe zwolnienie 3 sierpnia 1967 r. Miałem przed sobą siedem miesięcy wolności, ale to były ważne miesiące. Szybko zorientowałem się, że mój gryps był wyrazem braku rozeznania w sytuacji. Na Uniwersytecie istniało środowisko opozycyjne, dość zwarte i zdolne do działania, choć złożone z kilku nieformalnych grup połączonych między sobą kontaktami towarzyskimi. Ludzie ci od dłuższego czasu „głośno się wychylali" i nie mogliby (nawet gdyby chcieli) „po cichu" iść do innych środowisk, gdyż byli czujnie obserwowani przez SB. Na terenie uczelni władze polityczne i policyjne próbowały ich straszyć i represjonować, ale to były represje mało skuteczne – kontestatorów chroniły mechanizmy uniwersyteckiej autonomii oraz etos polskiej inteligencji, który nauczycielom akademickim wskazywał granice między rozsądną ostrożnością a hańbiącą służalczością.

Co ten etos oznaczał w praktyce, mogłem się przekonać na przykładzie mojego uniwersyteckiego mistrza Aleksandra Gieysztora. To jemu w 1945 r. Tadeusz Manteuffel powiedział: „Teraz nie będziemy robić żadnej partyzantki, tylko Uniwersytet". Gieysztor stosował się do tej reguły, chociaż podpisał w 1964 r. *List 34* intelektualistów przeciw zaostrzeniu cenzury. Czas romantycznej walki, który dla niego przypadł na lata okupacji i dwa miesiące powstania warszawskiego, miał jednak za sobą. 18 marca 1965 r., gdy rozdawałem maszynowe kopie *Listu otwartego* na Uniwersytecie, spotkałem na Wydziale Historycznym Gieysztora i jeden egzemplarz mu wręczyłem. Mój mistrz, od którego niestety nie pobierałem nauk konspiracji, polecił, żebym przyszedł do niego na Wydział za trzy godziny, po czym zamknął się w gabinecie. Gdy stawiłem się po trzech godzinach, oddał mi tekst i powiedział, że go przeczytał z wypiekami i uważa, że na wolności będę najwyżej do jutra rana (miał rację). O swoim merytorycznym stosunku do ledwie przeczytanego tekstu nie wspomniał, ale nie miałem złudzeń – musiał być sceptyczny. Gieysztor nie wierzył w komunizm, więc nie mógł być heretykiem tej wiary. Rozumiał jednak historyczną doniosłość herezji, a przede wszystkim wiedział, że na glebie urodzajnej kultury nieuchronnie kiełkuje myśl buntownicza. W dbałości o tę glebę i o to, co na niej wyrasta, widział sens swojej pozytywistycznej misji. Dla niego byłem cząstką tej „substancji", którą miał chronić. Gdy więc aresztowano mnie zgodnie z tym, co przewidywał, udał się na rozmowę do ministra sprawiedliwości Stanisława Walczaka. Był to profesor prawa z Uniwersytetu Warszawskiego. Gieysztor przemówił do niego po koleżeńsku: Mój doktorant jest w więzieniu, czyli na obszarze podległym pańskiej władzy, a ja muszę go widywać w ramach swoich promotorskich obowiązków.

W komunistycznym państwie była to prośba ekstrawagancka, ale minister się zgodził. Może nie był mu obcy niepisany kodeks etyczny nauczycieli akademickich, a może wiedział, że ministrem będzie jeszcze rok lub dwa, profesorem natomiast do śmierci, więc wolał narazić się Gomułce niż Gieysztorowi. Najprawdopodobniej liczyło się jedno i drugie. Za przykładem Gieysztora profesor Suchodolski, promotor Jacka Kuronia, uzyskał podobne zezwolenie. Na tle tych zezwoleń wyrósł i wciąż pokutuje mit, jakoby w więzieniu pisaliśmy prace doktorskie. Było to fizycznie niemożliwe. Po pierwsze, musiałbym tam dostawać wiele dziesiątków tomów dostępnych jedynie w dobrych uniwersyteckich bibliotekach. Po drugie, w Barczewie, gdzie siedziałem od listopada 1965 r., w celach o powierzchni dziewięciu metrów kwadratowych mieszkało po sześciu więźniów. Czterech spało na dwóch piętrowych pryczach, a dwóch „na sianku", czyli na siennikach chowanych na dzień pod pryczami. Do tego przez cały dzień hałasował głośnik, którego nie mogłem na długo wyłączać, bo współmieszkańcy nie chcieli pozostać sam na sam ze swymi myślami i łaknęli hałasu, żeby te ponure myśli zagłuszał. Gieysztorowi (a i mnie także) chodziło głównie o zademonstrowanie, że zasady środowiska akademickiego obowiązują bez względu na okoliczności. Chodziło też o to, żebym tak całkiem nie marnował czasu. W rezultacie mój mistrz zdążył odwiedzić mnie raz na Mokotowie. Za drugim razem przyjechał w siarczysty mróz do Barczewa, ale go już nie wpuszczono. Jakiś gorliwy donosiciel poinformował Gomułkę, że mamy takie przywileje. Towarzysz Wiesław dostał szału i kazał je anulować. Ale Gieysztor znów poszedł do Walczaka i uzgodnili, że promotor i doktorant, choć już nie mogą się spotykać, będą mogli ze sobą korespondować. Trudno było najwyższym władzom radzić sobie z postawami, uporem i pozycją społeczną wybitnych uczonych.

3 listopada 1965 r. rozpoczęła się na Uniwersytecie Warszawskim dyscyplinarna rozprawa przeciwko studentom obwinionym o posiadanie i użyczanie innym osobom nieprawomyślnych publikacji, o wyrażanie solidarności z Jackiem Kuroniem i ze mną na korytarzu Sądu Wojewódzkiego podczas procesu, a także o zbieranie pieniędzy na pomoc dla naszych rodzin. Obwiniono o to Adama Michnika, Wiktora Nagórskiego, Eugeniusza Chylę, Seweryna Blumsztajna, Macieja Czechowskiego, Jana Szczytt-Niemirowicza, Ryszarda Mojsiewicza i Włodzimierza Molskiego. Pierwszych czterech zamierzano usunąć z Uniwersytetu; nalegały na to jawnie, bez skrępowania, najwyższe władze partyjne i bezpieka. Rektor Uniwersytetu ugiął się, ale zgodnie z obowiązującą ustawą o szkolnictwie wyższym to nie do niego należała ostateczna decyzja, lecz do uczelnianej komisji dyscyplinarnej. Jej przewodniczący, wybitny prawnik Andrzej Murzynowski, nie kwapił się ugiąć karku. W dodatku zgodnie z obowiązującymi zasadami postępowanie dyscyplinarne musiało być jawne, a obwinieni studenci mieli prawo wybrać sobie obrońców spośród nauczycieli akademickich. W roli obrońców zgodzili się wystąpić wybitni profesorowie, niekiedy prawdziwe sławy. Obrony Eugeniusza Chyli podjęła się prof. Maria Ossowska, a obrony Seweryna Blumsztajna – w zastępstwie nieobecnego w kraju Witolda Kuli – wybitny logik prof. Henryk Greniewski, Maćka Czechowskiego zaś bronił Zygmunt Bauman. Na ogłoszenie wyroku przybyli wśród innych profesorowie Tadeusz Kotarbiński i Czesław Bobrowski. W toku postępowania dyscyplinar-

nego korzystne dla obwinionych studentów zeznania złożyli m. in. prof. Iza Bieżuńska-Małowist, Ewa Wipszycka i Andrzej Garlicki, a na forum Komitetu Uczelnianego PZPR przeciwko represjom dyscyplinarnym występowali profesor Włodzimierz Brus i wybitny prawnik Leszek Kubicki. Ostatecznie Michnik, Chyla i Nagórski zostali ukarani rocznym zawieszeniem w prawach studenta, Blumsztajn, Czechowski i Szczytt-Niemirowicz – naganą, a Mojsiewicza i Molskiego uniewinniono. Nikt nie został relegowany z uczelni. Kierownictwo partii i MSW nie zdołały przeprowadzić swoich zamiarów; przeszkodziła w tym postawa nauczycieli akademickich oraz ich ustawowe uprawnienia. Jak przenikliwie zauważył Andrzej Friszke, „chodziło w tym wypadku nie tylko o prawo studentów do manifestowania przekonań nieakceptowanych przez władze, ale też o autonomię uczelni, broniącej się przed ingerencją i dyktatem policji oraz kierowniczego aparatu PZPR".

Wyciągając wnioski z tej porażki, władze partyjne postanowiły „zalecić Ministerstwu Szkolnictwa Wyższego zmianę przepisów o postępowaniu dyscyplinarnym dla studentów w kierunku ich uproszczenia i zniesienia uciążliwego i długotrwałego przewodu". Był to pierwszy krok do likwidacji autonomii uniwersytetów, o tyle łatwy do przeprowadzenia, że regulamin komisji dyscyplinarnej był wprowadzony ministerialnym zarządzeniem i mógł być zmieniony w tym samym trybie, bez nowelizacji ustawy o szkolnictwie wyższym. Postulowane przez partię zmiany zostały rychło wprowadzone przez ministra, ale wywołały duże wzburzenie środowiska. Po spotkaniu studentów z Kołakowskim i Pomianem na Wydziale Historycznym, oprócz postawienia obu prelegentów przed Centralną Komisją Kontroli Partyjnej, która ich wykluczyła z PZPR, postanowiono ponowić próbę relegacji Adama Michnika ze studiów, posiłkując się nowym, kagańcowym regulaminem postępowania dyscyplinarnego. I tym razem jednak zamiar władz partyjnych i policyjnych został udaremniony; skutecznym kontruderzeniem okazała się petycja do rektora Uniwersytetu Warszawskiego, w której zwrócono uwagę na niedopuszczalność usuwania z uczelni studenta za wypowiedź na legalnym zebraniu dyskusyjnym zorganizowanym za zgodą uniwersyteckich władz. Petycję podpisało 1037 studentów i 128 pracowników naukowych Uniwersytetu Warszawskiego.

W ówczesnych warunkach każdy podpis był aktem obywatelskiego protestu wymagającym sporej odwagi, liczba sygnatariuszy sygnalizowała więc, że wskutek wymuszania represji postawy jawnie opozycyjne, charakterystyczne dotychczas dla niewielkich grup, przybierają w środowisku uniwersyteckim masowy zasięg. To się władzom nie opłacało; Michnika znów zawieszono na rok, ale pozostawiono na Uniwersytecie. Dodać trzeba, że otwarty protest sygnatariuszy cieszył się nieostentacyjną, ale niewątpliwą sympatią znacznej, zapewne nawet przeważającej części profesury. Prorektor Zygmunt Rybicki (później, od 1968 r., wieloletni rektor UW z ministerialnego mianowania), znany z nadzwyczajnej gorliwości w spełnianiu życzeń partii i bezpieki, podczas akcji petycyjnej zażądał telefonicznie od dyrektora Instytutu Matematyki prof. Stanisława Mazura zwolnienia z pracy doktora Włodzimierza Holsztyńskiego, który zbierał podpisy wśród pracowników naukowych. W odpowiedzi usłyszał, że „petycja w języku polskim znaczy «prośba», a władze uniwersyteckie nie mogą karać za zwrócenie się do nich samych z prośbą" (cytuję za *Anatomią buntu* Andrzeja Friszkego).

Taką sytuację zastaliśmy – Jacek i ja – wychodząc warunkowo z więzienia. Było jasne, że polityka najwyższych władz PRL znalazła się na kursie kolizyjnym z autonomią wyższych uczelni. Od końca 1967 lub od początku 1968 r. do czołowych autorytetów środowiska akademickiego docierały pogłoski o przygotowywanym projekcie nowej ustawy o szkolnictwie wyższym, która autonomii położy kres. Na razie jednak trwał kruchy spokój dający się przyrównać do wojny pozycyjnej. Na uniwersyteckim podwórku otoczonym policyjnym kordonem sanitarnym władze godziły się jeszcze z obecnością grup opozycyjnej młodzieży. Jednak próby podjęcia działalności opozycyjnej poza tym kordonem groziły represyjną reakcją władz i mogły doprowadzić do siłowego rozbicia opozycyjnych środowisk. Na dobrą sprawę wiedzieliśmy o tym od kwietnia 1963 r., gdy aktywista uniwersyteckiego Klubu Dyskusyjnego, Marek Kordos, został aresztowany po wygłoszeniu wykładu w działającym na Politechnice Warszawskiej klubie dyskusyjnym Alfa i przesiedział trzy miesiące na Mokotowie mimo protestów i podejmowanych w jego obronie interwencji.

Toteż po wyjściu na wolność nie sugerowaliśmy już uniwersyteckim kontestatorom, by kolportowali *List otwarty* w fabrykach i próbowali organizować opozycję wśród robotników. Nieco wcześniej do takiej akcji w warszawskich Zakładach Radiowych im. Kasprzaka szykował się Genek Chyla, lecz dał za wygraną; całe szczęście, bo jego najbliższy współpracownik w planowanym przedsięwzięciu był, jak się później okazało, tajnym współpracownikiem SB o kryptonimie „Żelisław". W państwie policyjnym o totalitarnym rodowodzie nawiązanie współpracy niezależnych środowisk inteligenckich z robotnikami nie mogło się dokonać na obraz i podobieństwo dziewiętnastowiecznych konspiratorów. „Komandosi" posługiwali się wprawdzie – podobnie jak ich rówieśnicy, bohaterowie studenckiej rewolty 1968 r. na zachodzie Europy – językiem marksistowskim i symbolami ideowymi lewicy, ale nastawieni byli na własne, czyli uniwersyteckie, środowisko i faktycznie stali się forpocztą buntu inteligencji. Na tym polu ich buntowniczy zapał trzeba było raczej hamować, niż podsycać. W warunkach trwającej od blisko dwunastu lat autonomii wyższe uczelnie stały się czymś na kształt płodnej kulturowo niszy ekologicznej w autorytarnym otoczeniu, ale tylko na terenie Uniwersytetu Warszawskiego doprowadziło to do ukształtowania się politycznej opozycji. Komunistyczna dyktatura mogła od biedy godzić się z autonomią uczelni, ale nie zamierzała tolerować opozycji. Zmuszało to buntowników do ostrożności. Łączenie buntu z powściągliwością, tak jakby łączenie ognia z wodą, to piekielna łamigłówka. Wyszliśmy jednak z więzienia w aureoli bohaterów i staliśmy się automatycznie duchowymi przywódcami zbuntowanej młodzieży na Uniwersytecie. Musieliśmy udźwignąć odpowiedzialność za tych młodych ludzi i za to, co się z nimi (i nie tylko z nimi) stanie. W rezultacie nam, buntownikom z ducha, przyszło tę łamigłówkę rozwiązywać.

Trzymając się metafory wojny pozycyjnej, można powiedzieć, że do końca stycznia 1968 r. nie wychodziliśmy z okopów. Zaklęty krąg przekroczyliśmy po raz pierwszy z powodu zakazu wystawiania *Dziadów* Mickiewicza. Była to ze strony władz decyzja tak bezprzykładna, że nie mogła pozostać bez odpowiedzi. W środowisku studenckim trzy inicjatywy akcji protestacyjnych (manifestacja na widowni w dniu ostatniego przedstawienia, manifestacja na placu przed wejściem do Teatru Wielkiego i petycja do sejmu) zrodziły się równolegle i niezależnie jedna od drugiej. Do pierwszej z tych inicjatyw sam się przyczyniłem, ale nawet gdybym był przeciwny protestom, nie mógłbym powstrzymać zorganizowanej przez Andrzeja Seweryna i Małgorzatę Dziewulską manifestacji studentów Szkoły Teatralnej ani akcji petycyjnej, o której zdecydowano bez mojego udziału (zresztą zarówno manifestację na placu Teatralnym, jak i petycję popierałem bez zastrzeżeń). Żadnego związku z protestami studenckimi nie miała też podjęta przez wybitnych pisarzy inicjatywa zwołania nadzwyczajnego walnego zebrania Oddziału Warszawskiego Związku Literatów Polskich. Najwyższe władze PRL złożyły (najprawdopodobniej przez brak wyobraźni) opiniotwórczym kręgom polskiej inteligencji propozycję nie do odrzucenia, by wyszły na ubitą ziemię. Reakcja na to wyzwanie była nieunikniona.

Podpisy pod petycją zbierane były głównie na Uniwersytecie Warszawskim, ale także na innych uczelniach i w należących do nich domach akademickich. Ponadto Maciek Czechowski zainicjował zbieranie podpisów w swoim rodzinnym Wrocławiu. Zebrano 3145 podpisów na uczelniach warszawskich i 1170 we Wrocławiu. Faktycznie było ich więcej, ale funkcjonariusze bezpieki oraz aktywiści partyjni uganiający się za zbierającymi podpisy studentami zdołali odebrać im siłą i zniszczyć część list. W czasie tej akcji wykroczyliśmy, jak widać, poza „kordon sanitarny". Nowością była także „wojna ulotkowa". Zarząd Wydziałowy ZMS na Wydziale Filozoficznym UW uchwalił i rozplakatował oświadczenie, w którym potępił, a zarazem zbagatelizował petycję, przedstawiając ją jako dzieło „małej grupki wichrzycieli". Skorzystaliśmy z tej okazji, by przemówić z murów uczelni własnym głosem: replikowaliśmy ulotką *Polityczny sens petycji w sprawie „Dziadów"*. Strona przeciwna odpowiedziała wierszowaną ulotką antysemicką, oczywiście anonimową; my replikowaliśmy na to ulotką *Przeciw faszystowskiej prowokacji*. Na milicyjne, administracyjne i dyscyplinarne represje wobec studentów zareagowaliśmy ulotką *Prawa obywatelskie znów zagrożone*. Została ona napisana przez Jakuba Karpińskiego, przy czym istotną nowością był jej język, zapowiadający późniejszą ewolucję wielu ludzi z „marcowego" środowiska od marksizmu do liberalizmu, a także przejrzyste odwołanie się polskich kontestatorów do Praskiej Wiosny. To ostatnie nie powinno było ujść uwadze partyjnych analityków, o ile tacy wówczas byli.

Logika eskalacji konfliktu prowadziła od mniej lub bardziej spontanicznych protestów w dniu ostatniego przedstawienia *Dziadów* poprzez akcję petycyjną i „wojnę ulotkową" do masowego wiecu. Obaj z Jackiem byliśmy świadomi niebezpieczeństwa, jakie ta logika niosła ze sobą. Wiec, zwłaszcza że musiał być nielegalny i odbywać się pod gołym niebem, oznaczał przekroczenie kolejnej bariery, psychologicznie bardzo istotnej dla władz PRL. W ich oczach było to zjawisko groźne i niepoddające się żadnej kontroli – zgromadzenie tłumów, które w każdej chwili mogą ruszyć na ulice i wywołać walki. W otoczeniu Gomułki wizja taka budziła przypuszczalnie lęk i skłonność do użycia siły, a w każdym razie sprzyjała decyzji, by ostatecznie zlikwidować opozycyjne grupy młodzieży metodami represji karnej. Obaj uważaliśmy taki obrót wydarzeń w wypadku zwołania wiecu za bardzo prawdopodobny i chcieliśmy uniknąć ostateczności. Nasi młodzi przyjaciele – przeciwnie, rozgrzani walką rwali się do wiecu. Wielu z nich (choć nie wszyscy i nie większość) wychowało się w rodzinach przedwojennych komunistów. Jak trafnie zauważył Andrzej Friszke, ci młodzi ludzie w praktyce nie odczuwali strachu przed komunistycznym państwem, mimo że w kategoriach wiedzy książkowej oceniali to państwo jako represyjne.

Do dziś pamiętam nocną rozmowę, jaką odbyliśmy pod koniec lutego we trzech – Jacek Kuroń, Adam Michnik i ja – w Ogrodzie Saskim. Zwłaszcza Jacek bardzo plastycznie tłumaczył Adamowi, że wiec spowoduje likwidację uniwersyteckiej enklawy względnej swobody politycznej oraz aresztowania, procesy i wyroki skazujące najaktywniejszych „komandosów" na kary więzienia. Adam nie mógł w to uwierzyć:

– Nie wygłupiaj się! Posadzą? Skażą?! Za co? Na jakiej podstawie?

Jacek tłumaczył mu z cierpliwością wychowawcy:

– Nie za co, a po co i dlaczego. A za co – jeżeli chcesz, mogę ci powiedzieć. Za nielegalną organizację!

Trzeba przyznać, że przewidział trafnie, ale Michnik nie był przekonany:

– Jaka organizacja? Przecież nie ma żadnych podstaw!

– Adasiu, była petycja? Ktoś ją zredagował, ktoś przepisywał listy, ktoś chodził z nimi i zbierał podpisy, a następnie przekazywał w umówione miejsce, ktoś wysłał do marszałka sejmu tak, żeby ich bezpieka nie przechwyciła, no i dotarły na miejsce. A ulotki? Ktoś je pisał, ktoś wystukiwał na maszynie, ktoś rozlepiał na tablicach ogłoszeń i na murach. Ilu ludzi musiało się dogadać i skoordynować swoje działania, żeby to wszystko zrobić? Masz organizację!

– Ale to przecież nonsens! W ten sposób każde zbiorowe działanie staje się organizacją! Gdzie członkostwo, gdzie struktura organizacyjna? No, chyba że kogoś w śledztwie złamią i podyktują mu w zeznaniach, co będą chcieli?!

Jacek popatrzył na młodego przyjaciela z wyżyn doświadczenia i pokiwał głową:

– Adasiu, złamią niejednego, zobaczysz...

Mimo tego bezbłędnego wywodu, pod naciskiem rozentuzjazmowanych „komandosów", Jacek zaczął się wahać. Nie był pewny, czy możemy zakazać młodym buntownikom samorealizacji w działaniu, którego tak bardzo pragną. Ja się jednak uparłem, że odpowiadamy za nich i za wszystko, co może ulec zniszczeniu. Doszło do spotkania w kilkunastoosobowym gronie, na którym jedyny raz zdecydowano się podjąć wspólną decyzję przez głosowanie, jakbyśmy właśnie byli organizacją. Młodzi chcieli zwołać wiec w proteście przeciw zakazowi *Dziadów*, z poparciem dla pisarzy zbierających się 29 lutego na nadzwyczajnym zebraniu Oddziału Warszawskiego ZLP. Ja oponowałem, argumentując mniej więcej tak, jak to czynił Jacek w rozmowie z Adamem. Teraz Jacek milczał; nie zdradził się ani słowem, że się waha. Większość podzieliła moje stanowisko nie tyle z przekonania, ile z uznania naszego przywódczego autorytetu. Konfrontacja oddaliła się raptem o dziewięć dni.

3 marca 1968 r. Jacek Kuroń kończył 34 lata. Utarł się w środowisku „komandosów" zwyczaj, że przy okazji imienin lub urodzin zbiera się u solenizanta swoisty klub dyskusyjny, zwany „salonem politycznym" przez ironiczne odwołanie do słów mojego grypsu o „salonowej opozycji". Tym razem sam solenizant miał wygłosić referat o „mesjanizmie klasy robotniczej"; Jacek chciał podjąć jeszcze jedną, desperacką próbę nawrócenia naszych młodych admiratorów na naszą klasową wiarę. Ubierałem się do wyjścia, gdy w drzwiach mojego mieszkania pojawił się zdenerwowany Krzysztof Pomian i poprosił, żebym zszedł z nim na ulicę. Przed domem czekał Leszek Kołakowski. Obaj byli zaniepokojeni, bo dotarła do nich pogłoska, że jakoby zamierzaliśmy zwołać na Uniwersytecie wiec. Zaczęli mnie przekonywać o tym, o czym i tak byłem przekonany. Uspokoiłem ich, powiedziałem o decyzji, by wiecu na razie nie robić, chyba że zmuszą nas do tego jakieś nowe, drastyczne posunięcia władz. Leszek i Krzysztof byli zdania, że takie posunięcia są, niestety, bardzo prawdopodobne, ale nie trzeba uprzedzać najgorszego i wywoływać wilka z lasu.

W mieszkaniu Jacka, do którego przyszedłem spóźniony, było już ponad trzydzieści osób. W przedpokoju Adam Michnik poinformował mnie szeptem, że rektor Uniwersytetu na wniosek ministra szkolnictwa wyższego skreślił jego i Henryka Szlajfera z listy studentów; bez komisji dyscyplinarnej z udziałem oskarżyciela i obrońcy, bez wysłuchania obwinionych, tak po prostu. Ani obowiązująca wówczas ustawa o szkolnictwie wyższym, ani związane z nią rozporządzenia wykonawcze (w tym znowelizowany przed paroma miesiącami „kagańcowy" regulamin postępowania dyscyplinarnego) nie przewidywały takiej możliwości. Nie było już mowy o wywoływaniu wilka z lasu. Wilk sam do nas przyszedł. Wyglądało na to, że najwyższe władze PRL zdecydowały się na stosowanie represji poza obowiązującym porządkiem prawnym, na zasadach całkowitej samowoli. 6 marca potwierdził to na walnym zebraniu Podstawowej Organizacji Partyjnej Uniwersytetu prorektor Zygmunt Rybicki. Na pytanie z sali o niezwykły tryb relegacji Michnika i Szlajfera z Uniwersytetu Rybicki odpowiedział, że „traktuje tę decyzję jako wyjątek, ale w razie potrzeby potraktuje ją jako precedens". Marcowy rektor przyznał w ten sposób, że decyzja o relegacji jest bezprawna, ale że władze zamierzają podnieść takie bezprawie do rangi nowego porządku prawnego. Była to półoficjalna zapowiedź uchwalenia nowej ustawy, która całkowicie przekreśli istniejącą w Polsce od dwunastu lat autonomię wyższych uczelni. Dotyczyło to, rzecz jasna, nie tylko studentów, choć decyzja ministra z 25 marca 1968 o usunięciu z Uniwersytetu Warszawskiego pięciorga profesorów i docentów (Leszka Kołakowskiego, Bronisława Baczki, Włodzimierza Brusa, Marii Bielińskiej-Hirszowicz i Stefana Morawskiego) była wciąż jeszcze aktem „precedensowej" samowoli, podobnie jak rozpoczęta tym aktem wielka czystka na wyższych uczelniach zwana „rugami marcowymi". Nową ustawę o szkolnictwie wyższym sejm PRL uchwalił dopiero w listopadzie 1968 r.

* * *

Przebieg wydarzeń zapoczątkowanych wiecem 8 marca jest powszechnie znany. Warte relacji i zastanowienia jest z dzisiejszej perspektywy to, jak wówczas postrzegaliśmy sytuację i czego się spodziewaliśmy. Warto także pokusić się o historyczny bilans tamtych wydarzeń.

Decyzję o zwołaniu wiecu na dziedzińcu Uniwersytetu Warszawskiego podjęliśmy wstępnie nocą z 3 na 4 marca. Uznaliśmy zgodnie (a ja powiedziałem to pierwszy, bo do tej pory sprzeciwiałem się wiecowi), że decyzja o relegacjach podjęta w sposób pozaprawny stawia nas pod ścianą. Nie mamy już wyboru

– musimy się bronić, a innego sposobu obrony nie mamy. Trzeba było jeszcze upewnić się, czy rektor rzeczywiście skreślił Michnika i Szlajfera z listy studentów w tak niebywałym trybie. W następnych dniach omówiliśmy w szczegółach scenariusz wiecu i przygotowaliśmy tekst rezolucji, a 6 marca, gdy nie było już cienia wątpliwości, że nie mamy do czynienia z fałszywą pogłoską, a intencje władz zostały jasno sformułowane przez Zygmunta Rybickiego, ostatecznie potwierdziliśmy naszą decyzję. Nie ma co ukrywać, rozumowaliśmy przy tym głównie w skali Uniwersytetu. Odwoływaliśmy się do ostatniego podobnego wydarzenia, jakie mieliśmy w pamięci, czyli do studenckiego wiecu na dziedzińcu akademika Politechniki Warszawskiej przy placu Narutowicza oraz demonstracji na ulicach Warszawy przeciwko zamknięciu „Po prostu" w październiku 1957 r. Byliśmy podobni do generałów, który zamiast nowej toczą poprzednią wojnę, bo ona uformowała ich doświadczenie. Nasz scenariusz zakładał, że wiec będzie trwał krótko, niemal jak masówka, żeby nie dać władzom czasu na milicyjną przemoc. Rzeczywiście rezolucja, odczytana przez Irenę Lasotę, a następnie przez Mirka Sawickiego, została przyjęta przez aklamację. W jej ostatnim zdaniu zgromadzeni domagali się, by w terminie tygodniowym, czyli do 15 marca, minister szkolnictwa wyższego i rektor UW udzielili odpowiedzi na uchwalone żądania „bezpośrednio zbiorowości studenckiej". Równało się to wyznaczeniu terminu następnego wiecu, gdyby władze nie wycofały się z represji.

W zasadzie przyjęcie rezolucji kończyło wiec i mogło być końcem zgromadzenia, gdyby po uchwaleniu rezolucji nie nastąpił atak partyjnych bojówek, a następnie oddziałów ZOMO i ORMO. Braliśmy pod uwagę taką ewentualność. Nie wykluczaliśmy, że władze zdecydują się, jak w 1957 r., rzucić przeciwko zgromadzonym na uczelni studentom oddziały ZOMO, wskutek czego wiec przekształci się w uliczne rozruchy. Wyobrażaliśmy sobie, że powtórzy się w takim wypadku „mały Październik" (tak nazywaliśmy trzydniowe protesty studenckie z 1957 r. w przeciwieństwie do „wielkiego Października 1956 r."). Dalej nasza wyobraźnia nie sięgała, gdyż była spóźniona o 11 lat. Nie mieściło nam się w głowie, że nasz wiec oraz policyjna przemoc na dziedzińcu Uniwersytetu Warszawskiego staną się detonatorem ogólnopolskiej rewolty młodzieży, że przez wszystkie miasta uniwersyteckie kraju przetoczy się fala studenckich wieców, strajków okupacyjnych na uczelniach i ulicznych manifestacji i że protesty będą trwały przez bite trzy tygodnie. Skala i uporczywość tych protestów zasłużenie stawiają Marzec '68 w rzędzie „polskich miesięcy", obok robotniczych buntów z czerwca 1956, grudnia 1970 i czerwca 1976 r., z tą różnicą, że w obliczu studenckiej rewolty władza ludowa nie popadła w taką panikę, żeby aż strzelać.

Myślę jednak, że nie tylko my zgrzeszyliśmy brakiem dalekowzroczności. Moim zdaniem rozwój wydarzeń przerósł także wyobraźnię polityczną strony przeciwnej, tj. dwóch niezbyt zgodnie działających ośrodków dyspozycji: gomułkowskiego kierownictwa partii i moczarowskiego kierownictwa MSW. Nikt nie zdawał sobie sprawy z tego, jak wielki i jak łatwopalny potencjał protestu nagromadził się w społeczeństwie, a zwłaszcza wśród młodzieży. Gomułka i jego najbliżsi współpracownicy z pewnością nie chcieli rozruchów destabilizujących państwo. Nie jest wykluczone, że Moczar i jego polityczni przyjaciele byli nie od tego, żeby pokazać Kremlowi, iż ekipa Gomułki nie potrafi zagwarantować w Polsce spokoju, więc trzeba powierzyć ster ludziom o twardszej ręce. Niewielka ruchawka mogła dostarczyć im argumentów. Trzytygodniowe ogólnopolskie protesty naruszały jednak także reputację szefa MSW, a podejrzenia, że przenosi on grę o władzę na ulice polskich miast, obniżały jego notowania w Moskwie. W dodatku wśród przywódców państw satelickich Gomułka stał się obok Ulbrichta głównym orędownikiem wspólnego wkroczenia do Czechosłowacji, co bardzo umocniło jego pozycję na Kremlu. Pod wzniesionym przez Moczara, ale i przez Gomułkę, sztandarem antysemickiej czystki dokonała się w ciągu paru miesięcy rewolucja kadrowa w aparacie partyjnym i państwowym, wynosząc do upragnionych stanowisk rzeszę karierowiczów z pokolenia ZMP. Hasło awansu dla „młodych wilków" reżimu zostało w znacznej mierze zrealizowane i przestało być atutem „partyzantów". W rezultacie Gomułka odebrał Moczarowi MSW i odsunął go na boczny tor, a po rozgromieniu niesfornej inteligencji poczuł się wyłącznym panem Polski, któremu nikt już nie stawi oporu, więc może wszystko. To go zgubiło.

Nie zmienia to faktu, że wydarzenia marcowe przerosły także nas, którzyśmy poruszyli pierwsze kamienie tej lawiny. Zwłaszcza następstwa tych wydarzeń przerosły naszą wyobraźnię. Nie przewidzieliśmy skali represji ani niszczycielskiej pasji, z jaką władza ludowa obróciła się przeciwko „organicznej substancji" kultury narodowej. Zadała ona szczególnie dotkliwe, niemożliwe już do odrobienia straty polskiemu szkolnictwu wyższemu i nauce. Leszek Kołakowski – by posłużyć się przykładem najbardziej znanym – został usunięty z Uniwersytetu w marcu. Wśród polskich, a także zagranicznych, filozofów cieszył się nadal najwyższym uznaniem, tyle że nie mógł wykładać w Polsce. Przyjął zaproszenie na wykłady do Montrealu, później do USA, wreszcie do Oksfordu, gdzie otrzymał katedrę. Na wszelki wypadek władze PRL unieważniły wtedy jego paszport, żeby nie mógł wrócić do kraju. Po 1989 r. przyjeżdżał do Polski wielokrotnie, jego prace są w Polsce dostępne, a jego samego, dopóki żył i gdyby zechciał, każdy polski uniwersytet zatrudniłby z pocałowaniem ręki. Ale to już nie zmieniłoby najważniejszego. Przez dwa dziesięciolecia Kołakowski był nieobecny w naszym nauczaniu uniwersyteckim, nie prowadził seminariów, nie kształcił uczniów. Nie ma i nigdy już nie będzie w Warszawie szkoły filozoficznej Kołakowskiego. Ciągłość została zerwana, pozostała wyrwa, której już nic nie zapełni. Straty takie, a było ich wiele, muszą być, niestety, uwzględnione po stronie „winien" w bilansie polskiego roku 1968.

Musimy także wziąć pod uwagę toksyczny wpływ bezprzykładnej w niepodległej Polsce kampanii antysemickiej na stan społecznej świadomości. Na ten temat pisze się u nas dużo, ale wiedza o komuno-faszyzmie tamtych dni pomału przechodzi w stereotyp i zdaje się szeleścić papierem. Temat jest ponury, toteż i narracje prowadzone są w ponurym tonie, który aż się prosi o rozjaśnienie błyskiem anegdoty. Rektor Zygmunt Rybicki, jeden z czarnych charakterów Marca i lat następnych, miał po „jasnej stronie mocy" stryja, Józefa Rybickiego, później jednego z członków założycieli KOR. Był to prawdziwy bohater akowskiego podziemia, dowódca warszawskiego Kedywu, a od jesieni 1945 r., po aresztowaniu przez bezpiekę pułkownika Jana Rzepeckiego – jego następca na czele WiN. Naturalną koleją rzeczy także Józef Rybicki został w 1947 r. aresztowany przez UB i skazany na 10 lat więzienia. Podczas okupacji, oprócz funkcji dowódczych w Armii Krajowej, był on członkiem konspiracyjnej Rady Pomocy Żydom „Żegota" i z tego właśnie powodu w kwietniu 1968 r. poprosiła go o wywiad dziennikarka bardzo aktywna w ówczesnej kampanii propagandowej. Organizatorzy tej kampanii żywili zdumiewające przekonanie, że bohaterstwo Polaków, którzy podczas okupacji hitlerowskiej z narażeniem życia ratowali żydowskich współobywateli przed zagładą, zdejmie odium antysemityzmu z tych, co w PRL tropili Żydów i organizowali antyżydowską nagonkę. Dziennikarka zapytała Józefa Rybickiego o „Żegotę". Niedoszły bohater wywiadu oznajmił, że bardzo chętnie opowie o ratowaniu Żydów.

– Ale czy pani jest pewna, że właśnie ze mną polecono pani o tym rozmawiać?

– Ależ tak!

– To dziwne.

– Dlaczego dziwne?

– Bo wie pani, Rybicki to moje okupacyjne nazwisko.

– A jak się pan naprawdę nazywał?

– Fiszman.

– Ale przecież rektor Uniwersytetu Warszawskiego Zygmunt Rybicki to pański bratanek?

– No właśnie!

– W takim razie przepraszam…

Dziennikarka straciła zainteresowanie dla rozmówcy, ale poinformowała swoich mocodawców o tym, czego się dowiedziała. W rezultacie bezpieka przeprowadziła kwerendę sprawdzającą pochodzenie Rybickiego, a gdy jego aryjskość stwierdzona została ponad wszelką wątpliwość, poinformowała o wszystkim rektora tak boleśnie skrzywdzonego posądzeniem, że jego rodzina mogłaby mieć jakichś żydowskich przodków. Józef Rybicki nie utrzymywał stosunków z bratankiem, ale w tej sytuacji bratanek zdecydował się zadzwonić:

– Stryju, niech stryj nie robi głupich kawałów.

W odpowiedzi usłyszał:

– Już dawno ci mówiłem, gówniarzu, żebyś nie ważył się do mnie dzwonić.

Z tej zabawnej historii wynikają niewesołe wnioski. W 1968 r. policja polityczna PRL naprawdę sprawdzała aryjskość wielu polskich obywateli, jakby na Wawelu ciągle jeszcze rezydował generalny gubernator Hans Frank, a na ziemiach polskich wciąż obowiązywały ustawy norymberskie. Polska Ludowa i rządzący w niej komuniści dorzucili własne trzy grosze, a nawet więcej, do dewastacji spowodowanej w świadomości Polaków przez hitlerowskiego okupanta. Owszem, działały w organizmie narodowym przeciwciała, wielu było ludzi mądrych i odważnych, którzy nie dali się otumanić ani zastraszyć, ale i dużo takich, którzy mniej lub bardziej ulegali propagandzie. Smród tamtego kłamstwa i tamtego strachu nie wywietrzał bez reszty i jest wyczuwalny także w wielobarwnym życiu politycznym III Rzeczypospolitej. Tę pozostałość też musimy dopisać do rachunku strat, gdy sporządzamy bilans Marca '68.

Jak widać z tego bardzo przecież niepełnego rejestru, ten bilans nie wypada dobrze. Czy to znaczy, ze nie trzeba było podejmować wyzwania? Że trzeba było uchylić się od walki? Prawdę mówiąc, nie mieliśmy takiej możliwości. Nie było jej nawet w mikroskali, tj. z perspektywy Uniwersytetu Warszawskiego i działających w nim młodych buntowników. Po pierwsze, wyznawali oni, a właściwie wyznawaliśmy zasadę „jeden za wszystkich – wszyscy za jednego" (w tym wypadku za dwóch). Był to elementarz i nawet gdybym wraz z Jackiem chciał od tej zasady odstąpić – a taka myśl nie postała nam w głowie – to i tak nie przekonalibyśmy już naszych młodych przyjaciół. Po drugie, najwyższe władze komunistycznego państwa nie po to łamały ustawowo zagwarantowane reguły gry z profesurą polskich uczelni, żeby skreślić z listy studentów Michnika i Szlajfera. Jasne było, że chodzi o znacznie większą stawkę.

Zaostrzenie polityki władz PRL wobec inteligencji twórczej było procesem nasilającym się już od paru lat. Ekipa Gomułki, a nie tylko koteria Moczara, wyraźnie zmierzała do ograniczenia, a następnie do likwidacji istniejących od 1956 r. „enklaw wolnego słowa" w polskiej nauce, kulturze artystycznej i nauczaniu uniwersyteckim. Zdjęcie *Dziadów* ze sceny było, jak myślę, błędem, ale nie był to błąd przypadkowy, lecz znamienny. Swobody pozostawione po 1956 r. polskiej inteligencji w wykonywaniu jej zawodów przez dłuższy czas sprawdzały się jako wentyl bezpieczeństwa, ale w warunkach narastających napięć społecznych nie mieściły się już w logice dyktatury. Zamiar likwidacji tych swobód dojrzewał już od pewnego czasu i znalazł wyraz w przygotowaniach do ustawowego przekreślenia autonomii wyższych uczelni. „Komandosi" byli na tej drodze niewielką, jak mogło się wydawać, ale bardzo irytującą i dokuczliwą zawadą, więc postanowiono ich usunąć. Relegacja dwóch studentów nie była celem, lecz początkiem operacji wymierzonej w ograniczone, ale żywotne dla narodowej kultury swobody wyższych uczelni. Nasza decyzja o wiecu nie była lekkomyślna. Był to akt obrony koniecznej. Nie chodziło przy tym tylko o obronę naszych dwóch kolegów czy o samoobronę środowiska „komandosów". Broniliśmy zarazem substancji polskiej kultury przed dewastacją, jaka groziła jej ze strony policyjnego państwa.

Nie obroniliśmy. Nie udało się to nie tylko nam – w końcu była nas garstka – i nie tylko dwóm tysiącom studentów, którzy na nasz apel zebrali się 8 marca na dziedzińcu Uniwersytetu Warszawskiego, ale i wielu tysiącom młodych ludzi z innych uczelni i z innych polskich miast, którzy podjęli tę walkę w następnych dniach i tygodniach. Tyle tylko, że dla przywrócenia arbitralnego dyktatu nad instytucjami polskiej nauki, szkolnictwa wyższego i kultury artystycznej reżim musiał przełamać policyjną przemocą opór młodego pokolenia polskiej inteligencji.

Po przegranej zawsze pojawia się pytanie, czy warto było się bronić. To, że znaleźliśmy się w przymusowej sytuacji, która nie pozwalała uchylić się od podjęcia walki, nie unieważnia tego pytania. Może jest ono naszym pokoleniowym wariantem starego polskiego dylematu „bić się czy nie bić", moim zdaniem jednak nie ma uniwersalnego rozwiązania tego dylematu. Owszem, skłonność do tego, by się bić, jest zgodna z romantycznym paradygmatem i leży w polskiej tradycji. Zaniechanie walki, gdy się nie widzi szansy zwycięstwa, może odpowiadać pozytywistycznemu postulatowi trzeźwego rachunku sił, ale nie jest on równoznaczny z rachunkiem strat i zysków. Utrata twarzy też może mieć wysoką cenę, jeśli pociąga za sobą społeczną demoralizację i niszczy zdolność obstawania przy wartościach żywotnych dla wspólnoty. To wszystko są prawdy ogólne, które trzeba mieć w pamięci, chociaż nie wynika z nich automatycznie odpowiedź na pytanie dotyczące konkretnej sytuacji. Diabeł historii tkwi w szczegółach. Poza tym, jak mawiał wielki belgijski historyk Henri Pirenne, ważność wydarzenia historycznego ocenia się na podstawie znajomości jego następstw, a te następstwa ujawniają się dopiero z upływem długiego czasu.

W więzieniu, do którego trafiłem ponownie 8 marca wieczorem, miałem dość czasu na rachowanie strat i zysków. Bilans roku 1968 wypadał mi w tym obrachunku coraz gorzej. Był to rok klęski. Dotyczyło to zarówno polskiego Marca, jak zwłaszcza zmiażdżonej przez inwazję Praskiej Wiosny. Wnioski, jakie wyprowadzałem z tych doświadczeń, stanowiły rodzaj przestrogi. Wiedziałem co prawda, że nie mogliśmy postąpić inaczej, ale w przyszłość patrzyłem już bardziej sceptycznie. Wywietrzał ze mnie rewolucyjny optymizm, mimo że po grudniu 1970 r. Polska wydobyła się z klimatu beznadziei, w którym pogrążył nas przejściowy tryumf czerwonego obskurantyzmu. Na zdystansowaną ocenę było jednak za wcześnie; wymaga ona znajomości długofalowych następstw wydarzeń. Dziś, po upływie 45 lat, można zadać dalsze pytania, przede wszystkim o to, czy wydarzenia 1968 r. wpłynęły na osłabienie podstaw systemu, a pośrednio przyczyniły się do upadku komunizmu?

Niełatwo ten wpływ zmierzyć, zwłaszcza że upadek komunizmu musi być rozpatrywany w kategoriach historii powszechnej. Nie zapominając o tym, wolno jednak zwrócić uwagę na niektóre długofalowe następstwa wydarzeń roku 1968 istotne z polskiej perspektywy. Po pierwsze, Marzec '68 stał się zbiorowym doświadczeniem, które naznaczyło i w dużej mierze uformowało postawy sporej części młodego pokolenia inteligencji. Ludzi z marcową przeszłością spotykałem często w latach solidarnościowej rewolucji. Wyróżniały ich i łączyły ze sobą wspólne cechy, które okazały się przydatne w masowym ruchu związkowym, a potem w podziemiu. Po drugie, Marzec był oczywiście wstrząsem, a właściwie jednym ze wstrząsów, które naruszały wiarę w stabilność systemu. Dla partyjnych pałkarzy oraz ich najwyższych zwierzchników marcowy tryumf okazał się pyrrusowym zwycięstwem. Nie o to nawet chodzi, że Moczar – pozorny zwycięzca – po paru miesiącach został odsunięty na boczny tor, a Gomułka, choć zdawać się mogło, że pozbył się rywali i spacyfikował środowiska społeczne zdolne do oporu, został w 1970 r. obalony w wyniku robotniczego buntu. Rzecz w tym, że Marzec '68 w pewien sposób przyczynił się do Grudnia '70. Związek ten był dostrzegalny dla niektórych ludzi ze szczytów hierarchii partyjnej. Dostrzegał go Edward Gierek i wspomniał o tym w przemówieniu, które wygłosił 24 stycznia 1971 r. na spotkaniu z delegatami strajkującej załogi Stoczni im. Warskiego w Szczecinie.

Decyzję o przyjeździe do Szczecina i osobistych negocjacjach z tamtejszymi stoczniowcami podjął Gierek w trybie nagłym, żeby „ugasić pożar". Nie było czasu, żeby z góry przygotować przemówienie. Gierek improwizował, a to, co mówił, nie było poddane ścisłym rygorom autocenzury. Na wstępie przedstawił on swój pogląd na polityczne przesłanki narastania kryzysu i na przyczyny wydarzeń grudniowych: „Najbardziej tragicznym okresem w życiu naszej partii były ostatnie trzy lata (...) 67, 68, 69 (...). Szczególnie zaś jaskrawo (...) ta negacja potrzeb społecznych (...) to oderwanie się od życia (...) wystąpiło po marcu sześćdziesiątego ósmego roku, kiedy faktycznie niewiele można było już zrobić". (Cytuję za edycją Michała Paziewskiego, *Debata robotników z Gierkiem. Szczecin 1971*, Warszawa 2010, s. 94).

Przemówienie Gierka na tym spotkaniu nigdy nie zostało w PRL opublikowane. Trudno się temu dziwić. Nie dziwi również to, że swojej krytycznej opinii o pomarcowej polityce PZPR Gierek nie ujawnił w żadnym ze swych bardzo licznych publikowanych wystąpień. Znaczna część ówczesnych kadr kierowniczych awansowała w następstwie marcowych czystek i była gotowa bronić tej fali, co ich wyniosła na wysokie stanowiska, jak niepodległości Polski, a może bardziej. Pierwszy sekretarz nie mógł głosić publicznie ocen, które narażały go na konflikt z własnym aparatem. Pojednania z inteligencją szukał Gierek po cichu, nie dezawuując otwarcie marcowych represji, ale czyniąc połowiczne gesty w rodzaju zezwolenia relegowanym studentom na podjęcie studiów poza Warszawą, i to w trybie zaocznym lub eksternistycznym. Nie powinienem z tego powoduj grymasić, bo sam dzięki tym decyzjom mogłem podjąć pracę badawczą (choć nie dydaktyczną) we wrocławskiej filii Instytutu Historii Kultury Materialnej PAN. Przemawiając do strajkujących robotników, Gierek nie miał właściwie powodu wypowiadać się na temat Marca, ale że mówił nie z kartki, tylko z głowy i bez przygotowania, powiedział po prostu to, co myślał. Dlatego słowa jego trzeba potraktować poważnie. Prawdopodobnie miał na myśli głównie sytuację na szczytach partyjno-państwowej hierarchii, zwłaszcza autokratyzm Gomułki oraz woluntaryzm rządzącej ekipy w sprawach społecznych i gospodarczych, ale w tym zakresie Gierek był dobrze poinformowany, a opinia jego nie musiała być wśród partyjnych polityków odosobniona.

Z biegiem czasu malała nadwrażliwość ludzi awansowanych w 1968 r.; w pamięci społecznej, w tym także w świadomości części partyjnych działaczy pozostał jednak pewien rodzaj urazu. W każdym razie w dwudziestą rocznicę wydarzeń marcowych ekipa generała Jaruzelskiego (prawdopodobnie z inicjatywy Mieczysława Rakowskiego) zdecydowała się na szczególny gest: w „Trybunie Ludu", czyli oficjalnym organie KC, poddano krytyce postępowanie władz PRL wobec inteligencji i studentów w marcu 1968 r., a w „Polityce" opublikowano rzetelne kalendarium tamtych wydarzeń pióra Wiesława Władyki i Zbysława Rykowskiego. Był to ze strony ekipy, która siedem lat wcześniej wprowadziła stan wojenny, pewien rodzaj politycznej oferty pojednania z inteligencją na gruncie reinterpretacji historii sprzed dwudziestu lat, ale bez zmiany stanowiska wobec zdelegalizowanej „Solidarności". Oferta nie była do przyjęcia i nie została podjęta.

Dziesięć lat później sprawa Marca '68 raz jeszcze powróciła do bieżącej polityki. PZPR już nie istniała; SDRP i SLD, określane przez przeciwników jako formacja postkomunistyczna, miały do swej rozwiązanej poprzedniczki niejednoznaczny stosunek, a do tego, co „nieboszczka" wyprawiała w 1968 r., odnosiły się krytycznie. Obóz postsolidarnościowy w warunkach politycznego pluralizmu i szoku społecznego związanego z gwałtowną zmianą ustroju gospodarczego rozpadł się na zwaśnione partie. Wśród polityków kształtujących strategię Unii Wolności z jednej, a Sojuszu Lewicy Demokratycznej z drugiej strony dojrzewała myśl o politycznym zbliżeniu ponad historycznymi podziałami. Adam Michnik, odwołując się do przykładu włoskiego, mówił i pisał o potrzebie „historycznego kompromisu". Inicjatywę podjął prezydent RP Aleksander Kwaśniewski, nadając 9 marca 1998 r. dwom głównym oskarżonym i skazanym w pomarcowych procesach, czyli Jackowi Kuroniowi (wówczas jednemu z najpopularniejszych polityków UW) i mnie (wówczas już politycznemu oustiderowi) ordery Orła Białego.

Nie wiem, czy w obozie politycznym Aleksandra Kwaśniewskiego ten gest kogoś szokował. Wiem, że wywołał on zgorszenie kilku działaczy Unii Demokratycznej, którym nie będę tego wypominał ani wymieniał ich nazwisk. Zamiast tego niech mi wolno będzie opowiedzieć o gafie, jaką popełniłem w dniu dekoracji. Po części oficjalnej obecni na uroczystości przeszli do sąsiedniej sali, w której podano lampkę wina, kawę i ciastka, podczas gdy Jacka Kuronia, mnie i Adama Michnika pan prezydent poprosił na zaplecze. Był tam niewielki stół, krzesła i szafka biblioteczna. Prezydent wyjął z niej butelkę oraz cztery kieliszki, nalał nam koniaku. Zniknął ton oficjalny i zaczęła się towarzyska rozmowa. Zmieniły się też formy: Jacek i Adam byli z Kwaśniewskim na „ty". Mówili do niego „Olek", a on do nich „Adasiu", „Jacku"; tylko do mnie „panie profesorze", a ja do niego „panie prezydencie". Po pierwszym kieliszku Adam zaproponował, żebym wypił z prezydentem RP brudzia. Zamiast się do tego po prostu zastosować, zacząłem opowiadać, że Adam Michnik ma zwyczaj zmuszania swoich znajomych do bruderszaftu. Tak zmusił mnie, żebym przeszedł na „ty" z Rakowskim, ale to człowiek kulturalny, udaje, że nie pamięta. Niestety, Adam zmusił mnie też do bruderszaftu z Markiem Królem, który nie jest kulturalny. Ilekroć mnie spotyka – a zdarza się to tylko w miejscach publicznych – otwiera ramiona i woła „Karol", a ja nie wiem, gdzie się schować. W toku opowieści czułem coraz wyraźniej, że to chyba nie jest to, co powinienem w tych okolicznościach mówić, ale już nie mogłem przerwać, bo wyszłoby jeszcze głupiej. Gdy wreszcie skończyłem, Aleksander Kwaśniewski uśmiechnął się i pocieszył mnie: „Panie profesorze, to nic nie szkodzi. Papież czasami nadaje kapelusze kardynalskie *in pectore*, bez ujawniania nominata. Niech pan po prostu wypije ze mną brudzia *in pectore*". I pomyśleć, że z nas dwóch to ja byłem synem dyplomaty. Oczywiście wypiliśmy i przy nielicznych okazjach, gdy się spotykamy, mówimy sobie po imieniu.

Czy dziś, gdy upłynęło prawie 45 lat od wydarzeń marcowych, stać nas na ocenę z dystansu? W życiu człowieka 45 lat to szmat czasu; z perspektywy historyka – niezbyt wiele. Poza tym ważność wydarzenia ocenia się nie tylko na podstawie znajomości jego długofalowych następstw. Ocena ważności jest zawsze sądem wartościującym i może wypadać bardzo różnie, w zależności od tego, jaką wyznajemy hierarchię wartości. Gdy kładziemy na jednej szali straty poniesione przez ludzi oraz straty kultury narodowej, a na drugiej – osłabienie podstaw dyktatury, musimy arbitralnie przyjąć dla tych wartości jakąś wspólną miarę. Do dziś nie potrafię tego zrobić. Zresztą nie chodziło nam o to, żeby zadać możliwie najdotkliwsze w historycznej perspektywie ciosy dyktaturze. Działaliśmy w obronie koniecznej, pod presją bieżących wydarzeń i niezależnie od skutków, jakie to przyniosło w długiej perspektywie. Naszą wojnę obronną przegraliśmy. Myślę jednak, że musieliśmy ją podjąć.

V. Więzienna strona świata

Przed niejednym sądem
ja już w życiu stałem,
niejeden już wyrok na mnie padł.
Niejedną ja kratę
ręką wyłamałem –
na próżno mnie wyczekiwał kat.

Jam złodziej – czarodziej,
stara piosenka więzienna, autor nieznany

Pałac Cudów

Podobnie jak Jacek Kuroń, zostałem wychowany w przekonaniu, że więzienie nobilituje. Mury i kraty były ważnymi dekoracjami, a kajdanki – ważnymi rekwizytami w teatrzyku mojej młodzieńczej wyobraźni. Edukacja sentymentalna, w której centralną rolę odgrywali dziewiętnastowieczni rewolucjoniści dumnie przywdziewający „katorżniczą czapkę szarą" i wydzwaniający gnębicielom takt mazura łańcuchem o kraty, przydała mi się w wieku dorosłym. Bardzo przydały mi się też wzory osobowe z bliższych czasów i najbliższego kręgu. Wiedziałem o zawziętym (i w końcu zwycięskim) oporze mojego ojca wobec tortur NKWD na Łubiance. Autorytetem był dla mnie także Witold Leder, który nie dał się złamać mimo sześciu tygodni bez chwili snu w piwnicach Informacji Wojskowej na Chałubińskiego i nie stracił ani życiowego optymizmu, ani poczucia humoru.

Wzorce te, a także mój własny pogląd na ustrój PRL, uchroniły mnie skutecznie przed niebezpiecznym złudzeniem, jakoby funkcjonariusze bezpieki, z którymi zetknąłem się po raz pierwszy w listopadzie 1964 r., stali na straży państwa, z którym powinienem się czuć bodaj trochę ideowo związany. Nie poczuwałem się wobec tych ludzi do niczego poza zdawkową uprzejmością. Nie mogę powiedzieć, bym ich nienawidził; starałem się traktować oficerów śledczych beznamiętnie, jak żołnierzy wrogiej armii, których trzeba pokonać. Taka postawa dobrze sprawdzała się w praktyce śledztwa.

Mój stosunek do samego więzienia nie był jednak beznamiętny; przeciwnie, był nacechowany emocjami wyniesionymi z romantycznej edukacji sentymentalnej. 19 marca 1965 r., po rewizji w moim mieszkaniu i dłuższym oczekiwaniu w gmachu MSW na przybycie pani prokurator Marii Pancer, która przedstawiła mi nowy zarzut z art. 23 małego kodeksu karnego oraz postanowienie o tymczasowym aresztowaniu, wsadzono mnie w samochód i zawieziono na przeciwną stronę ulicy Rakowieckiej, do więzienia. Tajniacy przekazali mnie klawiszom. Od razu zmieniła się tonacja – zamiast ociekającej jadowitym fałszem grzeczności słyszałem teraz, jak w wojsku, kapralskie pokrzykiwania. Stosownie do tych rozkazów oddałem do depozytu zegarek, dokumenty i rzeczy osobiste oraz własną bieliznę. Dostałem w zamian więzienne kalesony i koszulę, koc, ręcznik, prześcieradło, aluminiową miskę, talerz i łyżkę oraz kurtkę z szarego sukna („katanę") i okrągłą czapkę z takiegoż sukna („kaniołkę"), co natychmiast skojarzyło mi się – jakże by inaczej – z *Mazurem kajdaniarskim*.

Wyposażony w ten dobytek, szedłem w towarzystwie strażnika przez pawilon z galeryjkami po bokach i schodami pośrodku. Było dość późno, w każdym razie po apelu wieczornym. Przy zaryglowanych drzwiach cel stały rzędem wystawione na korytarz „kostki", czyli ułożone równo na taboretach ubrania więźniów, starannie opięte ręcznikami, a na nich, niczym żołnierskie hełmy, ułożone dnem do góry talerze i miski; przy kostkach zaś – ustawione na baczność buty. Zaczynało się dla mnie nowe życie, odmienne od dotychczasowego. Odczuwałem jednak nie tyle strach, ile podniecający dreszczyk emocji oraz ciekawość. Wprowadzono mnie do czteroosobowej celi. Obie dolne prycze były zajęte, ulokowałem się więc na górnej, skąd w świetle reflektora, który wahadłowym ruchem omiatał dziedziniec, podziwiałem przez zakratowane okno posępny neogotyk mikołajowskiej architektury tego miejsca. Mokotowskie więzienie zbudowano w 1904 r. z ciemnoczerwonej cegły, w stylistyce charakterystycznej dla koszarowych i szpitalnych obiektów ówczesnej Rosji. W 1965 r. nie było ono jeszcze otynkowane. Dopiero w końcu lat sześćdziesiątych pokryto pawilony Mokotowa obrzydliwym szarym tynkiem, pozbawiając je bardzo szczególnej, ale fascynującej urody. Kilka dni po moim osadzeniu na Mokotowie Janusz T., mój współtowarzysz z celi, a zarazem kapuś (w żargonie operacyjnym bezpieki „agent celny"), zauważył ze zgorszeniem, że traktuję więzienie jak przygodę. Rzeczywiście, w marcu 1965 r. miałem 27 lat i sporo doświadczeń za sobą, byłem więc niewątpliwie dorosły, ale moje pierwsze reakcje na więzienie były dziecinne, jakbym wszedł w świat czytanek o dzielnych rewolucjonistach czy powstańcach.

W śledczych i karnych więzieniach Polski Ludowej spędziłem łącznie osiem i pół roku. Było tego aż nadto, by się przekonać, że moje pierwsze wrażenia były projekcją romantycznych wyobrażeń i nie miały wiele wspólnego z rzeczywistością. W miarę gromadzenia doświadczeń zrozumiałem, że więzienia są nie tyle innym światem, ile szczególnym odzwierciedleniem społeczeństwa, w którym żyjemy, czymś na kształt drugiej strony medalu. Aby ten medal dobrze poznać, nie wystarczy kontemplować awers; trzeba zajrzeć także na odwrotną stronę. Moje więzienne doświadczenia pochodzą wprawdzie z poprzedniego ustroju, ale przemiany, jakim uległo polskie państwo, społeczeństwo i jego kultura, nie są aż tak głębokie, by można było powiedzieć, że wszystko jest już całkiem inne. Myślę więc, że warto zdać sprawę z tych doświadczeń, gdyż ich znajomość może być pożyteczna także dla tych moich czytelników, którzy wyrośli w III RP i nie znają innej Polski.

Izolacyjny pawilon Biura Śledczego MSW na terenie mokotowskiego więzienia, określany w 1965 r. jako pawilon XII, a od 1968 r. i później jako pawilon III, był miejscem bardzo specyficznym. Mimo obecności klawiszy oraz stosowania powszechnie obowiązującego więziennego regulaminu rządziła tu niepodzielnie bezpieka zgodnie z wymogami śledztwa, siedzieli zaś tylko jej podopieczni: ludzie podejrzani o przestępstwa polityczne, szpiegostwo, wielkie afery gospodarcze lub handel walutą oraz szpicle rekrutowani spośród więźniów już skazanych i odbywających karę, którzy wobec współmieszkańców celi udawali, że przeciw nim też toczy się śledztwo. Był to mały, sztuczny światek, w którym żyło się ze świadomością podsłuchu, tak jakby pod wszechobecną, nieustanną obserwacją wrogich oczu i uszu. Oknem na prawdziwy więzienny świat nie był więc ten pawilon, dobudowany w czasach stalinowskich przez Różańskiego do gmachów wzniesionych jeszcze za cara Mikołaja, lecz zakłady karne, dokąd kierowano więźniów po wyrokach i gdzie się trafiało w środowisko zwyczajnych kryminalistów. Aby tam dotrzeć i poznać społeczne problemy więziennictwa, trzeba było jednak najpierw przejść przez śledztwo i rozprawę w sądzie karnym, uwieńczoną wyrokiem skazującym bodaj na kilka lat. Zgodnie z logicznym porządkiem rzeczy, sprawozdanie z więziennych doświadczeń zaczynam od śledztwa i sądu.

* * *

Zadaniem ekipy, która zajmowała się aresztantami umieszczonymi w pawilonie Biura Śledczego MSW na Mokotowie, było wydobycie z nich zeznań odpowiadających zapotrzebowaniu bezpieki. Nie zawsze było to zapotrzebowanie na prawdę. Stosowanie tortur w celu złamania więźniów, wydobycia z nich informacji oraz wymuszenia takich (na ogół fałszywych) zeznań, jakich życzyli sobie reżyserzy śledztwa, było powszechną praktyką czasów stalinowskich. W 1956 r. metody te publicznie potępiono i zakazano stosowania tortur. Traumatyczne wspomnienia aktywu i przywódców partii, którzy przedtem bywali ofiarami okrutnej samowoli policyjnej, a w każdym razie żyli pod strachem, sprawiły, że zakazu tortur przestrzegano. Nie byłem bity i nie znam przypadku, by kogoś z moich współoskarżonych bito na przesłuchaniu. Jedynie Adam Michnik został w 1968 r. uderzony w twarz przez oficera śledczego, który go nadzorował przy czytaniu akt sprawy. Incydent został opisany w notatce, którą załączono do akt. Winowajca się wyparł, a jego koledzy stwierdzili, że nie dostrzegają na twarzy Michnika żadnych obrażeń. Zresztą funkcjonariusz, który uderzył mojego młodego przyjaciela, nie chciał od niego wymusić żadnych zeznań, tylko stracił panowanie nad sobą. Nie twierdzę, że to sam podejrzany tak go dręczył, że aż sprowokował do rękoczynów, ale wiem, że Adam miał niezrównaną zdolność doprowadzania esbeków do szału. Gdy był jeszcze podejrzanym „z wolnej stopy", potrafił przyjść na przesłuchanie z książką i czytać ją ostentacyjnie w czasie, gdy oficer śledczy zadawał mu pytania i na próżno oczekiwał jakiejkolwiek, choćby odmownej odpowiedzi.

Ale wymuszać zeznania i narzucać przesłuchiwanemu ich pożądaną przez śledczych treść można nie tylko torturami fizycznymi. Można złamać człowieka nie tylko biciem, bezsennością, topieniem w wodzie czy wstrząsami elektrycznymi. Można to również osiągnąć wolniej, ale nie mniej skutecznie bezterminowym, długotrwałym pozbawieniem wolności połączonym z presją psychiczną i łudzeniem, że w zamian za złożenie zeznań o treści, którą sugeruje oficer śledczy lub prokurator, więzień będzie mógł wrócić do domu i odzyskać rodzinę. Można też grozić uwięzieniem osób najbliższych, a nawet wtrącić córkę, narzeczoną lub żonę do aresztu i grzecznie tłumaczyć, że się ukochaną osobę zwolni, jeżeli podejrzany zdecyduje się współpracować ze swoimi gnębicielami. Wszystko to praktykowano wobec handlarzy walutą, osób podejrzanych o przestępstwa gospodarcze, a także więźniów politycznych w PRL już po zerwaniu ze stalinowskimi „błędami i wypaczeniami". W latach sześćdziesiątych oficerowie śledczy mówili o tym bez skrępowania: „Nie chce się przyznać? Nie chce obciążyć innych? Nie zeznaje tak, jak trzeba? Nie szkodzi, my mamy czas. Jak posiedzi, to skruszeje". Nie ma co owijać w bawełnę – ta praktyka kwitnie również w wolnej Polsce w postaci tzw. aresztów wydobywczych.

Izolacja, niczym cięcie skalpelem, odcina człowieka od dotychczasowych więzi społecznych, które składały się na treść jego życia. Jedynymi jego rozmówcami są teraz oficer śledczy, czasem prokurator, a na co dzień współwięźniowie w celi. Śledczy bywa życzliwy i nie skąpi dobrych rad; kto się wyluzuje i odpowie szczerością na „szczerość" i „życzliwość", będzie sam sobie winien. Ale jeżeli opancerzymy się i potrafimy ominąć tę pułapkę, to jest jeszcze ryzyko, że zechcemy odprężyć się w celi, traktując współwięźniów, takich samych przecież ludzi w nieszczęściu jak my, z otwartością, bez nieustannej czujności. To także pułapka. Mój współwięzień – i to najczęściej nie wiadomo który – jest szpiclem. „Przesłuchania", na które go wzywają, nie dotyczą jego, tylko mnie; to spotkania „agenta celnego" z oficerem prowadzącym. Jeżeli się zwierzysz kapusiowi w celi, będziesz mówił do bezpieki, choćbyś z nią w pokoju przesłuchań nie rozmawiał. Co prawda meldunki „agentów celnych" nie mają tzw. wartości procesowej i nie mogą być dowodem, ale zawierają informacje, którymi bezpieka może się posługiwać w działaniach operacyjnych i używać ich w poufnym obiegu. W dodatku „agent celny" mówi, ale to oficer prowadzący zapisuje jego słowa bez żadnej kontroli, a czasem wpisuje do meldunku fikcję, która jest w jego rozumieniu przydatna w operacyjnej lub politycznej rozgrywce.

Pierwszym moim „agentem celnym" był wspomniany już Janusz T., który przedstawił się jako lekarz podejrzany w sprawie politycznej, rzekomo z art. 22 małego kodeksu karnego. Po wielu latach dowiedziałem się czystym przypadkiem, że w rzeczywistości odbywał karę więzienia za sfałszowanie swojego dyplomu lekarskiego (fałszerstwo to pozwoliło mu dojść do stanowiska dyrektora szpitala w powiatowym mieście). W pawilonie izolacyjnym MSW starał się zarobić donosicielstwem na przedterminowe zwolnienie. Nie podejrzewałem go, byłem więziennym debiutantem, ale starałem się zachować ostrożność, bo zakładałem, że w celi – podobnie jak w moim domu – może być podsłuch. Po zakończeniu śledztwa, gdy już mogłem naradzić się w „pokoju widzeń" z adwokatem, nieodżałowanej pamięci mecenas Tadeusz De Virion zapytał, z kim siedzę. Gdy wspomniałem o panu T., położył palec na ustach i powiedział bezgłośnie, samym ruchem warg: „Niech pan uważa". W wolnej Polsce nie czytałem swojej teczki, ale Andrzej Friszke zapoznał mnie z meldunkami, które „oficer prowadzący" sporządził na podstawie informacji uzyskanych rzekomo ode mnie w celi przez Janusza T. Były to informacje fałszywe. Wynikało z nich, jakobym dał 18 marca 1965 r. *List otwarty* profesorom Oskarowi Langemu, Michałowi Kaleckiemu i Bogusławowi Leśnodorskiemu (żadnego z nich wtedy nie znałem) oraz doc. Stanisławowi Frybesowi, którego wprawdzie znałem, bo bywał u mojej mamy, nawet przypadkiem go spotkałem na Uniwersytecie w przeddzień mojego aresztowania, ale nie przyszło mi nawet do głowy dawać mu nasz tekst. Wszystkie te konfabulacje nie mogły być wymyślone przez fałszywego lekarza z podlaskiego miasteczka, który najprawdopodobniej nigdy nie słyszał o Kaleckim albo Leśnodorskim. Jego rzekome doniesienia o tych profesorach były płodem swobodnej twórczości oficera prowadzącego, któremu fałszywe informacje obciążające upatrzonych przez bezpiekę intelektualistów i rzekomo uzyskane ode mnie w celi przez szpicla były do czegoś potrzebne. Może miały one posłużyć jako podkładka uzasadniająca objęcie tych znanych osobistości inwigilacją lub jako materiał do wykorzystania w poufnych raportach przeznaczonych dla partyjnej zwierzchności. Wartości procesowej te notatki nie miały, nie mogły służyć za dowód, ale tym bardziej – bo bez obawy o wyniki weryfikacji – mogły być tworzywem policyjnych i politycznych intryg. Można współczuć tym dostojnikom partyjnym, którzy w tajne meldunki bezpieki wierzyli. O takich historykach, którzy biorą je dziś za dobrą monetę, lepiej nie mówić.

„Agent celny" mógł być także agentem wpływu. W izolacyjnym pawilonie MSW więzień nie mógł zobaczyć ani usłyszeć innego więźnia niż współmieszkańca swojej celi, a o tym, kto z kim siedzi, decydowali oficerowie Biura Śledczego. Niby nic dziwnego, było tam sześćdziesiąt parę czteroosobowych cel, a trzeba było w nich rozmieścić aresztantów tak, żeby podejrzani w tej samej sprawie nie mieli ze sobą kontaktu. W rozkładaniu tego pasjansa bezpieka kierowała się jednak nie tylko potrzebą izolacji. Zdarzało się, że podejrzanego „skruszonego" sadzano razem ze współpodejrzanym, który jeszcze nie „skruszał", a poza tym do zmiękczania opornych używano także uzdolnionych „agentów celnych". Praktykowano to, niekiedy ze skutkiem, przy rozpracowywaniu młodych, niedoświadczonych studentów ze środowiska „komandosów" w 1968 r. Bez wątpienia była to praktyka rutynowa.

Siedziałem w mokotowskim pawilonie MSW trzykrotnie: w latach 1965, 1968–1969 i 1982–1984. Nauczyłem się rozpoznawać „agentów celnych". W maju 1968 r., gdy oprócz zarzutu o wydarzenia marcowe (pod tym zarzutem zostałem dwa miesiące wcześniej aresztowany) przedstawiono mi dodatkowy o współpracę z trockistami, oparty bez reszty na materiale dowodowym już rozpatrywanym i zdyskwalifikowanym w pierwszym naszym procesie z 1965 r., do mojej celi dosadzono nowego współwięźnia. Był to prokurator z Wrocławia nazwiskiem K., skazany bodaj na 12 lat za łapownictwo. Wiedziałem, kto zacz. W 1966 r. spotkałem go w karnym więzieniu w Barczewie. Nosił taki sam drelich jak ja, tyle że nie pracował w więziennej fabryce mebli, lecz w dziale finansowym, i wydawał nam tzw. wypiskę (artykuły żywnościowe, papierosy i przybory toaletowe, które więzień mógł nabyć za 200 zł miesięcznie potrącane z jego osobistego konta). Teraz K. opowiadał, że przywieziono go na Mokotów, ponieważ robią przeciwko niemu jakieś dodatkowe śledztwo. Nie miałem cienia wątpliwości co do jego prawdziwej roli, a ponieważ był antypatyczny, co jest dość ważne, gdy się codziennie spędza 24 godziny razem na powierzchni dziewięciu metrów kwadratowych, czyniłem głośne aluzje, że wiem, po co go tu umieszczono.

Poskutkowało, po kilku dniach prokuratora K. zabrano z naszej celi, a zamiast niego przydzielono Juliana P.-H. Był to docent z wydziału prawa bardzo renomowanego uniwersytetu, gdzie zajmował się studentami zaocznymi, zwłaszcza z milicji i z aparatu partyjnego, którym za rozsądną opłatę umożliwiano uzyskanie dyplomu bez zbędnej fatygi. Za to i za pośrednictwo w łapówkach dla prokuratorów dostał łącznie 9 lat. W czasie okupacji był w AK, a po wojnie – wręcz przeciwnie – w sądownictwie wojskowym, gdzie dosłużył się stopnia pułkownika i sądził między innymi młodych ludzi z organizacji podziemnej Ruch Oporu Armii Krajowej (opowiadał mi z pełnym przekonaniem, że byli to okropni bandyci). W 1950 r. usunięto go z wojska, ale lądował miękko, na uniwersytecie. Też go spotkałem w 1966 lub 1967 r. w Barczewie, a teraz on też opowiadał, że mu postawili nowe zarzuty i jest tu w śledztwie. Istotnie dostawał paczkę żywnościową co miesiąc, jak tymczasowo aresztowany, a nie trzy razy w roku, jak skazany. Wiedziałem, że to kamuflaż, i nie miałem wątpliwości, jaka jest prawdziwa rola docenta P.-H. w mojej celi, ale tego nie demonstrowałem, bo pułkownik-docent miał poczucie humoru i chyba sam wiedział, że ja wiem. Akceptowaliśmy sytuację z przymrużeniem oka i w sumie dobrze się nam razem siedziało. Gdy opuszczał naszą celę w styczniu 1969 r., pozostawił mi w spadku cały swój bardzo atrakcyjny więzienny dobytek, bo już go nie potrzebował. Wychodził na przedterminowe warunkowe zwolnienie, czego mi jednak wprost nie powiedział, a ja i tak się domyślałem. Na pożegnanie dał mi święty obrazek i nakreślił mi znak krzyża na czole. Był szwagrem znanego dostojnika kościelnego i choć nie demonstrował pobożności w sposób ostentacyjny, był z pewnością wierzący. Przed kilkoma laty zmarł. Mam nadzieję, że Pan Bóg odpuścił mu grzechy; co do mnie, jeżeli coś przy nim powiedziałem, o czym nie powinna wiedzieć bezpieka, to sam sobie jestem winien. Zresztą i tak jego oficer prowadzący pisał w meldunkach to, co sam uważał za stosowne.

W 1968 r. bezpieka uważała mnie już chyba za szczwanego lisa. Sadzała mi wprawdzie do celi kapusiów, ale bodaj z coraz mniejszym przekonaniem. Za prawdziwy komplement z jej strony poczytuję sobie to, że nie dostawałem grypsów w czasie, gdy fałszywymi grypsami skłoniono do składania zeznań przeważającą część aresztowanych „komandosów". Wiedziałem oczywiście, jak zorganizowany jest mechanizm trzeciego pawilonu. Funkcjonariusze Służby Więziennej byli tu dokładnie sprawdzeni i lojalni (co nie znaczy, że wredni), „kalifaktorzy", czyli więźniowie kryminalni po wyrokach, którzy sprzątali korytarze i rozdawali jedzenie, robili to zawsze pod bacznym okiem strażnika i bali się własnego cienia. Prędzej szczur by się tu prześlizgnął niż gryps. Gdy młodzi, naiwni debiutanci zaczęli tu w kwietniu 1968 r. dodawać sobie otuchy i woli oporu grypsami, które niezawodne dochodziły do adresatów, działo się tak za przyzwoleniem i pod kontrolą śledczych. Z czasem bezpieka zaczęła te grypsy podrabiać i osiągnęła operacyjny sukces; dziewczyny i chłopcy posypali się. Do mojej celi nie podrzucono żadnego grypsu, może z obawy, że zacznę wrzeszczeć przez okno, że to prowokacja (zrobił tak Jacek Kuroń).

Po raz trzeci trafiłem do mokotowskiego pawilonu MSW 22 grudnia 1982 r. Nazajutrz mieli być zwolnieni wszyscy internowani. Wszyscy oprócz tych, których nie należało zwolnić. Zostałem wówczas, podobnie jak Andrzej Gwiazda, Marian Jurczyk, Grzegorz Palka, Seweryn Jaworski, Jan Rulewski i Andrzej Rozpłochowski, przeczarowany z internowanego w aresztowanego i pod zarzutem próby obalenia ustroju (art. 123 kk) przewieziony z Białołęki na Mokotów. W ośrodku internowania sypialiśmy do południa; tu, zgodnie z regulaminem, o szóstej pobudka i apel. Ten pierwszy apel odbierał oddziałowy, którego znałem od 1965 r.; wołali na niego „Jasiu". Nie przypuszczałem, że po tylu latach wciąż trwa na posterunku. Gdy go zobaczyłem w drzwiach celi, byłem jeszcze półśpiący i ze zdumienia wyrwało mi się: „Jasiu!". Pan oddziałowy uśmiechnął się wyrozumiale (na korytarzu nie wolno było rozmawiać z więźniami), zamknął drzwi i poszedł dalej. Wkrótce wrócił z kalifaktorami, którzy wstawiali nam do celi wiadro z ciepłą wodą i zabierali do opróżnienia kosz na śmieci. Starając się naprawić gafę, powiedziałem grzecznie:

– Dzień dobry, panie oddziałowy.

– A dzień dobry, dzień dobry. A co to było, chyba parę lat temu? Kuroń był, Michnik był, wszyscy byli – a was nie było?

– Bo ja nie byłem w KOR, panie oddziałowy.

– No tak, no tak…

Jasiu kiwał głową bez przekonania, uważał najwidoczniej, że to z mojej strony licha wymówka i że w 1977 r. powinienem być tu z przyjaciółmi. Może miał rację. W każdym razie teraz dostąpiłem prawdziwego zaszczytu – bezpieka uznała, że nie warto marnować na mnie agentów celnych. Przez osiem miesięcy siedziałem we dwójkę z Wojtkiem Dobrzyńskim, późniejszym kierownikiem biura parlamentarnego Porozumienia Centrum, który kapusiem w żadnym razie nie był. Po jego wyjściu na amnestię 1983 r. moim towarzyszem niedoli był czarnoskóry Tamil ze Sri Lanki, mówiący tylko po tamilsku i po angielsku. Znał trochę sanskryt, ale o Polsce nie miał pojęcia i nie nadawał się na szpicla. Dopiero w Wielkim Tygodniu 1984 r. dosadzono do nas dwóch współwięźniów; jeden był Bogu ducha winnym kierowcą karetki pogotowia, drugi zaś urzędnikiem z Ministerstwa Finansów. Od tego drugiego smród kapusia bił w nozdrza.

Byłem tym zdziwiony, a nawet dotknięty. Zrozumiałem, o co chodzi, dopiero w Wielki Piątek, gdy nagle wyprowadzono mnie z celi na zewnętrzny dziedziniec. Wsadzono mnie wraz z Jankiem Rulewskim (którego do tej pory nie miałem prawa widzieć) do furgonetki z napisem Miejskie Przedsiębiorstwo Robót Drogowych i pod konwojem uzbrojonych tajniaków zawieziono do willi MSW w Chylicach pod Warszawą. Tam przedstawiono nam wynegocjowaną przez biskupów z generałami propozycję honorowej kapitulacji. Siedmiu aresztowanych członków Komisji Krajowej „Solidarności" oraz aresztowani członkowie KOR mieli pisemnie obiecać prymasowi Glempowi, że przez dwa i pół roku powstrzymają się od działalności. W zamian mieliśmy natychmiast wyjść na wolność, a władze obiecywały rozważyć kolejną amnestię dla reszty więźniów politycznych. Do sprawy wrócę jeszcze w tej książce. W każdym razie wożono nas do Chylic parokrotnie, a szpicel z Ministerstwa Finansów próbował wysondować, gdzie mnie wożą i co z tego wyniknie. Milczałem jak grób, a gdy 13 maja w Chylicach podjęliśmy decyzję, że nie przyjmujemy propozycji, kapusia zabrano do innej celi.

Ostatni numer wyciął mi na III pawilonie dział rozmieszczenia (czyli faktycznie bezpieka) 23 lipca 1984 r. Poprzedniego dnia ogłoszono amnestię, która nas objęła. Gdy oddziałowy otworzył drzwi, wskazał na mnie i polecił: „Pakować się!", byłem przekonany, że wychodzę na wolność. Tymczasem oddziałowy zaprowadził mnie piętro wyżej, otworzył drzwi jakiejś celi i rozkazał: „Rozpakujcie się i pościelcie sobie pryczę". Były tam cztery prycze, ale tylko jedna zajęta. Przez następne dwa tygodnie siedziałem w tej celi we dwójkę z Jackiem Kuroniem. Było to niesłychane, ale nie miałem wątpliwości, o co chodzi. Jacek też nie wątpił, że bezpieka postanowiła przed wypuszczeniem nas na wolność posłuchać w komfortowych warunkach, co mamy sobie do powiedzenia, gdy jesteśmy sam na sam. Bezpośrednio nad nami znajdował się pokój przesłuchań, w którym udzielano Michnikowi widzeń adwokackich pod specjalnym nadzorem po tym, jak przemycił do publikacji w podziemnej prasie obelżywy list do generała Czesława Kiszczaka. Musiało to być najstaranniej naszpikowane elektroniką miejsce w całym mokotowskim więzieniu. Nawet oddziałowy Jasiu, gdy nas zobaczył razem na porannym apelu, pokręcił z niedowierzaniem głową i wyjąkał: „Czy ja śnię?". A przecież widział już różne cuda.

Aura cudowności unosiła się zresztą nad tym miejscem od wczesnych lat pięćdziesiątych. Nasz pawilon, zbudowany wówczas z inicjatywy dyrektora Departamentu Śledczego Ministerstwa Bezpieczeństwa Publicznego, połączono podziemnym korytarzem z równoległym budynkiem, gdzie za Stalina bezpieka przesłuchiwała i torturowała swoich więźniów. Tam wymuszano fałszywe zeznania i budowano misterne gmachy fałszywych oskarżeń. Miejsce to nazywano wówczas Pałacem Cudów. Metody się zmieniły, cudotwórcy działali teraz wolniej i subtelniej, bez fizycznej przemocy, no i przenieśli swoje gabinety na górne piętra III pawilonu. W pewnym sensie cały ten pawilon stał się nową odmianą Pałacu Cudów.

Krzywa waga Temidy. Polityczne śledztwa i sądy

W systemie stalinowskiego terroru policja polityczna, prokuratura i sądy były gigantyczną fabryką kłamstwa. Fałszywe były zarzuty, fałszywe zeznania zastraszonych świadków i udręczonych torturami oskarżonych, fałszywe wyroki wydawane przez dyspozycyjnych sędziów. Potępienie terroru i eliminacja fizycznych tortur po 1956 r. zmieniły w tej fabryce wiele, ale nie wszystko. Dyktatura nadal posługiwała się policją i wymiarem sprawiedliwości jako instrumentami zastraszania obywateli oraz urabiania poglądów i postaw społecznych. Partia nadal komenderowała policją i prokuraturą; potrafiła też przymuszać sądy do wykonywania politycznych zamówień. W procesach przeciwko opozycjonistom, a także przeciwko sprawcom głośnych afer gospodarczych, śledztwo, przewód sądowy i wyrok miały nie tyle ustalić stan faktyczny, ile ukazać obraz odpowiadający wymogom kampanii propagandowej. Fałsz bywał tu nadal użyteczny, a prawda niewygodna, chociaż dla uzyskania pożądanego wyniku nie posługiwano się już torturami, lecz innymi środkami nacisku i metodami manipulacji śledczej.

Wiem, co mówię. Wśród młodych ludzi aresztowanych w Marcu i po Marcu '68 byli zarówno tacy, którzy trzymali się dzielnie, jak i tacy, którzy nie mieli odporności na więzienie i bardzo chcieli z niego wyjść – a takie pragnienie jest fatalnym doradcą. Odizolowani od środowiska, w którym dotychczas żyli, stykający się już tylko z oficerem śledczym i odpowiednio ustawionym kapusiem w celi lub już „skruszonym" współpodejrzanym, czytający z przerażeniem mowę nienawiści, którą wypełniona była po brzegi dostarczana do celi „Trybuna Ludu", zaczynali mówić do protokołu językiem przeciwnika. Oficer śledczy dyskretnie i życzliwie pomagał im znaleźć odpowiednie sformułowania.

Większość aresztowanych „komandosów" dała się nabrać na fałszowane grypsy, o których była już mowa. Pod wpływem tych fałszywek odstępowali od milczenia i zaczynali zeznawać, ale – choć dostarczali przez to informacji, które mogły kogoś obciążyć – na ogół mówili prawdę i przy niej obstawali. Ta prawda, czasem przydatna w operacyjnych działaniach SB, nie była jednak tym, co śledztwo miało wykazać. Dla celów propagandowej i procesowej reżyserii, którym służyło śledztwo, potrzebny był fałsz. Niektórzy z aresztowanych dali go sobie wmówić lub narzucić. W obliczu horrendalnych kalumnii w gazetach i w żywym słowie oficera śledczego mówili jakby we własnej obronie: „Przecież to nie ja, wcale tego nie chciałem, widocznie wplątali mnie w to zza kulis jacyś manipulatorzy, cyniczni gracze, ja się od nich odcinam, chcę być z narodem, ze zdrowymi siłami...". Byli nawet tacy, którzy we własnych notatkach lub własnoręcznie pisanych oświadczeniach próbowali wysiłkiem wyobraźni zrekonstruować (czyli skonstruować) przypuszczalny tajemny scenariusz wydarzeń, których sensu przed aresztowaniem nie rozumieli, a teraz – dzięki marcowym gazetom i pomocy oficera śledczego – zaczynali pojmować. Ich zeznaniami i oświadczeniami podpierali się następnie Ryszard Gontarz, Maria Osiadacz, Kazimierz Kąkol i inne gwiazdy marcowej propagandy, a na sali sadowej trzymał się ich kurczowo prokurator Leszek Pietrasiński.

Ku zgryzocie prokuratora świadkowie, którzy tak dobrze sprawowali się w warunkach więziennej izolacji, po wyjściu na wolność odzyskiwali poczucie rzeczywistości oraz własny rozum i odwoływali na sali sądowej zeznania złożone wcześniej w Pałacu Cudów. Było to przejmujące widowisko. Zgodnie z kodeksem postępowania karnego oskarżony (a właściwie jeszcze tylko „podejrzany") musi być zapoznany z zebranym materiałem dowodowym. Nóż otwierał mi się w kieszeni, gdy w pokoju przesłuchań pod dozorem porucznika Tomasza K. czytałem zeznania Andrzeja Mencwela, a zwłaszcza jego oświadczenie zatytułowane *Sprawa „komandosów"*. Oświadczenie to, wystukane na 58 stronach maszynopisu, miało wyszukaną formę pamfletu i nie zawierało żadnych rewelacyjnych informacji, przedstawiało jednak interpretację wydarzeń marcowych całkowicie zgodną ze schematem moczarowskiej propagandy. Naszą działalność, studencki bunt i protesty intelektualistów przedstawiano jako próbę zamachu stanu, dzięki któremu mieli powrócić do kierownictwa partii liderzy „grupy puławskiej". Andrzej Mencwel tego nie wymyślił. Od pierwszych dni marcowej kampanii pisały tak najbardziej agresywne gazety. Oświadczenie Andrzeja przedstawione jako integralna część jego zeznań w charakterze świadka podnosiło jednak tę niedorzeczną bajkę do rangi procesowego dowodu.

Umówiłem się z mecenasem De Virionem, że pytań obrony nie będą na sali sądowej zadawali Mencwelowi adwokaci, tylko ja sam. Procedura sądowa dopuszcza taką możliwość. Ale Andrzej mnie wyprzedził. Na samym początku swoich zeznań w sądzie wypowiedział głośno i dobitnie słowa, które zdawały się mieć ciężar ołowiu: „Odwołuję wszystkie moje zeznania złożone w śledztwie, ponieważ – mimo że są w nich niektóre elementy prawdziwe – w całości stanowią one konstrukcję świadomie fałszywą, zbudowaną po to, żeby obciążyć oskarżonych".

Suchy opis nie oddaje dramatyzmu tej sceny. Dla mnie był to wstrząs, który przynosi iluminację. Przed procesem, po przeczytaniu akt, myślałem o Mencwelu z pogardą. Teraz zobaczyłem mękę, z jaką wydobywał on z siebie słowa gorzkiej prawdy i rachował się z własnym upadkiem. Na pewno nie postało mu wtedy w głowie, żeby udzielać mi lekcji. Nie mam jednak wątpliwości, że właśnie wtedy, na sali sądowej, i właśnie dzięki niemu odebrałem jedną z najważniejszych lekcji w życiu. Zobaczyłem, jak heroicznego wysiłku wymaga podnoszenie się z upadku. Wiedza o psychicznej złożoności, a właściwie wielopostaciowości człowieka przestała być dla mnie książkową formułką; stała się częścią życia i osobistej pamięci. Chyba wtedy dotarł również do mnie moralny wymiar tej wiedzy. „I niech mnie nie opuszcza moja siostra pogarda dla zdrajców, tchórzy..." – jak chciał Herbert. Ładny wiersz, ale odkąd wysłuchałem w sądzie zeznań Andrzeja Mencwela, wolę, żeby „moja siostra pogarda" trzymała się ode mnie z daleka. Będzie to z korzyścią dla mojego zdrowia moralnego i dla mojej zdolności rozumienia bliźnich.

* * *

Mimo wielkiego wrażenia, jakie wywarła na mnie złożona w sądzie deklaracja Andrzeja Mencwela, musiałem zadać mu pytania, które wcześniej obmyślałem.

Pytałem, gdzie pisał swoje oświadczenie. Odpowiedział, że w celi. Skąd miał w celi maszynę do pisania? Odpowiedział, że dostał ją od funkcjonariuszy Biura Śledczego MSW. Miało mu to ułatwić pisanie *Sprawy „komandosów"*. W tym celu otrzymał z Biura Śledczego także urzędowy odpis *Listu otwartego do partii*, który cytował z podaniem strony. W końcu poprosiłem sąd o ujawnienie dni i godzin, w ciągu których trwało w areszcie przesłuchanie Mencwela w charakterze świadka. Okazało się, że przesłuchiwano go od 30 lipca do 8 sierpnia 1968 r. z jednym tylko dniem przerwy 4 sierpnia. Przesłuchania te trwały od rana do wieczora; Andrzej wracał do celi krótko przed zgaszeniem światła (włączniki były oczywiście na korytarzu, a nie w celach, więc od dziewiątej wieczorem do rana więźniowie nie mieli fizycznej możliwości pisania). Zapytałem Mencwela, jakim cudem zdążył on w ciągu jednego wolnego dnia napisać tekst o objętości 58 stron maszynopisu. Andrzej odpowiedział, że napisał oświadczenie wcześniej, zanim zaczęto go przesłuchiwać jako świadka, a ostatniego dnia tych tasiemcowych przesłuchań wręczył tekst oficerowi śledczemu i zadeklarował, że to oświadczenie „powinno być traktowane jako integralna część z zeznaniami złożonymi w niniejszym protokole".

W tym momencie zerwał się Tadeusz De Virion i zapytał o status procesowy Mencwela w czasie, gdy pisał oświadczenie.

– Byłem wtedy podejrzanym – odpowiedział Andrzej.

– I pisał świadek to oświadczenie w charakterze podejrzanego?

– Tak, zamierzałem je wykorzystać we własnej sprawie.

De Virion zwrócił się wówczas do sądu z wnioskiem, żeby nie traktować jako zeznania świadka tekstu napisanego w zupełnie innej roli procesowej i powołał się na zasady procedury karnej. Prokurator zaoponował, ale przewodniczący rozprawie sędzia Wiesław Sikorski zamienił szeptem kilka zdań z dwoma pozostałymi członkami zespołu sędziowskiego i zakomunikował decyzję: oświadczenie to nie może być traktowane jako część zeznania świadka, wobec czego sąd postanawia nie zaliczyć tego tekstu w poczet materiału dowodowego.

Nie była to jedyna porażka prokuratora w naszym procesie. Maszyneria śledczo-prokuratorsko-sądowa mogła sprawnie produkować kłamstwa pod warunkiem, że nie było wokół sprawy rozbieżności między decydentami politycznymi. Mieliśmy szczęście: zarówno w lipcu 1965 r., gdy nas sądzono za *List otwarty*, jak i w styczniu 1969 r., gdy nas sądzono za wydarzenia marcowe, wokół oskarżenia i wyroku doszło do rozdźwięku między Gomułką i Kliszką z jednej, a Moczarem i jego ludźmi z drugiej strony. Dzięki temu powstała szczelina, przez którą prawda mogła przebić się na światło dzienne, a w procesie pomarcowym sędziowie uzyskali i potrafili wykorzystać spory margines samodzielności.

W obu wypadkach kontrowersyjna politycznie okazała się próba oskarżenia i skazania nas nie tylko za to, cośmy faktycznie uczynili, tj. za *List otwarty* i za udział w zainicjowaniu wydarzeń marcowych, ale i za „współpracę z wrogą Polskiej Rzeczypospolitej Ludowej obcą organizacją pod nazwą IV Międzynarodówka", czyli z zachodnimi trockistami. Według pomysłu MSW i Prokuratury Generalnej mieliśmy napisać nasz pierwszy, niedokończony manifest, a następnie *List otwarty do partii* nie z własnej inicjatywy, lecz na polecenie złowrogiej międzynarodówki trockistów.

Taki scenariusz śledztwa i procesu opierał się zarówno w 1965 r., jak i w latach 1968–1969 na zeznaniach Ludwika Hassa. Był on (naprawdę!) przedwojennym trockistą. Pod tym zarzutem został aresztowany we Lwowie po wkroczeniu tam Armii Czerwonej i skazany na 8 lat łagru. Naiwnie uważaliśmy go za bohatera, ale pod krzykliwym chojractwem chował on zwierzęcy strach wyniesiony z Gułagu. Wskutek donosu Józefa Kosseckiego (TW „X") Hass został aresztowany równocześnie z nami w marcu 1965 r. i natychmiast oszołomił oficerów śledczych lawiną informacji w znacznej mierze nieznanych bezpiece. Wsypał Kazimierza Badowskiego z Krakowa, również przedwojennego trockistę, o którego kontaktach z IV Międzynarodówką SB do tej pory nic nie wiedziała, poinformował, że Badowski ma przywieziony przez belgijskich trockistów powielacz, i zapewnił, że on sam nie kontaktował się z trockistami z własnej inicjatywy, tylko został w to wciągnięty przez Kuronia i przeze mnie. Chętnie potwierdził sugestię SB, że nasz program z 1964 r. oraz *List otwarty* napisaliśmy na polecenie IV Międzynarodówki.

W porównaniu z tą zamaszystą narracją stan faktyczny przedstawiał się skromnie. Na początku 1957 r., gdy dyżurowałem w siedzibie Rewolucyjnego Związku Młodzieży na Uniwersytecie, przyszedł do naszego lokalu jakiś francuski dziennikarz. Udzieliłem mu informacji o działalności RZM, a on po jakimś czasie przysłał mi swój reportaż z podróży do Polski oraz broszurkę francuskich trockistów z tezami IV Międzynarodówki *Le declin et la chute du stalinisme* (Schyłek i upadek stalinizmu). Myślę, że to za jego namową odwiedził mnie w Warszawie Kazimierz Badowski i usiłował wytłumaczyć, że miejsce młodych rewolucjonistów całego świata jest w IV Międzynarodówce. Zareagowałem bardzo sceptycznie, chociaż sam Badowski budził sympatię.

Pięć lub sześć lat później, gdy byłem już przewodniczącym Klubu Dyskusyjnego działającego pod auspicjami ZMS na Uniwersytecie Warszawskim, skontaktował się ze mną i z Jackiem Kuroniem członek krajowego zarządu Jeune Garde Socialiste, czyli młodzieżówki belgijskiej partii socjalistycznej, Georges Dobbeler. Był on kilkakrotnie w Polsce jako oficjalny gość Komitetu Centralnego ZMS, jednocześnie jednak był trockistą. Wypada objaśnić, że zachodnioeuropejskie organizacje trockistowskie były bardzo słabe liczebnie, wobec czego ich aktywiści realizowali swą rewolucyjną misję przez działalność w bardziej masowych partiach lewicy – komunistycznych lub socjalistycznych. Dobbeler nie ukrywał przede mną, że jest trockistą, i – podobnie jak niegdyś Badowski – namawiał do współdziałania, choć nie proponował, żebym się zapisał. Chętnie przyjąłem literaturę, zwłaszcza niedostępne w Polsce pisma Trockiego, ale do współpracy nie dałem się nakłonić. Nie zachęciła mnie do tego nawet przynęta w postaci powielacza, który belgijscy trockiści dostarczyli Badowskiemu do Krakowa. Uważaliśmy wtedy obaj z Jackiem, że w razie potrzeby mamy dostęp do powielaczy ZMS lub Głównej Kwatery ZHP i nie musimy chować się po piwnicach ani szukać przemyconego sprzętu, żeby coś wydrukować.

W 1964 r. okazało się jednak, że powielacze ZMS i ZHP nie są już dla nas dostępne, a właśnie wtedy byliśmy w potrzebie. Zwróciliśmy się więc do polskich trockistów. Najpierw prosiliśmy Hassa, a gdy on odpowiadał wykrętnie, sam pojechałem do Krakowa prosić Badowskiego o wypożyczenie powielacza. Hass, jak słusznie podejrzewaliśmy, był temu przeciwny i uzasadnił swój sprzeciw w liście przekazanym Badowskiemu przez Romka Śmiecha, który kursował między obydwoma starszymi panami jako łącznik. Badowski przekazał mu tą samą drogą odpowiedź, w której tłumaczył, dlaczego trzeba umożliwić nam druk programu mimo tego, że nie jesteśmy trockistami. Brudnopisu tej odpowiedzi Badowski przez roztargnienie nie zniszczył; SB znalazła go w czasie rewizji mieszkaniowej u Badowskiego i, chcąc nie chcąc, musiała dołączyć do akt śledztwa. Oto najważniejsze fragmenty tego dokumentu:

„Niezależnie od tego: 1. – że byłem tym, który parokrotnie podkreślał wobec «Filipa» [organizacyjny pseudonim Dobbelera – K.M.], a wcześniej i innych przedstawicieli IV [Międzynarodówki] duży dystans w poglądach dzielący Karola od nich, nie kryjąc przy tym faktu, że parę lat temu Karol w rozmowie ze mną [podkreślał, że] z IV [Międzynarodówką] nie ma i nie chce mieć nic wspólnego. [Nie chodziło w tej rozmowie o związek organizacyjny, bo to było oczywiste, że związku takiego nie było i ja mu nic takiego nie proponowałem];

– że w tych warunkach przestałem nawet Karola odwiedzać i uważałem, że nikt z naszych nielicznych zdeklarowanych ideologicznie i ujawnionych przed nim jako utrzymujący kontakty z IV [Międzynarodówką] towarzyszy nie powinien go odwiedzać;

– że celowości dalszego wzajemnie informacyjnego podtrzymywania kontaktu nie kwestionuję, ale może być z zachowaniem zwykłych dla obu stron wskazanych ostrożności nadal utrzymywany [kontakt?] między emisariuszami IV, ale utrzymujący go emisariusze IV nie powinni w ogóle przyznawać się do kontaktu i znajomości z nami (...);

– uważam, że należy **użyczyć im (pożyczyć do użytku) wiadomej rzeczy** [tj. powielacza – K.M.], licząc się nawet z tym, że my w razie potrzeby nie będziemy mogli z niej korzystać i że praktycznie biorąc, przekazanie jej – pomimo dobrej lub na skutek złej woli strony korzystającej – [może] okazać się przekazaniem na zawsze i bezzwrotnym (...).

Propozycję tę motywuję tym, że:

(...) Platforma ta [tj. manifest, który zamierzaliśmy drukować – K.M.] reprezentuje sumę poglądów wspólną pewnej grupie osób i może być nawet reprezentatywna dla obecnego stanu umysłów szerszych środowisk. Poddanie jej krytycznemu z naszej strony rozbiorowi będzie pracą wydajniejszą [bardziej owocną w skutki], gdyż każdy argument będzie sięgał do wielu umysłów (...). Nade wszystko zaś – jeśli dobrze zrozumiałem – wreszcie pewna grupa ideowa konstytuuje się jako taka (...) bierze odpowiedzialność za wspólną platformę i z platformą tą w ręku przekracza granicę legalności – ten Rubikon, za który dokonywano dotychczas indywidualne i niezdecydowane wypady (...). Nie liczymy przecież na chwilową techniczną przewagę, ale na siłę naszej argumentacji (...). Należy przypuszczać, że nasza krytyka

(...) znajdzie łatwiej drogę do zorganizowanej grupy niż do rozproszonych czy przygodnie zbierających się jednostek. Może się zdarzyć, że będziemy pozbawieni użyczonej rzeczy w momencie, w którym będzie nam bardzo potrzebna. [Ale] jeżeli chodzi o przenikanie z krytyką, to zabezpieczy je na tym etapie zwykła maszyna do pisania (członkowie grupy kontaktują się, zbierają, łatwiejsze krążenie dokumentu).

Trzeba się więc «pogodzić» nawet z tym, że wydanie żądanych rzeczy [tj. powielacza i matryc] może przyspieszyć moment, kiedy [powielacz] będzie nam potrzebny".

List Badowskiego był twardym dowodem, który powstał niezależnie od śledztwa, od manipulacji bezpieki oraz od lękliwej usłużności i procesowych interesów Hassa. W świetle tego listu zarzut, że Jacek i ja działaliśmy na zlecenie zachodnich trockistów, a *List otwarty* powstał na ich zamówienie, był od początku niedorzeczny i nie powinien był ujrzeć światła dziennego. Trzeba więc zastanowić się, dlaczego – mimo tak miażdżącego kontrdowodu – MSW i Prokuratura Generalna upierały się w 1965 r. przy takiej wersji oskarżenia? Dlaczego, gdy ta wersja upadła, powróciły do niej w śledztwie z 1968 r. na podstawie akt poprzedniej sprawy, i to mimo negatywnej oceny przedstawionych wówczas dowodów w prawomocnym wyroku skazującym nas za *List otwarty*? Nie mniej istotne wydaje się pytanie o powody, dla których kierownictwo PZPR nie zaakceptowało w 1965 r. takiego scenariusza, a gdy te same oskarżenia powróciły po marcu 1968 r. – pozwoliło sądowi na to, by je oddalił. Owszem, materiał dowodowy ułatwiał Kliszce i Gomułce odrzucenie koncepcji forsowanej przez Moczara, ale przywódcy partii i państwa nie kierowali się w sprawach karnych dowodami, tylko ważnymi racjami politycznymi. O jakie racje tu chodziło?

Opozycja trockistowska w partii bolszewickiej została politycznie rozbita przez Stalina w latach dwudziestych, a w latach trzydziestych fizycznie zlikwidowana przez NKWD. W latach sześćdziesiątych trockizm istniał tylko na Zachodzie, i to w postaci szczątkowej. Istniała wprawdzie IV Międzynarodówka, wchodzące w jej skład partie były jednak niszowymi grupkami, które tylko w szeregach oficjalnych partii komunistycznych lub socjalistycznych widziały dla siebie szanse skutecznego działania. Owszem, przez grupy trockistowskie przeszło we wczesnej młodości spore grono wybitnych intelektualistów i polityków europejskiej lewicy, ale liczące się pozycje w życiu umysłowym i politycznym osiągali oni w wieku dojrzałym, gdy epizod trockistowski mieli już dawno za sobą. Dla imperium radzieckiego IV Międzynarodówka nie stanowiła realnego zagrożenia.

Stosunek Kremla do trockistów nie był jednak podyktowany realizmem, lecz psychozą. Stalin uważał Trockiego (chyba słusznie) za swojego najwybitniejszego konkurenta, a następnie oponenta w partii bolszewickiej. W dodatku radziecki dyktator miał kompleksy. Jego formalne wykształcenie sprowadzało się do paru lat seminarium duchownego; w gruncie rzeczy był samoukiem i niewątpliwa wyższość intelektualna Trockiego boleśnie go raniła. Stalin żywił do tego przeciwnika i wygnańca szczególną nienawiść. W 1940 r. kazał go w Meksyku zamordować, w Rosji zaś aparat terroru tropił i likwidował prawdziwych lub (najczęściej) domniemanych trockistów ze szczególną zajadłością. Stalin umarł, został pogrzebany i potępiony, ale KGB odziedziczył po nim obsesję trockistowskiego zagrożenia. Dotyczyło to również kierowniczych kadr radzieckiej partii komunistycznej. Jeszcze w sześćdziesiątych latach XX w. obsesja ta odbierała rozum kremlowskim przywódcom.

Wiedzieli o tym oczywiście czołowi działacze partyjni i państwowi w krajach satelickich. Walcząc z ekipą Gomułki o najwyższą stawkę, Moczar musiał poprawić swoje notowania w Moskwie. Nie były one najlepsze, gdyż retoryka nacjonalistyczna w wasalnych partiach komunistycznych, choćby traktowana instrumentalnie, kojarzyła się z niesfornością Ceauşescu i budziła nieufność. Na lipcowym plenum KC w 1968 r., gdy Gomułka próbował tonować marcową retorykę, członek Biura Politycznego Stefan Jędrychowski powiedział: „Nacjonalizm może mieć w Polsce różne oblicza, ale w końcu zawsze pokaże swoje pazurki antyradzieckie". Takich słów na Kremlu słuchano uważnie.

Moczar potrzebował więc własnej narracji, która trafi w Moskwie na podatny grunt. Nadawał się do tego pokaz czujności, która pozwoliła mu wykryć w Polsce złowrogie macki trockizmu. Nie był to dla PRL temat bezpieczny, o ile bowiem zwalczanie wewnętrznej opozycji należało po 1956 r. do zadań rodzimej SB, o tyle trockizm budził alergiczne zainteresowanie KGB i uchodził za wspólne zagrożenie całego radzieckiego imperium. Polskie MSW nie tylko demonstrowało w tym wypadku czujność własną, ale i obnażało brak czujności ze strony kierownictwa PZPR, które początkowo traktowało naszą rebelię jako problem wewnętrzny i nie dostrzegło trockistowskiej zarazy.

Z tego samego powodu scenariusz pisany w MSW nie zyskał akceptacji w kierownictwie partii, przeciw któremu był w gruncie rzeczy obrócony. Gra toczyła się o względy Kremla, rywalizowali między sobą mocarze z najwyższych sfer rządzących, a oskarżeni Kuroń i Modzelewski oraz ich sędziowie mogli się wydawać z wysokości owych sfer małymi, bezsilnymi przedmiotami rozgrywki gigantów. Rzecz nie przedstawiała się jednak tak prosto, a do komplikacji we frakcyjnych walkach przyczynili się nieoczekiwanie sędziowie Sądu Wojewódzkiego dla Miasta Warszawy.

Dziś, gdy odtajnione są wewnętrzne dokumenty bezpieki, można odtworzyć przebieg zakulisowej walki gigantów wokół naszych procesów. W kwietniu 1965 r. sformułowane zostało wspólne stanowisko Prokuratury Generalnej i MSW. Autorzy tego stanowiska domagali się skazania nas za trockizm, ale nie ze względu na stan faktyczny, lecz ze względu na propagandową potrzebę. Pisali oni: „Osądzenie Modzelewskiego i Kuronia [za *List otwarty*] bez dowodzenia przed sądem ich ścisłych powiązań z IV Międzynarodówką oraz Badowskim i Hassem może przynieść ujemny politycznie skutek w postaci przydania tym podejrzanym «aureoli», iż sądzeni są za swoje własne «przekonania», podczas gdy faktycznie działali z inspiracji wrogich Polsce Ludowej sił" (cytuję za *Anatomią buntu* A. Friszkego, s. 252–253).

Nie przekonało to Sekretariatu KC. Stanowisko Komisji Ideologicznej kierowanej przez Zenona Kliszkę (był on sekretarzem KC i prawą ręką Gomułki) zostało 3 maja 1965 r. przekazane przez kierownika Wydziału Nauki KC Andrzeja Werblana do wykonania prokuraturze: „Platforma polityczna skonstruowana przez Modzelewskiego i Kuronia w tzw. «Programie», a powtórzona w *Liście otwartym* stanowi próbę połączenia w jedną całość rewizjonistycznych poglądów występujących w Polsce na przestrzeni ostatniego dziesięciolecia (…). W tym znaczeniu nie należy pokazywać Modzelewskiego i Kuronia jako «agentów» IV Międzynarodówki w Polsce działających na rzecz tej wrogiej organizacji, ale jako nosicieli różnych rewizjonistycznych poglądów, które doprowadziły, na skutek izolacji we własnym środowisku, do kontaktów z IV Międzynarodówką". Zgodnie z tą dyrektywą oskarżono nas i osądzono za *List otwarty*, a w osobnym procesie osądzono Hassa, Badowskiego i Śmiecha za kolportaż przywiezionego z Belgii programu IV Międzynarodówki. Zbieg politycznych okoliczności sprawił, że każdy odpowiadał wtedy za to, co faktycznie zrobił. Sędziowie, którzy nas w 1965 r. sądzili, nie wyróżniali się niczym szczególnym; przypadła im rola wykonawcza.

Po trzech latach, wiosną 1968 r., układ sił na szczytach PZPR przedstawiał się już inaczej. Pozycja ludzi Moczara w bezpiece i w Prokuraturze Generalnej była teraz znacznie mocniejsza niż w 1965 r. i mogli oni postępować samodzielnie. W maju 1968 r. prokurator Pietrasiński przedstawił mnie i Kuroniowi, obok zarzutu o wywołanie marcowych protestów młodzieży (zakwalifikowanego jako „kierowanie tajnym związkiem"), również zarzut z art. 5 mkk – że „weszliśmy w porozumienie z wrogą Polsce Ludowej zagraniczną organizacją «IV Międzynarodówką» w celu działania na szkodę PRL". Ten drugi zarzut był odgrzewany, opierał się bowiem bez reszty na aktach naszej poprzedniej sprawy karnej. MSW i Prokuratura Generalna zamierzały teraz przeforsować scenariusz, którego nie pozwolono im zrealizować trzy lata wcześniej.

Coś się jednak działo za kulisami – po części chyba wysoko ponad naszymi głowami, a po części w Wydziale IV Karnym Sądu Wojewódzkiego. Proces wyznaczony początkowo na 2 września 1968 r. został odroczony. Rozdzielono siedmioosobową ławę oskarżonych. Według nowej koncepcji w pierwszej kolejności miałem być sądzony ja z Jackiem Kuroniem, potem czwórka studentów (Michnik, Szlajfer, Toruńczykówna i Górecki), a na końcu, osobno – Antoni Zambrowski. Temu ostatniemu postawiono zarzuty niezwiązane ze studencką rewoltą, choć początkowo zamierzano go osądzić wraz z głównymi oskarżonymi o Marzec, bo jego nazwisko było w tym kontekście potrzebne reżyserom kampanii propagandowej.

Gdy już znany był skład zespołu, który miał orzekać w naszej sprawie, Tadeusz De Virion powiedział mi na widzeniu adwokackim: „Panie Karolu, to jest najlepszy skład Sądu Wojewódzkiego dla miasta Warszawy". Miał na myśli wybitne kwalifikacje zawodowe tych sędziów oraz szacunek, jakim cieszyli się oni w środowisku prawniczym. Do tego, żeby osądzić Jacka i mnie, wyznaczono przewodniczącego Wydziału IV Karnego w Sądzie Wojewódzkim Wiesława Sikorskiego, sędziego Stanisława Sokoła z tegoż wydziału i młodego sędziego Sądu Powiatowego Andrzeja Deptułę (chyba nie miał jeszcze trzydziestu lat, ale uważano go za wschodzącą gwiazdę). De Virion był tym zaintrygowany, gdyż wybór sędziów, którzy mieli orzekać w takim procesie, był niewątpliwie decyzją polityczną.

Proces rozpoczął się 2 stycznia 1969 r. Od razu rzuciło mi się w oczy, że sędzia, który przewodniczył rozprawie, nie ma prawej ręki. Pusty rękaw togi miał wsunięty w kieszeń. Adwokaci wyjaśnili mi, że Wiesław Sikorski był za młodu żołnierzem Armii Krajowej i stracił rękę w powstaniu warszawskim. Teraz miał sądzić przeciwników reżimu. Myślę, że był partyjny i miał mocną pozycję, inaczej przecież nie zostałby przewodniczącym najważniejszego wydziału w stołecznym Sądzie Wojewódzkim. Nie wiem, czy (lub: w jaki sposób) sędzia Sikorski konsultował się w naszej sprawie z KC. Jeżeli tak, to w grę wchodziły kontakty nieformalne, może pośrednie, po których nie pozostał ślad w archiwach. Oficjalnie obowiązywała w PRL niezawisłość sądów, w którą nikt wprawdzie nie wierzył (zwłaszcza gdy w grę wchodziły sprawy polityczne), ale dbano o zachowanie pozorów.

Sędzia Sikorski orientował się zapewne, że oskarżenie nas o agenturalne powiązania z IV Międzynarodówką budzi kontrowersje na najwyższych szczeblach władzy i rozumiał, że różnice zdań wśród polityków dają sądowi pole manewru. Sędziowie nie mieli przy tym wątpliwości, że zarzut ten, zakwalifikowany z art. 5 mkk, jest sprzeczny z kluczowymi dowodami i nie może się ostać bez rażącego naruszenia prawa. Nie chcieli jednak przygwoździć oskarżycieli wyrokiem uniewinniającym, wybrali więc wyjście salomonowe: umorzyli postępowanie w zakresie tego zarzutu, powołując się na tzw. powagę rzeczy osądzonej (*res iudicata*). Chodziło o to, że ten sam materiał dowodowy został już w 1965 r. oceniony w prawomocnym orzeczeniu sądowym i że sąd nie znalazł wówczas w naszym działaniu znamion przestępstwa z art. 5 mkk. Ponowne rozpatrywanie tych samych okoliczności na podstawie tych samych dowodów byłoby prawnie niedopuszczalne, gdyż naruszałoby zasadę *ne bis in idem* (nie wolno powtórnie sądzić za to samo). Prokurator Pietrasiński bronił się, jak umiał. W mowie oskarżycielskiej utrzymywał, że w 1965 r. sąd mógł orzekać tylko w tych ramach, jakie mu wyznaczyło wtedy oskarżenie. Omawiając motywy wyroku, Sikorski wytknął jednak prokuratorowi nieznajomość podstawowych zasad postępowania karnego. Przypomniał mu, że sąd nie jest zależny od prokuratury, że sam ocenia dowody i orzeka samodzielnie, a jeżeli w 1965 r. ocena dokonana przez sąd była – zdaniem oskarżenia – niewystarczająca, „to było obowiązkiem prokuratora odwołać się od niej i dążyć do zmiany orzeczenia w postępowaniu rewizyjnym". Wypowiadając te słowa,

Sikorski spojrzał nie bez złośliwej satysfakcji na prokuratora Pietrasińskiego, który oskarżał nas osobiście zarówno w 1965, jak i w 1968–1969 r.

Upadek oskarżenia o spisek z IV Międzynarodówką pozwolił orzec znacznie niższą karę, niż przewidywał art. 5 mkk (co najmniej pięć lat, prokurator zaś domagał się dla mnie ośmiu lat więzienia). Nie mniej istotne było to, że porażka oskarżycieli ucinała kampanię propagandową, która miała nas przedstawić jako agenturę obcych, a do tego tajemnych sił. Straszak trockizmu (o tyle poręczny, że prawie nikt w Polsce nie wiedział, co to takiego) kołatał się jeszcze gdzieś na marginesach reżimowej prasy, a i dziś pojawia się czasem w niszowych publikacjach skrajnej prawicy, ale nie wywoływał już i nie wywołuje większego rezonansu.

Sędziowie nasi zdezawuowali także główny nurt marcowej propagandy. Głosiła ona, że protesty młodzieży akademickiej były inspirowane przez Romana Zambrowskiego, Stefana Staszewskiego i innych dygnitarzy partyjnych odsuniętych od władzy przez zdrowe siły w PZPR i żądnych powrotu na kierownicze stanowiska. Aby uwiarygodnić tę wersję, syn Romana Zambrowskiego, któremu nie udało się przypisać żadnego udziału w wydarzeniach marcowych, miał być sądzony wraz ze mną, Kuroniem i Michnikiem w głównym procesie o marcową rewoltę. Zarzucono mu, że pożyczał znajomym bezdebitowe książki i fałszywie oskarżono o głoszenie w rozmowach z kolegami biurowymi syjonistycznych opinii szkalujących naród polski. Decyzja o rozdzieleniu procesów wyłączała Zambrowskiego z tego scenariusza. Także decyzja sądu eliminująca oświadczenie Andrzeja Mencwela z materiału dowodowego zmierzała do rozdzielenia Temidy i propagandy. W toku śledztwa oficerowie bezpieki bardzo starali się wydobyć od przesłuchiwanych „komandosów" bodaj jakieś poszlaki wskazujące na kontakty uniwersyteckich buntowników z byłym I sekretarzem KW Stefanem Staszewskim. Owoce tych starań nie znalazły jednak odzwierciedlenia w uzasadnieniu wyroku. Sąd nie dopatrzył się w zeznaniach dotyczących Staszewskiego okoliczności istotnych dla sprawy.

Charakterystyczne było również rozstrzygnięcie przez sąd spięcia między obroną a prokuratorem podczas przesłuchania świadka Bernarda Tejkowskiego. W 1964 r. Tejkowski uczestniczył w naszych konspiracyjnych dyskusjach nad programem, teraz jednak został przesłuchany w śledztwie jako biurowy kolega Antoniego Zambrowskiego. Tejkowski miał słyszeć, jak ten syn byłego sekretarza KC lży naród polski z syjonistycznych pozycji. Po 1964 r. Tejkowski zapadł na antysemicką obsesję i na tym tle zbliżył się do bezpieki. Prokurator Pietrasiński zadawał mu dociekliwe pytania o syjonizm Zambrowskiego, ale De Virion zwrócił się do sądu z pytaniem, jaki to ma związek z naszą sprawą karną? Sikorski podzielił tę wątpliwość i szorstko napomniał prokuratora: „Proszę zadawać pytania związane ze sprawą!". Kiedy mimo tego napomnienia padło kolejne pytanie o poglądy Zambrowskiego, Sikorski użył swojej władzy: „Sąd uchyla to pytanie!". Wprawdzie świadek odpowiedział potem spontanicznie na pytania, których prokuratorowi nie pozwolono zadać, ale sędzia prowadzący nie pozostawił wątpliwości, że sala sądowa ma służyć celom procesowym, a nie rynsztokowej propagandzie.

Istotnie, uzasadnienie wyroku skazującego Jacka Kuronia i mnie na 3 lata i 6 miesięcy więzienia było wolne od propagandowego kłamstwa. Stan faktyczny został przez sędziów przedstawiony zgodnie z prawdą, a orzeczenie winy uzyskano, naginając do tego stanu faktycznego przepis małego kodeksu karnego o „kierowaniu związkiem, którego istnienie, cel lub ustrój wewnętrzny ma pozostać tajemnicą wobec władzy państwowej". Działaliśmy jawnie, czemu sąd nie przeczył, i „nie przyjęliśmy określonych form organizacyjnych", co sąd w uzasadnieniu wyroku stwierdził. Mimo to uznał, że byliśmy tajnym związkiem. Tadeusz De Virion wyznał mi, że po raz pierwszy w swojej karierze przy pisaniu rewizji nie może zarzucić sądowi I instancji, że minął się z prawdą, a jedynie – że naruszył zasadę nullum crimen sine lege (nie jest przestępstwem żaden czyn, którego nie zabrania przepis prawa). Uzasadnienie wyroku, które napisali nasi sędziowie, pasowałoby raczej do sentencji uniewinniającej. Sędziowie skazali nas jednak, bo wiedzieli, w jakim kraju żyją. My też to wiedzieliśmy i nie mieliśmy do nich pretensji. Raczej przeciwnie.

Szukając po omacku granic swojej swobody, zespół sędziego Sikorskiego posunął się zresztą dalej, niż pozwalała ówczesna koniunktura polityczna. Jego decyzje zostały wkrótce okrojone. W procesie Adama Michnika i jego kolegów zespół pod przewodnictwem sędzi Sabiny Pawelec zaliczył oświadczenie Mencwela do materiału dowodowego, przywracając mu rangę świadectwa. W postępowaniu rewizyjnym Sąd Najwyższy rozpatrzył łącznie sprawy Kuronia i moją, Michnika i jego współoskarżonych oraz Antoniego Zambrowskiego. Pozwalało to gazetom umieścić nazwisko Zambrowski pod wspólnym nagłówkiem *Utrzymanie wyro-*

ków na prowodyrów wydarzeń marcowych i bodaj w ten sposób podtrzymać sugestię, jakoby Zambrowski (Roman oczywiście, bo w istocie o niego chodziło) inspirował z ukrycia studencki bunt. Sąd Najwyższy uznał ponadto że Jacek Kuroń i ja popełniliśmy przestępstwo w warunkach recydywy (art. 60 § 1 kk). Wymiar kary, na jaką nas skazano, nie uległ wprawdzie przy tym zmianie, ale status recydywistów wyłączał nas z góry ze spodziewanej amnestii na 25 rocznicę PRL. Amnestia taka w lipcu 1969 r. została rzeczywiście uchwalona, ale nas jako recydywistów nie objęła. Mieliśmy odbyć trzy i pół roku więzienia, oprócz tego zaś „odwieszoną" część pierwszej kary, gdyż sądy penitencjarne odwołały warunkowe zwolnienie przyznane nam w 1967 r. W sumie więc mój drugi pobyt w więzieniu miał trwać 4 lata i 7 miesięcy: od 8 marca 1968 do 23 października 1972 r., chyba że znów zostałbym warunkowo zwolniony. Zwolnienie takie mogło mi przysługiwać najwcześniej we wrześniu 1971 r.

Społeczność pod kluczem

III pawilon, fizycznie umieszczony na terenie Centralnego Więzienia Warszawa 1, pod względem społecznym różnił się od pozostałych pawilonów Mokotowa, nie mówiąc już o całym systemie zakładów karnych w PRL. Dość szybko zrozumiałem, że kartą wstępu do prawdziwego więzienia jest dopiero wyrok sądowy. W listopadzie 1965 r., gdy Sąd Najwyższy zatwierdził moje pierwsze trzy i pół, przewieziono mnie do Zakładu Karnego w Barczewie koło Olsztyna. Był to obiekt poklasztorny, przebudowany na więzienie przez hitlerowskiego Gauleitera Prus Wschodnich Ericha Kocha. Sprawiedliwym zrządzeniem losu sam Koch po skazaniu go w 1959 r. przez polski sąd na karę śmierci, której „z powodu złego stanu zdrowia" nigdy nie wykonano, spędził w barczewskim więzieniu długie lata i zmarł tam w 1986 r. Nigdy go nie widziałem, gdyż siedział w izolatce na tzw. kwarantannie koło bramy wjazdowej i nie był wyprowadzany na ogólne spacerniki widoczne z naszych okien.

Na dzień dobry spotkała mnie jednak w Barczewie inna atrakcja. W naszych czasach okresowo nawracającej gorączki lustracyjnej warto może o niej wspomnieć. Dwa lub trzy dni po przyjeździe do Barczewa strażnik zaprowadził mnie do wychowawcy oddziału VII, gdzie mnie początkowo osadzono. Wychowawca, czyli oficer Służby Więziennej zawiadujący oddziałem, nazywał się porucznik Mucha i był nalanym, flegmatycznym klawiszem.

– Wiecie Modzelewski – oznajmił z przemądrzałą i nieco znudzoną miną – ja tam nie wnikam w wasze przestępstwo. To wasza sprawa. Ale wy jesteście człowiek wykształcony, a więc świadomy. A tutaj, wiecie, siedzą kryminaliści, ludzie nieuświadomieni. Oni niczego nie szanują, nawet – tu uniósł znacząco gęste brwi – nawet regulaminu więziennego. Więc rozumiecie: jakbyście coś zauważyli, to przyjdźcie do mnie i powiedzcie.

Nigdy przedtem ani potem nikt nie składał mi propozycji, żebym donosił. Nie wpadła na taki pomysł bezpieka, trzeba było dopiero porucznika Muchy. Ze zdumienia najpierw zaniemówiłem, a potem odpowiedziałem niczym patetyczny deklamator:

– Ależ panie poruczniku, to byłoby sprzeczne z moimi zasadami.

Porucznik Mucha spojrzał na mnie z politowaniem – że niby taki wykształcony, a przecież nieuświadomiony – i zdecydował się jednak mnie oświecić.

– Mylicie się, Modzelewski – oznajmił. – To nie jest sprzeczne z zasadami.

Dialog ten nie wiedzieć czemu przypomniał mi się przed kilku laty podczas sporów o znowelizowaną pod rządami PIS ustawę lustracyjną. Znowelizowane przepisy rozciągały obowiązek lustracji na wszystkich dziennikarzy i pracowników naukowych, zobowiązując ich, by złożyli oświadczenia, że nie byli w PRL donosicielami. Odmowa złożenia takiej deklaracji pociągałaby za sobą automatycznie dziesięcioletni zakaz wykonywania zawodu.

Część dziennikarzy i naukowców zapowiedziała bojkot tych przepisów na zasadach obywatelskiego nieposłuszeństwa. Mieli oni bez względu na drakońskie kary odmówić składania oświadczeń, czuli się bowiem poniżeni przymusem zapewniania, że nie byli kapusiami. Zwolennicy powszechnej lustracji (przeważnie też dziennikarze) zareagowali zbiorowym listem, w którym pouczali zwolenników bojkotu: „Mylicie się, to nie jest poniżające". Wkrótce Trybunał Konstytucyjny odesłał znowelizowane przepisy lustracyjne do kosza, wskutek czego do dziś nie wiemy, co jest poniżające, a co nie.

Co do jednego porucznik Mucha miał rację: moi nowi koledzy byli w ogromnej większości pospolitymi złodziejami, chuliganami, a nawet bandytami (czyli kryminalistami) i rzeczywiście nie szanowali regulaminu więziennego. Nie szanowali też kodeksu karnego ani cudzej własności i osobistej nietykalności bliźnich. To jednak nie oznacza, że nie uznawali oni żadnych norm i nie mieli własnego, niepisanego kodeksu. Segregację więźniów politycznych od kryminalnych wprowadzono w więzieniach Polski Ludowej dopiero w stanie wojennym. W czasie moich wcześniejszych pobytów w zakładach karnych, czyli w latach 1965–1967 i 1968–1971, pospolici przestępcy byli moim środowiskiem społecznym: mieszkaliśmy razem w tych samych celach i pracowaliśmy razem w tych samych przywięziennych fabrykach. Nie żałuję tego doświadczenia.

* * *

Więzienie jako narzędzie represji karnej jest w Europie i w kręgu europejskiej kultury dziedzictwem Oświecenia. Wybitny historyk francuski Michel Foucault, zanim odjechał w stronę postmodernizmu, poświęcił narodzinom nowoczesnego więziennictwa świetną książkę (*Surveiller et punir*, Paryż 1975; polski przekład *Nadzorować i karać*, Warszawa 1993). Nie zamierzam teoretyzować, ale z pracy Foucaulta myślący czytelnik, nawet jeśli los nie dał mu szansy, żeby osobiście posiedzieć, wyciągnie nieodparty wniosek: system represji w ogóle, a więzienie w szczególności, jest zwierciadłem społeczeństwa i jego kultury. Sposób, w jaki traktujemy naszych przestępców, mówi bardzo wiele o nas samych.

W czasach, gdy odbywałem swoje kary pozbawienia wolności, regulamin więzienny pozwalał skazanemu pisać skargi, ale tylko indywidualnie. Skargi zbiorowe były surowo zabronione i w gruncie rzeczy traktowane jako bunt. Nie wolno też było upominać się o żadnego współwięźnia, którego spotkała krzywda. Skazany mógł występować tylko we własnym imieniu i we własnej sprawie. Za tymi przepisami kryła się niewypowiedziana wprost, ale bardzo ważna myśl przewodnia – należało wyplenić solidarność wśród skazanych i tępić każdy przejaw więzi społecznych między nimi. Środowisko przestępcze jest z natury patogenne, trzeba się więc starać, żeby nie było środowiska, tylko luźny zbiór całkiem osobnych jednostek. Pozostaje tajemnicą autorów regulaminu, jak ten narzucony wzór aspołecznej postawy można było godzić z postulowaną przecież resocjalizacją.

Odpowiedzią środowiska uwięzionych przestępców na planową, odgórną dezintegrację było oczywiście zwarcie szeregów. Sięgano przy tym po sprawdzone, czasem wywodzące się ze starych złodziejskich tradycji, ale ostatecznie skodyfikowane w zamknięciu wzory więziennej subkultury. Nazywano ją

„grypserą", co dosłownie oznacza kryminalny slang, zarazem jednak funkcjonuje jako określenie złożonego systemu norm, wzorów i rytuałów regulujących życie środowiska. Dziś więźniowie dzielą się na „grypsujących" i „niegrypsujących", ale za moich czasów ci pierwsi stanowili znaczną większość i zamiast „grypsujący" mówiło się o nich (w sensie wyróżniającym) po prostu „ludzie" lub „ludzie w porządku", a niegrypsujących określano jako „frajerów". Granica między „frajerami" a „kurwami" była niewyraźna, podczas gdy „ludzi" dzielił od „frajerów" (nie mówiąc już o „kurwach") mur obcości.

Pojęcia te i podziały dają się najłacniej zrozumieć w kategoriach antropologii kultury. Archaiczne plemiona dość często określały współplemieńców nazwą oznaczającą po prostu ludzi – w przeciwieństwie do wszystkich obcoplemieńców. Społeczność „swoich" była ponadto wspólnotą komunikacji; łączył ją i odróżniał od obcych specyficzny język. Moja edukacja więzienna zaczęła się właśnie od nauki tego specyficznego języka.

Dla kryminalistów w Barczewie byłem jak przybysz z innej planety. Po pierwsze, inteligent, więc może „apropak" (ironiczne określenie pochodzące od francuskiego „à propos", którego nadużywały powiatowe wykształciuchy starające się wywyższyć ponad kryminalny plebs). Okazało się jednak, że nie byłem apropakiem i wcale się nie wywyższałem. Wtedy zagrało z całą mocą to, że byłem więźniem politycznym. W 1965 r. sprawa moja nie była jeszcze głośna, w prasie ukazała się zaledwie krótka wzmianka o wyroku, ale więzienny telegraf bez drutu działał i roznosił informację, że zostałem skazany za walkę z reżimem. To mnie nobilitowało w oczach współwięźniów-kryminalistów, wszyscy oni bowiem nadawali swoim konfliktom z prawem (i ze społeczeństwem) wymiar walki z systemem. W więzieniu dla recydywistów w Wołowie, gdzie odbywałem swoją drugą karę, widywałem polityczne deklaracje wytatuowane na skórze moich kryminalnych współtowarzyszy niedoli. Jeden z nich nosił na podbiciu wzruszające wyznanie: „Komunizm złamał mi życie". Inny – Antek P., kieszonkowiec, recydywista z Wałbrzycha, chłopak wybitnie inteligentny i obdarzony niepospolitym poczuciem humoru, miał na czole wytatuowany w dwóch rzędach napis: „W Polsce nie ma sprawiedliwości, panują terror, fałsz i obłuda". Antek zasłynął także tym, że pewnego dnia, gdy go wleczono po posadzce do karceru, ugryzł funkcjonariusza Służby Więziennej w łydkę. Z powodu zgorszenia, jakie mógł wywoływać napis wytatuowany na jego czole, pozwolono mu nosić dłuższe włosy (recydywistów w rygorze zasadniczym przymusowo strzyżono maszynką na „zero"), a jednocześnie nakazano, by czesał się z grzywką. Na życzenie jednak Antek tę grzywkę odsłaniał i dumnie okazywał swoje hasło.

Od pierwszych dni w Barczewie korzystałem więc – sam o tym zrazu nie wiedząc – z życzliwości kryminalistów, którzy cierpliwie i wyrozumiale uczyli mnie swojego abecadła, nie wymagając nawet, bym się koniecznie do niego stosował. Nikt im nie kazał, by tak postępowali, ani nie wydawał instrukcji. Godną uwagi osobliwością więziennej subkultury jest to, że działa ona automatycznie i obywa się bez jakichkolwiek organizacyjnych struktur. Pierwszym moim nauczycielem grypsery był niejaki Władek B., chuligan z olsztyńskiego Zatorza. Tłumaczył mi on taktownie, że należy unikać słów powszechnie wprawdzie używanych na wolności, które jednak tu uchodzą za obraźliwe, dlatego wyrażamy te same treści pojęciowe określeniami zastępczymi lub eufemizmami. Obraźliwe jest np. słowo „daj"; zamiast tego należy mówić „kopsnij" lub „podkopsaj". Nie mówimy też „posuń się", tylko „przesuń się", no i w żadnym razie nie można powiedzieć o kimś, że jest „ładny". Człowiek w porządku nie może być „ładny", tylko „przystojny". Słowo „kochany" jest ciężką zniewagą, za którą można oberwać po pysku. Nie mówimy też o kimś, że jest „dobry", tylko że jest „w porządku". Zamiast „dobrze" mówimy „git", a zamiast „pociąg"– „targacz".

Dość szybko zorientowałem się, że mam do czynienia z systemem językowego tabu, za którym kryje się obsesja seksualna. „Ładny"– znaczy, że trzeba go wyruchać. „Daj"– znaczy „daj dupy". „Kochany"– znaczy ruchany, przecwelony; pod żadnym pozorem nie wolno tak powiedzieć do człowieka. Przeciwieństwem człowieka jest bowiem cwel – ofiara gwałtu, złachmaniony obiekt homoseksualnych praktyk, żyjący na dnie upodlenia. Cwel jest jak niedotykalny w hinduskim systemie kastowym. Jego dotyk, o ile nie jest związany z wykorzystaniem seksualnym, degraduje nieostrożnego człowieka i może „skiepszczyć", czyli trwale splamić, a w rezultacie wyłączyć z grona ludzi. Cwel nie je z ludźmi przy stole; bierze swoją łyżkę i miskę, po czym zasiada do jedzenia na kiblu. Nie wolno uderzyć go ręką, żeby się nie pokalać. Wolno bić go „lolą", czyli kijem od szczotki, lub (najlepiej) deską, którą w nieskanalizowanych więzieniach kładziono na brzegu kibla, żeby można było usiąść na jego żeliwnych krawędziach. Można też kopnąć cwela, ale tylko obutą nogą. Można z cwelem rozmawiać, ale tylko po to, żeby kazać mu pozamiatać celę lub uzgodnić cenę za usługę seksualną (zazwyczaj dwie paczki papierosów). Kto po prostu „nawija" z cwelem, czyli rozmawia z nim jak z człowiekiem, sam naraża się na wykluczenie.

Wszystko to brzmi strasznie, ale nie było zjawiskiem wszechobecnym. Spędziłem w zakładach karnych kilka lat, nie pamiętam już, w ilu celach siedziałem, i nie zdarzyło się, żeby wśród moich współmieszkańców był jakiś cwel. Nie byłem też świadkiem gwałtu ani fizycznego znęcania się nad cwelem. Można powiedzieć, że miałem szczęście, bo nie zostałem poddany najcięższej próbie odwagi. Andrzej Czuma był świadkiem takiej ekstremalnej sytuacji. Współmieszkańcy jego celi sposobili się do zgwałcenia jakiegoś młodego niedorajdy. Czuma chwycił „lolę" i zapowiedział, że będzie się bił w obronie nieszczęśnika. „Jestem chrześcijaninem – oznajmił – i nie pozwolę, żeby w mojej obecności skrzywdzono słabszego". Niedoszli gwałciciele dali za wygraną, nie tyle chyba ze strachu przed Czumą, ile z respektu dla jego determinacji, a pewnie i dlatego, że mieli do czynienia ze sprzeciwem ze strony więźnia politycznego, któremu należy wiele wybaczyć. Nie wiem, czy Andrzej Czuma był w pełni świadom, na co się narażał; w każdym razie, niezależnie od rozmaitych zakrętów jego politycznej kariery, raz na zawsze zasłużył w moich oczach na wielki szacunek za odwagę.

Jednym z mieszkańców mojej celi w Wołowie był Wojtek K., młody chłopak z Sosnowca, skazany (nie po raz pierwszy) za rozboje. Mimo groźnej specjalności przestępczej nie miał aparycji zbója. Był szczupły, raczej wątły, o dość delikatnej konstrukcji psychicznej, inteligentny i wrażliwy. Oczywiście grypsował, nie wydawał mi się jednak zdolny do szczególnej brutalności. W Przedsiębiorstwie Obróbki Metali, czyli niewielkiej fabryce umieszczonej w obrębie murów więzienia, pracowaliśmy z Wojtkiem w jednej brygadzie – ja na wiertarce stołowej, on na szlifierce. Załoga fabryki była płynna – jednych gdzieś przenoszono, innych wywożono z Wołowa lub wypuszczano na wolność. Na ich miejsce zatrudniano nowych, czasem przetransportowanych tu z odległych więzień. Jeżeli był wśród nich cwel, to żaden transport nie uwolnił go od piętna; skrzydlata wieść leciała za nim z więzienia do więzienia.

Pewnego dnia przywiózł do naszej brygady taczkę z detalami do obróbki taki właśnie nowy przybysz. Dostarczył materiał, zatrzymał się na chwilę odsapnąć i wdał się w pogawędkę z chłopakami z brygady. Mój wrażliwy, delikatny kolega Wojtek spojrzał na przybysza, zmienił się na twarzy, podszedł do niego i wycedził lodowatym tonem: „Ty się do człowieka pucujesz?" (tzn. podajesz się za człowieka, podszywasz się pod człowieczeństwo). Wszyscy umilkli, nowemu żyły nabrzmiały na skroniach, jakby się chciał postawić, ale po chwili sflaczał i odszedł bez słowa. Z pozoru nic się nie stało, nikt nikogo nie tknął palcem, nie padło grube słowo, ale było w tej scenie zgęszczone okrucieństwo.

Koledzy moi wiedzieli oczywiście, co myślę o gwałtach i o traktowaniu cweli, ale pokrywali różnicę postaw w tej sprawie milczeniem. Dopiero w ostatnich dniach mojego pobytu w Wołowie mój dobry kolega Wojtek K. pozwolił sobie na pikantny żart. Było to w połowie września 1971 r. Zostałem wezwany na tzw. wokandę, czyli przed oblicze sądu penitencjarnego, który zakomunikował mi decyzję, że mam być warunkowo zwolniony. Nie byłem zaskoczony; dzień wcześniej przekazano mi telegram od matki, że Jacek Kuroń też dostał warunkowe zwolnienie. Były to moje ostatnie dni w Wołowie i Wojtek wygłosił coś na kształt mowy pożegnalnej. „Karol, wyklepujesz [tzn. wychodzisz na wolność]. Niby jesteś recydywa, ale masz poważne braki. Nie byłeś w kabarynie [tzn. w karcerze, gdzie śpi się na gołych deskach]. No, nie wymagamy, żebyś tam poszedł. Ale nie masz żadnego wzorka! My ci wydziargamy [tzn. wytatuujemy] na kolanie, albo w miejscu, gdzie ludzie na wolności noszą zegarek, gwiazdę recydywy [symboliczny wizerunek podobny do róży wiatrów]. Przecież nikt nie zobaczy, co masz pod zegarkiem. No może nie chcesz, to trudno. Ale cwela nie ruchałeś! My ci przyprowadzimy takiego ładniutkiego... Może ci żal dwa pakulce [tj. dwie paczki papierosów na zapłatę za seks]? Zapłacimy za ciebie!". Nie miałem wątpliwości, że Wojtek żartuje, miał w oczach wesołe ogniki, ale zrobiło mi się nieswojo.

Koledzy – kryminaliści, z którymi próbowałem dyskutować o więziennych gwałtach i o cwelach, usiłowali te praktyki usprawiedliwić w sposób, który byłby dla mnie zrozumiały. Podkreślali więc, że nie działa tu prawo pięści, tylko swoista sprawiedliwość. Nie gwałci się człowieka, który jest „w porządku"; taki czyn dyskwalifikowałby samych sprawców. Zdarza się, że ofiarą gwałtu pada ktoś, komu brak odwagi, żeby się postawić (ale wtedy sam nie jest „w porządku"). Ustępuje się przed odwagą, nawet okazaną przez słabszego. Przemoc i właściwy gwałt stosuje się natomiast jako represję zbiorowości wobec kogoś, kto złamał jej elementarne zasady, np. donosił władzom więziennym, obciążył wspólników w śledztwie lub w sądzie, albo w inny sposób stanął po stronie państwowego aparatu represji. „Przecwelenie" lub „skiepszczenie" miało być w tej niewątpliwie upiększonej interpretacji karą wymierzaną przez kryminalną społeczność zdrajcom.

Traktowałem te objaśnienia jako idealizację, ale było w nich także ziarno prawdy. W Przedsiębiorstwie Obróbki Drewna, czyli fabryce mebli w barczewskim więzieniu, gdzie pracowałem od stycznia 1966 do 3 sierpnia 1967 r., pracował ze mną niejaki Staszek W. Był to młody chłopak, którego po „przezgredzeniu", czyli po ukończeniu 21 lat, przywieziono tu z więzienia dla młodocianych w Iławie. Takich przezgredzonych małolatów z Iławy było w Barczewie bardzo dużo; wszyscy oni ortodoksyjnie grypsowali i stanowili dość zwartą wspólnotę. Staszka W. sprowadziła jednak na złą drogę (czyli na drogę odstępstwa i konfliktu ze wspólnotą) pokusa kariery. Awansowano go na brygadzistę i to przewróciło mu w głowie. Poczuł smak władzy, zaczął zadzierać nosa i sztorcować kolegów, którzy stali się teraz podwładnymi, a na jednego czy drugiego napisał raport (meldunek o dyscyplinarnym wykroczeniu). Tego już było nadto, więc koledzy dali mu szkołę.

Mieszkańcy jego celi zaczęli najpierw zapraszać go do sparringowych pojedynków bokserskich i systematycznie tłuc. Doprowadzony do wychowawcy i zapytany o przyczynę podbitego oka i rozkwaszonego nosa, Staszek odpowiedział zgodnie z wymogami więziennej etyki, że spadł z łóżka. Ale już nie było dla niego ratunku. Bicie nasilało się nieznacznie, krok po kroku, aż przeszło w obgłaskiwanie i poklepywanie po tyłku. Któregoś wieczoru, między apelem a wystawieniem „kostki", koledzy zamarkowali przygotowanie do gwałtu. Śmiertelnie przerażony Staszek wyskoczył w kalesonach wraz z „kostką" na korytarz i odmówił powrotu do celi. Strażnik oddziałowy widywał już takie sytuacje; kazał pozostałym mieszkańcom spakować rzeczy Staszka i wystawić w ślad za nim na korytarz. Nieborak został przeniesiony piętro niżej, na VII oddział przeznaczony dla niepracujących. Widywaliśmy go przez okno, jak spacerował z VII oddziałem. Na rozległym spacerniku, gdzie więźniowie regulaminowo chodzili parami, Staszek maszerował osobno; nikt nie chciał z nim spacerować ani rozmawiać. Już go traktowano jak cwela. Nie był jeszcze zgwałcony, ale był już „skiepszczony", wykluczony spomiędzy ludzi. Przyszłość jego rysowała się w czarnych barwach.

Przykład Staszka W. pokazuje, jak funkcjonowała środowiskowa represja w systemie więziennej subkultury. Nie była to dintojra. Laikom trzeba objaśnić, ze dintojrą nazywali przedwojenni złodzieje potajemny przestępczy sąd, który zbierał się i obradował w ramach znanej wszystkim zainteresowanym procedury, a że wydawał wyroki śmierci z rygorem natychmiastowej wykonalności, oskarżony zwykle nie stawiał się osobiście, lecz wysyłał w swoim zastępstwie na rozprawę figuranta, tzw. papuga. Za moich czasów nie było w więzieniach PRL żadnych kapturowych sądów ani organów decyzyjnych „grypsery". Wszystko odbywało się automatycznie, niczym w rytualnym tańcu bez wodzireja, ponieważ każdy znał obowiązujące zasady i wiedział, jak powinien postąpić (lub tylko: jak może się zachować). Nikt nie kazał młodym współwięźniom z celi Staszka W., żeby go doprowadzili do stanu bezbronności i przerażenia. Sami wiedzieli, że mogą, a nawet powinni go ukarać, i wiedzieli, jak to zrobić. Subkultura grypsery dyscyplinowała skuteczniej od jakiejkolwiek formalnej organizacji, a kolektywistyczna represja ze strony środowiska budziła lęk. Koledzy mogli być pomocni, mogli ratować z opresji, dawali człowiekowi poczucie własnej wartości, ale zdrajców i odszczepieńców traktowali z bezwzględnym okrucieństwem. Warto pamiętać, że więzienne subkultury kryminalistów, nobilitowane przez dziewiętnastowiecznych włoskich patriotów, którzy dostrzegli w nich ludowego sojusznika w walce z ciemiężcą, dały początek neapolitańskiej kamorze.

Zresztą nic nie jest w tej materii proste ani jednoznaczne. Więzienie jest instytucją zdeterminowaną przez totalitarny genotyp. Nie wywodzi się on jednak z totalitarnych reżimów XX w., lecz jest produktem dziewiętnastowiecznej myśli i praktyki penitencjarnej europejskiego liberalizmu. Zasada, że trzeba zniszczyć wszelkie poziome więzi między skazanymi przestępcami i pozostawić jedynie „pionowy", hierarchiczny stosunek podległości skazanego wobec przełożonych, nie została wymyślona przez autorów regulaminu więziennego w PRL. Michel Foucault przenikliwie zanalizował narodziny tej koncepcji w dziewiętnastowiecznej Anglii i Francji. Miała to być odpowiedź cywilizowanego społeczeństwa na patologiczne reguły postępowania kryminalistów. Odpowiedź jest jednak w pewnej mierze odpowiednikiem tego, co ma zwalczać.

Personel więzienny musi dysponować katalogiem dyscyplinarnych kar, by skłonić – jeśli wolno się tak delikatnie wyrazić – więźniów do posłuszeństwa.

Wszystkie te kary są wyszczególnione w regulaminie: pozbawienie spaceru (w zasadzie przysługuje 30 minut dziennie); pozbawienie talonu na paczkę żywnościową (za moich czasów przysługiwały trzy paczki rocznie); pozbawienie wypiski, czyli prawa do zakupu dwa razy w miesiącu niewielkiej ilości towarów żywnościowych, papierosów i środków higieny w więziennej kantynie; pozbawienie widzeń i korespondencji z rodziną (w zasadzie dwa listy i jedno półgodzinne widzenie w miesiącu); kabaryna (twarde łoże), czyli zamknięcie na czas do 14 dni w pojedynczej celi bez materaca i poduszki; osadzenie w izolatce na czas do 3 miesięcy (ta kara wymagała zatwierdzenia przez sąd penitencjarny). Poza tym administracja dysponowała – dla poskromienia tych, co stawiali opór – „nadzwyczajnymi środkami bezpieczeństwa". Były to przede wszystkim kaftany bezpieczeństwa oraz pasy, którymi krępowano więźnia i przykuwano go do łóżka, na ogół pozbawionego materaca.

Humanitaryzm tych kar i środków fizycznego przymusu budzi wątpliwości, ale prawdziwy diabeł tkwił w szczegółach, czyli w sposobie posługiwania się regulaminowo dozwoloną represją. Kabaryna polegała teoretycznie na umieszczeniu więźnia w pojedynczej celi bez materaca, ale regulamin nic nie mówił o tym, jak ta cela ma być ogrzewana. Skoro nie mówił, Służba Więzienna dopowiadała po swojemu. Kabaryny ulokowane były z reguły na parterze, gdzie ogrzewanie działało najsłabiej. Do tego okno, umieszczone wysoko pod sufitem, otwierało się z zewnątrz i nie dało się go zamknąć od środka. Zimą strażnicy dbali, żeby w kabarynach nie zabrakło świeżego powietrza. Więźniowie pozbawieni materaca i odzieży wystawionej w „kostce" na korytarz, dygotali przez całą noc z zimna. Nie zdarzyło się, żeby ktoś wrócił stamtąd zdrowy.

Kaftan bezpieczeństwa miał być teoretycznie tylko sposobem unieruchomienia więźnia, który ciskał się i był ogarnięty agresywnym szałem. W praktyce jednak kaftan stosowano jako rodzaj kary cielesnej, a nawet tortury: strażnicy zaciskali rękawy kaftana na brzuchu tak silnie, żeby spowodować zaburzenia gastryczne, a najlepiej mimowolne wypróżnienie. Często stosowano też tzw. podogonie: wykręcano ręce do tyłu i przepuszczano rękawy kaftana między nogami, po czym podwieszano na kracie tak, żeby więzień musiał stać na palcach. Gdy nieszczęśnik słabł i obwisał, ciężar własnego ciała sprawiał, że rękawy gniotły mu jądra. W Wołowie podczas pracy na rannej zmianie poprzez szum obrabiarek do metalu usłyszałem kiedyś rytmicznie powtarzający się, rozdzierający jęk. Antek P. (ten sam, co miał kontestatorski tatuaż na czole) objaśnił mi rzeczowo, że to po prostu ktoś krzyczy w podogoniu. „Nie przejmuj się – dodał. – Zaraz zemdleje, to ucichnie". Rzeczywiście jęki wkrótce ustały.

Dodać trzeba, że w latach sześćdziesiątych (do 1967 r.) Zakład Karny w Wołowie znany był jako miejsce szczególnych udręczeń. Zebrano tam dużą grupę młodocianych recydywistów „szczególnie opornych". Dla ich forsownej reedukacji naczelnik M., zwany przez więźniów Neronem, sięgnął po sprawdzony w obozach koncentracyjnych system tzw. samorządu. Polegał on na tym, że pomiędzy prostymi strażnikami a młodocianymi recydywistami umieszczono wyznaczonych przez administrację nadzorców – więźniów. Były to dorosłe byczki z kategorii „frajerów". Uzbrojono ich w drewniane pały i polecono pilnować porządku wśród młodocianych. Nie wiem, kto wymyślił przy tej okazji zbiorową gimnastykę jako sposób pastwienia się nad grypsującymi małolatami. Rolę nadzorców pełnili w czasie tych szczególnych zajęć WF opasłe byczki z „samorządu". Młodocianych wyprowadzano na spacernik i zmuszano, żeby skakali „żabką", trzymając w wyciągniętych rękach kible napełnione wodą. Za odmowę wykonania ćwiczenia, zaprzestanie go przed czasem lub rozlanie wody nadzorcy okrutnie bili swoich małoletnich podopiecznych. Bicie towarzyszyło też często umieszczeniu w kabarynie, zakładaniu kaftana bezpieczeństwa lub unieruchamianiu pasami; w tym wypadku oprawcami nie byli już rzecz jasna więźniowie z „samorządu", lecz specjalna ekipa strażników zwana „naboją" lub „atandą".

Wiele jednak zależało od postawy kierownictwa Zakładu Karnego. W Wołowie pod koniec 1967 r. nastąpiły istotne zmiany: odszedł naczelnik M., wywieziono małolatów, skasowano „samorząd" i wszystko wróciło do więziennej rutyny. Owszem, zdarzały się pobicia, były one jednak reakcją na agresywne zachowania więźniów. Mój kolega Ziutek P., brygadzista z POMet-u, upił się w pracy denaturatem. Zamknęliśmy go w jakiejś komórce, żeby się wyspał i wytrzeźwiał, ale wyrwał się stamtąd i zaczął buszować po hali fabrycznej. Strażnik chciał go sprowadzić na oddział („jesteście chorzy" – mówił), ale Ziutek uderzył strażnika w twarz, czapka z godłem państwowym spadła na ziemię, wszyscy to widzieli. Wezwano więc „naboję", która zawlokła Ziutka do karceru i dość ciężko pobiła. Ziutek, gdy wytrzeźwiał, nawet się cieszył z tego, że go sprali, bo liczył, że może na tym się skończy, ale go postawiono przed sądem i dostał dodatkowo półtora roku. W takich sytuacjach przemoc ze strony Służby Więziennej nie budziła wśród więźniów zdziwienia.

Bywały też więzienia, w których w ogóle nie bito. W Barczewie, gdy tam siedziałem, nie słyszałem o pobiciu więźnia przez klawiszy. Pilnował tego skutecznie naczelnik Czaja, repatriant z Francji, człowiek przyzwoity, pojmujący swoją służbę w więziennictwie jako misję reedukacyjną i obdarzony poczuciem sprawiedliwości. Nim został naczelnikiem w Barczewie, był wychowawcą w więzieniu dla młodocianych w Iławie. Po ukończeniu 21 lat, z czym łączyła się utrata statusu więźnia młodocianego, przeważną część tamtejszych więźniów wywożono. Wielu moich kolegów z oddziału, a zarazem z Przedsiębiorstwa Obróbki Drewna wywodziło się z Iławy. Wszyscy oni „charakternie" grypsowali, o klawiszach nie mówili inaczej niż „gady", ale o Czai wyrażali się z szacunkiem. Miałem okazję przekonać się, że nie był to szacunek bezpodstawny.

Wśród moich kolegów w Barczewie był dwudziestotrzyletni Zdzisław Ślączka, syn katowickiej nauczycielki skazany za włamania. Wyrok (4 lata i 6 miesięcy) był wysoki, bo w grę wchodziły szczególne okoliczności. Zdzisiek, student I roku matematyki, miał dość szarzyzny życia codziennego i umyślił sobie, że warto je ubarwić efektowną działalnością przestępczą. Łatwo przekonał do tego pomysłu kilku swoich kolegów, synów katowickich bonzów partyjnych. Razem prowadzili staranne rozpoznanie systemów zabezpieczeń w dużych (oczywiście państwowych) sklepach i magazynach, dopasowywali do tego technikę włamania i kradli, a następnie sprzedawali zdobyty towar. Gdy zostali namierzeni i aresztowani, ustosunkowani rodzice szybko wyciągnęli z tarapatów swoje latorośle, a Zdzisiek, uznany za demoralizatora, dostał wyrok niejako za całą szajkę.

Matematyka nie była jego powołaniem. Miał wyraźne zainteresowania i uzdolnienia humanistyczne, a także artystyczne (po latach zajął się metaloplastyką). Gdy dowiedział się, że mam w celi prywatne książki znanych socjologów, m. in. *Wizje ludzkiego świata* Zygmunta Baumana i *Elitę władzy* Chestera Millsa, poprosił o pożyczenie i uważnie przeczytał, a potem sporo ze mną na temat tych lektur rozmawiał. Zachęciło go to do wypożyczania z więziennej biblioteki, zamiast poczytnych powieści, poważnych prac historycznych. Przez pewien czas chodził do pracy z akademickim podręcznikiem historii starożytnej i w chwilach przestojów siadał w kątku, żeby poczytać. Do fabryki przechodziliśmy bezpośrednio z więziennego pawilonu łącznikiem i tam odbywała się pobieżna rewizja. Któregoś dnia oficer inspekcyjny zwany Bladym Julkiem zwrócił przy rewizji uwagę na książkę Zdziśka.

– Pokażcie no, co tam macie. O, proszę, Maszkin, *Historia starożytnego Rzymu*! Od kogo wy chcecie być mądrzejsi, Ślączka?

– Od pana – odpowiedział Zdzisiek bardzo spokojnie.

Blady Julek poczerwieniał, ale oczywiście nie wiedział, co na to powiedzieć. W końcu podniósł głos:

– Jak wy się patrzycie?!

Zdzisiek bez słowa zrobił w tył zwrot, stanął twarzą do ściany i podniósł ręce do góry. W czasach stalinowskich więźniowie musieli tak stawać, gdy do celi wchodził funkcjonariusz. Blady Julek mógł to pamiętać z własnego doświadczenia, na pewno był już kilkanaście lat w służbie, w każdym razie ryknął z wściekłością:

– Macie raport!

Oznaczało to wniosek do naczelnika o ukaranie. W raporcie oficer inspekcyjny przedstawił ten dialog i pantomimę jako zniewagę funkcjonariusza. Opasły podręcznik Maszkina został dołączony do raportu jako dowód rzeczowy.

Naczelnik Czaja przeczytał meldunek Bladego Julka, poprosił Zdziśka o zrelacjonowanie incydentu i stwierdził zbieżność faktów. Następnie oddał obwinionemu książkę ze słowami:

– Na razie nie karzę. Na przyszłość jednak nie noście książek do pracy, tylko czytajcie je w celi. I pamiętajcie, że nie wszyscy funkcjonariusze znają się na żartach.

Zdzisiek nie tylko czytał poważne książki, ale i pisał wiersze. Jeden z tych wierszy był poświęcony karze śmierci i zawierał słowa, które przysporzyły autorowi kłopotów:

Kat, który nie ma sumienia,
sędzia, co czyste ma ręce
i pan naczelnik więzienia
zbrodniarz: sumienie na męce.

Podczas rewizji w celi funkcjonariusze znaleźli zeszyt z wierszami Ślączki i załączyli go do raportu z wnioskiem o ukaranie. Zdzisiek znów stanął przed obliczem naczelnika Czai.

– Co wy tu piszecie? To ja jestem według was zbrodniarzem?

– Panie naczelniku, to przecież wiersz przeciwko karze śmierci. Przecież pan wie, że naczelnik obowiązkowo uczestniczy w egzekucji.

– Ale kara śmierci jest u nas stosowana na mocy prawa – zauważył Czaja.

– Panie naczelniku, a wolno zabijać?

– No nie – przyznał Czaja.

– No to nikomu nie wolno. Nie ma wyjątków.

Czaja westchnął, oddał Ślączce zeszyt i wypowiedział sakramentalną formułkę:

– Na razie nie karzę. Ale uważajcie, co piszecie – dodał po chwili.

W PRL była to dobra rada.

Należało też uważać, co się mówi. W połowie 1966 r. wskutek jakichś organizacyjnych niedociągnięć skandalicznie opóźniała się na naszym oddziale wypiska. Pracowaliśmy na drugiej zmianie i jeżeli nas przed południem nie doprowadzono do kantyny, to trzeba było zakupy odłożyć, i tak schodził dzień za dniem. Było to trudne do zniesienia dla palaczy, których w tamtych czasach była przygniatająca większość. Wypaliliśmy już w skrętach tytoń wykruszony z odkładanych na czarną godzinę petów, włamaliśmy się w fabryce do magazynku BHP i ukradliśmy cały zapas mięty, którą też wypaliliśmy, wmawiając sobie, że to mentolowe. Napięcie nerwowe sięgało szczytu, wreszcie – bez umawiania się – wybuchł strajk. Wyprowadzono nas jak co dzień przez łącznik i kratę do budynku POD, ale na miejscu nie przebraliśmy się z więziennych mundurów w robocze kombinezony, tylko staliśmy bez ruchu. Dowódca konwoju (jak szumnie nazywano starszego z dwóch klawiszy, którzy nas dozorowali podczas pracy), sierżant Karol Wójcik, ostrzegł nas, że strajk jest traktowany jako bunt, więc będzie musiał wezwać przełożonych z Działu Ochrony. To, rzecz jasna, nie poskutkowało, a mój sąsiad z celi Bronek K., chłop z wioski Myszki w Puszczy Piskiej, odpowiedział z oburzeniem, że nie można wymagać pracy, kiedy każdy palacz już prawie wariuje. Reszta milczała.

Przybiegł kierownik Działu Ochrony, zaczął się wydzierać i zapowiadać srogie kary, po czym zażądał od sierżanta Wójcika wskazania prowodyrów. Wójcik odpowiedział zgodnie z prawdą, że nie było żadnego prowodyra, tylko po prostu nikt nie przystąpił do pracy. Kierownik ochrony przy nas wrzasnął na Wójcika:

– Co to za dowódca, który nie potrafi wskazać buntownika?!

Po chwili zażądał, by wskazać tego, który najgłośniej pyskował. Wójcik strasznie zbladł, chwilę milczał, wreszcie wymienił nazwisko Bronka. Natychmiast wyprowadzono go do naczelnika, a nas wkrótce zebrano w dwuszeregu i poprowadzono na zakupy do kantyny. Bronek zdążył jeszcze dołączyć do nas i kupić swoje. Naczelnik Czaja zrozumiał sytuację, nie ukarał go i posłał do kantyny w ślad za nami.

To oczywiście nie znaczy, że Czaja w ogóle nie karał. Jeden z kolegów, który wpadł w amok i naubliżał funkcjonariuszom, dostał od niego czternaście dni kabaryny, a do tego jeszcze trzy miesiące izolatki, którą sąd penitencjarny zatwierdził. Kiedy jednak w karcerze odebrano temu chłopakowi siłą samouczek języka angielskiego i oskarżono przed naczelnikiem, że stawiał przy tym opór, Czaja oddał mu postrzępiony podręcznik i oznajmił:

– Więzień ma prawo do samokształcenia. Za to karać nie będziemy.

Poczucie sprawiedliwości było w wypadku naczelnika więzienia wielką zaletą, ale ścisłe stosowanie regulaminu miało dobre i złe strony. W Barczewie dostawaliśmy, jak na skromne limity finansowe, całkiem przyzwoite jedzenie, ponieważ Czaja rygorystycznie pilnował, żeby na kuchni nikt nas nie okradał. Ale i w innych dziedzinach życie nasze poddane było sztywnym nakazom regulaminu. Bywało to bardzo krępujące i dokuczliwe. Pod tym względem znośniejsza była atmosfera w Wołowie, gdzie rutynowani recydywiści potrafili, po wyeliminowaniu represyjnego reżimu czasów „Nerona", rozluźnić w praktyce więzienne rygory i sprawić, że nasza codzienna egzystencja była bardziej znośna, niż nakazywała litera przepisów.

* * *

Barczewo należało do kategorii ciężkich więzień, ale było przeznaczone dla karanych pierwszy raz. Siłą rzeczy nie spotkałem tam nikogo, kto przeszedł przez Wołów, który był zakładem karnym dla recydywistów. Ale mówiło się o Wołowie, ściszając lękliwie głos: „Wołów – izolatki". Budząca grozę legenda katowni, którą zarządza krwiożerczy „Neron", krążyła po zakładach karnych PRL.

W końcu maja 1969 r., gdy Sąd Najwyższy zatwierdził moje drugie trzy i pół, wywieziono mnie z Mokotowa. W „suce", czyli samochodzie-budzie przeznaczonym do przewozu więźniów, było nas dziewięciu. Słyszeliśmy, jak kierowca ustala z konwojentami trasę, rozwożono nas bowiem do różnych więzień. Jednym z miejsc postoju był Wołów. Szybko przepytałem towarzyszy podróży, okazało się jednak, że nikt prócz mnie nie ma orzeczonej recydywy. Zrozumiałem, że Wołów jest moją stacją przeznaczenia, i obleciał mnie strach.

Gdy dojechaliśmy, na miejscu więzień magazynier, który odbierał ode mnie cywilną odzież i wydawał więzienne drelichy, objaśnił uspokajająco: „To już nie ten Wołów, co dawniej". Zaraz potem jednak spojrzał w moje papiery i uprzedził, że idę na bardzo zły oddział: III-D, karne izolatki. Cela, do której trafiłem, miała nie więcej niż 1,30 m szerokości. Mieściła się w niej parterowa prycza z siennikiem, stolik, taboret, wisząca szafka, wiadro z wodą i blaszany kibel (więzienie nie było skanalizowane). Głośnika nie było.

Po niedługiej chwili drzwi się otworzyły, wszedł jakiś porucznik, po którym widać było od razu, że jest z Działu Ochrony, i zapytał z obłudną przymilnością:

– No jak wam się siedzi, Modzelewski?

Odpowiedziałem, że nie wiem, bo jestem tu od niewielu minut, i od razu zapytałem, czemu mnie zamknęli w izolatce. Przecież nie mam od naczelnika takiej kary, nie mówiąc już o zatwierdzeniu jej przez sąd penitencjarny. Porucznik wyjaśnił, że to nie kara, tylko taka przejściówka, najwyżej na parę dni.

– Chociaż... Wam byłoby lepiej w pojedynce, oczywiście nie tu, tylko piętro wyżej, na IV-D, tam są pojedynki ulgowe, przyznawane przez naczelnika na własną prośbę.

Zrozumiałem, że kierownicy Zakładu Karnego w Wołowie boją się mnie znacznie bardziej niż ja ich, więc natychmiast przestałem się bać. Od razu zaoponowałem, że w pojedynce ciężko siedzieć, więc dlaczego sam miałbym o to prosić.

– Bo, widzicie, tu siedzą kryminaliści...

– A pan myśli, że z kim ja siedziałem w Barczewie?

– Ale tu siedzi recydywa! – próbował jeszcze straszyć porucznik.

Tu go miałem. Sięgnąłem do swoich papierów, wyciągnąłem wyrok Sądu Najwyższego i pokazałem:

– O, widzi pan! Art. 60 § 1. Ja też recydywa.

Porucznik był zdruzgotany. Zadanie powierzone mu przez zwierzchników wydawało się niewykonalne. Trzeba mu było pomóc, zwłaszcza że miałem w tym własny interes.

– Chyba, żeby... – zacząłem, jakbym się głęboko zastanawiał.

– No właśnie, chyba żeby… – podchwycił z nadzieją porucznik.

– Bo wie pan – wyjaśniłem – zanim mnie pierwszy raz posadzono, pracowałem na Uniwersytecie. Wiem oczywiście, że jest tu biblioteka, ale chyba nie ma w niej takich książek, których bym potrzebował. Więc gdybym mógł dostawać je z domu, to pojedynka – mimo uciążliwości – miałaby dla mnie sens. Przynajmniej nie marnowałbym czasu.

– No, widzicie! – porucznik promieniał. – To napiszcie do naczelnika prośby o talon na paczkę książkową i o umieszczenie was w pojedynce na własne życzenie.

Napisałem to na poczekaniu, a jednocześnie obmyśliłem dla domowników taką listę lektur, żebym miał z nią zajęcie na dłuższy czas: pięć tomów dzieł Ossowskiego, Kazimierz Ajdukiewicz, Leszek Kołakowski… Nazajutrz przeniesiono mnie piętro wyżej, do takiej samej celi jak „przejściowa" izolatka, tyle że z głośnikiem, który natychmiast wyłączyłem. Na drzwiach, od zewnętrznej strony, miałem napis: „Starszy celi – Modzelewski Karol s. Zygmunta". Wyglądało to prawie jak wizytówka, a poza tym oznaczało, że mam być sam dla siebie przełożonym.

Wywołano mnie na spacer. Spacernik był otoczony ogrodową siatką, a nie murem, i w porównaniu z kilkumetrowymi klitkami przy pawilonie III na Mokotowie miał komfortowe wymiary. Obliczyłem krokami, że kolista ścieżka, po której maszerowałem, ma około 150 m. Z dwóch stron, pod kątem prostym względem siebie, wznosiły się pawilony, a w każdym oknie widziałem twarze więźniów obserwujących z ciekawością tego groźnego człowieka, którego na spacer wyprowadzają samotnie. Za siatką był barak kuchenny, a przed nim siedział na stołeczku jakiś więzień i obierał ziemniaki. Gdy go mijałem na pierwszym okrążeniu, rzucił pytanie:

– Z Warszawy?

Kiwnąłem głową. Gdy zbliżyłem się ponownie, znów się upewnił:

– Z tych rozruchów?

– Tak.

A za trzecim razem:

– Modzelewski?

Telegraf bez drutu działał szybko. Znowu skinąłem głową. Wtedy skomentował:

– Dobre było, ale mało. Trzeba lać tę czerwoną pajęczynę!

Tak się dosłownie wyraził, na długo przed Kaczyńskim.

Powody, dla których kierownictwo tego osławionego więzienia bało się mnie, były teraz widoczne jak na dłoni. Marcowa prasa roztrąbiła sławę mojego nazwiska po wszystkich zakładach karnych PRL. Miałem na dzień dobry autorytet wśród więźniów i – gdybym tylko chciał – mogłem tu wywołać nielichą rozróbę. W końcu oficjalna propaganda bardzo mnie demonizowała. Naczelnik więzienia może nie dowierzał propagandzie, ale ostrożność nie zawadzi. Facet zbuntował studentów w całej Polsce, więc kto go wie, może zbuntować także tutejszych więźniów. Lepiej go izolować i bardzo uważać.

Izolacja miała swoje dobre strony. Prócz najważniejszej – książek, które mi przysłano i świetnych warunków do pracy umysłowej w celi – warto wspomnieć samotne korzystanie z cotygodniowej łaźni. Zwykle chodził tam cały oddział, przypadało po czterech–pięciu facetów na jedno oczko prysznicowe, po namydleniu się trzeba było czekać w kolejce do opłukania. Tymczasem ja byłem sam na czternaście pryszniców! Gorzej było z zajęciami świetlicowymi. Raz na parę tygodni prowadzano mieszkańców oddziału IV-D na salę gimnastyczną. Wszystkich – oprócz mnie. Upomniałem się, powołałem się na regulamin i poskutkowało: reżim izolacyjny złagodzono. Odtąd chodziłem z oddziałem do świetlicy, na spacer i do łaźni, ale w pojedynce pozostałem jeszcze przez rok.

Kilka dni po przyjeździe do Wołowa jakiś więzień pracujący w administracji przyszedł pod drzwi mojej celi, dyskretnie zastukał i ściszonym głosem poinformował, że w aktach osobowych przysłanych ze mną z Warszawy figuruje zapis: „Wskazana ciężka praca fizyczna". Brzmiało to jak zalecenie lekarskie, chociaż pochodziło oczywiście od bezpieki. Z realizacją tego postulatu administracja więzienna zwlekała przez cztery miesiące, póki się nie upewniła, że nie zamierzam wywołać buntu. Wreszcie zaprowadzono mnie do naczelnika. Od dwóch lat funkcji tej nie pełnił już osławiony „Neron", tylko pułkownik Karasiński, człowiek spokojny i rozsądny. Na mundurze miał odznakę I Dywizji Wojska Polskiego. Znaczyło to, że wyrwał się ze Związku Radzieckiego w szeregach armii Berlinga i że do wojska przyjmował go mój ojciec. Podczas rozmowy ze mną towarzyszył Karasińskiemu kierownik Działu Penitencjarnego w stopniu majora.

– Wiecie, Modzelewski – zaczął naczelnik – skazany ma obowiązek pracować.

– Wiem, panie naczelniku.

– Ale my nie mamy tutaj pracy odpowiedniej dla was – zafrasował się Karasiński. – Mamy tu POMet, ale co moglibyście tam robić?

– Panie naczelniku, przecież ja nic nie umiem – wyznałem szczerze. – Jedyne, co bym na pewno potrafił, to pracować w transporcie wewnętrznym jako tragarz.

– Ale to jest ciężka praca fizyczna... – uprzedził naczelnik, chociaż widziałem, że oko mu błysnęło.

– Wiem, panie naczelniku, bo pracowałem w transporcie wewnętrznym na POD w Barczewie. Poradzę sobie. Jest tylko jeden problem. Pan mi przyznał pojedynkę, żebym mógł korzystać w ciszy z książek naukowych. Ci, co pracują w POMecie, siedzą w pawilonie C, a tam nie ma pojedynczych cel.

– No tak, prawda. Bo widzicie, majorze – zwrócił się naczelnik do kierownika Działu Penitencjarnego – Modzelewski pracuje... On pracuje... – wreszcie znalazł odpowiednie słowa – on pracuje nad sobą! No dobrze, to oddziałowy będzie was rano zabierał z pojedynki na IV-C, tam staniecie na zbiórkę i pójdziecie ze wszystkimi do pracy, a po pracy wrócicie pod swoją celę.

Dla mnie było to idealne rozwiązanie. W więzieniu, pomijając liche jedzenie, najbardziej mi doskwierał fizycznie brak ruchu i świeżego powietrza, psychicznie zaś – z jednej strony ograniczenie kontaktów z ludźmi, a z drugiej – brak warunków, by się skupić nad książkami i notatkami. Przez następne osiem miesięcy byłem od szóstej rano do drugiej po południu między ludźmi (na pierwszej zmianie pracowało nas około dwustu), w ciągłym ruchu, z czego przynamniej 2–3 godziny nie w pomieszczeniach fabrycznych, tylko na powietrzu. Była to rzeczywiście ciężka praca fizyczna, ale nie narzekałem. Po fajrancie wracałem do pojedynki, gdzie pędziłem żywot średniowiecznego mnicha odciętego od świata i skupionego bez reszty na księgach i rękopisach. Nie zajmowałem się tam pracą doktorską – do tego potrzebowałbym wielotomowej biblioteki – ale starałem się poszerzyć niezbędny historykowi horyzont humanistyczny.

Niestety, w maju 1970 r. przyjechała do Wołowa bezpieka z Warszawy, żeby sprawdzić, czy mi tam nie za dobrze. O kontroli przeprowadzonej przez funkcjonariuszy MSW dowiedziałem się niezwłocznie od więźniów zatrudnionych do pomocy w więziennej administracji. Zalecenie o „wskazaniach do ciężkiej pracy fizycznej" było wprawdzie wykonane, ale stare wróble z bezpieki nie dały się nabrać na takie plewy. „On ma swobodę ruchu, kursuje po całym terenie fabryki – zgroza! Pracuje na dniówkę – też źle. Niech pokaże, czy potrafi wykonać normę! No i ta cela pojedyncza! Przeszło cztery metry kwadratowe dla niego samego – to przecież królewskie warunki". Kazali to wszystko zmienić. Trafiłem do czternastoosobowej celi, tzw. stodoły, gdzie gwar rozmów i hałas z dwóch głośników nie pozwalały usłyszeć własnych myśli, kibel zaś był dostępny dwa razy dziennie: po pobudce i przed wieczornym apelem. W pracy wyznaczono mi stanowisko robocze wewnątrz hali produkcyjnej, przy ręcznej dźwigni do wyginania obejm. Książek jednak nie odebrano.

Pisałem skargi, moja matka interweniowała u ministra Walczaka i u naczelnika Karasińskiego, wreszcie stanęło na kompromisie. Zmianę stanowiska pracy załatwiłem sobie sam. Odtąd pracowałem na wiertarce stołowej, która stała nie w budynku, lecz na zewnątrz, gdzie tylko wiata osłaniała mnie i kolegów z brygady od deszczu i śniegu. Na zimę dostawałem z BHP gumofilce, uszankę i watowaną kufajkę z szalowym kołnierzem, którą wspominam z czułością. Wyrabiałem 240% normy (wymagał tego plan dla brygady), więc odpowiednio wzrosły moje zarobki; więzień-recydywista otrzymywał wprawdzie dla siebie tylko 20% zarobionych pieniędzy, ale i to się liczyło. Do pojedynki nie wróciłem, umieszczono mnie jednak w celi trzyosobowej, przy czym Wojtek K. i Rysiek L., którzy tam ze mną siedzieli, spędzali dwa popołudnia w tygodniu na lekcjach w Zasadniczej Szkole Metalowej, która mieściła się w biurowcu POMetu. Przez te dwa popołudnia mogłem „pracować nad sobą". Resztę wolnego czasu spędzałem w celi z kolegami. Wysłuchałem opowieści o ich życiu, a ponadto pomagałem im w nauce szkolnej. Bilans wypadał zgodnie z zagadką, której mnie nauczyli kryminalni recydywiści z Wołowa: „Jaka maszyna nie kopie w dupę? Polska maszyna do kopania w dupę".

* * *

Społeczność uwięzionych kryminalistów, z którą zetknąłem się w Wołowie, przypominała to, z czym zapoznałem się już w Barczewie. Teraz jednak mogłem wzbogacić swoje doświadczenie nie tylko o nowe szczegóły i o nowo poznanych ludzi, ale także o to, co jest dostrzegalne wyłącznie z perspektywy więzienia dla recydywistów. Mam na myśli wiedzę o skutkach represyjnych i reedukacyjnych wysiłków podejmowanych przez administrację penitencjarną i o mechanizmach powrotu do przestępstwa.

Oficjalnie mówi się, że najważniejszą funkcją kary więzienia jest ochrona społeczeństwa („uczciwych obywateli", jak chętnie mówią niezbyt uczciwi politycy) przed przestępczością i przestępcami. Ma to być osiągnięte w dwojaki sposób: przez izolację od społeczeństwa ludzi, którzy złamali prawo i można przypuszczać, że nadal będą je łamać, oraz przez takie ich traktowanie w więzieniu, by nie wracali do przestępstw po wyjściu na wolność. W Wołowie moimi kolegami byli ludzie, wobec których ten drugi, perspektywicznie najważniejszy cel represji karnej nie został osiągnięty. Mówi się też oficjalnie, w języku doktryny prawnej, że celem więzienia – oprócz izolacji i reedukacji – jest tzw. odpłata za czyn zbrodniczy. Można to nazwać prościej (i chyba uczciwiej) zemstą. Zaspokojenie mściwości bywa jednak trudne do pogodzenia z ochroną bezpieczeństwa „uczciwych obywateli", gromadzi bowiem w skazanym człowieku poczucie krzywdy i groźny ładunek agresji.

Nie sposób wyobrazić sobie współczesnego państwa bez więziennictwa. Nie ulega jednak wątpliwości, że więzienie kaleczy psychikę. Dzieje się tak nie dlatego, że „klawisze" są sadystami i wyżywają się na skazanych. To się zdarza, ale nie jest regułą. Wśród oficerów Służby Więziennej, a także wśród prostych strażników spotkałem sporo ludzi przyzwoitych i rozumnych. Niektórzy traktowali bardzo poważnie zadanie resocjalizacji przestępców. Część z nich odebrała w PRL porządne wykształcenie psychologiczne lub pedagogiczne. Nie brakowało takich, którzy potraktowali na serio humanizm socjalistycznej pedagogiki. Rzeczywistość zakładów karnych pozbawiała ich wprawdzie złudzeń, ale nie musiała całkowicie niweczyć idealizmu. Znali z doświadczenia nieusuwalną sprzeczność między represyjną naturą więzienia a resocjalizacją, starali się jednak jakoś godzić ogień z wodą. Skutki ich wysiłków, choć ograniczone, bywały bardzo cenne.

Znacznie mniej zrozumienia dla złożonej problematyki penitencjarnej okazywali (i nadal okazują) politycy. Za mojej pamięci funkcjonowało w zakładach karnych PRL kilka średnich szkół technicznych. Był to reedukacyjny samograj. Poziom wykształcenia kryminalistów był znacznie poniżej krajowej przeciętnej. Moi koledzy z Barczewa i Wołowa oraz ich koledzy z wolności mieli za sobą przeważnie tylko podstawówkę, czasem zawodówkę, ale nie więcej. Ukończenie technikum zmieniało radykalnie ich status społeczny oraz – co bardzo istotne z punktu widzenia przestępczości powrotnej – środowisko, w którym się obracali. „Pan technik" – to był pan. No i przestawał z panami. Statystyka postpenitencjarna monitorowała losy ludzi, którzy ukończyli technikum w czasie odbywania kary. Powrót do przestępstwa po wyjściu na wolność był wśród nich zjawiskiem absolutnie wyjątkowym, podczas gdy generalnie przestępczość powrotna byłych więźniów była prawdziwą plagą społeczną.

W czasach, gdy premierem był Piotr Jaroszewicz, zlikwidowano jednak średnie szkoły techniczne w polskich więzieniach. Ostało się tylko technikum poligraficzne na Mokotowie, może dlatego, że tam drukowano oficjalne dokumenty rządowe. Podobno sam premier zadecydował, żeby skasować średnie szkolnictwo w zakładach karnych. Był podobno oburzony, że stwarzamy przestępcom warunki do nauki, jakbyśmy chcieli ich nagradzać. I na coś takiego wydajemy pieniądze? Skreślić z budżetu! Oszczędność wątpliwa, straty – także finansowe – niewątpliwe. Przestępczość powrotna kosztuje państwo mnóstwo pieniędzy. „Towarzysza Piotra" można od biedy potraktować według taryfy ulgowej ze względu na właściwą mu podobno ciasnotę horyzontów umysłowych. Zniżki takiej na ogół nie można stosować wobec polityków wolnej Polski, zwłaszcza budowniczych IV RP, którzy wiedzieli, co czynią. Retoryka wzywająca do bardziej represyjnego traktowania złoczyńców służyła w tym wypadku zwykłej demagogii, a także lansowaniu ideologicznego projektu muskularnego państwa. Odwołując się do lęku „uczciwych obywateli" przed przestępcami, przeprowadzano zmiany, które narażały uczciwych obywateli na większe niż dotąd niebezpieczeństwo. Doświadczeni pracownicy więziennictwa wiedzieli o tym z góry i ostrzegali, ale wśród zgiełku sloganów nikt ich nie słuchał.

Resocjalizacji przestępców sprzyja to, co w więziennych warunkach może przypominać normalne życie na wolności: nauka szkolna, kontakt z kulturą i praca w zakładach produkcyjnych. POD w Barczewie i POMet w Wołowie funkcjonowały podobnie jak fabryki na wolności. Miały one takie same wady, jak „normalne" fabryki w Polsce Ludowej – bałagan, nastawienie na ilość kosztem jakości, „gonienie" planu pod koniec miesiąca – wszystko to jednak zapobiegało oderwaniu się od życia i pogrążaniu się w więziennej „nierzeczywistości". Upadek większości więziennych fabryk i brak pracy dla więźniów zmniejszają, niestety, szanse reedukacji uwięzionych przestępców.

Coś za coś: więźniowie nie mają dziś pracy, ale mają w swoich celach udogodnienia i gadżety, o jakich nie śniło się nam w przaśnych czasach PRL.

Oglądałem kilkakrotnie świetny film dokumentalny Janusza Mrozowskiego *Bad boys, cela 425*. Został on nakręcony kilka lat temu w moim macierzystym Zakładzie Karnym w Wołowie. Za zgodę na zrobienie tego filmu (i nie tylko za to) należy się wielkie uznanie ówczesnemu dyrektorowi wołowskiego więzienia Markowi Gajosowi (dziś jest już na emeryturze, a gdy ja tam siedziałem, był uczniem szkoły podstawowej; czas leci). Na to, by zamieszkał z nimi filmowiec, zgodzili się oczywiście także więźniowie z celi 425. Janusz Mrozowski spędził z nimi kilkanaście dni i nakręcił mnóstwo taśmy, z której zmontował dwugodzinny film.

Gdy go oglądałem, rzuciły mi się najpierw w oczy cywilizacyjne nowinki. Mieszkańcy ośmioosobowej celi mają osobne pomieszczenie łazienkowo-toaletowe z zimną i ciepłą wodą. W każdej chwili mogą się umyć i ogolić. Nam musiał wystarczyć stojący w kącie celi blaszany kibel, opróżniany dwa razy na dobę przez korytarzowych i dezynfekowany chlorem, oraz wiadro z zimną wodą i miednica. Bad boys z celi 425 mają do dyspozycji maszynki do gotowania, na których – niezależnie od więziennej strawy – smażą sobie jajecznicę na boczku i gotują herbatę. W czasach PRL nie wyszliby za to z karceru. Samo posiadanie paczki herbaty uchodziło wtedy za niezwykle poważne wykroczenie dyscyplinarne. Więźniowie mają dziś w celach prywatne telewizory i komputery. Mogą sobie oglądać, co zechcą, i grać, w co im się podoba. Mnie przez dwa i pół roku spędzone w Wołowie zdarzyło się dwa razy przez godzinę oglądać telewizję; zresztą nie było warto. Nie warto też przedłużać tej wyliczanki cudów, są one bowiem – jak uprzytomniłem sobie, gdy ochłonąłem z pierwszego wrażenia – w gruncie rzeczy nieistotne. Najbardziej uderzające nie są rozliczne nowinki i gadżety, lecz całkowita niezmienność tego, co najważniejsze.

Fiodor Dostojewski nazwał swoją książkę o syberyjskiej katordze *Zapiski iz miortwogo doma*. Na polski przetłumaczono to jako *Pamiętnik z domu umarłych*. Dopiero gdy sam posiedziałem, dotarł do mnie sens tego sformułowania. Przecież ludzie w więzieniu żyją. Owszem, obracają się w zamkniętej, ograniczonej przestrzeni: od drzwi do okna (jakieś trzy metry, może trochę więcej); od podłogi do sufitu (będzie ze dwa pięćdziesiąt) i od ściany do ściany (metr trzydzieści w mojej pojedynce, dwa i pół w celi czteroosobowej). Niewiele tego, zawsze jednak są to trzy wymiary – długość, szerokość i wysokość – wystarczające do tego, by przeżyć. Brakuje tylko czwartego wymiaru, który jest nieodzownym składnikiem ludzkiej egzystencji. Tym wymiarem, którego nieobecność czyni z więzienia martwy dom, jest czas.

Martwota więziennego czasu polega na tym, że jest on nieruchomy. Nie płynie, nie przyspiesza, nie zwalnia, tylko stoi jak woda w stawie. Nie trzeba mieć nawyku filozofowania, żeby to zauważyć. Więźniowie – również ci niewykształceni – wyrażają to opisowo – dzień w tym miejscu nie różni się niczym od innych spędzonych tu dni. Wyjściem z czasowego bezruchu jest dopiero wyjście na wolność, ów mityczny moment, w którym powróci życie i wszystko będzie dobrze, a w każdym razie czas znowu popłynie i „będzie się działo". Swego czasu skazani na dożywocie nie mieli nawet takiej perspektywy. Dlatego ich wyrok nazywano w gwarze więziennej „dookoła" – niebyt w zamkniętym kręgu.

Więzienny „niebyt w czasie" polega w znacznej mierze na braku możliwości celowego działania, które nadawałoby sens naszej egzystencji. Dla mnie wyjściem z tej sytuacji była praca naukowa, do której szczęśliwym zbiegiem przypadków uzyskałem warunki podczas mego trzeciego uwięzienia. W rezultacie 6 sierpnia 1984 r. opuściłem Mokotów z rękopisem książki o chłopach w Polsce piastowskiej. Można powiedzieć, że miałem szczęście (zwłaszcza że książka ta została w 1987 r. opublikowana i po dalszych trzech latach przyniosła mi tytuł profesorski), ale nie znam drugiego podobnego przypadku. Moi koledzy – więźniowie polityczni, nie mówiąc już o kryminalnych – nie mieli takiej szansy.

Nieobecność czasowego wymiaru ludzkiej egzystencji może być w więzieniu łagodzona przez pracę, naukę i kontakt z kulturą, ale jest też zaostrzana przez to, że życie więźnia jest w najdrobniejszych szczegółach określone przez regulamin i polecenia przełożonych; nie ma tu miejsca na własną decyzję, za którą człowiek odpowiada sam przed sobą i bliskimi, ani nawet na samoorganizację własnej codzienności. Jest to jeden z powodów, dla których wymarzone wyjście na wolność z reguły okazuje się szokiem. Oduczyliśmy się inicjatywy i odpowiedzialności za każdy swój ruch, a tu – bez przejściowego okresu readaptacji – czas zaczyna pędzić w oszałamiającym dla nas rytmie i stawiać nas w obliczu wymagań, o istnieniu których całkiem już zapomnieliśmy. Zderzenie z tym zapomnianym, szaleńczym rytmem codzienności, a także z poważnymi problemami, których nie musieliśmy rozwiązywać, przekracza początkowo nasze siły i sprawia psychofizyczny ból.

Wyjście na wolność jest momentem niebezpiecznym także dlatego, że na tę chwilę czekaliśmy z utęsknieniem i nieuchronnie idealizowaliśmy życie, od którego nas oderwano. Ponowny kontakt z tym życiem okazuje się mniej lub bardziej szokującym zderzeniem. W więzieniu człowiek się opancerza. Musi mieć grubą skórę, żeby przetrwać i zachować hart ducha. Ale gdy wychodzi, jego skóra jest jakby wywrócona na drugą stronę – każde draśnięcie boli, bo nie spodziewaliśmy się, że sielanka, którą wyśniliśmy sobie na pryczy, może boleć. Naszym bliskim trudno wytrzymać z taką mimozą w domu; tym gorzej dla nich i dla nas.

Dobrze, gdy choć jest jakiś dom i jacyś bliscy. Często jednak w chwili wyjścia okazuje się, że dawnego życia już nie ma. W Wołowie poznałem wielu kryminalistów, którzy po pierwszym wyroku wyszli w pustkę. Nie mieli rodziny, bo nie wytrzymała rozłąki lub chciała jakoś lepiej urządzić sobie życie. Nie mieli gdzie się podziać. Nie mieli pracy i źródła utrzymania, bo kto przyjmie do roboty złodzieja? A nawet gdyby, to w pracy będą na niego patrzeć z mieszaniną obawy i pogardy. Dla człowieka, który ma nerwy na wierzchu, atmosfera ostracyzmu jest nie do wytrzymania. No i gdzie taki człowiek ma się podziać? Gdzie spojrzą na niego jak na człowieka, przenocują, przygarną, nakarmią i napoją? Na melinie oczywiście. Tam będzie wśród swoich, będzie pełnowartościowym człowiekiem wśród podobnych sobie ludzi. Ale tam też nie może bez końca żyć na cudzy rachunek. Musi wnieść swój wkład w egzystencję środowiska, które go przyjmuje jak swego. Musi pójść z kolegami na skok jeden, drugi, trzeci... Aż znowu wpadnie, dostanie nowy wyrok i jako recydywista trafi do Wołowa, Wronek, Rawicza lub Raciborza. Gdy siadywałem po więzieniach, wskaźnik przestępczości powrotnej przekroczył 30%. Dziś wynosi około 40%. To groźna plaga. Tu tkwi jedno z największych zagrożeń naszego bezpieczeństwa. Gwoli własnego bezpieczeństwa powinniśmy gonić precz polityków, którzy na naszym lęku przed złoczyńcami budują własną karierę i obiecują nam, jak zaleją sadła za skórę złapanym i uwięzionym złoczyńcom. Powinniśmy raczej posłuchać doświadczonych specjalistów, którzy potrafią sprawić, by więzienia mniej kaleczyły psychicznie, a w końcu wypuszczały na wolność ludzi zdolnych do normalnego współżycia społecznego. Powinniśmy też posłuchać specjalistów od opieki postpenitencjarnej, a także (może przede wszystkim) pedagogów, którzy wiedzą, co trzeba zrobić, żeby nasze gimnazja nie były wylęgarnią małoletnich przestępców. Zaklęty krąg przestępczości gdzieś się przecież zaczyna i gdzieś się reprodukuje niczym *perpetuum mobile.*

* * *

W więziennych celach i w więziennych fabrykach stykałem się z pospolitymi przestępcami, którzy byli w takiej sytuacji jak ja. Znaleźliśmy się w trybach machiny represji obróconej przeciwko nam i próbowaliśmy stawić czoło tej machinie, zachowując więzi społeczne między sobą oraz poczucie własnej godności. Jeśli nawet w pojmowaniu godności (zwłaszcza godności innych) różniłem się od moich kolegów z Barczewa i z Wołowa, podobieństwo sytuacji nie tylko sprzyjało empatii, ale i sprawiało, że patrzyłem na nich przez różowe okulary. Zdawałem sobie z tego sprawę. Wiedziałem, że znaleźli się oni tu z powodu czynów, które trzeba zwalczać, ale to była wiedza teoretyczna. Znacznie później działania, które prowadziłem na wolności, pozwoliły mi dotknąć drugiej strony medalu.

Solidarnościowa rewolucja lat 1980–1981, zwana też karnawałem wolności, nie mogła pozostać bez echa w zamkniętym świecie zakładów karnych. Zawsze gromadziły się w środowisku uwięzionych kryminalistów pokłady agresji, tłumiona wrogość wobec państwa i jego represyjnej machiny oraz poczucie krzywdy, ale dopiero łatwopalny dodatek nadziei oraz świadomość, że reżim się chwieje, uczyniły z tego mieszankę piorunującą. Wiosną i latem 1981 przetoczyła się przez polskie więzienia fala buntów.

Na początku czerwca więźniowie-recydywiści z Zakładu Karnego w Zarębie, których dowożono do pracy w kopalni miedzi „Konrad" w Iwinach, nie wyjechali po szychcie na powierzchnię, lecz rozpoczęli strajk głodowy w wyrobisku położonym 830 m pod ziemią. Miejsce akcji protestacyjnej wykluczało z góry myśl o ewakuacji głodujących siłą: ulokowali się oni tuż przy stacji pomp chroniących kopalnię przed zalaniem. Ze strony głodujących nie padły żadne pogróżki, ale i tak było jasne, że jakakolwiek szarpanina w tym miejscu grozi katastrofą górniczą i tragedią. Trzeba było negocjować i skorzystać z mediacji działaczy „Solidarności", choć do tej pory Centralny Zarząd Zakładów Karnych nie dopuszczał myśli o udziale związku w rozwiązywaniu protestów więziennych.

Kopalnia „Konrad" należała do Zagłębia Miedziowego i w strukturach „Solidarności" podlegała Międzyzakładowemu Komitetowi Założycielskiemu w Lubinie. Przewodniczący tego MKZ, górnik z kopalni „Polkowice" Rysiek Sawicki, mądry i odpowiedzialny działacz związkowy, podjął się zorganizowania mediacji, ale o jej bezpośrednie przeprowadzenie poprosił mnie, bo wiedział, że znam środowisko więźniów-recydywistów i potrafię dogadać się z protestującymi. Poza tym byłem członkiem Prezydium Zarządu Regionu we Wrocławiu, a koledzy z Wałbrzycha, Lubina, Legnicy i Jeleniej Góry uważali Wrocław za swoją związkową metropolię (wkrótce zresztą połączyliśmy się w jeden Region Dolny Śląsk).

Żądania głodujących dzieliły się na trzy kategorie. Najłatwiejsze do spełnienia, a zarazem ewidentnie słuszne były postulaty dotyczące socjalnych warunków pracy. Dojazd autokarem z więzienia do kopalni trwał sporo ponad godzinę, po czym trzeba było jeszcze przebrać się w górniczej szatni, zjechać windą na poziom –550, a stamtąd taśmociągami na –830 m, żeby o szóstej rano podjąć pracę. Więźniowie jedli śniadanie w zakładzie karnym o 4 rano, brali ze sobą suchy prowiant, a drugi ciepły posiłek dostawali po powrocie, blisko dwanaście godzin od śniadania. Wyczerpująca fizycznie i stresująca psychicznie praca pod ziemią bez posiłku regeneracyjnego była w tych warunkach ponad siły. Domagali się więc od dyrekcji kopalni ciepłego posiłku w ciągu dnia roboczego.

Żądania płacowe nie dotyczyły kasy kopalnianej, lecz proporcji podziału zarobków między więźniów a więziennictwo. Recydywistom w rygorze zasadniczym przysługiwała w zasadzie 1/5 pieniędzy, które zarobili w zakładzie produkcyjnym; 80% ich zarobków przejmowały na swoje potrzeby zakład karny lub okręgowy i centralny zarząd więziennictwa. Więźniom obciążonym spłatą alimentów dla rodzin na wolności administracja zakładu karnego mogła przyznać – indywidualnie i niejako w nagrodę – wyższy procent wynagrodzenia. Była to decyzja uznaniowa, ale głodujący domagali się przyznania takiej zwiększonej kwoty wszystkim „alimenciarzom", a większość skierowanych do pracy w kopalni płaciła alimenty. Pozwoliłoby to poprawić sytuację rodzin i zapobiegałoby narastaniu zadłużenia alimentacyjnego. Postulowano także automatyczne zwiększenie części wynagrodzenia przysługującej każdemu więźniowi na pół roku przed końcem kary. Chodziło o to, żeby móc przetrwać pierwsze tygodnie wolności, aż do znalezienia pracy i otrzymania pierwszej wypłaty. Było to żądanie godne poparcia, bo zmniejszało ryzyko powrotu do przestępstw zaraz po wyjściu na wolność, ale wymagało negocjacji z administracją więzienną centralnego szczebla; chodziło przecież o rozwiązanie systemowe, które miało konsekwencje dla budżetu.

Wreszcie ostatnim, teoretycznie najważniejszym żądaniem więźniów z Zaręby była amnestia lub – co wychodziło na jedno – „weryfikacja" wszystkich wyroków (więźniowie uważali, że jest to prawnie możliwe i przyniesie im lub znacznie przybliży godzinę wolności). Ale realność tego żądania była więcej niż wątpliwa, w każdym zaś razie jego spełnienie nie leżało w granicach możliwości ani więziennictwa, ani kopalni, ani związku zawodowego „Solidarność". Dramat polegał na tym, że marzenie o wolności otwierało listę postulatów, a bardzo szczególne reguły rządzące psychologią strajku, w dodatku strajku głodowego, i to prowadzonego prawie kilometr pod powierzchnią ziemi, skłaniały głodujących do uporu. Tymczasem przeciąganie głodówki prowadzonej w takim miejscu było po prostu niebezpieczne.

Po przyjeździe do kopalni zażądałem kategorycznie, żeby mi umożliwiono zjazd na dół dla bezpośredniego spotkania z całą głodującą grupą. Było ich bodaj dziewięćdziesięciu ośmiu. Trzeba było przygotować ich na kompromis i uniknąć sytuacji, gdy ludzie siedzący pod ziemią odrzucą ugodę, która w strajkowym amoku wyda im się zdradą. Dyrekcja i przedstawiciele więziennictwa zgodzili się (widocznie też rozumieli niebezpieczeństwo) i przystali nawet na to, żeby wraz ze mną zjechali do protestujących dziennikarze z wrocławskiego radia „Solidarność" ze sprzętem do nagrywania. Trudności piętrzył, o dziwo, tylko przewodniczący kopalnianej Komisji Zakładowej NSZZ „Solidarność", który towarzyszył nam w charakterze przewodnika, ale już pod ziemią marudził, że zjazd taśmociągami z poziomu –550 na –830 jest niebezpieczny. Na szczęście udało mi się go spacyfikować.

Na dole natychmiast zebrała się wokół nas cała strajkująca grupa. Uwiarygodniłem się w ich oczach bez trudu, nie tyle przez to, że miałem znaczek „Solidarności", ile dlatego, że do niedawna byłem rzecznikiem prasowym Krajowej Komisji Porozumiewawczej i czasem pojawiałem się w mediach. Więźniowie mogli mnie widzieć w telewizji, a w każdym razie słyszeć mój głos w audycjach informacyjnych Polskiego Radia. Poza tym zwracałem się do nich rozmyślnie więzienną gwarą i nie omieszkałem wtrącić, że siedziałem w Wołowie. Prestiż mojego macierzystego zakładu karnego wśród recydywistów był wciąż wysoki, więc chyba uznali mnie za swojego. Było to ważne, ale niewystarczające dla realizacji mojej delikatnej misji. Groźne potęgi nadziei oraz desperacji sprawiały, że byli oni skłonni obstawać za wszelką cenę przy całkowicie nierealnym postulacie amnestii. Musiałem nawiązać z nimi dialog, ostudzić rozbuchane emocje i wciągnąć ich do wspólnego namysłu nad rachunkiem szans. Tłumaczyłem więc, że losy społeczności więziennej – nie tylko w Zarębie, ale i w zakładach karnych całej Polski – zależą w tej chwili od tego, czy potrafią trzeźwo ocenić sytuację. Przekonywałem, że sprawy amnestii nie da się rozstrzygnąć natychmiast i nie wystarczy do tego ich protest ani poświęcenie, ani nawet postawa wszystkich więźniów w Polsce. Jedyna szansa tkwi w negocjacjach krajowych władz „Solidarności" z władzami państwowymi i muszą nam w tej sprawie zaufać. Teraz, w wyniku rozmów, jakie za chwilę podejmiemy z dyrekcją i więziennictwem, można liczyć tylko na osiągnięcie porozumienia w sprawie realizacji ich postulatów socjalnych, a postulaty płacowe będą wymagały dalszych rozmów Związku „Solidarność" z Centralnym Zarządem Zakładów Karnych oraz Ministerstwem Sprawiedliwości. Rozmowy takie podejmiemy i można w tej sprawie liczyć na pomyślny rezultat. Sprawę amnestii musi przejąć na siebie „Solidarność" i – jeżeli mamy mieć jakieś widoki powodzenia – trzeba będzie podnieść ją w sprzyjającym politycznie momencie. Gdy wydobywam po trzydziestu latach z pamięci to, co wówczas powiedziałem, mowa moja wydaje się oschła i drętwa, wtedy jednak niosła mnie adrenalina i bez trudu znajdowałem właściwe słowa.

Widziałem, że głodujący słuchają mnie uważnie i coś do nich dociera, ale najwięcej zależy od stanowiska, jakie zajmą ich przywódcy. Było ich trzech. Jeden, najmłodszy i najbardziej zapalczywy, żywo przypominał znany mi z wielu strajków na wolności typ lidera fundamentalisty, dla którego nie liczy się rachunek szans, tylko zasady i słuszność żądań. Na czele zespołu przywódczego stał jednak spokojny, bardzo inteligentny trzydziestolatek, który świetnie rozumiał sytuację i miał niewyobrażalny posłuch u współwięźniów. Są powody, bym pominął jego nazwisko; niech wystarczy pierwsza litera więziennego przydomku – S. Bez jego wsparcia nie udałoby się podpisać oficjalnego porozumienia i wyprowadzić zdesperowanych uczestników głodówki spod ziemi bez szwanku dla nich samych i dla kopalni.

Nie ulega wątpliwości, że to właśnie S. był inicjatorem protestu i pomysłodawcą obranej przez więźniów strategii postępowania. To on wybrał takie miejsce akcji, które skłoniło władze do podjęcia dialogu i zaakceptowania „Solidarności" jako mediatora. Dodać trzeba, że w latach siedemdziesiątych kryteria grypsowania w polskich zakładach karnych uległy znacznemu zaostrzeniu, co spowodowało głęboki rozłam środowiska więźniów na dwa mniej więcej równe liczebnie i wrogie sobie obozy: grypsujących i niegrypsujących. Warunkiem solidarnego podjęcia akcji protestacyjnej było przekroczenie tego podziału. S. doprowadził do tego i z dumą swój sukces podkreślał:

– Wśród nas – mówił – nie liczy się, kto grypsuje, a kto nie, jesteśmy teraz zbratani walką o wspólną sprawę.

Jego słowa głodujący potwierdzali, a ich aprobata wywarła na mnie duże wrażenie, którego nie zniweczył nawet złośliwy szept przewodniczącego Komisji Zakładowej: „Ale śpią po przeciwnych stronach toru" (był tam tor do przetaczania wagoników z urobkiem). W czasie masówki na poziomie – 830 m, a następnie podczas rozmów w budynku dyrekcji kopalni, S. wykazał się wielkim poczuciem odpowiedzialności za zbiorowość, której przewodził, realizmem i refleksem. Pomyślałem sobie, że byłby z niego dobry działacz związkowy.

Podpisaliśmy porozumienie. Dyrekcja kopalni obiecała dostarczać zatrudnionym więźniom gorący posiłek regeneracyjny i zobowiązała się, że nie rozwiąże z Zakładem Karnym w Zarębie umowy o zatrudnienie więźniów. Przedstawiciele Zakładu Karnego w Zarębie i Okręgowego Zarządu Więziennictwa zobowiązali się, że nie będzie represji za głodówkę i że uczestnicy protestu nie zostaną wywiezieni z Zaręby do innych więzień. Postulaty dotyczące wynagradzania więźniów za pracę miały być przekazane z poparciem administracji więzienia do Centralnego Zarządu Zakładów Karnych. Odnotowano także moją deklarację, że NSZZ „Solidarność" będzie zabiegać w rozmowach z władzami państwowymi o przygotowanie i uchwalenie ustawy amnestyjnej. Uzgodniono, że przedstawiciele dolnośląskiej „Solidarności" będą mogli wizytować Zakład Karny w Zarębie i kontaktować się z więźniami. Głodujący zaakceptowali te ustalenia i wyjechali na powierzchnię. Wsiadłem wraz z nimi do autokaru i pojechałem do Zaręby, gdzie reszta więźniów, niezatrudniona w kopalni, prowadziła głodówkę na znak solidarności z kolegami z „Konrada". S. przeszedł przed zakratowanymi oknami baraków, poinformował mieszkańców o pomyślnym zakończeniu protestu i ogłosił zakończenie głodówki. Został powitany owacyjnie.

Wyglądało to jak happy end, lecz idylla nie potrwała długo. Kopalnia, wbrew podjętemu zobowiązaniu, zrezygnowała z pracy więźniów. Po wielkim strachu, jaki dyrekcja i pracownicy przeżyli podczas strajku głodowego przy stacji pomp, nie było to nawet bardzo dziwne. Nie mogliśmy nic wymóc w tej sprawie na dyrekcji, musielibyśmy bowiem działać przez Komisję Zakładową, która była do więźniów nastawiona bardzo niechętnie. Represji za strajk głodowy nie zastosowano, byłem jeszcze dwukrotnie w Zarębie i przekonałem się, że nic dramatycznego się nie dzieje. W listopadzie i na początku grudnia 1981 r. zaczęto jednak wywozić najaktywniejszych uczestników protestu. S. trafił do Wołowa. Pisał do mnie stamtąd, że zbliża się termin, w którym może ubiegać się o warunkowe zwolnienie. Miałem zamiar poprzeć jego wniosek odpowiednią opinią skierowaną do wrocławskiego sądu penitencjarnego, ale nadszedł stan wojenny i sam znalazłem się za kratami.

W dniu szczęśliwego zakończenia protestu (nie należy zapominać, że mogło skończyć się dużo gorzej) usiadłem w autokarze odwożącym więźniów do Zaręby obok S. i przegadaliśmy całą drogę. Zapytałem go oczywiście, za co siedzi. Okazało się, że za oszustwa – nie pierwszy raz, był przecież recydywistą. Oszust musi budzić zaufanie, to podstawowa kwalifikacja w tej przestępczej specjalności. Użyta w dobrej sprawie, jak w wypadku głodówki na terenie kopalni, zdolność budzenia zaufania staje się kwalifikacją przywódczą. W złej sprawie ta sama zdolność przejawia się jako umiejętność manipulowania ludźmi upatrzonymi na ofiary przestępstwa. Pomyślałem sobie, że godny uznania talent przywódczy S. musiał być kiedyś używany w złej sprawie i w złej wierze, a przecież jest to ten sam człowiek i ten sam talent, jakby dwie strony tego samego medalu. Siedziałem w autokarze obok doktora Jekylla, a mister Hyde pozostawał dla mnie konstrukcją teoretyczną. Miałem go spotkać dopiero po przeszło ośmiu latach.

Jesienią 1989 r. byłem – wskutek zbiegu osobliwych przypadków, o których jeszcze opowiem – senatorem. W podziemiach budynku na Wiejskiej miałem, jak każdy parlamentarzysta, swoją skrzynkę pocztową, do której wrzucano listy od wyborców. Pewnego dnia wyjąłem z niej list zaadresowany niezbyt wprawnym pismem na senat i moje nazwisko, bez nazwy ulicy i numeru budynku, bez nalepki „polecony", bez nazwiska nadawcy i bez adresu zwrotnego. Nim otworzyłem kopertę, czułem, że trzymam w ręku gryps. Rzeczywiście, był to gryps od S. Kara, którą odbywał on w Zarębie, potem w Wołowie, a potem w jakimś innym więzieniu, dobiegła końca, może zresztą została trochę skrócona przez warunkowe zwolnienie. W każdym razie zdążył wyjść na wolność, ożenić się i spłodzić dziecko, po czym „powalił się" po raz kolejny. Pisał teraz do mnie, że został skazany niewinnie i prosił o pomoc. Chodziło mu głównie o przeniesienie do zakładu karnego dla recydywistów w mieście R., gdzie – jak oceniał – jego szanse na dobrą opinię i na uzyskanie warunkowego zwolnienia byłyby znacznie większe.

Poczułem się trochę dotknięty (recydywista nie powinien pisać do recydywisty, że siedzi „za niewinność"), ale oczywiście zająłem się sprawą. Przede wszystkim poprosiłem sąd karny, który go skazał, o dokumentację sprawy. Dostałem tylko odpis wyroku wraz z uzasadnieniem, ale to wystarczyło, by wyrobić sobie pogląd, w uzasadnieniu bowiem szczegółowo przedstawiono ustalony w postępowaniu sądowym stan faktyczny. S. popełnił swoje kolejne przestępstwo w mieście wojewódzkim na południowym wschodzie kraju. Przybył tam samotnie, żonę zostawił w poprzednim miejscu zamieszkania. Na nowym terenie zaprzyjaźnił się z dosyć zamożną rodziną, która udzieliła mu gościny. Pozyskał sympatię gospodarzy, którzy zaufali mu tak dalece, że wyjeżdżając na urlop za granicę, pozostawili pod jego opieką swój dom ze wszystkimi drogimi gadżetami: sprzętem RTV i rozmaitymi urządzeniami, które w tamtych czasach potwierdzały społeczny i materialny status posiadaczy. S. wszystko to bez pośpiechu sprzedał i z gotówką ruszył dalej w Polskę. Poszukiwano go listem gończym, wreszcie znaleziono, aresztowano i skazano. Nie siedział „za niewinność", a jedyne, co mogłem dla niego zrobić, to poinformować sąd penitencjarny, który miał decydować w sprawie jego warunkowego zwolnienia, o godnej uznania roli, jaką odegrał on w szczęśliwym rozwiązaniu dramatycznego konfliktu w kopalni „Konrad". Opisałem i oceniłem to zdarzenie na urzędowym blankiecie z pieczątką Kancelarii Senatu RP, ale sąd okazał niezawisłość i – kierując się własnym doświadczeniem, a zapewne i bogatą przeszłością kryminalną S. – odmówił mu warunkowego zwolnienia.

S. poinformował mnie o tej odmowie w liście. Nie liczył już na rychłe wyjście na wolność, ale prosił o spotkanie i pomoc w sprawach osobistych. Udało mi się załatwić w Centralnym Zarządzie Więziennictwa, żeby go przeniesiono do Zakładu Karnego w R. (bardzo mu na tym zależało) i tam przyjechałem do niego na widzenie. Okazało się, że liczy na moje skuteczne pośrednictwo w odnowieniu kontaktu z żoną. Chciałby uratować małżeństwo, zwłaszcza że ma dziecko i poczuwa się na przyszłość do roli ojca. Przyszłą żonę poznał w więzieniu podczas stanu wojennego; trafiła tam jako internowana lub aresztowana, gdyż była aktywistką „Solidarności". Nie dopytywałem, jakim sposobem recydywista kryminalny kończący odsiadywanie kary mógł się kontaktować w 1982 r. z aresztowaną lub internowaną więźniarką polityczną. Może wykonywał prace porządkowe przy pawilonie dla internowanych lub pawilonie śledczym, a może okna ich cel były tak położone, że umożliwiały kontakt wzrokowy i porozumiewanie się więzienną odmianą alfabetu migowego. Więźniowie byli zawsze pełni inwencji, gdy chodziło o kontakt z kobietami. Nawet na III pawilonie, mimo srogiej izolacji, mury rozbrzmiewały wieczorami erotycznymi dialogami przekazywanymi alfabetem Morse'a. W każdym razie dogadali się, a S. otrzymał od dziewczyny jej adres domowy w dużym przemysłowym mieście. Ona wyszła wcześniej, on później, pojechał do niej i było jak w piosence Agnieszki Osieckiej: „Co mu dałaś, wypił więc i zjadł, potem cię za żonę wziął".

S. dał mi numer telefonu najbliższej przyjaciółki swojej żony (ona sama telefonu domowego nie miała, a o komórkach jeszcze wtedy niewiele osób w Polsce słyszało) i prosił, żebym do niej jakoś dotarł i przekonał do odnowienia kontaktu. Nie miałem już wielkiego przekonania do bohatera wydarzeń w kopalni „Konrad", ale zadzwoniłem. Przedstawiłem się, przedstawiłem sprawę i w odpowiedzi usłyszałem: „Jezus, Maria! Żeby on tylko wcześniej nie wyszedł!". Mimo tej reakcji umówiliśmy się, że zadzwonię nazajutrz o tej samej porze, a właścicielka telefonu ściągnie do swego domu żonę S., żebym z nią bezpośrednio porozmawiał. Z relacji obu kobiet dowiedziałem się, jak wyglądał finał romantycznej historii. Nie pamiętam już, co która mówiła, ale nie było między nimi sprzeczności. Na podstawie ich chaotycznych i bardzo emocjonalnych wypowiedzi można było mniej więcej odtworzyć przebieg wydarzeń.

Bezpośrednio po przyjeździe S. całkowicie oczarował dziewczynę, z którą zetknął się w więzieniu. W oślepiającym blasku miłości i pod wrażeniem ślubu kobieta nie zwracała początkowo uwagi na to, że małżonek, który opuścił więzienie z kilkusetzłotową kwotą z tzw. żelaznej kasy, pozostaje na jej utrzymaniu. Było jasne, że chłopak musi się zaadaptować i trochę odsapnąć. Z biegiem czasu stawało się jednak coraz bardziej oczywiste, że powinien już pójść do pracy i wnieść wkład w utrzymanie domu, zwłaszcza że miało przyjść na świat ich dziecko. S. się nie kwapił do roboty, więc żona coraz bardziej nalegała. S. zareagował na presję z jej strony według starego więziennego wzoru – zrobił sobie tzw. zasypkę. Moje rozmówczynie nie znały tego grypserskiego terminu, ale szczegółowo opisały, że zestrugał na proszek grafit z kopiowego ołówka i wsypał sobie do oczu. Jest to groźne samouszkodzenie wymagające natychmiastowej interwencji okulistycznej i dłuższego leczenia szpitalnego; inaczej pacjent może stracić wzrok. Na czas leczenia żona dała za wygraną, jednak gdy wzrok i zdrowie męża nie były już zagrożone, upierała się, by poszedł do pracy. Ale S., zamiast pójść do pracy, wolał pójść sobie w Polskę. Zrobił to bez uprzedzenia i zabrał ze sobą pieniądze z domowej szuflady oraz jedyne cenne przedmioty nadające się na sprzedaż: ślubne obrączki. Nie obłowił się specjalnie, potraktował jednak własną żonę i dziecko podobnie jak ludzi, którzy wkrótce potem na czas pobytu za granicą powierzyli jego opiece własny dom z bajeranckim telewizorem, wideo i Bóg wie czym jeszcze. Już nie próbowałem namawiać jego żony, by odnowiła zerwany kontakt z uwięzionym mężem. Dotknąłem drugiej strony medalu.

Awers i rewers tego medalu są jakby z dwóch całkiem różnych bajek. Ale to jest ten sam medal i obie jego strony są prawdziwe. Niełatwo rozwiązać tę łamigłówkę, może jednak nie trzeba jej w sposób jednoznaczny rozwiązywać. Może trzeba brać pod uwagę i jedną, i drugą stronę mimo widocznej niezgodności między nimi. Takie jest życie. To tylko teorie doktrynerów wymagają, żeby wszystko się zgadzało jak w matematycznych równaniach lub logicznych wzorach.

VI. Socjalizm z twarzą Gierka

Grabili nas wszyscy
od dołu do góry,
pochowali mięso –
zostawili wióry (...)
Lecz Polak pamięta,
że pochodzi z Piasta,
powołał więc Gierka
na wodza i basta!

Ballada szczecińska,
utwór ludowy, grudzień 1970 r.

Ulga

Robotniczy bunt 1970 r. obalił Gomułkę i wyniósł do władzy Gierka, nie rozsadził jednak ustrojowych ram dyktatury. Ten przewrót nie przyniósł Polakom wolności ani jej nawet nie obiecywał, ale przyniósł odczuwalną, istotną ulgę. Z czasem dopiero okazało się, jak istotne znaczenie miały wydarzenia lat 1970–1971 dla późniejszych walk o wolność.

Wydarzenia grudniowe zastały mnie w Wołowie. Przez głośnik wiszący nad drzwiami celi nadawano, oprócz amatorskich audycji więziennego radiowęzła, również dzienniki radiowe Programu I Polskiego Radia. Z tego źródła dowiedzieliśmy się najpierw o podwyżce cen żywności, a wkrótce popłynęły skąpe informacje oraz wezbrany potok najgorszych obelg. Znający władzę ludową i ojczyste media obywatel PRL mógł z nich bezbłędnie wywnioskować, że na Wybrzeżu doszło do strajków, masowych demonstracji i rozlewu krwi. Po paru dniach radio nadało wystąpienie premiera Cyrankiewicza. Ogłosił on, że wojsko i milicja mają rozkaz strzelania do burzycieli porządku publicznego i okrasił ten komunikat retoryką, która nieuchronnie kojarzyła się z jego poznańskim przemówieniem z czerwca 1956 r., gdy groził odrąbaniem każdej ręki podniesionej przeciwko władzy ludowej. Ruszyła machina propagandy – w ślad za kulami musiała polecieć w stronę zbuntowanych robotników plwocina nienawistnych epitetów. Ubliżano im od chuliganów, rabusiów, wandali, podpalaczy i „elementów przestępczych". Były to słowa w najwyższym stopniu jątrzące. W fabryce podszedł do mnie nieoczekiwanie majster (brygadzistami byli więźniowie, ale mistrzami i kierownikami – pracownicy cywilni, „z wolności"), chwilę postał w milczeniu i wreszcie odezwał się, jakby już nie mógł wytrzymać:

– Co oni wygadują, jacy chuligani, jakie elementy? To są ludzie pracy, tacy sami, jak ja! Jutro może do mnie będą strzelać…

Nigdy przedtem ani potem nie wymienialiśmy poglądów, ale w tej sytuacji nawet z pozornie sprawdzonych i zaufanych ludzi reżimu opadała maska konformizmu. Jeszcze trochę, a znaleźlibyśmy wspólny język.

W niedzielę 20 grudnia głośnik nad drzwiami celi zagadał jednak, niczym bydlątko w noc wigilijną, ludzką mową. Najpierw spiker Polskiego Radia głosem, w którym wyczuwało się emocję i akcent tryumfu, poinformował, że odbyło się VII Plenum KC, wybrano nowe kierownictwo partii, a jej I sekretarzem został Edward Gierek. Za chwilę nadane zostanie jego przemówienie. Po tej zapowiedzi głośnik zamilkł, może jakiś idiota kazał go wyłączyć, ale rozległo się ogólne łomotanie w drzwi cel i chóralny ryk: „DAWAĆ GIERKA!!!". Głośniki włączono ponownie i po chwili usłyszeliśmy słowa nowego przywódcy:

– Towarzysze, obywatele, rodacy! W naszym kraju doszło do dramatycznych wydarzeń. Miasta Wybrzeża – Gdańsk, Gdynia, Szczecin, Elbląg – stały się terenem robotniczych wystąpień, zaburzeń i starć ulicznych. Zginęli ludzie. Wszyscy przeżywamy tę tragedię.

Kontrast tych prostych słów z jazgotem antyrobotniczej nagonki był uderzający. Tych, którzy tego nie przeżyli i nie pamiętają, mogę zapewnić, że upadek Gomułki, a zwłaszcza pierwsze słowa Gierka spowodowały – w gruncie rzeczy ze skutkiem natychmiastowym – zmianę społecznych nastrojów, a to zmieniło bieg wydarzeń. Do 20 grudnia napięcie lawinowo narastało i groziło eskalacją konfliktu. „Gdyby w niedzielę [20 XII] nie podjęto decyzji o zmianie kierownictwa, to w poniedziałek rozruchami byłby objęty cały kraj. Była kwestia solidarności klasy robotniczej ze stoczniowcami na wybrzeżu" – powiedział Gierek Breżniewowi podczas spotkania w Moskwie 5 stycznia 1971 r.

Była to może opinia celowo przerysowana, chodziło bowiem o uzyskanie od Kremla pomocy gospodarczej, do czego skłaniać mogła Rosjan obawa przed nawrotem społecznego konfliktu w Polsce. Podczas tej samej rozmowy Gierek zakomunikował Breżniewowi: „W tej chwili w kraju panuje spokój, ale można powiedzieć, że jest to spokój na beczce z prochem" (*Tajne dokumenty Bura Politycznego. Grudzień 1970*, Londyn 1991, s. 127). Jeśli jednak alarmistyczny ton tych wypowiedzi odpowiadał interesom strony polskiej, to nie ulega również wątpliwości, że zagrożenia były naprawdę poważne i że traktowano je poważnie na Kremlu, który miał własne źródła informacji i własne rozeznanie. W wypadku rozszerzenia się strajków i demonstracji z Wybrzeża na pozostałe ośrodki przemysłowe kraju, siły milicji i wojska mogłyby okazać się niewystarczające do stłumienia robotniczego buntu, zaszłaby więc konieczność ratowania systemu komunistycznego w Polsce przez Armię Radziecką. Zaledwie dwa lata po interwencji w Czechosłowacji, której polityczny koszt był dla Moskwy wysoki, Kreml wolał uniknąć wdawania się w nową, bodaj groźniejszą awanturę. Dlatego moskiewscy przywódcy, mimo że Gomułka – zaślepiony zwolennik rozwiązania konfliktu siłą – pozostawał jeszcze I sekretarzem PZPR, podjęli odrębne kontakty z innymi członkami polskiego kierownictwa. List radzieckiego politbiura do polskich towarzyszy został 18 grudnia przekazany przez ambasadora Aristowa na ręce premiera Józefa Cyrankiewicza. Nazajutrz, czyli 19 grudnia 1970, Biuro Polityczne KC PZPR postanowiło odwołać Gomułkę i powierzyć ster władzy Gierkowi. 20 grudnia VII Plenum KC zaakceptowało tę zmianę. Nie ulega wątpliwości, że stało się to za aprobatą Moskwy. Taka była zresztą internacjonalistyczna rutyna, od której odstąpiono tylko raz – w 1956 r.

Niezależnie jednak od tego, że stosunki z Kremlem wyznaczały warunki brzegowe polityki władz PRL, czołowi działacze PZPR podlegali własnym emocjom i mieli swoje poglądy, a nawet jakieś zasady. Ideologiczne formułki komunizmu przekształcały się stopniowo w pustą liturgię – niezbędny, lecz sprawowany bez wiary rytuał władzy. Tym istotniejsze stawały się jednak przeświadczenia, które w oczach rządzącej elity legitymizowały jej „kierowniczą rolę". Istotne znaczenie miał przy tym motyw geopolitycznego realizmu: „Polska może istnieć na mapie Europy tylko jako kraj socjalistyczny związany nierównym sojuszem z ZSRR, a my to gwarantujemy, reprezentujemy więc w obecnym porządku świata polską rację stanu". Oprócz tego poczucie prawomocności partyjnej elity opierało się na przeświadczeniu o szczególnym stosunku, jaki miał łączyć PZPR z klasą robotniczą. Poznański Czerwiec 1956 r. oraz Grudzień 1970 r. na Wybrzeżu, zwłaszcza zaś użycie w obu wypadkach zbrojnej przemocy dla stłumienia robotniczych protestów, boleśnie podważały poczucie prawomocności odwołujące się do wyobrażenia o partii jako reprezentantce robotników. Zapewne nie wszyscy traktowali to wyobrażenie całkiem serio, ale dla wielu działaczy partyjnych, zwłaszcza starszego pokolenia, była to sprawa ważna.

Dotyczy to w szczególności Edwarda Gierka, urodzonego na przedmieściu Sosnowca „górnika w czwartym pokoleniu", który przepracował kilkanaście lat we francuskich i belgijskich kopalniach. Gomułka i jego wierni stronnicy potraktowali robotniczy bunt 1970 r. jako kontrrewolucję. Z pozoru jest to tylko ideologiczna etykietka, dla komunistów jednak oznaczała ona, że nie mają do czynienia z konfliktem społecznym, który można rozwiązywać na rozmaite sposoby, lecz stają naprzeciw śmiertelnego wroga, którego trzeba bezwzględnie zniszczyć. Ośmieleni moskiewskim przyzwoleniem, partyjni konkurenci Gomułki przeciwstawili stygmatowi kontrrewolucji odmienną definicję sytuacji. „Tragedia polega na tym – mówił Gierek 20 grudnia 1970 r. na VII Plenum KC – że wśród mas, które wyszły na ulice na ulice Gdańska, Gdyni i Szczecina, ogromną większość stanowili, niestety, robotnicy. W tych warunkach użyto siły. Musimy czynić wszystko, aby konfliktowi z klasą robotniczą położyć jak najszybciej kres, by przywrócić zachwiany autorytet naszej partii". Traumatyczna pamięć Czerwca '56 i Grudnia '70 stała się jednym z najistotniejszych wyznaczników polityki, jaką prowadziła ekipa Gierka w latach 1970–1980. Ten zespół przywódczy postępował tak, jakby mu przyświecała dewiza: „Nigdy więcej nie będziemy już strzelać do robotników". Nawet w czerwcu 1976 r., gdy płonął Komitet Wojewódzki w Radomiu i wydawało się, że pogrudniowa polityka bankrutuje, funkcjonariusze i dowódcy oddziałów ZOMO skierowanych do walki z robotnikami wyposażeni byli w pałki i gaz, ale nie w broń palną.

Fundamentalnym kanonem polityki PZPR w czasie „gierkowskiej dekady" była też bezwzględna lojalność wobec Moskwy i nienaruszalność zasad ustroju politycznego opartego na „kierowniczej roli partii", którą Kreml uważał za rękojmię swojej dominacji. Oznaczało to, że nowy kurs polityczny, w tym zwłaszcza odmienny od dotychczasowego sposób reagowania na pracownicze rewindykacje i strajki, nie może zepchnąć Polski na drogę demokratycznych reform, którą podążała Czechosłowacja pod rządami Dubczeka. Niedawny najazd pięciu państw Układu Warszawskiego na Czechosłowację odgrywał tu rolę *memento*, choć niezależnie od obawy przed gniewem Breżniewa rządzące kręgi PRZR same nie były skłonne do rezygnacji z monopolu władzy.

Nie było jednak harmonii między ustrojowymi zasadami dyktatury a dyrektywą, by na żądania wzburzonych środowisk robotniczych reagować „dialogiem" i poszukiwać porozumienia. 22 stycznia 1971 r. – z pozornie błahego powodu manipulacji lokalnych mediów inscenizujących rzekome podjęcie zobowiązań produkcyjnych – wybuchł ponowny strajk w Stoczni im. Warskiego w Szczecinie. Bardzo szybko przyłączyły się do niego najważniejsze przedsiębiorstwa Szczecina. Strajki miały charakter okupacyjny, a ich przywódcy, pomni niedawnych doświadczeń, wykluczyli ewentualność wyjścia na ulice. Mimo to sytuacja groziła powrotem do grudniowego punktu wyjścia.

W Komitecie Strajkowym Stoczni im. Warskiego ułożono dwunastopunktową listę żądań. W pierwszym punkcie domagano się unieważnienia ogłoszonej w grudniu podwyżki cen żywności. Jednak już drugie żądanie, choć nie kontestowało formalnie instytucji o podstawowym znaczeniu w ustroju PRL, miało ewidentnie polityczny charakter: strajkujący domagali się przeprowadzenia w stoczni nowych, demokratycznych wyborów do Rady Zakładowej Związku Zawodowego Metalowców i do Rady Robotniczej przedsiębiorstwa. Żądali także – z powołaniem się na wolę większości członków partii i ZMS – nowych wyborów do instancji partyjnych i do władz działających w stoczni organizacji młodzieżowych. Co więcej, realizacji tych żądań dopilnować miał po strajku – zgodnie z punktami 10 i 11 – Komitet Strajkowy przekształcony w Komisję Robotniczą. W punkcie 12. domagano się zaprzestania wszelkich represji i szykan za udział w strajku oraz formułowano ogólną zasadę, która prowadziła do faktycznego uznania legalności strajków: „Strajk nie jest przestępstwem, gdyż nie jest nigdzie zakazany". Punkt 5. brzmiał: „Domagamy się przyjazdu I sekretarza KC PZPR, tow. Edwarda Gierka, wraz z premierem Piotrem Jaroszewiczem na teren Stoczni im. Warskiego celem nawiązania bezpośredniego, szczerego dialogu z przedstawicielami robotników, to jest z Komitetem Strajkowym".

23 stycznia na posiedzeniu Sekretariatu KC Gierek przeforsował decyzję, by przyjąć żądanie sformułowane w punkcie 5. szczecińskich postulatów, po czym w towarzystwie Jaroszewicza, Jaruzelskiego i Szlachcica udał się do stoczni. Po wielogodzinnych rozmowach przywódcy partii oraz premiera z delegatami strajkującej załogi, które same w sobie były w obozie krajów komunistycznych wydarzeniem niebywałym, nad ranem 25 stycznia osiągnięto porozumienie. Gierek przekonał stoczniowców do przerwania strajku mimo niespełnienia żądania obniżki cen, ale w zasadzie zaakceptował żądania polityczne, zgodził się na zapłatę za czas strajku pod warunkiem odpracowania strat oraz na to, że nikt nie może być karany za strajk (potwierdził to w imieniu MSW Szlachcic). Idąc na pozór dalej niż postulaty załogi, Gierek nie tylko zgodził się, by Komitet Strajkowy wyłonił Komisję Robotniczą jako tymczasowy organ czuwający nad nowymi wyborami do Rady Zakładowej, Rady Robotniczej i Komitetu Zakładowego PZPR, ale i zapowiedział trwałą kooptację przedstawicieli Komitetu Strajkowego do Konferencji Samorządu Robotniczego Stoczni.

Być może pomysł kooptacji robotniczych kontestatorów do oficjalnych instancji związkowych i do KSR był zalążkiem jakiejś szerszej koncepcji wmontowania mechanizmu rozstrzygania sporów pracowniczych w system polityczny PRL. W każdym razie na spotkanie Gierka i Jaroszewicza z przedstawicielami trójmiejskich zakładów pracy, które odbyło się w Gdańsku nazajutrz po szczecińskich negocjacjach, zaproszono – oprócz aktywistów oficjalnych organizacji – także działaczy komitetów strajkowych z grudnia 1970 (w tym nieznanego jeszcze szerszemu ogółowi Lecha Wałęsę). Wkrótce jednak rutynowe mechanizmy „kierowniczej roli partii" oraz policyjnego nadzoru nad „elementami niepewnymi" doprowadziły do marginalizacji, a następnie eliminacji autentycznych przywódców robotniczych z legalnych struktur związkowych i samorządowych, a także z zakładów, w których cieszyli się oni niebezpiecznym autorytetem. Mimo to styczniowy strajk w Szczecinie, bezpośrednie rozmowy najwyższych przywódców partii i państwa z reprezentantami stoczniowej załogi oraz zawarte porozumienie miały trwałe następstwa psychospołeczne. Był to precedens, o którym strony konfliktu i dialogu nie zapomniały. Nawiązano do tego wzoru w sierpniu 1980 r.

Trzecim z wielkich konfliktów tamtej zimy był strajk łódzkich włókniarek. Załogi zakładów przemysłu bawełnianego oraz innych łódzkich fabryk, poczynając od 10 lutego, przerywały pracę, wysuwały żądania płacowe i domagały się poprawy warunków pracy. Niekiedy żądano także odwołania grudniowej podwyżki cen. W przeciwieństwie do tego, co działo się w grudniu i styczniu na Wybrzeżu, łódzkie załogi fabryczne nie tworzyły komitetów strajkowych, nie wybierały delegatów do rozmów z władzami i nie wytworzyły międzyzakładowej struktury. Żądania ich miały charakter wyłącznie ekonomiczny, a brak przedstawicieli upoważnionych przez załogi do negocjacji paradoksalnie utrudniał osiągnięcie kompromisu. 13 lutego, gdy stała już niemal cała Łódź, zebrało się Biuro Polityczne i z góry wykluczyło użycie siły – postanowiono „działać wyłącznie przy pomocy pracy politycznej i środków ekonomicznych, bez podejmowania żadnych kroków typu administracyjnego". Nie godząc się na odwołanie podwyżki cen, Biuro Polityczne zamierzało początkowo przeznaczyć 200–220 mln zł na podwyżki płac w przemyśle włókienniczym oraz utworzyć półmiliardową rezerwę „na korekty płac w uzasadnionych wypadkach" (czyli na „gaszenie" kolejnych strajków). Rząd miał jednak ogłosić, „że w obecnej sytuacji gospodarczej dalsze podwyżki płac są niemożliwe". Do Łodzi skierowano premiera Jaroszewicza w towarzystwie Jana Szydlaka i Józefa Tejchmy. Mieli oni spotkać się tam 14 lutego z aktywem zakładów włókienniczych (*Tajne dokumenty Biura Politycznego. Grudzień 1970*, s. 202–203). Oficjalny „aktyw" nie był jednak w stanie skłonić robotników do podjęcia pracy, podobnie jak nie potrafił zapobiec strajkowi, a bezpośrednie spotkania premiera Piotra Jaroszewicza i Jana Szydlaka ze strajkującymi załogami odbywały się w gorącej, emocjonalnej atmosferze wieców i nie doprowadziły do porozumienia. Zażegnanie groźnego konfliktu wymagało zasadniczych i spektakularnych ustępstw ekonomicznych. Odwołanie grudniowej podwyżki cen żywności wydało się władzom mniej ryzykowne i mniej kosztowne od podniesienia płac w przemyśle włókienniczym, które niechybnie wywołałoby lawinę roszczeń płacowych w innych branżach i w innych ośrodkach przemysłowych. 15 lutego rząd ogłosił, że grudniowa podwyżka cen żywności zostaje od 1 marca anulowana. Po tej decyzji łódzkie włókniarki podjęły pracę i nastąpiło znaczne uspokojenie sytuacji w kraju, choć jeszcze w marcu dochodziło do poważnych strajków m. in. w Bełchatowie i w Ozorkowie (E. Mianowska, K. Tylski, *Strajki łódzkie w lutym 1971 r.*, Warszawa 2008).

Zasada, by strajków nie tłumić przemocą, lecz raczej podejmować próby dialogu z robotnikami oraz ustępować wobec ich ekonomicznych roszczeń, a z drugiej strony zasada lojalności wobec Moskwy i niezmienności ustrojowych podstaw dyktatury wyznaczyły nową politykę i nową strategię gospodarczą gierkowskiej dekady. Skoro nie można było dać Polakom demokratycznych swobód, a jednocześnie wykluczono stosowanie najbrutalniejszych form przemocy wobec rządzonych, trzeba było zaspokajać ich aspiracje materialne. Obrano politykę łączącą wzrost inwestycji ze wzrostem spożycia. Środki na to czerpano z kredytów łatwo dostępnych w siedemdziesiątych latach na zasilanych petrodolarami rynkach finansowych. Importowane z Zachodu dzięki tym kredytom nowoczesne technologie miały – jak zakładano – umożliwić polskiej gospodarce eksportowy sukces i w rezultacie spłatę zaciągniętych pożyczek. Dziś łatwo śmiać się z tej nadziei, ale na podobnej koncepcji opierał się wówczas ekonomiczny awans „azjatyckich tygrysów". O tym, że socjalistyczna gospodarka nie może zostać tygrysem, bo niska jakość, słaba innowacyjność i niedostateczna efektywność nie pozwala jej skutecznie konkurować na światowych rynkach, przekonaliśmy się później na własnej skórze.

Piszę o tym wszystkim – i w ogóle o gierkowskiej dekadzie – z pozycji obserwatora, a nie czynnego uczestnika zdarzeń. Na początku, aż do września 1971 r., wynikało to z okoliczności niezależnych od mojej woli, bo wciąż jeszcze siedziałem w więzieniu. Po wyjściu jednak z własnego wyboru zachowałem pozycję obserwatora.

* * *

VIII Plenum KC 6–7 lutego 1971 r. wyznaczyło granice, w jakich partia skłonna była dopuścić krytyczną rewizję swojej przedgrudniowej polityki. Nie wchodziła w rachubę oficjalna rewizja tego, co PZPR uczyniła w marcu 1968 r. Oprócz niepokoju awansowanej wówczas rzeszy aparatczyków młodszego pokolenia istotną rolę odgrywała tu również silna pozycja Mieczysława Moczara, który – choć nie udało mu się zająć miejsca Gomułki – pozostał sekretarzem KC odpowiedzialnym za nadzór nad MSW, a nawet formalnie awansował z zastępcy na pełnoprawnego członka Biura Politycznego. Już w 1970 r. adwokaci podjęli za moją sugestią próbę skrócenia naszego wyroku, ponieważ amnestia z 1969 r., która nie objęła nas jako recydywistów, powinna była jednak anulować końcową część naszej poprzedniej kary. Skorzystalibyśmy na tym blisko rok i koniec kary przypadłby nam w listopadzie 1971 r., a nie – jak w moim wypadku – dopiero w październiku 1972 r. Ta skomplikowana buchalteria nie przydała nam się jednak, gdyż władze ani przed, ani po grudniu 1970 r. nie skorzystały z możliwości, by nam cichaczem coś darować.

Prośby o łaskę nie zamierzaliśmy składać, pozostawało więc czekać na termin, w którym mogliśmy zostać w rutynowym trybie zwolnieni warunkowo. Jackowi, który w 1965 r. dostał o pół roku mniej ode mnie, termin ten przypadał o trzy miesiące wcześniej – w czerwcu 1971 r. Wniosek adwokata o jego warunkowe zwolnienie został jednak odrzucony 9 lipca 1971 r. przez sąd penitencjarny w Poznaniu, właściwy dla więzienia we Wronkach, gdzie Jacek siedział. W tej sytuacji powiadomiłem rodzinę i obrońców, że nie podtrzymam wniosku adwokata o moje warunkowe zwolnienie, jeżeli nie zmieni się decyzja o odmowie warunkowego zwolnienia Jacka.

Tymczasem sprawa pomarcowych represji, w tym uwolnienia z więzień Jacka Kuronia (a także głównego skazanego z tzw. sprawy taterników Macieja Kozłowskiego), podnoszona była w kontaktach środowiska naukowego z kierownictwem PZPR, a profesor Edward Lipiński, któremu Gierek demonstracyjnie okazywał atencję przed kamerami TV, złożył na jego ręce wykaz więźniów politycznych, których dalsze przetrzymywanie obciąża stosunki nowych władz PRL z inteligencją. W czerwcu matka moja podczas spotkania Józefa Tejchmy z warszawskimi literatami zadała mu pytanie, jak kierownictwo partii zamierza rozwiązać sprawę Kuronia i Modzelewskiego. Tejchma wyraził się bardzo oficjalnie („odpowiedź zostanie pani udzielona we właściwym trybie i czasie"), wkrótce jednak jego sekretariat nawiązał w tej sprawie z nią kontakt. W papierach po mojej matce znalazłem dwa jej listy do Tejchmy – z 8 i 27 lipca 1971 r. Oba dotyczyły zarówno mnie, jak i Jacka; w drugim, najwyraźniej pisanym wspólnie z adwokatami, matka moja podjęła krytykę postanowienia Sądu Penitencjarnego odmawiającego Kuroniowi warunkowego zwolnienia i zamknęła ten wywód następującą konkluzją: „...pragnę dla uniknięcia nieporozumień podkreślić, że list z 8 lipca do Obywatela Sekretarza [tj. Tejchmy, który był wówczas członkiem Biura Politycznego i sekretarzem KC] napisałam nie tylko dlatego, że Karol Modzelewski jest moim synem. Pisałam go z myślą jednocześnie o obu współskazanych, Modzelewskim i Kuroniu. Bo w moim odczuciu ludzkim i obywatelskim sprawa ich jest łączna i niepodzielna, nie sposób jej ujmować inaczej przy dokonywaniu ocen lub podejmowaniu decyzji – zarówno pozytywnych, jak i negatywnych".

W podobnym duchu wypowiadała się moja matka w kontaktach z sekretariatem Stanisława Kani, który przejął sprawę zgodnie z podziałem kompetencji w kierownictwie PZPR. W odpowiedzi na argument, że każda sprawa o warunkowe zwolnienie jest rozpatrywana indywidualnie, matka moja poinformowała, że w razie nieudzielenia warunkowego zwolnienia Jackowi ja zamierzam unieważnić wniosek adwokata dotyczący mnie; równałoby się to zdjęciu sprawy z wokandy. Było to stanowisko ze wszech miar rozsądne, dziś bowiem wiadomo, że w MSW i w Wydziale Administracyjnym KC zastanawiano się poważnie nad zwolnieniem mnie, a zatrzymaniem w więzieniu Jacka. Wydaje się jednak, że raz jeszcze o naszym losie przesądziły rozgrywki na szczytach partii.

W czerwcu 1971 r. Mieczysław Moczar, podejrzewany o próbę spisku zmierzającego do obalenia Gierka, został usunięty z Sekretariatu KC, wskutek czego utracił kontrolę nad MSW i prokuraturą. Upadek Moczara pociągnął za sobą aresztowanie i proces wiceministra spraw wewnętrznych Ryszarda Matejewskiego oraz grupy wyższych oficerów wywiadu (tzw. afera żelazo) i serię zmian personalnych, które siłą rzeczy odbiły się też na decyzjach politycznych. W wypadku Jacka istniała co prawda trudność formalna, gdyż po odmownej decyzji ponownie ubiegać się o warunkowe zwolnienie można było dopiero po upływie pół roku. Sąd mógł to jednak zrobić z urzędu, nie krępując się terminami.

13 września 1971 r., dwa miesiące i cztery dni po odmowie, Jacek został we Wronkach ponownie wezwany przed oblicze sądu. Przebieg tej „wokandy" znam z jego opowieści tak pełnej uroku, że warto ją tu przytoczyć. „Słuchajcie Kuroń – wyjaśnił mu na wstępie sędzia – postanowiliśmy waszą sprawę jeszcze raz rozpatrzyć, bo może poprzednio zbyt pochopnie zdecydowaliśmy. Bo widzicie Kuroń, w kraju zaszły poważne zmiany. I teraz najważniejsze jest, żeby być za socjalizmem. A wy, Kuroń, jesteście przecież za socjalizmem?". Jacek otworzył usta, żeby coś powiedzieć, ale sędzia obawiał się mędrkowania i nie dopuścił go do głosu, zamachał rękami i sam sobie odpowiedział: „My wiemy, że jesteście za socjalizmem. Dlatego, Kuroń, będziecie zwolnieni warunkowo. Macie jednak wyznaczony okres próby na jeden rok i pamiętajcie – przez ten rok macie powstrzymać się od nielegalnej działalności". Nie dość, że tak powiedział, ale tak też – dosłownie! – zapisano w urzędowym postanowieniu o warunkowym zwolnieniu. Jacek mógł sobie to powiesić na ścianie i po upływie roku powołując się na glejt sądowy twierdzić, że jemu już wolno.

Na trzeci dzień po wokandzie Jacka we Wronkach stanąłem i ja w Wołowie przed obliczem sędziego penitencjarnego, w obecności prokuratora i przedstawiciela administracji więziennej. Przebieg posiedzenia był może mniej rozrywkowy, ale w sumie podobny. Sędzia zapytał, czy mogę zapewnić, że nie powrócę na drogę konfliktu z państwem. Odpowiedziałem, że to zależy od trwałości pogrudniowej polityki władz; jeżeli nie będzie od niej odwrotu, to i ja nie powrócę na drogę, która zaprowadziłaby mnie znowu do więzienia. Chciałem odpowiedzieć sumiennie i dyplomatycznie, a wyszło jak zwykle, ale sędzia się nie czepiał. Przedstawiciel więziennictwa wystawił mi dobrą opinię, lecz ze względu na charakter przestępstwa opowiedział się przeciw zwolnieniu. Prokurator był bardziej na bieżąco – poinformował, że nie sprzeciwia się wnioskowi adwokata. Sąd postanowił mnie zwolnić, wyznaczył okres próby do października 1972 r. i zobowiązał mnie do powstrzymania się w tym czasie „od wszelkiej działalności mogącej mieć ujemne skutki dla interesów społecznych, politycznych i gospodarczych PRL". Ku mojemu i Jacka zadowoleniu, tym razem wyszliśmy na wolność prawie równocześnie – 17 i 18 września 1971 r.

Na drugi dzień po powrocie poszliśmy obaj do Adama Michnika porozmawiać o tym, jak wygląda Polska po Grudniu. Adam włączył magnetofon i z zapartym tchem wysłuchaliśmy nagrania kilkugodzinnej dyskusji, jaka odbyła się nocą z 24 na 25 stycznia między Gierkiem a delegatami strajkującej załogi Stoczni Szczecińskiej. Mieliśmy wrażenie, że słowo stało się ciałem. Klasa robotnicza zmaterializowała się jako podmiot polityczny, który zmusił najwyższe władze komunistycznego państwa do dialogu i potrafił przemawiać w tym dialogu własnym głosem. Taśmę z tym nagraniem zdobył Krzysztof Kieślowski, a przywiózł ją ze Szczecina szkolny (i klubowy) kolega Michnika Andrzej Titkow. Adam ze swej strony zadbał, żeby się nie zmarnowała – przekazał ją Bolesławowi Sulikowi, który przewiózł nagranie na Zachód i przygotował do druku w wydawnictwach Instytutu Literackiego w Paryżu. Była to wielka zasługa. Krajowi czytelnicy „Kultury"po lekturze tej publikacji mogli spojrzeć inaczej niż dotychczas na środowiska wielkoprzemysłowych robotników. Wiedza na ten temat współkształtowała postawy elit inteligenckich w czasach KOR i wielkiej „Solidarności". W słowach samego Michnika, gdy mówił o uczestnikach robotniczego buntu na Wybrzeżu, dźwięczały świeże emocje: „to oni pierwsi dali krew". Nie miał wątpliwości, że była to krew przelana w walce o naszą wspólną wolność.

Samego Adama zresztą, gdy we wrześniu 1969 r. wyszedł z więzienia na mocy amnestii, władza ludowa skierowała do pracy na stanowisku robotniczym w warszawskich Zakładach Wytwórczych Lamp Elektrycznych im. Róży Luksemburg. Miało to przyczynić się do jego reedukacji. W 1976, a zwłaszcza w 1980 r., doświadczenie to bardzo przydało się Michnikowi.

Na razie jednak nie dało się spożytkować takich doświadczeń na większą skalę. Panowała wyczuwalna na każdym kroku atmosfera odprężenia i nastrój ulgi. Rozbite i zdziesiątkowane po Marcu środowiska inteligencji twórczej, a także środowiska studenckie nie były zdolne do wsparcia protestujących robotników. Lata 1968–1970 były z perspektywy ludzi kultury, nauki i edukacji najczarniejszym okresem od czasów stalinowskich. Pogrudniową liberalizację i otwarcie na Zachód, nie tylko zresztą w polityce kulturalnej, ale przede wszystkim gospodarczej i społecznej, a także w życiu codziennym, witano z uznaniem i nadzieją, że będzie trwała. Liderzy robotniczych strajków, którym na czas krótki umożliwiono publiczne funkcjonowanie, potrzebowali może inteligenckiego wsparcia, nie szukali go jednak ze zrozumiałych powodów w kręgach rozbitej w Marcu opozycji. Opiniotwórcze elity intelektualne miały zresztą w pamięci i czuły w kościach nie tylko Marzec, ale nade wszystko Sierpień 1968 r. i po dramatycznej klęsce Praskiej Wiosny nie liczyły na zasadniczą demokratyzację systemu. Panowało przekonanie, że liberalizację oferowaną przez ekipę Gierka należy zaakceptować, tj. realistycznie zabiegać o jej ugruntowanie i poszerzanie, bo tylko to jest osiągalne.

Podzielałem ten pogląd. Byłem rewolucjonistą po przejściach. Uważałem, że doktryna Breżniewa stawia tamę naszym aspiracjom. Po tym, jak sami wzięliśmy udział u boku Armii Radzieckiej w najeździe na Czechosłowację, już nie wierzyłem, że rewolucyjny płomień, bez względu na to, gdzie się pojawi, z łatwością ogarnie całe imperium i sięgnie Moskwy. Ponadto byłem historykiem i wiedziałem, że jeśli teraz nie powrócę do pracy naukowej, ostatecznie wypadnę z obiegu. Dokonałem wyboru, chociaż nie była to jakaś jednorazowa i nieodwołalna decyzja. Mimo rozmaitych wahań i prób, jakim po czerwcu 1976 r. poddany został mój ówczesny wybór drogi życiowej, wytrwałem w nim aż do sierpnia 1980 r. Zdarzało się, że odczuwałem z tego powodu dyskomfort, a nawet wstyd, ale muszę wyznać, że nie żałuję – przeważna część mojego dorobku na polu badań nad ustrojem i społeczeństwem Polski piastowskiej pochodzi z lat 1971–1980. Bez tego dorobku nie byłbym, kim jestem.

Na początku zresztą sytuacja ułatwiała mi dokonanie wyboru. Środowiska opozycyjne z lat sześćdziesiątych były w pierwszych latach gierkowskiej dekady nie tylko zdziesiątkowane przez emigrację, ale i dość bezradne politycznie; istniały one raczej dzięki więziom towarzyskim niż poprzez wspólnie podejmowane akcje. Nowa ekipa rządząca postanowiła uwolnić się od odium marcowych represji poprzez dyskretne i dość połowiczne gesty. Podobno rozważano ewentualność przywrócenia relegowanych studentów na Uniwersytet Warszawski, ale kierownictwo partii obawiało się reakcji „aktywu" awansowanego w marcu i po marcu 1968 r. Nowa ekipa liczyła się ze szczególną wrażliwością tego aparatu, bo na tym aktywie się opierała. Na początku 1972 r. przyjęto więc i zaczęto realizować skromniejsze rozwiązanie. Powołano specjalną komisję, formalnie afiliowaną przy Wydziale Nauki Komitetu Warszawskiego PZPR, faktycznie jednak pracującą pod nadzorem sekretarza KC odpowiedzialnego wówczas za naukę i edukację, czyli Franciszka Szlachcica. Z jego ramienia uczestniczyła w pracach tej komisji instruktor Wydziału Nauki KC Halina Krysanka, osoba inteligentna, taktowna i decyzyjna. Poczynając od przełomu lutego i marca 1972 r., Komisja zapraszała na rozmowy „komandosów" relegowanych przed czterema laty z Uniwersytetu Warszawskiego. Zaproszono też jednego doktoranta relegowanego w 1964 r., czyli mnie; Jacek zdążył zatrudnić się fikcyjnie jako osobisty sekretarz Igora Newerlego, więc jego sprawę uznano za odfajkowaną, zwłaszcza że nigdy nie pracował na Uniwersytecie, więc nie był z niego usunięty.

Rozmowy te miały rzeczowy charakter. Nie pytano nas o poglądy ani o zamiary polityczne, nie oczekiwano żadnych deklaracji, mówiono tylko: „Pan (Pani) nie studiuje (w moim wypadku: nie pracuje), niestety nie możemy zaproponować powrotu na Uniwersytet Warszawski, gdyż nie zgadza się na to rektor, możemy tylko zaoferować studia zaoczne lub eksternistyczne poza Warszawą". W tych ramach padały konkretne propozycje, nad którymi można było dyskutować, a nawet się targować. Jankowi Lityńskiemu, którego po Marcu usunięto z warszawskiej matematyki, zaproponowano studia matematyczne w Poznaniu, ale on wytargował Uniwersytet Wrocławski; Adam Michnik został skierowany na historię w Poznaniu, a Teresa Bogucka na eksternistyczną socjologię do Łodzi. Poszedłem na rozmowę wyposażony w wykaz swoich publikacji i pisemną opinię Aleksandra Gieysztora. W rezultacie udało mi się wytargować etat starszego asystenta we wrocławskiej filii Instytutu Historii Kultury Materialnej PAN. Zostałem tam zatrudniony od 1 lipca 1972 r. Tak wróciłem oficjalnie do pracy naukowej w swojej specjalności (oczywiście bez dydaktyki i kontaktu ze studentami), a zarazem rozpocząłem dwudziestoletni okres wrocławski w moim życiu.

Do badań nad średniowieczem powróciłem tydzień czy dwa po wyjściu z więzienia, nie czekając na żaden etat. W ciągu paru miesięcy napisałem i oddałem do druku dwa artykuły. Nie miałem już cenzorskiego „zapisu na nazwisko", ale jeden z tych artykułów (pod ezoterycznym tytułem *Narok – beneficjum grodu*) ukazał się w numerze 3/1972 „Kwartalnika Historycznego". W tym samym numerze umieszczono teksty autorstwa Bronisława Geremka, który oddał legitymację partyjną nazajutrz po wkroczeniu wojsk Układu Warszawskiego do Czechosłowacji, i Jerzego Jedlickiego, który uczynił to samo w marcu 1968 r., oraz recenzję Marcina Kuli z wydanej na Zachodzie książki marcowego emigranta Ignacego Sachsa. Tego było za wiele. Wspomniany już Franciszek Szlachcic wezwał „na dywanik" do KC naczelnego redaktora „Kwartalnika", profesora Bogusława Leśnodorskiego (był partyjny, więc można go było dyscyplinować jako towarzysza).

– Panie profesorze – zaczął jowialnie Szlachcic – ten spis rzeczy to jest demonstracja polityczna!

– Ależ towarzyszu sekretarzu – bronił się redaktor – cenzura nie miała zastrzeżeń. Taki na przykład tekst Modzelewskiego. Czyżby towarzysz sekretarz miał zastrzeżenia do tego, co on pisze o naroku?

– Przeciwnie – odparł Szlachcic. – Jeżeli on napisze o tym naroku książkę, to mu ją wydamy szybką ścieżką. Modzelewski jako specjalista od średniowiecznego osadnictwa jest mile widziany, byle nie zajmował się niczym innym. Ale pan ma cztery numery w roku, po co pan ich wszystkich wydrukował w jednym?

Dzień lub dwa po tym spotkaniu bezpartyjny zastępca Leśnodorskiego w redakcji „Kwartalnika", mój przyjaciel Stanisław Trawkowski, powtórzył mi słowa Szlachcica. Przyjąłem je do aprobującej wiadomości. W ówczesnej sytuacji też chciałem zajmować się średniowieczem i niczym innym. Nie miałem nic przeciwko temu, żeby towarzysz Szlachcic mile mnie widział w tej roli.

Po zatrudnieniu we Wrocławiu nikt nie wymagał ode mnie, żebym się tam przeprowadził. Musiałem tylko jeździć raz w miesiącu na zebrania naukowe do Wrocławia, cotygodniowe dyżury odbywałem zaś w warszawskiej siedzibie Instytutu, a pracowałem w bibliotekach i w domu. Po powrocie z więzienia zamieszkałem u matki; tak postanowiliśmy oboje z moją pierwszą żoną, gdyż długoletnia rozłąka nadwerężyła nasze małżeństwo. Po kilku miesiącach wszczęliśmy sprawę rozwodową, formalnie na wniosek żony, ale za porozumieniem stron. Rozwód uzyskaliśmy stosunkowo szybko. Można powiedzieć, że rozstaliśmy się w zgodzie i dopiero po latach zrozumiałem, jak przeżyła to moja córka. Początkowo zresztą nie miałem do niej daleko, bo mieszkanie mojej matki znajdowało się piętro niżej na tej samej klatce schodowej.

Latem 1973 r. pojechałem na wykopaliska do Sobótki koło Wrocławia. Poznałem tam Olę Janik, położną w gminnym ośrodku zdrowia, która wzięła dwutygodniowy urlop, żeby niedaleko domu pracować z archeologami; było to jej hobby, na średniowiecznej i starożytnej ceramice znała się dużo lepiej niż ja, rysowała profile wykopów, a poza tym gotowała obiady dla całej ekipy. Podobnie jak ja, była rozwiedziona, mieszkała z trzynastoletnim synem w jednopokojowym mieszkaniu przy rynku. W dwutysięcznej Sobótce znała wszystkie kobiety, była ich powierniczką, urodzoną społecznicą i można bez większej przesady powiedzieć, że wszystkie małe dzieci w tym miasteczku przeszły przez jej ręce. Znała także kobiety wiejskie z tej gminy i odbierała od nich porody, gdyż w czasach Gierka wprowadzono ubezpieczenia zdrowotne dla rolników (była to ważna cywilizacyjna zmiana). W sierpniu 1974 r. wzięliśmy ślub i zamieszkałem w Sobótce.

Poznałem tu inną Polskę niż ta, którą dostrzec można z wielkomiejskiej perspektywy Warszawy, Wrocławia czy Krakowa. Wszyscy wiedzieli tu wszystko o każdym, ale trudno powiedzieć, żeby byli „tutejsi". Ci, co mieli więcej niż 27 lat, urodzili się daleko stąd, przeważnie w okolicach Lwowa, Stanisławowa lub Tarnopola. Kresowość przeniesiona na poniemieckie tereny nadawała dolnośląskim miasteczkom, podobnie jak wrocławskiej metropolii, szczególne piętno, coś w rodzaju wspólnego mianownika. W licznikach były jednak poważne różnice. Do Sobótki ściągali po wojnie repatrianci całymi dużymi rodzinami, można powiedzieć rodzinnymi klanami, i relacje między tymi klanami nadawały swojskie oblicze oficjalnym strukturom życia lokalnego w PRL. Film *Sami swoi* oglądano w miejskim kinie (było tam kino za moich czasów) z wielkim przejęciem nie jako komedię, ale jak sagę o własnej przeszłości. Wrocław natomiast był wielkim, otwartym miastem, gdzie repatrianci mieszali się z przybyszami z Polski centralnej, i to takimi, którym było zbyt ciasno w tradycyjnych społecznościach albo zbyt niebezpiecznie, starali się więc zejść z oczu opinii własnego środowiska lub podejrzliwości UB i zacząć nowe życie na „ziemiach odzyskanych". W połączeniu ze świetną tradycją lwowskiego życia kulturalnego i akademickiego, nadającą Wrocławiowi galicyjski koloryt, stworzyło to społeczność dynamiczną, różnorodną i witającą każdego przybysza jak swego. Wszyscy byli swoi, bo wszyscy byli przyjezdni.

Mieszkałem w Sobótce od 1974 do 1976 r. i ponownie od wyjścia z więzienia w sierpniu 1984 r. do lutego 1986 r., we Wrocławiu zaś w latach 1976–1981 i 1986–1994. Urodziłem się w Moskwie, wychowałem się w Warszawie, ale zapytany, skąd jestem, odpowiadam odruchowo: „Z Wrocławia". Moją uczelnią był i jest (choć już od pięciu lat nie wykładam) Uniwersytet Warszawski, ale moim miastem jest Wrocław, mimo że od dawna już tam nie mieszkam. To kwestia uczuć, czyli patriotyzmu lokalnego. Ale nie wypieram się też Sobótki. W zeszłym roku, gdy Rada miasta Sobótki nadała mi tytuł honorowego obywatela, poczułem w sercu swojskie ciepło. Od niedawna, dzięki bliższym więziom z sąsiadami, czuję się też u siebie na warszawskich Bielanach.

* * *

To, że wyprowadziłem się z Warszawy, siłą rzeczy osłabiło moje kontakty z kręgiem warszawskich przyjaciół. Już wcześniej zarysowała się między nami pewna różnica postaw. Środowisko marcowych kombatantów utrzymywało ze sobą więź towarzyską, prowadziło ożywione dyskusje i zbliżało się do ludzi związanych z Klubem Inteligencji Katolickiej, nawiązywało też kontakty z wybitnymi pisarzami i uczonymi. Przyglądałem się temu z sympatią i sam też czasem „bywałem", ale nie przywiązywałem do tego rodzaju aktywności politycznego znaczenia. Nie wydawało mi się zresztą, że trzeba koniecznie szukać sposobu zaistnienia przez jakąś kontestację. Na początku lat siedemdziesiątych tylko wyroki więzienia w procesie grupy „Ruch" zasługiwały według mnie na głos obywatelskiego sprzeciwu. Musiał to być jednak – i faktycznie był – głos ogólnie uznanych autorytetów rangi profesora Edwarda Lipińskiego, Antoniego Słonimskiego czy Marii Ossowskiej, a nie okrzyczanych buntowników, którzy sami niedawno wyszli zza krat.

Jesienią 1975 r., gdy władze zapowiedziały zmiany w Konstytucji PRL i obywatelską dyskusję na ten temat, mieszkałem już od przeszło roku w Sobótce. Dojazd tam był uciążliwy, a telefon krępujący: trzeba było dzwonić do miejscowego Urzędu Pocztowego i prosić telefonistkę o połączenie z mieszkaniem położnej. W październiku jednak wybrałem się do Warszawy na odczyt mojej mamy o interpretacji sztuk teatralnych Czechowa. Przyszli tam również Jacek Kuroń i Adam Michnik, którzy po odczycie poszli ze mną w ustronne miejsce i oznajmili, że zamierzają skorzystać z zaproszenia do obywatelskiej dyskusji nad konstytucją, by przedstawić własną platformę w postaci zbiorowego listu. Odpowiedziałem dość opryskliwie, że to mnie nie interesuje. Tekstu nie widziałem, chyba go zresztą jeszcze nie było. Dopiero po paru tygodniach zaistniał on publicznie jako List 59. Wtedy przekonałem się, że był w nim punkt, który mnie jednak żywo interesował. Przytaczam ten fragment dosłownie: „Wolność pracy. Nie ma tej wolności, gdy państwo jest jedynym pracodawcą, a związki zawodowe są podporządkowane instancjom partyjnym sprawującym w praktyce władzę państwową. W tych warunkach – jak wskazują doświadczenia lat 1956 i 1970 – próby obrony interesów robotniczych grożą rozlewem krwi i prowadzić mogą do poważnych zaburzeń. Dlatego należy pracownikom zapewnić możliwość swobodnego wyboru własnej reprezentacji zawodowej, niezależnej od organizacji państwowych lub partyjnych. Należy zagwarantować również prawo do strajku".

Jakieś dwa lata wcześniej, gdy Jacek Kuroń i Adam Michnik pytali mnie o przyczyny mojej powściągliwości wobec dość jeszcze wtedy skromnych poczynań dysydenckich, powiedziałem, że działania opozycyjne można podejmować w sposób odpowiedzialny tylko wtedy, gdy się z góry zakłada ewentualność więzienia i czuje do tego gotowość; inaczej istnieje ryzyko, że nie sprostamy próbie. Jacek i Adam umieli liczyć więzienny czas, więc uznali, że moje sześć lat mi wystarcza i trzeba to uszanować. Może dlatego po szorstkiej reakcji z mojej strony na pierwszą wzmiankę o zbiorowym liście w sprawie konstytucji dali za wygraną i nie ponawiali prób. O utworzeniu we wrześniu 1976 r. Komitetu Obrony Robotników dowiedziałem się z audycji Radia Wolna Europa. KOR powstał więc bez mojej wiedzy i obywał się beze mnie; a przecież powstał i działał w sprawie, z którą się całkowicie identyfikowałem. To, że się nie przyłączyłem, sprawiało mi dyskomfort, wynikało jednak z wyboru, którego sam dokonałem parę lat wcześniej. Wybór między wartościami zawsze boli, a czasem pobolewa po latach niczym pourazowy reumatyzm. Ale nie żałuję. W latach osiemdziesiątych zdążyłem jeszcze swoje zrobić i za to, co zrobiłem, posiedzieć. Zdążyłem też – wcześniej, a w rezultacie także później – zrealizować się jako historyk-mediewista.

Kryzys i nowa opozycja

W realnym socjalizmie ceny towarów – oprócz sezonowych i sprzedawanych na targowiskach, jak rzodkiewka, szczypiorek czy świeże jajka – ustalano centralnie w trybie decyzji administracyjnej. Były to ceny stałe. Wahania podaży i popytu na te towary nie przekładały się na zmianę cen. Natychmiastowym skutkiem niedoboru podaży były puste półki sklepowe, z taką lubością pokazywane dziś w dydaktycznych migawkach filmowych, które mają ukazać prosty i łatwo przyswajalny obraz Polski Ludowej. Stan chronicznej nierównowagi na rynku, zwany też gospodarką niedoboru, miał jednak wielorakie negatywne skutki, które z czasem kumulowały się i przybierały groźne rozmiary. Co kilka lat próbowano temu zaradzić, zarządzając odgórnie kompleksową i z reguły znaczną podwyżkę cen. Dla obywateli PRL, zwłaszcza uboższych, którzy przeważną część domowego budżetu przeznaczali na wyżywienie rodziny, podniesienie o kilkanaście lub kilkadziesiąt procent urzędowych cen mięsa i wędlin było bardzo bolesną operacją.

W ciągu czternastoletnich rządów Władysława Gomułki operację taką przeprowadzono najpierw w 1959 r. i ponownie w 1967 r.; za pierwszym razem cena kilograma kiełbasy zwyczajnej – najbardziej strategicznego towaru tamtych czasów – wzrosła z 18 do 26 zł, a za drugim razem – z 26 do 36 zł. W wyniku trzeciej próby podwyżki, podjętej tuż przed Bożym Narodzeniem 1970 r. („zwyczajna" miała wtedy zdrożeć do 42 zł), doszło do robotniczej rewolty, która obaliła Gomułkę. Ekipa Gierka próbowała zrazu utrzymać nowe ceny w mocy, ale po strajku w Łodzi anulowała grudniową podwyżkę. Uznano, że będzie to politycznie bezpieczniejsze i ekonomicznie mniej kosztowne od ustępowania przed falami kolejnych roszczeń płacowych. W ten sposób jednak zablokowany został kulawy, ale jakoś działający mechanizm, który co kilka lat dopasowywał ceny do wymogów równowagi rynkowej. Powstałą lukę zapełniono zrazu importem żywności na kredyt, lecz wobec jednoczesnego wzrostu importu inwestycyjnego za pożyczone pieniądze i braku oczekiwanych efektów eksportowych znów pojawiła się groźna nierównowaga – tym razem także w postaci nadmiernego zadłużenia. Potrzeba kolejnej, generalnej podwyżki cen żywności stawała się od 1974 r. coraz bardziej paląca, władze jednak zwlekały z decyzją, bo się bały. W końcu zdecydowały się na nią z duszą na ramieniu.

Wieczorem 24 czerwca 1976 r. premier Jaroszewicz ogłosił założenia nowej podwyżki cen i zapowiedział, że w ciągu następnego dnia mają się odbyć w tej sprawie konsultacje społeczne, po czym 26 czerwca sejm podejmie ostateczną decyzję. Czas przewidziany na rozmowę ze społeczeństwem był śmiesznie krótki, ale było to bez znaczenia. Zarodki autentycznych przedstawicielstw robotniczych, jakie pojawiły się po grudniu 1970 r., zostały szybko zlikwidowane, wskutek czego władze państwowe nie miały partnera do rozmowy. Jedyną możliwą formą konsultacji społecznej pozostawało tzw. kryterium uliczne i na to, jak się okazało, jeden dzień w zupełności wystarczył. Prócz Radomia, Ursusa i Płocka, gdzie robotnicy strajkujących zakładów wyszli na ulice, strajki wybuchły w Gdańsku, Szczecinie, Elblągu, Łodzi i Warszawie, a także w innych miastach. We Wrocławiu, gdzie wówczas mieszkałem, przerwały pracę załogi trzech dużych fabryk: Polskich Zakładów Lotniczych „Hydral", Zakładów Aparatury Spawalniczej „Aspa" oraz Pilmetu. Tak było w pierwszy dzień po ogłoszeniu zapowiedzi podwyżki. Wyglądało na to, że fala strajkowa ogarnie nazajutrz cały kraj.

Reakcja ekipy Gierka na robotniczy bunt wydawała się początkowo uwarunkowana przez doświadczenie Grudnia '70. Po pierwsze, oddziały milicji wysłane do walki z demonstrantami w Radomiu, Ursusie i Płocku nie były wyposażone w broń palną. Było to zgodne z postanowieniem, że z góry wykluczone jest strzelanie do robotników. Kadra MSW protestowała przeciw decyzji, by milicja szła do akcji bez ostrej amunicji. Obrońcy reżimu poczuli się bezbronni, ale Kania, któremu w Biurze Politycznym podlegały „resorty siłowe", był w tej sprawie nieugięty. Dzięki temu obyło się przynajmniej bez rozlewu krwi. Po drugie, w ciągu 24 godzin władze wycofały się z zapowiedzianej podwyżki cen, groteskowo uzasadniając tę rejteradę koniecznością rozpatrzenia wielkiej liczby uwag zgłoszonych w toku „konsultacji". Błyskawiczne usunięcie głównego powodu protestów zapobiegło przerodzeniu się pierwszych strajków i demonstracji w ogólnopolski bunt. Zarazem jednak było to czymś więcej niż porażką rządzących. W świetle płonącego Komitetu Wojewódzkiego w Radomiu stało się jasne, że wyczerpała się pogrudniowa formuła milczącego kompromisu nowych władz PRL ze społeczeństwem. Polska już nie mogła rosnąć w siłę na kredyt, a ludzie nie mieli szans, by żyć dostatniej. Model „gulaszowego socjalizmu" nie przyjął się u nas i nie mógł zapewnić spokoju. Co gorsza, w ślad za rozsądną decyzją odwrotu od niefortunnej „operacji cenowej" nastąpił irracjonalny odwet władzy.

Akcję odwetową rozpoczęli jeszcze w toku demonstracji funkcjonariusze milicji. Po tym, jak zomowcy „poszli w bój bez broni" i musieli walczyć z tłumem gołymi pałkami, odreagowali oni swój strach, znęcając się okrutnie nad schwytanymi ludźmi. Czytałem ze ściśniętym gardłem w pierwszych komunikatach KOR suche, protokolarne opisy bicia na komendzie ludzi przykutych do kaloryfera lub przepuszczania zatrzymanych przez szpaler bijących milicjantów („ścieżka zdrowia"), a zwłaszcza strzyżenia zatrzymanych „na zero" tępym scyzorykiem; a przecież w więzieniach słyszałem i widziałem niejedno. Wiem oczywiście, że historycznym prototypem „ścieżki zdrowia" była nieludzka kara wymierzana w dziewiętnastowiecznej armii carskiej nieposłusznemu żołnierzowi rękami, a właściwie wyciorami jego współtowarzyszy. Ironiczna nazwa była jednak rodem z PRL, a sam proceder, wbrew przypuszczeniom historyków antykomunistycznej opozycji, wydaje mi się związany ze zwyczajowym postępowaniem milicji, a także Służby Więziennej wobec zatrzymanych chuliganów i odbywających karę kryminalistów. Gdy siedziałem w Wołowie, więzienna „atanda" przepuściła przez ścieżkę zdrowia grupę małolatów przywiezionych z zakładu karnego dla młodocianych na ul. Fiołkowej we Wrocławiu za „bunt", który polegał na zbiorowej głodówce. Widziałem tych chłopców; wyglądali jak śmiertelnie przerażone dzieci. Myślę, że w 1976 przemoc, stosowana dotychczas rutynowo wobec „marginesu społecznego" i niebudząca zainteresowania porządnych obywateli, „wybiła" na powierzchnię i obróciła się przeciwko każdemu, kto się nawinął zomowcom pacyfikującym Radom lub Ursus.

Mechanizm bezprawia i przemocy miał w sobie zapewne coś z automatyzmu, ale odpowiedzialność rządzących za to zjawisko nie budzi wątpliwości. Psychoza odwetu ogarnęła „partię i rząd". Podobno sam Gierek poczuł się boleśnie dotknięty niewdzięcznością robotników. Niezależnie od tego, ile jest prawdy w tej kompromitującej pogłosce, antyrobotnicza kampania nienawiści rozpętana w mediach i na prymitywnie inscenizowanych masówkach, które skwapliwie transmitowano w telewizji, musiała odbywać się z najwyższym przyzwoleniem, a właściwie na najwyższy obstalunek. Do repertuaru wyzwisk używanych w podobnej sytuacji wobec stoczniowców przez ekipę Gomułki dołączono teraz staropolski epitet „warchoły". Jan Skórzyński w świetnej historii KOR (*Siła bezsilnych*, Warszawa 2012, s. 90) słusznie zwrócił uwagę, że interwencje Piotra Jaroszewicza i Stanisława Kani w sądach, które według zgodnej opinii premiera i sekretarza KC ferowały zbyt łagodne wyroki na warchołów z Radomia i Ursusa, są dowodem bezpośredniej odpowiedzialności politycznego kierownictwa PRL za paroksyzm represji po Czerwcu '76.

W najlepszych tradycjach polskiej inteligencji leżało, by na odruch odwetu ze strony rządzących dopowiedzieć odruchem solidarności z ofiarami odwetu. Była to kwestia honoru, albo prościej mówiąc – wymóg przyzwoitości. Aby jednak postąpić zgodnie z tym wymogiem, trzeba było najpierw dowiedzieć się, co się dzieje w milicyjnych aresztach, w pokojach przesłuchań i za drzwiami sal sądowych. Ścieżkę do tej wiedzy wydeptali ci, co pierwsi poszli za odruchem przyzwoitości, próbowali dostać się na rozprawę sądową przeciwko robotnikom z „Ursusa" i nawiązali kontakty z rodzinami oskarżonych. Z wyjątkiem niezawodnego Jana Józefa Lipskiego nie byli to początkowo renomowani intelektualiści, lecz ludzie stosunkowo młodzi: harcerze z „Czarnej Jedynki", harcerze z Kręgu Walterowskiego, marcowi komandosi i młodzież katolicka z warszawskiego KIK. Niekwestionowanym przywódcą „Czarnej Jedynki" był Antoni Macierewicz, charyzmatycznym wychowawcą walterowców był Jacek Kuroń (przetrzymywany w tym czasie w wojsku, z którego w czerwcu 1976 r. uczyniono swoisty areszt prewencyjny), a niekwestionowanym przywódcą marcowych komandosów był Adam Michnik. Zestawienie nazwisk Kuronia, Michnika i Macierewicza jako współbojowników tej samej sprawy może wydać się egzotyczne, naprawdę jednak stanowi pouczający przykład tego, że historii nie można fryzować wedle późniejszych losów jej bohaterów, choćby to były losy bardzo dziwaczne. W 1976 r. to Kuroń z Macierewiczem i Michnikiem (oraz wieloma innymi) wszczęli akcję pomocy ludziom bitym i poniewieranym. Uratowała ona honor polskiej inteligencji, przełamała bariery między środowiskami społecznymi i utorowała drogę do współdziałania inteligencji z robotnikami, które stało się zarodkiem „Solidarności". Ani późniejszy udział Macierewicza w lustracyjnej awanturze, która wywróciła rząd Olszewskiego, ani jego udział jako mistrza ceremonii w odprawianiu smoleńskich guseł nie mają nic do rzeczy, gdy mówimy o jego roli w narodzinach KOR.

Prawdziwie harcerska akcja wyjazdów do Ursusa i okolicznych miejscowości, a następnie do Radomia, by skontaktować się z rodzinami uwięzionych uczestników robotniczego protestu, przywieźć zebrane w „nielegalnej składce" pieniądze, kupić i przywieźć węgiel na zimę, zaoferować darmową pomoc adwokatów, a przy okazji zebrać informacje o represjach i o innych poszkodowanych, wprowadzały inteligencką młodzież z Warszawy w nieznany świat. Nie zapomnę opowieści nieżyjącej już Bogusławy Blajfer, wówczas młodej, efektownej i dobrze ubranej dziewczyny z „dobrego domu", o tym, jak weszła do jednopokojowego mieszkania robotniczej rodziny w prymitywnej radomskiej ruderze, oznajmiła, że na dole stoi wóz z toną węgla na zimę, i ujrzała wychudzoną kobietę z trójką dzieci, jak wcinają na kolację suchy chleb posypany cukrem: „a ja wytrzeszczam na nich oczy i stoję w tym swoim białym kożuchu jak jakiś chuj". Bogusia przeszła wprawdzie wcześniej przez śledcze i karne więzienie, gdyż była skazana wraz z Andrzejem Sewerynem za ulotki przeciwko interwencji w Czechosłowacji, mimo wszystko jednak ordynarny wyraz w opowieści subtelnej panienki ze środowiska warszawskich komandosów pozwolił mi wyobrazić sobie i odczuć, jak głęboko przeżyła ona kontakt z prawdziwą biedą.

Doświadczenia i wstrząsające informacje zdobyte przez tych młodych ludzi poruszyły i popchnęły do działania grono wybitnych intelektualistów i autorytetów, które dla wsparcia i osłony działań młodzieży zdecydowało się utworzyć wraz z inicjatorami akcji pomocowej Komitet Obrony Robotników. Nie byłem jego członkiem ani, ściśle rzecz biorąc, aktywnym współpracownikiem, mimo że parę razy zabierałem głos i próbowałem wpłynąć na decyzje moich przyjaciół z KOR.

Głos zabrałem po raz pierwszy w formie obszernego listu do Gierka, który napisałem na przełomie października i listopada 1976 r. Złożyłem go 8 listopada w biurze podawczym KC PZPR i zgodnie z zapowiedzią umieszczoną na końcu listu przekazałem kopie do Komitetu Obrony Robotników, do episkopatu Polski, do kierownictwa włoskiej centrali związkowej CGIL oraz do kierownictwa Włoskiej Partii Komunistycznej. Był to zatem list otwarty, pisany z myślą o ewentualnej publikacji, ale w istocie skierowany do dwóch adresatów – do Gierka i do KOR. Zamysł mój był ambitny, może nawet nieco zarozumiały – starałem się zaproponować język i sposób myślenia, na gruncie którego możliwy byłby dialog między pogrudniową ekipą rządzącą a kształtującą się opozycją.

List zacząłem od potwierdzenia aprobaty dla sposobu, w jaki ekipa Gierka zażegnała groźny kryzys polityczny po grudniu 1970 r., zwłaszcza zaś dla bezpośrednich rozmów z delegatami strajkujących wydziałów Stoczni Szczecińskiej, osiągniętego wówczas porozumienia oraz tego, co zdawało się zapowiadać instytucję dialogu władz politycznych z załogami fabrycznymi w sytuacjach konfliktu. Rezygnacja z tych zamiarów i eliminacja strajkowych działaczy z organizacji związkowych i z załóg, w których cieszyli się autorytetem, doprowadziła do tego, że w krytycznym momencie, mimo ekonomicznych racji przemawiających być może za celowością podwyżki cen, władzom zabrakło po stronie społecznej partnera do rozmowy. Przywrócenie dialogu, a więc dopuszczenie do głosu wiarygodnego, czyli niezależnego i reprezentatywnego, partnera jest niezbędnym warunkiem przezwyciężenia obecnego kryzysu, który oceniałem jako bardzo groźny i dotyczący w gruncie rzeczy sposobu funkcjonowania państwa.

Jesienią 1976 r., po rejteradzie w kwestii cen i po fali antyrobotniczych represji, a także po utworzeniu zorganizowanej opozycji, która drogą faktów dokonanych torowała drogę sojuszowi inteligencji z robotnikami, władze nie miały spójnej polityki. Szamotały się między połowicznymi gestami, które nie wystarczały do uspokojenia nastrojów, a pokusą nowych represji zmierzających do rozbicia opozycji środkami policyjno-sądowymi. Od tej sprawy zacząłem postulatywną część listu. „Sytuacja obecna – pisałem – aż nadto przypomina to, co współczesna wiedza politologiczna określa jako warunek wybuchu wielkich konfliktów społecznych. Konflikt taki może być sprowokowany już dziś, jeżeli rozwaga i stanowczość najwyższych władz politycznych nie zapobiegnie wszczęciu nowych represji. Przede wszystkim więc chcę zaapelować do Was [zwracałem się do Gierka per „Szanowny Obywatelu Pierwszy Sekretarzu"– K.M.] o zażegnanie tego najbardziej bezpośredniego niebezpieczeństwa. Liczne kręgi młodzieży akademickiej uczestniczą, jak wiadomo, w społecznej akcji pomocy robotnikom. W istniejącej sytuacji jakiekolwiek próby przeciwdziałania tej akcji przez zastosowanie represji równałyby się spowodowaniu masowych wystąpień. Wystarczy podjęcie represji policyjnych wobec niektórych członków Komitetu Obrony Robotników lub relegowanie kilku studentów z uczelni, a nikt i nic nie zdoła powstrzymać powszechnego odruchu solidarności młodzieży. Mówię to z pełną odpowiedzialnością, opierając się na własnych doświadczeniach. Również ci, którzy znają mechanizm wydarzeń 1968 r. od strony władz, nie powinni mieć w tej sprawie wątpliwości. [Ale] nie sposób dziś ograniczyć konfliktu do studencko-inteligenckich wymiarów marca 1968 r. (...) Wszyscy rozumieją związek spraw bytowych, wystąpień robotniczych, represji poczerwcowych i akcji pomocy represjonowanym. (...) Nikt nie jest dziś w stanie zapobiec przekształceniu się ewentualnego konfliktu władz z młodzieżą w powszechną konfrontację o nieobliczalnych następstwach. Ktokolwiek prowokowałby taki konflikt, czy to ze ślepej wiary w skuteczność represji, czy dla prywaty politycznych rozgrywek, jest podpalaczem wspólnego domu, którego działanie nosi znamiona zdrady narodu.

(...) Zażegnanie niebezpieczeństwa najbardziej doraźnego nie wystarczy jednak do zmiany sytuacji ogólnej; tymczasem samo jej trwanie oznacza pogłębianie się kryzysu politycznego (...). Rozwiązanie najbardziej nabrzmiałych problemów gospodarczych wymaga decyzji niepopularnych, które w warunkach kryzysowych, charakteryzujących się zantagonizowaniem społeczeństwa wobec władzy, upadkiem autorytetu kierownictwa i stanem chronicznego napięcia prowadzić muszą do otwartego konfliktu na skalę znacznie przewyższającą to, co zdarzyło się 25 czerwca. W sytuacji naszego kraju stwarza to niebezpieczeństwo narodowej katastrofy, ponieważ wewnętrzne siły władzy nie wystarczą do rozstrzygnięcia przemocą starcia z całym społeczeństwem. [Być może najmłodszym czytelnikom trzeba wyjaśnić, że mowa tu o groźbie radzieckiej interwencji zbrojnej – K.M.].

Taki epilog kryzysu nie leży w niczyim interesie: ani w interesie partii, dla której byłoby to największa klęska polityczna w jej historii, ani w interesie państw sojuszniczych Układu Warszawskiego, ani w interesie zachodnich sygnatariuszy aktu z Helsinek, ani w interesie międzynarodowego ruchu komunistycznego. Nade wszystko zaś nie leży to w interesie naszego narodu, który za niezdolność do politycznego rozwiązania kryzysu musiałby zapłacić cenę najwyższą. Wobec tego, że wszyscy są zainteresowani w uniknięciu katastrofy, istnieje szansa i paląca konieczność poszukiwania wyjścia realistycznego, czyli takiego, które byłoby do przyjęcia dla wszystkich. Władza i społeczeństwo muszą wyjść sobie naprzeciw. Realizm musi być wzajemny. Ze strony władz wymaga on usunięcia przeszkód na drodze do pojednania z narodem, przywrócenia klimatu zaufania i (...) stworzenia platformy autentycznego dialogu, konsultacji i osiągania porozumienia ze wszystkimi środowiskami społecznymi. Ze strony społeczeństwa konieczny jest umiar w postulatach, poczucie odpowiedzialności wyrażające się w uznaniu i poszanowaniu podstawowych elementów istniejącej struktury politycznej jako niepodlegających zmianie realiów naszego życia.

Chcę być dobrze zrozumiany. Gdy idzie o przekonania ideowe, zaliczam się do zwolenników politycznego pluralizmu. Uważam jednak, że w aktualnej sytuacji naszego kraju ideały te nie mają szans urzeczywistnienia, a próba ich forsowania zaogniłaby tylko kryzys i utrudniła poszukiwanie dróg wyjścia. Nadrzędne wartości bytu narodowego wymagają podporządkowania maksymalistycznych postulatów wymogom politycznego realizmu, ponieważ żaden postulat nie jest dziś tylko aktem ideologicznej ekspresji i perswazji, lecz nade wszystko aktem politycznej praktyki wpływającym na sytuację bieżącą. Dlatego cały przewód tego listu prowadzony jest na gruncie istniejącego systemu politycznego, a nie przeciw niemu. Idzie o (...) trwałe wprowadzenie do naszego życia politycznego demokratycznych mechanizmów dialogu i społecznej integracji w takiej postaci, która nie przekreśli monopartyjnego charakteru ustroju i kierowniczej roli PZPR".

Apelowałem następnie o „przełamanie muru wrogości i nieufności, jaki wytworzył się między władzą a społeczeństwem wskutek represji i konwulsji politycznych" przez objęcie amnestią wszystkich poczerwcowych spraw karnych związanych z wydarzeniami czerwcowymi („zgodnie z postulatem episkopatu Polski"), przez przywrócenie do pracy wszystkich osób dyscyplinarnie zwolnionych za udział w strajkach. Proponowałem zwrócenie się do Sądu Najwyższego o wydanie w składzie siedmiu sędziów SN oraz wpisanie do księgi zasad prawnych orzeczenia co do zasadności, a właściwie bezzasadności stosowania wobec strajkujących artykułu kodeksu pracy o złamaniu podstawowych obowiązków pracowniczych (orzeczenie takie mogłoby pośrednio zalegalizować strajki). Apelowałem wreszcie o moralne zadośćuczynienie lżonym w mediach uczestnikom robotniczych protestów przez publiczne nazwanie tych protestów po imieniu, jak to uczynił sam Gierek w stosunku do robotników Wybrzeża 20 grudnia 1970 r.

Na koniec przedstawiłem sugestie dotyczące zmian instytucjonalnych. Nawiązałem do zaakceptowanego przez Gierka w rozmowach szczecińskich (24/25 stycznia 1971 r.) postulatu przeprowadzenia demokratycznych wyborów do Rad

Zakładowych związków zawodowych. „Doświadczenia wskazują jednak – zauważyłem sceptycznie – że autonomia związków zawodowych była dotychczas zawsze likwidowana w imię administracyjnego zabezpieczenia kierowniczej roli partii. (...) Trwałość autonomizacji związków zawodowych jest zatem zależna od sposobu, w jaki partia rozumie i realizuje swoją kierowniczą rolę. Jeśli tym razem demokratyzacja ma być traktowana serio i przynieść trwałe efekty – musi ona, oprócz ożywiania starych form i niejako obok nich, stworzyć nowe platformy demokratycznego dialogu o bardziej bezpośrednim charakterze. Do Konstytucji PRL wpisana została zasada konsultacji kluczowych decyzji z zainteresowanymi środowiskami społecznymi. Wymaga ona przepisów wykonawczych. (...) 24–25 stycznia 1971 r. spotkaliście się na Wybrzeżu z wybranymi bezpośrednio przez załogi poszczególnych wydziałów przedstawicielami stoczniowców. W Szczecinie byli to przedstawiciele załogi strajkującej, w Gdańsku – przedstawiciele załóg normalnie pracujących. Nic nie stoi chyba na przeszkodzie przekształceniu tego precedensu w zwyczaj usankcjonowany odpowiednią normą prawną. (...) Mam na myśli delegatów na spotkania konsultacyjne, wybranych po przedyskutowaniu przez załogi odpowiedniej problematyki. Istotne jest, aby nikt nie ingerował w te wybory i aby przedstawicielom załóg na spotkania konsultacyjne przysługiwała ustawowa ochrona przed zwolnieniem z pracy na zasadach obowiązujących wobec działaczy związków zawodowych. Rozwiązanie takie odpowiadałoby, jak sądzę, konstytucyjnej zasadzie i palącym potrzebom sytuacji politycznej". Był to postulat zmierzający do utworzenia – obok oficjalnych związków zawodowych – niezależnych przedstawicielstw robotniczych na szczeblu zakładowym. To znacznie mniej, niż pierwsze z 21 żądań strajkowych w Sierpniu '80, ale też znacznie więcej, niż skłonne były wziąć pod rozwagę najwyższe władze PRL jesienią 1976 r.

List mój po obu stronach ówczesnej barykady (do których był faktycznie skierowany) został przyjęty z rezerwą i zakłopotaniem. Reakcja Gierka – znana jedynie dzięki niedyskrecjom niektórych ludzi z KC – wcale nie była jednoznacznie negatywna. Mieczysław F. Rakowski zanotował w swoich dziennikach pod datą 24 listopada bezpośrednio po rozmowie, jaką odbył z I sekretarzem, że Gierek „wspomniał także o liście Karola Modzelewskiego, mówiąc, że ma on sporo ciekawych idei, ale – dodał – Modzelewski natychmiast wysłał go do Berlinguera [tj. przywódcy Włoskiej Partii Komunistycznej] i do Wyszyńskiego".

Dzienniki polityczne Rakowskiego z lat 1976–1978 ukazały się wprawdzie drukiem dopiero w 2002 r., ale bardzo podobną relację usłyszałem osobiście w końcu listopada lub w grudniu 1976 r. od ówczesnego kierownika Wydziału Nauki KC Jaremy Maciszewskiego. Znaliśmy się od dawna z Instytutu Historycznego Uniwersytetu Warszawskiego, gdzie ja byłem do grudnia 1964 r. doktorantem, a Jarema w tym samym czasie adiunktem. W 1976 r. był on już, o ile pamiętam, docentem i nadal prowadził zajęcia oraz egzaminował – mimo funkcji, jaką pełnił w KC. Pod koniec 1976 r. pojechałem w zawodowych sprawach do Warszawy i zajrzałem na Uniwersytet; Jarema zaprosił mnie do swojego pokoju w Instytucie i opowiedział niemal to samo, co zanotował Rakowski: Gierek miał się wyrażać o moim liście jako godnym uwagi, lecz nienadającym się do dyskusji ze względu na „rozdzielnik". Zapytałem, czy chodzi o to, że wysłałem kopie do KOR i do Prymasa, ale Jarema uświadomił mi, że nie w tym rzecz. Niedopuszczalne jest to, że udostępniłem tekst Włoskiej Partii Komunistycznej. Pozwoliłem sobie na ironię:

– Przecież to wasi towarzysze, a nie moi.

Jarema nie był jednak skłonny do żartów:

– Ciągle ingerują w nasze sprawy!

Istotnie eurokomunistyczne kierownictwo KP Włoch od czasu sprzeciwu wobec interwencji w Czechosłowacji otwarcie krytykowało postępowanie Kremla i jego wasali. Próbowałem jeszcze perswadować:

– Chyba mają prawo do własnej polityki?

– Ale my mamy swoją! – złościł się mój dawny kolega Maciszewski, podzielając oczywiście emocje zwierzchników.

Mogło to być echem tłumionej irytacji po apelu Kuronia do Berlinguera, by wystąpił w obronie bitych i poniewieranych uczestników robotniczego protestu w Polsce; w odpowiedzi ze strony włoskich liderów komunistycznych i związkowych rozległy się słowa krytyki wobec postępowania władz PRL. Myślę jednak, że irytacja z powodu „rozdzielnika" była pretekstem, by list pokryć milczeniem. Ciekawe, że jakiś pretekst był do tego w ogóle potrzebny. Szczerze mówiąc, wcale się nie spodziewałem, że Gierek będzie ze mną korespondował. Chciałem tylko zasugerować jego ekipie i kształtującej się opozycji wyobrażalną dla obu stron formułę dialogu. Pod koniec 1976 r. opozycja była jeszcze na to za słaba, partia zaś nie czuła się jeszcze w sytuacji na tyle krytycznej, by podjąć rozmowy.

W Komitecie Obrony Robotników mój list wywołał – jeśli wolno się tak wyrazić – umiarkowaną konsternację. Niektórzy spośród moich przyjaciół gorszyli się, ku mojemu zdziwieniu, umieszczoną na końcu formułą grzecznościową: „z wyrazami prawdziwego szacunku". Ostatecznie mógłby być „szacunek", ale nie prawdziwy! Myślę, że był to – podobnie jak zgorszenie Gierka w obliczu „rozdzielnika" – pretekst, czy może zawoalowana forma odrzucenia zawartej w tym tekście propozycji dialogu. Słaby trzyma się sztandaru, a nie paktuje. Gdy słaby zacznie paktować z potężnym, skończyć się może na kapitulacji. W środowisku KOR nie liczono się (w ówczesnej sytuacji słusznie) z ewentualnością rozmów z władzami, lecz nastawiano się na mobilizowanie odruchu społecznej solidarności i na inspirowanie niezależnej działalności społecznej, która stwarzać miała fakty dokonane. Jedynie Adam Michnik, który wtedy był akurat na Zachodzie i prowadził tam skuteczną kampanię na rzecz polskiej opozycji, a jednocześnie opublikował bardzo ważny tekst pod nazwą *Nowy ewolucjonizm*, uznał mój list do Gierka za istotny w dłuższej perspektywie. KOR reagował jednak z konieczności na wydarzenia bieżące i do nich się odnosił. Z tego punktu widzenia mój list do Gierka, choć rygorystycznie trzymał się kanonów politycznego realizmu, mógł się wydawać w realiach politycznych lat siedemdziesiątych bezużyteczną mrzonką. Nabrał on aktualności dopiero wtedy, gdy praca ludzi KOR przyniosła nadspodziewanie obfite plony, czyli w okresie solidarnościowej rewolucji. Formuła dialogu, którą sugerowałem w listopadzie 1976 r. okazała się po czterech latach użyteczna w negocjacjach, jakie prowadziliśmy z władzami PRL. W pierwszych dniach listopada 1980 r. wraz z Tadeuszem Mazowieckim i Andrzejem Gwiazdą uczestniczyłem w poufnych rozmowach dotyczących rejestracji „Solidarności" bez ingerencji w statut, ale z przytoczeniem w załączniku do statutu pierwszego punktu Porozumienia Gdańskiego, w którym mowa była m. in. o kierowniczej roli PZPR w państwie. Rozmówcami naszymi byli członek Biura Politycznego i sekretarz KC zajmujący się współpracą ze związkami zawodowymi Tadeusz Grabski oraz rzecznik prasowy rządu Józef Barecki, a także minister sprawiedliwości Sylwester Zawadzki. W toku tych negocjacji, które doprowadziły do pomyślnego rozstrzygnięcia tzw. kryzysu rejestracyjnego, napisany cztery lata wcześniej list do Edwarda Gierka przypominał mi się z nieodpartą mocą, jak chichot niedawnej przeszłości.

* * *

Nie ma sensu, żebym opisywał czteroletnią historię Komitetu Obrony Robotników. Andrzej Friszke i Jan Skórzyński zrobili to już znacznie lepiej, niżbym potrafił. Na pewno zajmą się tym jeszcze inni badacze. Na to, by wystąpić w roli historyka KOR, brak mi dostatecznego dystansu, na to zaś, by wystąpić w roli świadka, brak mi doświadczenia osobistego uczestnictwa. Powinienem jednak podsumować własną ocenę tej niezwykłej formacji.

U źródeł oceny są zawsze emocje. Powstanie i działalność KOR odpowiadały wzorom dwóch tradycji, które przypisywały polskiej inteligencji szczególną misję do spełnienia. Starsza z tych tradycji, zwana romantyczną, wiąże się z etosem tzw. szlacheckich rewolucjonistów XIX w. Był to etos powstańczy, nastawiony na upodmiotowienie ludu wiejskiego i wciągnięcie go do zbrojnej walki o odzyskanie niepodległości. Druga tradycja (a może tylko nowa odmiana tej starszej) wiązała się z niepodległościowym nurtem polskiego socjalizmu, a także ze społecznym ideałem rewolucyjnego wyzwolenia klasy robotniczej. Misja inteligencji wobec ludu polegała w tym wypadku nie tylko na organizowaniu walki z zaborcami, ale i na „wnoszeniu rewolucyjnej świadomości" do klasy robotniczej. Moje pokolenie wychowywane było w duchu obu tych tradycji. Ich przedstawiciele spotkali się zresztą w KOR. Był tu i okupacyjny kapelan Szarych Szeregów ksiądz Jan Zieja, i dowódca warszawskiego Kedywu, a po wojnie drugi prezes WiN Józef Rybicki, i nestorzy polskiego socjalizmu: Antoni Pajdak (w czasie okupacji zastępca Delegata Rządu na Kraj z ramienia PPS-WRN, jeden z szesnastu porwanych przez NKWD do Moskwy przywódców państwa podziemnego, więziony w ZSRR do 1955 r.), i Ludwik Cohn, i Edward Lipiński. Ikony tych dwóch tradycji podały sobie ręce w komitecie, który miał wspomagać ofiary antyrobotniczych represji i bronić ich, ratując zarazem poplamiony konformizmem honor polskiej inteligencji. Dosadnie i trafnie sformułował to na I Zjeździe „Solidarności"Andrzej Gwiazda. Zabrał głos, gdy tzw. prawdziwi Polacy usiłowali utrącić uchwałę o podziękowaniu dla Komitetu Obrony Robotników, który właśnie postanowił się rozwiązać. Gwiazda wspomniał, że krótko po wydarzeniach czerwcowych 1976 r. wyjechał z żoną na urlop do Hiszpanii, gdzie patrzyli na olśniewające krajobrazy i słuchali w audycjach Wolnej Europy relacji o katowaniu robotników w Radomiu i Ursusie. „Czułem się w tej Hiszpanii, jakby mi napluto w twarz. A potem wróciłem i dowiedziałem się, że znalazło się kilkunastu odważnych ludzi, którzy mi ten opluty pysk umyli". Gwiazda pracował w Elmorze i był inżynierem, a więc inteligentem. Imperatyw tradycji wpajanych od pokoleń oraz imperatyw honoru łączyły się w całość i sprawiały, że środowiska inteligenckie traktowały KOR z podziwem i udzielały mu poparcia na miarę własnej odwagi i własnych możliwości materialnych. Podzielałem tę postawę.

KOR bywa traktowany jako formacja dysydencka. Użycie tego terminu mocą skojarzeń umieszcza polskich obrońców robotników w jednej szufladzie z dysydentami radzieckimi i z czechosłowacką Kartą 77. Moim zdaniem są to skojarzenia mylące. Motywem działania radzieckich dysydentów było niepoddawanie się dyktatowi fałszu i manifestowanie przekonań etycznych związanych z ideałem praw człowieka. W ZSRR czasów Breżniewa najdrastyczniejsze przypadki łamania tych praw i represje polityczne – wybiórcze, lecz brutalne – spadały na dysydentów. Siłą rzeczy jedni dysydenci – ci, co znajdowali się akurat na wolności – występowali w obronie innych dysydentów, których wtrącono do więzienia, łagru lub szpitala psychiatrycznego. Desperacka manifestacja kilku osób, które na Placu Czerwonym protestowały w sierpniu 1968 r. przeciwko najazdowi na Czechosłowację, była wyjątkiem potwierdzającym regułę. Od 1961 r., gdy w Nowoczerkasku doszło do strajku i krwawo stłumionej robotniczej manifestacji, nie było w ZSRR masowych protestów społecznych. Także w Czechosłowacji po najeździe wojsk Układu Warszawskiego potencjał masowego protestu został na długo stłumiony. Fenomen „polskich miesięcy" był osobliwością PRL, a KOR był bez wątpienia produktem tego fenomenu. Wygenerował on ruch opozycyjny liczebnie stosunkowo szczupły w skali zachodnich demokracji, ale o wielkiej dynamice społecznej i o wielkiej politycznej skuteczności. W tamtych latach skuteczność taka nie była osiągalna dla Karty 77, a radzieccy dysydenci w ogóle o nią nie zabiegali, gdyż programowo odżegnywali się od polityki. Wskutek tej postawy w latach osiemdziesiątych znaleźli się oni – z wyjątkiem Sacharowa – poza nawiasem „pieriestrojki". Korowcy posługiwali się czasem metodami wypracowanymi przez dysydentów, odbywali demonstracyjne spotkania z Kartą 77, sami jednak nie byli dysydentami, lecz trzonem zorganizowanej opozycji politycznej i zarodkiem politycznej alternatywy. W tej roli KOR miał jeszcze tę (być może niezamierzoną) zasługę, że utorował drogę konkurencyjnym wobec siebie formacjom opozycyjnym, przede wszystkim Ruchowi Obrony Praw Człowieka i Obywatela pod przywództwem Andrzeja Czumy i Stefana Niesiołowskiego oraz Konfederacji Polski Niepodległej pod przywództwem Leszka Moczulskiego. Rywalizacja między tymi ugrupowaniami, a także animozje i zatargi wewnątrz KOR, obfitowały w epizody, z których trudno byłoby ułożyć budującą czytankę, w sumie jednak wśród kłótni, podejrzeń i ścierających się ambicji tworzyły się zarodki politycznego pluralizmu.

Każdy ma własną skalę ważności. Doceniam znaczenie, jakie miały pierwsze zwiastuny opozycyjnego pluralizmu, ale nie czuję się z tego powodu poruszony osobiście. Podobnie jak Andrzej Gwiazda czułem, że członkowie-założyciele KOR umyli mój opluty pysk i było to dla mnie emocjonalnie bardzo ważne. Najważniejsze jednak z mojego punktu widzenia było to, że ci ludzie zdołali obalić ustanowione przez dyktaturę bariery między środowiskami społecznymi i wprowadzili nas na drogę, która w latach 1980–1981 zaowocowała zbrataniem inteligencji z robotnikami w masowym ruchu „Solidarności".

Obalenie bariery było przede wszystkim zjawiskiem psychologicznym. Rodziny uwięzionych lub wyrzuconych na bruk robotników dowiadywały się przez osobisty kontakt lub przez Wolną Europę, a czasem przez powielaną bibułę, że solidarnie ujęli się za nimi znani pisarze. *Popiół i diament* Jerzego Andrzejewskiego czytali w szkole, gdyż był na liście lektur obowiązkowych. *Pestkę* Anki Kowalskiej kobiety z ruder Radomia czy z blokowisk Ursusa czytały z wypiekami na twarzy i ze łzami wzruszenia. Musiało na nich robić wrażenie, że autorka nie wahała się jeździć do Radomia z pieniędzmi uzbieranymi dla uwięzionych lub na wytaczane im rozprawy sądowe, że narażała się na zatrzymania i mężnie wycierała dechy w milicyjnych aresztach. Niektórzy robotnicy z własnej inicjatywy nawiązywali kontakt przede wszystkim z Jackiem Kuroniem, ale i z innymi członkami KOR, których adresy i telefony podawały powielane karteluszki oraz audycje RWE. Intelektualiści, studenci, harcerze z „Gromady Włóczęgów" i dawni walterowcy, chłopcy i dziewczyny z KIK poznawali ludzi, których inaczej nie mieliby szansy spotkać na swojej drodze. Z czasem zaczynała ich łączyć z tymi ludźmi więź wspólnego działania. Więź ta wkrótce przybrała zorganizowany charakter. We wrześniu 1977 r. pojawiło się rozpowszechniane w fabrykach powielane czasopismo o dużym nakładzie i historycznym tytule „Robotnik". Henryk Wujec (wywodzący się z KIK) i marcowy komandos Jan Lityński – obaj członkowie KOR – cierpliwie i skutecznie organizowali sieć fabrycznych korespondentów tego pisma. W lutym 1978 r. powstał w Katowicach pierwszy Komitet Założycielski Wolnych Związków Zawodowych, wkrótce izolowany i rozbity przez bezpiekę przy użyciu brutalnych pozaprawnych represji. 29 kwietnia 1978 r. powstał Komitet Założycielski Wolnych Związków Zawodowych Wybrzeża w Gdańsku, do którego przystąpili m. in. Lech Wałęsa (wówczas pracujący w Elektromontażu, ale poprzednio w Stoczni Gdańskiej), Anna Walentynowicz (wówczas suwnicowa w Stoczni Gdańskiej) oraz Andrzej Gwiazda i Bogdan Lis z Elmoru, a także Alina Pieńkowska, pielęgniarka ze stoczniowej przychodni. Wszyscy oni ściśle współdziałali z bardzo aktywnym na Wybrzeżu członkiem KOR Bogdanem Borusewiczem. Ten zestaw nazwisk mówi sam za siebie. Środowisko gdańskiego komitetu WZZ odegrało istotną rolę w nadaniu sierpniowemu strajkowi oblicza, które zaważyło na losach Polski w latach osiemdziesiątych.

Wiele czynników złożyło się na sierpień 1980 r. Niewątpliwie zaważyła tu pamięć Grudnia '70 i Stycznia '71. Wiele i słusznie mówi się o wpływie, jaki wywarł na postawy Polaków wybór w październiku 1978 r. Karola Wojtyły na papieża oraz jego pielgrzymka do Polski latem 1979 r. Stanowczo za mało mówi się przy tym jednak o wątku duszpasterstwa robotniczego w homiliach Jana Pawła II, zwłaszcza tych, które adresowane były do rodaków.

Działalność KOR, dorobek „Robotnika" i powstanie Komitetów Założycielskich Wolnych Związków Zawodowych były tylko jednym z wielu czynników wpływających na wybuch wielkich strajków 1980 r. Nie ulega jednak wątpliwości, że bez KOR i związanych z nim inicjatyw – takich jak „Robotnik" i WZZ – nie powstałaby, a w każdym razie nie przybrałaby takiego kształtu, jaki wszyscy znamy, lista 21 postulatów. Inaczej wyglądałby też przebieg i rezultat sierpniowych strajków. Historia jest na dłuższą metę niesterowna, zdarzają się jednak momenty zwrotne, gdy silnie motywowana grupa ludzi potrafi wpłynąć na jej bieg. Taka rola przypadła latem 1980 r. działaczom społecznym związanym z Komitetem Obrony Robotników, a zwłaszcza z Komitetem Założycielskim Wolnych Związków Zawodowych na Wybrzeżu.

VII. Związek nasz bratni

> Jeden tylko, jeden cud:
> Z szlachtą polską – polski lud,
> Jak dwa chóry – jedno pienie!
>
> Zygmunt Krasiński, *Psalmy przyszłości*

Gierkowska dekada była dla mnie na polu zawodowym czasem owocnej pracy. W 1975 r. opublikowałem w wydawnictwie Ossolineum książkę *Organizacja gospodarcza państwa piastowskiego*. Była to praca, na podstawie której rok wcześniej obroniłem doktorat. W środowisku polskich, a także czeskich, słowackich i radzieckich historyków książka ta wywołała spory oddźwięk, podważałem w niej bowiem przyjętą od wczesnych lat pięćdziesiątych marksistowską kwalifikację państw wschodnioeuropejskich w X–XII w. jako „monarchii wczesnofeudalnych". Koledzy chwalili, a w każdym razie żywo dyskutowali, cenzura się nie czepiała. Władze PRL miały wtedy na głowie większe zmartwienia niż marksistowska ortodoksja wobec pojęcia feudalizmu, o którym mogłem sobie pisać, co chciałem. Dla wydawanego przez Instytut Historii Kultury Materialnej PAN (gdzie pracowałem) tomu *Italia* w serii Kultura Europy Wczesnośredniowiecznej napisałem rozprawę o społeczeństwie longobardzkiej i karolińskiej Italii. W Polsce ze względu na ślamazarny cykl wydawniczy ukazała się ona w 1980 r., ale wersja włoska została opublikowana przez wydawnictwo Einaudi w I tomie „Storia d'Italia – Annali" na początku 1978 r. Za namową Aleksandra Gieysztora habilitowałem się na podstawie tej rozprawy w maju 1978 r. w Instytucie Historii PAN. Polska Ludowa poważała hierarchię, nawet gdy to była hierarchia akademicka. Po habilitacji trudniej było mnie uderzyć, gdyż społeczność „samodzielnych pracowników nauki" w dobrze pojętym interesie korporacyjnym źle reagowała na krzywdy wyrządzone któremuś z kolegów. W 1978 r. dyrekcja Instytutu Historii Polskiej Akademii Nauk powierzyła mi napisanie pierwszego tomu syntezy *Chłopi w społeczeństwie polskim*. Przed sierpniem 1980 r. zdążyłem zebrać materiały do tej książki; w zasadzie mogłem już zabrać się do pisania.

Od 1974 do 1976 r. mieszkałem w Sobótce, oddalonej ledwie o 35 km od Wrocławia, ale trudno dostępnej ze względu na rozkład połączeń PKP i PKS oraz brak automatycznych połączeń telefonicznych. W 1976 r. Pracownia Konserwacji Zabytków odrestaurowała dla mojego instytutu budynek przy rogu ulic Więziennej i Nożowniczej na wrocławskiej Starówce. W budynku tym od XV do XVII w. mieściło się miejskie więzienie, później lombard, wreszcie popadł on w ruinę, choć w czasie oblężenia Wrocławia w 1945 r. przywrócono mu pierwotną funkcję i podobno rozstrzeliwano w nim więźniów. Po ukończonych w 1976 r. pracach konserwatorskich piękno tego miejsca urzeka każdego, kto ma choć trochę wrażliwości. Na pierwszym piętrze (z oknami od podwórza na gotycki dziedziniec z renesansowym brukiem i prześlicznymi drewnianymi galeryjkami, a od frontu – na ul. Więzienną) urządzono dwupokojowe mieszkanie przeznaczone dla dozorcy. Instytut nie miał jednak pieniędzy na etat dla dozorcy, więc służbowe mieszkanie dostało się mnie. Może to brzmi śmiesznie, ale duch tego miejsca naprawdę sprzyjał mnie i mojej pracy.

Jak przystało uczciwemu człowiekowi pracy w PRL, należałem do związków zawodowych. Okazało się to ważne po sierpniu 1980 r., nim jednak do tego doszło, przyznano mi w lipcu wczasy pracownicze w domu Związku Nauczycielstwa Polskiego w Zakopanem. Nie zabrałem tam ze sobą mojego ulubionego radia tranzystorowego łotewskiej produkcji, na którym dostępne były częstotliwości 13, 16 i 19 m, pozwalające odbierać bez zakłóceń audycje Wolnej Europy. W zakopiańskim Klubie Książki i Prasy rzucił mi się jednak w oczy duży tytuł na pierwszej stronie organu Włoskiej Partii Komunistycznej „L'Unita": *Strajki w Polsce*.

„Pokój brzeski"

Tytuł we włoskiej gazecie dotyczył strajków lipcowych. Były one przede wszystkim reakcją na ukryte podwyżki cen mięsa i jego przetworów wprowadzone drogą utworzenia sieci tzw. sklepów komercyjnych. W przeciwieństwie do zwykłych sklepów mięsnych, które straszyły pustymi półkami, w sklepach komercyjnych towar miał być dostępny, ale droższy. Po tym jak w lutym 1971 r. rząd wycofał się z podwyżki cen ogłoszonej w grudniu roku poprzedniego, a w czerwcu 1976 r. nowa próba podwyżki została anulowana po 24 godzinach, polityka gospodarcza władz PRL szamotała się w pułapce niemożności. Pomysł ze sklepami komercyjnymi też okazał się polityczną pułapką. Spowodował on pełznącą przez kraj falę strajków ekonomicznych. Początkowo żądano tylko podwyżek płac, ale każde ustępstwo, choć kładło kres jednemu strajkowi, pociągało za sobą następne. W Lublinie i Świdniku pojawiły się nowe formy organizacyjne i żądania wykraczające poza podwyżkę płac. Ukształtowało się tam porozumienie Komitetów Strajkowych i Komisji Robotniczych, niebędące jeszcze formalną strukturą, jak Międzyzakładowe Komitety Strajkowe w drugiej połowie sierpnia, ale już koordynujące swoje działania w duchu solidarności. Domagano się nowych wyborów do Rad Zakładowych związków zawodowych. W lubelskim węźle kolejowym wybory takie przeprowadzono, a w nowej Radzie Zakładowej większość uzyskali działacze strajkowi.

Fala strajków nie ogarnęła jeszcze w lipcu Wybrzeża: Trójmiasto oglądało się na Stocznię im. Lenina, a Szczecin na Stocznię im. Warskiego. W obliczu napięcia i pod przemożnym wpływem własnej głupoty lokalne władze polityczne spowodowały zwolnienie z pracy w Stoczni Gdańskiej Anny Walentynowicz. Uważano, że jest niebezpieczna, gdyż działa w Komitecie Założycielskim Wolnych Związków Zawodowych, ma autorytet i może narozrabiać. Miała czytankowy życiorys: wiejska sierota gnębiona przez kułaków, z której Polska Ludowa uczyniła spawaczkę, przodownicę pracy wysłaną w 1953 r. na międzynarodowy zlot młodzieży do Berlina Wschodniego; odznaczona Złotym Krzyżem Zasługi, uczynna i matkująca młodym robotnikom, a teraz – mimo przysługującej już ochrony przedemerytalnej – zwolniona z pracy?! Ta bezprawna i bulwersująca decyzja stała się detonatorem strajku, który wybuchł w Stoczni im. Lenina 14 sierpnia 1980 r.

Stoczniowcy żądali przywrócenia do pracy Anny Walentynowicz i zwolnionego w 1976 r. Lecha Wałęsy (stanął teraz na czele Komitetu Strajkowego), podwyżki płac o 2000 zł oraz zbudowania przy bramie II Stoczni, gdzie w 1970 r. padli pierwsi zabici, pomnika ku czci robotników poległych w wydarzeniach grudniowych. Wobec uzyskanej po trzech dniach negocjacji zgody dyrekcji na spełnienie tych żądań (1500 zł podwyżki, tablica pamiątkowa przy bramie i przywrócenie do pracy obojga zwolnionych) Wałęsa ogłosił zwycięskie zakończenie strajku. W tym czasie jednak zdążyły już stanąć sąsiednie stocznie i kooperujące z nimi fabryki. Stanęła także komunikacja miejska. Bez okrętu flagowego, jakim była dla tych załóg Stocznia im. Lenina, nie miały one szans na spełnienie swoich żądań. Zrozpaczeni wysłannicy załóg, które przyłączyły się do strajku Stoczni Gdańskiej, przybiegli teraz na pokład „okrętu flagowego" i apelowali o kontynuację strajku w imię solidarności, dla spełnienia wspólnych żądań.

Dla Komitetu Strajkowego, który właśnie ogłosił zwycięstwo, nie była to łatwa decyzja. W krytycznej sytuacji zwrotnym momentem okazała się emocjonalna reakcja trzech kobiet – Aliny Pieńkowskiej, Anny Walentynowicz i Henryki Krzywonos (wtedy motorniczej tramwaju reprezentującej MPK), które pobiegły do bramy i zaczęły wołać do wychodzących robotników, żeby zostali w imię solidarności z innymi załogami. Wkrótce dołączył do nich wielki intuicjonista Lech Wałęsa, legalizując jako przewodniczący Komitetu Strajkowego impuls trzech koleżanek. Nazajutrz ci, co już opuścili stocznię, powrócili i dołączyli do tych, co pozostali. Strajk został uratowany, ale musiał teraz toczyć się w imię racji wyższych niż taka sama jak dla gdańskich stoczniowców podwyżka zarobków dla pozostałych zakładów. 17 sierpnia powołano Międzyzakładowy Komitet Strajkowy i opracowano słynną listę 21 postulatów. Bogdan Borusewicz, który był mózgiem politycznym tego przedsięwzięcia, w imię realizmu utrącił żądanie wolnych wyborów („bo to równałoby się odebraniu PZPR władzy państwowej"), a likwidację cenzury zastąpił żądaniem jej ustawowego ograniczenia. Mimo to pierwszy i najważniejszy postulat – zgoda władz PRL na tworzenie przez ludzi pracy niezależnych od partii i państwa wolnych związków zawodowych – godził w ustrojowy fundament komunistycznej dyktatury. Polska stanęła na progu rewolucji.

* * *

Rewolucja nie mieści się w racjonalnych formułkach politologów, gdyż jest zbiorowym i niecodziennym stanem ducha wielkich mas ludzkich. Ten stan ducha nie bierze się znikąd. Wyrasta z trwającej od dawna codzienności, ale jest jej zaprzeczeniem, aktem samowyzwolenia. Dla kilkunastu tysięcy robotników okupujących 18 sierpnia 1980 r. Stocznię Gdańską i stowarzyszone z nią zakłady, a wkrótce potem dla setek tysięcy uczestników wielkich strajków solidarnościowych w całym kraju, wreszcie we wrześniu i październiku dla milionów Polaków tworzących własnym działaniem lub choćby własną decyzją o przystąpieniu do związku wielką Solidarność – hasło „niezależnych od partii i państwa związków zawodowych" było jak objawienie Wolności, która prowadzi lud na barykady.

Barykada ma chronić, ale nie jest to miejsce bezpieczne ani dla bojowników, którzy ją wznoszą, ani dla ludu prowadzonego przez Wolność, ani dla narodu żyjącego w cieniu obcej potęgi. Na nic się jednak nie zdadzą mądre ostrzeżenia realistów, którzy apelują do tłumów, żeby dały sobie spokój z tą wolnością. Stan ducha milionów ludzi też jest rzeczywistością, z którą realista powinien się liczyć, jeśli chce być skuteczny.

To nieprawda, że tłum jest głuchy na racjonalną argumentację. Na wielotysięcznych wiecach w październiku 1956 r. widziałem i słuchałem Leszka Goździka oraz paru innych ludzi, którzy potrafili skutecznie odwołać się do racjonalnych argumentów i znaleźć wspólny język w komunikacji z rozemocjonowanym tłumem. Próbowałem ich naśladować. Sekret tej sztuki był prosty: trzeba było traktować zgromadzonych ludzi z szacunkiem i zapraszać ich do wspólnego namysłu. Każdy uczestnik wiecu czuł, że Goździk zwraca się do niego osobiście i miał wrażenie, że razem z mówcą zastanawia się nad decyzją odpowiednią do sytuacji.

To nie jest przepis na manipulację. Szacunek dla tłumu musi być autentyczny; zresztą tłum potrafi rozpoznawać fałsz i nie pobłaża rozpoznanym manipulatorom. Autentyczny szacunek wymaga uznania imponderabiliów wyznaczających stan ducha zrewoltowanych tłumów. Realista, który chce wpłynąć na rewolucję, nie może domagać się od tłumów, by zrezygnowały ze swoich podstawowych wartości; musi zaakceptować te wartości i na ich gruncie wspólnie zastanawiać się nad możliwościami ich realizacji, biorąc pod uwagę okoliczności i zagrożenia. Rezultat jest zawsze niepewny, bo okoliczności i zagrożenia nie zależą od nas, a nasze rozpoznanie sytuacji bywa często błędne. Całkowicie nierealne jest jednak zaklinanie rewolucji, by zniknęła w imię realizmu.

Uwagi te opieram na doświadczeniach, które były moim udziałem zarówno przed, jak i po sierpniu 1980 r. Chyba nie potrafiłbym ich tak sformułować już na progu solidarnościowej rewolucji, wydaje mi się jednak, że ten sposób myślenia bardzo szybko stał się busolą moich ówczesnych działań. W każdym razie pewny jestem, że pierwsze informacje o powstaniu MKS i o liście 21 postulatów odebrałem jak dzwon na trwogę i nadzieję. Dla rewolucjonisty – co z tego, że po przejściach, po dziesięciu latach względnie spokojnego życia i pracy naukowej, po doktoracie i habilitacji, z zebranym materiałem na kolejną książkę – ten dzwon oznaczał, że trzeba znowu rewidować wybór drogi życiowej.

Przede wszystkim postanowiłem wybrać się do Warszawy. Chciałem porozmawiać z Jackiem Kuroniem o sytuacji oraz odpowiednich do niej działaniach. Przyjechałem tam bodaj 21 sierpnia, lecz Jacka już nie zastałem; został zatrzymany, podobnie jak większość aktywnych członków KOR. Pomówiłem z Grażyną Kuroniową, która przekazała mi najświeższe informacje dotyczące strajku, a potem poszedłem do Bronisława Geremka. Bronek był w domu; zdążył poinformować mnie o wystosowaniu przez 64 intelektualistów, głównie związanych z Towarzystwem Kursów Naukowych, Konwersatorium Doświadczenie i Przyszłość oraz Klubem Inteligencji Katolickiej, apelu do stron konfliktu o zawarcie kompromisu. Ledwie zdążyłem przyjąć (bez stuprocentowego przekonania) do wiadomości, że przy zbieraniu podpisów inicjatorzy apelu próbowali bezskutecznie skontaktować się ze mną, gdy rozległ się dzwonek do drzwi i wkroczyła bezpieka. Funkcjonariusze przeprowadzili w mieszkaniu rewizję, podczas której powierzono mi oficjalnie rolę świadka, po czym Bronka zabrali. W ciągu tego i następnego dnia wydzwaniałem do jego domu i do wspólnych przyjaciół, żeby dowiedzieć się, czy Geremka zwolniono. Dopiero Tadeusz Kowalik, do którego też zadzwoniłem z tym samym pytaniem, odpowiedział mi: „Bronek TAM dotarł". Wkrótce dowiedziałem się, że dotarł nie sam, lecz z Tadeuszem Mazowieckim, i że montowana jest Komisja Ekspertów MKS, która w ślad za nimi poleci do Gdańska.

Podkreślić trzeba, że KOR odgrywał w nieoficjalnym życiu politycznym PRL u schyłku lat siedemdziesiątych rolę lodołamacza. Na przetartym przez niego torze wypływały na powierzchnię nie tylko inne formacje opozycji politycznej, ale także rozmaite inicjatywy obywatelskie, czasem bardziej umiarkowane. Zaliczało się do nich Towarzystwo Kursów Naukowych, które wywoływało co prawda z powodu wykładów Latającego Uniwersytetu wściekłość partii i bezpieki, ale skupiało intelektualistów nastawionych raczej na poszukiwanie formuły dialogu z władzami niż na organizowanie nacisku społecznego. Dotyczy to również środowiska KIK, a tym bardziej grupy Doświadczenie i Przyszłość. Mój list do Gierka z 1976 r. budził w tych kręgach zainteresowanie i mógł zyskiwać na aktualności w oczach intelektualistów nawołujących w sierpniu 1980 r. władze i robotników do kompromisu.

W transmitowanym przez telewizję przemówieniu na IV Plenum KC 24 sierpnia Gierek zacytował z Listu 64 jedno zdanie: że „nikomu nie wolno stawiać na jedną kartę" losów kraju. W tej aluzyjnej formie I sekretarz dawał do zrozumienia, że trwający konflikt społeczny stwarza zagrożenie dla bezpieczeństwa Polski, wobec czego strajkujący (ale można było się domyślać, że także władze PRL) muszą zdobyć się na kompromis, czyli z czegoś ustąpić. Tego samego dnia funkcjonariusze SB zablokowali na lotnisku członków komisji ekspertów, którzy wybierali się do Gdańska, ale rozkazy zostały zmienione i pozwolono im w końcu odlecieć. Władze mogły żywić nadzieję, że eksperci przekonają MKS o nierealności żądania zgody na utworzenie niezależnych od partii związków zawodowych. Opozycyjni intelektualiści uważali bowiem, że postulat ten godzi w podstawy ustroju, więc nie może być przez stronę rządową zaakceptowany. Sam byłem podobnego zdania, tyle że na rzeczywistość składały się nie tylko ustrojowe zasady dyktatury, ale i postawa strajkujących.

Zdawałem sobie sprawę, że nie mogę pojechać TAM samowolnie, bez zgody ekspertów MKS. Z tego, co Kowalik (i chyba Kuczyński) mówili mi przed odjazdem, mogłem wnioskować, że pozostaję w odwodzie. Na Żoliborzu spotkałem Zbyszka Romaszewskiego; był jeszcze na wolności i podał mi adres ukrywającego się w Warszawie Józefa Śreniowskiego, który właśnie przyjechał z Gdańska i miał dla mnie stamtąd wiadomość. Pobiegłem pod wskazany adres i usłyszałem to, na co czekałem: mam dołączyć do grona ekspertów. Była to nadinterpretacja jakiejś wypowiedzi Waldemara Kuczyńskiego – że nie jest tu potrzebny dodatkowy ekonomista ani prawnik, tylko Karol Modzelewski. Waldek miał chyba na myśli, że nie ulegałbym nastrojom tłumu, lecz miałbym dość odwagi, by stanąć przed stoczniowcami i przekonać ich, że trzeba ustąpić w punkcie pierwszym. Śreniowski uznał, że nie jest to bezradne westchnienie, lecz dyspozycja, więc poinstruował mnie, jak tam dojechać i nie dać się zgarnąć po drodze. Miałem kupić bilet do Tczewa; tam należało przesiąść się do trójmiejskiej kolejki, z której wysiąść powinienem nie na przystanku Gdańsk

Stocznia przy drugiej bramie, gdzie jest pełno bezpieki, lecz na przystanku Gdańsk Politechnika i stamtąd wejść do stoczni przez pobliską bramę III, która nie jest tak obstawiona.

Postąpiłem zgodnie z tą instrukcją i 26 sierpnia wczesnym popołudniem znalazłem się przed bramą III. Zamiast straży przemysłowej pilnowali jej stoczniowcy w kaskach i z biało-czerwonymi opaskami na ramionach. Pokazałem legitymację pracownika Polskiej Akademii Nauk i oznajmiłem, że mam się spotkać z ekspertami MKS. Dwaj młodzi chłopcy w roboczych drelichach z opaskami wzięli mnie na wszelki wypadek pod ręce i poprowadzili w stronę sali BHP. Zapytali, co słychać w Warszawie; opowiedziałem, że członków KOR trzymają „na dołku" bez sankcji prokuratorskiej i co 48 godzin przewożą z jednego komisariatu na drugi. „My to nie KOR" – zastrzegli się na wszelki wypadek moi przewodnicy. Rozmowa zeszła na strajk. Młodzi stoczniowcy mieli niezachwiane poczucie siły i byli pewni zwycięstwa.

– Nie ma mocnych, żeby się nam przeciwstawić!

Zaoponowałem nie całkiem żartobliwie:

– Armia Radziecka może silniejsza.

– A co ma Armia Radziecka do związków zawodowych? – zdziwili się szczerze moi młodzi rozmówcy.

Nie mieli więcej niż 22–23 lata, ale i starsi robotnicy, z którymi zdarzyło mi się zamienić parę słów tego dnia, byli w podobnym nastroju.

Przy wejściu do Sali BHP dwaj młodzi stoczniowcy, którzy do tej pory trzymali mnie pod ręce, powiedzieli „jesteśmy na miejscu" i ulotnili się. Jako straż strajkowa nie byli chyba profesjonalni. Szybko odnalazłem Bronka Geremka, który na mój widok nie krył konfuzji. Od razu zrozumiałem, że zaszło nieporozumienie, zresztą Bronek bez wahania postawił kropkę nad „i":

– Masz za duże nazwisko na tę delikatną sytuację. I tak już w otoczeniu wicepremiera Jagielskiego (właśnie przybył do stoczni na czele delegacji rządowej) mówi się, że komisję ekspertów MKS opanowały siły antysocjalistyczne.

Podobnie uważał Tadeusz Mazowiecki. Nie oponowałem, przeciwnie – w duchu przyznałem im rację. Skoro los rozmów wisiał na włosku, a po stronie rządowej pojawiały się takie zarzuty, to tego tylko brakowało, żeby w gronie ekspertów znalazł się recydywista z dwoma wyrokami za walkę z władzą ludową. Oznajmiłem, że w tej sytuacji jutro rano wyjadę. Tadeusz łagodził, proponował, żebym został w stoczni (byle nie w komisji ekspertów), bo dzieją się tu rzeczy historyczne i warto, żebym je widział. Z pewnością miał rację, ale nie chciałem siedzieć w strajkującej stoczni w charakterze gapia. Zaproponowali, żebym został do wieczora i wyszedł razem z nimi do pobliskiego klasztoru, gdzie nocowali; przenocuję z nimi, a rano pojadę. Zgodziłem się chętnie, zwłaszcza że chciałem przekonać ekspertów o konieczności uzupełnienia postulowanych gwarancji bezpieczeństwa dla uczestników strajku i „osób wspomagających" o żądanie zwolnienia z milicyjnych aresztów przetrzymywanych członków KOR.

Tłumaczyłem, że bez ich wypuszczenia gwarancje bezpieczeństwa dla strajkujących i osób wspomagających strajk będą bezwartościowym świstkiem papieru, nadającym się najwyżej do tego, by go powiesić w toalecie (był to czas nieustannych braków papieru toaletowego na rynku). Tak mówiłem wieczorem ekspertom, u których nocowałem. Wcześniej chciałem to powiedzieć na posiedzeniu całej komisji ekspertów MKS, ale koledzy nie wpuścili mnie na posiedzenie. Komisja ekspertów była ciałem formalnym, miała swoje procedury i nie akceptowała obecności osób postronnych. Wchodziły też w grę obawy, że wiadomość o moim udziale w posiedzeniu może dotrzeć do strony rządowej.

Kilka wolnych godzin po południu i wieczorem 26 sierpnia spędziłem, wałęsając się po stoczni. Mazowiecki miał rację – rzeczywiście było warto. Ze zdumieniem i zachwytem patrzyłem, jak robotnicy ze strajkowej służby porządkowej wylewali na ziemię jedna po drugiej trzy butelki wódki, którą ktoś przemycił do strajkującego zakładu. Dookoła stali stoczniowcy i – choć widać było, że im żal marnowanego dobra – aprobowali postępowanie swoich kolegów zbrojnych w biało-czerwone opaski. Podczas strajku obowiązywała prohibicja, a uczestnicy strajku poczuwali się do dyscypliny. Rozległe tereny stoczni wyglądały jak obozowisko pospolitego ruszenia, nie było tu jednak anarchii, lecz wzorowa samoorganizacja. Był to skrawek wolnej Polski na terytorium wasalnej PRL. Dwa dni później, gdy odwiedziłem w Warszawie profesora Gieysztora i opowiedziałem mu, co widziałem w Gdańsku, mój uniwersytecki mistrz skomentował to krótko:

– Panie Karolu, to wypisz wymaluj atmosfera Warszawy w pierwszych dniach powstania.

Z perspektywy jego powstańczych doświadczeń jako porucznika „Borodzicza" było w tych słowach więcej przestrogi niż nostalgii. Kilka godzin spędzonych w Stoczni im. Lenina wystarczyło mi jednak, by przekonać się, że na coraz rozleglejszym archipelagu wolnych republik strajkowych pomysł, by w imię realizmu zrezygnować z żądania niezależnych związków zawodowych, jest nierealny. Z okien pociągu, którym 27 sierpnia jechałem z Gdańska do Warszawy, zobaczyłem jedną z wysepek tego archipelagu: jakiś duży zakład w Pruszczu Gdańskim. Na frontowej ścianie wielkiej hali fabrycznej wywieszony był transparent. Wyglądał standardowo: czerwone płótno i białe litery używane zwykle do eksponowania propagandowych haseł w rodzaju „Program Partii programem narodu". Tym razem jednak na transparencie widniał lakoniczny komunikat: „MKS – solidarność". Oznaczało to, że zakład uczestniczy we wspólnym, solidarnościowym strajku z innymi fabrykami i ma swojego przedstawiciela w Międzyzakładowym Komitecie Strajkowym z siedzibą w Stoczni Gdańskiej. Strajk był solidarnościowy, ponieważ postulaty były wspólne, a nie partykularne, więc decyzję o jego zakończeniu wszystkie strajkujące załogi podjąć miały solidarnie, a nie każda na własną rękę. Również wydawany w stoczni przez członka KOR Konrada Bielińskiego biuletyn strajkowy, który wiozłem w podręcznym bagażu, nosił nazwę „Solidarność". Hasło to miało wielką siłę nośną, zanim jeszcze stało się nazwą związku.

26 sierpnia, gdy byłem w stoczni, zaczął się strajk komunikacji miejskiej we Wrocławiu. W ślad za autobusami i tramwajami stawały główne zakłady przemysłowe. Po przekonującej odmowie, z jaką spotkałem się ze strony ekspertów gdańskiego MKS, nie kwapiłem się jednak do zajezdni autobusowej MPK, gdzie mieścił się wrocławski komitet strajkowy, lecz postanowiłem zatrzymać się w Warszawie i pogadać z pozostającymi na wolności członkami KOR. O kontaktach, choćby nieformalnych, z ludźmi partyjnego establishmentu w ogóle nie myślałem; nie mogły być owocne, gdyż nikogo nie reprezentowałem. Na ulicy jednak spotkałem Dariusza Fikusa z „Polityki", którego poznałem przez Ankę Kowalską. Na wieść o tym, że byłem w Gdańsku, Fikus namówił mnie, żebym wstąpił z nim do redakcji i opowiedział Rakowskiemu, co widziałem. Minęły od tamtego czasu 33 lata, więc młodszym czytelnikom trzeba wyjaśnić, że „Polityka" była wtedy najbardziej opiniotwórczym pismem w PRL, a Rakowski – jej wieloletni redaktor naczelny – był członkiem KC, pozostawał w dobrych stosunkach z częścią środowisk intelektualnych skłaniających się ku opozycji, a jednocześnie miał niezłe kontakty z Gierkiem. Nie pisnąłem Ra-

kowskiemu ani słowa o tym, po co jeździłem do stoczni, nie wspomniałem o ekspertach MKS, ale opowiedziałem o nastrojach strajkującej załogi i o tym, że nie ma co liczyć na rezygnację z punktu pierwszego gdańskich żądań. Dla Rakowskiego nie było to niespodzianką. Wyjaśnił mi, że był z Barcikowskim w stoczni szczecińskiej i odniósł takie samo wrażenie. „Próbuję tłumaczyć towarzyszom z kierownictwa, że w tej sytuacji trzeba podpisać pokój brzeski, ale wątpię, czy się zdecydują".

Znaczenie terminu „pokój brzeski" w terminologii politycznej partii komunistycznych wymaga paru słów komentarza. Odwoływał się on do traktatu pokojowego zawartego w marcu 1918 r. w Brześciu Litewskim przez Rosję Radziecką z Niemcami i Austrią. Za ten pokój, który dał im szansę przetrwania, bolszewicy zapłacili wysoką cenę w postaci rezygnacji z rozległych terytoriów; wkrótce jednak – po upadku cesarstwa niemieckiego i rozpadzie Austro-Węgier – anulowali traktat i zdołali odzyskać zbrojnie przeważną część utraconych ziem. Popularność terminu „pokój brzeski" nie wynikała z erudycji historycznej, lecz z powszechnej w aktywie partyjnym znajomości *Krótkiego kursu historii Wszechzwiązkowej Komunistycznej Partii (bolszewików)*, który w czasach stalinowskich wbijano do głów milionom ludzi na niezliczonych szkoleniach. „Pokój brzeski" był jednym ze słów-kluczy wprowadzonych do masowego obiegu przez *Krótki kurs* i oznaczał – dosłownie lub w przenośni – wymuszony przez niekorzystną sytuację (a więc uzasadniony) odwrót z terenu, którego chwilowo nie dało się utrzymać, ale który po zmianie stosunku sił należało bezwzględnie odzyskać. Rakowski użył tego terminu w rozmowie ze mną trzy lub cztery dni przed podpisaniem Porozumienia Gdańskiego. Później już by się tak nie wyraził; przeciwnie – pisał w „Polityce" o potrzebie „szanowania partnera". Miał zresztą w PZPR, a zwłaszcza w Moskwie opinię partyjnego liberała, ba – socjaldemokraty, co u komunistów graniczyło z ekskomuniką. Jego słowa z ostatnich dni sierpnia 1980 r. zostały mi jednak w pamięci i pozostają godne uwagi, gdy po latach zastanawiamy się nad sposobem postrzegania sytuacji przez ówczesnych polityków partyjnych.

Podpisanie i dotrzymanie porozumień, które zezwalały Międzyzakładowym Komitetom Strajkowym w Gdańsku, Szczecinie, Jastrzębiu, Wrocławiu, Łodzi, Wałbrzychu i innych ośrodkach na tworzenie niezależnych związków zawodowych, równało się w gruncie rzeczy wydaniu wyroku śmierci na ustrój.

Był to wprawdzie wyrok w zawieszeniu, ale bez „odwrócenia biegu wydarzeń" egzekucja była nie do uniknięcia. Kierownictwo PZPR powinno było zdawać sobie z tego sprawę. Czy w istocie było tego świadome? Protokoły narad ścisłego kierownictwa partii i MSW w latach osiemdziesiątych były objęte najściślejszą tajemnicą. Dziś, gdy to piszę, dokumenty te są odtajnione i znane historykom. Część z nich jest już wydana drukiem, niektóre zaś znam dzięki Andrzejowi Friszkemu, który udostępnił mi – jeszcze przed opublikowaniem – swoją książkę *Rewolucja „Solidarności"*. Obraz, jaki się z tych dokumentów wyłania, bywa zaskakujący.

W czasie przedpołudniowych obrad Biura Politycznego 26 sierpnia 1980 r. nikt z dyskutantów nie dopuszczał jeszcze takiej ewentualności, by zgodzić się na utworzenie niezależnych związków zawodowych. Uczestnicy tego gremium znali formułkę Lenina, że w komunistycznym państwie związki zawodowe są „pasem transmisyjnym" przenoszącym wolę partii do mas robotniczych. Trzymali się oni kurczowo tej zasady nie z pobudek ideologicznych – byli w większości pragmatykami, jeśli nie cynikami – lecz dlatego, że był to fundament systemu, którym kierowali. Życie społeczne w tym systemie było swoistym teatrem marionetek, które partia zbudowana na hierarchicznych zasadach wprawiała w ruch, pociągając za sznurki; na tym polegała jej „kierownicza rola". Wyłączenie związków zawodowych spod kierowniczej roli partii równało się przecięciu sznurków, za pomocą których kierowała ona stosunkami pracy i sprawowała kontrolę nad wielomilionową rzeszą pracowników gospodarki uspołecznionej. Pluralizm związkowy był w pewnym sensie groźniejszy od pluralizmu partii politycznych, powoływał bowiem do legalnego życia potężną siłę alternatywną zdolną do skutecznego blokowania decyzji gospodarczych grupy rządzącej, która dotychczas sprawowała niepodzielną i niekontrolowaną dyktaturę.

Nic dziwnego, że członkowie Biura Politycznego zdawali się wykluczać taką ewentualność. Po południu 26 sierpnia przybyli jednak na posiedzenie Mieczysław Jagielski, który z ramienia rządu prowadził negocjacje w Gdańsku, oraz Kazimierz Barcikowski, pełniący tę samą rolę w Szczecinie. Nie pozostawili oni wątpliwości, że bez zgody na utworzenie niezależnych związków zawodowych tamtejsze załogi nie przerwą strajku. Obaj opowiedzieli się za legalizacją pluralizmu związkowego, jednocześnie zaś wyrazili nadzieję, że partia zdoła stopniowo podporządkować nowe związki zawodowe swojej kontroli. Główni rządowi negocjatorzy i orędownicy podpisanych na przełomie sierpnia i września porozumień traktowali je zatem od początku jako „pokój brzeski". Ich stanowisko nie przeważyło jeszcze na posiedzeniu 26 sierpnia, ale rozszerzanie się protestów w następnych dniach, zwłaszcza zaś przystąpienie do strajku kopalń węgla kamiennego i utworzenie MKS Jastrzębie, przesądziło sprawę. Na posiedzeniu 30 sierpnia Biuro Polityczne i następnie Komitet Centralny podzielili stanowisko negocjatorów. „Lepszy krok w prawo – uzasadniał to Stanisław Kania – niż krok w przepaść". Tego dnia strajkowało – jak poinformował Kania członków Komitetu Centralnego – około 700 000 robotników w kilkuset zakładach na terenie całego kraju. Nie tylko milicja, ale i wojsko – według kompetentnej oceny ministra obrony Wojciecha Jaruzelskiego – nie byłyby w stanie przeprowadzić pacyfikacji na taką skalę. Kreml ostrzegał przed „anarchosyndykalistycznym" zagrożeniem, ale był zaangażowany w Afganistanie i też nie mógł interweniować niezwłocznie. Poza tym skłonny jestem wziąć pod uwagę opór psychiczny ekipy Gierka wobec ewentualnego rozlewu krwi. Sam Gierek musiał zdawać sobie sprawę z tego, że podpisanie porozumień może być jego ostatnią decyzją. Wolał jednak odejść, niż strzelać. Gwoli sprawiedliwości powinniśmy zapisać to na jego dobro.

Nazajutrz po zawarciu porozumień w Gdańsku, Szczecinie i Jastrzębiu przed „gołębiami" z rządzącego aparatu PZPR stanęło gigantyczne zadanie stopniowego przywracania „kierowniczej roli partii" w nowych związkach zawodowych, które miały być utworzone na mocy postrajkowych porozumień jako organizacje od partii niezależne. Spróbowano więc narzucić „niezależnym, samorządnym związkom zawodowym" już przy rejestracji kształt organizacyjny powodujący rozczłonkowanie struktur wielkiego ruchu strajkowego. Międzyzakładowe Komitety Strajkowe łączyły w walce o wspólną sprawę załogi z różnych branż, a zwycięstwo uzyskały dzięki solidarnej ogólnopolskiej akcji. Teraz władze dawały im do wyboru; albo dzielicie się na ogólnopolskie związki o charakterze branżowym, albo na odrębne związki terytorialne, lokalne lub zgoła zakładowe – odpowiadające zasięgowi poszczególnych komitetów strajkowych, ale niepołączone organizacyjnie w jedną całość. Tylko takie możliwości oferowała Komitetom Założycielskim uchwała Rady Państwa z 14 września 1980 r. o rejestracji nowych związków zawodowych. Partia usiłowała działać w myśl zasady „dziel i rządź". Spowodowało to tzw. kryzys rejestracyjny – pierwszy wielki konflikt między nowym ruchem związkowym a rządem. Konflikt ten zakończył się 10 listopada 1980 r. sukcesem „Solidarności".

* * *

Rankiem 1 września 1980 r. wróciłem do Wrocławia. Właśnie ruszały pierwsze tramwaje. Wysłannicy Międzyzakładowego Komitetu Strajkowego we Wrocławiu powrócili w nocy z Gdańska i przywieźli tekst porozumienia, z którego wynikało, że zgoda na tworzenie Niezależnych Samorządnych Związków Zawodowych obowiązuje w całym kraju, a nie tylko na Wybrzeżu. W tej sytuacji ogłoszono zakończenie strajku, a Międzyzakładowy Komitet Strajkowy we Wrocławiu stał się Międzyzakładowym Komitetem Założycielskim NSZZ.

Po uzasadnionej odmowie ze strony Bronka Geremka i Tadeusza Mazowieckiego nie próbowałem już włączyć się do gremiów doradczych powstającego ruchu związkowego. Byłem jednak członkiem Związku Nauczycielstwa Polskiego i udziału w jego zebraniach z czynnym i biernym prawem wyborczym nikt mi rzecz jasna nie bronił. Na walnym zgromadzeniu członków ZNP w placówkach oddziału wrocławskiego Polskiej Akademii Nauk postanowiono rozwiązać Radę Zakładową, a niemal wszyscy obecni wystąpili z ZNP i przystąpili do Niezależnych Samorządnych Związków Zawodowych. Wybrano Komitet Założycielski NSZZ przy wrocławskich placówkach PAN; zostałem jego wiceprzewodniczącym, a zarazem delegatem do Międzyzakładowego Komitetu Założycielskiego, czyli kontynuacji MKS. Nikt nie miał wątpliwości, że nasza decyzja oznacza akces do tej struktury. O tworzeniu odrębnego związku pracowników nauki, techniki i oświaty (do czego skłaniali się nasi stołeczni koledzy) nikt z nas ani myślał. Było jasne, że musimy być razem z robotnikami. Tu był Wrocław, nie Warszawa.

MKZ nie mieścił się już w zajezdni, lecz w przyznanym mu przez władze miejskie lokalu przy placu Czerwonym (dziś plac „Solidarności"). Zostałem tam przyjęty życzliwie i od razu przydzielony do komisji, która miała opracować projekt statutu Niezależnych Samorządnych Związków Zawodowych. Rozumiało się samo przez się, że ma to być organizacja ogólnopolska. W komisji przygotowującej projekt statutu pracowałem z Kazikiem Pieprzem z wrocławskiego Przedsiębiorstwa Gospodarki Maszynami, Krzysztofem Turkowskim z Ossolineum i trojgiem adwokatów, którzy służyli nam wiedzą prawniczą: Joanną Ładomirską, Lechem Adamczykiem i Tadeuszem Kaszubskim. W zespole tym zająłem się trybem ogłaszania strajków. Poza tym wniosłem do wrocławskiego projektu osobisty wkład, który utrzymał się później w statucie „Solidarności": nazewnictwo instancji związkowych. Miałem wiele podziwu dla hiszpańskich Komisji Robotniczych i na ich wzór zaproponowałem, żeby zarząd organizacji związkowej w przedsiębiorstwie nazywał się Komisją Zakładową, instancja regionalna – Komisją Regionu, a zarząd ogólnopolski – Komisją Krajową. Nazwy te spodobały się chyba dlatego, że słowo „zarząd" źle kojarzyło się wielotysięcznej rzeszy aktywnych twórców tego związku. Ktoś miałby nami zarządzać? My wszyscy rządzimy tu sami!

Chyba 12 września, gdy nasz projekt był już gotowy, pojechaliśmy z nim do Gdańska. Okazało się jednak, że gdański MKZ ma już własny projekt statutu. Nie byłby to powód do zmartwienia; spodziewaliśmy się, że będzie więcej projektów, z których w toku dyskusji i dalszych prac wyłoni się jeden, wspólny dla wszystkich. Nieszczęście polegało na tym, że projekt gdański miał w nagłówku nazwę „Niezależny Samorządny Związek Zawodowy – Związek Wybrzeża" i odpowiednią do tego dwuszczeblową strukturę: zarząd zakładowy i zarząd regionu. Żadnego organu ogólnopolskiego! Gdański MKZ, lider solidarnościowego strajku w całym kraju, zamierzał teraz odosobnić się i utworzyć związek odrębny od innych regionów. Nie było jeszcze uchwały Rady Państwa popychającej nowy ruch związkowy w takim kierunku. Nasz okręt flagowy z własnej inicjatywy wpływał do kanału, w który chciała nas wpuścić władza ludowa.

Poszliśmy do Wałęsy. Nie znałem go przedtem, ale bez zbędnych ceregieli mówiłem do niego na „ty" (podobnie jak działacze związkowi, a inaczej niż doradcy) i podniesionym głosem wyłuszczyłem powody, dla których taki statut będzie równoznaczny z pozostawieniem na lodzie tych wszystkich, którzy w sierpniu poparli Gdańsk strajkiem solidarnościowym. „Lechu" był dość defensywny, nie podjął dyskusji, mówił, że okropnie boli go głowa i odesłał nas do ekspertów. Eksperci uspokajali, że nasze stanowisko i nasz projekt statutu wezmą pod uwagę, lecz tym razem wyczułem w ich słowach fałsz i uznałem, że nie jest to obietnica, tylko wykręt. Poszliśmy więc do tych członków Prezydium MKZ, którzy wywodzili się z przedsierpniowej opozycji, czyli z Wolnych Związków Zawodowych. Z tej strony natrafiliśmy na twardy, ale przynajmniej nieukrywany sprzeciw. Jedynie Lech Kaczyński wykazywał zrozumienie dla naszego stanowiska, ale był jak ta jaskółka, co nie czyni wiosny, bo pozostali uparcie mówili „nie". Zwłaszcza Joanna Duda-Gwiazda, Bogdan Borusewicz i Andrzej Gwiazda wyrażali obawę, że powołanie jakiejkolwiek centralnej władzy związkowej grozi biurokratyzacją spontanicznego ruchu, a partii, która jest przecież miłośniczką centralizmu, w to graj. Tłumaczyłem, że taktyka „właścicieli PRL" będzie polegać na wygrywaniu podziałów między nami, ale koledzy z WZZ pozostali głusi na moje argumenty. Odniosłem (i zachowałem po dziś dzień) wrażenie, że w rzeczywistości kierował nimi lęk przed niewiadomą, która napływała ze wszystkich stron kraju. Oni sami byli grupą zżytą, sprawdzoną we wspólnej walce prowadzonej dość długo przed sierpniem, a teraz ze Śląska, Wrocławia, Wałbrzycha, Poznania czy Łodzi przychodzą ledwie skrzyknięci ludzie. Kto wie, co za jedni? A może manipuluje nimi partia, a może bezpieka? Lepiej zostańmy we własnym gronie, przynajmniej możemy mieć do siebie zaufanie.

Prawdziwa ironia losu, że w ciągu niedługiego czasu wybuchły w ich gronie gwałtowne animozje przyprawione głęboką nieufnością i podejrzliwością. Na razie jednak byli zwarci i nieustępliwi jak beton. Miałem jeszcze nadzieję, że uda się ich zmiękczyć, jeżeli przekonamy Jacka Kuronia – w końcu był on dla nich wtedy najwyższym autorytetem. „Nie idzie nam z biskupami – powiedziałem do moich wrocławskich kolegów, którzy byli zrozpaczeni stanowiskiem gdańszczan – to spróbujmy załatwić sprawę z papieżem". Jacek, który był wtedy w Gdańsku, ale wskutek sporów w gronie doradców nie miał wstępu do lokalu MKZ, w lot pojął, o co nam chodzi, i powiedział stanowczo: „Tak, musimy rejestrować się wszyscy razem". Uznałem, że to daje podstawę do optymizmu i wróciliśmy do Wrocławia z nadzieją, że sprawy pójdą po naszej myśli. Rozstrzygnięcie miało nastąpić za parę dni: na 17 września zwołane zostało do Gdańska ogólnopolskie spotkanie przedstawicieli wszystkich Międzyzakładowych Komitetów Założycielskich.

We wrocławskim MKZ nasze sprawozdanie o gdańskim separatyzmie i o tym, jak próbowaliśmy go zmiękczyć, wywołało wielkie poruszenie. Zostałem dokooptowany do Prezydium MKZ. Postanowiono, że na ogólnopolskie spotkanie 17 września pojadę z oficjalnym mandatem jako przewodniczący delegacji wrocławskiej. W składzie delegacji byli poza mną jeszcze dwaj członkowie prezydium – Antoni Skinder i Kazimierz Pieprz, a także mecenas Kaszubski w charakterze doradcy prawnego. Ręka w rękę z nami występowała od początku delegacja wałbrzyska na czele z przewodniczącym tamtejszego MKZ (a wcześniej MKS), górnikiem z kopalni „Wałbrzych", Jurkiem Szulcem.

Przyjechaliśmy do Gdańska 16 września, w przeddzień ogólnopolskiego spotkania, i od razu przekonaliśmy się, że obietnice uwzględnienia naszego stanowiska były puste. Na delegatów z całego kraju czekał uchwalony już przez gdańszczan projekt statutu Niezależnego Samorządnego Związku Zawodowego obejmującego jeden region. Zniknął wprawdzie nagłówek „Związek Wybrzeża", reszta jednak pozostała bez zmian: dwa szczeble organizacyjne – Zarząd Zakładowy i Zarząd Regionu. Nic ponadto – żadnego organu krajowego, żadnej ogólnopolskiej struktury. Przybyszom spoza Wybrzeża proponowano tylko, żeby – jeśli zechcą – przyjęli dla siebie ten sam projekt statutu i pojechali razem złożyć go w sądzie do rejestracji. Mogło to – przynajmniej teoretycznie – chronić przed zróżnicowanym traktowaniem wniosków rejestracyjnych, gdyż statuty byłyby jednobrzmiące. Byłyby to jednak statuty całkowicie odrębnych organizacji. Związek, którego naczelnym organem jest Zarząd Regionu, nie może przecież mieć ponadregionalnego zasięgu.

Nie pozostawało nic innego, jak tylko przeprowadzić własną koncepcję następnego dnia na sali obrad plenarnych, wbrew stanowisku gospodarzy spotkania. Mieliśmy przeciw sobie wielki autorytet Gdańska, za sobą jednak miażdżącą większość delegatów MKZ przybyłych z całego kraju. Powodem takiej postawy była uzasadniona obawa, że „w pojedynkę nas wytłuką". Władza ludowa bała się Gdańska, więc chodziła wokół niego na paluszkach, co po stronie związkowej mogło stwarzać poczucie siły, a przy okazji złudzenie bezpieczeństwa. W innych ośrodkach miejscowe władze partyjne i administracyjne traktowały organy założycielskie niezależnego związku z nieskrywaną wrogością i arogancją. Nawet we Wrocławiu, który miał za sobą sześciodniowy strajk obejmujący główne zakłady przemysłowe i komunikację miejską, stosowano wobec nas szczelną blokadę informacyjną w lokalnej prasie i rozmaite szykany, a wypowiedzi dygnitarzy partyjnych nie wróżyły nic dobrego. Uważaliśmy, podobnie jak prawie wszyscy delegaci Komitetów Założycielskich, którzy zjechali do Gdańska 17 września, że musimy wszyscy razem bronić się przed każdym atakiem i manipulacją ze strony dyktatorskiej władzy, więc trzeba połączyć siły i skoordynować decyzje w ramach jednej organizacji.

Kłopot polegał na tym, że delegaci z różnych ośrodków, choć chcieli tego samego, nie znali się między sobą. Idąc tropem opozycyjnych znajomości, ściągnąłem w przeddzień obrad do pokoju, w którym nocowali wrocławscy i wałbrzyscy delegaci, Zbyszka Bujaka i Leszka Dymarskiego, czyli przewodniczących delegacji warszawskiej i poznańskiej. Spośród ekspertów towarzyszył nam (i sprzyjał) Wiesław Chrzanowski. Szybko doszliśmy do porozumienia, po czym na miejscu napisałem i uzgodniłem z pozostałymi projekt uchwały, którą należało następnego dnia zaproponować zgromadzeniu. Była to uchwała o utworzeniu jednego ogólnopolskiego związku z Komisją Krajową jako najwyższym organem; uczestnikami Komisji Krajowej będą Międzyzakładowe Komitety Założycielskie reprezentowane na posiedzeniach KK przez swoich upełnomocnionych przedstawicieli. W tym czasie stare związki zawodowe zorganizowane według branż opuszczały jeden po drugim centralę CRZZ, w której były zrzeszone, i przyjmowały nazwę Niezależnego Samorządnego Związku Zawodowego (metalowców, włókniarzy, budowlanych itp.). Maskarada ta wprowadzić mogła nazewniczy chaos i dezorientację. Przyszło mi do głowy w trakcie pisania projektu uchwały, że musimy mieć nazwę, która nas czytelnie wyróżni bez obawy nieporozumień. Przypomniałem sobie napis na transparencie fabrycznym w Pruszczu Gdańskim, a także biuletyn MKS wydawany w Stoczni Gdańskiej podczas sierpniowego strajku i bez wahania napisałem: „Postanawiamy powołać ogólnopolski związek pod nazwą Niezależny Samorządny Związek Zawodowy «Solidarność» i utworzyć Komisję Krajową Związku z siedzibą w Gdańsku. Terenem działania związku będzie obszar Polskiej Rzeczypospolitej Ludowej". Nikt z obecnych nie miał wątpliwości. Nazwa „Solidarność" narzucała się z siłą oczywistości. Było to sztandarowe hasło sierpniowego strajku, idealny wyraz łączności między jego uczestnikami z różnych stron kraju. Eksponowano to hasło na budynkach i płotach fabrycznych; istniał już nawet symbol graficzny. Uzgodniliśmy, że nazajutrz zgłoszę ten projekt w imieniu delegacji Wrocławia i Wałbrzycha z poparciem Warszawy (czyli MKZ Mazowsze) i Poznania.

W obradach rozpoczętych nazajutrz rano uczestniczyły delegacje trzydziestu kilku MKZ – w sumie blisko 200 osób. Miałem nieodparte wrażenie, że porządek dzienny obmyślano tak, żeby nie dopuścić do jakiejkolwiek niespodzianki. W punkcie pierwszym przedstawiciel każdego MKZ miał złożyć sprawozdanie o pracach organizacyjnych, osiągnięciach i trudnościach towarzyszących powstawaniu NSZZ na jego terenie. Ciągnęło się to bez końca. Niektórzy mówcy zwracali uwagę na przeszkody piętrzone przez lokalne władze i związane z tym zagrożenie realizacji porozumień sierpniowych, a w konkluzji apelowali o jedność organizacyjną ruchu; wtedy jednak prowadzący obrady przerywał im i napominał, że o strukturze organizacji związkowych mowa będzie w następnym punkcie porządku dziennego, a nie teraz. Wygłoszenie sprawozdania o pracach MKZ we Wrocławiu powierzyłem bodaj Antoniemu Skinderowi i czekałem z rosnącą niecierpliwością, aż pozwolą nam mówić o tym, co najważniejsze. Było już dobrze po południu, gdy lista mówców przedstawiających sprawozdania z terenu dobiegła wreszcie końca i Zbyszek Bujak poprosił o udzielenie głosu w imieniu MKZ Mazowsze Janowi Olszewskiemu jako doradcy prawnemu.

Olszewski zwrócił uwagę, że uchwała Rady Państwa sprzed trzech dni o trybie rejestracji nowych związków zawodowych zagraża niezależności i samorządności naszego ruchu; zezwala bowiem tylko na rejestrację związków branżowych lub poszczególnych regionów, a stara się zamknąć drogę do legalizacji złożonego z regionów związku ogólnopolskiego. Otwiera to władzom politycznym pole manipulacji, w tym możliwość wybiórczej rejestracji niektórych związków i odmowy rejestracji innych. Prowadzący obrady usiłował odebrać Olszewskiemu głos (bo mówi „nie na temat"). Była to obiekcja niedorzeczna: Olszewski był ostatnim mówcą w tym punkcie porządku dziennego, a punkt następny, po przerwie, miał już być poświęcony właśnie strukturze organizacyjnej ruchu związkowego. Należałoby zabrać grzecznie głos w kwestii formalnej i zwrócić na to uwagę, ale nie oglądałem się na procedurę, tylko zawyłem: „Niech mówi!!!". Sala podchwyciła ten okrzyk i Olszewskiemu pozwolono skończyć.

Po przerwie, gdy przystąpiliśmy do merytorycznej dyskusji o kształcie związku, byłem pierwszy na liście mówców. W trybie komentarza wypada podkreślić, że w sytuacji, gdy działacze nowego ruchu przybyli tu z różnych stron kraju i dotychczas nie znali się między sobą, skuteczna komunikacja mówcy z audytorium była jedynym sposobem, byśmy się porozumieli, poczuli się całością i odkryli, że chcemy tego samego. Na początku nawiązałem do przeprowadzonej przez Jana Olszewskiego demaskatorskiej analizy uchwały Rady Państwa o warunkach rejestracji nowych związków zawodowych. „Jeśli się kogoś nie może zdławić – a dla słuchaczy jasne było, że mam na myśli stosunek władz PRL do rodzącego się ruchu związkowego – to można go próbować wpuścić w maliny. I na to jest rada: nie należy w te maliny wchodzić". Jako przykład negatywny podałem złożony już do sądu przez MKZ Huta Katowice wniosek o zarejestrowanie tej struktury jako odrębnego związku zawodowego. Informację o tym wniosku natychmiast nagłośniły ogólnopolskie media. Na tej sali nie wymagało to właściwie komentarzy; przed przerwą większość mówców przedstawiając trudności piętrzone przed założycielami nowych związków, zwracała uwagę na zmowę milczenia w lokalnych i ogólnopolskich gazetach. Prawie wszyscy uczestnicy zgromadzenia odczytali tryumfalne doniesienie „Trybuny Ludu" o wniosku rejestracyjnym MKZ Huta Katowice jako manipulatorską grę partyjnej propagandy. Wyczuwałem to, więc pozwoliłem sobie od razu przejść do sedna. Gdybyśmy poszli za sugestią Rady Państwa i partyjnej prasy, „gdyby więc ilu nas tu było mówców przedstawiających sytuację w poszczególnych MKZ, tyle powstało w Polsce związków – to jesteśmy załatwieni. Jesteśmy załatwieni być może czasowo prócz Wybrzeża, w takiej sytuacji jednak i ono – tyle tylko, że w ostatniej kolejności – niechybnie zostanie załatwione". Ten prosty wywód został przyjęty oklaskami. Zaraz potem sala zareagowała aplauzem na wniosek, jaki z tego wyprowadziłem: „nieodzowny jest nam już teraz jeden ogólnopolski niezależny samorządny związek zawodowy".

Wywodząc, że musi on mieć jeden statut i że nie może to być statut proponowany przez gdańszczan, skoro nie przewiduje żadnego ponadregionalnego organu, musiałem wejść w spór gospodarzami spotkania. Jakiś ich urażony zwolennik przerwał mi wtedy okrzykiem: „Gdzie był Wrocław, jak Wybrzeże strajkowało"?! Tego mi było trzeba. Odpowiedziałem, że Wrocław od wtorku 26 sierpnia poparł Wybrzeże strajkiem generalnym, który wpłynął na atmosferę i wyniki gdańskich rozmów. „Gdańsk wygrał strajk dla nas wszystkich, ale wygrał go, o czym nie należy zapominać, silny poparciem strajkowym całej Polski. Inaczej by go nie wygrał (oklaski). I Wybrzeże popełni samobójstwo, jeżeli się od reszty Polski odetnie" (oklaski).

Na koniec wystąpienia, gdy zapowiedziałem odczytanie w imieniu delegacji Wrocławia i Wałbrzycha z poparciem Warszawy i Poznania projektu uchwały, prowadzący spotkanie z ramienia gospodarzy Lech Bądkowski dość nieoczekiwanie wezwał, bym się skracał. Wszystko, co miałem do powiedzenia na uzasadnienie proponowanych decyzji już powiedziałem, a prawa do zgłoszenia projektu nie można mi było odmówić. Odczytałem więc projekt uchwały, którą sala przyjęła z aplauzem, a właściwie zaakceptowała przez aklamację, gdyż do dalszej dyskusji ani do głosowania już nie doszło. Lech Wałęsa wstał, podszedł do mnie, zabrał mi mikrofon i – gdy tylko umilkły oklaski – oznajmił autorytatywnie: „Zgoda, tak właśnie musimy zrobić. Trzeba tylko zadbać, żeby ta krajowa komisja porozumiewawcza, którą powołamy, nie narzucała decyzji regionom. A teraz kończymy spotkanie i przewodniczący wszystkich delegacji spotkają się w małej sali na pierwszym piętrze, żeby dograć szczegóły wspólnej rejestracji".

Była to pierwsza, choć nie ostatnia wolta przewodniczącego, którą dane mi było oglądać. Lech Wałęsa nie odznaczał się pedantyczną dbałością o procedury, a decyzje potrafił zmieniać błyskawicznie, kierując się intuicją, wyczuciem nastrojów i bardzo szybką, choć nie zawsze precyzyjną kalkulacją. Tym razem zostawił na lodzie przeważającą część ekspertów, a także swoich własnych współbojowników z Komitetu Założycielskiego Wolnych Związków Zawodowych Wybrzeża oraz działaczy z gdańskiego MKZ. Nie potrzebował głosowania, żeby wiedzieć, gdzie jest większość; przyłączał się do tych, co zjechali tu z całego kraju i stawał na czele wielkiego ogólnopolskiego ruchu. Wzmacniało to zasadniczo jego pozycję i ogromnie zwiększało ciężar odpowiedzialności, jaka spoczęła na jego barkach. Brzemię odpowiedzialności napawało go lękiem, ale nie mogło go powstrzymać. Trzeba to wszystko mieć na względzie, gdy się rozważa bardzo szczególną relację między tym charyzmatycznym przywódcą a wielkimi tłumami, które solidarnościowa rewolucja wprawiła w ruch.

Tuż po rozstrzygnięciu – bo to było rozstrzygnięcie, chociaż władze PRL próbowały jeszcze zawrócić Wisłę kijem – zamieniłem parę szorstkich słów z dwoma najbardziej wpływowymi doradcami związku, czyli Bronkiem Geremkiem i Tadeuszem Mazowieckim. Bronek nie mógł pohamować skrajnej irytacji. Był człowiekiem wielkiego umysłu i charakteru, ale miał ten niedostatek, że w skrajnym gniewie niczego prócz gniewu nie był w stanie wyartykułować. Tadeusz też uważał, że bardzo źle się stało, potrafił jednak uzasadnić tę opinię. Wyraził pogląd, że rozwiązanie, które przyjęliśmy, prowadzi prostą drogą do konfrontacji i że ta konfrontacja może zaprzepaścić kompromis osiągnięty w Porozumieniu Gdańskim z 31 sierpnia. „Oni takiego związku nie zarejestrują – powiedział mi dosłownie – bo to będzie zbyt wielka siła". Odpowiedziałem na to, że właśnie dlatego będą musieli związek zarejestrować, chociaż na pewno nie będą chcieli. Można powiedzieć, że w pewnym sensie obaj mieliśmy rację albo że wyrażaliśmy racje odmienne, lecz komplementarne. W każdym razie ta różnica zdań nie przeszkodziła nam zgodnie i skutecznie współpracować w kluczowych momentach kryzysu rejestracyjnego.

Delegację naszą przywitano we Wrocławiu jak tryumfatorów. Mimo tryumfalnego nastroju po paru dniach Prezydium MKZ pod moją nieobecność postanowiło, że do Sądu Wojewódzkiego w Warszawie w celu złożenia wspólnego z innymi regionami wniosku o rejestrację pojedzie 24 września w imieniu Wrocławia Zbyszek Przydział ze Stoczni Rzecznej, a nie ja. Ktoś wytłumaczył przewodniczącemu MKZ Jerzemu Piórkowskiemu, że nazwisko okrzyczanego przeciwnika reżimu nie powinno figurować na liście członków-założycieli podpisanych pod wnioskiem o rejestrację NSZZ „Solidarność". Nie kwestionowałem tej decyzji i nie dociekałem, czy to nasi uznali, że tak będzie ostrożniej, czy też „oni" podszepnęli. Piórkowski był w MPK znanym aktywistą partyjnym, którego inicjatorzy wrocławskiego strajku wybrali na przewodniczącego w przekonaniu, że tak będzie bezpieczniej. Później szamotał się on w kleszczach podwójnej lojalności, aż na początku marca 1981 r. zrezygnował z funkcji przewodniczącego i z działalności związkowej, nie podając jasnych powodów. Konsekwencją tego, że to Zbyszek Przydział podpisał się w naszym imieniu pod wnioskiem o rejestrację, było automatycznie wyznaczenie go do roli przedstawiciela wrocławskiego MKZ w Krajowej Komisji Porozumiewawczej. Nie wiem, czy krył się za tym zamysł, by mnie zmarginalizować, ale nic takiego nie nastąpiło. Na posiedzenia KKP każdy region posyłał 2–3 działaczy, choć dysponował tylko jednym głosem. Poczynając od drugiej połowy października, gdy znowu zrobiło się gorąco, jeździłem ze Zbyszkiem na wszystkie spotkania KKP, rozumieliśmy się bardzo dobrze i nigdy nie doszło między nami do sporu. 9 listopada KKP wybrała mnie na swojego rzecznika prasowego, co dawało mi mocną pozycję w wątłych skądinąd strukturach krajowych związku.

* * *

Ci spośród działaczy powstającego związku, którzy myśleli w kategoriach politycznej strategii, starali się rozpoznać zamiary „strony rządowej" na podstawie zmiennych treści oficjalnej propagandy, publicznych wystąpień przywódców PZPR oraz bieżących decyzji podejmowanych przez władze PRL. O naradach ścisłego kierownictwa partyjnego, które odbywały się za zamkniętymi drzwiami, wiedzieliśmy tyle co nic, ale skłonni byliśmy przypuszczać, że druga strona kieruje się spójną, przemyślaną strategią i makiaweliczną taktyką. Tajne dokumenty PZPR i MSW są dziś jawne i dostępne historykom. Obraz, który się z nich wyłania, wcale nie potwierdza naszych ówczesnych przypuszczeń. Kręgi rządzące wiedziały z grubsza, czego by chciały, ale nie miały pojęcia, jak to osiągnąć. Utworzenie ogólnopolskiego związku bardzo utrudniało ich grę. Początkowo prasa centralna, kierowana wprawną ręką Stefana Olszowskiego, a także gazety lokalne (z wyjątkiem gdańskich) próbowały po prostu przemilczeć niepożądane zdarzenie. Kiedy jednak w ciągu paru tygodni co najmniej pięć, a zapewne siedem milionów ludzi (w tym kilkaset tysięcy członków PZPR) przeszło ze starych związków zawodowych do NSZZ „Solidarność", nie miało już sensu udawać, że nic się nie zdarzyło. „Pokój brzeski" wcale nie wykluczał potyczek, a nawet walnych bitew, podczas których trzeba było przeciwnika poddawać surowej krytyce, więc siłą rzeczy jakoś go nazywać. Przeklęta nazwa „Solidarność" zadomowiła się w reżimowych gazetach, co nie było wprawdzie rękojmią sądowej rejestracji, ale sygnalizowało, że niezależny związek stał się *de facto* częścią polskiego krajobrazu politycznego.

Odmowa rejestracji pod pretekstem niezgodności kształtu organizacyjnego związku z uchwałą Rady Państwa z 14 września nie wchodziła w rachubę: dla wszystkich byłoby jasne, że władze PRL jednostronnie zrywają sierpniowe porozumienia i nieuchronny w tej sytuacji strajk generalny rozpocząłby się w atmosferze, która z góry ustawiała „stronę rządową" na przegranej pozycji. Nie pozostawiał co do tego wątpliwości także przebieg jednogodzinnego ogólnopolskiego strajku ostrzegawczego, który odbył się 3 października na wezwanie KKP pod hasłem realizacji płacowych ustaleń Porozumienia Gdańskiego i rejestracji NSZZ „Solidarność". Nie będąc w stanie podporządkować związku „kierowniczej roli partii"w życiu realnym, władze PRL postanowiły odnieść to zwycięstwo na niby, w sferze symbolicznych gestów. Tajne, a dziś jawne, dokumenty kierownictwa PZPR nie pozostawiają cienia wątpliwości, że sądowi wojewódzkiemu dla miasta Warszawy nie pozostawiono w tym wypadku najmniejszego marginesu swobody. Zgodnie z precyzyjnymi wytycznymi z KC zespół sędziego Zdzisława Kościelniaka orzekł 24 października warunkową rejestrację NSZZ „Solidarność", wpisując zarazem samowolnie do statutu związku zaczerpnięte z Porozumienia Gdańskiego zapewnienia, że nie zamierzamy pełnić roli partii politycznej ani kwestionować postaw ustroju, w szczególności kierowniczej roli PZPR w państwie oraz „ustalonego systemu sojuszów międzynarodowych". Poza tym sąd skreślił z naszego statutu paragrafy 32 i 33 regulujące tryb ogłaszania strajków i zastąpił je ogólnikowym zapisem, że strajk jest możliwy „po wyczerpaniu innych dostępnych środków".

Byłem wraz z całą KKP na ogłoszeniu wyroku i muszę wyznać ze wstydem, że zrazu chciało mi się śmiać. Wciśnięcie wszystkich tych zaklęć do naszego statutu było pustym gestem. Nikt z nas nie zamierzał przecież wydzierać z rąk PZPR władzy nad państwem ani wypowiadać Układu Warszawskiego, a zapis zaczerpnięty z Porozumienia Gdańskiego dotyczył państwa, a nie samorządnych organizacji społecznych i wcale nie poddawał związku zawodowego „kierowniczej roli partii". Ze strony sądu umieszczenie tych liturgicznych zwrotów w statucie związkowym było jednak całkowicie bezprawną samowolą. Sąd mógł na postawie oceny statutu zarejestrować nas lub odmówić rejestracji, nie mógł jednak statutu zmieniać ani pisać go za nas.

Większość działaczy „Solidarności", którzy przybyli na ogłoszenie wyroku z regionów, była w najwyższym stopniu oburzona tym, co uznała za demonstracyjne podeptanie niezależności i samorządności związku. Chyba po raz pierwszy miałem okazję przekonać się tak namacalnie, że agresja symboliczna może mieć większą od agresji realnej moc rozpętania konfliktu. Godne uwagi, że wśród najbardziej oburzonych wciskaniem do naszego statutu formułki o kierowniczej roli partii byli robotnicy, którzy przed sierpniem byli aktywistami PZPR i nadal pozostawali jej członkami – jak przewodniczący wałbrzyskiego MKZ Jurek Szulc czy przewodniczący MKZ zagłębia miedziowego Rysiek Sawicki. Znałem ich już nieźle, więc rzuciło mi się to w oczy, ale podobnie było z należącymi do partii działaczami związku w innych regionach.

Tego samego wieczora zebraliśmy się w lokalu warszawskiego KIK. Doradcy KKP zdołali skierować wzburzenie działaczy we względnie bezpieczne łożysko werbalnej agresji. Uchwaliliśmy ostro brzmiącą deklarację („Przedstawiony przez nas statut (...) w bezprecedensowy w dziejach polskiego wymiaru sprawiedliwości sposób został poddany bezprawnemu okaleczeniu bez zgody

Komitetu Założycielskiego"), ale nie zapowiadaliśmy innej reakcji niż zaskarżenie wyroku w trybie zwykłej rewizji do Sądu Najwyższego. O tym, czy będziemy strajkować o statut, zdecydować miała KKP na posiedzeniu zwołanym na 27 października do Gdańska.

Na posiedzeniu tym okazało się jednak, że w łonie KKP występują poważne różnice zdań. Przedstawiciele gdańskiego MKZ, w zasadzie popierani przez region Mazowsze, parli do strajkowej konfrontacji. Przeprowadzili oni uchwałę wzywającą premiera, by następnego dnia, tj. 28 października, przybył do Sali BHP w Stoczni Gdańskiej w związku z konfliktem o rejestrację „Solidarności", a jednocześnie proponowali przekształcenie wszystkich Komitetów Założycielskich – od zakładowych poprzez regionalne aż po Krajową Komisję Porozumiewawczą – w komitety strajkowe. Na ich wniosek KKP przeniosła obrady ze swojej siedziby w Gdańsku-Wrzeszczu do Stoczni Gdańskiej i obradowała dalej z udziałem całego Prezydium gdańskiego MKZ. Nie wiem, czy trzeba objaśniać, że wobec rządu było to ultimatum, jednocześnie zaś miejsce obrad poddawało najwyższe gremium związku bezpośredniej kontroli i presji stoczniowej załogi. Demokracja robotnicza, o której pisaliśmy obaj z Jackiem Kuroniem w *Liście otwartym*, na naszych oczach stawała się ciałem i budziła w nas nie tyle uczucie tryumfu, ile obawę.

Pomysł, by obradować na oczach stoczniowców, był chyba spowodowany pojawieniem się w łonie KKP skrzydła umiarkowanego. Przedstawiciele Szczecina pod przewodem Mariana Jurczyka, zwłaszcza zaś przedstawiciele MKZ Jastrzębie, byli zasadniczo przeciwni używaniu groźby strajku w konflikcie rejestracyjnym. Jurczyka nikt przy zdrowych zmysłach nie pomawiał, że jest marionetką władz, w owym czasie był jednak autentycznie umiarkowany; zradykalizował się później. Przewodniczącego MKZ Jastrzębie Jarosława Sienkiewicza uważano (chyba nie całkiem bezpodstawnie) za konia trojańskiego w łonie „Solidarności". Radykalnie nastawione prezydium gdańskiego MKS, przenosząc obrady KKP do stoczni, chciało bez wątpienia postawić pod ścianą także samego Wałęsę, który zaczynał właśnie odgrywać rolę arbitra między różnymi nurtami w związku i zdobywał sobie w stosunku do niedawnych kolegów pozycję coraz bardziej samodzielną. Wszystko to jednak groziło brakiem spójności w obliczu walki, gdy trzeba było unikać wewnętrznych konfliktów. Zarówno Jacek Kuroń, który miał ciągle duży wpływ na radykałów z gdańskiego prezydium, jak i Tadeusz Mazowiecki oraz ja staraliśmy się nie dopuścić, by kierownicze gremium związku szło do walki w rozsypce.

Jednodniowy termin wyznaczony premierowi na stawiennictwo przed obliczem KKP wydawał się tak krótki i tak ultymatywny w formie, że aż nierealny. Niemniej jednak nazajutrz, tj. 28 października, zjawił się w Gdańsku nie premier wprawdzie, lecz wicepremier i główny sygnatariusz porozumienia – Mieczysław Jagielski. Zaczęła się gra. Jagielski nie przyjechał do stoczni, lecz zaprosił przedstawicieli KKP do siedziby Wojewódzkiej Rady Narodowej w Gdańsku na wstępną rozmowę. Po dość gwałtownej wymianie zdań Wałęsa, który wśród gorących emocji i sporów zachował przytomność umysłu, wymógł na KKP wysłanie delegacji. Powróciła ona wkrótce na salę BHP z informacją, że premier Pińkowski zaprasza Krajową Komisję Porozumiewawczą na rozmowy do swojej warszawskiej siedziby, tj. do Urzędu Rady Ministrów, w dniu 30 października. Spowodowało to w naszym gronie awanturę, której strona rządowa zapewne się spodziewała, a może nawet chciała ją wywołać. Prezydium gdańskiego MKZ uznało, że zostaliśmy potraktowani w sposób arogancki, rząd spycha nas do defensywy, więc musimy niezwłocznie odpowiedzieć na to ogólnopolskim strajkiem – od tej chwili zamykamy się w zakładach, jak w sierpniu, a instancje związkowe przekształcają się w komitety strajkowe. Skrajność tych propozycji umocniła obóz umiarkowanych, którzy opowiadali się przeciw strajkowi, a nawet przeciw zapowiedzi strajku. W krytycznej sytuacji niebezpiecznie pogłębiał się rozdźwięk w KKP.

Zabrałem głos z myślą o przestawieniu dyskusji na bardziej racjonalne tory. Nie zachował się niestety stenogram tego posiedzenia, pamiętam jednak konstrukcję swojego wystąpienia. Zwróciłem uwagę, że mamy do czynienia z pułapką, w którą nie powinniśmy wchodzić. To, że Jagielski miał za daleko z budynku WRN do stoczni, a także to, że zamiast rozmów w stoczni rząd proponuje nam rozmowy w swojej warszawskiej siedzibie, może bulwersować część obecnych na tej sali, ale na pewno nie zbulwersuje kraju. Do milionów ludzi w Polsce, od których zależy nasza siła i powodzenie ewentualnej akcji strajkowej, dotrze wiadomość, że odrzuciliśmy zaproszenie do rozmów i zamiast negocjować, wzywamy wszystkich do strajku. Na wieść o takiej decyzji KKP spora część naszych zwolenników zamiast strajkować, puknie się w czoło. Wejdziemy w konfrontację osłabieni, na przegranej pozycji. Powinniśmy tę pułapkę, zastawioną na nas przez stronę przeciwną, odwrócić: przyjąć zaproszenie do Warszawy, ale z góry wyznaczyć termin strajku w wypadku niepowodzenia rozmów. Wtedy w pułapce znajdzie się strona rządowa. Jeżeli rząd nie zgodzi się rozmawiać „pod pistoletem strajkowym", wywoła przeciw sobie potężną falę oburzenia, gdyż wyjdzie na to, że złożył fałszywą propozycję dialogu, z której się następnie wycofał. W tym stanie rzeczy, jeśli dojdzie do konfrontacji, będziemy w niej dzięki społecznemu poparciu stroną silniejszą. Jeżeli zaś dojdzie do negocjacji, mocna pozycja da nam większe szanse powodzenia.

Chyba udało mi się bodaj w części przestawić dyskusję ze zderzenia emocji na rozważanie racji. Gorące spory trwały jeszcze jakiś czas, w końcu jednak zażądano ode mnie, bym ponownie przedstawił swoje rozumowanie. Opowiedział się za nim w zasadzie także Tadeusz Mazowiecki, wnosząc poprawkę, by zamiast słowa strajk użyć łagodniejszego określenia „ogólnopolska gotowość strajkowa" i wyznaczyć jej termin na 12 listopada, gdyby do tego czasu konflikt o statut i rejestrację związku nie znalazł zadowalającego rozstrzygnięcia. KKP przyjęła tę propozycję, a Jacek Kuroń przekonał Prezydium gdańskiego MKZ, by zadeklarowało, że się tej uchwale podporządkuje.

Uchwała nasza przewidywała, że na zaproszenie premiera stawi się do stołu negocjacyjnego cała KKP, a więc ciało dość liczne. Trzeba było z góry ustalić, kto będzie za co w czasie rozmów odpowiadał. Wałęsa zadbał o swoją rolę przywódczą i krótko, jak na odprawie, wyznaczył Gwiazdę do prowadzenia rozmów o rejestracji, Joannę Dudę-Gwiazdę do rozmów o realizacji płacowych postanowień Porozumienia Gdańskiego, Andrzeja Słowika z Łodzi do rozmów o zaopatrzeniu rynku (chodziło o kartki na żywność), a mnie powierzył negocjowanie dostępu „Solidarności" do środków masowego przekazu.

Rozmowy w Urzędzie Rady Ministrów trwały przez cały dzień. Ze strony rządowej uczestniczyli w nich m. in. premier Pińkowski, wicepremier Jagielski, minister sprawiedliwości Jerzy Bafia oraz jego zastępca Zygmunt Rybicki, którego zachowałem w niemiłej pamięci jako marcowego rektora Uniwersytetu Warszawskiego. Atmosfera rozmów była jednak rzeczowa i całkiem poprawna. Co ważniejsze, dogadaliśmy się do konstruktywnych ustaleń. W sprawach, za które odpowiadałem, strona rządowa zgodziła się na utworzenie ogólnopolskiego tygodnika naszego związku o znacznym nakładzie oraz – w zasadzie, czyli w gruncie rzeczy zależnie od późniejszych szczegółowych uzgodnień (do których nigdy nie doszło) – na emitowanie w programach Polskiego Radia i Telewizji audycji „Solidarności". W sprawie najbardziej palącej, czyli sporu o statut i rejestrację związku uzgodniono, że minister sprawiedliwości spowoduje, by Sąd Najwyższy rozpatrzył naszą rewizję od wyroku Kościelniaka do 10 listopada. W kwestii porozumień płacowych strona związkowa domagała się, by podział kwot przeznaczonych na podwyżki sprzyjał zmniejszeniu rozpiętości zarobków. Postulat ten pojawiał się także w licznych lokalnych i zakładowych konfliktach wokół podwyżek płac i zasługuje na szczególną uwagę, gdyż był dobitnym i spontanicznym wyrazem egalitaryzmu charakterystycznego dla pierwszej „Solidarności".

Dobra atmosfera rozmów nie była moim zdaniem podstępem strony przeciwnej, lecz raczej wynikiem jej wzorów kulturowych. W czasie przerwy, w kuluarach, byłem świadkiem rozmowy przewodniczącego MKZ Rzeszów Antoniego Kopaczewskiego (był robotnikiem rzeszowskiej Wytwórni Sprzętu Komunikacyjnego) z Mieczysławem Jagielskim. Antek był niewyspany po nocnej podróży pociągiem i mówił wyjątkowo nieskładnie. Nie rozumiałem, o co mu chodzi, i Jagielski chyba też nie bardzo rozumiał, ale patrzył na rozmówcę jak zahipnotyzowany ptaszek na węża. Kopaczewski miał wpuszczone w buty z cholewami spodnie z zielonej gabardyny (zapewne ojcowski demobil z czasów wojennych), kraciastą flanelową koszulę i samodziałową marynarkę, palił połówkę sporta w szklanej fifce, był nieogolony i mówił coś do wicepremiera schrypniętym, stanowczym głosem. Dla Jagielskiego Antek był chyba wcieleniem proletariatu, a może w ogóle ludu pracującego miast i wsi, który wyszedł z martwych kart Konstytucji PRL i wkroczył na salony Urzędu Rady Ministrów, by upomnieć się o swoje prawa. Z ludem trzeba grzecznie i ostrożnie, zwłaszcza gdy nie można inaczej.

Mimo to obiecujący komunikat o wynikach rozmów, który uzgodniliśmy ze stroną rządową, nie został przez rząd opublikowany. Oficjalnie podano do wiadomości tylko ustalenie dotyczące terminu rozprawy w Sądzie Najwyższym. Całość ogłosiliśmy jednostronnie w biuletynach związkowych, ale uzgodnienia, których rząd nie ogłosił, nie były z jego strony wiążącym zobowiązaniem. Widocznie w Biurze Politycznym lub w Sekretariacie KC przeważyła opinia, że atmosfera rozmów była zbyt dobra, uzgodnienia zaś poszły za daleko. Dwa dni później na posiedzeniu Sekretariatu KC Tadeusz Grabski relacjonował, że „towarzysze Barecki [rzecznik prasowy rządu – K. M.] i Rybicki [Zygmunt, marcowy rektor Uniwersytetu Warszawskiego, bynajmniej nie liberał] ulegli naciskom «Solidarności»" i to nie pozwoliło należycie zredagować komunikatu.

Dziewięć miesięcy później, gdy to „Solidarność" po rozmowach z rządem 6 sierpnia 1981 r. nie podpisała zredagowanego przez ekspertów obu stron komunikatu, wicepremier M.F. Rakowski oskarżył nas o zerwanie negocjacji i rozpętał w tej sprawie głośną kampanię. Miał więcej fantazji od nas. 30 października 1980 r. nie przyszło nam do głowy, że Pińkowski zerwał z nami rozmowy. Uważaliśmy tylko, że rząd wycofuje się z niektórych uzgodnień i na tej podstawie wnioskowaliśmy, że groźba konfrontacji wcale nie została zażegnana. Podjęliśmy niezbędne przygotowania do strajku. Z drugiej strony w MSW podjęto przygotowania do czegoś na kształt stanu wojennego, ale koncepcja takiej operacji była w powijakach, więc musiałaby to być skrajnie ryzykowna improwizacja.

6 lub 7 listopada otrzymałem we Wrocławiu wiadomość, że znów mam się stawić w Warszawie. 8 listopada wraz z Tadeuszem Mazowieckim udałem się bez rozgłosu do sejmu, by porozmawiać z przedstawicielami strony rządowej o kompromisowym rozstrzygnięciu kryzysu rejestracyjnego. Rozmówcami naszymi byli: Tadeusz Grabski (wówczas członek Biura Politycznego i sekretarz KC odpowiedzialny za kontakty ze związkami zawodowymi, a zarazem wicepremier), rzecznik prasowy rządu Józef Barecki oraz Sylwester Zawadzki, który w tych dniach został ministrem sprawiedliwości. Rozmowy były ściśle poufne z tej delikatnej przyczyny, że politycy wspólnie ze związkowcami mieli wynegocjować treść wyroku, który za dwa dni miał wydać Sąd Najwyższy.

Rozmowy szły jak po maśle. Nie spotkałem w ówczesnym obozie rządzącym bardziej zgodnego negocjatora niż Tadeusz Grabski, choć ze względu na późniejsze afiliacje frakcyjne przeszedł on do historii z etykietką najbardziej twardogłowego „betonu". Szybko uzgodniliśmy, że w zamian za usunięcie zmian, jakie wprowadził do naszego statutu Sąd Wojewódzki, dodamy do statutu załącznik informujący o treści dokumentów, na które powoływaliśmy się w pierwszym punkcie statutu. Stwierdzaliśmy na samym początku jego wersji oryginalnej, niezniekształconej przez ingerencję sędziego Kościelniaka, że tworzymy niezależne samorządne związki zawodowe na podstawie prawnej, jaką stanowią dwie konwencje Międzynarodowej Organizacji Pracy dotyczące wolności związkowych oraz pierwszy punkt Porozumienia Gdańskiego. Teraz postanowiliśmy po wzmiance o dokumentach, na które się powołujemy, dodać w nawiasie słowa „patrz załącznik", a w załącznikach umieścić pełny tekst obu konwencji MOP oraz pierwszego punktu Porozumienia Gdańskiego (to w nim znajdowały się deklaracje polityczne o roli partii w państwie, o społecznej własności, socjalizmie i sojuszach). 8 listopada, po pierwszej rozmowie z Grabskim, zadzwoniłem do Jacka Kuronia, przedstawiłem mu, w jakim kierunku zmierzają rozmowy, i poprosiłem, żeby przekonał Andrzeja Gwiazdę – czołową postać wśród gdańskich radykałów – do udziału w negocjacjach z Grabskim. Andrzej zdecydował się na to, uczestniczył w porannym i wieczornym spotkaniu 9 listopada i negocjował jak twardy, lecz zarazem elastyczny pragmatyk.

Ze względu na delikatny przedmiot negocjacji obrady Krajowej Komisji Porozumiewawczej, które odbyły się w warszawskiej siedzibie KIK po południu 9 listopada, zostały utajnione. Mimo to ich przebieg jest dobrze znany i publicznie udokumentowany, nie tylko dzięki stenogramowi, który się zachował i jest dziś omawiany przez historyków, ale i dzięki świetnemu reportażowi Ewy Berberyusz *Załącznik*, który został wówczas opublikowany w „Tygodniku Powszechnym". Pozwalam więc sobie pominąć to, co jest notorycznie znane lub przynajmniej dostępne. Wspomnę tylko o dwóch epizodach, które znane nie są.

Pierwszy ma wartość głównie anegdotyczną. W przerwie obrad KKP mieliśmy z Andrzejem Gwiazdą w osobnym pomieszczeniu złożyć w trybie tajnym przedstawicielom kilku największych regionów bardziej szczegółowe niż na obradach plenarnych sprawozdanie z negocjacji z zespołem Grabskiego. Na tym zamkniętym, kameralnym spotkaniu MKZ Huta Katowice reprezentował jego ówczesny przewodniczący Kazimierz Świtoń. Po wysłuchaniu naszej relacji dotarło do niego, o czym z Grabskim rozmawialiśmy, i wyjąkał z oburzeniem:

– To znaczy, że pogwałciliście niezawisłość Sądu Najwyższego!

Trudno było temu tak po prostu zaprzeczyć, ale wolałem nie drążyć tematu. Wbiłem w Świtonia wzrok bazyliszka i zasyczałem:

– Kaziu, co ty tu właściwie robisz? Idź do więzienia, przecież powinieneś siedzieć!

Istotnie, niezadługo przed sierpniem Świtoń prowadził samotną głodówkę w jakimś katowickim kościele. Bezpieka wyciągnęła go stamtąd, a przy okazji poturbowała, po czym przetrzymała w areszcie aż zeszły mu ślady obrażeń – pod zarzutem, że to on pobił chłopców z bezpieki. Katowicki sąd wlepił mu za to bodaj półtora roku i kary nie zawiesił, choć też nie skierował do wykonania. Z tym niewykonanym wyrokiem na karku Świtoń wkroczył w solidarnościową rewolucję i objął funkcję przewodniczącego MKZ. Teraz nie skojarzył, o czym mówię:

– Jak to? Niby dlaczego miałbym iść do więzienia?

– Bo masz prawomocny wyrok skazujący za pobicie funkcjonariuszy.

– Ale tamten wyrok był niesłuszny! – odparował Świtoń.

Tu go miałem.

– To ty, Kaziu, uważasz, że wyrok Kościelniaka był słuszny? – zapytałem inkwizytorskim tonem.

Świtoń umilkł. Do dziś odczuwam coś na kształt wstydu, że go tak zgasiłem, choć przecież miał rację. Pocieszam się tylko tym, że działałem w słusznej sprawie, i że byłem skuteczny. KKP uchwaliła załącznik, bodaj jednomyślnie. Jestem przekonany, że wróciliśmy wtedy z dalekiej podróży.

Na tym samym posiedzeniu postanowiono utworzyć funkcję rzecznika prasowego KKP i wybrano mnie na nią – chyba też jednomyślnie.

Tuż po zakończeniu obrad dotarła do mnie, Mazowieckiego i Gwiazdy wiadomość, że mimo późnej wieczornej pory mamy stawić się w sejmie na jakieś dodatkowe spotkanie z zespołem Grabskiego. Poszliśmy tam z duszą na ramieniu.

– Panowie, bardzo was przepraszam – zaczął Grabski. – Ci prawnicy to zawsze muszą swoje trzy grosze wtrącić. Bo to, wiecie, nie jest tak, że my możemy po prostu do nich zadzwonić i podyktować im co trzeba. Oni wymyślili, że nie będą wpisów Kościelniaka wykreślać, tylko cały jego wyrok uchylą z powodu tych nielegalnych dodatków i orzekną rejestrację od nowa, na podstawie tego statutu, który wy sami przedłożycie do zatwierdzenia. Ale dla was to chyba lepiej? – dopytywał z niepokojem.

– No, chyba dla was lepiej, bo nie trzeba kierowniczej roli partii publicznie usuwać z dokumentu. Po prostu zniknie wraz z dokumentem – odparowałem.

Chyba jednak rzeczywiście tak było dla nas lepiej – po pierwsze dlatego, że czyściej z prawnego punktu widzenia, po drugie, że poza wszelkim sporem okazywała się nasza wersja przepisów dotyczących strajku.

Następnego dnia Sąd Najwyższy ogłosił wyrok. Sentencja jego pokrywała się z zapowiedzią Grabskiego, a odczytane przez sędziego uzasadnienie było pod względem prawnym nienaganne i sformułowane z najwyższą elegancją. Obecni na sali działacze „Solidarności", którzy zjechali do Warszawy na posiedzenie KKP 9 listopada, zareagowali na ten wyrok owacją. Następnie pojechaliśmy na konferencję prasową do Zakładów Mechanicznych im. Nowotki, gdzie ogłosiliśmy przed kamerami Telewizji Polskiej, że groźny konflikt społeczny, który narastał w ostatnich tygodniach, został szczęśliwie rozwiązany, wobec czego Krajowa Komisja Porozumiewawcza odwołuje zapowiedzianą na 12 listopada ogólnopolską gotowość strajkową, a związek „Solidarność" może przystąpić do normalnej pracy. „Pokój brzeski" został ratyfikowany.

Był to pokój kruchy, wstrząsany groźnymi konfliktami, nieustannie zagrożony obcą interwencją. Wreszcie – po upływie trzynastu miesięcy od kryzysu rejestracyjnego – ten dziwny pokój został przekreślony stanem wojennym. Nie to jednak było zadziwiające, że trwał on niedługo, lecz to, że w ogóle zaistniał.

Żywioł i beton

Wśród ustnych obietnic, jakie złożyliśmy sobie z Tadeuszem Grabskim podczas negocjacji 8 i 9 listopada 1981 r., było wzajemne zobowiązanie do tego, żeby po zakończeniu konfliktu nie dąć w fanfary i nie ogłaszać jednostronnego zwycięstwa. Staraliśmy się unikać tryumfalizmu, podkreślaliśmy (ja w każdym razie), że był to kompromis, ale w szeregach „Solidarności" dominowało poczucie sukcesu, a protestów ze strony nieprzejednanych załóg, którymi grozili radykałowie, nie odnotowaliśmy wcale. Po przeciwnej stronie często podkreślano, że jednak słowa o kierowniczej roli partii znalazły się w załączniku do naszego statutu, brzmiało to jednak jak szukanie słowa pociechy. Po latach bilansowanie wyników wojny o symbole wszczętej dopiskami sędziego Kościelniaka byłoby całkiem bez sensu. W istocie kierownictwu PZPR nie chodziło o słowa, lecz o realia. W podtekście konfliktu wokół naszego statutu krył się zamiar poddania „Solidarności" kierowniczej roli partii. Nie udało się to ani w czasie kryzysu rejestracyjnego, ani kiedykolwiek później. W pierwszych powojennych latach, gdy trzeba było zwasalizować, wziąć na smycz i „wmontować w system" opozycyjną PSL, gdy stosowano „taktykę salami" odkrawając po kawałku, jednego po drugim, zbyt niezależnych działaczy PPS, by w końcu wchłonąć to, co zostało z socjalistów w szeregi PZPR, gdy po 1956 r. stosowano podobne operacje, by zneutralizować rewizjonistów, hierarchia rządzącej partii radziła sobie wyśmienicie. Dlaczego właściwie to bogate doświadczenie, ta niezrównana umiejętność glajchszaltowania wszystkiego, co się rusza, kompletnie zawiodła w stosunku do żółtodziobów politycznych z NSZZ „Solidarność"? Odpowiedź na to pytanie jest kluczem do zrozumienia polskiej rewolucji lat 1980–1981.

To, że pierwsza „Solidarność" pozostała do końca ruchem niezależnym, a właściwie nie do okiełznania, wynikało nie tyle z dzielności jej czołowych przywódców lub mądrości jej doradców, ile z postaw jej właściwych twórców i gospodarzy. Mam na myśli tych, którzy w każdej fabryce, szkole, gminie, gdzie skądinąd żyli i pracowali od lat, pojawili się jak spod ziemi w nowej roli, by zorganizować swoich towarzyszy pracy i sąsiadów do strajku albo do tworzenia związku. Był to czas, gdy polskie Joanny d'Arc (w spodniach lub w spódnicach) rodziły się na kamieniu tysiącami, by zmienić wszystko dookoła, poczynając od siebie. A trzeba było zacząć od siebie, bo dotychczas nasze Joanny d'Arc żyły, czuły i myślały jak prawie wszyscy obywatele PRL. Funkcjonowały na własną rękę w kręgu prywatno-rodzinnym, ale nie aspirowały do samodzielności w życiu publicznym. Przeciwnie – zachowywały się konformistycznie, grzecznie głosowały w wyborach na jedyną listę bez chowania się za kotarą, chodziły na pochody pierwszomajowe i machały do towarzyszy na trybunie, często należały do ZMS (a starsze roczniki do ZMP), nieraz były partyjne. Ten rytualny konformizm uwierał, ale uchodził za coś normalnego – wszyscy tak robią, a jeżeli nawet jest w tym jakiś grzech, to się wyspowiadam i dostanę rozgrzeszenie.

W sierpniu 1980 r., podczas strajków, a na bardziej jeszcze masową skalę we wrześniu, gdy we wszystkich zakładach pracy i w każdym zakątku Polski tworzono struktury niezależnego związku „Solidarność", zaszła w życiu tych szarych, zahukanych konformistów przemiana bez precedensu. Przystąpienie do strajku, a także przystąpienie do niezależnego związku, na którego powstanie władze PRL udzieliły zgody pod strajkowym pistoletem, było dla każdego przystępującego decyzją suwerenną. Dla ogromnej większości była to w obszarze życia publicznego pierwsza suwerenna decyzja w życiu. W dodatku każdy zdawał sobie sprawę, że podejmuje tę decyzję nie tylko niezależnie, ale i wbrew życzeniu rządzących. Kto nie doświadczył niczego podobnego, z trudem zrozumie głębię psychicznego przełomu, jaki towarzyszył wyprostowaniu zgiętego przez całe dotychczasowe życie karku. Tym bardziej dotyczy to decyzji, by nie tylko przystąpić do strajku i do związku, ale by ten strajk i ten związek aktywnie organizować, pociągając za sobą innych. Ludzie, którzy to robili, świadomie przekraczali Rubikon, zaprzeczając wcześniejszej uległości i czyniąc życie społeczne fabrycznej zbiorowości, związku i kraju przedmiotem swoich suwerennych działań. To właśnie jest stan ducha, który nazywamy rewolucją.

Jest to także mechanizm społeczny, który nie poddaje się żadnym próbom okiełznania.

Po raz pierwszy zetknąłem się z nim bezpośrednio, można powiedzieć namacalnie, we wrześniu 1980 r., gdy z ramienia wrocławskiego MKZ obsługiwałem zebrania założycielskie związku w kilku zakładach pracy. Przedmiotem dyskusji były głównie sprawy organizacyjne, z natury swej niezbyt porywające, ale uderzyła mnie namiętna pasja, z jaką uczestnicy tych zebrań – założyciele ogniw „Solidarności" w niewielkich przedsiębiorstwach, szpitalach lub szkołach – podchodzili do spraw proceduralnych związanych z regulaminem swoich obrad. Nie od razu zorientowałem się, że kierowała nimi obsesyjna troska o to, by z góry wykluczyć wszelką możliwość manipulacji. Ludzie manipulowani przez całe życie tworzyli teraz własnoręcznie swoją organizację i pragnęli nade wszystko zachować jej – czyli swoją – suwerenność. To oni stworzyli pierwszą „Solidarność", uważali ją za swoje dzieło i praw autorskich do tego dzieła nie godzili się odstąpić nikomu – nawet Lechowi Wałęsie, Komisji Krajowej czy przywódcom regionu. Tym bardziej nie do pomyślenia było, żeby poddali się oni kierowniczej roli partii. Nadzieja partyjnych „gołębi", że uda się to osiągnąć środkami politycznymi, czyli bez użycia na wielką skalę przemocy i ponownego zastraszenia społeczeństwa, była po prostu marzeniem ściętej głowy.

Przywódcy „Solidarności" cieszyli się wielkim autorytetem, ba – uwielbieniem tłumów. Wiem, co mówię, bo sam doświadczyłem działania tego narkotyku. To jednak nie znaczy, że nasze niezliczone Joanny d'Arc skłonne były oddać uwielbianym przywódcom bodaj cząstkę swojej suwerenności. Owszem, aktywni członkowie „Solidarności", a za nimi miliony ludzi, którzy stanowili potęgę tego związku, szli za jego przywódcami jak w dym, jeżeli rozumieli o co chodzi i akceptowali strategię swojego kierownictwa. Kiedy jednak brakowało czytelnej strategii albo gdy doszło do zakulisowych, niejasnych, niezrozumiałych, więc nieakceptowanych przez ogół decyzji i uzgodnień między uwielbianymi skądinąd przywódcami a władzami PRL, olbrzymi statek „Solidarności" tracił sterowność. Wałęsa, KKP, przywódcy regionów nie byli wtedy w stanie zapanować nad tym, co działo się w związku i w kraju. Uzależnienie kierownictwa od związkowej bazy nie polegało na jakichkolwiek procedurach, np. na możliwości przegłosowania votum nieufności dla lidera, który się nie sprawdził, lecz na tym, że „ster odbijał". W obliczu decyzji niezrozumiałych lub nieakceptowanych w regionach i zakładach każda Joanna d'Arc na własną rękę wszczynała swoją wojnę z miejscową władzą: dyrektorem fabryki, urzędem gminy, wojewodą, sekretarzem KW. Wzbierała wtedy groźna fala lokalnych konfliktów, które krajowe kierownictwo „Solidarności" opanowywało z najwyższym trudem.

Fala taka przeszła przez Polskę na przełomie stycznia i lutego 1981 r. Widownią konfliktów stały się miasta do niedawna powiatowe, które gierkowska reforma administracji terytorialnej wypromowała do rangi wojewódzkiej: Bielsko-Biała, Jelenia Góra, Suwałki. W ślad za awansem na stolicę województwa trzeba tam było na początku lat siedemdziesiątych zbudować lub wygospodarować odpowiednio okazałe siedziby dla nowych instytucji władzy: Komendy Wojewódzkiej Milicji, Komitetu Wojewódzkiego PZPR, Wojewódzkiej Rady Narodowej itp. Na inwestycje w służbie zdrowia i oświacie po dawnemu brakowało środków. W dodatku Kotlina Jeleniogórska, a także – choć w mniejszej mierze – Beskid Śląski były atrakcyjnymi terenami wypoczynkowymi, gdzie budowali się lub zażywali wypoczynku w ośrodkach sanatoryjnych dla lepszych gości towarzysze z wrocławskiej lub katowickiej, a nawet warszawskiej nomenklatury. Miejscowi zaś po dawnemu żyli w powiatowym gnoju, a gdy zachorowali, mogli liczyć na łóżko na korytarzu w przepełnionym i niedoinwestowanym szpitalu. Teraz, gdy nastała „Solidarność" i szarzy ludzie z Jeleniej Góry czy Bielska poczuli siłę, ich przemożnym pragnieniem było, żeby w swoim mieście uczynić sprawiedliwość. Można to nazwać bardziej dosadnie potrzebą odwetu socjalnego. Żądano przykładnego ukarania skorumpowanych kacyków, „rozliczenia" wojewódzkich dygnitarzy i przekazania na potrzeby służby zdrowia gmachu KWMO lub luksusowych ośrodków wypoczynkowych przeznaczonych dotąd dla „właścicieli Polski Ludowej".

Miałem okazję przyjrzeć się z bliska strajkowi jeleniogórskiemu. Miejscowi działacze podjęli go na własną rękę, gdy KKP wypuściła inicjatywę z rąk. Domagano się przekazania na rzecz służby zdrowia sanatorium MSW i domu wypoczynkowego Granit, który należał do KC PZPR i gorszył naszych kolegów luksusowym basenem oraz miedzianymi rynnami, nade wszystko zaś odwołania ze stanowiska ministra do spraw współpracy ze związkami zawodowymi Stanisława Cioska, który był poprzednio I sekretarzem Komitetu Wojewódzkiego PZPR w Jeleniej Górze. To jego działacze jeleniogórskiej „Solidarności" koniecznie chcieli „rozliczyć". Żądanie to szczególnie zirytowało Wałęsę, nie tylko dlatego, że wykraczało poza horyzont regionu, więc statutowo należało do kompetencji KKP, ale przede wszystkim dlatego, że Ciosek – polityk obdarzony niepospolitą inteligencją i wyczuciem społecznym – był jednym z najsensowniejszych rządowych rozmówców „Solidarności" w tamtych burzliwych czasach. W dodatku zarzuty o nadużywanie władzy dla osobistych korzyści materialnych, jakie próbowano stawiać Cioskowi, upadały jeden po drugim. Nie ostał się nawet zarzut o to, że I sekretarz KW zamówił sobie w miejscowych zakładach odzieżowych garnitur szyty na miarę: okazało się, że uczciwie za niego zapłacił, a poza tym kto widział Cioska, ten wie, że gotowa konfekcja nie objęłaby jego sylwetki.

W krytycznym momencie do jeleniogórskich zakładów przemysłu chemicznego „Gencjana", które były siedzibą Komitetu Strajkowego, przyjechał Wałęsa; byłem tam i ja oraz działacze z innych dolnośląskich miast. Przekonywaliśmy organizatorów do przerwania strajku. Nasza dyskusja z Komitetem Strajkowym była, rzecz jasna, transmitowana przez zakładowy radiowęzeł. Podczas przerwy w obradach poszliśmy z Jurkiem Szulcem i Ryśkiem Sawickim do stołówki na obiad. Musieliśmy przejść przez bramkę, której nie pilnowali robotnicy w opaskach, tylko wartowniczka ze Straży Przemysłowej (była w PRL taka paramilitarna państwowa formacja, nie było natomiast firm ochroniarskich). Strażniczka była dziewczyną drobnej postury, w zbyt dużej czapce i z nieproporcjonalnie dużą kaburą wyglądała żałośnie i wzruszająco – stała z opuszczonymi bezradnie rękami i płakała. Zapytałem ze współczuciem, czy coś jej się stało, i usłyszałem w odpowiedzi: „Panowie, co ten Wałęsa wygaduje? To my mamy temu skurwysynowi darować?". Wina Cioska była poza sporem, a polegała na tym, że był on do niedawna w Jeleniej Górze I sekretarzem KW. W Jeleniej Górze, Suwałkach lub Bielsku sprawiedliwość wymagała, by lud poczuł, jak pod jego spracowaną ręką porusza się krtań I sekretarza Komitetu Wojewódzkiego.

Trzeba też pamiętać, że pierwsza „Solidarność" miała swoją hierarchię wartości. Nie dopracowała się jej na wszechnicach związkowych, gdzie wykładali opozycyjni inteligenci, ani nie zapożyczyła od wybitnych intelektualistów, którzy doradzali Wałęsie i Krajowej Komisji Porozumiewawczej. Można raczej powiedzieć, że były to wartości wrodzone, a w każdym razie oczywiste dla pokolenia trzydziestolatków wychowanych w katolickich rodzinach i przyzwoicie wykształconych w Polsce Ludowej. PRL głosiła równość i społeczną sprawiedliwość, a klasę robotniczą opisywała w gazetowych wstępniakach jako awangardę społeczeństwa. Gdy awangarda zastrajkowała i zaczęła mówić własnym głosem, nie odrzuciła tych sloganów, lecz zażądała od państwa ich konsekwentnej realizacji.

Dotyczyło to zwłaszcza równości. Ósmy punkt na liście żądań Międzyzakładowego Komitetu Strajkowego w Gdańsku dotyczył podwyżek płac dla zrekompensowania drożyzny. Miały to być podwyżki w jednakowej kwocie dla każdego lub nawet tym większe, im mniej ktoś zarabiał, żeby zmniejszyć rozpiętości płacowe. Strona rządowa bardzo się opierała próbie równania dochodów jako „antymotywacyjnej", więc zapis ostatecznie przyjęty w Porozumieniu Gdańskim był niejednoznaczny, a nawet sprzeczny wewnętrznie. Spowodowało to liczne konflikty i strajki przy realizacji ósmego punktu porozumienia. We wrocławskiej komunikacji miejskiej zawrzało, gdy ogłoszono informację o podwyżce płac, ponieważ najwięcej dostać mieli kierowcy autobusów, a najmniej pracownicy warsztatów i sprzątaczki. Kierowcy, podobnie jak motorniczowie tramwajów, jeździli po kilkanaście godzin dziennie świątek piątek, ale też bardzo dużo zarabiali. Władek Frasyniuk, który przed sierpniem prowadził autobus pospieszny linii E, pokazywał mi odcinek kasowy ze swoim zarobkiem z lipca: 16 tysięcy złotych (ja byłem wtedy adiunktem po habilitacji i zarabiałem 4700 zł). We wrześniu strajkiem nie zagrozili jednak we wrocławskim MPK mechanicy ani sprzątaczki, tylko kierowcy autobusów, którzy zarabiali najwięcej i najwyższe też dostali podwyżki. Uważali oni, że ta nierówność jest niesprawiedliwa, i gotowi byli zatrzymać komunikację miejską wbrew własnemu interesowi materialnemu, żeby upomnieć się o tych, co mają gorzej.

Taki altruizm jest zjawiskiem niecodziennym. Występuje on w szczególnych okolicznościach, w atmosferze wspólnego święta, gdy do głosu dochodzą uroczyste wzory zbiorowych zachowań. Na co dzień niekoniecznie się do nich stosujemy, jeżeli jednak wracamy do nich odruchowo w chwilach podniosłych – a solidarnościowa rewolucja 1980–1981 r. była czasem podniosłym – to znaczy, że są to wzory wynikające z wartości, które nosimy w sercu. Wielka „Solidarność" była ruchem głęboko egalitarnym i kolektywistycznym, w którym wysoko ceniono równość i wspólnotę. Bez odniesienia do tych wartości nie dałoby się zrozumieć szczególnego zjawiska, jakim była instytucja tzw. strajku solidarnościowego. Nie chodzi w tym wypadku o strajk sierpniowy, gdy „proletariusze wszystkich zakładów" – jak głosił transparent wywieszony nad bramą II Stoczni Gdańskiej – łączyli się w walce o wspólne postulaty, lecz o strajk proklamowany przez silne grupy zawodowe w zastępstwie grup słabszych lub takich, które z rozmaitych względów nie mogą same przerwać pracy dla wymuszenia realizacji swoich żądań. Klasycznym tego przykładem był strajk SKM, czyli Szybkiej Kolejki Miejskiej stanowiącej nerw trójmiejskiej komunikacji, podjęty dla poparcia postulatów płacowych pracowników służby zdrowia. W tamtych czasach strajk pielęgniarek lub lekarzy był nie do pomyślenia ze względów moralnych. Uważano, że ci ludzie nie tylko wykonują pracę zawodową za jakieś pieniądze, ale pełnią służbę społeczną najwyższej wagi i nie mogą odejść od łóżek pacjentów. Gdy pielęgniarkom, laborantom i lekarzom dzieje się krzywda, w obronie ich interesów płacowych muszą wystąpić inni. Nie pamiętam już, czy to KKP, czy gdański MKZ związku zawodowego „Solidarność" wezwał maszynistów trójmiejskiej kolejki, a także kierowców autobusowych do strajku o podwyżkę dla pielęgniarek, ale wezwanie zostało podjęte z pełnym zrozumieniem, choć sami strajkujący nie mieli z tego żadnych profitów.

Przywiązanie do wspólnoty jako jednej z najwyższych wartości, samo w sobie szlachetne, miało jednak i odwrotną, niepokojącą stronę. „Solidarność" powstała w walce i pozostawała w stanie zagrożenia. Powszechna była w jej szeregach świadomość, że stoimy twarzą w twarz z potężnym przeciwnikiem o jednolitej, w zasadzie monolitycznej strukturze. W naszych szeregach dochodziło do sporów, ale posądzenie o rozbijanie jedności ruchu równało się bez mała oskarżeniu o agenturalną działalność na rzecz strony przeciwnej. We Wrocławiu był przed sierpniem działacz ROPCiO Leszek Skonka. Początkowo chciał on zaistnieć w związkowych władzach regionu, lecz gdy mu się to nie udało, założył odrębną grupę i wydawał powielaczowe pismo „Wolny Związkowiec", w którym dość agresywnie atakował „Solidarność" i usadowionych w niej rzekomo członków KOR. Tonacja tych oskarżeń żywo przypominała najbardziej zjadliwą propagandę partyjnego betonu, toteż Skonka uchodził w dolnośląskiej „Solidarności" za wroga, może nawet ubeka. Na jednym z walnych zebrań przewodniczących Komitetów Założycielskich regionu wrocławskiego, które zwoływaliśmy dla podtrzymania kontaktu ze związkowym „aktywem" (były to kilkusetosobowe zgromadzenia o wiecowym charakterze), zabrał głos jakiś zwolennik Skonki. Ledwie zaczął powtarzać zarzuty zaczerpnięte z „Wolnego Związkowca", na sali powstał tumult. Fala agresji wzniosła się błyskawicznie. Część zebranych wstała z miejsc i ruszyła w stronę czarnej owcy. Poczułem, jak jeżą mi się włosy, bo zapachniało linczem. Chwyciłem mikrofon i jakoś udało mi się uspokoić tłum. Był to m ó j tłum, miałem tu autorytet i czułem, że moje miejsce jest w tej wspólnocie, ale w nagłym rozbłysku zobaczyłem groźne oblicze kolektywizmu.

Egalitaryzm i kolektywizm nie są cnotami założycielskimi liberalnego kapitalizmu. W tamtym czasie tylko nasz zajadły wróg mógł twierdzić, że jesteśmy wrogami socjalizmu i zmierzamy do restauracji ustroju kapitalistycznego. W wielkonakładowym tygodniku „Jedność"– oficjalnym piśmie szczecińskiej „Solidarności", które ukazywało się od pierwszego kwartału 1981 r. do wprowadzenia stanu wojennego – redakcja podejmowała polemikę z takimi zarzutami. Gdy „Trybuna Ludu" pisała o siłach antysocjalistycznych w NSZZ „Solidarność", nasi szczecińscy koledzy replikowali: „To nie my, tylko wy jesteście siłą antysocjalistyczną, bo zwracacie się przeciwko klasie robotniczej". Wynika z tego jasno, że słowo „socjalizm" oznaczało dla redaktorów szczecińskiej „Jedności" coś dobrego, a określenie „przeciwnik socjalizmu" było obelżywym epitetem. W warszawskim „Tygodniku Solidarność", gdzie królował język środowisk intelektualnych, słowa „socjalizm" i związanej z nim emocjonalnej retoryki raczej unikano, ale to nie znaczy, że Tadeusz Mazowiecki byłby skłonny zaakceptować bez protestu etykietkę przeciwnika socjalizmu. Dopiero stan wojenny i atmosfera podziemia zmieniły retorykę „Solidarności". Wtedy jednak zmieniło się nie tylko słownictwo, ale i oblicze ruchu. Pierwsza „Solidarność" była z ducha egalitarna, kolektywistyczna i socjalistyczna przynajmniej w tym sensie, że akceptowała państwową własność fabryk i od państwa oczekiwała zaspokojenia podstawowych potrzeb społecznych. W naszych powielanych biuletynach, które wydawano poza cenzurą i na naszych wiecach, gdzie w 1981 r. już prawie nikt nie liczył się ze słowami, padały żądania bardzo dalekie od realizmu. Andrzej Rozpłochowski z Huty Katowice grzmiał na posiedzeniu KKP: „Jak my uderzymy pięścią w stół, to kremlowskie kuranty zagrają *Mazurka Dąbrowskiego*!". Nikt jednak nie żądał reprywatyzacji fabryk i majątków odebranych po wojnie przemysłowcom, kamienicznikom i ziemianom. Takie postulaty nie mieściły się w horyzoncie ideowym ówczesnej „Solidarności". Chodziło nam o sprawiedliwość społeczną, a nie o wyrównanie kosztem społeczeństwa strat poniesionych po 1945 r. przez kapitalistów. Chodziło też o to, żeby państwo zapewniło sprawiedliwe zaspokajanie elementarnych potrzeb obywateli. Wprowadzenie kartek na żywność było realizacją dwunastego postulatu MKS z sierpnia 1980 r.

We wrześniu 1989 r., gdy w senacie wolnej Polski jeden z moich kolegów senatorów (wybrany oczywiście z listy Komitetu Obywatelskiego, czyli „Solidarności") oznajmił, że sprawiedliwość społeczna jest przeżytkiem socjalizmu, nie wierzyłem własnym uszom. A trzeba było uwierzyć. Słowa te brzmiały jak świadectwo zgonu pierwszej „Solidarności" i obwieszczały nadejście Nowej Epoki.

* * *

Pod koniec roku 2012 miałem okazję przysłuchiwać się seminaryjnej dyskusji wybitnych badaczy dwudziestowiecznych dziejów Polski o dramatycznych wydarzeniach lat 1980–1981. Andrzej Paczkowski zwrócił w tej dyskusji uwagę, że „Solidarność" – głównie w okresie swego pierwszego Zjazdu – dopracowała się czegoś na kształt programowej wizji Polski zreformowanej na samorządowych zasadach. Wizji tej przyświecało założenie trwałej koegzystencji potężnego niezależnego związku z partią rządzącą krajem z moskiewskiego namaszczenia. Paczkowski zastanawiał się, czy po partyjnej stronie ukształtował się jakiś odpowiednik, korelat lub chociaż polemiczna replika programowych pomysłów „Solidarności". Czy kierownictwo PZPR miało własny pomysł takich reform ładu ustrojowego, by zmieściły się w nim, nie rozsadzając państwa, zarówno partia jako siła rządząca, jak i „Solidarność" jako partner społeczny uznany za trwały element polskiego krajobrazu politycznego? W tamtym czasie mogliśmy na ten temat co najwyżej snuć domysły. Dziś tajne dokumenty ówczesnych władz partyjnych i państwowych są ogólnie dostępne i znane historykom. Nasze pomysły, zwłaszcza te, które znalazły się w zjazdowym dokumencie „Rzeczpospolita samorządna" zakrawały na utopię, ale miały tę zaletę, że w ogóle były.

Po stronie rządzącej partii pomysłów programowych, choćby zasadniczo odmiennych od naszych, po prostu nie było.

Skoro już to wiemy, trzeba rzecz objaśnić. Trzeba zastanowić się nad przyczynami programowej bierności PZPR, której miarodajne kręgi zachowywały się tak, jakby w ówczesnej dynamicznej i groźnej sytuacji nie sięgały wzrokiem poza dzień bieżący. Zdolne były jakoś reagować tylko na te zagrożenia, z którymi zderzyły się bezpośrednio. Z drugiej jednak strony trzeba zastanowić się także nad tym, co skłoniło realistycznie usposobionych liderów, działaczy i doradców „Solidarności" do porzucenia biernej postawy związkowych recenzentów reformy gospodarczej, której przeprowadzenia oczekiwano od rządu, i do wystąpienia – mimo świadomości ryzyka – z własnym projektem reformy opartej na samorządach pracowniczych.

Odpowiedź na pytanie o przyczyny programowej bezradności PZPR po sierpniu 1980 r. nie nastręcza zbyt wielkich trudności. Partia nigdy nie wykroczyła poza koncepcję „pokoju brzeskiego". Decyzja o zawarciu porozumień z Międzyzakładowymi Komitetami Strajkowymi i o przyzwoleniu na tworzenie niezależnych związków zawodowych została podjęta przez ekipę Gierka bez moskiewskiej zgody. W owym czasie nie wiedziałem, podobnie jak większość, a może i wszyscy moi koledzy, o jasno wypowiedzianej niezgodzie Kremla na porozumienia, które pozwoliły nam legalnie zaistnieć. Przywódcy rządzącej partii dobrze jednak o tym wiedzieli i nawet gdyby myśl o trwałym współistnieniu z potężnym i niezależnym ruchem związkowym mieściła im się w głowie, nie sposób było czegoś takiego powiedzieć i tak już zbulwersowanym „towarzyszom radzieckim", a także towarzyszom z własnego aparatu. Może i sobie samym.

We wrześniu 1980 r. Stanisław Kania na transmitowanym przez telewizję spotkaniu z aktywem partyjnym przyznał, że postulat utworzenia wolnych związków zawodowych to hasło podsunięte „przez wroga", ale wobec postawy środowisk robotniczych trzeba było ten postulat zaakceptować, bo „lepiej zrobić krok w prawo niż krok w przepaść". Teraz trzeba będzie konsekwentnie eliminować z nowych związków zawodowych wpływy „przeciwników socjalizmu", przywracać w nich autorytet partii i jej kierowniczą rolę, aż w „optymistycznej perspektywie" uda się doprowadzić do pomyślnego finału, czyli do „zjednoczenia tych wszystkich związków zawodowych". Był to jasno przedstawiony plan „normalizacji", tyle że realizowanej stopniowo „środkami politycznymi", czyli przez manipulację, a nie gwałtownie przez policyjną i wojskową przemoc. Partia od razu przystąpiła do realizacji tego planu. Najpierw, we wrześniu, próbowano za pomocą uchwały Rady Państwa narzucić nowemu ruchowi związkowemu kształt organizacyjny, który pozwoliłby manipulować tym ruchem w myśl zasady „dziel i rządź". Gdy się to nie udało, kierownictwo PZPR posłużyło się sądem, by narzucić „Solidarności" zmiany w statucie, i wywołało tym kryzys rejestracyjny, który jednak zakończył się porażką strony rządowej. PZPR próbowała też zbudować sobie sieć politycznych wpływów w niektórych ogniwach regionalnych związku, ale eliminacja jej dyspozycyjnych stronników z MKR Jastrzębie i z MKZ Małopolska oraz niepodatność przywódców regionu szczecińskiego na wpływy i naciski nomenklatury sprawiły, że również te usiłowania okazały się daremne. Późną jesienią 1980 r. stało się jasne, że plan podporządkowania „Solidarności" partyjnemu zwierzchnictwu nie powiedzie się bez użycia siły na wielką skalę. Kania nie kwapił się do takiej ostateczności, wciąż powtarzał, że „siły to my nie mamy". Podobnie oceniał stosunek sił generał Jaruzelski, który ostrzegał przed lekkomyślnym wdaniem się w awanturę bez należytego przygotowania politycznego i wojskowego. Nie kryła się jednak za tym żadna programowa alternatywa, tylko zwykła gra na zwłokę, a może także niechęć do wystąpienia w roli siepacza. W oczach Moskwy i rodzimego „betonu", który szybko wszedł w rolę najlepszego sojusznika Kremla i stał się narzędziem radzieckiego wpływu na przebieg wydarzeń w Polsce, postawa najwyższego kierownictwa PZPR była w najlepszym razie kunktatorska, właściwie nawet kapitulancka, prowadziła bowiem do oddawania krok po kroku pola nacierającej kontrrewolucji.

Termin „kontrrewolucja", którym posługiwali się w tym kontekście Breżniew i jego kremlowscy współpracownicy, a także ich klakierzy w szeregach PZPR, pełnił w politycznym żargonie komunistów funkcję trąbki wzywającej do szturmu. Kontrrewolucja to śmiertelny wróg, z którym się nie dyskutuje, tylko się go miażdży. W grudniu 1980 r. i ponownie w marcu 1981 r. kremlowscy politycy i polski „beton" określali tą etykietką, a więc traktowali jako śmiertelnego wroga całą „Solidarność", bez odróżniania „antysocjalistycznej ekstremy", którą trzeba wyeliminować, od „zdrowego trzonu", nad którym trzeba odzyskać kontrolę. Rozróżnieniem takim operowała na ogół ekipa Stanisława Kani. Różnica terminologii wyrażała w tym wypadku pewną różnicę nastawienia wobec niezależnego związku, ale była to różnica chwiejna, niejasna i niezbyt konsekwentna. Nie kto inny jak Stanisław Kania stwierdził 20 marca 1981 r. na posiedzeniu Sekretariatu KC (a więc w zamkniętym gronie) że „«Solidarność» to zorganizowana siła całej polskiej reakcji". Słowa te nie dotarły wprawdzie do opinii publicznej ani nawet do szeroko rozumianego aparatu władzy. Powszechne w kręgach rządzących przekonanie, że partia musi odzyskać teren utracony wskutek sierpniowych porozumień sprzyjało aktom policyjno-prokuratorskiej agresji wymierzonym bezpośrednio w związek „Solidarność". Prowadziło to do groźnych konfliktów, ponieważ związek w obronie własnej sięgał po broń strajkową.

Pierwszy taki konflikt wybuchł 10 listopada, w dniu szczęśliwej rejestracji „Solidarności" przez Sąd Najwyższy. Nie zważając na decyzję sądu, częstochowskie władze administracyjne zamknęły lokale „Solidarności" i zakazały druku jej wydawnictw, na co związek odpowiedział ogłoszeniem gotowości strajkowej w regionie. 19 listopada konflikt został zakończony porozumieniem: nadgorliwych urzędników lokalnych, którzy wybiegli za daleko przed szereg, odwołano ze stanowisk.

Już jednak następnego dnia wybuchł znacznie groźniejszy konflikt w regionie Mazowsze. Prokurator generalny Lucjan Czubiński skierował do podwładnych tajną instrukcję dotyczącą „zasad ścigania uczestników nielegalnej działalności antysocjalistycznej". W instrukcji tej „Solidarność" przedstawiono jako produkt wcześniejszej działalności przeciwników ustroju. Szczególny zaszczyt autor tego pisma uczynił Jackowi Kuroniowi i mnie, przypominając że już w naszym *Liście otwartym* z 1965 r. postulowaliśmy utworzenie „niezależnych od partii i państwa związków zawodowych z prawem do strajków ekonomicznych i politycznych". Pomysł, że wolne związki zawodowe i prawo do strajku nie były znane w świecie przed 1965 r., a polscy robotnicy musieli dopiero przeczytać bezdebitowy druk paryskiej „Kultury", żeby się o czymś takim dowiedzieć, byłby tylko kuriozalny, gdyby nie posłużył do politycznej delegitymizacji związku niedawno zalegalizowanego. W MKZ Mazowsze, któremu pracownik prokuratury Piotr Sapełło przekazał tajne opracowanie zwierzchnika, uznano słusznie, że jest ono wymierzone w samo istnienie związku „Solidarność", i postanowiono zdemaskować zamysły prokuratury, publikując dokument.

20 listopada prokurator Bardonowa wkroczyła z funkcjonariuszami bezpieki do siedziby regionu i przeprowadziła rewizję w lokalach związkowych. Następnego dnia aresztowano pod zarzutem ujawnienia tajnego dokumentu Jana Narożniaka, który w związkowej powielarni drukował dziełko Czubińskiego, oraz Piotra Sapełłę, który je udostępnił MKZ. W wydanym tego samego dnia oświadczeniu Prezydium MKZ Mazowsze zwróciło uwagę, że dokument prokuratury świadczy o nieprzyjęciu do wiadomości przez organy ścigania Porozumienia Gdańskiego, ogłosiło gotowość strajkową w regionie i zażądało, prócz zwolnienia obu aresztowanych, wyjaśnienia roli Lucjana Czubińskiego w antyrobotniczych represjach roku 1976. Nazajutrz stanął w strajku Ursus, a listę żądań rozszerzono o postulat powołania komisji sejmowej, która wspólnie z „Solidarnością" miałaby zbadać praworządność działania prokuratury, MO i SB oraz przedstawić „sposoby zabezpieczenia obywateli przed nadużyciami tych organów". Postulowano też ujawnienie osób odpowiedzialnych za przestępstwa popełnione wobec robotników Wybrzeża w grudniu 1970 oraz wobec robotników Ursusa i Radomia w czerwcu 1976 r. Zażądano także zwolnienia z aresztu Leszka Moczulskiego i jego współoskarżonych – działaczy KPN. W ciągu paru następnych dni do strajku przystąpiły Zakłady im Róży Luksemburg, Zakład Mechaniczny im. Nowotki oraz Huta Warszawa. 26 listopada KKP poparła stanowisko Mazowsza, podpisując się w szczególności pod żądaniem zwolnienia Narożniaka i Sapełły, przekazała tajny dokument Czubińskiego wszystkim MKZ-om z sugestią, że powinien być on znany opinii publicznej (czyli z zachętą do publikacji w całym kraju, co faktycznie nastąpiło), i wezwała regionalne ogniwa związku do akcji solidarnościowych.

W ciągu niewielu dni nadaktywność pisarska prokuratora generalnego spowodowała rosnącą falę protestów i eskalację żądań, które wprawiły w panikę kierownictwo PZPR, zarazem jednak bardzo zaniepokoiły przywódcze i doradcze kręgi „Solidarności". Jan Olszewski tłumaczył czołowym działaczom regionu Mazowsze, że postulat rozliczenia winnych grudniowej masakry 1970 r. prowadzi związek do konfliktu z najwyższym dowództwem wojska; Jacek Kuroń był zdania, że żądania wymierzone w MSW, choć uzasadnione, są dla ekipy rządzącej nie do przyjęcia, gdyż w jej oczach równają się doprowadzeniu władzy do stanu bezbronności; postulat uwolnienia aresztowanych przywódców KPN był już przez „Solidarność" podnoszony, ale w tej sprawie związek dotychczas nie groził strajkiem, ponieważ KPN nie miała jeszcze wówczas oparcia w załogach (uzyskała je stopniowo w późniejszych miesiącach, zwłaszcza na Śląsku), więc strajk w ich obronie mógłby nie uzyskać wystarczającego poparcia. Pragmatycznie nastawieni działacze i doradcy MKZ Mazowsze zdołali w końcu zróżnicować żądania w taki sposób, że za warunek przerwania strajku uznano zwolnienie Narożniaka i Sapełły, a w sprawie pozostałych postulatów miały się toczyć dalsze negocjacje z rządem. Prezes Stowarzyszenia Dziennikarzy Polskich Stefan Bratkowski podjął się wówczas pośrednictwa (miał niezłe kontakty po obu stronach konfliktu) i udzielił w imieniu SDP Narożniakowi i Sapelle poręczenia, po czym z obydwoma zwolnionymi z aresztu przybył tryumfalnie do Ursusa. Umożliwiło to przerwanie strajku, wówczas jednak załoga Huty Warszawa odmówiła powrotu do pracy, domagając się spełnienia pozostałych postulatów. Stworzyło to groźną (także dla związku) sytuację.

27 listopada zjechali do Huty Warszawa działacze i doradcy krajowego przywództwa „Solidarności": Wałęsa, Kuroń, Mazowiecki, Geremek. Byłem i ja – nie z ramienia Wrocławia, lecz jako rzecznik prasowy KKP. W wielkiej świetlicy, która była tu odpowiednikiem stoczniowej Sali BHP, zgromadzili się delegaci strajkujących wydziałów Huty. Przez całą noc przekonywaliśmy ich, że wobec zwolnienia z aresztu Narożniaka i Sapełły trzeba przerwać strajk i pozostawić pozostałe żądania do negocjacji między kierowniczymi gremiami „Solidarności" a rządem. Delegaci z wydziałów upierali się twardo, że trzeba kontynuować rozpoczęty strajk aż do rozliczenia Czubińskiego i ludzi odpowiedzialnych za pacyfikacje robotniczych protestów 1970 i 1976 r. oraz wypuszczenia z aresztu działaczy KPN. Szczególnie zapisała mi się w pamięci wypowiedź robotnicy w kombinezonie, która zwróciła się do delegatów strajkowych: „Proszę towarzyszy, mój tato – stary działacz partyjny – uczył mnie: córeczko, zastanów się dobrze, zanim podejmiesz jakieś działanie, ale jak się już zdecydujesz i rozpoczniesz, to doprowadź sprawę do końca". Pozostali delegaci wydziałów też zwracali się do siebie nawzajem per „towarzysze". Było to w owym czasie dość niezwykłe. Widać było jak na dłoni, że nieprzejednani aktywiści strajkowi hutniczej „Solidarności" byli przeważnie członkami PZPR i objawiali swoją partyjność jako rzecz całkiem naturalną. Gdyby to widzieli i słyszeli członkowie Biura Politycznego, którzy liczyli na opanowanie nowego ruchu związkowego przez członków partii, nie mieliby powodów do zadowolenia. W tym wypadku to członkowie PZPR by-

li opanowani przez „Solidarność", a nie na odwrót. Tej nocy dzwoniłem parokrotnie do rzecznika prasowego rządu Józefa Bareckiego. W pewnym momencie przekazał on słuchawkę Zbigniewowi Reguckiemu, partyjnemu dziennikarzowi, który kierował podówczas biurem Sekretariatu KC i był bliskim współpracownikiem Kani. Regucki powiedział mi, że wobec kontynuacji strajku mimo zwolnienia Narożniaka i Sapełły, a więc wbrew „dżentelmeńskiej umowie" zapośredniczonej przez Bratkowskiego, po „tamtej stronie" topnieje resztka wiary w naszą dobrą wolę. Powinien był to raczej powiedzieć partyjnym robotnikom Huty Warszawa, których nad ranem udało nam się z najwyższym trudem przekonać do kompromisu. Znów mieliśmy wrażenie powrotu z dalekiej podróży. Ile razy można z takiej podróży wracać cało?

Groźba nad Polską

Logika „pokoju brzeskiego" sprawiała, że partia i „Solidarność" szły od jednej konfrontacji do drugiej. Z pewnością wielką rolę odgrywała w tym głęboka niechęć kierowniczych kręgów dyktatury do ograniczenia wszechobecnej przed 1980 r. kontroli nad życiem społecznym. Myślę jednak, że nie tylko ten motyw powstrzymywał władze PRL przed uznaniem zmiany wymuszonej przez sierpniowe strajki za nową normę, do której musiałby dopasować się ład społeczny. Prócz szlabanu własnej niechęci działał tu jeszcze inny szlaban – graniczny, a właściwie zagraniczny.

Z trwałością nowego stanu rzeczy w Polsce nie mogła pogodzić się Moskwa. Wpływała ona na przebieg wydarzeń w satelickim państwie, rozgrywając rywalizację o władzę wewnątrz PZPR. Wywierała też otwarty nacisk na rządzących, groziła dotkliwymi sankcjami gospodarczymi (polskie kierownictwo straszono drastycznym ograniczeniem dostaw taniej ropy i gazu), wreszcie zapowiadała zbrojną inwazję. Nie były to puste słowa. Najazd Armii Radzieckiej połączony z okupacją kraju i ustanowieniem całkowicie marionetkowego rządu – jak na Węgrzech w 1956 lub Czechosłowacji w 1968 r. – był całkiem realny. Od listopada 1980 r. Kreml z coraz większą natarczywością domagał się wprowadzenia przez władze PRL stanu wojennego. Nawet gdyby Kania i Jaruzelski zamierzali przeprowadzić w Polsce reformy nieodzowne dla trwałej koegzystencji autorytarnej władzy z niezależnym ruchem związkowym, to i tak nie mieliby politycznej siły nieodzownej do przełamania oporu rodzimego betonu i sprzeciwu Kremla. Myślę zresztą, że ani chcieli, ani mogli. Tak czy owak, sytuacja nie dawała nam szans; musiało się skończyć mniej więcej tak, jak się skończyło. Wówczas jednak nie skłaniałem się do takiej fatalistycznej konkluzji, a nawet uważałem, że jako działacz związkowy nie mam prawa do fatalizmu.

W ciągu szesnastu miesięcy solidarnościowej rewolucji widmo inwazji wisiało nad nami cały czas, ale naprawdę z bliska zajrzało nam w oczy na początku grudnia 1980 r. Groźba strajku w regionie Mazowsze została wówczas oddalona, obie strony niedoszłej konfrontacji odetchnęły z ulgą, nie widać było zarzewia nowych konfliktów, nie było w kraju żadnych strajków. Uspokojenie sytuacji w Polsce nie było jednak mile widziane w Moskwie, gdyż sama sytuacja w naszym kraju była z punktu widzenia Kremla niemożliwa do tolerowania. To, że kapitulanci z Warszawy znowu kupili sobie spokój za cenę kolejnych ustępstw wobec kontrrewolucji, budziło w radzieckim kierownictwie skrajną irytację. Być może ekipa Breżniewa uznała, że nie ma co liczyć na ekipę Kani, lecz trzeba narzucić rozstrzygnięcie z własnej inicjatywy i przy użyciu własnych wojsk. Na 4 i 5 grudnia zwołano do Moskwy naradę przywódców państw Układu Warszawskiego, przy czym pierwszego dnia jej uczestnicy dyskutowali nad sytuacją w Polsce bez udziału strony polskiej. Sztab Generalny Wojska Polskiego został jednak powiadomiony, że nocą z 8 na 9 grudnia w ramach manewrów „Sojuz-80" wkroczy do Polski 14 dywizji Armii Radzieckiej, 2 dywizje czechosłowackich i 2 dywizje wschodnioniemieckie. Do tej informacji dołączono mapę, która przedstawiała strzałkami kierunki przemarszu i koncentracji sprzymierzonych wojsk. Miały one otoczyć wielkie miasta i ośrodki przemysłowe Polski. Nie był to projekt odpowiedni dla ćwiczeń, a liczebność wojsk, które miały uczestniczyć w manewrach „Sojuz-80", też była niewspółmierna do jakichkolwiek ćwiczebnych celów. Dywizje wkraczające do Polski miały stany liczebne uzupełnione jak na wojnę, z własnymi szpitalami polowymi, kuchniami i odpowiednim zaopatrzeniem. Tylko jedna z dwóch dywizji Narodowej Armii Ludowej NRD miała wystąpić w składzie stosownym do ćwiczeń sztabowych, tj. zredukowanym do kadry oficerskiej i podoficerskiej.

CIA miała, jak wiadomo, w polskim sztabie generalnym cennego agenta – pułkownika Ryszarda Kuklińskiego. Powiadomił on niezwłocznie centralę o szczegółach moskiewskiego planu wprowadzenia wojsk do Polski w ramach manewrów „Sojuz-80". Wywiad amerykański uznał, że jest to plan inwazji, a doradca prezydenta USA do spraw bezpieczeństwa Zbigniew Brzeziński bez trudu skłonił prezydenta Cartera do reakcji. 3 grudnia doszło w tej sprawie do rozmowy tzw. gorącą linią telefoniczną między prezydentem USA Jimmym Carterem a Leonidem Breżniewem. Strona amerykańska zwróciła m. in. uwagę, że przesunięcie o kilkaset kilometrów na zachód tak licznego kontyngentu Armii Radzieckiej narusza równowagę sił w Europie, którą strona amerykańska będzie musiała przywrócić. Amerykańską odpowiedzią na radziecką przewagę sił konwencjonalnych były w tamtych czasach rozmieszczone w Europie wyrzutnie rakiet manewrujących średniego zasięgu. Strona radziecka dopatrzyła się zapewne w amerykańskim ostrzeżeniu aluzji do zwiększenia liczby tych rakiet. Kreml bał się tego bardzo, gdyż kolejny etap wyścigu zbrojeń na tym polu byłby niezwykle trudny do udźwignięcia przez radziecką gospodarkę. Być może dlatego plan wielkich manewrów w Polsce został porzucony. 5 grudnia 1980 r. Breżniew spotkał się w Moskwie z Kanią i w odpowiedzi na zapewnienia, że polskie władze wezmą się bardziej energicznie do zwalczania „kontrrewolucji", zadeklarował: „No dobrze, nie wkroczymy. Ale jeżeli [sytuacja] będzie się komplikować, to wkroczymy. Ale bez ciebie [tj. bez porozumienia z tobą] nie wkroczymy". Stan gotowości wojsk Układu Warszawskiego do przekroczenia granic Polski (miało się to stać o północy 8 grudnia) został odwołany.

Trwają dyskusje historyków na temat intencji, w jakich Moskwa zamierzała wtedy wprowadzić do Polski 18 dywizji. Brak dokumentów określających polityczne cele inwazji skłania część badaczy do przypuszczenia, że był to tylko środek nacisku, który miał skłonić Warszawę do wprowadzenia stanu wojennego, i że Breżniew blefował, żeby zastraszyć Kanię. Nie ma pisemnego dowodu, że na Kremlu postanowiono zrobić porządek w Polsce radzieckimi siłami.

Też jestem historykiem, tyle że mediewistą. W mojej specjalności mamy do dyspozycji znacznie mniej źródeł niż koledzy zajmujący się wiekiem XX. Mam nadzieję, że wybaczą mi oni odwołanie do ironicznej maksymy wielkiego polskiego mediewisty Karola Buczka, który dworował sobie z badaczy zapatrzonych w bardzo niekompletne dokumenty. Quod non est in scripto, non est in mundo (Czego nie ma na piśmie, tego nie ma na świecie). Nie zachowała się przecież w radzieckich archiwach żadna uchwała Biura Politycznego lub Sekretariatu KC KPZR nakazująca wkroczenie do Afganistanu. Nie sądzę, żeby ktoś ją zniszczył lub ukrył. Sądzę raczej, że takiej uchwały po prostu nie było, a postanowienie o ataku zapadło w gronie nieformalnym, lecz naprawdę decyzyjnym, które nie podejmowało uchwał wedle ustalonej procedury i nie protokołowało swoich obrad. Nie ma więc uchwały na piśmie, ale wniosek, że nie doszło w rzeczywistości do radzieckiej inwazji na Afganistan, wydaje mi się ryzykowny.

W listopadzie 1997 r. brałem udział w zorganizowanej przez Instytut Studiów Politycznych PAN w podwarszawskiej Jachrance międzynarodowej konferencji poświęconej wewnętrznym i międzynarodowym wymiarom polskiego kryzysu lat 1980–1982. Obok historyków badających tamten czas (do których się nie zaliczam) uczestniczyli w obradach konferencji także protagoniści omawianych wydarzeń. Ze strony amerykańskiej byli tam Zbigniew Brzeziński, Richard Pipes, Jan Nowak-Jeziorański oraz gen. William Odom, który na początku lat osiemdziesiątych kierował wywiadem wojskowym USA. Rząd PRL i kierownictwo PZPR z lat 80. reprezentowali Stanisław Kania, generałowie Wojciech Jaruzelski i Florian Siwicki, wicepremier Mieczysław F. Rakowski oraz Stanisław Ciosek. Strona „solidarnościowa" reprezentowana była w Jachrance bardzo słabo, akurat bowiem formował się rząd Buzka i czynni uczestnicy życia politycznego z „naszego" obozu nie pojawili się na konferencji wcale lub zjawili się tylko na chwilkę. Trwaliśmy więc tam we dwójkę ze Zbyszkiem Bujakiem, jako że obaj byliśmy już politycznymi outsiderami. Godna uwagi była za to reprezentacja rosyjska: b. dowódca Zjednoczonych Sił Zbrojnych Układu Warszawskiego marszałek Wiktor Kulikow, jego ówczesny zastępca, czyli szef sztabu tych wojsk, generał Anatolij Gribkow, były pracownik Wydziału Zagranicznego KC KPZR Georgij Szachnazarow. Dla zgromadzonych w Jachrance zawodowych badaczy tamtej epoki nie byliśmy oczywiście partnerami do naukowej dyskusji, lecz żywymi źródłami, a wypytywanie tych źródeł było najbardziej pikantnym, choć wcale nie najprostszym wątkiem badawczych prac konferencji. Obrady toczyły się w tajemnicy, nic o nich nie wiedziała prasa, nie było na sali dziennikarzy, ale i to nie wystarczyło, by skłonić aktorów dawnego dramatu do prawdomówności. Andrzej Paczkowski, główny organizator i sprawca sukcesu tego przedsięwzięcia, powiedział mi w kuluarach z prawdziwą zawiścią: „Ty to masz szczęście, że twoje źródła już nie żyją!".

W Jachrance szczególnego rodzaju kłopot sprawiały żywe źródła z Armii Radzieckiej. Zarówno marszałek Kulikow, jak i generał Gribkow mieli imponujące poczucie imperialnej ciągłości i dbali o reputację Związku Radzieckiego, jakby wcale nie został on rozwiązany. Obaj podkreślali z wielką stanowczością, że myśl o jakiejkolwiek interwencji w bratniej Polsce nigdy nie postała w głowach przywódców państwa radzieckiego ani dowódców Armii Radzieckiej. Gribkow na samym początku zapewnił uczestników konferencji, że daje nam rękojmię swojej prawdomówności w postaci słowa honoru starego frontowego żołnierza, który swój szlak bojowy rozpoczął w 1939 r. Na sali zrobiło się bardzo cicho. Generał usłyszał tę ciszę, zrozumiał, że w tym gronie i w tym kraju słowa o szlaku bojowym rozpoczętym w 1939 r. nie były może najwłaściwsze, i spiesznie dodał: „No, oczywiście na froncie fińskim". Ale mleko już się rozlało. Czuliśmy woń tego mleka, gdy marszałek Kulikow zapewniał, że – wbrew twierdzeniom obecnego na sali Zbigniewa Brzezińskiego – w grudniu 1980 r. ZSRR planował w Polsce zwykłe manewry, a nie żadną inwazję. Na uwagę jednego z dyskutantów, że przekazana polskiemu Sztabowi Generalnemu mapa przemarszu sojuszniczych dywizji oraz nakreślony na niej plan okrążenia polskich miast przez potężne siły wojskowe jest w istocie planem inwazji, Kulikow aż się żachnął: „Eto że nie płan, eto tolko namiotka płana" (To przecież nie plan, a jedynie szkic planu). Nie udało się wyjaśnić, na czym polega ta subtelna różnica.

Siły, które miały wówczas wkroczyć do Polski, wydają się zbyt potężne jak na ćwiczenia, ale może niewystarczające jak na klasyczną inwazję, w której należało liczyć się z ewentualnym oporem jakichś jednostek Wojska Polskiego, a nie tylko ludności cywilnej. Na Czechosłowację, mniejszą przecież od Polski, rzucono w 1968 r. 24 dywizje. Być może w grudniu 1980 r. zamierzano zmusić polską ekipę rządzącą do ogłoszenia stanu wojennego lub raczej doprowadzić pod radzieckimi bagnetami do zmiany ekipy na taką, która stan wojenny ogłosi i zrealizuje przy zbrojnym wsparciu interwentów. Nie widzę jednak powodu, dla którego nie mielibyśmy traktować takiej operacji jako interwencji zbrojnej, zwłaszcza że ludność okrążonych miast niechybnie potraktowałaby obcych żołnierzy jak najeźdźców i okupantów.

Na szczęście do tego nie doszło. Uratowała nas reakcja Waszyngtonu oraz to, że Związek Radziecki był beznadziejnie uwikłany w Afganistanie. Moskwa czuła się jednak poważnie zagrożona przez wydarzenia w Polsce i moim zdaniem chodziło jej nie tylko, a nawet nie tyle o ewentualność wyjścia PRL z Układu Warszawskiego, ile o tzw. efekt demonstracji. W tamtym czasie nie doceniałem zagrożenia, jakie stwarzaliśmy dla wewnętrznej stabilności imperium. Zrozumiałem to dopiero w październiku 1989 r., gdy po raz pierwszy od trzydziestu czterech lat wybrałem się w krótką, lecz pouczającą podróż do Związku Radzieckiego. Byłem najpierw w Kijowie, następnie w Moskwie i wreszcie w Nabiereżnych Czełnach w Tatarstanie, gdzie mieszkał mój przyrodni brat. Było to półmilionowe miasto zbudowane w czasach Breżniewa jako sypialnia przy wielkiej fabryce ciężarówek Kamaz. Był czas pierestrojki, w Nabiereżnych Czełnach działał polityczny klub im. Bucharina i mój brat zaprowadził mnie do Walerija Pisigina, który był przewodniczącym wspomnianego klubu. Pisigin z dumą otworzył szufladę swego biurka i wydobył stamtąd grubą tekturową teczkę wypełnioną wycinkami z radzieckich gazet. Były to artykuły zamieszczone w „Prawdzie", „Izwiestijach" i „Krasnoj Zwiezdie" (odpowiedniku naszego „Żołnierza Wolności") z lat 1980–1981, w których obrzucano błotem polską „Solidarność". W tamtych latach Pisigin był robotnikiem w Kamazie. Antypolskie paszkwile w radzieckiej prasie wycinał starannie nożyczkami, podkreślał długopisem fragmenty, które wydały mu się ważne, i pieczołowicie je przechowywał. Przyjrzałem się tym podkreśleniom i zrozumiałem, że dla młodego robotnika, do którego nie docierały skutecznie zagłuszane audycje Radia Swoboda i rosyjskojęzycznej rozgłośni BBC, oficjalna prasa radziecka była źródłem demoralizujących informacji o solidarnościowej rewolucji w Polsce. Jak przystało na człowieka radzieckiego, Pisigin posiadł sztukę czytania między wierszami i nawet z „Prawdy" potrafił wydobyć i poskładać w całość strzępki prawdy. To, co wyczytał i wyinterpretował z propagandowych napaści na „Solidarność", stawało się dla niego podręcznikiem wywrotowej działalności. Co więcej, oficjalna radziecka prasa upewniała go, że działalność wywrotowa ma w tym systemie sens i szanse na sukces. Skoro coś takiego jest możliwe w Polsce, skoro niezależny ruch społeczny powstał w komunistycznym kraju i od przeszło roku tam istnieje i działa w najlepsze, to może coś podobnego byłoby możliwe także w ZSRR? Warto przestudiować ten przykład. Dopiero w mieszkaniu Pisigina, patrząc na wycinki z gazet i podkreślenia, zrozumiałem, że nie szumnymi deklaracjami, nawet nie okrzyczanym „Posłaniem do ludzi pracy Europy Wschodniej", lecz samym swoim istnieniem sączyliśmy codziennie śmiercionośny jad w serce Imperium. Nie dziwmy się Breżniewowi, miał uzasadnione powody do obaw i nie bez ważnej przyczyny ponaglał przywódców PZPR, by co rychlej zdławili przemocą hydrę „Solidarności".

* * *

Długi cień Armii Radzieckiej padł ponownie na polską scenę polityczną w marcu 1981 r. – nie tyle nawet w trakcie, ile w przededniu największej próby sił między legalną „Solidarnością" a władzami PRL.

7 marca odbyło się w Warszawie specjalne posiedzenie KKP. Najważniejszym przedmiotem obrad miało być wszczęcie przez prokuraturę nowego śledztwa przeciwko Jackowi Kuroniowi i Adamowi Michnikowi. Kuroń był oficjalnym doradcą krajowych władz „Solidarności", a Michnik – doradcą MKZ Mazowsze. Od dłuższego czasu toczyło się przeciwko nim śledztwo o działalność w KOR, teraz jednak wysunięto dodatkowe oskarżenie o treść ich wypowiedzi wygłaszanych w różnych miastach i zakładach w ramach wszechnic związkowych „Solidarności". Nie aresztowano ich, kazano tylko meldować się na komisariacie, po raz pierwszy jednak przedmiotem śledztwa stało się to, co mówiono na związkowych zebraniach i szkoleniach. Była to nowa jakość i brak reakcji oznaczałby, że „Solidarność" godzi się milcząco na penalizację swojej działalności związkowej.

Bezpośrednio przed posiedzeniem KKP wicepremier Mieczysław F. Rakowski odbył dłuższą rozmowę z sekretarzem KKP Andrzejem Celińskim i przewodniczącym MKZ Mazowsze Zbyszkiem Bujakiem. Rakowski opowiedział im, jak przed paroma dniami w Moskwie Leonid Breżniew i jego najbliżsi współpracownicy bezceremonialnie besztali Stanisława Kanię i nowego premiera rządu PRL Wojciecha Jaruzelskiego, domagając się podjęcia przez polskie władze stanowczych represji wobec „przeciwników socjalizmu" i grożąc w przeciwnym razie najgorszymi konsekwencjami dla Polski. W konkluzji wicepremier spróbował wysondować, jaka byłaby reakcja związku na uwięzienie członków KOR, a gdy Celiński wspomniał o strajku, Rakowski zapytał z udawanym zdziwieniem: „Podjęlibyście ryzyko konfrontacji z powodu dwudziestu korowców?". Wszystko to Celiński i Bujak opowiedzieli na posiedzeniu KKP, nie ujawnili tylko przed całym gremium nazwiska swojego rozmówcy i zastrzegli absolutną poufność sprawozdania z tej rozmowy. W grę wchodziła tajemnica państwowa związana z radzieckimi groźbami i bezpieczeństwem Polski. Z tego względu obrady toczyły się przy drzwiach zamkniętych i nie dopuszczono prasy z wyjątkiem związkowej Agencji „Solidarności", której relacja miała być przed drukiem ocenzurowana przez rzecznika prasowego KKP, czyli przeze mnie.

W najbliższych dniach Wałęsa miał się spotkać z generałem Jaruzelskim i bardzo zależało mu na tym, żeby atmosfera jego rozmowy z nowym premierem nie była obciążona zbyt jednoznacznym żądaniem odstąpienia od prokuratorskich zarzutów wobec Kuronia i Michnika. Gdy obstawałem przy wystąpieniu w ich obronie i podkreślałem, że w gruncie rzeczy chodzi tu o jasną zapowiedź samoobrony związku przed ściganiem jego statutowej działalności, Lechu zareagował z nieskrywaną złością: „Nie wciskaj mi tu Jacka!". Najbliższe otoczenie Wałęsy przypominało już wtedy monarszy dwór pełen zakulisowych intryg i podszeptów wychodzących z najróżniejszych stron. Przewodniczący związku dał sobie chyba wmówić niedorzeczne podejrzenie, jakoby Kuroń chciał pozbawić go przywództwa i zagarnąć stanowisko przewodniczącego „Solidarności" dla siebie lub osadzić na tym stołku Bujaka. Poza tym Wałęsa dawał wtedy posłuch tym doradcom, którzy chcieli wszystko załagodzić w imię dobrej współpracy z rządem generała. Najbardziej ugodowy z tych doradców – Władysław Siła-Nowicki – posłużył się w tym celu radykalną retoryką. Na posiedzeniu KKP 7 marca podkreślił, że nie uchodzi skupiać się na jakichś dodatkowych zarzutach postawionych przez prokuraturę dwóm korowcom, którzy spokojnie mieszkają we własnych domach, podczas gdy przywódcy KPN siedzą w więzieniu. Albo ujmujmy się za wszystkimi, albo uchwalmy krótki postulat zaniechania politycznych represji bez wymieniania jakichkolwiek nazwisk. Była to skuteczna argumentacja. Rzeczywiście w sprawie Moczulskiego i jego współoskarżonych „Solidarność" miała powody, by czuć się nieswojo. Myśl Siły-Nowickiego podjął znany z radykalnych deklamacji Andrzej Rozpłochowski. Upierałem się przy swoim, ale przegrałem w głosowaniu. Pod osłoną radykalnego frazesu uchwalono ogólnikową, w gruncie rzeczy ugodową rezolucję. Niestety nie przyczyniła się ona do ugody między nami a rządem. Ledwie tylko związek opuścił gardę, nastąpił cios. Nie był to jednak cios wymierzony w Kuronia, Michnika lub innych korowców, lecz bezpośrednio w regionalnych działaczy związku, a właściwie w styk między nami a tworzącym się związkiem zawodowym indywidualnych rolników.

Żądanie rejestracji Niezależnego Związku Rolników Indywidualnych „Solidarność" spędzało sen z powiek przywódcom KPZR i PZPR. Ich lęk był w tym wypadku irracjonalny, oparty na ideologicznych obsesjach, a nie na realnym zagrożeniu. Towarzysze wierzyli w sojusz robotniczo-chłopski i bali się panicznie, że sojusz taki pod sztandarem „Solidarności" chwyci ich za gardło. Ówczesne wypowiedzi Stanisława Kani na posiedzeniach najwyższych gremiów partyjnych wskazują, że traktował on odmowę rejestracji NSZZ RI „Solidarność" jak obronę Okopów Świętej Trójcy.

W rzeczywistości jednak niezależny ruch chłopski był bez porównania słabszy od robotniczej „Solidarności", więc imał się desperackich gestów. 16 marca 1981 r. działacze związku rolników indywidualnych okupowali budynek Zjednoczonego Stronnictwa Ludowego w Bydgoszczy. Tego samego dnia rozpoczęły się w Polsce manewry Układu Warszawskiego „Sojuz-81". Zbieżność tych wydarzeń w czasie była przypadkowa, lecz obecność wojsk radzieckich mogła nieprzypadkowo skłaniać władze PRL do zademonstrowania większej stanowczości wobec „warcholskich" poczynań chłopskich aktywistów oraz ich protektorów z NSZZ „Solidarność", zwłaszcza że 17 marca na spotkaniu z marszałkiem Kulikowem z okazji rozpoczynających się manewrów Kania i Jaruzelski znów usłyszeli o zarzutach ustępliwości stawianych im przez Moskwę. Na szczeblu Biura Politycznego omawiano w tych dniach decyzję, by usunąć siłą rolników okupujących Wojewódzki Komitet ZSL w Bydgoszczy, ale na przeszkodzie stanęła postawa sojuszniczego stronnictwa, do którego budynek należał. Prezes ZSL w Bydgoszczy nie zgodził się wezwać na pomoc milicji. Nadarzyła się za to okazja do demonstracji siły wobec bydgoskiej „Solidarności". 19 marca przewodniczący tamtejszego MKZ Jan Rulewski na czele sporej grupy działaczy Regionu przybył na sesję Wojewódzkiej Rady Narodowej, żeby przedstawić tam postulaty rolników i apelować o ich poparcie. Najwyższe władze PRL dopatrzyły się w tym zamiaru okupowania siedziby Wojewódzkiej Rady Narodowej, spowodowały przerwanie sesji i wydały milicji polecenie usunięcia przedstawicieli „Solidarności" z budynku WRN. Wbrew postawie części radnych, którzy domagali się dopuszczenia działaczy Regionu do udziału w dyskusji, delegację „Solidarności" usunięto siłą, przy czym Jan Rulewski, członek Prezydium MKZ Mariusz Łabętowicz i przedstawiciel rolników Michał Bartoszcze zostali ciężko pobici przez funkcjonariuszy MO.

Uznaliśmy wówczas, że to zajście nie było nadużyciem władzy policyjnej przez ekipę rządzącą, lecz prowokacją twardogłowych z MSW wymierzoną w niedawno utworzony rząd Wojciecha Jaruzelskiego. Sam tak uważałem, chociaż nie podzielałem rozpowszechnionego w Polsce zamiłowania do zielonego munduru i generalskich szlifów. W obliczu znanych dziś protokołów posiedzeń kierownictwa PZPR muszę z pokorą przyznać się do błędu. 24 marca, a więc w momencie groźnego konfliktu spowodowanego bydgoską akcją MO, Kania przyznał na zebraniu Biura Politycznego: „Operacja w Bydgoszczy nie odbyła się bez naszej wiedzy". Barcikowski na tym samym posiedzeniu dorzucił, że działacze MKZ „mieli być usunięci z sali, ale nie pobici". Skoro trzeba było informować o tym po fakcie Biuro Polityczne, to widać nie ono podjęło w tej sprawie decyzję. Andrzej Friszke w swej najnowszej pracy *Rewolucja „Solidarności"* wyciągnął jednak z cytowanego protokołu dyskusji w Biurze Politycznym 24 marca 1981 r. trafny wniosek: „Akcję usunięcia działaczy «Solidarności» z gmachu Wojewódzkiej Rady Narodowej zaakceptowało grono osób należących do ścisłego kierownictwa PZPR, choć nie na żadnym formalnym posiedzeniu". Taki właśnie był rutynowy, choć nieformalny tryb podejmowania szczególnie pilnych i szczególnie ważnych decyzji w systemie komunistycznej dyktatury.

19 marca 1981 r. byłem akurat w gdańskiej siedzibie KKP, a właściwie w biurowym pokoju Wałęsy, zwanym szumnie gabinetem. Siedzieliśmy tam we trójkę: Wałęsa, Celiński i ja, gdy zadzwonił Stanisław Ciosek, podówczas minister do spraw związków zawodowych. Telefon miał włączoną funkcję głośnomówiącą, więc obaj z Andrzejem usłyszeliśmy, co minister miał do powiedzenia przewodniczącemu „Solidarności". Ciosek, zwykle bardzo opanowany i zrównoważony, był tym razem wyraźnie zdenerwowany. Mówił tak, jakby chciał dać do zrozumienia więcej, niż mógł powiedzieć otwartym tekstem: „Panie przewodniczący, w siedzibie Wojewódzkiej Rady Narodowej w Bydgoszczy jest w tej chwili Rulewski z grupą działaczy związkowych. Niech pan koniecznie tam zadzwoni i postara się skłonić ich do opuszczenia budynku. Proszę mi wierzyć, to bardzo ważne i bardzo pilne". Po latach nie ręczę oczywiście za dosłowność cytatu, ale jestem pewny, że taki był sens przestrogi, a w każdym razie tak ją zrozumiałem. Wałęsa potraktował rzecz serio – w naszej obecności odbył telefoniczną rozmowę z Rulewskim i bardzo starał się namówić go do wyjścia z WRN. Niestety bez powodzenia. Z ostrzeżenia ministra wynika niezbicie, że

Ciosek wiedział o decyzji usunięcia siłą działaczy związkowych z siedziby bydgoskiej Rady Narodowej i miał więcej wyobraźni od tych, którzy tę decyzję podjęli. Rozumiał, że policjant z pałką wysłany do takiej akcji może dać się ponieść emocjom, że w szamotaninie może dojść do zdarzeń niekontrolowanych i że polityczne skutki zajścia mogą być bardzo groźne, więc starał się temu zapobiec. Nie jest możliwe, by dzwonił do Wałęsy i ostrzegał go wyłącznie z własnej inicjatywy. Musiał mieć na to zgodę, a właściwie polecenie zwierzchników: premiera Jaruzelskiego lub co najmniej wicepremiera Rakowskiego. Wygląda więc na to, że oni też wiedzieli o postanowieniu użycia siły i zdawali sobie sprawę z niebezpieczeństwa, jakie się z tym wiąże. Kojarząc własną wiedzę z tamtego czasu z ujawnionymi protokołami Biura Politycznego, muszę chyba złożyć do lamusa swoją wiarę, że była to milicyjna prowokacja skierowana przeciwko rządowi. Samo pobicie przywódców związkowych nie było oczywiście z góry założone przez decydentów z najwyższego szczebla, ale to oni postanowili użyć siły. Pobicie to wywołało jednak w społeczeństwie ogromny szok, który w nadchodzącym konflikcie ustawił stronę rządową na z góry przegranej pozycji. Gdyby to była rozmyślna prowokacja wykonawców, to musieliby oni świadomie sabotować strategię własnych mocodawców i grać na korzyść przeciwnika – czyli na naszą korzyść. Przypuszczenie takie wykracza jednak poza granicę, która dzieli zdrowy rozum od paranoi.

Najwyższe oburzenie, które zapanowało w kraju na wiadomość o pobiciu przywódców bydgoskiej „Solidarności", ukształtowało siłą rzeczy atmosferę, w jakiej toczyły się obrady Krajowej Komisji Porozumiewawczej 24–25 marca. Na sali obrad panowała temperatura wrzenia i nieufność wobec Wałęsy oraz doradców podejrzewanych o ugodowe nastawienie wobec rządu i manipulatorskie intencje. Większość parła do niezwłocznego proklamowania strajku generalnego. Ja z Kuroniem, a przede wszystkim sam Wałęsa, proponowaliśmy najpierw strajk ostrzegawczy i wyznaczenie z góry terminu strajku generalnego, który odbędzie się (lub nie) w zależności od wyniku rozmów z rządem. Scenariusz ten został w pierwszym głosowaniu odrzucony. Wałęsa złamał jednak opór wzburzonych działaczy, opuszczając salę obrad ze słowami: „Skoro tak, to bawcie się beze mnie". W kwestii harmonogramu strajkowego KKP – na szczęście – ugięła się przed tym szantażem przewodniczącego i zmieniła własną uchwałę. Na wniosek Jacka Kuronia podjęto jednak zastrzeżenie, że tylko Krajowa Komisja Porozumiewawcza będzie uprawniona do oceny wyników rozmów i ewentualnego odwołania na tej podstawie strajku generalnego. Faktyczne złamanie tego warunku stało się bezpośrednim powodem prawdziwego trzęsienia ziemi, jakie nastąpiło na „rozliczeniowym" posiedzeniu KKP 31 marca – 1 kwietnia 1981 r.

Ważniejsze bodaj od naszych obrad i rozliczeń były jednak nastroje społeczne, które znalazły spektakularny wyraz w przebiegu strajku ostrzegawczego. Gardłowo ważny był też wpływ tego strajku na zachowanie polskich, a pośrednio także i radzieckich władz politycznych. Porównanie czterogodzinnego strajku ostrzegawczego proklamowanego przez legalny związek z bezterminowym i niezalegalizowanym strajkiem sierpniowym poprzedniego roku jest oczywiście niemiarodajne. Nie wątpię jednak, że służby rządowe policzyły co trzeba. Pod koniec sierpnia 1980 r. strajkowało w Polsce około 800 000 osób. 27 marca 1981 od godz. 8.00 do godziny 12.00 stała bez przesady cała Polska. Byłem w tym czasie we Wrocławiu i wraz z pozostałymi członkami regionalnego Prezydium „Solidarności", wyposażony w śpiwór i pneumatyczny materac, przeniosłem się do zakładów Dolmel. Fabryka ta oddzielona była tylko płotem od PaFaWagu. W obu zakładach pracowało wówczas łącznie 13 000 osób. Przez kilka dni obserwowałem codzienne życie tej wielkiej robotniczej zbiorowości w stanie strajkowej mobilizacji i chłonąłem nastroje ludzi szykujących się do walki. Prócz tego w czasie czterech strajkowych godzin razem z Władkiem Frasyniukiem, który od niedawna przewodniczył wrocławskiemu MKZ, oraz paroma kolegami z Prezydium Regionu objechaliśmy miasto i odwiedziliśmy kilkanaście najważniejszych fabryk. Wszędzie rzucała się w oczy wzorowa organizacja i dyscyplina, najbardziej jednak uderzył mnie wygląd wart strajkowych. Przejęły one funkcje pełnione zazwyczaj przez Straż Przemysłową; zresztą najwyższe dowództwo tej paramilitarnej formacji nakazało na wszelki wypadek swoim podwładnym oddać broń palną do wojskowych magazynów. Nasze strajkowe warty żadnej broni oczywiście nie miały. Były zbrojne tylko w autorytet, jaki zapewniały im biało-czerwone opaski. Prócz barw narodowych na opaskach widniały nazwy organizacji, do których należeli wartownicy. Stali więc ramię przy ramieniu na strajkowej warcie ludzie z opaskami „Solidarności", ludzie noszący na opaskach napis Związek Zawodowy Metalowców (był to związek branżowy, który władze państwowe hołubiły i traktowały jak sprzymierzeńca) i wreszcie wartownicy ze szczególnie zastanawiającym napisem na opasce: „Komitet Zakładowy PZPR". Ludzie z „Solidarności", ze związków branżowych i z partii stali ramię przy ramieniu przeciw rządowi. Najwyższe władze PRL podjęły tę próbę sił w stanie całkowitej izolacji politycznej. Nie mogły liczyć nawet na własną partię.

Sytuacja za fabrycznymi bramami musiała wpłynąć na stanowisko negocjacyjne strony rządowej. Podczas pierwszego spotkania – jeszcze przed strajkiem ostrzegawczym – zespół negocjacyjny kierowany przez wicepremiera Rakowskiego był nieustępliwy jak ściana, o którą nasi koledzy mogli co najwyżej rzucać grochem. Instrukcje wydane przez Biuro Polityczne nakazywały rządowym negocjatorom, by upierali się, że milicjanci postąpili w Bydgoszczy jak należy. Strona rządowa nie dopuszczała też możliwości dyskusji nad sprawą rejestracji „Solidarności" rolników. W tych warunkach rozmowa nie miała sensu. Dopiero spektakularny sukces strajku ostrzegawczego odblokował negocjacje. 30 marca – w przeddzień zapowiedzianego przez związek strajku generalnego – zredagowano komunikat końcowy z rozmów. W punkcie 1. strona rządowa przyznała, że przerwanie sesji WRN w Bydgoszczy 19 marca „nastąpiło bez respektowania obowiązujących reguł prawnych", a „użycie sił porządkowych dla usunięcia przedstawicieli «Solidarności» z budynku Urzędu Wojewódzkiego [w Bydgoszczy] było działaniem sprzecznym z przyjętymi dotąd i przestrzeganymi zasadami rozwiązywania konfliktów przede wszystkim drogą negocjacji". Zapowiedziano, że „Premier podejmie decyzję w sprawie wicewojewodów [którzy doprowadzili do przerwania sesji] po zapoznaniu się ze stanowiskiem WRN w pierwszej połowie kwietnia". Ponadto rząd przyznał, że siły porządkowe „odpowiadają za bezpieczeństwo i nietykalność osób znajdujących się pod ich nadzorem", wyraził ubolewanie z powodu pobicia działaczy związkowych i zapowiedział postępowanie służbowe wobec funkcjonariuszy, którzy zaniedbali obowiązku zapewnienia „nadzorowanym" nietykalności, oraz śledztwo, które miało ustalić i pociągnąć do odpowiedzialności karnej sprawców pobicia. „Zostaną oni osądzeni zgodnie z prawem" – głosił komunikat – a „Solidarność" będzie mogła uczestniczyć w tym śledztwie i procesie jako strona poszkodowana. W punkcie 3. porozumienia zapisano, że obie strony „uczynią wszystko, aby w sprawie zrzeszania się rolników indywidualnych nie narastały sytuacje konfliktowe", a rząd oświadczył, że w stosunku do „osób uczestniczących w działaniach protestacyjnych w Bydgoszczy", jak i w stosunku do komitetów założycielskich NSZZ Rolników Indywidualnych do czasu rozstrzygnięcia sprawy rejestracji „legalność działań nie będzie kwestionowana". Równało się to prowizorycznej legalizacji rolniczej „Solidarności" oraz zapowiadało pomyślny finał postępowania rejestracyjnego. Nie osiągnięto natomiast porozumienia w sprawie amnestii dla opozycjonistów z lat siedemdziesiątych oraz odstąpienia od zarzutów karnych wobec członków KOR.

Czas naglił, bo strajk generalny miał się rozpocząć za jedenaście godzin. Wspólny komunikat został odczytany przez Andrzeja Gwiazdę w obecności Lecha Wałęsy w dzienniku telewizyjnym o 19.30. W ostatnim punkcie komunikatu strona solidarnościowa oznajmiała, że strajk generalny zostaje zawieszony. Teoretycznie ostatnie słowo w tej sprawie należeć miało do Krajowej Komisji Porozumiewawczej, która miała się zebrać 31 marca w Gdańsku. Ale bomba była już rozbrojona. Wykręcono z niej zapalnik i KKP nie miała w praktyce żadnej możliwości, by go wkręcić z powrotem. Także strona rządowa nie mogła już po ogłoszeniu komunikatu i „zawieszeniu" strajku sięgnąć po instrumenty stanu wojennego. Nie dałoby się tego niczym usprawiedliwić, a przemoc, jeśli ma być skuteczna, potrzebuje usprawiedliwienia. Postawione przed faktem dokonanym i zmuszone do pogodzenia się z nim kierownicze gremia obu stron konfliktu zareagowały gniewnie.

Na posiedzeniu Biura Politycznego 31 marca porozumienie wywołało nie tylko sprzeciw eksponentów „betonu" (minister spraw wewnętrznych Milewski domagał się wręcz, żeby je anulować), ale i surową krytykę ze strony Kani. Przyznał on wprawdzie, że udało się zażegnać groźny konflikt społeczny, pytał jednak: „Czy warto było zapłacić aż taką cenę?". Szczególnie bulwersowała I sekretarza KC faktyczna zgoda na legalizację NSZZ Rolników Indywidualnych oraz dopuszczenie przedstawicieli „Solidarności" jako strony do śledztwa i procesu w sprawie pobicia bydgoskich przywódców związkowych. „Tow. Rakowski nie miał upoważnienia do podpisania takich treści!". Sprzeciw Kani wywołało też sformułowanie dotyczące rozpatrzenia przez premiera zarzutów wobec wicewojewodów. „Zrobili, co im kazaliśmy" – stwierdził jednoznacznie szef partii – więc możemy ich najwyżej awansować, a nie sugerować, że ukarzemy. Były to bardzo ciężkie zarzuty, prowadzące w gruncie rzeczy do zdezawuowania głównego negocjatora rządowego. Kania odrzucił jednak myśl o anulowaniu porozumienia, uznając, że byłoby to nieodpowiedzialnym awanturnictwem. W końcu stwierdził, że trzeba robić dobrą minę do złej gry; bronił też potem konsekwentnie ugody zawartej przez negocjatorów przed zarzutami Kremla.

Znacznie bardziej spektakularna burza rozpętała się na dwudniowym posiedzeniu Krajowej Komisji Porozumiewawczej 31 marca – 1 kwietnia 1981 r. Odwołanie strajku generalnego zostało przegłosowane już pierwszego dnia obrad, ale tylko dlatego, że KKP rozumiała własną bezsilność. Komunikat o zawarciu porozumienia i „zawieszeniu" strajku generalnego rozładował ogromne napięcie i bezprzykładną mobilizację społeczną, która zapewniła sukces strajku ostrzegawczego. Odrzucenie uzgodnionego porozumienia i powrót do strajkowego scenariusza nie mógł już przywrócić nam utraconej siły uderzeniowej; przeciwnie – byłby najkrótszą drogą do klęski. KKP czuła się więc bezradna i – wbrew swojej własnej, jednoznacznej uchwale z 25 marca – faktycznie wyzuta z prawa do decyzji. Podsyciło to frustrację działaczy reprezentujących regiony i wywołało na sali obrad falę gwałtownej krytyki obróconej przeciwko ekspertom jako faktycznym autorom porozumienia oraz przeciwko Wałęsie.

Przedmiotem krytyki stał się przede wszystkim tryb, w jakim podjęto kluczowe decyzje, rola ekspertów, którzy skutecznie zmarginalizowali wyznaczonych do negocjowania działaczy związkowych, oraz kategoryczna niezgoda Wałęsy na to, by zwołać na 30 marca KKP, co uniemożliwiło najwyższemu związkowemu gremium podjęcie decyzji o porozumieniu i o losach strajku. Były to zarzuty właściwie nie do odparcia i należało się ich spodziewać. Poza tym radykalnej krytyce poddano też treść porozumienia, uznając że jest ono niezadowalające i tylko łudzi pozorami sukcesu. Ten wątek krytyki może budzić zdziwienie, gdy się po latach spogląda chłodnym okiem na treść wynegocjowanych ustaleń. Sprawa związku rolników, wokół której narósł bydgoski konflikt, została w „porozumieniu warszawskim" rozstrzygnięta po naszej myśli. W sprawie pobicia działaczy związkowych nasi negocjatorzy uzyskali obietnicę ukarania winowajców, której władze co prawda nie dotrzymały, ale trudno było przy stole rokowań uzyskać coś więcej niż zapowiedź śledztwa, sądu i wydania zgodnie z prawem wyroku na sprawców. Istotne było również to, co w tej sprawie faktycznie uzyskaliśmy – władze PRL uznały swoją winę i naszą rację. Nie było to obojętne dla zapewnienia bezpieczeństwa działaczom i działaniom związku, przynajmniej dopóki nie przekreślono siłą całokształtu sierpniowych porozumień, czyli do grudnia 1981 r. Można powiedzieć, że członkowie KKP ocenili rezultat negocjacji niesprawiedliwie, bo poniosły ich emocje. Ale ja tak nie powiem, bo w tym wypadku właśnie w emocjach kryło się sedno sprawy. Mieliśmy do czynienia z rewolucją, a nie z partią szachów lub bilansem kwartalnym. Rewolucja zaś – powtórzę to raz jeszcze – jest szczególnym stanem ducha wielkich mas ludzi, a więc zjawiskiem polegającym na zbiorowych emocjach. Są to emocje dynamiczne, zmienne, ale rządzą się one pewnego rodzaju logiką. Własną logiką. Bez uwzględnienia tych emocji oraz ich wewnętrznej logiki nie zrozumiemy niczego z tamtych wydarzeń.

Właśnie emocje społeczne sprawiły, że w momencie strajku ostrzegawczego 27 marca 1981 r. „Solidarność" była u szczytu potęgi, a obóz rządzący tracił poparcie własnej bazy i znajdował się w politycznym osamotnieniu. Był to kulminacyjny moment rewolucji. My – działacze z regionów, biwakujący w fabrykach wytypowanych na flagowe okręty wielkiego strajku – czuliśmy niemal fizycznie determinację otaczającej nas i gotowej pójść za nami rzeszy robotników. Joanny d'Arc związku „Solidarność" miały niezachwiane poczucie, że „teraz albo nigdy". Dla tych ludzi, gotujących się do największej bitwy swojego życia, rozkaz demobilizacji musiał być wstrząsem, zwłaszcza że decyzję tę podjęto za ich plecami w trybie sprzecznym z ustaleniami sprzed paru dni.

Opis emocji, na których opierała się rewolucja „Solidarności" w tym zwrotnym momencie, jest niezbędny do zrozumienia tego, co się stało. Niezbędny, ale niewystarczający. Nie wystarczyło czuć, że „teraz albo nigdy". Trzeba było jeszcze wyobrazić sobie, co mianowicie mielibyśmy teraz lub nigdy osiągnąć. Trzeba też odróżnić stan ducha ludzi, których pozwalam sobie określać jako Joanny d'Arc solidarnościowej rewolucji, od emocji wielkiej ludzkiej rzeszy, która za nimi w kulminacyjnym momencie gotowa była pójść. Spędziłem te kilka dni wśród robotników Dolmelu i PaFaWagu, byłem też w Archimedesie, w Pilmecie i w Fabryce Automatów Tokarskich, uczestniczyłem w wiecach i licznych dyskusjach. Rozmawiałem z tymi ludźmi, słuchałem ich i przyglądałem się im. Widziałem w ich oczach determinację, ale to była ponura determinacja, bez cienia euforii. Na pewno nie wszyscy tak jak ja w czasie podróży związkową furgonetką z Bydgoszczy do Wrocławia mieli okazję przyjrzeć się długim kolumnom radzieckich ciężarówek, transporterów opancerzonych i czołgów, uczestniczącym w manewrach „Sojuz-81", ale bodaj wszyscy wiedzieli o ich obecności. Poza tym każdy wiedział, że strajk generalny to nie przelewki, a udział w nim naraża na niebezpieczeństwo każdego uczestnika i jego rodzinę. Kiedy w dzienniku telewizyjnym Andrzej Gwiazda odczytał tekst porozumienia i ogłosił zawieszenie strajku, widziałem frustrację i rozgoryczenie działaczy związkowych, ale zdawało mi się jednocześnie, że słyszę na własne uszy ogromne, wielotysięczne westchnienie ulgi: „Dzięki Bogu nie musimy iść na tę wojnę". Emocje bazy związkowej i związkowych działaczy, zespolone w dniach wielkiej mobilizacji, rozeszły się w sposób trudno odwracalny. Od tej pory „Solidarność" zaczęła słabnąć. Rewolucja, której doradcy wspólnie z głównym przywódcą narzucili w decydującym momencie samoograniczenie, znalazła się na równi pochyłej.

Podczas obrad „rozliczeniowej" KKP w wystąpieniach regionalnych przywódców dominował motyw straconej szansy. Andrzej Słowik – przewodniczący łódzkiego MKZ i uczestnik warszawskich negocjacji – sformułował to jasno: „wprowadziliśmy ludzi w stan wielkiego napięcia", a potem sami przekłuliśmy ten balon i wypuścili z niego powietrze. Zmarnowaliśmy okazję, która się już nie powtórzy, bo nasze próby ponownej mobilizacji już nie będą wiarygodne. Utraciliśmy broń strajkową – nasz najważniejszy oręż. Diagnoza była trafna, lecz Słowik nie powiedział, n a c o utraciliśmy okazję. Co mieliśmy osiągnąć tym nieszczęśliwie odwołanym szturmem? Na to pytanie krytycy porozumienia nie potrafili udzielić jasnej odpowiedzi. Wyrazy niedosytu z tego powodu, że poszczególne punkty komunikatu nie w pełni zaspokajały wysunięte przez nas postulaty, nie były żadną odpowiedzią. Nie ulega wątpliwości, że prawdziwym powodem rozgoryczenia było to, że nasza rewolucja nie spełniła się, lecz została rozmontowana w kulminacyjnym momencie, ale nikt nie przedstawił rezultatów, do których miałaby ona doprowadzić. Działacze krajowego przywództwa „Solidarności" na ogół zdawali sobie sprawę z tego, że obalenie systemu i odebranie partii komunistycznej steru władzy nie leżało wtedy w polskich możliwościach, więc pletli coś o tym, że nie uzyskaliśmy odwołania ze stanowisk dwóch wicewojewodów, którzy spowodowali przerwanie sesji Rady Narodowej w Bydgoszczy.

Drugiego dnia obrad zabrałem głos i wpisałem się swoją wypowiedzią na listę krytyków porozumienia. Nie czepiałem się poszczególnych jego punktów ani nie ubolewałem, że nie podjęliśmy rozstrzygającego szturmu na władzę, dominację radziecką i ustrój. Według mnie były to groźne mrzonki. Uważałem jednak, że straciliśmy istniejącą być może szansę na wymuszenie takiej zmiany wewnętrznego układu sił w obozie rządzącym, która zapewniłaby nam i rządzącej partii warunki trwałego współistnienia w odpowiednio zmodyfikowanym systemie. Przyznałem, że przed tymi, którzy w naszym imieniu (i za nas) podjęli decyzję „stał wybór dramatyczny, równanie z niewiadomymi, a jedna z tych niewiadomych to było utopienie Polski we krwi. Z drugiej strony zrozumiejmy i to, że dopóki nie zostanie przełamany impas polityczny, powodujący że władza nam funduje co trzy tygodnie konfrontację, to Polska będzie (...) pod coraz większą, narastającą groźbą utopienia we krwi". Trzeba było wybrać: czy decydujemy się kosztem ogromnego, ale i tak powtarzającego się ryzyka wykorzystać moment bezprzykładnej determinacji społeczeństwa i zmusić władzę do tego, żeby „rozstrzygnęła swoją wewnętrzną niemożność dostosowania się do posierpniowej sytuacji – czy też odwlec sprawę, aby uniknąć najgorszego".

Inaczej mówiąc, uważałem w najgorętszych dniach marca 1981 – podobnie jak Jacek Kuroń, z którym konsultowaliśmy się wtedy na bieżąco – że istnieje szansa „złamania betonu". Nie chodziło przy tym o obalenie komunistycznej władzy, lecz o taką modyfikację sposobu jej sprawowania, żeby obecność niezależnego ruchu społecznego i znacznych swobód politycznych nie rozsadzała struktur państwa. Nadzieję taką podsyciło IX Plenum KC 28–29 marca, na którym „beton" znalazł się pod obstrzałem zwolenników porozumienia z „Solidarnością" i zanosiło się na zmianę najwyższego kierownictwa PZPR. Do tego jednak nie doszło mimo fermentu w Podstawowych Organizacjach Partyjnych. Może ten ferment był za słaby, a może zaważyła całkiem realna obawa o reakcję Moskwy, gdyby prócz „Solidarności" miała ona w naszym kraju do czynienia z fenomenem „polskiego Dubczeka". Dla polskich władz do przełknięcia okazało się, i to z trudem, tylko „porozumienie warszawskie". Realne okazało się to, co zrobili doradcy związku wspólnie z Wałęsą. Toteż krytykowałem ich nie tyle za to, co postanowili, ile za to, jak tę decyzję przeprowadzili. Sposób, w jaki odsunęli oni od udziału w podjęciu decyzji działaczy związkowych, wydał mi się niedopuszczalny i głęboko bulwersujący. Nie był to jednak przypadek, lecz fenomen obecny w „Solidarności" od pierwszych tygodni istnienia ruchu. Zasługuje on na chwilę refleksji.

Związek „Solidarność" ukonstytuował się jako organizacja ogólnopolska, lecz jego struktury kierownicze na szczeblu krajowym były wątłe i z całą pewnością niewspółmierne do zadań. Krajowa Komisja Porozumiewawcza, czyli reprezentacja wszystkich Międzyzakładowych Komitetów Założycielskich, była czymś na kształt zjazdu. Zbierała się ona, obradowała i podejmowała uchwały na ogół co parę tygodni, czasem częściej, stosownie do potrzeb, ale nie była organem funkcjonującym stale i nie mogła kierować bieżącą działalnością związku. Tzw. jedenastka, następnie zaś Prezydium KKP złożone z przywódców największych regionów, zajmowały się przygotowaniem kolejnych spotkań KKP, ale też nie mogły stale urzędować w Gdańsku. Tymczasem sytuacja wymagała szybkich reakcji i decyzji. Jedynym stale funkcjonującym organem całego związku był przewodniczący Lech Wałęsa. Był jeszcze rzecznik prasowy, czyli ja, ale mimo znacznego wpływu, jaki dawało mi sprawowanie tej funkcji, ograniczała się ona do komunikacji z mediami i z rzeszami członków „Solidarności", nie uprawniała natomiast do podejmowania decyzji o tym, co związek ma uczynić w konkretnej sytuacji. Bardzo silna pozycja Wałęsy wynikała jednak nie tyle z organizacyjnej słabości ciał kolegialnych, ile z tego, że miliony członków „Solidarności" i tysiące jej działaczy widziały w nim wodza. Świadomie używam tego archaicznego i bardzo dwuznacznego terminu, idzie bowiem o taki rodzaj charyzmatycznego przywództwa, w którym tłum traktuje lidera jako swoje uosobienie, personifikację ruchu.

Lech Wałęsa był w tamtym czasie, a w pewnym sensie pozostaje do dziś, człowiekiem prostym. Nie należał do tych, którym Polska Ludowa dała szansę zdobycia dobrego wykształcenia. Wywodził się z wiejskiej biedy. Skończył tylko podstawówkę i Szkołę Przysposobienia Rolniczego. Jego sposób myślenia i działania miał pod wieloma względami więcej wspólnego z tradycyjną kulturą chłopską niż z inteligenckim wyobrażeniem o klasowej świadomości proletariatu. Mimo to, a w pewnym sensie dzięki temu, tłumy robotników uznawały go za swojego, krew z krwi i kość z kości. Lekceważące powiedzenie, że polska klasa robotnicza tkwi jeszcze ciągle jedną nogą na zagonie, popularne było w środowiskach nomenklaturowych w latach pięćdziesiątych, ale i na początku lat osiemdziesiątych bardzo wielu przyzwoicie wykształconych polskich robotników, a także inteligentów, czy nawet intelektualistów, pamiętało jeszcze o własnych wiejskich korzeniach i nie było skłonnych do chamowatej pogardy wobec „kmiotków". Jeszcze nie zapomnieliśmy wtedy, skąd nasz ród.

Rzecz jasna nie każdy swojak może zostać wodzem. Wałęsa miał „gadane" i był chyba od młodości duszą towarzystwa, co jest zadatkiem talentów przywódczych. Mówił szybko, czasem szybciej, niż myślał, i odrobinę za dużo. Miał jednak niebywały dar porozumiewania się z tłumem i wyczulenie na to, co się tłumowi spodoba. Jego słynne „jestem za, a nawet przeciw" nie było błazenadą ani komicznym przejęzyczeniem, lecz błyskawiczną autokorektą dokonaną w locie, gdy mówca poczuł, że mówi nie to, co ludzie chcą usłyszeć. Wałęsie naprawdę zdarzało się całkowicie zmienić sens zdania, nim skończył je wypowiadać, jeżeli zorientował się, że wymaga tego nastrój słuchaczy. Z pewnością lubił oklaski. Przede wszystkim jednak nie bał się tłumu i potrafił dogadywać się z tłumem jak mało kto. Splot przypadków postawił go na czele wielomilionowego ruchu, ale miał on talenty, które dawały szansę sprostania tej niezwykłej roli. Pewnie, że jemu też czasem „ster odbijał". Gdy nie udało się Wałęsie, wołano nieraz na ratunek innych charyzmatyków posiadających magiczny wpływ na wielką rzeszę słuchaczy, na przykład Jacka Kuronia. Ale i jemu zdarzało się ponieść klęskę, bo „Solidarność" bywała niesterowna. Poza tym Jacek miewał czasem zdanie dość odmienne od Wałęsy i jego głównych doradców.

Doradcy ci, obecni już w Komisji Ekspertów MKS podczas sierpniowego strajku, wywodzili się z Towarzystwa Kursów Naukowych, jak Bronisław Geremek czy Andrzej Celiński, lub z kręgu opozycyjnych intelektualistów katolickich skupionych wokół „Więzi", „Znaku" oraz KIK-u, jak Tadeusz Mazowiecki, Andrzej Wielowieyski czy Bogdan Cywiński. Myślą przewodnią ich działania od pierwszych dni w Stoczni Gdańskiej było wniesienie do rozkołysanych tłumów rozsądku i zrozumienia wymogów geopolitycznego realizmu, aby uniknąć przekształcenia wzbierającej rewolucji w narodową katastrofę. Nie miałem im tego za złe, przeciwnie – sam nad tym pracowałem. Ani Geremek, ani Mazowiecki, ani pozostali doradcy (z wyjątkiem Kuronia, który dołączył do nich później i był z innej bajki) nie mieli jednak za sobą doświadczenia udziału w masowym ruchu kontestatorskim. Jak przystało na wyrafinowanych intelektualistów, byli oni na ogół mówcami kameralnymi, wypadali blado na wiecach, przede wszystkim zaś bali się tłumu i nie wierzyli, że można do niego trafić, posługując się racjonalną argumentacją. Znaleźli (lub zdawało im się, że znaleźli) posłuch u Wałęsy, któremu byli bardzo potrzebni, a dostrzegając wodzowską pozycję „Pana Lecha" i jego niebywały wpływ na tłumy, postanowili działać przez niego. Nie jest prawdą, że go omotali, jak złośliwie sugerował w dyskusji na „rozliczeniowej" KKP Lech Dymarski z Poznania. Nie ma jednak nic dziwnego w tym, że doradcy i Wałęsa szczególnie blisko współpracowali ze sobą i posługiwali się sobą nawzajem. Obie strony tej symbiozy pracowały zgodnie nad umocnieniem wodzowskiej pozycji Wałęsy wobec Krajowej Komisji Porozumiewawczej i całego związku. Na posiedzeniach KKP zbierało się niespełna sto osób. Trudno uznać takie grono za tłum, ale Bronek Geremek i Tadeusz Mazowiecki słusznie widzieli w KKP emanację tłumów, a dostrzegając na sali obrad podobieństwo zachowań przedstawicieli regionów do staropolskiego sejmiku, uważali, że najwyższe gremium związku „Solidarność" jest nieprzewidywalne. To, co wydarzyło się w ostatnich dniach marca 1981 r., było następstwem nieufności naszych czołowych intelektualistów wobec KKP oraz ukształtowanego od miesięcy układu stosunków między doradcami, wodzem i gremium reprezentującym rozkołysane masy.

W drugim dniu rozliczeniowej dyskusji w gronie KKP pozwoliłem sobie nazwać to bez osłonek: „Chodzi o mechanizm decyzyjny związku, który jest mechanizmem monarchicznym. Albo ten związek będzie samorządny, albo on nie będzie niezależny! Chodzi o to, że ten związek (...) tak się ukształtował, że jest faktycznie – no, król po prostu, koło króla jest dwór, a oprócz tego jest parlament. A że to nie jest malowany król, to rządzi dwór, a nie parlament". Chyba nikt z obecnych na sali nie miał wątpliwości, kto jest tu królem, kto dworem, a kto – bezsilnym parlamentem. Na domiar wszystkiego potraktowałem tę charakterystykę jako uzasadnienie swojej rezygnacji z funkcji rzecznika prasowego KKP: „Każdy ma tylko jedno nazwisko. Ja też. I nie wszystko (...) tym swoim nazwiskiem mogę firmować. Nie może być rzecznikiem Krajowej Komisji Porozumiewawczej człowiek, który jest takiego zdania o sposobie prowadzenia polityki w kierowniczym organie związku". Nie poddałem swojej rezygnacji pod głosowanie, bo przypuszczałem, że w atmosferze buntu przeciwko Wałęsie i doradcom zostałaby ona odrzucona, a ja naprawdę chciałem odejść. Przyznawałem, że decyzja o zawarciu porozumienia i odwołaniu strajku mogła być trafna, choć nie miałem wówczas co do tego pewności. Obstawałem przy bardzo krytycznej ocenie sposobu podjęcia tej decyzji, a zwłaszcza nieformalnego sposobu kierowania związkiem przez „króla i dwór". Przede wszystkim jednak miałem tego zwyczajnie dość. W gruncie rzeczy był to impuls – odruch estetyczny opakowany w racjonalne uzasadnienie. Takich odruchów mam zwyczaj słuchać.

Dziś wiemy więcej. Po latach znamy długofalowe następstwa tamtych wydarzeń, a także tajne wówczas dokumenty najwyższych władz PRL, częściowo także ZSRR i sojuszniczych państw Układu Warszawskiego. W świetle tej wiedzy mogę, a może nawet powinienem zweryfikować swoje ówczesne oceny.

Nie ulega wątpliwości, że powodem nieplanowanych wcześniej i bezterminowo przedłużonych manewrów „Sojuz-81" była wewnętrzna sytuacja w Polsce. W ramach tych manewrów wprowadzono na terytorium PRL 30 000 żołnierzy, ale w odwodzie pozostawało jeszcze 120 000 gotowych do wkroczenia w każdej chwili. To już byłby korpus interwencyjny. Wiadomo, że dodatkowe jednostki armii czechosłowackiej i wschodnioniemieckiej postawiono w gotowości nad naszymi granicami.

Przejściowe zbliżenie między Kanią a „betonem" w kierownictwie PZPR mogło budzić w Moskwie nadzieję na to, że polskie władze w odpowiedzi na strajk generalny zdecydują się wreszcie ogłosić stan wojenny. W każdym razie porozumienie między rządem a „Solidarnością" i odwołanie strajku zostały na Kremlu przyjęte z najwyższą irytacją. Przez kilka dni trwały jeszcze ruchy wojsk, w tym niezgłoszone do polskiej kontroli ruchu powietrznego przeloty radzieckich samolotów wojskowych nad naszym terytorium. Po latach mówił o tym w wywiadzie dla paryskiej „Kultury" pułkownik Ryszard Kukliński. Mogła to być demonstracja zbrojna jako szczególny rodzaj dyplomacji, osobliwy sposób wyrażenia dezaprobaty w stosunkach międzysojuszniczych. W każdym jednak razie wolno z tego wnioskować, że kierownictwo radzieckie liczyło na coś innego niż kolejny pakt polskich władz z kontrrewolucją.

Nocą z 3 na 4 kwietnia doszło do tajnego spotkania w wagonie kolejowym na polsko-radzieckiej granicy koło Brześcia. Ze strony polskiej brali w nim udział Kania i Jaruzelski, a ze strony radzieckiej – minister obrony Ustinow i szef KGB Andropow. W odpowiedzi na gwałtowne oskarżenia o kapitulanctwo Kania i Jaruzelski zgodnie tłumaczyli, że układ sił w ostatnich dniach marca wróżył władzom PRL klęskę we frontalnym starciu z „Solidarnością". Na posiedzeniu radzieckiego politbiura Andropow i Ustinow relacjonowali to tak: „Oni [tj. Kania i Jaruzelski] bali się strajku ostrzegawczego, a jeszcze bardziej strajku generalnego i robili wszystko, żeby do tego drugiego nie dopuścić. (...) Jeśli chodzi o wprowadzenie wojsk [czyli interwencję], to powiedzieli, że jest to absolutnie niemożliwe, nie można także [w obecnej sytuacji] wprowadzać stanu wojennego". Argument, że najpierw trzeba choć w części odbudować zaufanie do partii i zmienić układ sił, musiał trafić przedstawicielom Kremla do przekonania, bowiem – jak wspomina Kania – Andropow powiedział w końcu: „No, niech będzie. Nie wprowadzajcie stanu wojennego. Ale nie spóźnijcie się z [tą] decyzją. To też kosztuje".

Dwa dni później manewry „Sojuz-81" zostały zakończone. Marszałek Kulikow tak tłumaczył generałom wschodnioniemieckim powody, dla których Kreml zrezygnował wtedy z zamierzonej inwazji: „Towarzysze sowieccy wychodzą z założenia, że dopóki polskie organy bezpieczeństwa i Wojsko Polskie nie zostaną wprowadzone do akcji, pomoc z zewnątrz nie wchodzi w grę, bowiem w przeciwnym razie powstałyby komplikacje międzynarodowe". Dopiero w wypadku, gdy polskie władze wprowadzą stan wojenny, lecz nie poradzą sobie z oporem społecznym i „same poproszą o pomoc, powstanie inna sytuacja niż gdyby na początku, natychmiast, wprowadzić do akcji armie Układu Warszawskiego". Wynika z tego, że koncepcja inwazji została w porównaniu z grudniem 1980 r. zmodyfikowana. Teraz interwencja miała być wsparciem dla rozpoczętej przez rząd PRL na mocy własnej decyzji i własnymi siłami próby zdławienia „Solidarności" przemocą. Niemniej jednak gdyby na strajk generalny rząd odpowiedział stanem wojennym, groźba interwencji radzieckiej była w marcu 1981 r. całkiem realna. Doradcy związku i Lech Wałęsa zdawali sobie z tego sprawę. Nie chcieli przeciągnąć struny i nie wierzyli, że Krajowa Komisja Porozumiewawcza okaże dość rozsądku. Przebieg obrad KKP 24–25 marca dawał im podstawę do takiej oceny. Blokując zwołanie KKP i podejmując decyzję za jej plecami, mogli oni uważać, że działają w stanie wyższej konieczności. Jest dość prawdopodobne, że ocalili tym naszą skórę. To wystarczający powód, by ich rozgrzeszyć z popełnionego wówczas nadużycia. Ale to nie usprawiedliwia praktyki, która czyniła z takiego nadużycia nie wyjątek, lecz regułę.

To, co nazywało się oficjalnie samorządnością związku, było w istocie organizacyjnym wyrazem podmiotowości wielkiej rzeszy ludzi, którzy tworzyli ten ruch. Pierwsza „Solidarność" była największym ruchem robotniczym w historii Polski, a może i w historii Europy. Byłem już wtedy człowiekiem dojrzałym i racjonalnie myślącym, ale w moich oczach ten ruch był ucieleśnieniem mitu, w który wierzyłem od wczesnej młodości. Nie umiem powiedzieć, na ile wpłynął na to stosunek mojego ojca do robotników, wśród których wyrósł, a potem – w Zagłębiu, na Śląsku i we Francji – działał, na ile zaś moja własna inicjacja polityczna w 1956 r. i późniejsze doświadczenia. W każdym razie naruszanie podmiotowości robotników sięgających po suwerenne stanowienie o sobie i o swoim kraju budziło mój sprzeciw z powodów, których nie da się wyprowadzić z empirycznych i logicznych przesłanek ani uzasadnić pragmatycznie. Sprzeciw ten podyktowany był samoistną normą, która wskazywała mi nadrzędną zasadę postępowania. Takie normy nazywamy wartościami, a sporów o wartości nie rozstrzyga się w kategoriach prawdy i fałszu. Toczyłem ten spór z uczuciem głębokiego dyskomfortu, bo bardzo wysoko ceniłem i lubiłem ludzi, z którymi się spierałem.

Z tego, że konfliktu wartości nie da się logicznie rozstrzygnąć ani pragmatycznie uzasadnić, nie wynika jednak, że jego rozstrzygnięcie nie ma istotnych następstw praktycznych. Intelektualiści, którzy od sierpnia 1980 r. tworzyli zespół doradców skupiony wokół Lecha Wałęsy, byli forpocztą charakterystycznego dla pierwszej „Solidarności" zbratania inteligencji z robotnikami. Narastające napięcie, a z czasem konflikty wokół ich roli w kierowaniu związkiem wzmacniały pojawiający się w łonie wielkiej „Solidarności" nurt populistyczny. Wyrazicielem tego nurtu było środowisko tzw. prawdziwych Polaków, skupione głównie – choć nie wyłącznie – w Regionie Mazowsze. Na I Krajowym Zjeździe związku „prawdziwi Polacy" byli w mniejszości, ale niechęć do intelektualistów pełniących w związku funkcje doradcze zataczała szerokie kręgi i sprawiła, że większość delegatów skreśliła Bronisława Geremka w wyborach do Komisji Krajowej. Od 1980 aż po 1989 r. Bronek grał pierwsze skrzypce w truście mózgów „Solidarności", więc jego wyborcza porażka na zjeździe na pierwszy rzut oka wygląda paradoksalnie. Był to jednak paradoks znamienny. Wyraziły się w nim napięcia, w których dopatrywać się można odległego zwiastuna przyszłego rozbratu między inteligenckimi elitami wolnej Polski a ludową bazą dawnej „Solidarności". Rozbrat ten nastąpił jednak w warunkach transformacji ustrojowej pod wpływem uwarunkowań, o których w 1981 r. nikomu się jeszcze nie śniło.

Doraźnym i bardzo istotnym skutkiem porozumienia, przeforsowanego 30 marca 1981 r. przez Wałęsę i doradców bez udziału KKP, było odsunięcie – przynajmniej na jakiś czas – groźby radzieckiej interwencji zbrojnej. Zarazem decyzja ta wprowadziła nas na drogę, u kresu której był stan wojenny. Latem 1981 r. przy jakiejś towarzyskiej, zakrapianej okazji poznałem osobiście Romana Zimanda. W 1956 r. należał on do najwybitniejszych publicystów

„Po prostu", był radykalnym rewizjonistą, którego czytałem i słuchałem wtedy na wiecach z zapartym tchem. Od tamtego czasu zmienił on jednak nastawienie. Rozmawialiśmy teraz o szansach solidarnościowej rewolucji.

– Jedyną naszą szansą – powiedziałem z głębokim przekonaniem – jest utrzymanie takiego układu sił, żeby polscy komuniści nie byli w stanie poradzić sobie z nami własnymi siłami. Na interwencję radziecką może się nie zdecydują.

– Przeciwnie – zaoponował Zimand. – Cała nasza szansa w tym, żeby to polscy komuniści sami sobie z nami poradzili.

Był to realizm zimny, doprowadzony do ostatecznych, szokujących konsekwencji. Wśród tych konsekwencji byłoby uznanie, że to, co nas spotkało w grudniu 1981 r., było mniej złe od tego, co nas ominęło na przełomie marca i kwietnia. Dokładnie taki jest sens ulubionej maksymy generała Jaruzelskiego. Sam Zimand nie był w praktyce aż tak konsekwentny wobec własnych założeń – zamiast pogodzić się ze stanem wojennym jako „mniejszym złem", zwalczał go czynem i piórem w podziemnych strukturach i w podziemnej prasie.

Równia pochyła

Po odjeździe czołgów, które przybyły do nas pod pretekstem manewrów „Sojuz-81", moskiewski nacisk na Polskę nie przybierał już formy militarnych demonstracji siły, ale to nie znaczy, że w ogóle ustał. Każdy dzień istnienia „Solidarności" był traktowany na Kremlu jak zagrożenie. Wielki niepokój budził ponadto w ekipie Breżniewa (a także w otoczeniu Husaka i Honeckera) zbliżający się termin IX Nadzwyczajnego Zjazdu PZPR (lipiec 1981 r.). W świetle przebiegu i wyników tego zjazdu kremlowskie obawy mogą się wydać śmieszną obsesją, ale przywódcy radzieckiej partii byli ludźmi na tyle starymi, że dobrze pamiętali własny strach w obliczu zjazdu Komunistycznej Partii Czechosłowacji w sierpniu 1968 r. Skłonny jestem przypuszczać, że ten strach prześladował ich w czerwcu 1981 r., gdy rozważali, co uczynić w „kwestii polskiej". Tym razem zamiast czołgów postanowili rzucić do ataku swoich wiernych sprzymierzeńców w KC PZPR.

5 czerwca 1981 r. Komitet Centralny Komunistycznej Partii Związku Radzieckiego wystosował list do Komitetu Centralnego PZPR. Autorzy listu alar-

mowali, że trwająca w Polsce ofensywa kontrrewolucji jest już bliska obalenia ustroju socjalistycznego, ponieważ kierownictwo PZPR i polski rząd, zamiast wydać wrogowi walkę, ciągle ustępują przed naciskiem sił kontrrewolucyjnych. „Stanisław Kania i Wojciech Jaruzelski – pisali przywódcy Kremla do członków polskiego KC – zgadzali się w rozmowach z naszym zdaniem (...) lecz wszystko pozostaje po staremu", bo nie podejmuje się walki z kontrrewolucją. W tej sytuacji ton kampanii przedzjazdowej „nadają siły wrogie socjalizmowi". Nie można więc wykluczyć, że na IX Zjeździe dojdzie do „porażki marksistowsko-leninowskich sił partii", a nawet do jej likwidacji. To, czy uda się zapobiec katastrofie, zależy od aktywu PZPR i od jej kierownictwa. „Tak, kierownictwa" – powtarzali retorycznie kremlowscy autorzy, jakby w obawie, że nie wszyscy członkowie polskiego KC zrozumieją aluzję. „Partia może i powinna znaleźć w sobie dość sił, aby przełamać bieg wydarzeń i jeszcze przed IX Zjazdem PZPR skierować je we właściwy nurt".

Po latach, w obszernym wywiadzie udzielonym Andrzejowi Urbańczykowi (*Zatrzymać konfrontację*, Warszawa 1991, s. 155), Stanisław Kania wyraził pogląd, że list KC KPZR nie miał na celu zmiany polskiego kierownictwa, lecz tylko nastraszenie jego samego i Jaruzelskiego, by wymusić na nich zmianę linii politycznej. Nie podzielam tej łagodnej interpretacji. Reprymendy, i to bardzo surowej, udzielano obu polskim przywódcom wcześniej. Tym razem list skierowany był nie do nich, lecz do wszystkich członków KC, czyli do gremium, które między zjazdami partii uprawnione było do zmiany kierownictwa. Kania i Jaruzelski nie występowali tu faktycznie w roli adresatów, lecz w roli oskarżonych. W dodatku obaj zostali nazwani tylko z imienia i nazwiska, bez obowiązującego między komunistami tytułu „towarzysz". Oznaczało to, że w oczach Moskwy już nie są oni godni tego tytułu. Dla aparatczyków, którzy rozumieli wewnętrzny kod partyjnej nowomowy, był to czytelny sygnał, że Moskwa sugeruje usunięcie Kani i Jaruzelskiego ze stanowisk oraz wybór nowego kierownictwa partii i rządu, które zapewni zasadniczą zmianę kursu przed rozpoczęciem IX Zjazdu. Polski „beton" sugestię tę zrozumiał i rzeczywiście podjął na XI Plenum KC (w dniach 9–10 czerwca 1981 r.) próbę obalenia I sekretarza i premiera oraz wyboru nowego Biura Politycznego. Ale się nie udało. Znaczną większością głosów udzielono votum zaufania dotychczasowemu kierownictwu. Wśród większości, która udzieliła I sekretarzowi i premierowi poparcia, znalazła się przeważna część wyższych oficerów Wojska Polskiego zasiadających w Komitecie Centralnym. Dla Kremla był to znak, że dobrzy i lojalni towarzysze z „betonu" nie mają w PZPR siły sprawczej, a Jaruzelski ma silną pozycję w wojsku, więc to na nim trzeba starać się wymusić stan wojenny. To, co w zamyśle miało być przewrotem pałacowym, okazało się w efekcie środkiem nacisku. Nie był to jednak nacisk pozbawiony skuteczności.

W toku gorących dyskusji nad moskiewskim listem Kazimierz Barcikowski zasugerował na posiedzeniu Biura Politycznego, by pozyskać teraz zrozumienie w przywódczych kręgach „Solidarności". Kania replikował, że „Solidarność" i tak nie zmieni swego konfrontacyjnego nastawienia. W tamtych dniach miałem okazję przekonać się, że było inaczej, niż sądził I sekretarz. Kierownik Wydziału Prasy KC Józef Klasa kazał rozesłać list KC KPZR teleksem do wiadomości Podstawowych Organizacji Partyjnych. Równało się to niezwłocznemu przekazaniu tego tekstu regionalnym ogniwom „Solidarności", z którymi liczne Komitety Zakładowe PZPR pozostawały w dobrych stosunkach. Zarząd regionu wrocławskiego otrzymał moskiewski list od Komitetu Zakładowego „Dolmelu" i omawiał go na zebraniu w gronie kilkudziesięciu działaczy. Bezceremonialna ingerencja Kremla w politykę i sprawy kadrowe PZPR wywarła na tym gronie piorunujące wrażenie. Takiej atmosfery nie widziałem od października 1956 r., gdy naród fetował Gomułkę w obliczu ataków Chruszczowa.

Na tym samym zebraniu Zarządu Regionu omawialiśmy buńczuczną wypowiedź Rulewskiego, że w sprawie bydgoskiej gotów jest proklamować strajk choćby w dniu otwarcia IX Zjazdu partii. Wypowiedź ta wprawiła naszych działaczy z Frasyniukiem na czele w taką furię, że chcieli natychmiast uchwalić i opublikować rezolucję potępiającą nieodpowiedzialny wyskok Rulewskiego. Z trudem zdołałem im wyperswadować, że nie powinniśmy awanturować się między sobą, lecz raczej przyjąć uchwalone przez uczestników przedzjazdowej konferencji wojewódzkiej PZPR zaproszenie przedstawiciela wrocławskiej „Solidarności" do pojawienia się na ich obradach. Powierzyliśmy tę misję Januszowi Bałenkowskiemu z Hydralu i osobiście napisałem tekst mowy powitalnej, którą odczytał on najwyższemu gremium partyjnemu naszego województwa, jakby przynosił gałązkę oliwną. Został przyjęty owacyjnie, a lokalna telewizja i radio transmitowały to na żywo. Na tym jednak skończyło się nasze zbliżenie z „przewodnią siła narodu".

Gdyby nawet Barcikowski miał bodaj przez chwilę na myśli, żeby partia z „Solidarnością" stworzyły wspólny front w obronie zagrożonej suwerenności, to myśl taka nie mieściła się w głowach Kani, Jaruzelskiego ani innych działaczy rządzącej partii. Nic dziwnego. To już nie był rok 1956 i polscy przywódcy nie mieli w kraju wystarczającej siły, by otwarcie przeciwstawić się Moskwie. Musieli kluczyć, potakiwać i bodaj częściowo ulegać naciskom. Tenże Barcikowski został wysłany na spotkanie działaczy „struktur poziomych", by spacyfikować wewnątrzpartyjną frondę. Po tym spotkaniu przywódca „poziomek" Zbigniew Iwanow złożył rezygnację z pełnionej funkcji. W kampanii przedzjazdowej przyjęto reguły dyskryminujące organizacje partyjne dużych zakładów przemysłowych, skąd delegatów na zjazd wybierano bezpośrednio. Nadreprezentację uzyskali w rezultacie delegaci wyłaniani w wyborach pośrednich, na kontrolowanych przez wojewódzki aparat konferencjach. Na IX Zjeździe PZPR zwolennicy porozumienia z „Solidarnością" ponieśli klęskę. Partia konsolidowała się na starych zasadach; stawała na własnych nogach, a były to nogi aparatu. Latem 1981 r., równolegle ze zjazdem PZPR, ale niezależnie od niego, pojawiły się zresztą nowe źródła konfliktów między „Solidarnością" a partią i rządem.

* * *

Między czerwcem a sierpniem 1981 r. narosła sytuacja konfliktowa we wrocławskiej Fabryce Maszyn Drogowych „Fadroma". Nie pamiętam już, czy dotychczasowy dyrektor tego zakładu zmarł, czy odszedł z pracy – w każdym razie trzeba było obsadzić to stanowisko. Zgodnie z obowiązującymi regułami gospodarki nakazowo-rozdzielczej, decyzja o mianowaniu dyrektora należała formalnie do nadrzędnego organu państwowej administracji gospodarczej. W tym wypadku organem takim było zjednoczenie „Bumar". O tym, kto zostanie mianowany na stanowisko dyrektorskie, decydowała jednak faktycznie rekomendacja ze strony partii. „Fadroma" zaliczała się do zakładów o kluczowym znaczeniu dla gospodarki narodowej, wobec czego należała do tzw. nomenklatury KC. Oznaczało to, że rekomendację decydującą o mianowaniu dawał kandydatowi na stanowisko dyrektora tej fabryki Wydział Ekonomiczny Komitetu Centralnego PZPR. Przedsiębiorstwa o znaczeniu regionalnym, a nie ogólnopolskim, należały do nomenklatury Komitetu Wojewódzkiego. Od tej reguły nie było wyjątku. W istocie miała ona ustrojowy charakter – kandydat na brygadzistę lub majstra w fabryce musiał mieć rekomendację Komitetu Zakładowego partii, a kandydat na premiera lub ministra – rekomendację Biura Politycznego.

Przewodniczący Komisji Zakładowej „Solidarności" w „Fadromie" Jurek Trociński wystąpił z inicjatywą, by zmienić ten obyczaj. Zaproponował wyłonienie komisji konkursowej i powołanie dyrektora z konkursu. Miarą rozprzężenia, jakie panowało wówczas w kraju, była zgoda Komitetu Zakładowego PZPR i Rady Zakładowej Związku Zawodowego Metalowców na propozycję „Solidarności". Komisja Konkursowa utworzona została wspólnymi siłami. Wytypowała kandydata, ale partia nie dała mu swojej rekomendacji – nie dlatego, że kwestionowała jego kompetencje fachowe, lecz dlatego, że w jej oczach cały ten konkurs był akcją samozwańczą, wymierzoną w nomenklaturowy przywilej aparatu PZPR. Tak rzeczywiście było. Przez fakt dokonany rozpoczynaliśmy budowę samorządu pracowniczego. Zjednoczenie znało swoje miejsce w szeregu i nie ważyło się mianować laureata konkursu bez rekomendacji z KC. Komisja Zakładowa zareagowała na tę obstrukcję ogłoszeniem gotowości strajkowej i wyznaczeniem terminu rozpoczęcia strajku. Z punktu widzenia ogólnopolskiej strategii związku sprawa była śmiertelnie poważna, więc MKZ poparł akcję kolegów z „Fadromy" gotowością strajkową regionu. Władze ugięły się – w dniu rozpoczęcia zakładowego strajku przybył do „Fadromy" dyrektor zjednoczenia Bumar z nominacją dyrektorską dla zwycięzcy konkursu. Byłem tam obecny jako reprezentant regionalnego kierownictwa związku. Właściwie była to uroczystość, a dyrektor zjednoczenia wygłosił okolicznościowe przemówienie. Znalazło się w nim zdanie, które zapamiętałem dosłownie: „W naszym kraju wytworzyła się dziwna i niebezpieczna sytuacja – stary system zarządzania gospodarką w praktyce przestał istnieć, a żaden nowy nie powstał". Można było z powodzeniem odnieść tę celną formułę nie tylko do zarządzania gospodarką, ale do całego systemu rządzenia państwem.

Latem 1981 r. kryzys gospodarczy stał się politycznym zagrożeniem nie tylko dla rządu, ale i dla związku „Solidarność". W kwietniu wprowadzono – zgodnie zresztą z Porozumieniem Gdańskim – kartki na mięso, masło, ryż i kaszę. Wkrótce jednak zabrakło żywności na pokrycie kartek i tuż przed zjazdem partii zmniejszono i tak skąpe przydziały o 1/5. W kraju zawrzało. Nie byliśmy w stanie opanować narastających protestów. W Łodzi „Solidarność" zorganizowała masowy pochód uliczny nazwany marszem głodowym. Także w innych miastach związek próbował kanalizować w ten sposób społeczne protesty. Była to jednak ślepa uliczka. Nie miało sensu żądać, żeby władze PRL dały narodowi jeść z pustego talerza. Dotychczas głosiliśmy, że naprawa gospodarki to sprawa rządu. Rzeczywistość zmusiła nas do uznania, że jest to także nasza sprawa.

Załamanie na rynku miało kilka przyczyn. Należały do nich podwyżki płac w wyniku strajków lipcowych i sierpniowych 1980 r. Podwyżki te nie miały pokrycia w masie towarowej, ale zostały uznane za konieczność. W lipcu rząd gasił strajki pustymi pieniędzmi, żeby uniknąć ustępstw politycznych. Strajk sierpniowy powstrzymano ustępstwami politycznymi, ale towarzyszyła im kolejna podwyżka zarobków (tzw. wałęsówka), na którą rzecz jasna też nie było pokrycia. Ani rząd, ani związek nie mógł wycofać się z tych ustaleń, mimo że przy stałych cenach powodowały one dramatyczne niedobory na rynku.

Poza tym gospodarka polska dusiła się w pętli zadłużenia. Był to wygórowany rachunek za lata gierkowskiego dobrobytu. Obsługa długu zagranicznego pochłaniała niemal całkowicie wpływy z eksportu (głównie węgla), a rosnąca liczba przedsiębiorstw ograniczała produkcję z powodu braku zaopatrzenia z importu.

Na domiar wszystkiego nastąpił paraliż organizatorskich funkcji państwa w gospodarce. W „realnym socjalizmie" gospodarka działała nie według rynku, lecz według rozkazu. Nie był to system efektywny, ale jakoś funkcjonował. Gdy jednak na szczeblach wykonawczych przestawano wykonywać rozkazy, a na szczeblach pośrednich często nie ważono się nawet ich przekazywać do wykonania, zaczynał się chaos. Gospodarka działała do tej pory jako przedłużenie politycznej dyktatury. Teraz głębokie zachwianie dyktatury powodowało paraliż gospodarczy. Gdy do tego systemu wprowadzono element sprzeczny z jego wewnętrzną logiką, czyli potężny niezależny ruch społeczny, zdolny do skutecznego blokowania decyzji władz – a poza tym w regułach funkcjonowania systemu nie zmieniono niczego, kryzys był nie do uniknięcia. Niestety poszukiwanie wyjścia z pułapki nieuchronnie godziło w podstawy dyktatury.

Od wiosny 1981 r. funkcjonowało w „Solidarności" poziome porozumienie zwane siecią Komisji Zakładowych wiodących przedsiębiorstw przemysłowych. Gremium to zajęło się wypracowaniem koncepcji programowych. Ton nadawali tam czynni w ruchu związkowym pracownicy naukowi, wśród których istotną rolę odegrali filozof z Uniwersytetu Poznańskiego Leszek Nowak oraz ekonomista-teoretyk, badacz systemów gospodarczych zatrudniony w Instytucie Marksizmu-Leninizmu, a potem w SGH, Leszek Balcerowicz. W środowisku tym zrodził się pomysł, by „Solidarność" nie czekała na inicjatywy rządowe, lecz sama wystąpiła z własnym projektem reformy gospodarczej opartej na usamodzielnieniu przedsiębiorstw. Miałyby one działać nie według centralnego nakazu i rozdzielnika, lecz zgodnie z wymogami rynku i na zasadach robotniczej samorządności.

Opracowania „Sieci" pozostałyby zapewne na papierze i nie wzbudziły wielkich emocji, gdyby związek „Solidarność" nie poczuł się zmuszony przez dramatyczne zaostrzenie kryzysu i radykalizację nastrojów społecznych do wpisania reformy gospodarczej na swoje sztandary. Groźne dla systemu, ale i dla nas, mogły być zarówno bunty głodowe, jak i radykalizacja politycznych żądań zmierzających w kierunku odebrania komunistom władzy państwowej. Teraz już nie wystarczyło tłumaczyć, jak dotychczas, że prowadziłoby to nas krótką drogą do konfliktu z radziecką potęgą. Odrzucając radykalne hasła zrodzone z desperacji, trzeba było dać głodnym ludziom coś w zamian. Hasła samodzielności przedsiębiorstw, utworzenia w nich całkowicie samorządnych rad pracowniczych i powoływania przez te rady dyrektorów z konkursu odpowiadały potrzebom chwili. Dla wzburzonych i radykalizujących się załóg oznaczały one przejmowanie władzy w zakładach i przekreślenie nomenklaturowej zasady obsadzania stanowisk. Zarazem, wobec dość powszechnego przekonania o niekompetencji dyrektorów z partyjnej nominacji, projekt samorządowej reformy budził nadzieje na skuteczną walkę z kryzysem.

Nie wmawialiśmy ludziom iluzji. Sami wierzyliśmy w to, cośmy głosili. W świetle późniejszych doświadczeń łatwo dworować sobie z naszych nadziei, zapewne wygórowanych, może nawet złudnych. Wtedy jednak pozwalały one związkowi uspokoić społeczne wzburzenie i utrzymać kontrolę nad sytuacją. Do dziś uważam, że program reformy gospodarczej opartej na samorządzie pracowniczym podjęliśmy nie z jakichkolwiek pobudek ideologicznych, lecz w stanie wyższej konieczności. Dodać trzeba, że w systemie gospodarki znacjonalizowanej usamodzielnienie przedsiębiorstw wymagało zerwania z mianowaniem dyrektorów przez centralne organy administracji gospodarczej. Tylko samorząd robotniczy mógł to uczynić.

Wziąłem czynny udział w kształtowaniu nowej strategii „Solidarności", nastawionej na reformę gospodarczą i samorząd pracowniczy. Nie byłem już wprawdzie rzecznikiem prasowym KKP, ale pozostawałem członkiem Prezydium wrocławskiego MKZ, a na zjeździe regionalnym, który odbył się w lipcu 1981 r., zostałem wybrany do Prezydium Zarządu Regionu Dolny Śląsk. Ponieważ członkami Krajowej Komisji Porozumiewawczej nie były osoby, lecz Międzyzakładowe Komitety Założycielskie, a następnie Zarządy Regionów, od lipca znowu jeździłem na posiedzenia KKP w składzie delegacji dolnośląskiej. 25 lipca po raz pierwszy zabrałem tam głos w sprawie konieczności podjęcia przez związek walki o samorząd pracowniczy, a na przedzjazdowym posiedzeniu KKP 12 sierpnia wygłosiłem poświęcony tej sprawie referat wprowadzający do dyskusji o strategii związku. Minister Stanisław Ciosek, który przybył na nasze obrady, zabrał na tym posiedzeniu głos i przyznał: „Może rzeczywiście trzeba wziąć byka za rogi i w związku z reformą gospodarczą zastanowić się nad problemem nomenklatury". Ciosek był poprzednio I sekretarzem Komitetu Wojewódzkiego w Jeleniej Górze, ale jego zdolność do otwartego myślenia o tych sprawach była wtedy wśród sekretarzy wojewódzkich i w szeroko pojętym aparacie PZPR czymś zgoła wyjątkowym. Dominował odruch obronny, ponieważ nasz nowy program godził w to, co było dla aparatu szczególnie cenne – w nomenklaturowy przywilej obsadzania stanowisk dyrektorskich swoimi ludźmi. Musieliśmy jednak podjąć ten program, choć otwierał on dodatkową płaszczyznę konfliktu między „Solidarnością" a partią i konsolidował obóz naszych przeciwników. Oferowaliśmy rządowi, w zamian za porozumienie w sprawach związanych z reformą i samorządem pracowniczym, przyzwolenie związku na niezbędne skądinąd podwyżki cen. Nie doczekaliśmy się jednak pozytywnej reakcji. Trzeba było uruchomić jakieś środki nacisku, przy czym w tej sprawie i w tym czasie nie mógł to już być nacisk strajkowy. We wrześniu i październiku, podczas odbywanego w dwóch turach I krajowego zjazdu „Solidarności", udało nam się uruchomić w sprawie samorządu pracowniczego polityczne instrumenty nacisku. Dzięki temu konflikt o kształt samorządu załóg fabrycznych i o zasady mianowania dyrektorów przedsiębiorstw został rozstrzygnięty w trybie absolutnie niezwykłym: między związkiem „Solidarność" odbywającym swój krajowy zjazd, najwyższymi władzami partii oraz sejmem. Zaskakujące było to, że nie tylko partia i „Solidarność", ale również sejm zachował się przy tym jak podmiot zdolny do samodzielnych decyzji.

A zaczęło się rutynowo. Od kilku tygodni władze PRL zachowywały się tak, jakby chciały samym sobie i wszystkim dookoła zademonstrować swoją stanowczość, czyli arogancko. W przeddzień naszego zjazdu rząd wniósł do sejmu gotowe projekty ustaw o przedsiębiorstwie państwowym i o samorządzie załogi. Zamykały one drogę do realizacji – choćby częściowej – naszych postulatów. Dyrektora zakładu miał mianować „naczelny lub terenowy organ administracji państwowej za zgodą rady załogi". Kandydatów wyłaniać miała komisja konkursowa „powołana przez właściwy organ administracji państwowej". Obok przedstawiciela Rady Załogi w komisji tej mieli zasiadać przedstawiciele organizacji partyjnej, związków zawodowych, socjalistycznych związków młodzieży, stowarzyszeń społecznych działających w zakładzie oraz organu założycielskiego (czyli ministerstwa lub zjednoczenia). „Żadnych marzeń [o samorządzie], panowie, żadnych marzeń...".

Trzeba było zareagować szybko i na tyle mocno, żeby wstrzymać machinę legislacyjną. Wymogi te spełniał projekt uchwały przedstawiony Zjazdowi przez Mieczysława Gila z Nowej Huty, Grzegorza Palkę z Łodzi, Bogdana Lisa z Gdańska i Ryszarda Bugaja z Warszawy. Kluczowym jego punktem było wezwanie sejmu do rozpisania w tej kwestii referendum narodowego. Nie spełniał natomiast wymogu szybkiej i skutecznej reakcji projekt Ośrodka Badań Społecznych Regionu Mazowsze, który sugerował rozeznanie opinii związkowców przez referenda zakładowe. W gorącej sytuacji, jaką wytworzył ewidentny zamiar KC PZPR stworzenia faktów dokonanych, byłaby to obstrukcja wstrzymująca działanie związku i zapalająca zielone światło dla strony przeciwnej. Nie byłem członkiem komisji wnioskowej, tylko delegatem, ale poprosiłem o głos w trybie nagłym, żeby zwrócić uwagę na pilność i wagę decyzji, jaką mieliśmy podjąć. Zacząłem od stwierdzenia, że „jest to najważniejsza uchwała, jaką ma do podjęcia obecna tura zjazdu". W sprawie samorządu załóg i nomenklaturowej zasady doboru dyrektorów „na III Plenum odsłonięto przyłbicę. Dlaczego to otwarcie powiedzieli?". Bo im się spieszy. „Chodzi [im] o to, aby stworzyć warunki dla przeforsowania faktów dokonanych w połowie września". Przez uchwałę zjazdu powinniśmy osiągnąć „przekreślenie możliwości stworzenia faktów dokonanych, zablokowanie rządowego projektu ustawy (...) A tym, co najskuteczniej powstrzyma ustawę, nie jest referendum zakładowe, które i tak możemy zrobić, tylko żądanie dziesięciomilionowego związku zastosowania konstytucyjnej procedury referendum narodowego (oklaski). Oczywiście władze tego żądania nie spełnią i nie przeprowadzą referendum narodowego. Przecież nie są samobójcami. Ale w obliczu takiego żądania nie mogą uchwalić tego projektu ustawy, bo to by oznaczało, że mianowańcy nie dopuszczają narodu do głosu. To by postawiło dopiero przed całym narodem sprawę sejmu. Sądzę, że tego oni się obawiają troszeczkę (oklaski). W ten sposób osiągniemy albo zablokowanie rządowych planów (...) albo, jeżeli mimo wszystko przeprowadzą to w sejmie (...) naród stanie po naszej stronie i przeciwko nim. Wtedy, owszem, możemy wyjść na udeptaną ziemię, dlatego że mamy z góry wygraną walkę. I tak powinniśmy grać (oklaski)".

Uchwałę przyjęto przy jednym głosie sprzeciwu i jednym wstrzymującym się. Głosiła ona m.in., że podjęta w rządowym projekcie ustawy „(...) obrona tzw. nomenklatury jest próbą utrzymania tego samego systemu doboru kadr, w którym mianowani według kryteriów politycznych kierownicy gospodarki doprowadzili ją do obecnej katastrofy. Oficjalna propaganda utrzymuje, że projekt rządowy jest ze zrozumieniem przyjmowany przez większość społeczeństwa. W tej sytuacji Zjazd, działając zgodnie z punktem 1 art. 8 Konstytucji PRL (...) zwraca się do Sejmu PRL o podjęcie decyzji o jak najszybszym przeprowadzeniu ogólnonarodowego referendum w sprawie kompetencji samorządów. (...) Zjazd postanawia równocześnie, że w przypadku odmowy przeprowadzenia referendum przez organy państwowe związek przeprowadzi referendum wśród załóg własnymi siłami. Delegaci na I Zjazd wyrażają nadzieję, że posłowie uszanują wolę załóg i podejmą decyzję uwzględniającą ich aspiracje. Dlatego delegaci na I Zjazd zwracają się do Sejmu PRL, aby nie uchwalał ustaw w brzmieniu, jakie narzucić usiłuje rząd".

Poskutkowało. 15 września komisje sejmowe zaakceptowały wprawdzie rządowe projekty obu ustaw, ale wśród posłów pojawił się ferment. W klubach ZSL i SD, w kole posłów bezpartyjnych, któremu przewodził Karol Małcużyński, a nawet wśród posłów PZPR, zarysowała się w tej sprawie tendencja kontestatorska i ostateczny wynik głosowania na sesji plenarnej mógł budzić obawy kierownictwa PZPR. Niczego podobnego nie widziano w gmachu na Wiejskiej od lat czterdziestych, ale sytuacja polityczna i nastroje społeczne w 1981 r. były tak niezwykłe, że można się było spodziewać nawet samodzielności posłów. Przed wyznaczonym na 24 września posiedzeniem plenarnym grupa posłów PZPR (Adam Łopatka, Zbigniew Giertych i Zdzisław Czeszejko-Sochacki) zaproponowała naszym negocjatorom – Mieczysławowi Gilowi i Szymonowi Jakubowiczowi – dodatkowe spotkanie dla poszukiwania kompromisu. Partyjni inicjatorzy tego spotkania mieli opinię ludzi obliczalnych, można więc spekulować, czy za ich propozycją nie kryła się jakaś gra w kierownictwie PZPR. Tak przypuszczał wtedy Jacek Kuroń, ale nie sposób tego sprawdzić. W każdym razie udało się uzgodnić propozycję kompromisu. Najprościej ujmując, polegała ona na przyjęciu generalnej zasady, że dyrektora przedsiębiorstwa powołuje na podstawie konkursu Rada Pracownicza, z wyłączeniem pewnej liczby przedsiębiorstw o znaczeniu strategicznym, w których powołuje go zwierzchni organ administracji państwowej za zgodą rady pracowniczej. Lista „wyłączonych" przedsiębiorstw miała być przedmiotem uzgodnień między rządem a związkami zawodowymi. Niejeden diabeł krył się zapewne w tych szczegółach, ale każda ze stron mogła liczyć, że diabła oszuka lub pozyska.

Znacznie groźniejsza od ukrytego w szczegółach diabła była jednak presja czasu. Trzeba było zdecydować się na przyjęcie lub odrzucenie kompromisu w ciągu dnia czy dwóch, jakie pozostały do ostatecznego głosowania w sejmie. Związkowi negocjatorzy działali na podstawie uchwały zjazdu. Do zjazdu jednak nie mogli się teraz w żaden żywy sposób zwrócić o rozstrzygnięcie dylematu, bo rzecz działa się między pierwszą a drugą turą zjazdu. Najwyższe gremium związku „Solidarność" było po prostu w Gdańsku nieobecne. Nie dało się nawet zwołać Krajowej Komisji Porozumiewawczej, której mandat zresztą niebawem wygasał. Jacek Kuroń uważał, że ciche przyzwolenie kierownictwa partii na ofertę kompromisu było pułapką obliczoną na to, że tę ofertę odrzucimy, i będzie można obarczyć „Solidarność" winą za zmarnowanie ostatniej szansy porozumienia. Zdaniem Jacka powinniśmy zastawioną na nas pułapkę odwrócić, przyjmując ofertę kompromisu decyzją Prezydium KKP. Udało mu się przekonać pozostałych, mimo że nawet Prezydium zebrało się w niepełnym składzie. Kompromis zaakceptowano głosami Lecha Wałęsy, Stanisława Wądołowskiego (Szczecin) i Tadeusza Jedynaka (Górny Śląsk) przy sprzeciwie Rulewskiego (Bydgoszcz). Kuroń, Gil i Jakubowicz namawiali do głosowania „za", lecz sami głosować nie mogli, gdyż nie byli członkami Prezydium. Po podjęciu decyzji nasi negocjatorzy wrócili natychmiast do Warszawy, gdzie kierownictwo partii raz jeszcze próbowało narzucić zmianę kompromisowych ustaleń, ale – rzecz niesłychana – nie uzyskało na to przyzwolenia większości członków komisji sejmowej. W tej sytuacji Kazimierz Barcikowski i Andrzej Werblan w ostatniej chwili przekonali podobno Kanię, by nie ryzykować porażki na posiedzeniu plenarnym i dać za wygraną. Ostatecznie sejm przyjął kompromisową wersję ustawy.

Burza, jak należało się spodziewać, wybuchła natomiast w gdańskiej hali Oliwii podczas obrad drugiej tury naszego zjazdu. Nawet Jackowi Kuroniowi, jak przyznał we wspomnieniowym *Gwiezdnym czasie*, narzucała się analogia z Porozumieniem Warszawskim z 30 marca. Decyzja zapadła w gronie kilku osób za plecami Zjazdu, jak wtedy za plecami KKP. Tyle, że teraz w roli głównego oskarżonego (wraz z Wałęsą) o uzurpację uprawnień decyzyjnych najwyższego gremium związkowego nie występowali Mazowiecki z Geremkiem, lecz Kuroń. Dyskutanci jeden po drugim miażdżyli negocjatorów i decydentów za to, że samowolnie okroili program maksimum zawarty w uchwale, którą Zjazd przyjął niemal jednomyślnie. Próbowałem bronić wartości uzyskanego kompromisu i nawet udało mi się nieco uspokoić nastroje, ale grzmoty odzywały się jeszcze przez jakiś czas. Wśród krytyków porozumienia tylko Grzegorz Palka zauważył przytomnie, że nie możemy go odrzucić, bo zostaniemy z niczym, a w dodatku znajdziemy się na przegranej pozycji polityczno-propagandowej. W końcu Zjazd zaakceptował kompromis, dając jednocześnie wyraz swemu nieukontentowaniu.

Po latach nie zmieniam zdania w tej sprawie. Przeciwnie, oceniam dziś, że kompromis w sprawie ustaw o samorządzie załogi i przedsiębiorstwie państwowym był ostatnim zwycięstwem pierwszej „Solidarności". W dodatku owoce tego zwycięstwa okazały się wyjątkowo długotrwałe. Rady pracownicze działające na ustalonych wówczas zasadach funkcjonowały w stanie wojennym i po jego formalnym odwołaniu, dając legalne przytulisko wielu działaczom zdelegalizowanego związku „Solidarność". Były one zaledwie forpocztą samorządowej reformy, o którą walczyliśmy, ale „komuna" nie dała im rady. Uporał się z nimi dopiero Leszek Balcerowicz jako wicepremier pierwszego niekomunistycznego rządu RP i architekt transformacji ustrojowej. Jest szczególną ironią losu, że właśnie on jako doradca „Sieci" był przed laty pomysłodawcą projektu reformy gospodarczej opartej na pracowniczej samorządności.

* * *

W dyskusji na posiedzeniu Biura Politycznego 8 września 1981 r. Kazimierz Barcikowski przewidywał, że ataki „Solidarności" na nomenklaturowe zasady obsadzania stanowisk dyrektorskich „powinny spowodować poderwanie kadry do obrony własnych interesów". Była to trafna ocena. Centralny i wojewódzki aparat partyjny – główny beneficjent nomenklatury – poczuł się zagrożony i zwierał szeregi. Po klęsce „struktur poziomych" na IX Zjeździe PZPR i po wyborze we wszystkich województwach nowych władz partyjnych partia usztywniała swoje stanowisko wobec ruchu społecznego, który teraz już otwarcie i powszechnie traktowała jako siłę wrogą. Nie tylko nacisk radziecki, ale i ewolucja polityczna aparatu rządzącego w Polsce zmierzała w kierunku rozprawienia się z „Solidarnością" przy użyciu siły. Nastawienie takie dominowało od dłuższego czasu w MSW, a w sierpniu i wrześniu okazało się, że także w wojsku. Kania też płynął z prądem – podejmował konfrontacyjne decyzje, zaostrzał retorykę, klepał jak pacierz leninowską formułkę „kto kogo?", przyznawał, że potrzebne są selektywne represje, ciągle jednak nie godził się na wielką operację militarną przeciwko „Solidarności". Stał się przez to przeszkodą na drodze swojego obozu politycznego ku stanowi wojennemu.

13 września 1981 r. zebrał się w Warszawie Komitet Obrony Kraju. W komitecie tym uczestniczyli „z klucza" premier, ministrowie obrony narodowej i spraw wewnętrznych oraz wyżsi oficerowie obu siłowych resortów, a także I sekretarz KC PZPR. Miałem okazję wysłuchać relacji o tym posiedzeniu z ust Stanisława Kani na wspomnianej już konferencji historyków w Jachrance. Według Kani generałowie i pułkownicy wojska, bezpieki i milicji zwracali się do niego jeden po drugim z gorącym apelem: „Towarzyszu sekretarzu, tak dłużej nie może być! Kontrrewolucja chwyta nas za gardło. Najwyższy czas to zmienić i wprowadzić stan wojenny". Kania odpowiadał na to niezmiennie: „Nie wyczerpaliśmy jeszcze politycznych środków, nie musimy posuwać się do takiej ostateczności". Po dwóch tygodniach podczas telekonferencji z sekretarzami wojewódzkimi partii (a byli to nowi sekretarze, wybrani już po IX Zjeździe) spotkało go to samo: „Tak dłużej nie można, towarzyszu sekretarzu, trzeba wprowadzić stan wojenny". W odpowiedzi I sekretarz powtarzał to, co przedtem mówił wyższym szarżom wojska i policji: „Musimy najpierw wyczerpać środki polityczne". Był jednak osamotniony.

Na konferencji w Jachrance nie zaprzeczyli tej relacji ani generał Florian Siwicki, ani generał Wojciech Jaruzelski, choć ten ostatni w kuluarach objawiał wyraźne niezadowolenie. Miał powody do niezadowolenia. Z tego, co opowiedział Kania, wynikało, że – obecny przecież na posiedzeniu KOK jako premier i minister obrony narodowej – Wojciech Jaruzelski nie wziął I sekretarza w obronę przed atakami swoich podkomendnych. Wersja Kani znajduje zresztą potwierdzenie w meldunku wywiadowczym na temat wrześniowego posiedzenia Komitetu Obrony Kraju, przesłanym przez pułkownika Kuklińskiego do CIA – według niego członkowie KOK opowiadali się za stanem wojennym i tylko Kania był temu przeciwny. W kwestii stanu wojennego przywódca PZPR miał przeciw sobie nie tylko Moskwę, ale także kierownicze kadry wojska, milicji i SB oraz własnej partii. Na dobrą sprawę niczym już nie rządził. Nic dziwnego, że na IV Plenum KC (16–18 października 1981 r.) Kania złożył rezygnację. Na I sekretarza wybrano generała Jaruzelskiego, a w końcowej uchwale Komitet Centralny uznał za konieczne „sięgnięcie przez najwyższe władze PRL, w razie wyższej konieczności – do konstytucyjnych uprawnień w celu obrony najżywotniejszych interesów narodu i państwa".

O decyzjach Plenum KC dowiedziałem się z prasy francuskiej. Na zjeździe „Solidarności" zostałem wybrany do Komisji Krajowej związku, ale nie kandydowałem do ścisłego kierownictwa. Po pierwsze, ustalono, że trzeba było samemu zgłosić własną kandydaturę, a zgłaszanie się do władzy na ochotnika wydawało mi się niepoważne. Po drugie, członkowie Prezydium KK, z wyjątkiem tych, którzy byli zarazem przewodniczącymi regionów, mieli być zobowiązani do stałego rezydowania w Gdańsku. Miało to nawet praktyczny sens, ale moim związkowym matecznikiem był Wrocław i nie zamierzałem się stamtąd wyprowadzać. Po trzecie, uważałem za prawdopodobne, że teraz zostaną podjęte próby wmontowania „Solidarności" w system. Mówiło się o Komitecie Ocalenia Narodowego lub nawet o koalicji rządowej. Nie chciałem rozdzierać z tego powodu szat niczym Rejtan, ale nie zamierzałem też w tym uczestniczyć. Tęskniłem do pracy zawodowej, na którą od sierpnia 1980 r. nie miałem chwili czasu, choć formalnie nadal byłem docentem w IHKM PAN, bo nie wziąłem tzw. oddelegowania do działalności związkowej.

Dostałem akurat zaproszenie na sześciotygodniowe stypendium naukowe do École des Hautes Études en Sciences Sociales w Paryżu. Postanowiłem tam pojechać. Na trzeci dzień po przyjeździe do Francji przeczytałem w „Le Monde" o plenum KC, odejściu Kani i skupieniu w rękach generała Jaruzelskiego potrójnej władzy nad partią, rządem i wojskiem. Od razu zrozumiałem, jak niedorzeczne były moje przewidywania i obawy. Było jasne, że rysuje się całkiem inny scenariusz. W najlepszych paryskich bibliotekach, wśród niedostępnych w kraju książek, siedziałem jak na szpilkach z ciągłą obawą, czy aby zdążę wrócić na czas. Na szczęście zdążyłem. Wylądowałem na Okęciu 27 listopada 1981 r.

Wojna

Po sześciotygodniowej nieobecności w kraju rzuciło mi się w oczy, że „Solidarność" osłabła i że działa w sposób niezborny. Strona rządowa natomiast prowadziła przeciwko związkowi dość skuteczną kampanię propagandową i przekształcała negocjacje, kosztem utraty własnej wiarygodności negocjacyjnej, w instrument „czarnej propagandy". Także konflikt społeczny stał się instrumentem propagandowej rozgrywki. Ta osobliwa taktyka pojawiła się zresztą już wcześniej. Na początku sierpnia Komisja Zakładowa Miejskich Zakładów Komunikacyjnych w Warszawie (pozostająca pod wpływem „prawdziwych Polaków") postanowiła w proteście przeciw redukcji przydziałów kartkowych zorganizować przejazd autobusów i ciężkiego sprzętu Zakładu Oczyszczania Miasta ulicami Warszawy. Trasa przejazdu miała prowadzić Marszałkowską, Alejami Jerozolimskimi i Nowym Światem obok siedziby KC. Władze miejskie nie zgodziły się na tę trasę i nakazały manifestantom jechać prosto Marszałkowską. Organizatorzy manifestacji uparli się, że skręcą w lewo, ale zatrzymała ich żywa przeszkoda – ustawieni w szereg milicjanci z drogówki. Autobusy i śmieciarki stanęły więc na skrzyżowaniu i przez kilka dni blokowały ruch w centrum stolicy. Telewizja z lubością pokazywała ogromne pojazdy i masywne autobusy, którym zamykał drogę wątły łańcuszek stróżów porządku w białych czapkach i galowych mundurach, zbrojnych tylko w „lizaki". Organizatorzy manifestacji byli sobą zachwyceni. Jako rodowici warszawiacy chyba nie wiedzieli, że istnieje jeszcze jakaś Polska poza rogatkami stolicy. A w oczach reszty kraju blokada ronda wyglądała na klasyczny konflikt zastępczy, w którym nie wiadomo, o co chodzi. Fundamentalny bój warszawskiej „Solidarności" przeciw zakazowi skrętu w lewo był w oczach mieszkańców Wrocławia, Poznania czy Koluszek kompromitującym pieniactwem. Rządowi było w to graj. Każdy dzień blokady poprawiał jego notowania. Przed zapowiedzianymi negocjacjami z kierownictwem „Solidarności" było to znakomite przygotowanie artyleryjskie.

Po tygodniu blokujący odpuścili i pojechali prosto, żeby tym gestem ułatwić rokowania przywódców związku z rządem. Brałem udział w tych rokowaniach. Nie zaakceptowaliśmy opracowanego przez doradców obu stron komunikatu (jako doradca rządu wystąpił wówczas jego przyszły rzecznik Jerzy Urban), gdyż wydał nam się nie dość konkretny, a poza tym strona rządowa umieściła w tekście swoją reprymendę pod adresem „Solidarności". Rozmowy nie przyniosły więc porozumienia. Nazajutrz ze zdumieniem przeczytaliśmy w prasie i usłyszeli w mediach, że zerwaliśmy negocjacje. Władze rozpętały wokół tego własnego sformułowania bezprzykładną kampanię propagandową. Udało się im wprowadzić do społecznej świadomości niemałe zamieszanie, zarazem jednak dać nam nauczkę, że nie jest bezpiecznie siadać z nimi do stołu. Kto chce dialogu, nie powinien prowokować takiej nieufności. Ale ten, kto chce przygotować psychologicznie nadciągającą wojnę, nie musi dbać o wiarygodność w oczach strony przeciwnej.

Blokada warszawskiego ronda wydaje się pod pewnym względem pierwowzorem rozmaitych strajków i protestów z jesieni 1981 r. Z pozoru bardzo różniły się one od siebie nawzajem i od warszawskiej awantury o zakaz skrętu w lewo, miały jednak znamienne cechy wspólne. Były to konflikty zaciekłe, lecz lokalne, emocjonujące dla miejscowych, ale niezrozumiałe lub obojętne dla reszty kraju. Tak było z długotrwałym strajkiem o dyrektora PGR w Lubogórze, w który zaangażowała się regionalna „Solidarność" Ziemi Lubuskiej, podczas gdy mieszkańcy innych regionów wzruszali ramionami. Podobnie miała się rzecz z ciągnącym się bez końca sporem o rektora Hebdę z radomskiej Wyższej Szkoły Inżynierskiej – sprawa bardzo bulwersowała studentów związanych z NZS przy obojętności innych środowisk. Podobnie odbierany był uporczywy strajk żyrardowskich włókniarek. Żądały one poprawy fatalnego zaopatrzenia miejscowych sklepów spożywczych. Była to w Polsce bolączka powszechna, lecz mieszkańcy innych regionów nie widzieli powodu, by solidaryzować się z żądaniem zwiększenia dostaw żywności akurat dla województwa skierniewickiego. Takie protesty rozbijały nasz wielki ruch na osobne wysepki niepowiązane w żadną całość, a władze nie kwapiły się do ugaszenia ognisk zapalnych. Rozkręcały propagandową kampanię przeciw „Solidarności" obwinianej o anarchizację życia codziennego i działanie na szkodę „wspólnego dobra".

W końcu października Komisja Krajowa postanowiła skupić rozproszone i ślimaczące się protesty w jednogodzinnym ogólnopolskim strajku, apelując zarazem o przerwanie strajków lokalnych. Strajk ogólnopolski wypadł jednak blado, słabiej niż w październiku 1980 r. i o wiele słabiej niż w marcu 1981. Co gorsza, apel „Solidarności" o przerwanie strajków lokalnych został zignorowany. Była to demonstracja słabości, odnotowana z należytą uwagą przez rządzących.

27 listopada 1981 r., w trakcie rozmów z przedstawicielami „Solidarności", delegacja rządowa oznajmiła, że od pierwszego kwartału następnego roku wejdą w życie nowe zasady funkcjonowania przedsiębiorstw, tzw. prowizorium systemowe. Projektu nowego ładu gospodarczego nawet nie pokazano związkowym negocjatorom, „bo maszynistki nie zdążyły przepisać, a za dwa dni Rada Ministrów i tak to uchwali". Najprościej rzecz ujmując, „prowizorium" wprowadzało samofinansowanie bez samodzielności. Przedsiębiorstwom pozwolono tylko podnosić na własną rękę ceny niektórych wyrobów (tzw. ceny umowne). W połączeniu z zamierzoną podwyżką cen urzędowych spowodowałoby to (i faktycznie spowodowało w 1982 r.) obniżenie płac realnych o 1/4. Posunięcie tak drastyczne można było przeprowadzić albo pod osłoną „Solidarności" (w wypadku osiągnięcia kompleksowego porozumienia), albo pod osłoną armat. Skoro rząd zdecydował się nie rozmawiać o tej sprawie z „Solidarnością", stało się jasne, że zamierza on naprawdę użyć armat.

Wkrótce dowiedzieliśmy się od zaprzyjaźnionych posłów, jakie armaty będą wytoczone przeciwko nam. Do sejmu wpłynął projekt ustawy o nadzwyczajnych uprawnieniach dla rządu. Wprowadzał on zakaz strajków i militaryzację przedsiębiorstw, wskutek czego przełożeni stawali się dowódcami, a pracownicy podkomendnymi, którym za niewykonanie rozkazu, a tym bardziej za strajk, groziła odpowiedzialność karna przed sądem wojskowym. Ustawa wprowadzała ponadto zakaz zgromadzeń, a także zakaz wyjazdu poza miejsce stałego zamieszkania bez zezwolenia władz administracyjnych. W sumie oznaczało to stan wyjątkowy. Konstytucja PRL wspominała o stanie wojennym, który może wprowadzić Rada Państwa, nie było jednak ustawowej regulacji, która by określała, na czym stan wojenny polega. Nasi doradcy prawni wmawiali nam, że wobec braku regulacji prawnej stan wojenny jest na razie pustym słowem. Ustawa o uprawnieniach nadzwyczajnych miała być zamiast. Od stanu wojennego, który wprowadzono 13 grudnia, była ona łagodniejsza, ale i tak nie wątpiliśmy, że ta ustawa posłuży do likwidacji „Solidarności" przemocą. Gdyby ktoś miał wątpliwości, jak się będzie tłumić strajki, mógł sobie obejrzeć 2 grudnia na żywo desant z helikopterów na strajkującą Wyższą Szkołę Oficerów Pożarnictwa i wyprowadzenie pod konwojem do milicyjnych bud uczestników protestu na czele z wiceprzewodniczącym warszawskiej „Solidarności" Sewerynem Jaworskim.

Jasne było, że musimy przygotować się do obrony, bo w grę wchodzi być albo nie być naszego związku. W sprawie tej zwołano na 2 grudnia do warszawskiego hotelu „Solec" posiedzenie Prezydium Komisji Krajowej, a na 3 grudnia do Radomia naradę Prezydium KK z przewodniczącymi Zarządów Regionów. Władek Frasyniuk poprosił, żebym pojechał z nim na oba te posiedzenia. Wziąłem w nich czynny, a za sprawą reżimowej propagandy nawet bardzo głośny udział. 2 grudnia Prezydium KK postanowiło zaproponować następnego dnia przewodniczącym Regionów, by odpowiedzią „Solidarności" na stan wyjątkowy był strajk powszechny w całym kraju. Grono, które zebrało się nazajutrz w Radomiu, nie było wprawdzie statutowym organem związku, ale składało się z ludzi odgrywających szczególnie ważną rolę w warunkach konfrontacji, gdyż przygotowanie strajku generalnego i kierowanie nim należało do zadań przewodniczących Regionów. Uchwalone w tym gronie 3 grudnia stanowisko określało strategię związku na wypadek, gdy władze spróbują zgnieść „Solidarność" przemocą. Był to ostatni dokument kierownictwa „Solidarności", jaki dotarł do Regionów i do Komisji Zakładowych. Uchwały ostatniego posiedzenia Komisji Krajowej nie dotarły już do nikogo, bo zapadły 12 grudnia wieczorem. Telefony i teleksy były już wtedy wyłączone, a po zakończeniu posiedzenia milicja rozpoczęła polowanie na jego uczestników.

Radomskie obrady stały się głośne nie tylko dlatego, że uchwalone tam stanowisko, które miałem zaszczyt zredagować, dotarło do terenowych i zakładowych ogniw związku, lecz głównie dlatego, że o naszej dyskusji nieustannie trąbiły radio i telewizja. Wystąpienia kilku uczestników tej narady zostały niebywale nagłośnione przez reżimowe media, tyle że w wersji przemyślnie sfałszowanej na stole montażowym. Była to już propagandowa uwertura do stanu wojennego, a prawdziwym szlagierem stały się spreparowane fragmenty mojego wystąpienia. Jest chyba rzeczą właściwą, żebym ja sam pokazał, jak je preparowano.

Przede mną przemawiał w Radomiu mecenas Siła-Nowicki, człowiek gołębiego serca i nadzwyczajnej ugodowości. Usiłował przekonać zebranych, że rząd PRL wcale nie zmierza do konfrontacji, skoro Seweryn Jaworski (zatrzymany poprzedniego dnia po szturmie ZOMO na Szkołę Pożarniczą) siedzi tu wśród nas. „Gdyby chcieli konfrontacji, to by go posadzili na Mokotów". Zacytowałem te słowa, żeby z nimi polemizować, ale przy radiowym montażu polemikę usunięto, a słowa, z którymi polemizowałem przedstawiono jako moją własną opinię. Wywodziłem, że stan wyjątkowy jest logiczną konsekwencją obranej już przez rząd polityki gospodarczej. Podkreślałem, że nie wszystkie nasze postulaty należy popierać groźbą strajku, ale „strajkiem powszechnym musimy odpowiedzieć, jak się nam toporem wymachuje nad głową". Jeżeli chcemy, żeby rząd wycofał się z zamiaru konfrontacji, to nie możemy pozostawić cienia wątpliwości, że „odpowiedzią na zarzynanie związku będzie strajk generalny". Dlatego „musimy im jasno powiedzieć, że bój to będzie ich ostatni, i to jest sprawa groźby strajku [generalnego], jeżeli nastąpi ten stan wyjątkowy, i to musi być w uchwale". Cały ten wywód usunięto. Na stole montażowym do cytatu z Siły-Nowickiego doklejono metaforę o ostatnim boju, oczywiście bez dalszego ciągu zdania, tj. bez objaśnienia, że chodzi o jasną i wiarygodną zapowiedź strajku w razie wprowadzenia stanu wyjątkowego. Tym sposobem, za pomocą nożyczek i kleju, wezwanie do samoobrony w obliczu śmiertelnego zagrożenia przerobiono na wezwanie, byśmy skoczyli do gardła rządowi, który nie chce uczynić nam żadnej krzywdy. Skoro tak, to stan wojenny jest ze strony władzy ludowej aktem obrony koniecznej. Upowszechnienie w społeczeństwie takiego obrazu było zadaniem sztabowców od wojny psychologicznej, swego rodzaju przygotowaniem artyleryjskim poprzedzającym fizyczny atak czołgów i oddziałów ZOMO na polskie fabryki.

„A la guerre comme a la guerre". Na wojnie, jak to na wojnie – cel uświęca środki. Radomskie obrady przywódców „Solidarności" toczyły się przy drzwiach zamkniętych. Nie dopuszczono prasy i nawet samym zebranym działaczom zakazywano włączania prywatnych magnetofonów. Nagranie obrad uzyskano z podsłuchu lub od agenta SB Eligiusza Naszkowskiego (TW „Grażyna"), który był przewodniczącym Zarządu Regionu Piła. Zresztą, co za różnica: tak czy owak, propaganda posłużyła się potajemnym operacyjnym podsłuchem zainstalowanym przez bezpiekę lub wniesionym na salę przez jej agenta. W tamtym czasie medialne wykorzystanie takiego materiału, a w dodatku jeszcze poddanie go manipulacji, uchodziło za czyn skandaliczny, powód do wstydu. Dopiero wolna Polska sprawiła, że takie numery nam spowszedniały. Służba Bezpieczeństwa w PRL była po 1956 r. bardziej obłudna (np. podsłuchy z widzeń adwokackich kamuflowała jako rzekome doniesienia agentów celnych). Służby specjalne III, a zwłaszcza IV RP, przekonane, że z racji wyższości moralnej wolno im więcej, bywały bardziej bezwstydne. Dlatego przestrogi płynące z moich dawnych doświadczeń nie straciły, niestety, aktualności. Podsłuchy nadal są w cenie, ich publiczne wykorzystanie w modzie, a propagandowe „cuda nad taśmą"wciąż w użyciu. Ale 5 grudnia 1981 r., gdy rządowe media zaczęły nadawać spreparowane nagrania z Radomia, był to w naszych oczach numer niezwykły, zapowiadający nadzwyczajne środki i zdarzenia.

Bardzo wymowne było i to, że w radomskim kolażu posłużono się także wycinanką z wystąpienia samego Lecha Wałęsy („targanie się po szczękach", „konfrontacja być musi" itp.). Był to sygnał, że legendę o dobrym robotniczym przywódcy i paskudnych ekstremistach wyrzucono do lamusa. Teraz pod nóż miała pójść cała „Solidarność" z przewodniczącym na czele.

Cokolwiek jednak myślelibyśmy o tamtej stronie, wypada zastanowić się także nad sobą. Nie spodziewaliśmy się publikacji z podsłuchu, ale przecież zakładaliśmy, że nas podsłuchują. Moje własne słowa o „ostatnim boju" mogły być wyrwane z kontekstu i użyte przeciwko nam. Co gorsza, roztrąbione na całą Polskę przez radiowe i telewizyjne głośniki, mogły pchnąć niejednego młodego robotnika do desperackiej walki wręcz z uzbrojonymi po zęby milicjantami. Co z tego, że nie to powiedziałem, skoro to, co powiedziałem, mogło być tak przekręcone i upowszechnione? W polityce odpowiada się również za niezamierzone skutki własnych działań i słów.

6 sierpnia 1984 r. wyszedłem z więzienia na mocy amnestii. Wrocławscy działacze przykościelnego komitetu pomocy więźniom politycznym zorganizowali mi dwutygodniowy wypoczynek w nadbałtyckim Mielnie. Znalazła mnie tam Elżbieta Potrykus (swego czasu reprezentantka Koszalina w KKP) i zaprowadziła na koszaliński cmentarz. Jest tam grób Janka Stawisińskiego, który opuścił rodzinny Koszalin, żeby pracować jako górnik w kopalni „Wu-

jek". 16 grudnia 1981 r., podczas pacyfikacji strajku w tej kopalni, został wraz z ośmioma innymi górnikami zastrzelony przez funkcjonariuszy plutonu specjalnego ZOMO. Miał wtedy 19 lat. Nie wiem, czy słuchał propagandowych audycji z moimi słowami o ostatnim boju, ale często o tym myślę.

Stanowisko, które uchwaliliśmy 3 grudnia w Radomiu, określało krok po kroku działania związku odpowiednio do przypuszczalnego rozwoju sytuacji. Na uchwalenie przez sejm ustawy o uprawnieniach nadzwyczajnych mieliśmy odpowiedzieć 24-godzinnym strajkiem powszechnym, jakby sprawdzając, czy władze odważą się z nadzwyczajnych uprawnień skorzystać, stosując represje. Jeżeli to zrobią, wchodzimy automatycznie w strajk generalny. Miał on się rozpocząć we wszystkich zakładach niezwłocznie, bez oglądania się na uchwały związkowych gremiów. Gdyby natomiast władze nie wprowadziły stanu wyjątkowego, ale wdrożyły w pierwszym kwartale „prowizorium systemowe", to wzburzenie wywołane drastycznym zubożeniem ludzi pracy i fala strajków ekonomicznych da nam ponownie wiatr w żagle. Będziemy wtedy mogli stanąć na czele protestów i zaproponować rządowi poważną rozmowę o reformie gospodarki i państwa.

Było to obmyślane jak w szachach, przeciwnik jednak nie zamierzał grać w szachy. Miałem stopień wojskowy sierżanta podchorążego, widocznie jednak za mało wiedziałem o znaczeniu, jakie ma na wojnie czynnik zaskoczenia. Przepychanie stanu wyjątkowego przez wąskie gardło komisji sejmowych i sesję plenarną sejmu przy zgiełku naszych protestów byłoby – z punktu widzenia generałów – przeciwskuteczne. Żeby nas zaskoczyć, musieli działać wedle scenariusza wzorowanego na zamachu stanu. Przydało się nam jednak w radomskiej uchwale wezwanie, by strajk generalny w razie wprowadzenia stanu wyjątkowego rozpocząć we wszystkich zakładach automatycznie, bez oglądania się na Komisję Krajową lub Zarząd Regionu. Możliwość taką w razie sparaliżowania działalności władz związkowych przewidywał zresztą nasz statut.

W dniach poprzedzających stan wojenny robiłem co mogłem, żeby „Solidarność" zademonstrowała gotowość do samoobrony. Miałem trochę nadziei, że odstraszy to rządzących od działania siłą. Jeżeli jednak nie odstraszy, słowo musi stać się ciałem i trzeba będzie przejść, zgodnie z zapowiedzią, do samoobrony. Myśl, że powinniśmy zaniechać oporu lub opierać się tylko trochę („bo z dwojga złego lepiej, żeby to polscy komuniści się z nami rozprawili") nie mieściła mi się w głowie. Wojna ma swoją logikę, a ja – sprawny i zdeterminowany działacz „Solidarności" – byłem gotów postępować według logiki tamtego czasu. Może to i lepiej, że mnie schwytali i zamknęli na samym początku.

* * *

Nocą 13 grudnia wpadłem w sieć obławy przez ślamazarność demokratycznych procedur. Nie mogliśmy wiedzieć z góry, że nasze obrady zdadzą się psu na budę, bo uchwały do nikogo nie dotrą, a zebranie w jednym miejscu całej „krajówki" tylko ułatwi milicji i bezpiece skuteczne przeprowadzenie łapanki. W trakcie dyskusji kurzyło się z łbów bardziej niż zwykle. Niektórzy chcieli wybierać sejm i powoływać rząd, podczas gdy Jan Olszewski i Władysław Siła-Nowicki wzywali do anulowania uchwały radomskiej i jednostronnego ogłoszenia „rozejmu społecznego" (na usprawiedliwienie jednych i drugich można zauważyć, że 12 grudnia wieczorem nic już nie mogło związkowi zaszkodzić). W końcu udało się „ociosać" uchwałę proponowaną przez Rulewskiego na tyle, że można ją było przegłosować razem z napisanym przeze mnie oświadczeniem jako dwa uzupełniające się dokumenty. Zanim jednak to osiągnęliśmy, odszedł ostatni pociąg, którym można było wrócić tej nocy z Gdańska do Wrocławia. Pojechał nim Władek Frasyniuk z pozostałymi wrocławianami, dzięki czemu uniknęli internowania.

Gdy wychodziłem ze stoczni, obrady jeszcze trwały. Wiedziałem już o wyłączeniu telefonów i teleksów, więc pomyślałem sobie – przytomnie, lecz za późno – że może zamiast wprowadzać stan wojenny pod osłoną sejmu, generał Jaruzelski wprowadzi go pod osłoną nocy. Ale nocne ulice Gdańska były puste – żadnego podejrzanego samochodu, żadnego tajniaka, żadnego milicjanta. Uznałem, że to jeszcze nie dziś, i zamiast tkwić beznadziejnie na dworcu, pojechałem kolejką do Sopotu. Wszystkich nas bezmyślnie zakwaterowano w Grand Hotelu, a chciało mi się spać. Można powiedzieć, że zdążyłem w ostatniej chwili. Ledwie wszedłem do pokoju, ujrzałem przez okno, jak podjeżdżają nyski i wzdłuż ulicy ustawiają się rzędem milicjanci w mundurach „moro", kaskach i z pistoletami maszynowymi. Rzuciłem się na korytarz, skąd okna wychodziły na plażę, ale tam też zobaczyłem funkcjonariuszy rozstawionych co metr i przytupujących z zimna na śniegu. Zrezygnowany, zajrzałem piętro wyżej do obszernego pokoju Tadeusza Mazowieckiego. Zastałem tam poza gospodarzem spore grono kolegów, którzy z powagą dyskutowali, co też może oznaczać otoczenie hotelu przez ZOMO. Zapytałem, czy ktoś chce wziąć prysznic. Spojrzeli na mnie okrągłymi ze zdumienia oczami i zaprzeczyli. „To może ja" – powiedziałem i wszedłem do łazienki. Nie zachowałem się ładnie wobec kolegów. Z nich wszystkich tylko ja znałem regulamin więzienny i wiedziałem, że łaźnia jest raz na tydzień. Zdążyłem wziąć prysznic, zanim do pokoju weszło ZOMO. Na nową, a w moim życiu właściwie nienową drogę, wyruszyłem czysty i odświeżony, podczas gdy koledzy, skuci jak ja, siedzieli w „budzie" uznojeni jak po młócce. Pocieszałem się, że wszyscy i tak nie zmieściliby się pod prysznicem, a stary więzień ma więcej praw niż nowicjusze.

Internowano nas początkowo w Strzebielinku. Był to tzw. ośrodek zewnętrzny więzienia w Wejherowie. Sceneria i atmosfera przywodziła na myśl obóz jeniecki, ale nie zagrzałem tam miejsca. 30 grudnia wywołano 14 osób do transportu: w tym Kuroń, Gwiazda, Rulewski, Wujec, Onyszkiewicz, Jaworski, Palka, Rozpłochowski, Sobieraj z Radomia, Tokarczuk z Bydgoszczy, Kijanka z Przemyśla i ja. Nie podobał mi się ten skład – sama okrzyczana ekstrema. Gdy nas wyprowadzano do milicyjnej budy w szpalerze zomowców, funkcjonariusze szydzili: „Na baczność przed panami ministrami, pojadą do ciepłych krajów". Wystraszyłem się tej zapowiedzi: pomyślałem, że któryś z „miękkich" krajów zachodnich rzeczywiście zgodził się pełnić niewdzięczną rolę eleganckiego strażnika więźniów polskiej junty. Chodziły słuchy, że nasi generałowie dyskretnie sondowali w tej sprawie władze Grecji, a nawet RFN. Na wojskowym lotnisku Babie Doły w Gdyni czekał jednak na nas helikopter. Zapowiadało to lot krajowy.

W helikopterze skuto nas kajdankami po dwóch – mnie z Sewerynem Jaworskim, a Janka Rulewskiego z Heniem Wujcem. Tosiek Tokarczuk, który w bydgoskim Zarządzie Regionu był zastępcą Rulewskiego, spojrzał na swojego przewodniczącego z zadumą i zauważył: „A zawsze mówiłeś, Jasiu, że nic cię nie łączy z KOR-em...". No i wykrakał. Rulewski i Wujec, podobnie jak większość z nas, znaleźli się potem razem w tzw. jedenastce, której nie wypuszczono na wolność, gdy zwalniano „wszystkich internowanych". Przywieziono nas wtedy do mokotowskiego więzienia i – pod zrzutem zamachu na ustrój – przetrzymano tam aż do lipcowej amnestii 1984 r.

Helikopter zawiózł nas z Gdyni do Warszawy, a miejscem przeznaczenia była na razie Białołęka. Nie umieszczono nas tam jednak w barakach Ośrodka Pracy Więźniów, który przekształcono w obóz internowanych, lecz w pawilonie IV aresztu śledczego. Przygotowano dla nas siedem dwuosobowych cel, jedna przy drugiej. Były to cele przystosowane do izolacji: blaszany „kosz" na oknie od strony zewnętrznej, krata w oknie i dodatkowa krata-klatka (tzw. tygrysówa) osłaniająca okno od wewnątrz, „karmniki" w drzwiach. Obóz internowanych w barakach Ośrodka Pracy Więźniów był położony dość daleko i skutecznie odseparowany od naszego pawilonu; tylko Adama Michnika wkrótce po naszym przybyciu zabrano stamtąd i dołączono do nas. Obok obawy, że nas deportują do „ciepłych krajów", pojawiło się przypuszczenie, że typują nas na ławę oskarżonych w pokazowym procesie o spisek antypaństwowy, który miałby unaocznić społeczeństwu, jak bardzo zagrożony był ustrój, a przez to legitymizować stan wojenny. Nie przedstawiono nam jednak na Białołęce żadnych zarzutów karnych i nie rozpoczęto przesłuchań. Dopiero wczesną wiosną 1984 r., gdy na Mokotowie udostępniono mi jako oskarżonemu akta sprawy, przekonałem się, że prowadzono ją od przeszło dwóch lat. Pierwsze przesłuchania świadków w śledztwie dotyczącym „spiskowej działalności" niektórych działaczy NSZZ „Solidarność" pochodziły, jeśli dobrze pamiętam, już ze stycznia lub lutego 1982 r. Wyróżnił się wtedy gorliwością kapitan SB Wiktor Fonfara, awansowany na generała w wolnej Polsce za tzw. sprawę Oleksego. Nasz proces musiałby jednak przebiegać według scenariusza, który sami funkcjonariusze bezpieki nazywali „chamówą", i jeśli miałby z punktu widzenia WRON jakiś polityczny sens, to tylko na początku stanu wojennego, i to gdyby obrano wówczas politykę bezwzględnego terroru. Ekipa generała Jaruzelskiego wahała się, w końcu jednak nie zdecydowała się na tak twardy scenariusz. Śledztwo wprawdzie wszczęto, ale jego głównych bohaterów postawiono w stan oskarżenia dopiero 3 września (pięciu członków KOR) i 22 grudnia 1982 r. (siedmiu członków Komisji Krajowej) Było to, prawdę mówiąc, po niewczasie. Jako aresztowani staliśmy się dla generałów źródłem kłopotów i w końcu łamali oni sobie głowę nad tym, jak nas wypuścić, nie tracąc twarzy.

* * *

Gdy byliśmy internowani, a jeszcze bardziej po upływie roku, gdy zamiast wypuścić nas z likwidowanego „ośrodka odosobnienia" Białołęka, przewieziono nas po prostu na Mokotów z prokuratorskim nakazem aresztowania, oczy solidarnościowej Polski skierowane były na nas. Czuliśmy na sobie ten wzrok i staraliśmy sprostać oczekiwaniom. Z Białołęki, gdzie pierścień izolacji nie był całkiem szczelny, słaliśmy grypsy do naszych kolegów w podziemiu. Jacek Kuroń przekazał do podziemnego „Tygodnika Mazowsze" artykuł pod znamiennym tytułem *Macie teraz złoty róg*. Artykuł został opublikowany, ale kierujący podziemnym oporem członkowie Tymczasowej Komisji Koordynacyjnej „Solidarność" nie wzięli sobie tego wezwania do serca, chociaż Jacka bardzo szanowali. Po pierwsze, nie chcieli ryzykować rozlewu krwi; po drugie zaś, wiedzieli – w odróżnieniu od nas – że po grudniowej klęsce strajkowego oporu nie ma w Polsce powstańczych nastrojów. TKK nastawiała się na „długi marsz".

Podkreślić trzeba, że mieliśmy blade wyobrażenie o tym, co dzieje się poza obrębem więziennych murów. Owszem, mieliśmy widzenia z rodzinami (oczywiście dozorowane), widywaliśmy też księży, którzy sprawowali nad nami duszpasterską opiekę, czasem docierały do nas jakieś egzemplarze podziemnej bibuły; wszystko to jednak nie mogło zastąpić osobistego kontaktu ze zmienioną rzeczywistością. Nasi najbliżsi, a także księża, starali się podnieść nas na duchu, co nie sprzyjało trzeźwemu spojrzeniu na Polskę stanu wojennego. Mieliśmy do dyspozycji „Trybunę Ludu" i jadowitą propagandę z radiowego głośnika, ale tym źródłom nie wierzyliśmy (i słusznie).

Początkowo nie wiedzieliśmy nawet, co się dzieje z Wałęsą. A była to w stanie wojennym bardzo ważna osoba – jeśli na nas skierowane były oczy tych solidarnościowych aktywistów, którzy zdecydowali się kontynuować opór, to co powiedzieć o charyzmatycznym przywódcy, który w oczach milionów Polaków był osobowym symbolem „Solidarności"? „Wrona" (jak powszechnie nazywano Wojskową Radę Ocalenia Narodowego) zdawała sobie z tego oczywiście sprawę i obawialiśmy się, że będzie usiłowała poddać izolowanego od nas wszystkich, samotnego Wałęsę odpowiednim naciskom, by go wykorzystać do osłabienia społecznego oporu. Andrzej Gwiazda był niemal pewien, że „Lesiu" podda się tym naciskom, ponieważ jest „ich człowiekiem". Odkąd Wałęsa uzyskał samodzielną pozycję przywódczą w związku „Solidarność" i przestał lojalnie słuchać swoich kolegów – współzałożycieli gdańskiego Komitetu WZZ (a skłonny był raczej słuchać rad Mazowieckiego, Geremka i Celińskiego oraz biskupów i wysłanników prymasa, w dodatku zaś paktował z władzami PRL) – niejasne podejrzenia „wolnych związkowców" związane z jego pięciodniowym zatrzymaniem przez SB w grudniu 1970 r. zmieniły się w pewnik. Uznano, że Wałęsa w grudniu 1970 r., gdy przez pięć dni przetrzymywała go SB, został zwerbowany, więc jest agentem bezpieki. Oczywiście „agentem wpływu", przez którego przeciwnik steruje z ukrycia naszymi poczynaniami. Najlepszym tego dowodem jest fakt, że Lesiu często nie zgadza się z dawnymi kolegami z opozycji, a nawet ich zwalcza i usiłuje zepchnąć na margines w strukturach związku.

Wałęsę zabrano z domu 13 grudnia 1981 i umieszczono – bez jakiejkolwiek podstawy prawnej – w czymś na kształt złotej klatki. Rolę tę pełniła początkowo willa Ministerstwa Spraw Wewnętrznych w podwarszawskich Chylicach. Odwiedzali go tam wicepremier Rakowski, minister Ciosek oraz wysocy przedstawiciele „wrony" i próbowali nakłonić, by zgodził się stanąć na czele marionetkowej „Solidarności", reaktywowanej i oczyszczonej ze wskazanych przez mundurową władzę „ekstremistów" oraz elementów antysocjalistycznych wszelkiej maści. Była to tzw. operacja renesans, zaprojektowana przypuszczalnie w MSW (wskazuje na to charakterystyczny kryptonim operacyjny) i bardzo dla nas groźna. Gdyby Wałęsa zgodził się ją firmować, podziemie straciłoby grunt pod nogami. Potęga symbolu obróciłaby się przeciwko tym, którzy chcieli wbrew wszystkiemu trwać w oporze.

Przypuszczam, że nagabywany przez rządowych wysłanników Wałęsa swoim zwyczajem zwodził ich przez jakiś czas. Pewne jest jednak, że w końcu zdecydowanie odmówił. Wtedy dopiero, 26 stycznia 1982 r., blisko półtora miesiąca po faktycznym uwięzieniu, wystawiono mu postanowienie o internowaniu. Dokument ten Wałęsa potraktował jako swój blankiet firmowy i napisał na nim gryps, który za pośrednictwem księży otrzymaliśmy na IV pawilonie aresztu Warszawa-Białołęka. Przewodniczący związku wzywał internowanych członków Komisji Krajowej do nieustępliwości. „Ani kroku wstecz!" – pisał. Żadnych układów z tą władzą!

8 listopada 1982 r. nasz przewodniczący napisał z miejsca internowania w bieszczadzkim Arłamowie dwuznaczny i cokolwiek błazeński list do generała Jaruzelskiego, podpisany „kapral Lech Wałęsa". Wśród działaczy „Solidarności" list ten wywołał konsternację, a w kołach rządzących nadzieję i niedosyt. Generał Kiszczak udał się do Arłamowa, by skłonić nadawcę do napisania czegoś bardziej serio. Wałęsa odmówił. Mimo to wypuszczono go z internowania i od razu zawieziono do siedziby Naczelnej Prokuratury Wojskowej w Warszawie. Spotkali

się z nim tam 14 listopada szef oddziału V Naczelnej Prokuratury Wojskowej pułkownik Bolesław Kliś oraz dyrektor Biura Śledczego MSW pułkownik Hipolit Starszak. Formalnym celem spotkania było zapoznanie Wałęsy z przepisami prawnymi obowiązującymi w stanie wojennym. Była to procedura stosowana nieraz przy zwalnianiu działaczy opozycyjnych, od których domagano się potwierdzenia podpisem, że zostali należycie pouczeni. Wałęsa odmówił podpisu, ale odbył z obydwoma pułkownikami dłuższą rozmowę. Przebieg spotkania został nagrany, a z nagrania sporządzono stenogram, bez wątpienia dla dokładnego poinformowania najwyższych władz, ale także w nadziei, że będzie można posłużyć się tym dokumentem dla skompromitowania Wałęsy w oczach działaczy „Solidarności". W takim właśnie celu – choć dużo później – stenogram owej rozmowy został przez Sławomira Cenckiewicza i Piotra Gontarczyka z IPN opublikowany w ich książce *SB a Lech Wałęsa*. Przyznać trzeba, że wypowiedzi legendarnego przywódcy „Solidarności" w tej rozmowie z wysokimi przedstawicielami organów ścigania budzą co najmniej zakłopotanie. Przypuszczać wolno, że właśnie te wypowiedzi ostatecznie utwierdziły władze stanu wojennego w przekonaniu, że zwolnienie Wałęsy z internowania przyczyni się do podważenia autorytetu Tymczasowej Komisji Koordynacyjnej i do rozbicia lub poważnego osłabienia podziemnej „Solidarności". Do niczego takiego jednak nie doszło. Przeciwnie, 9 kwietnia 1983 r. Wałęsa urwał się obstawie, wyjechał z Gdańska, odbył konspiracyjne spotkanie z kierownictwem podziemia i we wspólnym oświadczeniu legitymizował TKK jako tymczasowe kierownictwo związku „Solidarność". Znowu wyszło odwrotnie, niż sobie umyślili pomysłodawcy „operacji renesans". W knajackim języku, którym lubił posługiwać się nasz przewodniczący, można by powiedzieć, że znowu udało mu się „wykolegować «wronę»".

Wałęsa nie jest przesadnie skromny. Czasem zdarza się, że popada w samochwalstwo. Szczególnie wyrazistym przykładem tego samochwalstwa jest jego ulubione powiedzenie: „To ja obaliłem komunę!". Gdybyśmy jednak doszukali się w tym ziarna prawdy, należałoby tę myśl sformułować tak: „Było to wielkie zwycięstwo tysiącletniego chłopskiego sprytu nad czterdziestoletnim komunistycznym makiawelizmem". Z całą pewnością natomiast teza, jakoby Wałęsa sterował „Solidarnością" według dyrektyw Służby Bezpieczeństwa jest najbardziej niedorzecznym pomysłem zaangażowanej politycznie historiografii naszych czasów.

W styczniu 1982 r. spodobało nam się wezwanie przewodniczącego związku do nieustępliwości i do niewdawania się w ryzykowne negocjacje z tymi, co nas trzymali pod kluczem. Odpowiadało to naszemu przekonaniu i naszej ocenie sytuacji. Zdawaliśmy sobie sprawę z tego, że stosunek sił zmienił się bardzo na naszą niekorzyść. Liczyliśmy jednak, że odrobimy tę zmianę pod wpływem narastającego kryzysu i byliśmy absolutnie przeciwni poszukiwaniu kompromisu z pozycji słabości. Słaby powinien trzymać się sztandaru, a nie układać się z silniejszym i chwilowo zwycięskim przeciwnikiem. W tym stanie rzeczy układy prowadzić mogą tylko do kapitulacji. W październiku lub na początku listopada, już po uchwaleniu przez sejm „opcji zerowej" w ruchu zawodowym, dotarła do nas na Białołękę alarmująca wiadomość, że Władysław Siła-Nowicki i Jan Olszewski skłaniają się do dyskretnych kontaktów z władzami stanu wojennego w sprawie zgody na utworzenie chrześcijańskich związków zawodowych. Równałoby się to przywróceniu pluralizmu związkowego z wykluczeniem „Solidarności". W naszych oczach nie byłby to żaden realizm ani kompromis, lecz kapitulacja – pogrzeb sztandaru, i to bez honorów. Postanowiliśmy zareagować wyprzedzająco oświadczeniem internowanych członków Komisji Krajowej (członków KOR już z nami nie było, gdyż przewieziono ich 3 września na Mokotów). Na Białołęce mieliśmy jeszcze swobodę kontaktów między sobą, uzgodniliśmy więc bez trudu stanowisko, a zredagowanie tekstu powierzono jak zwykle mnie. Oświadczenie nasze ukazało się, jak myślę, w podziemnej prasie. Zależało nam na tym, bo chcieliśmy zablokować drogę do poszukiwania kompromisu z „wroną" za cenę wyrzeczenia się symbolu własnej tożsamości. Do dziś uważam sprzeciw wobec takiej możliwości za naszą zasługę, choć bezapelacyjnie przesądziło sprawę stanowisko papieża. Jan Paweł II uparcie obstawał przy „Solidarności" wbrew stanowisku części polskich hierarchów.

Mimo że w tym wypadku intuicja nas nie zawiodła, generalnie mieliśmy błędne wyobrażenie o rzeczywistości psychospołecznej po grudniu 1981. Łudziliśmy się, że wiatr historii, który przejściowo wieje nam w oczy, wkrótce się odwróci i wtedy wszystko będzie jak przed grudniem. Jesteśmy słabi, bo stanęła skuta lodem wielka rzeka „Solidarności", ale gdy stopnieją śniegi, pękną lody i podniesie się poziom wód, nasza rzeka znów będzie płynęła jak dawniej. „Zima wasza, wiosna nasza" – świetny slogan, lecz mylący. Nie była to już i być nie mogła ta sama rzeka i nie dało się znów do niej wstąpić. Stan ducha zwany rewolucją zniknął bezpowrotnie po doznanym szoku.

Po raz pierwszy zetknąłem się namacalnie z tą zmianą latem 1982 r. dzięki przeprowadzce z IV pawilonu Aresztu Białołęka do oddalonego o jakieś 150 m baraku obozu dla internowanych. Większość jego lokatorów, którzy siedzieli tam od grudnia 1981 r., wypuszczono właśnie na wolność, do czego święto 22 lipca było dobrym pretekstem. Życie codzienne w stanie wojennym toczyło się jednak swoim torem, w wyniku czego baraki „ośrodka odosobnienia" w Białołęce zapełniały się nowymi lokatorami. Ci, których przywożono tu teraz, nie byli już na ogół weteranami opozycji demokratycznej ani pracownikami Regionu Mazowsze. Teraz dołączały do nas niespokojne duchy z warszawskich fabryk. Podejrzewano ich o to, że buntują towarzyszy pracy, lecz w braku dowodów kierowano tymczasem nie do aresztu na Rakowieckiej, lecz do Białołęki z postanowieniem o internowaniu, chroniąc w ten sposób załogi przed złym wpływem tych ludzi. Ich sąsiedztwo i rozmowy z nimi były dla nas prawdziwym darem losu. Jeden z nich, robotnik z warszawskiej fabryki RaWar produkującej sprzęt radarowy dla wojska, opowiedział mi o pacyfikacji swojego macierzystego zakładu przez ZOMO w połowie grudnia 1981 r.

Strajk generalny w odpowiedzi na stan wojenny był w Warszawie słaby i objął niewiele zakładów. Rozległe hale Ursusa okupowała niewielka grupa robotników, choć załoga liczyła ponad 10 000. Większość warszawskich fabryk w ogóle nie przerwała pracy: widok czołgów na ulicach, obwieszczenia grożące sądem wojskowym za udział w strajku, zdemolowane lokale związkowe, godzina milicyjna i koksowniki na wyludnionych ulicach – cały ten teatr wojny robił przerażające wrażenie. RaWar jednak stanął. Był to zakład zbrojeniowy, więc jako jeden z pierwszych wytypowany został do pacyfikacji. Czołg wybił dziurę w płocie i przez wyrwę weszli do środka funkcjonariusze ZOMO w polowych mundurach i pełnym uzbrojeniu. Dotarli do hali fabrycznej i stanęli twarzą w twarz z okupującymi zakład robotnikami. Dowódca ZOMO zwrócił się do strajkujących w tonie rozkazu: „Wychodzić!" – Brak reakcji. „Nie wyjdziecie?" – Milczenie. Wtedy dowódca wydał rozkaz swoim podwładnym: „Ładuj broń!". Szczęknęły zamki. Robotnicy stoją z gołymi rękami i patrzą w wyloty luf. Jeden po drugim zaczęli wychodzić, dali się bez oporu spisać i wyprowadzić za bramę.

To naturalna reakcja normalnych ludzi. Determinacja bezbronnych ma swoją granicę. Do strajku generalnego przystępują – w zasadzie przynajmniej – wszyscy. Do powstania – z reguły niezbyt liczna mniejszość. W sytuacji, o której opowiadał mi młody robotnik z RaWaru, poddali się wszyscy. Walka nie miała oczywiście sensu, ale człowiek, który pod lufą odstępuje od obrony pozbawionej jakichkolwiek szans, wychodzi z tej próby wewnętrznie odmieniony. Wie, że uległ przemocy, a jest to traumatyczna wiedza. Jego duch oporu został złamany i będzie już nadłamany przez długi czas.

Żaden naród nie składa się z samych bohaterów. Nasz – wbrew legendom i czytankom – też nie. No i bardzo dobrze. Życie wśród samych bohaterów – nie dość, że krótkie – byłoby całkiem nie do zniesienia. Wiem, co mówię, gdyż zdarzało mi się przebywać w towarzystwie osób przekonanych o własnym bohaterstwie. W życiu realnym bohaterstwo prowadzi zazwyczaj do przedwczesnej śmierci na jakimś polu chwały, a naród musi żyć, rodzić i wychowywać dzieci, zarabiać na utrzymanie rodziny, budować własną pomyślność i tworzyć swoją kulturę. Zmuszeni do dramatycznego wyboru, robotnicy i robotnice z „Solidarności" rezygnowali z podjęcia lub z kontynuowania walki w obronie swojego związku, bo chcieli przetrwać i zapewnić byt rodzinie. Odpuściły nawet dość liczne Joanny d'Arc. Był to wybór zrozumiały, a nawet godziwy, ale rewolucja go nie przetrwała. „Wojna" zmieniła stan ducha w narodzie i nie dało się już tego odwrócić. Zmieniał się także stan ducha tych, co wbrew wszystkiemu postanowili kontynuować opór i wytrwali w tym postanowieniu przez następne lata. Zmienił się ich język, ich sposób postrzegania rzeczywistości, ich hierarchia wartości oraz poczucie więzi społecznej. Nie zawsze były to zmiany na lepsze.

Strajk generalny w odpowiedzi na stan wojenny podjęto tylko w niektórych fabrykach i w niektórych miastach. Ogniska oporu nie tworzyły zwartego kontynentu, lecz rozproszony archipelag. Taktyka obowiązująca w „Solidarności" od sierpnia 1980 nakazywała, by zamknąć się w fabrykach i pod żadnym pozorem nie przenosić protestu na ulice. Ułatwiało to pacyfikację rozproszonych ognisk strajkowych stosunkowo szczupłymi, ale pewnymi i mobilnymi siłami ZOMO. Wojsko w trakcie tych pacyfikacji tylko wspomagało specjalne oddziały milicji, głównie przez rozbijanie czołgami bram lub murów otaczających fabryki okupowane przez robotników.

Nie wszędzie jednak łamano strajki tak szybko i tak skutecznie jak w RaWarze. W niektórych miastach i ośrodkach przemysłowych strajkowy opór przybrał powszechny zasięg i był, mimo pierwszych pacyfikacji, uporczywie kontynuowany. Jedną z takich twierdz „Solidarności" był Wrocław. Wiem o nim najwięcej, toteż na tym przykładzie spróbuję dociekać zmian, jakie spowodował stan wojenny w postawach i sposobie myślenia środowisk, z którymi się utożsamiałem.

W poniedziałek 14 grudnia zastrajkowały wszystkie wielkie zakłady Wrocławia, a także małe fabryczki – nawet takie, o których istnieniu sam Władek Frasyniuk, świetnie znający miasto i Komisje Zakładowe, nic dotychczas nie wiedział. Ten wielotysięczny strajk pacyfikował Pułk Manewrowy Komendy Wojewódzkiej MO w sile 700 funkcjonariuszy. Wrocławianie nazywali ich kolędnikami, ponieważ w tym samym składzie jeździli, jak po kolędzie, od fabryki do fabryki, wdzierali się do środka i usuwali strajkującą załogę z zakładu. W PaFaWagu, który 15 grudnia poszedł na pierwszy ogień, dochodziło do scen jeszcze bardziej drastycznych niż w RaWarze: funkcjonariusze ZOMO przystawiali zatrzymanym uczestnikom strajku pistolety do skroni, by ich zmusić do podpisania deklaracji lojalności. Tych, co podpisali, puszczano do domu; tych, którzy odmówili, przewożono do milicyjnych aresztów, skąd niektórzy trafiali do zorganizowanych na terenie więzień ośrodków internowania. Deklaracje lojalności, wzbogacone o wyrazy poparcia dla WRON, milicji i wojska wymuszano także od robotników Archimedesa i innych pacyfikowanych fabryk. Z pozoru chodziło o świstek papieru, ale złożenie na nim podpisu było odczuwane jako upokorzenie, łamało poczucie godności i wolę oporu. Mimo to po odjeździe sił specjalnych strajki podejmowano na nowo. Fabrykę Automatów Tokarskich wojsko i ZOMO zdobywały z tego powodu trzykrotnie. Podobnie było w Fadromie i Hutmenie. Strajki po przeprowadzonej pacyfikacji podejmowano na nowo także w PaFaWagu i Dolmelu, a bramy zakładów ElWro mimo trzykrotnych prób nie udało się sforsować, gdyż stanęły w niej kobiety, tworząc żywy mur, na który wojsko nie ważyło się podnieść ręki.

Twardy opór wrocławskich zakładów był w niemałej mierze zasługą Władka Frasyniuka. Józka Piniora i Piotrka Bednarza, wokół których skupił się Regionalny Komitet Strajkowy. Oprócz niewątpliwej sprawności i brawury przywódców oraz dobrej kondycji organizacyjnej dolnośląskiej „Solidarności" o zasięgu i zawziętości oporu wrocławian decydowało jednak nade wszystko szczególne oblicze różnorodnej, otwartej i zdolnej do odważnego współdziałania społeczności tego miasta.

Opór wrocławskich załóg fabrycznych złamano mniej więcej po tygodniu, uciekając się do militaryzacji zakładów i stosując lokaut, czyli zwalniając z pracy całe załogi i przyjmując indywidualnie z powrotem tylko tych, których policja i dyrekcja uznały za lojalnych. W Polsce Ludowej nie było prywatnych fabryk i wolnego rynku pracy, a w stanie wojennym wydalenie z państwowej fabryki za strajk było jak wilczy bilet; człowiek wyrzucony z takiego powodu na bruk nie znalazł nigdzie zatrudnienia. Tym większą rolę odgrywali potem we wrocławskich fabrykach komisarze wojskowi oraz zainstalowane przy dyrekcjach komórki Służby Bezpieczeństwa.

Po stłumieniu strajków podziemne struktury związku usiłowały podtrzymywać opór załóg fabrycznych w formie przerywania pracy na 15 minut w trzynastym dniu każdego miesiąca. Uważano zapewne, że tak krótki protest nie da okazji dla interwencji ZOMO ani nie spowoduje lokautów. Nie był to jednak szczęśliwy pomysł. Strajk „na chwilę" nie dawał tym, co zatrzymali swoją maszynę, żadnych gwarancji bezpieczeństwa. Dozór fabryczny identyfikował ich bez trudu, a komisarze i esbecy typowali, kogo wyrzucić na bruk i pozbawić środków do życia, kogo zaś internować lub aresztować. Wobec tych represji robotnicy byli bezradni. Józek Pinior zdołał tuż przed stanem wojennym podjąć z banku i ukryć u kardynała Gulbinowicza osiemdziesiąt milionów złotych pochodzących ze składek związkowych. Podziemie miało więc we Wrocławiu pieniądze na własną działalność i na zapomogi dla represjonowanych robotników, nie było jednak możliwości bezterminowego materialnego zabezpieczenia wszystkich zwolnionych z pracy oraz ich rodzin. Strach przed represją, lęk o rodzinę oraz świadomość, że wielki strajk przeciw stanowi wojennemu został zgnieciony i nie osiągnął celu, podkopywały wolę oporu i dezintegrowały fabryczne ogniwa „Solidarności".

Poczynając od wiosny, która miała być „nasza", opór zmieniał oblicze. 1 i 3 maja doszło w Warszawie i niektórych innych miastach do ulicznych demonstracji „Solidarności", w których uczestniczyły pokaźne i bojowo nastawione tłumy, zwłaszcza młodzieży. Dochodziło do starć z ZOMO. We Wrocławiu, zwłaszcza w dzielnicy Fabryczna, dochodziło w czerwcu do podobnych manifestacji o gwałtownym przebiegu – przewracano i palono milicyjne samochody, a oddziały ZOMO musiały nieraz rejterować przed tłumem. Po klęsce strajków dawało to uczestnikom ulicznych starć satysfakcję rewanżu i złudzenie zwycięstwa. Inicjatorem czerwcowych demonstracji we Wrocławiu nie był jednak RKS, lecz raczej „Solidarność Walcząca" – radykalny nurt dysydencki, który odłączył się w podziemiu od związkowych struktur. Biorąc pod uwagę odmienną sytuację w fabrykach i na ulicach, związkowe podziemie wezwało do ogólnopolskiej manifestacji w drugą rocznicę Porozumienia Gdańskiego, czyli 31 sierpnia 1982 r. Tym razem wrocławski RKS zaangażował wszystkie swoje siły w przygotowanie demonstracji. Skutek był imponujący – na ulice Wrocławia wyległo co najmniej 50 000 ludzi. Budowano barykady i znów zepchnięto ZOMO do defensywy; został jednak zastrzelony robotnik ElWro Kazimierz Michalczyk. W Lubinie – mieście znacznie mniejszym od Wrocławia, lecz uważanym za stolicę Zagłębia Miedziowego – ZOMO zabijało manifestantów z pełną premedytacją. Od milicyjnych kul zginęli tam 31 sierpnia Michał Adamowicz, Mieczysław Poźniak i Andrzej Trajkowski. Zajścia uliczne w Lubinie trwały potem jeszcze przez dwa dni. Mniejsze lub większe manifestacje odbyły się 31 sierpnia 1982 r. w wielu miastach Polski, zwłaszcza w Nowej Hucie i Gdańsku. Od tej pory manifestacje uliczne, a nie strajki, stały się orężem podziemnej „Solidarności". Była to zmiana bardzo istotna, gdyż dotyczyła nie tylko form walki, lecz także jej społecznych mechanizmów, a w rezultacie oblicza ruchu. Nie byłem tego świadom i nie wydaje mi się, by ktoś wtedy zdawał sobie w pełni z tego sprawę. Jest to jednak doświadczenie zbiorowe na tyle ważne i brzemienne w skutki, że zasługuje na poważną refleksję nawet po wielu latach.

Z pozoru zmiana dotyczyła tylko taktyki, a jej głównym impulsem była trzeźwa ocena możliwości. Klęska grudniowych strajków nie była odwracalna. W jej wyniku nastąpiło zniszczenie lub dezorganizacja i bardzo poważne osłabienie zakładowych struktur związku. Głębokie traumatyczne zmiany zaszły także w postawach środowisk pracowniczych. Podziemie nie mogło już liczyć, że załogi staną na jego wezwanie bez oglądania się na skutki. Strajków nie dało się już zorganizować. Dużo łatwiej było wywołać uliczne manifestacje. Warto jednak zwrócić uwagę na odmienne mechanizmy społeczne strajku okupacyjnego z jednej, a ulicznej „zadymy" z drugiej strony.

Zbiorowym podmiotem strajku jest załoga fabryczna. Jest to społeczność zżyta, pozostająca w codziennych kontaktach i połączona trwałymi więziami. Strajk wymaga, by ta zbiorowość wystąpiła jak jeden mąż. Każdy mąż i każda żona musi jednak przy tym zważyć ryzyko, na jakie wystawia swoją rodzinę. Bez trudnej do osiągnięcia i do utrzymania powszechnej determinacji strajk się nie uda, bo nie uzyska niezbędnego poparcia w załodze.

Zbiorowym podmiotem demonstracji ulicznej nie jest załoga, lecz tłum. Składa się on z jednostek skrzykniętych doraźnie lub zgromadzonych z innej okazji, np. z okazji mszy. Tłum może ulegać silnym emocjom zbiorowym, zwłaszcza gdy walczy z policją, nie tworzy jednak środowiska. Gdy manifestacja się kończy, jej uczestnicy rozchodzą się lub rozbiegają i nic ich już ze sobą nie łączy. Można poczuwać się do lojalności wobec załogi, która stanowi względnie trwałą grupę; można traktować ją jako grupę odniesienia i liczyć się z jej interesami. Tłum – poza chwilową integracją w momencie ulicznej walki z siłami porządkowymi – nie ma wspólnych interesów i nie jest dla nikogo układem odniesienia. Jeśli miejscem zbiórki demonstrantów, a dla wielu z nich także źródłem natchnienia jest kościół i odprawiający mszę ksiądz – charyzmatyczny kaznodzieja, to część uczestników manifestacji wiąże się w sposób bardziej trwały z parafią. Nie dotyczy to jednak ani wszystkich demonstrantów, ani całej parafialnej wspólnoty. W wymiarze szerszym niż parafia łączy ludzi skłonnych do manifestacyjnego wychodzenia na ulice polityczna więź ze strukturami solidarnościowego podziemia.

Taka więź łączyła przedtem podziemie ze skłonnymi do strajku załogami, była to jednak wtedy więź organiczna i wzajemna. Teraz, gdy załogi fabryczne nie udzielały już trwającym w oporze bojownikom „Solidarności" czynnego, czyli strajkowego poparcia, słabła więź łącząca dawniej związkowych działaczy z robotniczą bazą związku. Istotne, choć rzadko dostrzegane i analizowane, zmiany zachodziły także wewnątrz środowiska działaczy. Podziemna działalność ma swoje prawa. Jej uczestnicy muszą chronić się przed rozpoznaniem, rozpracowaniem, infiltracją przez agenturę wroga. Siłą rzeczy konspiracja prowadzi do zamykania się konspiratorów we własnym gronie. W dodatku walka podziemna, połączona z wielkim osobistym ryzykiem, wytwarza silne więzi emocjonalne między współbojownikami. Znaczą oni dla siebie nawzajem więcej niż ludzie spoza walczącej wspólnoty. W skrajnych wypadkach rodzi się na tym tle niebezpieczne poczucie wyższości dobitnie wyrażone w innych czasach przez autora legionowej pieśni: „Nie trzeba nam od was uznania, ni waszych łez, ni waszych kies...". Zwróceni twarzami ku sobie, po bratersku spleceni ramionami, bojownicy podziemia odwracali się bezwiednie tyłem do własnego zaplecza.

Nie było to regułą. Zmiana postaw niekoniecznie przybierała tak skrajne formy. Nie ulega jednak wątpliwości, że w stanie wojennym „Solidarność" uległa gruntownej przemianie. Zniknął masowy robotniczy ruch ujęty w organizacyjne formy związku zawodowego, a na jego miejscu pojawiła się kadrowa antykomunistyczna konspiracja. Sztandar był wciąż ten sam, ale kryły się pod nim już inne treści społeczne.

Zmienił się też język, którym przemawiała nasza strona. Stan wojenny sprawił, że także my przyjmowaliśmy retorykę wojny. Tożsamość „naszych" określało teraz nie tyle społeczne zaplecze, w imieniu którego występowaliśmy, ile antagonizm wobec śmiertelnego wroga. Myśl o tym, że z „wroną" można by rozmawiać „jak Polak z Polakiem" nie mieściła się na ogół w głowach naszym bojownikom – tym bardziej że na poważną rozmowę nie było szans. Nasz język opierał się teraz na wykluczeniu strony przeciwnej z polskości. „My" byliśmy narodem, „oni" – okupantem prowadzącym z narodem wojnę na sowieckie zlecenie. „Jaruzelski to sowiecki generał w polskim mundurze" – powiedzenie to spopularyzował amerykański generał Weinberger, ale przenieśli je za ocean solidarnościowi emigranci z Polski. Po naszej stronie odkurzono i przywrócono do obiegu antykomunistyczne epitety sprzed 1939 r. Hasło „Precz z komuną" skandowane było obowiązkowo na każdej solidarnościowej demonstracji. Zmienił się też stosunek do słowa „socjalizm". Jeszcze latem 1981 r. nasze gazetki z oburzeniem odrzucały oskarżenie, że jesteśmy siłą antysocjalistyczną i nie była to żadna maskarada. Redaktorzy naszej prasy wywodzili całkiem poważnie, że siłą antysocjalistyczną jest aparat rządzącej partii, gdyż występuje przeciwko klasie robotniczej (czyli przeciw nam). W stanie wojennym taka retoryka nie mogła już pojawić się w naszych szeregach. „Socjalizm" nie budził wprawdzie takiej agresji, jak „komuna", był jednak określeniem szyderczym, którego nikt już nie próbował odzyskiwać.

Zmiana języka wiąże się ze zmianą myślenia i sygnalizuje zmianę, a czasem nawet odwrócenie hierarchii wartości. Wielka „Solidarność" lat 1980–1981 była ruchem wspólnotowym, egalitarnym i w gruncie rzeczy socjalistycznym.

Dwa lata po wprowadzeniu stanu wojennego żadne z tych określeń nie przystawało już do ideowego oblicza podziemnej „Solidarności". Dotyczy to także intelektualistów, a zwłaszcza ekonomistów pełniących niegdyś w naszym związku funkcje doradcze. Byli oni nadal zorientowani na „Solidarność", a właściwie na to, co z niej pozostało, jednak mówili już innym językiem i myśleli inaczej niż w 1981 r., gdy współredagowali zjazdowy program „Rzeczpospolita samorządna". Ich busola wskazywała teraz inne azymuty. Na Zachodzie, ku któremu zwrócone były oczy polskiej inteligencji, nie był to już czas Keynesa i Brandta, lecz czas Miltona Friedmana, Margaret Thatcher i Ronalda Regana. Czas neoliberalizmu w myśli ekonomicznej i neokonserwatyzmu w polityce. Ośrodki myśli neoliberalnej pojawiły się na obrzeżach „Solidarności" w Gdańsku i w Krakowie. Neoliberalną orientację w ekonomii przyjął za swoją nie tylko mieszkający od dawna w Londynie Stanisław Gomułka, ale i niedawny doradca solidarnościowej „sieci" Leszek Balcerowicz, a nawet zastępca Tadeusza Mazowieckiego w „Tygodniku Solidarność" Waldemar Kuczyński. Bliski był czas, gdy ten kierunek myślenia uzyskać miał dominującą w Polsce pozycję pod historycznym sztandarem „Solidarności".

Na I Zjeździe „Solidarności" jednym z trzech kontrkandydatów Lecha Wałęsy w wyborach na funkcję przewodniczącego związku był Andrzej Gwiazda. W wolnej Polsce drogi nasze się rozeszły, ale zarówno w 1981 r., jak i dziś podpisałbym się bez zastrzeżeń pod słowami, jakie Andrzej wypowiedział na zjeździe w swojej wyborczej prezentacji. Polemizował z tymi, którzy traktują z lekceważeniem ludzi dbających jedynie o kiełbasę, a nie o wolność słowa. Przestrzegał też przed nadmierną wiarą w potęgę dziesięciomilionowego ruchu, którego nikt ponoć nie pokona. Przytaczam jego słowa z pamięci: „W latach okupacji Armia Krajowa razem z cywilnymi strukturami Państwa Podziemnego i tajnego nauczania ogarniała nie więcej niż 3% dorosłych Polaków. My też nie będziemy mogli liczyć na więcej, gdy zajrzy nam w oczy prawdziwe niebezpieczeństwo. 98% naszych ludzi odejdzie w godzinie próby. Powinniśmy jednak pamiętać, że to dla tych ludzi, dla tych 98%, co odejdą w obliczu zagrożenia, stworzyliśmy nasz Związek".

Święte słowa. Nie pamiętaliśmy o nich ani w godzinie próby, gdy po zdławieniu strajków trzymała nas za gardło wojskowa dyktatura, ani później, gdy odwróciła się karta historii i nasze było na wierzchu.

* * *

Stan wojenny spowodował głębokie i brzemienne w skutki zmiany nie tylko po naszej, ale i po przeciwnej stronie barykady. Wobec ludzi partii i ludzi władzy z tamtych dramatycznych lat trudno mi zdobyć się na empatię, bo nie mam wystarczającego osobistego doświadczenia. Nie dotyczy to jednak wszystkich. Czarno-biały obraz Polski lat 1980–1981 podzielonej na „Solidarność" z jednej, a partię z drugiej strony, jest po prostu fałszywy. W naszym związku było blisko milion członków PZPR, którzy identyfikowali się z „Solidarnością", lecz nie kwapili się do opuszczenia szeregów partii. Niekoniecznie chodzi przy tym o szeregowych członków partii i szeregowych członków związku. Organizatorami i przywódcami sierpniowych strajków 1980 r. bywali dość często aktywni członkowie partii i ZSMP. Nic dziwnego – byli to ludzie skłonni do działalności społecznej, którzy swoją potrzebę działania realizowali w jedynej dotychczas dostępnej strukturze. Dysponowali odpowiednim wyrobieniem, a często także autorytetem wśród załogi, zwłaszcza gdy nie wahali się występować krytycznie wobec dyrekcji i lokalnych władz. Gdy taki człowiek obejmował przewodnictwo Komitetu Strajkowego w swojej kopalni lub fabryce, a następnie stawał na czele Międzyzakładowego Komitetu Strajkowego, zostawał w rezultacie przewodniczącym MKZ i reprezentował swój region w Krajowej Komisji Porozumiewawczej związku. W miarę narastania konfliktów między „Solidarnością" a partią jako siłą rządzącą ludzie tacy jak Jerzy Szulc z Wałbrzycha czy Ryszard Sawicki z Zagłębia Miedziowego decydowali się zazwyczaj wystąpić z partii. Ale i to nie było regułą. Jesienią 1981 r., gdy KC PZPR uznał, że „Solidarność" stała się partią polityczną i zażądał od partyjnych członków związku, by dokonali wyboru, gdzie chcą należeć, Bogdan Lis odmówił. Identyfikował się oczywiście z „Solidarnością", ale nie zamierzał dobrowolnie oddać legitymacji partyjnej. W rezultacie został z partii wykluczony.

Bogdan był jedną z najbarwniejszych postaci wśród ojców-założycieli pierwszej „Solidarności". Był robotnikiem gdańskiego Elmoru i członkiem PZPR, a zarazem działaczem Komitetu Założycielskiego Wolnych Związków Zawodowych. W fabryce, gdzie kolportował „Robotnika Wybrzeża", był to fakt powszechnie znany. Mimo to, a raczej właśnie dlatego, wybrano go tam na wiceprzewodniczącego Rady Zakładowej legalnego (dziś powiedzielibyśmy:

reżimowego) Związku Zawodowego Metalowców. Bogdan wygrał te wybory w cuglach, a na przewodniczącego nie chciał kandydować, żeby nie przeciągnąć struny i nie spowodować gniewnej reakcji wyższych instancji. Nie trzeba mu było tłumaczyć, że między opozycją demokratyczną i „Solidarnością" a zwykłymi obywatelami PRL, zorganizowanymi w branżowych związkach zawodowych i w partii, nie ma i być nie powinno chińskiego muru. W przededniu stanu wojennego ekipa rządząca starała się jednak nie bez powodzenia takie mury wznosić. Efektem było odejście z szeregów PZPR kilkuset tysięcy członków i pogłębienie społecznej izolacji partii oraz jej wewnętrznej martwoty.

Ostatecznego ciosu nie zadała jednak partii „Solidarność", lecz wojsko, a właściwie stan wojenny. Ekipa, która go realizowała, oparła się na strukturach armii i policji politycznej, odsuwając bezceremonialnie na margines instancje PZPR. Zawieszono ważne reguły partyjnego statutu, pozwalając, by Biuro Polityczne na wniosek Wojskowej Rady Ocalenia Narodowego usuwało sekretarzy Komitetów Wojewódzkich z funkcji, na które wybrały ich całkiem niedawno Wojewódzkie Konferencje PZPR. Na miejsce usuniętych wojskowi przynosili w teczkach swoich faworytów. Co gorsza, partię pozbawiono, i to poczynając od samych podstaw, najbardziej życiodajnego przywileju – obsadzania stanowisk w przemyśle i administracji według reguł nomenklatury. W zakładach pracy, wśród fabrycznych załóg, gdzie według górnolotnych słów Władysława Gomułki „biło życiodajne źródło siły naszej partii", usadowili się teraz wojskowi komisarze i komórki bezpieki. O tym, komu powierzyć stanowisko brygadzisty, majstra, kierownika, nie mówiąc już o dyrektorze fabryki, nie decydowała już egzekutywa Oddziałowej Organizacji Partyjnej, Komitet Zakładowy PZPR, KW lub KC, lecz komisarz wojskowy w porozumieniu z SB. Wszystko to było uzasadnione potrzebą policyjnego nadzoru nad środowiskiem, w którym przez szesnaście miesięcy solidarnościowego karnawału zagnieździł się wróg. U końca tej drogi, która miała doprowadzić do przywrócenia kierowniczej roli partii, znajdowała się jednak formuła zamykająca jej ostatni zjazd: „Sztandar Polskiej Zjednoczonej Partii Robotniczej wyprowadzić!".

* * *

W grudniu 1982 r. władze PRL postanowiły „zawiesić" stan wojenny, przedłużając czasowo niektóre z jego istotnych przepisów. Zapowiedziano, że na Boże Narodzenie wszyscy internowani wrócą do domów. Oprócz niektórych. 22 grudnia kazano mi się spakować i przewieziono mnie z Białołęki do gmachu MSW, gdzie prokurator wojskowy przedstawił mi groźnie brzmiący zarzut, że między sierpniem 1980 a grudniem 1981 r. brałem udział w próbie obalenia przemocą ustroju PRL (art. 123 kodeksu karnego). Identyczny zarzut przedstawiono tego dnia sześciu innym do tej pory internowanym członkom Komisji Krajowej: Andrzejowi Gwieździe, Marianowi Jurczykowi, Janowi Rulewskiemu, Grzegorzowi Palce, Sewerynowi Jaworskiemu i Andrzejowi Rozpłochowskiemu. Otrzymaliśmy nakazy aresztowania, po czym przewieziono nas na drugą stronę ulicy Rakowieckiej i osadzono w III Pawilonie mokotowskiego więzienia. Pozostałem tam do 6 sierpnia 1984 r.

Pod względem zawodowym nie był to dla mnie czas zmarnowany. W końcu lat siedemdziesiątych pracowałem nad zamówioną przez Instytut Historii PAN książką o chłopach w Polsce piastowskiej. Miał to być pierwszy tom zaprojektowanej przez ten instytut serii Chłopi w Społeczeństwie Polskim. Zdążyłem zebrać i przeanalizować materiał, tak że można już było brać się do pisania, gdy zaczęła się solidarnościowa rewolucja. W moich oczach nie było ważniejszej sprawy niż działalność w związku. Średniowiecze mogło sobie poczekać. Przez szesnaście miesięcy pisałem tylko uchwały, oświadczenia i odezwy. Nie było mowy, bym zdążył przygotować bodaj referat o strukturach społeczeństwa i władzy książęcej w Polsce X–XIII w., który miałem wygłosić po włosku na międzynarodowej konferencji w Spoleto w kwietniu 1982 r. Ogłaszając stan wojenny, generał Jaruzelski przestawił mnie jednak z powrotem na tory pracy zawodowej. Wyjazd do Włoch na konferencję nie wchodził oczywiście w rachubę, ale referat można przecież napisać i niech go tam odczyta za mnie ktoś inny. Na Białołęce nie miałem wprawdzie warsztatu pracy, miałem jednak czas, ochotę, papier i długopis, a także swoją własną książkę *Organizacja gospodarcza państwa piastowskiego*. Przywiozłem ją na posiedzenie Komisji Krajowej, żeby dać w prezencie Zbyszkowi Bujakowi, ale nie zdążyłem mu jej wręczyć, więc teraz przydała się mnie. Siedziałem w dwuosobowej celi z Sewerynem Jaworskim, który rozumiał, że muszę się skupić, a nawet skonstruował z blaszanych pojemniczków po dżemie, troczków od skarbowych kalesonów w charakterze knota i smalcu jako paliwa coś na kształt kaganka, żebym mógł pisać po zgaszeniu światła. Był pierwszym wyżarzaczem w Hucie Warszawa i znał się na takich cudach techniki.

Po kilku tygodniach referat był gotowy. Zapobiegliwie przepisałem go raz jeszcze, tak że miałem dwa egzemplarze. Jeden oddałem administracji więziennej dla ocenzurowania i przekazania prezesowi Polskiej Akademii Nauk Aleksandrowi Gieysztorowi, który wybierał się do Spoleto na czele grupy polskich uczestników konferencji. Władze więzienne, jak się słusznie spodziewałem, nie przekazały mojego tekstu adresatowi, tłumacząc się nieznajomością języka włoskiego. Nie czekając na taki finał, przeszwarcowałem drugi egzemplarz na niedzielną mszę w więziennej świetlicy. Oznajmiłem, że muszę się wyspowiadać i w zaimprowizowanym konfesjonale wręczyłem swój rękopis młodemu jezuicie, którego nazywaliśmy poufale Andrzejkiem. Schował on tekst pod sutannę, bez problemu wyniósł z więzienia i przekazał Gieysztorowi. Po tygodniu profesor Girolamo Arnaldi odczytał na konferencji w Spoleto mój referat, a po dalszych kilku dniach (jeszcze przed końcem konferencji) ksiądz Bronisław Dembowski (dziś biskup) poinformował mnie z satysfakcją, że referat został dobrze przyjęty. Telefony były w tym czasie wyłączone lub ostentacyjnie cenzurowane, więc można było odnieść wrażenie, że sam Duch Święty służy księżom za gołąbka pocztowego. W każdym razie mieli dobre informacje.

Referat mój zawierał w ogólnych zarysach pomysł książki, którą miałem napisać. Do tego, by ją napisać w więzieniu, potrzebowałem jednak źródłowych materiałów, które zebrałem przed sierpniem 1980 r., i odpowiedniego zestawu książek. I jedno, i drugie dostarczono mi na Białołękę jeszcze przed przewiezieniem mnie na Mokotów. Na Rakowieckiej klawisze nie kwestionowali tego, co miałem ze sobą w więziennym bagażu; to, co mogłem mieć na Białołęce, wolno mi widocznie mieć także na Mokotowie. Na nowym miejscu mogłem spokojnie zabrać się do pisania. Siedziałem teraz we dwójkę z Wojciechem Dobrzyńskim, który cierpiał w milczeniu, gdy ja pisałem. Był niewyżytym redaktorem podziemnej gazetki i wymagał tylko, bym wieczorem przeczytał mu, co w dzień napisałem, a potem wysłuchał jego redaktorskich rad. Głośnika w celi nie było, przesłuchiwano mnie rzadko i bez wiary w sukces. Jako „tymczasowo (choć w praktyce bezterminowo) aresztowany" miałem prawo do nieograniczonej korespondencji. Gdy brakowało mi w zebranym wcześniej materiale jakiegoś dokumentu, pisałem do zaprzyjaźnionych kolegów mediewistów, prosząc, by przysłali tekst tego dokumentu w liście. Pułkownik Szczęsny z Naczelnej Prokuratury Wojskowej, który z urzędu cenzurował moją korespondencję, był pełen najgorszej woli. Z reguły nie zezwalał na dosłanie mi żadnej książki. Na szczęście miał też ludzkie słabości – był zakompleksiony i próżny, więc nie chciał, by go posądzać o nieznajomość łaciny lub arkanów mediewistycznego warsztatu badawczego. Listy, w których znajdowały się łacińskie teksty i źródłoznawcze informacje, przekazywał mi niezwłocznie, choć przetrzymywał po kilka tygodni każdy list od rodziny. Chyba sprzyjał mi też w „pałacu cudów", który znałem jak własną kieszeń, ponury skądinąd *genius loci*. W każdym razie nie minął rok, a rękopis książki był ukończony. Na to, by go przesłać dyrektorowi Instytutowi Historii PAN Januszowi Tazbirowi czy samemu prezesowi Polskiej Akademii Nauk Aleksandrowi Gieysztorowi, pułkownik Szczęsny pryncypialnie odmawiał zgody mimo urzędowych pism obu zainteresowanych. Przepisałem więc drobnym maczkiem do zeszytu tekst książki, napisałem na okładce „Retenta adwokackie" i wyniosłem na widzenie adwokackie z moją ulubioną mecenas Ewą Pruchniewicz, która przekazała rękopis do Instytutu. Tym sposobem jeden egzemplarz był zabezpieczony.

Oryginał pozostał ze mną w więzieniu i dopiero wraz ze mną wyszedł na wolność, gdzie trzeba było jeszcze pochodzić do bibliotek, uzupełnić braki oraz wnieść poprawki. Ostateczną redakcję złożyłem w wydawnictwie Ossolineum, gdzie opracował ją edytorsko mój przyjaciel Janek Miś. Ówczesny dyrektor Departamentu Książki Ministerstwa Kultury – wieloletni aparatczyk partyjny – próbował jeszcze wstrzymać druk, lecz minister kultury Aleksander Krawczuk uchylił zakaz podwładnego. Książka ukazała się w 1987 r. Uważam, że jest dobra, a nawet umieszczam ją na drugiej pozycji w prywatnym rankingu moich prac. Pierwsze miejsce bezspornie zajmuje na tej liście wydana w 2004 r. *Barbarzyńska Europa*. Obawy pułkownika Szczęsnego, że za książkę o chłopach mogę zostać profesorem, okazały się uzasadnione. W 1988 r. Instytut Historii PAN wszczął stosowną procedurę, a w 1990 r. prezydent Wojciech Jaruzelski nadał mi tytuł profesorski.

Prócz bezspornego osiągnięcia naukowego mogłem zapisać na swoje konto w czasie ostatniego (jak dotąd) pobytu na Mokotowie również osiągnięcie polityczne. Polegało ono na prostej odmowie wyjścia z tego miejsca. Chodzi o głośną, lecz obrosłą mitami sprawę propozycji złożonej wiosną 1984 r. tzw. jedenastce, tj. czterem członkom KOR i siedmiu członkom KK więzionym pod zarzutem zamachu na ustrój. Zachowały się w tej sprawie dwie bardzo nierzetelne notatki Biura Śledczego MSW oraz osobiste świadectwa nierównej wartości. Najwierniejsza i najbardziej wnikliwa jest bez wątpienia relacja Bronka Geremka (*Notatka protokolarna z rozmowy Zespołu Dobrych Usług z «jedenastką»*, „Wolność i Solidarność" nr 4/2012), ale potrzebne wydaje mi się także przedstawienie wydarzeń z mojego punktu widzenia.

W lutym lub marcu 1984 r. przeczytałem w „Trybunie Ludu" wzmiankę o konferencji prasowej rzecznika rządu Jerzego Urbana. Poinformował on dziennikarzy zagranicznych, a „Trybuna Ludu" – swoich krajowych czytelników, jakoby jedenastu więźniom z KOR i KK zaproponowano, żeby zamiast stanąć w charakterze oskarżonych przed sądem, zgodzili się wyjechać na jakiś czas za granicę. Reakcje zainteresowanych na tę propozycję miały być „zróżnicowane". Wypowiedź Urbana wprawiła mnie we wściekłość tym większą, że „zróżnicowane reakcje" były zmyślone, gdyż nikt mi nic takiego nie zaproponował, więc i reagować nie miałem na co. Teraz jednak postanowiłem odpowiedzieć i napisałem do Urbana lodowato grzeczny list, jak rzecznik do rzecznika. Zwróciłem uwagę, że od przeszło dwóch lat siedzimy w areszcie pod ewidentnie fałszywym zarzutem próby obalenia przemocą ustroju. Zarzut ten dotyczy w rzeczywistości legalnej działalności związkowej, a w toku śledztwa organa ścigania dopuściły się fabrykowania fałszywych dowodów. Nie jestem zainteresowany uniknięciem sądu, lecz przeciwnie – otwartym procesem, w którym fałszywe dowody i fałszywe oskarżenie zostaną obalone. Rozumiem, że rząd chciałby uniknąć takiego procesu, ale nie może w tym liczyć na żadną pomoc z mojej strony. Odpowiedzi oczywiście nie dostałem, chciałem jednak, żeby mój list został opublikowany w podziemnej i zagranicznej prasie. Był krótki, a ja miałem fotograficzną pamięć do swoich tekstów, więc na widzeniu adwokackim odtworzyłem list do Urbana słowo w słowo na kartce papieru z sugestią, by go przekazać komu trzeba (nie adresatowi, bo on już ma). Nie mam cienia wątpliwości, że moi obrońcy przekazali go we właściwe ręce. Nie został on jednak nigdzie opublikowany, co mnie do czasu intrygowało.

Bodaj 20 kwietnia 1984 r. – pamiętam w każdym razie, że był to Wielki Piątek – do naszej celi przyszedł fryzjer i ogolił tylko mnie. Potem oddziałowy obejrzał krytycznie moje ubranie i zapytał, czy nie mam nic elegantszego. Nie miałem. Następnie porucznik Breitkopf z Biura Śledczego MSW zaprowadził mnie na dziedziniec. Na pytanie: „Dokąd idziemy?", odpowiedział tylko: „Zobaczy pan". W cywilnej furgonetce, do której wsadzono mnie z Jankiem

Rulewskim pod eskortą uzbrojonych tajniaków, Janek zwrócił się do mnie (widocznie liczył na moje doświadczenie) z tym samym pytaniem: „Gdzie nas wiozą?". Biorąc pod uwagę datę, odpowiedziałem: „Jasiu, pewnie na święcone".

W eleganckiej willi MSW w Chylicach (tej samej, w której na początku stanu wojennego trzymano Wałęsę) nie czekali jednak na nas duchowni, lecz nasi doradcy: Tadeusz Mazowiecki, Bronisław Geremek, Andrzej Wielowieyski, Jan Olszewski, Wiesław Chrzanowski, Andrzej Stelmachowski i – na odrębnych zasadach, gdyż nie był doradcą „Solidarności", ale być może na moją intencję – Aleksander Gieysztor. W podobnej willi w Otwocku z uwięzionymi członkami KOR spotykali się członkowie KOR pozostający na wolności: Józef Rybicki, Jan Józef Lipski, Aniela Steinsbergowa, Maria Wosiek i ksiądz Jan Zieja. Ostatnie, decydujące spotkanie całej „jedenastki" z doradcami i członkami KOR z wolności odbyło się 12 maja w Chylicach.

Nie proponowano nam, byśmy zgodzili się wyjechać na parę lat za granicę, lecz uzależniano zwolnienie nas z więzienia i umorzenie śledztwa od tego, byśmy we wspólnym liście do prymasa zobowiązali się, że przez dwa i pół roku powstrzymamy się od „publicznej działalności społecznej lub politycznej". W wynegocjowanym przez biskupów z generałami załączniku wyjaśniano, co należy rozumieć przez „publiczną działalność społeczną lub polityczną". W gruncie rzeczy było to coś w rodzaju deklaracji lojalności, tyle że mieliśmy ją złożyć na ręce biskupów, a nie bezpośrednio generałom. Jeżeli się na to zdecydujemy, to władze nie tylko wypuszczą nas niezwłocznie do domu, ale skłonne będą zastanowić się nad generalną amnestią dla ogółu więźniów politycznych. Pierwsze wrażenie było tak silne, że Janek Rulewski powiedział do mnie półgłosem: „To sojusz pałki i pastorału". Tak dosadna formuła nie przeszłaby mi przez gardło, ale jestem niewierzący, a Janek to dobry katolik, więc jemu wolno.

Wożono nas do Chylic w sumie trzy albo cztery razy. Przy drugim spotkaniu dowiedzieliśmy się, że Adam Michnik odmówił wyjścia z celi i wyjazdu na spotkanie z pozostałymi członkami KOR. Nie chciał też rozmawiać z Janem Józefem Lipskim, który przyjechał do niego na Mokotów, a z Jackiem Kuroniem, którego wpuszczono do jego celi, spierał się tak głośno, że słychać było ich krzyki na korytarzu. Wtedy doradcy postanowili zwrócić się do mnie. Klawisz zaprowadził mnie do pokoju przesłuchań, gdzie kapitan Fonfara wręczył mi list Wiesława Chrzanowskiego (na blankiecie biura prasowego Episkopatu) z prośbą, abym zechciał porozmawiać z Michnikiem „dla wyjaśnienia przyczyn jego odmowy udziału w spotkaniach jedenastki". Zgodziłem się i wpuszczono mnie do celi Adama. Kapusia, który z nim siedział, taktownie gdzieś wyprowadzono. W rozmowie ze mną Adam nie awanturował się. Stwierdził spokojnie: „Uwięziony nie negocjuje". Było to nieścisłe, bo z nami nikt nie negocjował. Mogliśmy tylko wynegocjowaną przez biskupów z generałami propozycję przyjąć lub odrzucić, dyskutowaliśmy zaś na ten temat między sobą i z naszymi doradcami, a nie z władzami PRL. Dla wyjaśnienia swojego stanowiska Adam przeczytał mi swój słynny (ale mnie wtedy nieznany) list do Kiszczaka. List ten dotyczył wprawdzie wyjazdu (czego nam w Chylicach nie proponowano), ale nie pozostawiał wątpliwości, że autor nie zgodzi się również złożyć generałom za pośrednictwem prymasa obietnicy dobrego sprawowania. Nie było więc między mną i Adamem merytorycznych różnic. Różnił nas przypadek – on jeden został poinformowany na widzeniu przez narzeczoną o tym, co się święci, i on jeden wiedział, gdzie i po co chcą go zabrać, a w rezultacie mógł odmówić wyjścia z celi. Prócz tego różniło nas nastawienie wobec grupy – mnie zależało na tym, żeby propozycję odrzuciła cała jedenastka, co wymagało, jak sądziłem, dyskusji z kolegami. Adam z pozoru dbał głównie o własną reputację, jakby nam mówił: możecie dać ciała, ale beze mnie. W stosunku do jego przyjaciół z KOR był to zresztą skuteczny środek nacisku.

W tym samym czasie, gdy nas wożono do Chylic, MSW pozwoliło sobie jeszcze na drobną próbę dywersji. Prowadzano nas (oczywiście pojedynczo) do pokoju widzeń adwokackich w mokotowskim więzieniu, gdzie zamiast obrońcy oczekiwał pan Emilio de Olivares, dyrektor gabinetu sekretarza generalnego ONZ. Towarzyszyła mu tłumaczka, podobno z Ministerstwa Spraw Zagranicznych. Emilio de Olivares powrócił do wariantu już odrzuconego przez Kościół, czyli do propozycji wyjazdu za granicę na rok lub dwa. Mówił nieźle po włosku, więc w rozmowie ze mną tłumaczka nie była potrzebna. Zapewniał, że po roku lub dwóch będziemy mogli powrócić do kraju. Odmówiłem kategorycznie, podobnie jak wszyscy pozostali. Było zresztą jasne, że jest to dywersja wymierzona przeciwko stronie kościelnej, więc myślę, że propozycja Olivaresa nie była do przyjęcia również dla tych z nas, co nie śmieli odmówić prymasowi. Pozostaje służbową tajemnicą Biura Śledczego MSW, dlaczego wbrew prawdzie napisało ono w tajnej notatce dla własnej zwierzchności, jakoby żaden z nas nie wykluczył wyjazdu.

12 maja w Chylicach spotkała się cała jedenastka (a właściwie dziewiątka, gdyż Michnik był nieobecny pryncypialnie, a Jurczyk leżał w szpitalu) i doradcy KK oraz Jan Józef Lipski, Józef Rybicki i Maria Wosiek z KOR. Dyskutowaliśmy nad tym, co odpowiedzieć prymasowi. Oznajmiłem, że nie podpiszę listu do prymasa, jeśli będzie w nim zawarta obietnica powstrzymania się od działalności – i to nawet w wypadku, gdyby większość jedenastki była przeciwnego zdania niż ja. Uzasadniłem to względami prawnymi i politycznymi. Uniknięcie procesu to interes rządu, a nie nasz. Jesteśmy więzieni pod fałszywym zarzutem, a w śledztwie fałszowano dowody. Dla władz proces będzie politycznie kosztowny, ale nam powinno zależeć na wyroku uniewinniającym. Zamiarem władz w tej sprawie jest też moralne i polityczne osłabienie podziemia. Jesteśmy ważnym punktem oparcia dla ludzi, którzy za cenę wielkiego osobistego ryzyka kontynuują walkę o powrót „Solidarności". Nasza kapitulacja będzie dla tych ludzi ciosem. Zupełnie nie przemawiał do mnie argument dwóch doradców, że nasze zwolnienie jest stawianym przez Zachód warunkiem objęcia Polski programem Międzynarodowego Funduszu Walutowego, więc powinniśmy się „poświęcić" (?!) dla ogarniętego kryzysem kraju. Nie rozumiałem, dlaczego udział PRL w MFW jest wartością, i to aż taką, żeby dla niej poświęcić lojalność wobec naszych kolegów w podziemiu i własną reputację. Poza tym nie wierzyłem, że jak my damy ciała, to ekipa generałów rzeczywiście amnestionuje wszystkich pozostałych więźniów politycznych (obietnice zawarte w liście przewodniczącego Rady Państwa do prymasa, który nam pokazano, były w tej sprawie mgliste).

Stanowisko Jacka Kuronia, Zbigniewa Romaszewskiego i Henryka Wujca było podobne do mojego. Doradcy zachowywali się różnie. Józef Rybicki gorąco namawiał do przyjęcia propozycji i w podobnym kierunku oddziaływali na Jaworskiego, Rulewskiego, Palkę i Rozpłochowskiego Jan Olszewski oraz Wiesław Chrzanowski. Jan Józef Lipski zachowywał wyraźny dystans, reszta doradców unikała deklaracji, które mogłyby sprawiać wrażenie nacisku. W końcu nastąpiło tajne głosowanie. Mieliśmy do wyboru trzy możliwości: „tak", „nie" i „z" czyli zgłoszenie zastrzeżeń do treści propozycji. Ponieważ mogliśmy tę propozycję tylko przyjąć lub odrzucić, „z" oznaczało w praktyce wstrzymanie się od głosu. Nie było żadną tajemnicą, jak kto głosował. Przeciw obietnicy, że będziemy grzeczni, padło pięć głosów (Kuroń, Romaszewcki, Wujec, Gwiazda i ja), a wstrzymało się czterech naszych kolegów (Rulewski, Jaworski, Palka i Rozpłochowski). W rezultacie za propozycją, którą nam przedstawiono, nie głosował nikt. Pozostaje tajemnicą Biura Śledczego MSW, jakim cudem w jego notatce zrobiły się z tego trzy głosy przeciwne (wyłącznie członków KOR) i siedem głosów „za" (wszyscy członkowie KK wraz z nieobecnym Jurczykiem). Generał Kiszczak nie mógł zwyciężyć, skoro miał takich podwładnych i takie informacje.

Trzeba było jeszcze odpowiedzieć listownie prymasowi Polski. Niewdzięczne zadanie zredagowania tekstu powierzono jak zwykle mnie. Musiałem ułożyć list, pod którym podpisać by się mogli zarówno ci, co głosowali przeciw propozycji, jak i ci, co się wstrzymali. Należało też złagodzić gniew kościelnego adresata; nas chroniły wprawdzie grube mury więzienia, jednak Zbyszek Bujak i cała TKK, choć ucieszyli się naszą odmową, potrzebowali życzliwości, a nie gniewu biskupów. Pod ciśnieniem tych sprzecznych wymogów spłodziłem tekst bardzo osobliwy – odmowę pisaną wazeliną. Wszyscyśmy to podpisali. Kiedy jednak przeczytałem na głos nasz wspólny już tekst, Wielowieyski aż jęknął: „Kochani, co wyście tu napisali? To takie zawiłe. A przecież to będą czytać prości ludzie: biskupi".

W sierpniu 1984 r., gdy znalazłem się na wolności, arcybiskup Gulbinowicz wyznał mi, że „prości ludzie" byli początkowo urażeni, ale im przeszło. Byli pragmatykami, więc może po amnestii zmienili zdanie. Z tego natomiast, co Bronek Geremek opowiedział wówczas Tadeuszowi Kowalikowi (zapis z taśmy magnetofonowej – „Wolność i Solidarność" 2012, nr 4), przebija rozgoryczenie, ale nie wyczuwa się urazy. Bronek nas rozumiał. Trzeba zrozumieć także doradców – skoro dopominali się, by Kościół podjął sprawę więzionej „jedenastki", nie mogli odmówić udziału w ryzykownych i dwuznacznych poszukiwaniach rozwiązania, które byłoby do przyjęcia dla władz. My siedzieliśmy, oni byli na wolności. W tej sytuacji uważali, że nie mogą powiedzieć: niech siedzą dalej.

Prasa podziemna przyjęła naszą odmowę owacyjnie. Dla nas to było wtedy – wiosną 1984 r. – najważniejsze, choć niewątpliwie przecenialiśmy i siłę, i rolę podziemia. Z drugiej strony nikt z nas – ani więźniowie, ani doradcy, ani biskupi, ani nawet ludzie podziemia – nie doceniał wówczas potęgi mitu „Solidarności". Ten symboliczny czynnik miał odegrać wielką rolę dopiero cztery lata później. Ale do tego, żeby bieg wydarzeń wykazał praktyczną wartość naszej odmowy, wystarczyły dwa miesiące i dziesięć dni. Skoro nie chcieliśmy rządzącym nic obiecać, a rządzący nie chcieli procesu, to musieli nas wypuścić na innej zasadzie. Wymagało to amnestii tak szerokiej, by objęła nawet zbrodnię zamachu na ustrój. Sejm PRL uchwalił taką amnestię 21 lipca 1984 r. Miło pomyśleć, że swoim uporem przyczyniliśmy się do uwolnienia sporej liczby naszych znajomych i nieznajomych współwięźniów.

VIII. Stan powojenny

Ale wszystko jest jak trzeba –
pejzaż jak umyty stół
pod czerwoną szmatą nieba –
muł…

Jacek Kaczmarski, *Powódź*

Jednym z pierwszych przywódców związkowych wypuszczonych z więzienia na mocy lipcowej amnestii 1984 r. był mój przyjaciel Władysław Frasyniuk. Stał na czele Zarządu Regionu dolnośląskiej „Solidarności", a od 14 grudnia 1981 r. – na czele Regionalnego Komitetu Strajkowego we Wrocławiu. Bezpiece udało się wytropić go i aresztować 5 października 1982 r., a 24 listopada wrocławski sąd skazał Władka na sześć lat więzienia. Myślę, że MSW zlekceważyło raporty swoich własnych funkcjonariuszy, a także raporty klawiszy na temat zachowania Frasyniuka w podziemiu i w kryminale. Władek wychował się w tzw. Trójkącie Bermudzkim. Jest to dzielnica Wrocławia położona między Dworcem Głównym a ulicami Traugutta i Krakowską. Popularna nazwa tej okolicy pochodzi stąd, że każdy radiowóz milicyjny, który się tam zapędził, znikał jak samolot w trójkącie bermudzkim. Frasyniuk był z porządnej rodziny, skończył technikum samochodowe i należał do najlepszych kierowców MPK, ale fasonu nauczył się od chłopaków z dzielnicy. Nikt mu nie podskoczył, a już zwłaszcza żaden gliniarz lub tajniak. Od momentu wyjścia za więzienną bramę śledziła go zwyczajna ekipa tajniaków. Był to błąd. Władek zniknął im z oczu, na parę dni „zanurzył się" (czyli zszedł do podziemia) i spotkał się ze Zbyszkiem Bujakiem. 29 lipca 1984 r. wydali oni wspólne oświadczenie na temat konieczności dalszej walki o przywrócenie „Solidarności". Od dawna nikt tak nie zagrał na nosie generałowi Kiszczakowi i jego ludziom. Od tej pory zwalnianie renomowanych więźniów politycznych w trybie amnestii odbywało się z zastosowaniem specjalnej procedury. Ale ja o tym nie wiedziałem.

6 sierpnia 1984 r., czyli dwa tygodnie po ogłoszeniu amnestii, kazano mi się spakować. Zapakowałem rzeczy osobiste, książki, a nade wszystko oryginalny rękopis *Chłopów w Polsce piastowskiej* do marynarskiego worka na bagaż, przeszedłem wszystkie niezbędne formalności i byłem gotów do wyjścia. Ku mojemu zdziwieniu oddziałowy kazał korytarzowemu, żeby niósł mój bagaż. Z taką rewerencją nigdy się w więzieniu nie spotkałem, ale tym potulniej postępowałem krok w krok za strażnikiem i kalifaktorem, którzy mieli torbę z moim rękopisem. Tuż przy drzwiach wyjściowych z pawilonu na wewnętrznym dziedzińcu stał biały fiat 125 z wrocławską rejestracją. Wysiadł z niego jakiś cywil, natychmiast otworzył bagażnik i mój bezcenny bagaż znalazł się w samochodzie. Drugi tajniak też wysiadł i zaprosił mnie na tylne siedzenie. Trzeci siedział przy kierownicy.

Gdy samochód wyjechał za bramę i skręcił Rakowiecką w lewo, powiedziałem, że trzeba jechać na Świętokrzyską. Mieszkała tam moja matka, u której wciąż byłem zameldowany na pobyt stały; we Wrocławiu miałem meldunek czasowy, lecz już nieaktualny, gdyż moja umowa o pracę wygasła po aresztowaniu, więc już nie mogłem mieszkać w pięknym budynku Instytutu. Tajniacy zachowywali się, jakby nie słyszeli, co mówię. W kancelarii więziennej podałem wprawdzie, że będę mieszkać w Sobótce, ale miałem w kieszeni świadectwo zwolnienia i zwróciłem uwagę, że jako człowiek wolny mogę iść, gdzie chcę. Funkcjonariusze nie zaprzeczyli ani nie potwierdzili. Mogłem sobie darować te puste słowa. Oni mieli kluczyki od samochodu oraz pistolety w kaburach pod pachami, nade wszystko zaś mój rękopis w bagażniku. Sprawiedliwy Pan Bóg pokarał ich jednak za pychę. Na trasie wylotowej był korek, samochody jechały wolno jak za pogrzebem, a gdy nasz kierowca wyminął je z naruszeniem wszelkich przepisów, znaleźliśmy się w zwartym maszerującym tłumie. Ruszała właśnie piesza pielgrzymka warszawska do Częstochowy. Tajniakom zrzedły miny. Co by było, gdybym zawołał do pielgrzymów, kim jestem i kim są ci panowie? Też sobie o tym pomyślałem, ale nie chciałem kłopotów na drodze powrotnej do domu. No i ten rękopis w bagażniku... Przetrzymałem ich trochę w nerwowym napięciu, po czym poinstruowałem kierowcę, który najwyraźniej nie znał Warszawy, że ma zawrócić i jechać do trasy wylotowej na Łódź. Była to dłuższa trasa i jej pokonanie zajęło nam ponad osiem godzin, ale jazda aż do Bełchatowa w tempie pieszej pielgrzymki zajęłaby więcej czasu. Podczas przejazdu przez Wrocław mogłem podziwiać ze złośliwą satysfakcją dość liczne napisy na murach: „Solidarność żyje", „Solidarność zwycięży" lub stylizowane na okupacyjny symbol AK kotwice „Solidarności Walczącej". Moi konwojenci nie zwracali na nie uwagi.

Zawieźli mnie do Sobótki, pod same drzwi klatki schodowej, ale nie odjechali do Wrocławia, choć byli z wrocławskiej Służby Bezpieczeństwa. Zostali przy wejściu do kamienicy, w której mieszkałem, i odtąd nie odstępowali mnie nawet na krok; zmieniali się tylko, nie pamiętam już czy co 8, czy może co 12 godzin. Gdy wyjeżdżałem do Wrocławia autobusem PKS, jeden lub dwóch wsiadało do autobusu, a pozostali jechali z tyłu samochodem. To samo było we Wrocławiu i w drodze powrotnej do Sobótki. Raz był taki tłok, że nie zdołali wcisnąć się razem ze mną do środka – jechali więc za autobusem zderzak w zderzak i świecili w tylną szybę reflektorami samochodu, aż kierowca PKS wściekł się. Stanął przy budce telefonicznej i zadzwonił na milicję, że jakiś chuligan stwarza zagrożenie, bo tak świeci w jego wsteczne lusterko, że nie widać, co się dzieje z tyłu na szosie. Milicja przyjechała i z widocznym żalem odstąpiła od ukarania pirata drogowego, a nawet, chcąc nie chcąc, pomogła jednemu z tajniaków wejść do autobusu. Podobną obstawę, a właściwie konwój, przydzielono Władkowi Frasyniukowi, gdy już powrócił do domu z wypadu do podziemia, i Józkowi Piniorowi, zwolnionym na mocy tej samej amnestii. Co gorsza, funkcjonariusze z konwoju mieli brzydki zwyczaj legitymowania i spisywania osób, które witały się ze mną na ulicy. Podobnie postępowali bez wątpienia tajniacy towarzyszący nieodstępnie Władkowi, Józkowi i innym wypuszczonym z więzień działaczom z „górnej półki". Był to rodzaj przenośnego kordonu sanitarnego. Dopiero po upływie dwóch miesięcy, gdy wraz z żoną wracałem do domu pociągiem osobowym relacji Wrocław–Świdnica, ekipa moich konwojentów stanęła rządkiem na peronie. Wszyscy ukłonili się grzecznie, a ich dowódca objaśnił: „My już dzisiaj z państwem do Sobótki nie jedziemy. Dobranoc państwu".

Dla mieszkańców maleńkiej Sobótki cała ta ubecka choreografia była nie lada sensacją. Po dwóch dniach wszyscy już wiedzieli, co to za samochód tkwi na okrągło przed domem Rynek 9a i co za milczący cywile ciągle w nim siedzą. Zaczęły się wędrówki ciekawskich, którzy przyglądali się funkcjonariuszom jak małpom w ZOO. Wielu pytało ich, ile chcą za ten samochód: „On tu ciągle stoi, podobno jest na sprzedaż". Tajniacy wyczuwali ukrytą za tym szyderstwem wrogość i wściekali się, ale mogli najwyżej wylegitymować natrętnych kupców. Dla mnie też był to papierek lakmusowy nastrojów sąsiedzkiej społeczności.

Impas

Liczby sympatyków „Solidarności" w ówczesnej Sobótce nie dałoby się dokładnie określić. W miejscowej fabryce cukierków, w browarze i w kamieniołomach były oczywiście przed grudniem 1981 komisje zakładowe, ale nie pozostał po nich żaden organizacyjny ślad. Była tu natomiast kilkudziesięcioosobowa grupa jawnych oponentów reżimu, która w sierpniu 1985 r. po mszy odprawionej w kaplicy na szczycie Ślęży rozwinęła transparent z napisem „Solidarność żyje". Znałem tych ludzi, a zwłaszcza ich nieformalnego przywódcę Bernarda Majdzińskiego, człowieka odważnego i radykalnego w swej antykomunistycznej postawie, lecz poza tym pozbawionego wyraźnej tożsamości politycznej. Ani on sam, ani ludzie skupieni wokół niego nie byli w tym czasie związkowcami, tyle że swojej wrogości do komunizmu nie mogli wyrazić inaczej, niż odwołując się do symboliki solidarnościowej. Instytucjonalne oparcie w miejscowej parafii zapewniał im młody wikary, ksiądz Piotr Śliwka. Był to bardzo utalentowany kaznodzieja, obdarzony świetnym, dudniącym głosem, charyzmatyczny i przystojny. Z pewnością podobał się dziewczynom, co dla katolickiego duchownego jest atutem kłopotliwym. Poza tym wyraźnie wzorował się na księdzu Popiełuszce i jego homiliach. Za sprawą Piotra Śliwki wybrałem się 21 września 1986 r. z parafianami (co w tym wypadku oznaczało najbardziej zdeklarowanych przeciwników reżimu w mieście Sobótka), wynajętym autokarem na ogólnopolską pielgrzymkę ludzi pracy do Częstochowy. Po drodze uczestnicy pielgrzymki śpiewali rozmaite pieśni, nie tylko kościelne. Jedna z nich, mimo poetyckiej nieporadności, zwróciła moją uwagę jako wyraz stanu ducha tych ludzi: „Nigdy więcej spawacza [tak nazywano generała Jaruzelskiego ze względu na ciemne okulary] wokół nas, wokół nas / Nie zrobią ze mnie łajdaka, nie zabiorą mi mojego świata / Jestem Polakiem, chcę być wolny, zawsze wolny być!". Śpiewano też pieśń oazową zmodyfikowaną na moją intencję: „Czy wy wiecie, że jesteśmy rodziną / czy wy wiecie, że jesteśmy wspólnotą ... / Czy wy wiecie, że tu jest i pan Karol, / pan Karol, w którym mieszka Święty Duch". Czułem się trochę głupio, ale od tej pory niełatwo przewrócić mi w głowie – choć przecież wiem, że Duch Święty mieszka w każdym, tyle że nie każdy świecki i nie każdy duchowny traktuje Go z należytą gościnnością.

Na Jasnej Górze spotkałem tego dnia wielu zaprzyjaźnionych lub tylko znajomych działaczy związku. Rozmawiałem – po raz pierwszy od grudnia 1981 – z Wałęsą, widziałem się z Bogdanem Borusewiczem dopiero zwolnionym z Rakowieckiej. Ludzie, których nie widziałem od czasu Krajowego Zjazdu w gdańskiej Olivii, klepali mnie po plecach, a niektórzy nawet prosili, żebym się im wpisał do sztambucha. Nie miałem jednak wrażenia, że wróciły dawne czasy. Czułem się raczej jak na obchodach ku pamięci pierwszej „Solidarności" niż jak na zgromadzeniu związku, który podobno jeszcze żyje.

* * *

Sobótka była pierwszym skrawkiem Polski „stanu powojennego", któremu mogłem się przyjrzeć. Wrocław też poznawałem od nowa, lecz nieco później, gdy zamiast konwoju miałem na karku, i to nie każdego dnia, zwykłą obserwację – dwa lub trzy samochody i ośmiu lub dwunastu funkcjonariuszy, którzy ciągle się zmieniali, żebym ich nie zauważył. Można było im się urwać, zwłaszcza z pomocą kolegów z konspiracji, którzy też dysponowali na taką okazję paroma samochodami, a nawet odbiornikiem tranzystorowym nastawionym na częstotliwość operacyjną bezpieki. Chciałem nawiązać kontakt z podziemiem, a nawet – jeśli koledzy z konspiracji się zgodzą – „zanurzyć się" i dołączyć do nich. Z więziennej izolacji wyniosłem głębokie, choć mylne przekonanie, że konspira jest przetrwalnikiem, z którego odrodzi się wielka „Solidarność". Rzecz jasna nie szukałem kontaktu na własną rękę, lecz czekałem na wezwanie.

Nie czekałem zbyt długo. Przez wiarygodnych pośredników otrzymałem wiadomość, że przewodniczący RKS chciałby się ze mną spotkać. Uzgodniliśmy miejsce we Wrocławiu, skąd zabiorą mnie wysłannicy podziemia. Trzema kolejnymi „maluchami", które zmienialiśmy, przebiegając przez przechodnie bramy, zostałem dowieziony do jednorodzinnego domku w willowej dzielnicy, gdzie ukrywał się ówczesny szef wrocławskiej „Solidarności" i członek TKK Marek Muszyński. Objął on tę funkcję w maju 1983 r. po aresztowaniu Józefa

Piniora w wyniku rozległej wsypy, która nieodwracalnie osłabiła konspiracyjne struktury związku we Wrocławiu. Spodziewałem się rozmowy o strategii podziemia i propozycji jakiegoś udziału w jego pracach, ale Muszyński ograniczył się do prośby o przekazanie do jego dyspozycji związkowych pieniędzy uratowanych w stanie wojennym przez Piniora i gdzieś ukrytych. Na to nie miałem wpływu. Nie wiedziałem nawet (bo wiedzieć nie musiałem), gdzie te pieniądze są. Następnym razem pojechaliśmy na konspiracyjne spotkanie z Muszyńskim we dwójkę: Pinior i ja. Józek nie przekazał jednak Muszyńskiemu klucza od kasy, bo uważał, że równałoby się to zmarnowaniu środków cudem ocalonych od konfiskaty przez „wronę" w grudniu 1981 r. Nie był dobrego zdania o kwalifikacjach Muszyńskiego ani o tym, co pod jego kierownictwem pozostało ze struktur podziemia. Niewątpliwie miał rację, choć reaktywowany w 1989 r. Zarząd Regionu, któremu Pinior przekazał uroczyście uratowaną sumę, też nie potrafił jej sensownie wykorzystać.

Powoli, z wielkimi oporami, przyjmowałem do wiadomości, że kondycja podziemia jest rzeczywiście bardzo licha. Funkcjonowało ono wprawdzie wciąż jeszcze pod nazwą „Solidarności" (odejście od tej nazwy byłoby krokiem samobójczym), a jego kierownictwo we Wrocławiu wciąż nazywało się Regionalnym Komitetem Strajkowym, faktycznie jednak nie był to już ruch związkowy i nie miał zdolności wywoływania strajków. Gdzieniegdzie istniały jeszcze tajne Komisje Zakładowe, ale nawet tam, gdzie one wciąż trwały, próbowały zbierać składki oraz kolportować jakieś gazetki, nie sprawowały już wśród załogi rządu dusz. Na początku maja 1988 r., gdy w niektórych ośrodkach przemysłowych po raz pierwszy od kilku lat wybuchły strajki z prawdziwego zdarzenia (przy czym w Nowej Hucie i w Stalowej Woli pojawiły się żądania przywrócenia do pracy działaczy NSZZ „Solidarność"), Józek Pinior spróbował poderwać Dolmel do strajku. Umówił się z tajną Komisją Zakładową i udało się jakoś przeszwarcować go do zakładu. Był żywą legendą, więc gdy niespodziewanie pojawił się w fabryce, zgromadziło się wokół niego sporo ludzi, wystarczyła jednak interwencja tzw. straży robotniczej, czyli zakładowych ormowców, żeby zapobiec strajkowi, wyprowadzić Józka za bramę i wydać w ręce milicji. W maju i w sierpniu 1988 r. strajki robiło nowe pokolenie robotniczych buntowników, którzy nie byli organizacyjne związani z pierwszą ani z podziemną „Solidarnością". Podziemie nie miało już siły sprawczej, bo lina kotwiczna, która je łączyła z robotniczą bazą ruchu, została zerwana w pierwszych miesiącach po grudniowej klęsce.

W połowie lat osiemdziesiątych atutem podziemia nie były struktury zakładowe ani poparcie załóg fabrycznych, lecz sympatia i współdziałanie bardzo licznych, zwłaszcza po stanie wojennym, przeciwników komunizmu z rozmaitych środowisk społecznych. Tej sympatii oraz gotowości do współdziałania solidarnościowa konspira zawdzięczała rozgałęzioną sieć kolporterów i drukarzy, a także zaplecze materialne – choćby w postaci mieszkań, których posiadacze gotowi byli, mimo ryzyka, ukrywać działaczy poszukiwanych listami gończymi. Na styku podziemia i zorganizowanego poza oficjalnymi instytucjami alternatywnego społeczeństwa funkcjonowały wszechnice, którym Kościół udzielał schronienia, czy wreszcie takie instytucje jak Społeczny Komitet Nauki umożliwiający kontynuowanie badań ludziom usuniętym z uniwersytetów i z instytutów PAN z przyczyn politycznych. Sam otrzymywałem do chwili ponownego zatrudnienia w PAN (tj. do końca 1987 r.) z kasy tego Komitetu stypendium w wysokości ówczesnej pensji adiunkta, co pozwoliło mi nie gonić za jakim bądź zarobkiem, lecz przygotowywać i publikować prace z zakresu historii średniowiecznej, które z polityką nie miały żadnego związku. Działały placówki niezależnej kultury, np. w postaci teatru domowego lub przedstawień i wystaw malarskich w kościołach. Produkowano też filmy na kasetach. Przypominało to fenomen demokratycznej opozycji z lat siedemdziesiątych, tyle że w zwielokrotnionej skali.

Wśród ludzi uczestniczących w tych działaniach trafiali się oczywiście robotnicy, rej wodzili jednak inteligenci, którzy teraz czytali, drukowali i kolportowali prace czołowych myślicieli liberalnych. Friedrich Hayek i Karl Popper prowadzili swoich polskich czytelników ścieżkami wolnej myśli, ale nie drogą rewolucji. Owszem, podziemie imało się czasem radykalnych metod walki, głównie w postaci demonstracji ulicznych i starć z milicją, również jednak na tym polu wyraźnie słabło i traciło skuteczność mobilizacyjną. 16 grudnia 1984 r. wybrałem się z Józkiem Piniorem do Gdańska na uroczyste składanie wieńców pod pomnikiem poległych stoczniowców. Wiadomo było z góry, że będzie to manifestacja, że zaatakują nas zomowcy i że będzie z tego „zadyma"; nie chodziło jednak o żadne żądania, tylko o upamiętnienie grudniowych wydarzeń 1970 i 1981 r. Tłum – nie większy niż jakieś półtora tysiąca osób, w tym sporo przybyszów spoza Gdańska – wyruszył spod kościoła św. Brygidy i uszedł najwyżej 500 m, gdy nastąpiła szarża ZOMO. Dla mnie była to nowość, umieściłem się więc na obrzeżu pochodu, żeby wszystko widzieć, ale Czesiek Stawicki z wrocławskiego MPK, który przyjechał tu w tym samym celu, co my z Józkiem, ale miał doświadczenie, szarpnął mnie za kurtkę i kategorycznym tonem nakazał: „W tłum, bo cię dorwą!". Razem z tłumem wycofaliśmy się na ogrodzony gęstymi sztachetami dziedziniec kościoła, skąd patrzyłem jak urzeczony na rosłego zomowca, który dopadł ogrodzenia i z wielką zajadłością pałował żelazne sztachety. Wyglądało to groteskowo i odniosłem nieodparte wrażenie, że uczestniczę w jakieś grze pozorów, w konwencjonalnym teatrze gestów i symboli bez praktycznych następstw. Nawet to, że nie dotarliśmy pod pomnik i że przygotowany wieniec pozostał w kościele św. Brygidy, nie miało praktycznego znaczenia.

Czasem zdarzały się zgromadzenia i manifestacje wielotysięczne, które umacniały wolę oporu i wpływały na stosunek sił, były to jednak wydarzenia wyjątkowe. Takim wyjątkiem były pielgrzymki Jana Pawła II do Polski w latach 1983 i 1987, gdy w tłumach witających papieża pełno było emblematów i haseł „Solidarności", a w papieskich homiliach zdawał się odżywać jej duch sprzed kilku lat. Wyjątkiem była także naprawdę masowa demonstracja zwolenników „Solidarności", którzy zjechali do Warszawy z całego kraju na pogrzeb księdza Jerzego Popiełuszki 3 listopada 1984 r. Symbol zdelegalizowanego związku nadal łączył wielkie rzesze przeciwników dyktatury, lecz ten potencjał oporu był pozbawiony siły uderzeniowej, a więc politycznej skuteczności. Opozycja spod znaku „Solidarności" oraz wielka rzesza jej sympatyków była świadoma swej nieskruszonej zdolności przetrwania, miała jednak dojmujące poczucie niemożności zmiany „stanu powojennego", z którym nie mogła się pogodzić.

Nieskuteczność podziemnego kierownictwa skłaniała część historycznych przywódców związku do stworzenia po lipcowej amnestii 1984 r. faktów dokonanych w postaci powołania jawnych gremiów przywódczych związku. Byłem przeciwny tym pomysłom, nic bowiem nie wskazywało, że ekipa generała Jaruzelskiego jest skłonna do tego, by cichaczem uznać zdelegalizowany związek za byt zakazany *de iure*, lecz tolerowany *de facto*; poza tym pojawienie się równoległego, jawnego kierownictwa obok TKK groziło moim zdaniem zdezawuowaniem i osłabieniem podziemia. Było ono w impasie, lecz nie dysponowaliśmy – tak sądziłem – żadną inną strukturą. Lepszy wróbel w garści... Pierwszy krok w kierunku utworzenia „naziemnych" struktur spotkał się rzeczywiście z policyjno-sądowym przeciwdziałaniem: za udział w inauguracyjnym spotkaniu przywódców w Gdańsku 3 lutego 1985 r. aresztowano, a następnie w skandalicznym procesie skazano Bogdana Lisa na dwa i pół roku, Adama Michnika na trzy lata i Władysława Frasyniuka na trzy i pół roku więzienia. Impas trwał po obu stronach barykady.

Stan wojenny ocalił na czas jakiś system od upadku, lecz go nie uzdrowił. Za fasadą monopartyjnego komunizmu funkcjonowała teraz dyktatura wojskowa. Nie była ona zdolna do skonsolidowania społecznych mechanizmów władzy ani do wyprowadzenia gospodarki z kryzysu. Dyktatura może przez pewien czas wymuszać posłuch represjami i strachem. Nie potrzebuje ona prawomocności opartej na demokratycznych procedurach, nie może jednak na dłuższą metę funkcjonować bez społecznego przyzwolenia. W czasach Gomułki i Gierka PRL nie dawała obywatelom politycznej wolności, ale na ogół dysponowała konformistycznym przyzwoleniem, potrafiła bowiem zaspokajać aspiracje sporych grup ludności. W czasach Jaruzelskiego PRL nie dysponowała tym atutem. Nowa ekipa zaczęła od brutalnego zdławienia wolnościowych aspiracji obywateli w stanie wojennym, a potem pozostała w sytuacji władzy nieakceptowanej. Nie miała czym wkupić się w łaski wielkiej części społeczeństwa, która nie zapomniała i nie była skłonna darować zadanego sobie gwałtu. Nie było tu szans na „gulaszowy socjalizm". Impas ten przybrał postać błędnego koła, gdyż brak społecznej akceptacji nie pozwalał rządzącym odstąpić od sprawowania władzy środkami nadzwyczajnymi, które polegały na podporządkowaniu cywilnego życia ścisłemu nadzorowi policji politycznej i wojska. „Stan powojenny" był swego rodzaju kontynuacją stanu wojennego.

Uporządkowanie gospodarki ograniczyło się do tego, co można było osiągnąć środkami wojskowej dyscypliny. Zapewniono jakie takie pokrycie obniżonych przydziałów kartkowych przy znacznie podwyższonych – pod osłoną stanu wojennego – cenach żywności. Przywrócono także posłuch administracji gospodarczej nakazom politycznej dyktatury. Było to ważne, ale grubo niewystarczające do przezwyciężenia czy bodaj powstrzymania pogłębiającego się kryzysu. Polska gospodarka dławiła się w pętli zadłużenia. Dewizy, uzyskiwane głównie z eksportu węgla, z ledwością starczały (albo i nie starczały) na obsługę długu. Polskie przedsiębiorstwa ograniczały produkcję wymagającą tzw. wsadu dewizowego. Co gorsza, nie było dewiz na inwestycje odtworzeniowe, wskutek czego następowała nieuchronnie dekapitalizacja polskiego potencjału wytwórczego. Generałowie mogli sobie wmawiać, że uchronili gospodarkę od upadku w przepaść, wiedzieli jednak, że nie są w stanie powstrzymać jej staczania się ku przepaści. I znikąd ratunku. Na zachodzie wojskowa dyktatura w Polsce miała złą prasę; w każdym razie na tyle złą, że nie było mowy o restrukturyzacji zadłużenia lub o jakiejkolwiek odczuwalnej pomocy bez politycznej liberalizacji reżimu i gestów wobec opozycji. Gesty takie spotkałyby się jednak w czasach Breżniewa, Andropowa i Czernienki z nieprzyjazną reakcją Moskwy, a gospodarka PRL była przecież uzależniona od dostaw radzieckiej ropy, gazu i bawełny po niskich cenach, według specjalnej taryfy dla przyjaciół z RWPG.

Przemożny nurt neoliberalnej myśli płynął z zachodu na wschód i spotykał się z życzliwym zainteresowaniem nawet w otoczeniu Wojciecha Jaruzelskiego, gdzie wicepremier Rakowski opowiadał się za wolnorynkowymi reformami. Partyjny reformator, profesor Józef Kaleta z Wrocławia, który w 1989 r. był moim najpoważniejszym kontrkandydatem w wyborach do senatu, nie krył rozczarowania, że generał Jaruzelski nie podjął takich reform pod osłoną stanu wojennego. Na to samo liczyli związani z solidarnościową opozycją krakowscy liberałowie skupieni wokół Mirosława Dzielskiego. Wydawałoby się na pozór, że odsunięcie przez wojsko na boczny tor partii i jej aparatu, a zarazem pokonanie oporu robotniczej „Solidarności" dawało Jaruzelskiemu możliwość radykalnej liberalizacji gospodarczej na wzór Pinocheta. Nie wiem, czy generał Jaruzelski tego chciał, myślę jednak, że nie mógł. Dyktatura wojskowa w Chile była bardzo brutalna, srożyła się jednak w przestrzeni publicznej, a nie w przedsiębiorstwach. Dyktatura polskich generałów musiała wprowadzić komisarzy wojskowych i policję polityczną na stałe do zakładów pracy, bo tam były gniazda oporu przeciwnika. O doborze kadr kierowniczych i dozoru technicznego w polskich fabrykach decydowali oficerowie Wojska Polskiego wyznaczeni na funkcje komisarzy oraz tajniacy z SB urzędujący w dyrekcjach zakładów. Od brygadzisty po dyrektora przedsiębiorstwa funkcję kierowniczą uzyskiwał ten, kto potrafił dopilnować, żeby nie było ulotek w szatni, a nie ten, kto miał kompetencje fachowe i mógł zapewnić wysoką jakość oraz ekonomiczną efektywność produkcji. Reformy opartej na wolnej inicjatywie ludzi oraz na wolnym rynku nie robi się w koszarach ani na komisariacie policji. Poza tym Leonid Breżniew, Jurij Andropow ani Konstantin Czernienko nie pozwoliliby generałowi Jaruzelskiemu, mimo jego zasług w zwalczaniu „Solidarności", na zmianę ustroju gospodarczego satelickiej Polski oraz na ekonomiczne powiązanie jej z Zachodem. Jaruzelski uporał się z niezależnym ruchem związkowym, zmarginalizował „beton", odsunął w cień partię i za pośrednictwem generała Kiszczaka po części kontrolował nawet bezpiekę. Z pozoru był wszechwładnym dyktatorem. Miał jednak związane ręce – przynajmniej dopóki nie nastąpiły istotne zmiany w polityce Moskwy.

Powiew wolności ze wschodu

W radzieckim systemie władzy, który nosił znamiona osobistej autokracji, wyjątkowo dużo zależało od generalnego sekretarza partii. Jednostka się tam nie liczyła – z tym właśnie wyjątkiem. Mimo negatywnej selekcji kadr, mimo przemożnej inercji systemu zdarzyć się mogło, że przebije się do władzy ktoś nieszablonowy, myślący trochę inaczej. Jeżeli w Komunistycznej Partii Czechosłowacji za czasów Nowotnego mogli ukształtować się tacy ludzie, jak Dubczek, Smrkovsky czy Kriegel, to czemu właściwie nie mogłoby zdarzyć się coś podobnego w ZSRR? Czeskich i słowackich reformatorów oraz ich „socjalizm z ludzką twarzą" zmiotła radziecka interwencja. Kto jednak miałby interweniować w ZSRR? Bułat Okudżawa opowiadał mi w 1989 r., że podczas jakiejś uroczystości, która odbywała się w radzieckim Związku Pisarzy z udziałem najwyższych władz partyjno-państwowych, podszedł do niego Michaił Gorbaczow, mocno uścisnął rękę i wyznał: „Ach, Bułacie Szawłowiczu, jestem taki szczęśliwy, że mogę was poznać!". Okudżawa opowiadał o tym z dyskretną ironią, mnie jednak przyszło na myśl, że swoim piórem, gitarą i głosem przyczynił się on do uformowania duchowego świata radzieckiego przywódcy. Chyba miałem z generalnym sekretarzem KPZR wspólną poetycką fascynację. To nie tak mało.

Jeśli jednak człowiek nieszablonowo myślący miał dość giętkości oraz umiejętności maskowania się, by dotrzeć na szczyty radzieckiej piramidy władzy, trzeba było szczególnych okoliczności historycznych, żeby mógł tam zainicjować istotne zmiany. W 1990 r. wojna w Zatoce Perskiej była dla nas telewizyjnym widowiskiem. Patrzyliśmy z żywym zainteresowaniem, jak najnowocześniejsze czołgi radzieckiej produkcji pojawiają się w elektronicznym celowniku amerykańskich pilotów, po czym wystrzelone rakiety odnajdują bezbłędnie ciężkie stalowe maszyny i przerabiają je na żałosne kupki złomu. Wyglądało to jak komputerowa gra – ale gra do jednej bramki. Rosjan to widowisko chyba nie bawiło. Na ich oczach nowoczesna amerykańska technologia obracała w perzynę najwyższe osiągnięcia radzieckiej techniki wojskowej. To, co przeciętny radziecki telewidz mógł stwierdzić naocznie w 1990 r., dla radzieckich marszałków i kremlowskich przywódców od lat nie było już nowiną. Od czasu, gdy w gospodarce, a w ślad za nią na polu bitwy, sukces zależał od jakości mikroprocesorów, ZSRR stawał się mocarstwem drugiej kategorii. Trzeba było temu zaradzić.

Gorbaczow i jego współpracownicy – przedstawiciele nowego pokolenia w radzieckich kręgach rządzących – skłonni byli poważnie zastanowić się nad tym, co mówili o przyczynach naukowo-technicznego zapóźnienia ZSRR najwybitniejsi uczeni, ludzie pokroju Andrieja Sacharowa. A ci twierdzili, że nauka nie znosi skrępowania wolnej wymiany myśli, przy czym wolności myśli nie można zamknąć w laboratoriach; jest ona niezbędna w nauczaniu uniwersyteckim, a więc także w szkołach, w ogólnodostępnych publikacjach, w życiu społecznym. Katastrofa elektrowni jądrowej w Czarnobylu, zwłaszcza zaś tragiczne skutki blokowania informacji o wybuchu i o związanych z nim zagrożeniach, zapoczątkowały dyskusję o potrzebie jawności (głasnosti) w życiu publicznym. Nowa ekipa na Kremlu skłaniała się do przekonania, że modernizacja ZSRR, nieodzowna dla dotrzymania kroku Zachodowi, nie powiedzie się bez kontrolowanej demokratyzacji. Do Andrieja Sacharowa, który z powodu krytycznych wypowiedzi o radzieckiej inwazji na Afganistan i notorycznej działalności dysydenckiej przebywał od 1980 r. na zesłaniu w mieście Gorki, zadzwonił 16 grudnia 1986 r. sam Gorbaczow i prosił go, by zechciał powrócić do Moskwy, do pracy naukowej i do aktywności publicznej. Był to ze strony Gorbaczowa gest niebywały, odpowiednio nagłośniony i bardzo wymowny, który wywarł w społeczeństwie radzieckim wielkie wrażenie. Sacharow wrócił do Moskwy, wziął czynny udział procesie demokratyzacji zwanym pieriestrojką (przebudową), a w wyborach parlamentarnych 1989 r., odbywających się w warunkach znacznych swobód politycznych, uzyskał mandat deputowanego do Rady Najwyższej. W ZSRR ograniczono cenzurę i dopuszczono daleko idącą swobodę publikacji prasowych, a w niektórych republikach pojawiły się i okrzepły niezależne ruchy polityczne. W zestawieniu z Polską „stanu powojennego" Rosja lat 1986–1988 mogła wydawać się bez mała wolnym krajem.

Wśród politologów popularnością cieszy się formułka, zgodnie z którą dla złego ustroju najbardziej niebezpieczny jest moment, gdy próbuje on się poprawić. Trudno uznać to za „prawo historii" (o ile takie prawa w ogóle istnieją), ale coś w tym jest; w wypadku imperium radzieckiego porzekadło to sprawdziło się co do joty. Ze wstydem przyznaję, że – w przeciwieństwie do Adama Michnika – nie doceniałem początkowo doniosłości pieriestrojki. Odkąd doszedłem do lat sprawnych, bałem się zresztą pojechać do Związku Radzieckiego. Nie przypuszczałem, że mnie tam zamkną w więzieniu, ale obawiałem się, że uznają mnie za swojego, który nielegalnie wymknął się z radzieckiej ojczyzny, i nie pozwolą wrócić do Polski. Dopiero w październiku 1989 r. odważyłem się tam pojechać. Profesor Juliusz Bardach namówił mnie na udział w zorganizowanym przez Akademię Nauk ZSRR sympozjum mediewistycznym w Kijowie. Miałem tam wygłosić referat o pojęciu niewoli u wczesnośredniowiecznych ludów germańskich i słowiańskich. Byłem wtedy senatorem, zaopatrzyłem się w paszport dyplomatyczny i uważałem, że dzięki temu nic mi nie grozi. Od pierwszego dnia kijowskiej dyskusji historyków i archeologów zwróciło moją uwagę, że ukraińscy uczestnicy sympozjum, choć w kuluarach rozmawiali między sobą po rosyjsku, na mównicy posługiwali się wyłącznie językiem ukraińskim. Złościło to przybyłych z Moskwy i Leningradu Rosjan, którzy nie rozumieli ojczystej mowy swoich kijowskich kolegów, a w dodatku słusznie dopatrywali się w ich zachowaniu demonstracji separatyzmu. Trzeciego dnia konferencji polskim uczestnikom (było nas chyba dwunastu) zaproponowano wycieczkę do Czernihowa, żeby zwiedzić tamtejsze wykopaliska. Wynajęto dla nas autokar z kierowcą – po charakterystycznym akcencie poznałem, że był to Ukrainiec, chociaż mówił do nas po rosyjsku. Pochodził z chłopskiej rodziny. Na samym początku podróży opowiedział nam, w jaki sposób, w wieku czterech lat, został wysłany przez rodziców do krewnych w odległych stronach, dzięki czemu ocalał w czasie wielkiego głodu. Wrócić już nie mógł, bo tereny, z których pochodził, zostały zamknięte szczelnym kordonem. Mieszkańcy jego rodzinnej wioski, w tym jego rodzice i rodzeństwo, zmarli z głodu. Nasz kierowca mówił o tym do obcych ludzi bez skrępowania. Potem wjechaliśmy w las. Kierowca zmienił temat „O, widzicie tabliczkę z napisem Memoriał. Coś wam opowiem. Pięć lat temu dostałem z mojej firmy polecenie, żeby tu przywieźć grupę robotników z łopatami. Kiedy już byliśmy na miejscu, kazali mi pójść sobie na spacer. To podsyciło moją ciekawość. Zatoczyłem kółko i wróciłem w to samo miejsce. Robotnicy rozkopywali ziemię i odsłaniali ułożone warstwami, jedne na drugich, ludzkie szkielety. Teraz przestraszyłem się nie na żarty i odszedłem, ale spotkałem w lesie babuleńkę zbierającą grzyby. Widać było, że jest miejscowa, więc zapytałem:

– Babciu, co tutaj było?

– Widisz synok – odpowiedziała – w riepriessiwnyje gody [czyli w latach wielkich represji] – w 1937, w 1938 roku, przywozili tu ciągnikami na przyczepach ludzi. Na miejscu traktory nie wyłączały silników, a potem, gdy wracały, przyczepy były puste.

Niedługo potem – kontynuował kierowca – przeczytałem w gazetach, że odkryto miejsce masowej zbrodni dokonanej przez hitlerowskich najeźdźców. Jak oni mogą tak okłamywać naród?! Jacy to hitlerowcy?! Przecież to nasi. Nasi!".

Później skojarzyłem, że byliśmy w Bykowni. Kilka lat temu pisano o tym miejscu w naszej prasie, bo jest tam również polski ślad: mundurowe guziki z orzełkami. Polsko-radziecką wspólnotę losów można odczytać na cmentarzyskach wielkiego terroru: w Katyniu, w ukraińskiej Bykowni, w podmoskiewskim Butowie, w Miednoje, a pewnie również w białoruskich Kuropatach i w innych podobnych miejscach straceń. Rosjanie leżą tam w warstwach niższych, bo rozstrzelano ich wcześniej, a polscy oficerowie i policjanci z tzw. listy katyńskiej – na wierzchu, gdyż zostali rozstrzelani na końcu, wiosną 1940 r. Ale w 1989 r., pod świeżym wrażeniem opowieści ukraińskiego kierowcy, najbardziej uderzyło mnie to, że mówił on do nas o tym makabrycznym odkryciu i o haniebnych kłamstwach reżimu bez najmniejszej obawy. Strach umarł! To tak, jakby umarł odwieczny car, potężny władca imperium. Strach był najważniejszym lepiszczem, zaprawą murarską, która spajała forteczne mury Związku Radzieckiego. Jak w hymnie: „Sojuz nieruszymyj respublik swobodnych spłotiła na wieki Wielikaja Ruś. Da zdrawstwujet sozdannyj wolej narodow jedinyj, moguczij Sowietskij Sojuz!" (Nienaruszalny związek wolnych republik scaliła na zawsze Wielka Ruś. Niech żyje stworzony z woli narodów niepodzielny, potężny Związek Radziecki). Bez strachu Związek Radziecki nie był już scalony na wieczność i nienaruszalny, lecz kruchy i podzielny. Po raz pierwszy zrozumiałem, że to państwo nie ma przyszłości.

Po zakończeniu konferencji pojechałem do Moskwy. Korespondentem „Le Monde" był tam wówczas mój przyjaciel Bernard Guetta, który w latach 1980–1981 pełnił taką samą funkcję korespondenta w Warszawie. Powiedziałem mu, że mam cztery dni na Moskwę i chciałbym coś w tym przeraźliwie krótkim czasie zrozumieć. „To nie chodź do dysydentów" – oznajmił brutalnie Bernard. „Oni ci opowiedzą moralne prawdy, które od dawna znasz. Szkoda na to czasu. Idź do intelektualistów, którzy pracują z Gorbaczowem" – i dał mi parę adresów, a właściwie telefonów. Wśród osób przez niego wskazanych był redaktor miesięcznika „Kommunist" (czyli teoretycznego organu KC KPZR) Otto Lacis. Szedłem na to spotkanie z poczuciem, że wkraczam do najwyższego sanktuarium ideologicznej nomenklatury. W dodatku wiedziałem, że ojciec mojego rozmówcy, Rudolf Lacis, był w 1917 r. dowódcą strzelców łotewskich, którzy odegrali bardzo istotną rolę podczas bolszewickiego przewrotu w Piotrogrodzie, następnie zaś stali się trzonem tworzonej przez Dzierżyńskiego Czeki – głównego narzędzia „czerwonego terroru". Naturalną koleją rzeczy sam Rudolf Lacis padł ofiarą stalinowskiego terroru lat trzydziestych. To, że syn legendarnego rewolucjonisty zdemaskowanego i rozstrzelanego jako „wróg ludu" objął tak ważną funkcję w ekipie Gorbaczowa, było charakterystycznym znakiem nowych czasów.

Otto Lacis okazał się człowiekiem bezpośrednim. Uścisnął mi dłoń, powiedział „dzień dobry" i bez dalszych ceregieli oznajmił: „Eto razwał Impierii. (To jest rozpad Imperium). Teraz idzie już tylko o to, żeby udało nam się zachować coś na kształt Commonwealthu (nieczto wrodie Commonwealtha)". Było to dwa lata przed formalnym rozwiązaniem ZSRR i utworzeniem Wspólnoty Niepodległych Państw. Zaskoczyła mnie nie tyle nawet treść tej wypowiedzi (po tym, co zaobserwowałem w Kijowie, sam zwątpiłem w trwałość Związku Radzieckiego), ile język, jakim posługiwał się naczelny redaktor „Kommunista". Lacis mówił jak zachodni politolog. Nie było w tym ani śladu ideologicznej nowomowy.

Nie wydaje mi się, żeby sam Gorbaczow mówił wtedy i myślał z podobnie zimną trzeźwością. Nie ulega wątpliwości, że zamiarem jego nie była likwidacja, lecz modernizacja imperium. Myślę, że do końca liczył on na zachowanie Związku Radzieckiego w całości, może kosztem zjednoczenia Niemiec i rozluźnienia kontroli nad satelickimi państwami Europy Wschodniej oraz istotnych ustępstw wobec Zachodu, zwłaszcza w dziedzinie zbrojeń. Kontynuacja wyścigu zbrojeń stała się dla Moskwy ciężarem ponad siły. Trzeba było naprawdę, a nie tylko werbalnie, zakończyć zimną wojnę. Gorbaczow zdawał sobie sprawę z tej konieczności, więc chciał się do niej dostosować – nie po to jednak, by zniszczyć Związek Radziecki, lecz po to, by go uratować. Okazał się uczniem czarnoksiężnika. Nie on pierwszy i nie on ostatni, ale możemy szukać pociechy w stwierdzeniu, że on też.

Czy Wojciech Jaruzelski w drugiej połowie lat osiemdziesiątych widział z równą jasnością jak Otto Lacis, że nadchodzi „razwał Impierii"? Tego nie wiem. Z całą jednak pewnością musiał dostrzegać, że pieriestrojka zmieniła międzynarodowe uwarunkowania, w ramach których poruszała się polska polityka. Moskwa nie wymagała już od państw satelickich polityczno-ustrojowej ortodoksji, a z drugiej strony nie była już skłonna do interwencji zbrojnej dla ratowania systemu komunistycznego w Polsce lub w innych krajach wschodniej Europy. Teraz rządząca w Polsce ekipa generałów musiała, ale i mogła radzić sobie sama, gdyby znalazła się w opałach. Rządzeni też zaczynali dostrzegać, że od wschodu nadciąga jakiś powiew wolności, więc to, co wczoraj jeszcze wydawało się wykluczone, jutro może okazać się możliwe. Kończył się impas, zaczynały się schody.

Mit wstaje z grobu

1 lutego 1988 r. rząd zapowiedział kolejną znaczną podwyżkę cen. OPZZ, czyli reżimowa, lecz nie całkiem posłuszna centrala związków zawodowych, targowała się o wysokość rekompensaty. W stanie wojennym przeprowadzono już podwyżki daleko bardziej drastyczne, bo po złamaniu oporu „Solidarności" w grudniu 1981 r. rząd nie musiał obawiać się reakcji załóg. Od tamtego czasu minęło jednak prawie siedem lat i w fabrykach pojawiło się nowe pokole-

nie robotników, którzy w grudniu 1981 r. chodzili jeszcze do szkół i stan wojenny pamiętali raczej jako przygodę i widowisko niż jako traumę. Poza tym był czas pieriestrojki. Polska ekipa rządząca miękła i było to wyczuwalne.

24 kwietnia 1988 r. zastrajkowała komunikacja miejska w Bydgoszczy. Powodem była drożyzna, żądano podwyżki płac, a „Solidarność" nie miała z tym nic wspólnego. Strajk był legalny, przynajmniej w tym sensie, że firmował go związek zawodowy zrzeszony w OPZZ. Wydarzenie to, choć lokalne i z pozoru niegroźne, uruchomiło jednak łańcuch konsekwencji, które w rezultacie przyczyniły się do poważnych zmian politycznych. 26 kwietnia zastrajkowała krakowska Huta im. Lenina. Był to gigantyczny kombinat, zatrudniający wówczas około 30 000 ludzi. Tym razem oficjalne związki zawodowe nie miały z protestem nic wspólnego. Nowohucki strajk nie był też dziełem podziemnych ani jawnych struktur „Solidarności". Przywódcą strajku był Andrzej Szewczuwianiec, urodzony buntownik o barwnej biografii, który jednak do „Solidarności" nigdy nie należał. Gdy do kombinatu przybył prokurator, by ostrzec organizatorów robotniczego protestu, że naruszają ustawę o sporach zbiorowych, usłyszał w odpowiedzi, że to ich nie dotyczy, bo nie są związkowcami. Prócz żądań płacowych załoga domagała się jednak ponownego zatrudnienia dwóch hutników zwolnionych z pracy za to, że byli działaczami „Solidarności". O podwyżkę płac i o przywrócenie do pracy zwolnionych członków Komitetu Założycielskiego, który próbował zarejestrować w zakładzie związek zawodowy pod nazwą „Solidarność", upomnieli się także w dwudniowym strajku 29–30 kwietnia robotnicy Huty Stalowa Wola.

5 maja, czyli po dziesięciu dniach, nowohucki strajk został spacyfikowany jak w stanie wojennym. Do huty wkroczyły oddziały ZOMO, robotników pobito i usunięto siłą z kombinatu. Z punktu widzenia władz był to krok równie ryzykowny jak tolerowanie strajku. Jeśli w siódmym roku po wprowadzeniu stanu wojennego trzeba było imać się tych samych metod, to rodziło się pytanie o polityczną skuteczność wielkiego tryumfu „wrony". Kościół protestował, gdyż ZOMO pałowało hutników w czasie, gdy na terenie huty przebywała grupa mediatorów wysłana – za wiedzą władz – przez episkopat. Na domiar wszystkiego pacyfikacja okazała się nieskuteczna. Hutnicy kontynuowali strajk na zasadach absencyjnych i w końcu wymogli przywrócenie do pracy wszystkich, których za strajk zwolniono. Od 2 do 10 maja trwał strajk w Stoczni

Gdańskiej. Był on zainicjowany przez ludzi „Solidarności", w tym Wałęsę, który czuł się zmuszony do poparcia krakowskich hutników, choć uważał, że akcja jest przedwczesna. Prócz podwyżki płac tym razem żądano przywrócenia „Solidarności", ale na apel Tadeusza Mazowieckiego i arcybiskupa Gocłowskiego strajk zakończono bez jakiegokolwiek porozumienia.

Wiosenne strajki 1988 r. miały ograniczony zasięg. Z pozoru władze nie miały czego się bać, z wyjątkiem Nowej Huty, gdzie liczba strajkujących oraz ich uporczywa determinacja napędziły chyba rządzącym strachu. Był to sygnał, że ziemia drży. Następna fala strajków, która przetoczyła się przez Polskę między 15 sierpnia a 3 września 1988 r., wyglądała już znacznie groźniej, zarówno ze względu na rozmiary protestów, jak i na charakter żądań. Zaczęło się od kopalni „Manifest Lipcowy". Strajkujący domagali się wprowadzenia indeksacji płac oraz wysunęli postulaty dotyczące górnictwa węglowego, na pierwszym miejscu umieścili jednak żądanie, by „przywrócić prawo do pluralizmu związkowego, w tym prawo NSZZ «Solidarność» do legalnego działania". Postulat ten był przyjmowany przez załogi kolejnych kopalń, które przystępowały do strajku; reaktywowanie „Solidarności" otwierało wszędzie listę żądań obejmującą poza tym postulaty płacowe i socjalne, które dotyczyły branży lub zakładu. 18 sierpnia powstał Międzyzakładowy Komitet Strajkowy. W kulminacyjnym momencie akcji zrzeszał on dziesięć kopalń.

W tym czasie nie istniało już podziemne kierownictwo „Solidarności". 25 października 1987 r. na wspólnym posiedzeniu TKK i utworzonej po wrześniowej amnestii 1986 r. Tymczasowej Rady „S" utworzono Krajową Komisję Wykonawczą NSZZ „Solidarność" z Wałęsą na czele. Było to jawne i jedyne ogólnopolskie kierownictwo „Solidarności". Jego przedstawiciel Bogdan Lis na wieść o strajku górników przyjechał do Jastrzębia, nie on jednak ten strajk wywołał i nie on nim kierował. Na wieść o strajku przyleciał do Polski zza oceanu i pojawił się w „Manifeście Lipcowym" Tadeusz Jedynak, niedawno jeszcze szef struktur podziemnych w śląskim regionie, ale jasne jest, że nie mógł być inicjatorem wydarzeń. Janek Lityński pospieszył górnikom z pomocą i odegrał w ich MKS istotną rolę doradczą, nie ulega jednak wątpliwości, że reagował na wydarzenia, które już się toczyły. Nie zapoczątkował ich również Alojzy Pietrzyk, choć wkrótce przejął w „Manifeście Lipcowym" rolę przywódcy. Był to uczestnik sierpniowego strajku 1980 r. i aktywista pierwszej „Solidarności", w stanie wojennym internowany, popularny i uznawany przez górników za swojego, nie był jednak działaczem podziemia ani przedstawicielem nowego, jawnego kierownictwa związku. Pojawił się w strajkującej kopalni z własnej inicjatywy niebawem po rozpoczęciu strajku. Wygląda więc na to, że najpoważniejsza batalia strajkowa 1988 r., w której zostało wysunięte przez organizatorów z „Manifestu Lipcowego" i podchwycone przez wszystkie górnicze załogi hasło reaktywowania „Solidarności", została wywołana poza strukturami „Solidarności". Nie sprawiło tego ani podziemie, ani KKW. Więc kto?

Trudno mi powiedzieć, czy bezpieka znała odpowiedź na to bardzo ważne pytanie. Wydaje się jednak, że ludzie odpowiedzialni za zwalczanie strajków na Śląsku zrozumieli mechanizm wydarzeń. Najskuteczniejszym straszakiem przeciwko strajkującym górnikom okazały się wojskowe komendy uzupełnień. Trzonem strajków była młodzież w wieku poborowym, która dzięki pracy w górnictwie korzystała z odroczenia zasadniczej służby wojskowej. Masowa akcja indywidualnych zawiadomień, że udział w strajku spowoduje uchylenie odroczenia i wcielenie na dwa lata do wojska, okazała się dość skuteczna. Strajk topniał. Jego siłą motoryczną byli ludzie, którzy pierwszą „Solidarność" i stan wojenny znali z opowiadań rodziców, starszych braci i starszych kolegów. Nie zaznali osobiście strachu na widok rozbijających bramy czołgów ani luf automatów wycelowanych w uczestników strajku. Nie zaznali demoralizującego upokorzenia kapitulacji w obliczu przemocy ani ugięcia karku z obawy o byt rodziny. Wielka „Solidarność" i stan wojenny nie były ich pokoleniowym przeżyciem. Nie uczestniczyli w konspiracji. Dla nich to wszystko było legendą.

Myślę, że podobnie było z młodymi robotnikami w hucie Stalowa Wola, gdzie 22 sierpnia podjęto strajk pod hasłem reaktywowania NSZZ „Solidarność", a może także we wrocławskich Zakładach Naprawczych Taboru Kolejowego, w ostrzeszowskim „Ponarze", w szczecińskim porcie i tamtejszych zajezdniach komunikacji miejskiej. Dość istotna rola historycznych przywódców „Solidarności" w zainicjowaniu sierpniowych strajków 1988 r. na terenie Trójmiasta była raczej wyjątkiem niż regułą.

Strajki 1988 r. były o wiele słabsze niż przed ośmioma laty. Nie był to cios nokautujący, który mógłby rzucić generałów na kolana. Był to jednak sygnał alarmowy, którego w zmienionej sytuacji międzynarodowej ekipa Wojciecha Jaruzelskiego nie mogła zlekceważyć. Zniszczenie pierwszej „Solidarności" i rozbicie podziemia było sukcesem tej ekipy i jej tytułem do chwały we własnym obozie. Teraz jednak okazało się, że sukcesem tym może zachwiać jakieś wstające z grobu widmo. Młodzi organizatorzy strajków w „Manifeście Lipcowym" i w innych kopalniach mogli nie doświadczyć pierwszej „Solidarności", ale rozumieli, że rękojmią ich bezpieczeństwa i sukcesu jest możliwie szerokie poparcie strajku przez załogi innych zakładów. Do tego nie wystarczyły żądania korzyści ekonomicznych dla siebie samych, ani nawet dla ogółu górników węgla kamiennego. Potrzebne było hasło jednoczące wszystkich, oczywiste dla każdego, wywołujące szeroki odzew w kraju. Rolę taką spełniło w sierpniu 1988 r. żądanie reaktywowania „Solidarności". Solidarnościowe podziemie już nie istniało, a Krajowa Komisja Wykonawcza i jej regionalne odpowiedniki nie dysponowały strukturą organizacyjną zdolną do wywołania strajków. Był tylko mit, i on właśnie okazał się siłą, z którą generałowie musieli się liczyć.

Pierwsza „Solidarność" była dla znacznej większości Polaków jedynym w ich życiu doświadczeniem wolności – i to wolności praktykowanej czynnie w wielkiej wspólnocie i w poczuciu braterstwa. Czegoś takiego się nie zapomina. To się opowiada dzieciom. Tą pamięcią karmił się mit.

Mit jest bytem niematerialnym. Nie można zmiażdżyć go czołgami, rozstrzelać ani zamknąć w więzieniu. Wszystkie te zabiegi nie mogą zaszkodzić mitowi – przeciwnie, umacniają go. Zniszczyć mit może tylko głębokie rozczarowanie jego wyznawców, jeżeli poczują się oszukani.

Bezpieka miała wystarczające rozeznanie, by wiedzieć oraz informować swoich zwierzchników, że „Solidarność" jako masowy i zorganizowany ruch została zniszczona. Organizatorzy majowych i sierpniowych strajków 1988 r. nie byli podwładnymi Wałęsy. 31 sierpnia 1988 r. generał Czesław Kiszczak spotkał się z Lechem Wałęsą. Rozmowa dotyczyła przygotowań do Okrągłego Stołu. Generał postawił warunek: Wałęsa ma wezwać do przerwania strajków. Niewykluczone, że był to rodzaj testu, może nawet niepozbawiony akcentu drwiny: „No, panie Wałęsa, jak pan taki silny, to niech pan powie tym ludziom, żeby przestali strajkować". Kiszczak wiedział oczywiście, że to nie są ludzie Wałęsy. Ale Wałęsa zgodził się i zaapelował o zaprzestanie strajków. Po tym apelu strajki ustały. Generałowie zrozumieli, że Wałęsa i skupieni wokół niego historyczni liderzy i doradcy „Solidarności" są uznawani za prawowitych depozytariuszy mitu; mają w ręku czarodziejską różdżkę zdolną do zapewnienia spokoju w kraju, więc to z nimi trzeba rozmawiać, gdy nadchodzi czas burz i społecznych wstrząsów, a Moskwa już nie jest skłonna do wysyłania swoich wojsk na ratunek satelitom i już nie broni polskim generałom dogadywać się z pokonaną niedawno hydrą kontrrewolucji. Na przełomie sierpnia i września 1988 r. wysocy eksponenci KPZR deklarowali wobec zachodnich dziennikarzy, że nie widzą nic strasznego w ewentualnym powrocie „Solidarności" na scenę polityczną. Wobec braku sprzeciwu ze strony Moskwy mogło się wydawać, że droga do Okrągłego Stołu stoi otworem. Procedury obowiązujące w państwie komunistycznym wymagały jednak, by na podjęcie takich negocjacji zgodził się Komitet Centralny PZPR.

Rozstrzygnięcie zapadło w drugiej części obrad X Plenum KC (16–18 stycznia 1989 r.). Projekt uchwały wyrażał zgodę na rozpoczęcie negocjacji Okrągłego Stołu i na przywrócenie pluralizmu związkowego, co oznaczało reaktywowanie „Solidarności". W dyskusji znaczna większość członków KC gwałtownie się temu sprzeciwiła. Nie był to już „beton" z 1981 r., czyli korzystająca z poparcia Breżniewa frakcja przeciwników Kani i Jaruzelskiego, lecz nowy „beton", który utożsamiał się ze stanem wojennym, zniszczenie „Solidarności" traktował jako swoją chlubną kartę i polityczną rację bytu, a pomysł, by rozmawiać z pokonaną hydrą i przywrócić jej pełnię praw, uważał po prostu za zdradę. Wszystko wskazywało, że proponowana uchwała zostanie przez KC odrzucona.

Generałowie postanowili zagrać va banque. Jaruzelski, Kiszczak, Siwicki (minister obrony) i Rakowski (wtedy premier), a w ślad za nimi całe Biuro Polityczne, podali się do dymisji. Rezygnacja ich została jednak odrzucona – nikt nie głosował za jej przyjęciem, a zaledwie czterech członków KC wstrzymało się od głosu. Następnie Plenum znaczną większością zaakceptowało uchwałę, przeciw której większość tak gorąco protestowała w czasie dyskusji. Ci sami ludzie, którzy uważali Jaruzelskiego za zdrajcę, przestraszyli się jego odejścia.

„Beton" był rozjuszony, ale niepozbawiony poczucia rzeczywistości. Ci ludzie wiedzieli, że Jaruzelski cieszy się poparciem Gorbaczowa i ma moskiewskie przyzwolenie na dogadywanie się z opozycją. Poza tym odrzucenie zapowiadanego dialogu niechybnie zaogniłoby i tak groźne napięcia społeczne. Nowe kierownictwo partii i nowy rząd musieliby radzić sobie z protestami na sposób konfrontacyjny, opierając się jak siedem lat wcześniej na wojsku i policji. Tymczasem kadra oficerska Wojska Polskiego stała murem za Jaruzelskim. Zmarginalizowana w stanie wojennym partia była raczej atrapą niż realną „siłą przewodnią". Nie potrafiła się bronić, więc uchwaliła, co trzeba.

6 lutego 1989 r. rozpoczęły się obrady Okrągłego Stołu.

IX. Wolność bez braterstwa

Szli krzycząc: „Polska! Polska!" – wtem jednego razu
Chcąc krzyczeć, zapomnieli na ustach wyrazu;
Pewni jednak, że Pan Bóg do synów się przyzna,
Szli dalej krzycząc: „Boże! Ojczyzna! Ojczyzna!".
Wtem Bóg z Mojżeszowego pokazał się krzaka,
Spojrzał na te krzyczące i zapytał: „Jaka?"

Juliusz Słowacki

Rozmowy po przejściach

Nie brałem udziału w negocjacjach Okrągłego Stołu. Nie żebym miał jakieś obiekcje; przeciwnie, gdy wbrew mojemu spodziewaniu twórcy stanu wojennego zdecydowali się szukać porozumienia i reaktywować „Solidarność", zabrałem głos w podziemnej prasie i w obliczu sprzeciwów ze strony naszych radykałów opowiedziałem się jednoznacznie za podjęciem rozmów. Wcześniej jednak byłem przeciwny marginalizowaniu podziemia przez utworzenie Tymczasowej Rady Solidarności, więc nie znalazłem się w środowisku, które teraz przystąpiło do dialogu. Poza tym, choć na początku lat osiemdziesiątych robiłem niejedno, łagodna perswazja wobec władzy państwowej nie była moją najbardziej znaną specjalnością. Wolałem średniowiecze. Nie byłem też w gronie założycieli Komitetu Obywatelskiego przy Przewodniczącym NSZZ „Solidarność". Pojechałem jednak bez szemrania, gdy mnie wezwano na posiedzenie tego komitetu do Warszawy. Zaraz po moim przyjeździe Henio Wujec, który pełnił tam funkcję sekretarza, dał mi do podpisania listę obecności. Gdy zwróciłem uwagę, że nie przystąpiłem dotychczas do Komitetu, więc nie jestem jego członkiem, Henio zmrużył oczy i oznajmił: „Tu się nie przystępuje, tylko jest się powoływanym". Rzeczywiście, na początku „wojny na górze", gdy przewodniczący „Solidarności"postanowił usunąć Henia z funkcji sekretarza Komitetu Obywatelskiego, a Henio zwrócił uwagę, że zrobić to mogą tylko ci, co go wybrali, Wałęsa odparł krótko: „Wujcu, czuj się odwołany". Co do mnie, przyjąłem powołanie bez sprzeciwu, a gdy przy Okrągłym Stole zawarto już porozumienie, bez szemrania zgodziłem się reprezentować „stronę solidarnościowo-opozycyjną" w zespole redagującym preambułę tego dokumentu.

To, że nie uczestniczyłem w negocjacjach, nie oznacza jednak, że nie byłem dokładnie poinformowany o ich przebiegu. Władek Frasyniuk opowiadał mi na bieżąco i ze wszystkimi szczegółami, co się działo w Pałacu Namiestnikowskim i w osławionej Magdalence. Tym bardziej komiczna wydaje mi się czarna legenda o spisku elit przy Okrągłym Stole. Owszem, obie strony tam knuły – lecz knuły jedna przeciwko drugiej. Ani intencje, ani rezultaty tego spiskowania nie pozostały tajemnicą – wiadomo jak strony to robiły, nade wszystko zaś wiadomo, co z tego wyszło (a raczej nie wyszło).

Według wiarygodnej relacji Władka (i nie tylko jego) „nasi" bali się nade wszystko udziału w „kontraktowych" wyborach do Sejmu, a następnie przyjęcia „współodpowiedzialności za państwo" przez udział w rządzie. Na jedno i drugie bardzo nalegała strona przeciwna. „Nasi" chcieli przede wszystkim ponownego zalegalizowania NSZZ „Solidarność" i za osiągnięcie tego najważniejszego celu gotowi byli dać się wybrać do sejmu, a w ostateczności, z wielkimi oporami, może nawet wejść do rządu. Nie trzeba przypominać, że panowała tu całkowita symetria obaw i nadziei – władze PRL bały się powrotu związku „Solidarność" do legalnej działalności. Liczyły natomiast, że wprowadzenie postsolidarnościowej elity do kluczowych instytucji państwa pozwoli uniknąć groźnych konfliktów społecznych i zmodernizować gospodarkę w atmosferze społecznego przyzwolenia. Obóz komunistyczny miałby przy tym zachować najważniejsze instrumenty władzy.

Jak wiadomo, wybory przyniosły rządzącym polityczną klęskę, w wyniku czego odstąpili od PZPR jej dotychczasowi parlamentarni sojusznicy, a nawet część partyjnych posłów, do władzy doszedł rząd Mazowieckiego, z którego po kilku miesiącach usunięto ostatnich komunistycznych ministrów: spraw wewnętrznych i obrony. Wkrótce potem generał Jaruzelski odszedł z urzędu prezydenta, po czym w wyniku wyborów powszechnych urząd ten objął Lech Wałęsa. Formacja komunistyczna (nie jest to może określenie precyzyjne, lepszego jednak nie znajduję) utraciła władzę, a ustrój wprowadzony po II wojnie światowej upadł nieodwracalnie. NSZZ „Solidarność" został zalegalizowany, okazało się jednak, że jest pięciokrotnie słabszy liczebnie niż w 1981 r., a na dobitkę pozbawiony głównego źródła dawnej siły, czyli dynamicznej aktywności tłumów. Udało mu się jednak w całkowicie wolnych wyborach 1991 r. wprowadzić do sejmu dwudziestu kilku posłów, którzy wystąpili w roli wnioskodawcy votum nieufności, a zarazem języczka u wagi, i spowodowali odwołanie rządu. Był to postsolidarnościowy, liberalno-prawicowy rząd Hanny Suchockiej. Po jego upadku i rozwiązaniu sejmu przez prezydenta Wałęsę to Sojusz Lewicy Demokratycznej wygrał nowe wybory i utworzył rząd, lecz nie nastąpiła restauracja poprzedniego ustroju.

W czasie obrad Okrągłego Stołu szczególny opór „strony solidarnościowo-opozycyjnej" wywołał forsowany przez „stronę rządowo-koalicyjną" projekt utworzenia urzędu prezydenta. Prezydent miał być wybierany przez Zgromadzenie Narodowe i dysponować bardzo silną władzą, w szczególności nad wojskiem, policją i dyplomacją. Wydawało się oczywiste, że koalicja PZPR–ZSL–SD, która w „kontraktowych" wyborach miała zagwarantowane 65% mandatów w sejmie, bez problemu wprowadzi Wojciecha Jaruzelskiego na urząd prezydenta. Miała to być w gruncie rzeczy gwarancja udzielona Związkowi Radzieckiemu, bowiem prezydent miał konstytucyjny obowiązek, by czuwać nad dotrzymaniem przez Polskę „zobowiązań sojuszniczych" w ramach Układu Warszawskiego. Trzeba przyznać, że Lech Wałęsa okazał się przy Okrągłym Stole skutecznym negocjatorem i doprowadził do ograniczenia dyktatorskich prerogatyw, jakie „strona rządowo-koalicyjna" chciała zagwarantować prezydentowi. Od jesieni 1990 r., gdy sam został prezydentem, Lech Wałęsa pomstował na nieznośne ograniczenie prerogatyw głowy państwa i usiłował je rozszerzyć – nawet metodą faktów dokonanych. Szczególnie interesowały go tzw. resorty prezydenckie – MON, MSW i MSZ.

Gdy w Pałacu Namiestnikowskim strony spierały się o wprowadzenie urzędu prezydenckiego, Aleksander Kwaśniewski zaproponował „naszym" w zamian za wyrażenie zgody na prezydenta atrakcyjną rekompensatę – utworzenie senatu, który – w przeciwieństwie do „kontraktowego" sejmu – pochodziłby z całkowicie wolnych wyborów. Na tym stanęło. „Strona rządowo-koalicyjna" chciała jednak zabezpieczyć się przed całkowitą, prestiżowo dotkliwą klęską w wyborach do senatu. Ordynacja wyborcza do drugiej izby została pomyślana tak, by wybory były wprawdzie wolne, lecz nierówne: po dwóch senatorów na województwo, bez względu na liczbę mieszkańców. Tylko Warszawa i województwo katowickie miały prawo do trzech senatorów. Zrównanie Wrocławia z Suwałkami lub Łodzi ze Skierniewicami miało dać fory kandydatom obozu rządzącego. Zakładano, że we Wrocławiu i w Łodzi są jakieś struktury „Solidarności" zdolne do przeprowadzenia kampanii wyborczej – a w Suwałkach niekoniecznie. Są za to w Suwałkach, Białej Podlaskiej czy Skierniewicach Komitety Wojewódzkie PZPR i powinny sobie poradzić ze słabym organizacyjnie przeciwnikiem. Chytry pomysł, ale błędny. Mogło nie być w Skierniewicach struktur „Solidarności", na pewno jednak były tam parafie. Klęska rządzącej partii w wyborach do senatu okazała się całkowita i kompromitująca. W następstwie „chytrego" pomysłu strony rządowej otrzymaliśmy jednak drugą izbę z widoczną nadreprezentacją Polski zaściankowo-parafialnej. Nie o to chodziło pomysłodawcom ordynacji wyborczej.

Największym rozczarowaniem okazał się dla rządowo-kolicyjnych pomysłodawców osławiony „kontrakt" dotyczący wyborów do sejmu. Miał on zapewnić partii oraz jej tradycyjnym satelitom (ZSL, SD, Pax, ChSS i PZKS) bezpieczną większość 65% mandatów w sejmie. Większość taka teoretycznie gwarantowała wybór w Zgromadzeniu Narodowym „własnego" prezydenta – nawet gdyby opozycja zdobyła wszystkie co do jednego miejsca w stuosobowym senacie. Teoretycznie; w praktyce okazało się, że to nie wystarcza. Piętą achillesową „kontraktu" okazało się to, że mandaty zastrzeżone dla PZPR i dla każdego z jej sojuszników obsadzano przez wybór, a nie przez nominację. Konferencje wojewódzkie PZPR wyznaczyły oficjalnego kandydata na każdy z mandatów przeznaczonych dla tej partii. Prócz tego jednak na ten sam mandat mógł kandydować jakikolwiek inny członek partii, byle zebrał trzy tysiące podpisów na rzecz swojej kandydatury. Nieraz ten „inny partyjny kandydat" był w kampanii wyborczej popierany przez miejscowy Komitet Obywatelski „Solidarność". Podobnie było z mandatami, o których mówi się bardzo nieściśle, że były przeznaczone dla opozycji. Były one przeznaczone dla bezpartyjnych. Każdy, kto na taki mandat kandydował, musiał być bezpartyjny i zebrać trzy tysiące podpisów. Robiły to dla swoich kandydatów Komitety Obywatelskie „Solidarność". Nikt nie bronił partii wysuwać na te miejsca swoich sympatyków i nieraz korzystano z tej możliwości – tyle, że żaden z takich kontrkandydatów cichaczem popieranych przez partię nie dostał się do sejmu, bo nie miał na plakacie wyborczym zdjęcia z Lechem Wałęsą. Plakaty z takim zdjęciem mieli wyłącznie kandydaci Komitetów Obywatelskich „Solidarność".

Strona rządowo-koalicyjna nie mogła oczywiście odmówić głosującym obywatelom prawa wyboru między osobami kandydującymi na każdy z mandatów przypisanych PZPR, ZSL lub SD. Tym samym jednak na ławy poselskie zastrzeżone dla partii oraz jej koalicjantów wpuszczony został zgubny bakcyl demokracji. Posłowie, którzy zasiedli na tych ławach, nie czuli się już tak bardzo partyjnymi mianowańcami; mogli poczuwać się do lojalności raczej wobec swoich wyborców niż wobec KC, a gdy uzyskali mandat dzięki poparciu ze strony Komitetu Obywatelskiego... strach pomyśleć.

W lipcu, gdy Zgromadzenie Narodowe (czyli sejm i senat razem) miało głosować nad kandydaturą Wojciecha Jaruzelskiego na prezydenta Rzeczypospolitej, okazało się, że nawet partia nie do końca panuje nad własnym klubem; cóż dopiero ZSL, SD czy PZKS. Wstępne szacunki wskazywały, że Jaruzelski może przegrać. Stałoby się tak w istocie, gdyby nie dyskretna pomoc ze Strony Obywatelskiego Klubu Parlamentarnego. Naszą siłą były kartki wyborcze, ale to w końcu tylko papier. Ekipa Jaruzelskiego miała wtedy w ręku wojsko, bezpiekę, milicję i aparat urzędniczy państwa. Także w Moskwie, mimo pieriestrojki, spektakularna przegrana generała mogła wywołać szok. Ostrożność podpowiadała, że lepiej dać Jaruzelskiemu wygrać to głosowanie. Tego samego zdania był episkopat. Dwaj nasi parlamentarzyści związani z episkopatem – Andrzej Wielowieyski oraz Andrzej Stelmachowski – oddali świadomie głosy nieważne. Poseł Marek Jurek i senator Nowicki z Olsztyna opuścili salę bezpośrednio przed głosowaniem pod pretekstem, że wybór jest farsą, gdy nie ma kontrkandydata. Jeden z naszych senatorów, który później dał się poznać z bardzo prawicowych wypowiedzi, posunął się jeszcze dalej – głosował na generała. W rezultacie Jaruzelski wygrał przewagą dwóch głosów. Sytuacja, w której został on prezydentem dzięki pomocy ze strony OKP, nie dawała jednak generałowi i jego stronnikom możliwości dyktowania rozwiązań politycznych z pozycji siły.

Na koniec wspomnieć trzeba o tzw. liście krajowej. Był to może najboleśniejszy z samobójczych goli, jakie strzelili sobie pomysłodawcy wyborczego kontraktu. Nalegali oni, żeby ścisła czołówka liderów rządzącej koalicji (a najchętniej także liderów opozycji) kandydowała do sejmu wedle reguły praktykowanej w PRL przed 1956 r.: jeden kandydat na jeden mandat, bez konkurenta. Głosowanie na tych ludzi nie odbywałoby się w okręgach, lecz w całym kraju – stąd nazwa „lista krajowa". „Nasi" nie chcieli się zgodzić, w końcu jednak tylko odmówili udziału w tym dziwnym wyróżnieniu. W kampanii wyborczej pozwoliłem sobie powiedzieć publicznie, że „lista krajowa" to lista samobójców. Nie wymagało to wielkiej przenikliwości i do dziś nie pojmuję, jak mogli tego nie dostrzegać wytrawni politycy obozu rządzącego. Z listy krajowej tylko dwaj kandydaci – Mikołaj Kozakiewicz i Adam Zieliński – przekroczyli próg 50% głosów i uzyskali mandaty. Cała reszta, na czele z generałem Kiszczakiem i premierem Rakowskim, po prostu odpadła. Rakowski dostał chyba 45% głosów; naprawdę dobry wynik, tylko że niewystarczający. Nieobsadzone mandaty z listy krajowej zwichnęły założony w kontrakcie podział, według którego partia ze swoimi koalicjantami miała zagwarantowane 65% w sejmie. Zachodziła obawa, że spowoduje to unieważnienie całego porozumienia Okrągłego Stołu wraz z wyborami. „Strona solidarnościowo-opozycyjna" wolała na wszelki wypadek rzucić stronie przeciwnej koło ratunkowe. Zgodzono się na zmianę ordynacji i zgłoszenie w drugiej turze na każdy z nieobsadzonych mandatów z listy krajowej po dwóch kandydatów spełniających partyjne kryteria kontraktu. Jeden z dwóch musiał wygrać, przywracając zarazem założony w kontrakcie klucz podziału mandatów. Opozycja wyciągnęła rządzących z topieli, stawiając ich zarazem w sytuacji upokorzenia i słabości.

Myślę, że można podsumować ten bilans knucia przy Okrągłym Stole. Spiskowano tam co niemiara, ale skuteczność tych spisków potwierdza trafność starego ludowego przysłowia: kto pod kim dołki kopie…

* * *

Solidarnościową kartę powołania dostałem w najbardziej niedogodnym momencie – po dwudziestu pięciu latach zakazu pracy dydaktycznej mogłem objąć od października 1989 r. etat docenta na Uniwersytecie Wrocławskim. Miałem też bardzo prestiżowe zaproszenie na gościnne wykłady do Collège de France i do École des Hautes Études en Sciences Sociales w Paryżu. Tymczasem jednak przy Okrągłym Stole zawarto porozumienie, na mocy którego 4 czerwca miały się odbyć wybory parlamentarne. Władek Frasyniuk i Barbara Labuda umówili się ze mną na poważną rozmowę.

– Sam rozumiesz, Karolu, że wszystkie te sejmy i senaty mają drugorzędne znaczenie – oznajmili na wstępie. – Tym, co się liczy naprawdę, jest związek [czyli „Solidarność"].

Pewnie, że rozumiałem. Myliłem się tak samo jak oni, więc zapewniłem, że się z nimi zgadzam.

– No to musisz przyznać, że Władek nie może kandydować w tych wyborach. Musi zająć się działalnością związkową.

Przyznałem.

– Ale musimy bezapelacyjnie wygrać te wybory. Szczególnie potrzebny jest nam sukces w wyborach do senatu, bo to są wybory wolne. Musimy mieć kogoś, kto będzie wizytówką naszej kampanii, czyli kandydata, którego wszyscy we Wrocławiu i w regionie pamiętają z lat 1980–1981. Skoro nie Władek, to musisz być ty.

Odpowiedziałem, że rozumiem, ale nie mogę. Nie zrezygnuję z wykładów w Collège de France ani w École des Hautes Études, a mam tam być trzy miesiące – od kwietnia do czerwca. Co to za kandydat, którego nie ma w czasie kampanii wyborczej, bo sobie wyjechał do Paryża?

Basia posmutniała. W latach sześćdziesiątych spędziła parę lat na stypendium w Paryżu. Wiedziała, co to Collège de France, jaką uczelnią jest École des Hautes Études, i rozumiała, o co chodzi. Nawet nie próbowała się spierać. Wracałem po tej rozmowie do domu z lekkim wyrzutem sumienia i ze wspaniałym uczuciem wolności. Ojczyzna jest prawie wolna, więc niech radzi sobie sama, a ja też sam sobie. Na mojej drodze stanęła jednak jeszcze raz moja stara nieprzyjaciółka – bezpieka.

Od grudnia 1987 r. byłem zatrudniony w Instytucie Historii PAN. Na wyjazd naukowy za granicę musiałem mieć paszport służbowy. Dostałem odmowę. W kwietniu 1989 r. była to decyzja kuriozalna, niczym sygnał z innej planety. Mój przyjaciel Stanisław Trawkowski, wówczas wicedyrektor Instytutu Historii PAN, był tak zaskoczony, że zadzwonił do jakiegoś pułkownika z Biura Paszportów MSW i zażądał wyjaśnień. W odpowiedzi usłyszał:

– Panie profesorze, my go nie możemy wypuścić za granicę, bo nie jest zakończone postępowanie karne, w którym on jest oskarżony o próbę obalenia ustroju. Wprawdzie sprawa została umorzona – ale warunkowo. On sobie pojedzie do Paryża, udzieli tam jakiegoś wywiadu, no to będziemy musieli go zamknąć. A jak my go zamkniemy w Paryżu?

Był to kiepski żart, ale rozszedł się lotem błyskawicy. Władek i Basia byli uszczęśliwieni.

– Widzisz, nawet ci paszportu nie dali! Teraz musisz zostać senatorem.

No i zostałem. Robiłem kampanię, jeździłem na wiece jak za dawnych czasów, występowałem na stadionie w Sobótce, w jakiejś dużej sali w Wołowie (ale nie w więzieniu), mówiłem od ołtarza w kilku wrocławskich kościołach. Moja obecna żona, dziennikarka radiowa internowana i usunięta z pracy w stanie wojennym, a w 1989 r. przywrócona do pracy we wrocławskiej rozgłośni, rozmawiała ze mną na antenie. Dostałem 75% głosów. Przyzwoity wynik, choć nie jestem pewien, czy wzmocnił on zasadniczo wrocławską „Solidarność" i Obywatelski Klub Parlamentarny. Pewne jest tylko, że w tym klubie, w senacie i w mediach zyskałem wkrótce opinię notorycznego malkontenta. Z zawodowego punktu widzenia straciłem dwa i pół roku. Tyle trwała skrócona kadencja parlamentu i mogłem sobie dopisać ten czas do lat spędzonych w więzieniach (może z wyjątkiem ostatniego pobytu na Mokotowie, skąd wyszedłem z gotowym rękopisem monografii o chłopach). Ale coś za coś: zyskałem w senacie lat 1989–1991 niezły punkt obserwacyjny i nieco doświadczeń godnych wzmianki w tej książce.

Szok

Z dniem 1 sierpnia 1989 r. rząd Mieczysława F. Rakowskiego zniósł kartki na żywność, a zarazem uwolnił od regulacji ceny artykułów żywnościowych. Poziom tych cen – z wyjątkiem chleba i chudego mleka – miał być odtąd kształtowany wyłącznie przez grę popytu i podaży, a nie przez rządowe subwencje i administracyjne decyzje. Jeffrey Sachs jeszcze się nawet nie wybierał do Polski, gdy ostatni rząd PZPR zdecydował się na „skok w wolny rynek" – co prawda w zakresie ograniczonym do sektora gospodarki żywnościowej. Był to w PRL sektor szczególnie wrażliwy społecznie i politycznie. Dla uboższej większości Polaków wydatki na zakup żywności były najpoważniejszą pozycją w domowym budżecie. Robotnicze bunty, które wstrząsały komunistyczną dyktaturą i w końcu przyczyniły się do jej upadku, wybuchały z powodu podwyżek cen żywności. Rakowski i jego współpracownicy byli podatni na dominującą w zachodnim świecie odmianę ekonomicznego liberalizmu, ale na odwagę zebrali się z konieczności i w przekonaniu, że znajdą zrozumienie wśród rozmówców zza Okrągłego Stołu. W tych historycznych pertraktacjach rządowy pomysł uwolnienia cen żywności spotykał się istotnie z życzliwym zainteresowaniem niektórych przedstawicieli „strony solidarnościowo-opozycyjnej". Myślę, że istotnym motywem decyzji Rakowskiego były także powracające kłopoty z zaopatrzeniem rynku. Zamiast obniżyć po raz kolejny przydziały kartkowe i podnieść urzędowe ceny żywności, ekipa rządząca zdecydowała się na skok w żywnościowy rynek. Był to ostatni skok tego rządu i tej partii.

Produkcja rolna w PRL była przeważnie chłopska, miała więc strukturę pozwalającą na funkcjonowanie wolnego rynku, ale nie da się tego powiedzieć o instytucjach skupu i handlu detalicznego. Były one zmonopolizowane, a demonopolizacja – w przeciwieństwie do decyzji o uwolnieniu cen – nie mogła nastąpić z dnia na dzień. W warunkach monopolu pośrednictwa między producentami rolnymi a rynkiem nie funkcjonował konkurencyjny hamulec wzrostu cen. Uwolnione od regulacji ceny poszybowały pod sufit, aż zderzyły się z barierą popytu. 31 lipca, czyli w dniu wypłaty wynagrodzeń, kostka masła kosztowała 17,50 zł; w końcu sierpnia jej cena sięgnęła 70 zł. Gospodynie domowe dostawały szału – żadną miarą nie mogły nakarmić rodziny w warunkach galopującej drożyzny. Nie było jeszcze blokady wzrostu płac przez „popiwek", ale na ewentualną podwyżkę zarobku – i tak niewystarczającą – trzeba było czekać w najlepszym razie do pierwszego, a jeść trzeba każdego dnia.

Nie wiem, czy trzeba tłumaczyć, jak to się odbijało na społecznych nastrojach i na sytuacji politycznej. Prestiż i polityczna pozycja ekipy rządzącej były zresztą zachwiane przez dramatyczne okoliczności wyboru Wojciecha Jaruzelskiego na prezydenta; doszedł on do skutku dzięki dyskretnej pomocy kilku parlamentarzystów opozycji, po czym stało się jasne, że większość parlamentarna, którą kontrakt Okrągłego Stołu miał zapewnić koalicji PZPR–ZSL–SD, w praktyce nie funkcjonuje.

3 lipca, czyli na dwa tygodnie przed wyborem Jaruzelskiego przez Zgromadzenie Narodowe, Adam Michnik opublikował w „Gazecie Wyborczej" artykuł *Wasz prezydent, nasz premier*. Pomysł, by na czele rządu koalicyjnego sta-

nął polityk formacji postsolidarnościowej, spotkał się początkowo z zastrzeżeniami po obu stronach nowej sceny politycznej. Byłem temu pomysłowi przeciwny i w ogłoszonej na łamach tejże „Gazety Wyborczej" polemice (*Nie róbmy rządu, nie idźmy stąd*) wyłożyłem swoje argumenty. Uważałem, że ze względów geopolitycznych w „naszym" rządzie PZPR będzie musiała dostać ministerstwa obrony narodowej, spraw wewnętrznych i spraw zagranicznych, a ponieważ ekipa generała Jaruzelskiego ma faktycznie w rękach wojsko, policję i aparat urzędniczy państwa, to pod firmą „naszego" rządu zachowa ona kontrolę nad najważniejszymi dźwigniami realnej władzy. Nam pozostanie administrowanie katastrofą gospodarczą, czyli odpowiedzialność za drastyczne decyzje, które szybko zużyją wielkie poparcie społeczne, jakim się w tej chwili cieszymy. Jednocześnie zaś wchodząc w rolę formacji rządzącej, pozbawimy Polskę wiarygodnej opozycji. Rzeczywiście w rządzie Mazowieckiego ministrem obrony pozostał generał Florian Siwicki, a ministrem spraw wewnętrznych – generał Czesław Kiszczak. Jedynie sprawy zagraniczne przejął bezpartyjny profesor Krzysztof Skubiszewski dobrze notowany przez „nas" i tolerowany przez „nich". Z pozoru moje pytanie „Kto tu rządzi?" mogło wydawać się nie od rzeczy. Rozumowanie moje, choć spójne, było jednak błędne. Nie wziąłem pod uwagę ani psychologicznego zużycia formacji dotychczas rządzącej, ani – co może najważniejsze – moskiewskiego przyzwolenia na oddanie przez PZPR władzy.

Ale nie tylko ja opowiedziałem się przeciw pomysłowi powołania „naszego premiera". Na łamach świeżo reaktywowanego „Tygodnika «Solidarność»" obszerną polemikę z pomysłem Michnika ogłosił naczelny redaktor tego pisma Tadeusz Mazowiecki, który niebawem został „naszym premierem". Jest to okoliczność pikantna, nie zwalnia ona jednak od uważnego rozpatrzenia argumentacji autora, który wkrótce stanął na czele rządu. Mazowiecki zwracał uwagę, że w obliczu dramatycznego kryzysu polskiej gospodarki ugrupowanie, które miałoby objąć władzę, musi dysponować poważnym programem polityki gospodarczej. My takiego programu nie mamy, gdyż uformowaliśmy się jako opozycja wobec dyktatury i nigdy nie postrzegaliśmy samych siebie w roli potencjalnej siły rządzącej. Byłoby nieodpowiedzialne, gdybyśmy w tej sytuacji objęli władzę na oślep, a potem usiłowali sklecić naprędce jakąś programową improwizację.

Muszę przyznać, że były to obiekcje znacznie lepiej uzasadnione od tych, które ja zgłaszałem. Do dziś ówczesne argumenty Mazowieckiego brzmią dla mnie przekonująco. Kiedy więc – już po utworzeniu rządu – spotkałem go w sejmowych kuluarach, zapytałem, co go skłoniło do zmiany poglądu. Tadeusz odpowiedział, że czynnikiem decydującym była zmiana sytuacji po uwolnieniu przez rząd Rakowskiego cen żywności. Ruszyła wtedy galopem drożyzna artykułów pierwszej potrzeby i gwałtownie narastał społeczny niepokój. Tylko ciesząca się wielkim zaufaniem „Solidarność" mogła opanować nastroje i ocalić wolną Polskę od groźnych wstrząsów. Adam Michnik w panegiryczno-krytycznym szkicu, który zechciał mi przed trzema laty poświęcić, trochę sobie dworował z mojej naiwności. Ale ja tylko powtórzyłem, co mi powiedział Mazowiecki. Nie włażę Tadeuszowi w duszę i nie dociekam, czy niezwykle trudna rola premiera kusiła go osobiście. Argument, który on wówczas podniósł – że tylko solidarnościowy rząd zdoła powstrzymać społeczny gniew – odgrywał zresztą bardzo istotną rolę w rozważaniach i rozmowach polityków obu stron. Myślę, że także w tych rozmowach, które sam Adam prowadził (np. z Januszem Reykowskim i Aleksandrem Kwaśniewskim). Nie były to ekonomiczne seminaria. Kluczową rolę odegrał w tych kuluarowych kontaktach Lech Wałęsa. Nie dość, że nie był on ekonomistą, ale formalnie rzecz biorąc, pozostawał jedynie przewodniczącym związku zawodowego i nie miał tytułu do tego, by wskazać kandydata na premiera. Zrobił to jednak skutecznie. Wysłał swego najbliższego współpracownika – był to wówczas Jarosław Kaczyński – na poufne rozmowy z liderami dwóch partii, które PZPR od dawna traktowała jako swoich wasalnych sojuszników, czyli ZSL i SD. Gdy generał Czesław Kiszczak, desygnowany przez prezydenta Jaruzelskiego na premiera, nie zdołał sformować koalicji, sam Wałęsa spotkał się z prezesami ZSL i SD, zrobił sobie z nimi symboliczne zdjęcie przed kamerami TVP, a następnie zaproponował Wojciechowi Jaruzelskiemu kandydaturę Tadeusza Mazowieckiego. Jaruzelski się zgodził, po czym „nasz rząd" został szybko skompletowany, uzyskał votum zaufania w sejmie i wtedy dopiero zabrał się do prac nad programem gospodarczym.

Obowiązywała mnie klubowa dyscyplina OKP, postanowiłem jednak zachować dystans i swobodę krytyki. W czasie formowania rządu wyjechałem na urlop i nie podałem adresu (młodszym czytelnikom warto wyjaśnić, że w tych zamierzchłych czasach nie było jeszcze telefonów komórkowych). Myślę, że moja publiczna wypowiedź w „Gazecie Wyborczej" przeciw ewentualności tworzenia rządu pod naszymi auspicjami i tak chroniłaby mnie przed nagabywaniem. To nie znaczy, że miałem zamiar sprzeciwiać się przyjęciu odpowiedzialności rządowej przez moich politycznych przyjaciół. Zachowałem jednak dystans, co umożliwiło mi niebawem publiczną krytykę obranej przez rząd polityki gospodarczej. Uczyniłem to najpierw na poświęconym planowi Balcerowicza posiedzeniu Obywatelskiego Klubu Parlamentarnego, następnie zaś 29 grudnia 1989 r. w senacie – podczas debaty i głosowania nad pakietem ustaw, które planowi Balcerowicza nadały moc prawa. Wypowiadałem się też w prasie.

Plan Balcerowicza był bardzo radykalną opcją, o której – gdy zaczęła budzić społeczne protesty – pisano i mówiono, że „nie ma innej drogi". Jest to żenujący frazes propagandowy, poręczny w politycznych polemikach, ale niedopuszczalny w poważnych i odpowiedzialnych sporach między uczonymi, a także w uczciwych dyskusjach między ekspertami. Gdy sformułowania o „jedynej drodze" używa dziennikarz, można wzruszyć ramionami, gdyż frazesy są chlebem powszednim tego zawodu. Gdy to samo mówi ekonomista, można uznać, że zmienia skórę – porzuca rolę uczonego lub odpowiedzialnego eksperta na rzecz roli agitatora. Nad sensem tego frazesu i nad tym, czy i ewentualnie jakie inne drogi (i z jakim skutkiem) mógł obrać pierwszy rząd wolnej Polski, warto się jednak zastanowić.

Zgodnie z tym, co sam napisał krótko przed objęciem stanowiska premiera, Tadeusz Mazowiecki nie miał pojęcia, co począć z polską gospodarką, gdy upadała komunistyczna dyktatura. Nie miał też – jak większość polskich intelektualistów o przygotowaniu humanistycznym – wiedzy ekonomicznej. Ideową formację premiera można określić wychodzącym już w naszych czasach z obiegu terminem „chrześcijański socjalista". Tadeusz był chrześcijańskim socjalistą w najlepszym znaczeniu obu tych wyrazów. Społeczne skutki realizacji planu Balcerowicza musiały go naprawdę boleć.

Wybór strategiczny okazał się do pewnego stopnia pochodną wyboru personalnego. Trzeba było obsadzić stanowisko wicepremiera, który pokieruje stabilizacją rozchwianej gospodarki oraz jej ustrojowymi przekształceniami. Jak wiadomo, „nasz premier" formował rząd na podstawie własnego notesu adresowego. Pierwszy jego wybór padł na prof. Witolda Trzeciakowskiego. Był to bardzo wybitny ekonomista, który poza rozległą wiedzą teoretyczną dysponował także istotnym doświadczeniem praktycznym, ideowo zaś bliski był formacji premiera. Trzeciakowski jednak odmówił; w całkowicie nowej sytuacji widział zbyt wiele elementów niepewnych, miał zbyt wiele obaw i wahań. Leszka Balcerowicza naraili Mazowieckiemu polscy ekonomiści przebywający od lat na Zachodzie. Myślę, że najbardziej zaważył tu głos Waldemara Kuczyńskiego, który – nim opuścił kraj w stanie wojennym – był zastępcą Mazowieckiego w „Tygodniku «Solidarność»". Balcerowicz nie miał takich jak Trzeciakowski obaw ani wahań. Był od pewnego czasu gorącym wyznawcą doktryny ekonomicznej Miltona Friedmana, która panowała wtedy nie tylko w Chicago, ale i w Międzynarodowym Funduszu Walutowym oraz na czołowych uczelniach europejskich. Balcerowicz przyjął propozycję; objął stanowisko wicepremiera i ministra finansów i piastował je w rządach Tadeusza Mazowieckiego, Jana Krzysztofa Bieleckiego i Jerzego Buzka. Zarówno słynny plan stabilizacyjny, jak i przekształcenia ustrojowe w polskiej gospodarce wiązane są z jego nazwiskiem. Odnotować jednak trzeba, że jednym z najpoważniejszych krytyków jego polityki był Witold Trzeciakowski. Publicznie krytykował on tę politykę w sposób wyważony, ale ja zapamiętałem, co mi powiedział o planie Balcerowicza prywatnie, w przerwie obrad senatu: „To jest skok głową na dół do basenu, w którym nie wiadomo, czy jest woda". Wynika z tego, że na miejscu Balcerowicza Trzeciakowski postępowałby inaczej, w każdym razie ostrożniej. Z czysto faktograficznego punktu widzenia nie wydaje się ścisłe powiedzenie, że nie było innej drogi. Była – wystarczyło, żeby Trzeciakowski się zgodził... Jest to oczywiście uproszczenie. Trzeciakowski kierował się innymi wartościami, przyjmował inne założenia teoretyczne i na pewno skłaniałby się ku innym rozwiązaniom, ale podlegałby tym samym naciskom politycznym ze strony MFW i presji tych samych okoliczności ekonomicznych.

Istnieje dość rozpowszechnione, choć bardzo przesadne przekonanie, jakoby plan Balcerowicza został Polsce narzucony przez Międzynarodowy Fundusz Walutowy. Polska była w pułapce zadłużenia i rozpaczliwie potrzebowała ugody z zagranicznymi wierzycielami, a dogadanie się z Funduszem było warunkiem takiej ugody. W Funduszu zaś panował niepodzielnie duch szkoły Miltona Friedmana. Krajom Ameryki Łacińskiej, których gospodarkę trawiła hiperinflacja, sugerowano, a nawet narzucano zawsze tę samą, bardzo brutalną terapię, która kosztem recesji oraz obniżenia stopy życiowej doprowadzić miała do stabilizacji pieniądza i zrównoważenia budżetu. Bardzo podobną terapię proponowali rozmówcy z MFW Polsce oraz innym krajom upadłego komunizmu. W Ameryce Łacińskiej jednak, mimo zadłużenia oraz inflacji, funkcjonowała od dawna gospodarka rynkowa. W Polsce, w Czechosłowacji, na Węgrzech, w poradzieckiej Rosji czy na Ukrainie panowały zupełnie inne niż np. w Chile warunki ustrojowe, a podstawowe mechanizmy gospodarki rynkowej jeszcze nie istniały i nie mogły pojawić się z dnia na dzień. Stosowanie tej samej z grubsza recepty bez względu na kardynalne różnice ustrojowe i bardzo odmienne uwarunkowania społeczne, historyczne i kulturowe wystawia autorom takiej terapii oraz teorii, na której się opierali, marne świadectwo – nie liczyła się dla nich rzeczywistość, lecz doktryna. Byli oni przekonani, że posiedli coś, co Stanisław Lem w swoich humoreskach science fiction nazywał „ogólną teorią wszystkiego".

Jeśli jednak eksperci Międzynarodowego Funduszu Walutowego byli ekonomicznymi doktrynerami, to przecież w negocjacjach zachowywali się do pewnego stopnia pragmatycznie. Potrafili nie tylko nalegać, ale i targować się, a gdy rozmówcy się opierali, to także ustępować i znajdować wyjścia kompromisowe. Ekipa Leszka Balcerowicza nie stawiała jednak oporu. Przeciwnie, z własnej nieprzymuszonej woli wybrała z propozycji MFW najbardziej radykalną wersję polityki stabilizacyjnej, którą przedstawiciele Funduszu traktowali jako przetargową. W swojej książce *Stabilization and Reform in Eastern Europe*, Waszyngton 1992, ówczesny szef ekspertów Funduszu Michael Bruno nie krył, że stanowisko przedstawicieli polskiego rządu było dla niego wielkim i miłym zaskoczeniem. Leszek Balcerowicz i jego współpracownicy z przekonaniem wychodzili naprzeciw radykalnym sugestiom amerykańskich rozmówców. Wchodził tu w grę nie tyle nacisk polityczny, ile doktrynalna jednomyślność stron. Po stronie polskiej zasiedli przy stole negocjacyjnym gorący wyznawcy tej samej teorii, którą kierowali się w myśleniu o globalnej gospodarce czołowi eksperci MFW. Było to dość charakterystyczne dla stanu umysłów krajowych elit intelektualnych oraz ich stosunku do myśli neokonserwatywnej i neoliberalnej przeważającej w USA i w Anglii od początku lat osiemdziesiątych. Nie trzeba lekceważyć stanu umysłów, a nawet mody intelektualnej jako czynnika ważącego na wyborze rządowej strategii.

Stabilizacyjna część planu Balcerowicza porównywana była przez jego twórców do gaszenia pożaru pól naftowych potężnym wybuchem. Posunięcia drastycznie podnoszące poziom cen traktowano jako wybuch, którego podmuch przerwie błędny krąg i zgasi inflację. Była to oczywiście metafora, chodziło zaś o taką operację, która polegała – bo polegać musiała – na odebraniu pieniędzy obywatelom i przedsiębiorstwom oraz redukcji wydatków budżetu. „Gaśniczy wybuch" osiągnięto na parę sposobów. Po pierwsze, przez centralnie zarządzoną podwyżkę cen surowców energetycznych i prądu. Podniesiono je o 400%, co stanowiło bardzo silny impuls wzrostu kosztów produkcji oraz cen zbytu. Po drugie, państwo zrezygnowało – z nielicznymi wyjątkami – z ingerencji w poziom cen wyrobów i usług. Powtórzono więc w stosunku do całej gospodarki operację, którą rząd Rakowskiego przeprowadził w stosunku do sektora rolno-spożywczego, pozwalając producentom i handlowcom podnosić ceny według własnego uznania. Gospodarkę socjalistyczną budowano według planu, a nie według rynku. Kierowano się przy tym prostotą zarządzania, administratorom zaś wygodnie było, gdy budowniczowie przemysłu nie mnożyli niepotrzebnie liczby zakładów wytwarzających ten sam wyrób. Była to więc gospodarka skrajnie zmonopolizowana, nie tylko we właścicielskim, ale i w technologicznym sensie. Gdy przedsiębiorstwom dano wolną rękę w stanowieniu cen, wyznaczali je producenci-monopoliści. Nie działał więc w polskiej gospodarce wewnętrzny mechanizm konkurencyjny, który mógłby hamować drożyznę. Ceny szybowały pod sufit, aż spadek popytu i sprzedaży zaczynał przynosić straty przewyższające zyski z wysokiej marży.

Uwolnieniu cen oraz kosztowemu pobudzeniu ich wzrostu towarzyszyło administracyjne hamowanie płac. Kluczową rolę odgrywał w tym wprowadzony w ramach planu Balcerowicza karny podatek od ponadnormatywnego wzrostu wynagrodzeń zwany dobrotliwie popiwkiem. Ustalono centralnie, że państwowe przedsiębiorstwo może bez finansowej kary zrekompensować pracownikom najwyżej jedną piątą wzrostu kosztów utrzymania. Za przekroczenie tego pułapu wzrostu płac przedsiębiorstwo musiało od każdej „ponadnormatywnej" złotówki wypłaconej pracownikowi zapłacić pięć złotych popiwku fiskusowi. Zakładano więc z góry obniżenie płac realnych w państwowym przemyśle – tym większe, im wyższa okaże się inflacja. Zasady wolnego rynku dotyczyły cen, ale nie płac, w każdym razie nie płac w państwowych zakładach. Prywatne firmy mogły płacić, ile chciały – popiwek ich nie dotyczył.

W imię zwalczania inflacji autorzy planu stabilizacyjnego drastycznie podwyższyli z dnia na dzień (od 1 stycznia 1990 r.) oprocentowanie kredytów bankowych. Ci, którzy wcześniej taki kredyt zaciągnęli, wpadali w pułapkę zadłużenia prowadzącą krótką ścieżką do bankructwa, jeżeli w ciągu miesiąca nie zwrócili całej pożyczonej kwoty. Gorzej, jeśli ją zainwestowali. Pułapka taka czyhała na wiele firm. Nieraz wpadały w nią przedsiębiorstwa państwowe, choć one w tym skrajnie dla nich trudnym czasie rzadko zdobywały się na inwestycje. Najczarniejszy bodaj scenariusz dotyczył tych rolników, którzy wkraczali na drogę gospodarki farmerskiej. Było ich w Polsce niezbyt wielu, ale to oni stanowili szansę rozwojową polskiej wsi. W odróżnieniu od tradycyjnych gospodarstw chłopskich nastawionych w znacznej mierze na pokrycie własnych potrzeb, brali oni kredyty, np. po to, żeby zbudować chlewnię, kupić stado macior i rozkręcić wyspecjalizowaną hodowlę. Cykl produkcyjny w rolnictwie i hodowli jest jednak zależny od praw biologii, a nie od teorii ekonomicznych i przepisów bankowych. Z reguły jest to cykl o wiele dłuższy niż trzydzieści dni. Kto zbudował chlewnię, kupił i „zaprosił" stado macior, nie miał możliwości (ani zresztą prawa) sprzedać ciężarnych zwierząt w ciągu trzydziestu dni, jakie Ministerstwo Finansów wyznaczyło na zwrot kredytu; więc był zgubiony. Wśród takich rolników noc sylwestrowa 1989/1990 zyskała nazwę „nocy długich noży".

Moja obecna żona była wtedy dziennikarką przywróconą do pracy w redakcji rolnej Polskiego Radia we Wrocławiu. Co tydzień jeździła na reportaże do wiosek w województwie jeleniogórskim. W czasie jednego z takich wyjazdów nagrała obszerną rozmowę z hodowcą owiec, który wziął kredyt na zakup pasz i na inseminację, po czym wpadł w pułapkę zadłużenia. Nie stać go było nawet na opłatę za ubój. „Musiałem sam zlikwidować stado" – wyznał z goryczą. Dziennikarze bywają okrutni, to nieomal wymóg zawodu. Moja żona zapytała go wtedy, co to znaczy „zlikwidować stado" – i jej rozmówca, dojrzały, twardy mężczyzna, raptem rozpłakał się jak dziecko. „Miałem trzysta owiec – matek i już nie miałem ich czym karmić. Wziąłem nóż i jednej za drugą podrzynałem gardło. Ta krew, żeby pani ją widziała, tyle krwi, tyle krwi"! Trudno powiedzieć, czy bardziej nim wstrząsnęła sama czynność uboju, której w normalnych okolicznościach nie wykonywałby osobiście (rolnicy z reguły wynajmują do tego specjalistów) czy dramat, jakim dla przedsiębiorcy z Bożej łaski było własnoręczne niszczenie życiowego dorobku. Łzy hodowcy owiec nie są kategorią ekonomiczną. Rozpacz i gniew takich ludzi są jednak kategorią polityczną. Na pożywce tych emocji wyrósł polityczny fenomen Andrzeja Leppera, populizm Samoobrony i popularność hasła „Balcerowicz musi odejść"!

W ramach planu Balcerowicza odgórną decyzją administracyjną podniesiono też o 200% księgową wartość majątku trwałego przedsiębiorstw państwowych. Z pozoru był to tylko zabieg buchalteryjny, zwiększył on jednak odpisy amortyzacyjne, a w rezultacie koszty produkcji oraz ceny, przede wszystkim zaś od trzykrotnie wyższej niż dotąd wartości majątku trwałego naliczano teraz nowy, szczególnie dotkliwy podatek nałożony wyłącznie na przedsiębiorstwa państwowe. Z niejasnych powodów podatek ten nazwano dywidendą. Przedsiębiorstwa państwowe, podobnie jak firmy prywatne, płaciły poza tym dochodowy podatek od osiąganych zysków (coś w rodzaju obecnego CIT) oraz – w przeciwieństwie do firm prywatnych – podatek od ponadnormatywnych wynagrodzeń. Jeśli jednak utrzymały wzrost wynagrodzeń w ramach odgórnie wyznaczonej normy, czyli na poziomie pięciokrotnie niższym od wskaźnika inflacji, to nie płaciły popiwku, a jeśli nie osiągały zysków lub zgoła notowały straty – co w latach transformacji zdarzało się coraz częściej – to nie płaciły podatku dochodowego. Dywidendę jednak płacić musiały nawet wtedy, gdy finansowo znalazły się „pod kreską". Był to podatek dorzynający te państwowe przedsiębiorstwa, które robiły bokami. Myślę, że taki był zamiar autorów polskiej transformacji. Mówili coś o zachęceniu przedsiębiorstw do wyzbywania się zbędnych składników majątku trwałego, nie kryli jednak, że pragną nie tylko ustabilizować pieniądz i budżet, lecz nade wszystko w ekspresowym tempie zmienić strukturę własnościową i ustrój gospodarczy odziedziczony po komunizmie. Wielkie państwowe fabryki musiały jak najprędzej przejść w ręce prywatne lub upaść. „Społeczeństwo nam nie wybaczy, jeżeli za rok będziemy żyli w tym samym ustroju gospodarczym" – oznajmił wówczas zastępca Leszka Balcerowicza w Ministerstwie Finansów Stefan Kawalec. Muszę przyznać, że to od nas – działaczy pierwszej „Solidarności" – przejęli postsolidarnościowi inteligenci następnej dekady brzydki nawyk przedstawiania swoich najgłębszych osobistych przekonań jako poglądu „całego społeczeństwa".

Po latach Tadeusz Mazowiecki wyznał w rozmowie z Teresą Torańską: „Ciężkie było dla mnie wyobrażenie sobie, że wielkie przedsiębiorstwa zaczną padać (...). Po wejściu w życie ustaw wprowadzających gospodarkę rynkową mój przyjaciel i doradca Waldemar Kuczyński powiedział do mnie: «Co jest, powinny już padać, a nie padają!» Tak wynikało z rachunku ekonomisty. Że niewydajne przedsiębiorstwa muszą upaść. Dostałem gęsiej skórki (...). Przecież odzyskanie suwerenności dokonało się dzięki strajkom wielkich zakładów pracy w 1980 r. To one przecież wywalczyły «Solidarność». Liczyłem na to, że rozruch gospodarki wolnorynkowej będzie równoważyła polityka społeczna". W przeciwieństwie do premiera, wicepremier Balcerowicz na to nie liczył, przeciwnie – pilnował równowagi budżetowej. Ustąpił tylko tyle, ile zdołał od niego wyszarpać minister pracy i polityki społecznej Jacek Kuroń. Pozwoliło to trochę złagodzić dramat, ale nie mogło zrównoważyć nagminnej ruiny wielkich zakładów przemysłowych.

* * *

Plan stabilizacyjny opracowany w życzliwej współpracy z Międzynarodowym Funduszem Walutowym zakładał, że w 1990 r. produkcja przemysłowa w Polsce obniży się o 5%, a płace realne spadną o 8%. Mówiono o przejściowym pojawieniu się bezrobocia na poziomie około 400 000 osób. Poziom cen miał się w tym czasie zwiększyć o 45%. Rzeczywistość natychmiast przekroczyła te prognozy. Wzrost cen był dwukrotnie wyższy niż zakładano (80% w 1990 r.). Produkcja przemysłowa już na początku 1990 r. obniżyła się nie o 5%, lecz o 30% i o tyle mniej więcej, a nie o 8%, spadły realne płace; po dwóch latach były one o ponad 1/3 niższe niż w 1989 r. W ciągu 1990 r. rejestrowane bezrobocie wzrosło od zera do miliona osób, w 1991 r. przekroczyło dwa miliony, a w 1992 r. zbliżyło się do trzech milionów. Dramatyczny spadek liczby zatrudnionych w gospodarce narodowej (chodzi tu zarówno o bezrobocie rejestrowane, jak i ukryte oraz o znaczną liczbę ludzi pracujących dorywczo „na czarno") okazał się najtrwalszym skutkiem polskiej transformacji. Dochód narodowy (z grubsza odpowiednik tego, co dziś nazywamy produktem krajowym brutto, ale inaczej liczony) obniżył się w 1990 r. o przeszło 11%, a wciągu dwóch lat o ponad 18%. Była to najgłębsza recesja od czasów Wielkiego Kryzysu lat 1929–1933. To, że rezultaty programu stabilizacyjnego tak szybko rozminęły się z założeniami wcale nie dyskwalifikuje autorów tego programu jako profesjonalistów, chociaż powinno trochę stonować pychę i pewność siebie, z jaką ekonomiści bywają skłonni traktować swoje chybotliwe prognozy jako produkty nauki ścisłej. Ekipa Leszka Balcerowicza szła w nieznane, a właściwie prowadziła Polskę w nieznane. Nie dało się przewidzieć rezultatów. Rosyjscy, czescy i węgierscy naśladowcy naszych reformatorów też nabili sobie i swoim narodom wiele guzów, nieraz jeszcze bardziej bolesnych.

Nie to jest więc dziwne, że ekipa Balcerowicza przeliczyła się w swoich prognozach. Godne uwagi jest to, że wielki rozziew między założonymi wskaźnikami a faktycznymi rezultatami nie skłonił ich do złagodzenia kursu. Przeciwnie, gdy okazało się, że w odziedziczonej po socjalizmie zmonopolizowanej gospodarce nazajutrz po „skoku w rynek" nie pojawiły się samorzutnie mechanizmy samoregulacji przez konkurencję, sternicy polskiej gospodarki nie uznali, że potrzebny tu jest dłuższy okres przejściowy i odpowiednia polityka państwa, lecz parli nadal najkrótszą drogą do zamierzonego celu. Zwiększyli tylko nacisk na ekspresową – upadłościową lub zarządzaną odgórnie – prywatyzację przedsiębiorstw państwowych. Moim zdaniem wskazuje to, że w ich zamiarach i w ich myśleniu motyw inżynierii ustrojowej górował nad praktycznym zadaniem opanowania hiperinflacji, uzdrowienia pieniądza i zrównoważenia budżetu. Chodziło im nade wszystko o to, by jak najszybciej „zbudować kapitalizm". Formułkę tę powtarzano nie dla rozweselenia słuchaczy, lecz całkiem serio. Nawet Jacek Kuroń ją wtedy powtarzał i chyba nikt poza Jackiem Bocheńskim nie dostrzegał jak śmiesznie brzmi sformułowanie odwołujące się (chyba podświadomie?) do niegdysiejszych sloganów o budowie socjalizmu. Ale te słowa nie kłamały myślom. Żarliwość, z jaką sternicy polskiej transformacji zmierzali do „zbudowania kapitalizmu", nosiła znamiona motywacji ideologicznej.

Na początku lat osiemdziesiątych termin „kapitalizm" wciąż jeszcze źle się kojarzył. Zwolennicy liberalnych reform woleli mówić o „gospodarce rynkowej", a najbardziej agresywni przeciwnicy „Solidarności" godzili w nasz związek propagandowym oskarżeniem, że zmierzamy do restauracji kapitalizmu. Traktowaliśmy te zarzuty jako podłe oszczerstwa. Dziesięć czy dwanaście lat później ekonomiści z naszego rządu, a w ślad za nimi postsolidarnościowi publicyści i dziennikarze zabiegali już o to, by słowo „kapitalizm" zaczęło się masowej publiczności kojarzyć ze świetlaną przyszłością.

Prowadziło to do sytuacji paradoksalnych. Dobre kilka lat temu zdarzyło mi się występować w panelu zorganizowanym przez „Tygodnik Powszechny" w Sali BHP Stoczni Gdańskiej. Szedłem tam od bramy nr 2 i przyglądałem się wymarłym halom produkcyjnym z wybitymi oknami. Niby gdzieś tu produkowano jeszcze jakieś statki, miało przy tym zatrudnienie prawie dwa tysiące osób z dwunastotysięcznej niegdyś załogi, ale stocznia wyglądała już jak konający gigant. Sala BHP natomiast prezentowała się jak elegancka izba pamięci. Siedzieliśmy tam za stołem, twarzą do publiczności, z Lechem Wałęsą, Tadeuszem Mazowieckim i Jankiem Skórzyńskim, który występował w roli moderatora. Lechu, zawsze czuły na słowa, które akurat miały wzięcie, wspomniał coś o naszej walce o kapitalizm, ale przyzwoitość kazała mu dodać, że wtedy tak nie mówiliśmy, bo ludzie by nas nie zrozumieli. Ktoś z sali zagadnął mnie i przypomniał, że przypłaciłem tę walkę długimi pobytami w więzieniu. Janek udzielił mi głosu, a ja bez namysłu odpaliłem: „Widocznie Wałęsa wiedział więcej ode mnie. Ja nie walczyłem o kapitalizm. Przesiedziałem osiem i pół roku, ale za kapitalizm nie zgodziłbym się siedzieć ani jednego dnia". Może po prostu nie jestem podatny na modne nazwy? Przecież wiem, że po upadku komunizmu jakaś postać kapitalizmu czekała nas niechybnie. Czy jednak koniecznie taka, jaką mamy?

Reformatorom, którzy nami w tamtych latach rządzili, nieraz czyniono zarzuty z powodu wielkich materialnych strat, jakie reformy przeprowadzane w rewolucyjnym tempie i trybie wyrządziły w majątku produkcyjnym polskiego przemysłu. Aleksander Małachowski mówił w związku z tym o „reformie przez ruinę". Był to slogan bardzo dosadny, lecz nie pozbawiony racji. Gorączkowa prywatyzacja, zwłaszcza w sytuacji niedoboru prywatnego kapitału, wiązała się z wyprzedażą państwowych przedsiębiorstw (i to przede wszystkim tych najlepszych) po bardzo zaniżonych cenach, a także z rozdawnictwem za symboliczną opłatą świadectw udziałowych w ramach tzw. Narodowych Funduszy Inwestycyjnych. Uzyskiwanie przez nabywców wielkiego majątku produkcyjnego za bardzo niską cenę nie sprzyjało jednak odpowiedzialnemu gospodarowaniu tym majątkiem. Zagraniczny „inwestor" (słowo to brzmi w tym wypadku jak urągowisko), który kupił za bezcen łódzką Bistonę, w ogóle nie kontynuował w tej fabryce produkcji, tylko szybko wyprzedał maszyny i urządzenia, zainkasował wysoki zysk i odpłynął z pieniędzmi, zostawiając za sobą ruinę. Podobnie stało się z wałbrzyską Porcelaną, nabytą przez rodzimego biznesmena. Pracownicy „Bistony" protestowali, załoga Porcelany próbowała strajkiem bronić swoich warsztatów pracy – ale przegrali z Wielką Zmianą.

Przykładów takich można przytoczyć wiele. Najistotniejsze wydają się jednak nie te drastyczne przypadki, lecz zjawisko bardziej generalne – twarde, niszczące zderzenie z konkurencją, w obliczu której stanęły wielkie socjalistyczne przedsiębiorstwa po upadku dyktatury. W sześćdziesiątych latach XX wieku, gdy Związek Radziecki był u szczytu potęgi, część ekonomistów i historyków gospodarczych skłonna była traktować komunizm jako skuteczny sposób przeprowadzenia rewolucji przemysłowej w krajach zacofanych, którym konkurencja ze strony czołowych potęg gospodarczych nie dawała szansy nadrobienia opóźnień. Było to spostrzeżenie bardzo uproszczone, które jednak pomagało zrozumieć istotne wyznaczniki ówczesnej sytuacji historycznej. Dotyczyło to nie tylko krajów trzeciego świata, jak Chiny czy Wietnam, lub głęboko zacofanej Rosji. Także międzywojenna Polska, Rumunia, Bułgaria, Słowacja i w gruncie rzeczy również Węgry zaliczały się do strefy europejskiego niedorozwoju. We wszystkich tych krajach uprzemysłowienie, równoznaczne wówczas z modernizacją, dokonało się w warunkach komunistycznej dyktatury, dzięki odgrodzeniu od światowej konkurencji, zawieszeniu mechanizmów rynkowych i rygorystycznemu podporządkowaniu gospodarki rygorom centralnego planu oraz administracyjnym nakazom. W czasach, gdy o ekonomicznej i militarnej potędze nie decydowały jeszcze wyszukane technologie, lecz tonaż wytopionej stali oraz wydobytego węgla, liczba wytworzonych maszyn ciężkich, czołgów i dział, „realny socjalizm" mógł sprostać wyzwaniom. System ten budował dużo, chociaż marnie. Pod osłoną szańców, którymi odgrodził się od świata, zdołano stworzyć pokaźny ilościowo, ale słaby jakościowo, technologicznie przestarzały i nieefektywny, a więc niekonkurencyjny potencjał wielkiego przemysłu. W momencie „skoku w rynek" i obalenia ochronnych barier związanych z państwowym monopolem handlu zagranicznego potencjał ten został wystawiony na niszczące uderzenie konkurencji.

Wstrząsowi ekonomicznemu towarzyszył głęboki wstrząs społeczny. „Socjalistyczne uprzemysłowienie" przyniosło awans społeczny milionów ludzi. Zbudowany wówczas potencjał ekonomiczny nie wytrzymywał konkurencji na światowych rynkach, był jednak materialną podstawą codziennego bytu i społecznej pozycji wielkiej rzeszy robotników, techników, inżynierów, a pośrednio także nauczycieli oraz naukowców. Ruina tego potencjału, dziś już w znacznej mierze nieodwracalna, pociąga za sobą życiową destabilizację i społeczną degradację tych ludzi. Psychologiczne, kulturowe i polityczne następstwa tego szoku ciążą nad naszym życiem codziennym i zagrażają odzyskanej wolności. Znam frazes, że postęp wymaga ofiar, ale nie potrafię dopatrzyć się w tym postępu. Nie wiem zresztą, co ten wyświechtany wyraz miałby w tym wypadku oznaczać.

Bezpowrotny upadek polskich fabryk nie jest dla mnie abstrakcją. Znałem te miejsca i tych ludzi. We Wrocławiu bywałem na wiecach i na spotkaniach w PaFaWagu, Dolmelu, Elwro, Archimedesie, Hydralu, zakładach Predom-Polar, Fadromie, Hutmenie, Fabryce Automatów Tokarskich. Znałem nieźle związkowców z tamtejszych Komisji Zakładowych i czułem, że jesteśmy z nimi ramię przy ramieniu. Prawie wszystkie te fabryki już nie istnieją lub są zredukowane do wymiarów resztówki. Ekonomicznie prosperuje jako tako chyba tylko Dolmel wykupiony przez koncern ABB, ale oczywiście też znacznie odchudzony. Wraz z likwidowanymi przedsiębiorstwami zniszczone zostały więzi społeczne, które z tamtejszych załóg czyniły solidarne wspólnoty. Wrocław znałem najlepiej, ale podobnie jest w innych miejscach, w których też bywałem. Nie istnieje warszawska FSO i stocznia Gdynia; likwidacja polskiego przemysłu stoczniowego jest zresztą skutkiem decyzji brukselskich urzędników podjętej w imię neoliberalnego dogmatu i wydaje się ostatnim akordem wielkiego procesu dezindustrializacji Polski.

Polska nie jest wyjątkiem. Podobnie, czasem nawet gorzej, przedstawia się bilans „skoku w rynek" w innych krajach upadłego komunizmu – w Rosji, na Ukrainie, a zwłaszcza w NRD. Nie wszędzie wzorowano się przy tym na pomysłach Leszka Balcerowicza. Wschodnie landy Niemiec zostały po prostu zjednoczone z Republiką Federalną, co pociągnęło za sobą automatycznie unię monetarną i likwidację z dnia na dzień wszelkich osłon chroniących przed konkurencją ze strony firm z Zachodu – także przecież niemieckich i działających w ramach wspólnego państwa, wspólnego rynku i wspólnych reguł prawnych. To wystarczyło. Nikt tam nie zamierzał dobijać socjalistycznych przedsiębiorstw „dywidendą" ani popiwkiem – same padły. Szok społeczny został zamortyzowany przez hojną pomoc państwa opiekuńczego i możliwość przeniesienia się na Zachód na zasadzie zwykłej przeprowadzki i znalezienia sobie miejsca pracy – w Niemczech przecież, a nie na obczyźnie. W Polsce szok zagranicznej konkurencji był mniejszy. Wprowadzono wprawdzie bardzo daleko idące ułatwienia dla obcego kapitału oraz importu, jednocześnie jednak bardzo zawyżony kurs zachodnich walut, pomyślany jako instrument rządowego programu walki z inflacją, zmniejszał przy okazji opłacalność importu i pobudzał eksport, czyli hamował recesję. Szok ekonomiczny i społeczny wystąpił jednak wszędzie tam, gdzie upadł komunizm. Na tym tle można sensownie zastanowić się, czy istniała alternatywa dla polityki realizowanej przez polski rząd.

Nie chodzi mi o plan Balcerowicza jako zestaw szczegółowych instrumentów i posunięć. W tym względzie niejedno można było zrobić inaczej, ale spory na ten temat nic już nie zmienią i wydają mi się jałowe. Chodzi o sprawę znacznie ważniejszą. Czy można było uchronić odziedziczony po komunizmie potencjał wytwórczy wielkiego przemysłu przed ruiną spowodowaną nagłym otwarciem na konkurencję ze strony najnowocześniejszych i najbardziej efektywnych firm na świecie? Czy zamiast „skoku w rynek" można było obrać strategię stopniowych przekształceń pod osłoną państwa, chroniąc i modernizując rodzimy potencjał, by z czasem stał się zdolny do sprostania konkurencyjnemu wyzwaniu?

Na takie pytania nie ma prostych ani pewnych odpowiedzi. Mamy duży nadmiar specjalistów, którzy uznają siebie za posiadaczy prawdy, może więc trzeba wyjaśnić, skąd się bierze w tzw. naukach humanistycznych i społecznych niepewność w interpretacji wyników badań oraz niemożność rozstrzygania najistotniejszych sporów przez jednoznaczne wskazanie – tu prawda, a tu fałsz. Może właśnie ja powinienem spróbować to wyjaśnić swoim czytelnikom. W końcu byłem w latach 2007–2010 wiceprezesem Polskiej Akademii Nauk, gdzie odpowiadałem za wydział nauk humanistycznych i społecznych. Zarówno ekonomia, jak i historia należą do tego wydziału, a pytanie, którym się zajmujemy, leży na pograniczu tych dyscyplin.

Każdy uczony rozpoczyna pracę badawczą od selekcji. W punkcie wyjścia ma on do czynienia z mnogością prostych informacji, które mogą być prawdziwe albo fałszywe, w ogromnej większości są mu jednak po prostu zbędne. Musi on wybrać te, które są dla jego celów badawczych ważne, a następnie powiązać je ze sobą w sensowny sposób. Ocena ważności, którą się uczony przy tym kieruje, jest ze swej istoty sądem wartościującym – nic nie jest ważne samo przez się, lecz może być ważne ze względu na cele, które sobie stawiamy. Hierarchia takich celów to hierarchia wartości. Kieruje ona pracą badawczą nie tylko socjologa, historyka lub ekonomisty, ale także fizyka lub geologa. Między wiedzą o społeczeństwie a wiedzą o przyrodzie zachodzi jednak taka różnica, że fizycy nie spierają się o wartości kierujące ich pracą laboratoryjną lub teoretyczną, gdyż są to wartości wspólne, więc można je wziąć w nawias. W badaniach nad społeczeństwem rzecz ma się inaczej: zderzają się tu ze sobą wartości przeciwstawne, z którymi związane są odmienne kryteria doboru informacji oraz ich wiązania w sensowne struktury zwane interpretacjami. Wartości zaś nie są sprawdzalnymi informacjami, lecz normami, które nam wskazują, jakie cele powinniśmy uznać za nadrzędne nad innymi. Spór o wartości rozstrzyga się przez wybór, a nie przez logiczną lub empiryczną weryfikację. Stosowanie technik obliczeniowych w tzw. empirycznej socjologii lub w ekonomii nie zmienia tej podstawowej okoliczności. Badacz może nie mieć filozoficznej samowiedzy o uwarunkowaniach własnego sposobu myślenia przez wyznawane wartości. Może też rozmyślnie te uwarunkowania ignorować, bo mu sprawiają dyskomfort lub przeszkadzają w przekonywaniu innych. Ale ignorancja w nauce nie jest cnotą, więc boi się krytyk. Tadeusz Mazowiecki tłumaczył podobno, że w polityce gospodarczej idzie za opinią ekonomistów. Opinie ekonomistów bywają jednak i w tym wypadku były różne. Wygląda na to, że Mazowiecki o tym nie wiedział. Czyżby ci ekonomiści, którzy pracowali w jego rządzie, nie chcieli osłabiać determinacji premiera informacjami, że część ich kolegów po fachu jest odmiennego zdania? W dyskusjach naukowych, a także w ekspertyzach nie wolno pomijać żadnych okoliczności, które przeczą naszej teorii, ani przemilczać opinii adwersarzy, zwłaszcza gdy są nimi wybitni uczeni. Zwolennik Miltona Friedmana nie może udawać, że nie liczą się przeciwstawne jego ulubionej doktrynie poglądy laureata Nagrody Nobla w dziedzinie ekonomii, byłego dyrektora Banku Światowego Josepha Stiglitza. Nie wolno traktować Jeffreya Sachsa jako autorytet, gdy zaleca on skok w rynek, a gdy tenże Sachs zmienił zdanie i uznał, że ten skok to wejście w kanał – dyskwalifikować odszczepieńca jako hochsztaplera. Nie należy też głosić publicznie, że złożone sprawy ekonomii są proste i bezsporne jak tabliczka mnożenia, a nie zgadzać się z nami może tylko nieuk lub człowiek złej woli. Wszystkie te grzechy popełniono, niestety, w propagandzie promującej naszą transformację.

Grzechy te nie przesądzają jednak odpowiedzi na nasze pytanie. Czuję się w prawie to pytanie podjąć, gdyż rzecz dotyczy nie tylko ekonomii, lecz przede wszystkim historii, czyli mojego zawodu. Z dużym wahaniem skłonny jestem przypuścić, że „skok w rynek" był wymuszony przez ustrojowy kataklizm, jakim był upadek komunizmu. Ze znacznie większym przekonaniem skłaniam się do twierdzenia, że nie było alternatywy politycznej. Jeśli nawet z ekonomicznego punktu widzenia można było po upadku dyktatury wybrać ewolucyjną drogę transformacji, to zabrakło sprzyjającego klimatu umysłowego oraz politycznych i społecznych sił zdolnych do wymuszenia i przeprowadzenia takiej strategii.

Zacznijmy od parlamentu. Senat, w którym zasiadałem, pochodził z wolnych wyborów i był absolutnie zdominowany przez – jak to nazwać? Wtedy jeszcze mówiliśmy „Solidarność". Na stu senatorów dziwięćdziesięciu dziewięciu miało na plakatach wyborczych zdjęcie z Wałęsą i logo Komitetu Obywatelskiego „Solidarność" pisane gdańskim gotykiem. W tej izbie zasiadało rzeczywiście wielu byłych związkowców i należało się spodziewać, że program niesłychanie drastycznej polityki antypracowniczej, który w ostatnich dniach grudnia 1989 r. przedstawiono nam do przegłosowania w trybie ekspresowym, natrafi w senacie na poważny opór. W dyskusji poddałem rządowy program surowej krytyce i zapowiedziałem, że będę głosować przeciw projektom ustaw podatkowych (chodziło o popiwek i dywidendę). Nikt nie podjął dyskusji, ale większość kolegów patrzyła na mnie jak na raroga. Krytyka „naszego" rządu wywoływała zakłopotanie i zgorszenie. Podobnie jak ja głosowało sześcioro senatorów. W sejmie obyło się bez sprzeciwu, choćby nawet tak mizernego. Posłowie PZPR, świadomi zapewne, że historia – nauczycielka życia – posadziła ich w swojej klasie na oślej ławce, grzecznie głosowali jak trzeba; podobnie posłowie Zjednoczonego Stronnictwa Ludowego i SD. Stronnictwa te wchodziły w skład koalicji rządowej i okazywały teraz lojalność wobec nowej „siły przewodniej". Nie było w tym parlamencie opozycji, chyba że przypisać taką rolę mnie i sześciorgu moich koleżanek i kolegów z całkowicie „solidarnościowego" senatu.

Nie mogę nawet powiedzieć, że posłowie i senatorowie z OKP, odkąd zainstalowali się na ulicy Wiejskiej w Warszawie, „oderwali się" od swojej związkowej bazy. Wkrótce sam się z tą bazą spotkałem. Tydzień lub dwa po senackiej debacie nad nowym ładem gospodarczym Komisja Zakładowa „Solidarności" we wrocławskich zakładach PZL-Hydral zaprosiła mnie na dyskusję z załogą. Na sali było co najmniej czterysta osób. Cieszyłem się tu od 1980 r. sporą popularnością i sympatią. Czułem, że jestem wśród swoich. Gdy przedstawiłem swoją krytykę planu Balcerowicza, zapadła głucha cisza. Umiem występować przed robotniczym audytorium i nie miałem wątpliwości, że mnie zrozumiano, ale nieomal fizycznie poczułem bolesną konsternację słuchaczy. Jakże to tak? Jestem przecież swój, a występuję przeciwko naszemu rządowi. Tylko jedna sterana życiem robotnica pod pięćdziesiątkę, zagrożona teraz redukcją, wylała swoje żale w sposób, który jakoś współgrał z moim wystąpieniem. „Mąż nie żyje, mam na utrzymaniu troje dorastających dzieci, zdrowie straciłam w tym zakładzie, a teraz mi mówią, że mam być przedsiębiorcza i znaleźć sobie nową rolę w życiu?!". Reszta zebranych nie była w nastroju do krytyki. Postawa tych ludzi wobec rządu Mazowieckiego była czymś więcej niż politycznym zaufaniem. Określić ją można raczej terminem zapożyczonym ze słownictwa kościelnego. Było to coś na kształt zawierzenia siebie samych „naszemu rządowi".

W pierwszej „Solidarności" stosunek tłumów do przywódców też był bardzo emocjonalny, ale nie było tam ślepego zaufania. Działacze wszystkich szczebli – od zakładu do Komisji Krajowej, a w ślad za nimi zwykli członkowie związku chcieli nade wszystko rządzić się sami. Nikomu, nawet Wałęsie nie zawierzyliby siebie. Żeby skutecznie kierować tym ruchem, trzeba było nieustannie porozumiewać się z tłumami, które ponad wszystko pragnęły same stanowić o sobie, o związku i o Polsce. W styczniu 1990 r. na sali konferencyjnej we wrocławskim Hydralu zobaczyłem na własne oczy, że ten duch samostanowienia zniknął bez śladu. To była inna „Solidarność". Nie o to nawet chodzi, że 80% dawnych członków związku nie powróciło w jego szeregi, gdy został reaktywowany. Chodzi przede wszystkim o to, że przemożny duch samostanowienia został złamany w grudniu 1981 r. zbrojną przemocą i już nie powrócił. Bezpowrotnie zniszczony został niezwykły fenomen suwerennej, zbiorowej aktywności milionów ludzi. Przetrwał mit, który objawił się w strajkach 1988 r. i zatryumfował w czerwcowych wyborach 1989. Gdy powstał „nasz" rząd, prawowitym chorążym mitu stał się z natury rzeczy „nasz" premier i jego ekipa. Ale mit nie wyraża dążenia tłumów do stanowienia o sobie; nie ma on też instrumentów kontroli ani woli kontrolowania wybrańców. Tam, gdzie króluje mit, jego depozytariusze mają rozwiązane ręce. Ich decyzje nie wywołają sprzeciwu.

W czasie stanu wojennego pocieszaliśmy się sloganem „«Solidarność» żyje". Było to krzepiące złudzenie. Pierwsza „Solidarność" uległa przemocy i nie przeżyła. Tu tkwi odpowiedź na pytanie, które zadawali mi Lionel Jospin i Emilio Gabaglio: jak „Solidarność" mogła pozwolić na plan Balcerowicza? Nie sprzeciwiła się, bo już nie istniała. Pretensje rodzimych liberałów, że Jaruzelski nie wykorzystał stanu wojennego do przeprowadzenia w Polsce radykalnej reformy gospodarczej na wzór Pinocheta, są w pewnym sensie chybione. Ależ wykorzystał, to Jaruzelski utorował drogę Balcerowiczowi! Jakkolwiek ocenialibyśmy bilans polskiej transformacji (a oceny będą siłą rzeczy różne i zmienne), jedno wydaje się oczywiste: plan Balcerowicza mógł być podjęty i zrealizowany, ponieważ w decydującej fazie nie natrafił na silny i zorganizowany opór społeczny na wielką skalę. Przeciwnie – mit „Solidarności" posłużył sternikom polskiej transformacji za osłonę. Gdy pojawiły się społeczne protesty, przemiany ustrojowe minęły już punkt krytyczny. Poza tym były to protesty rozproszone – ogarniały poszczególne fabryki i załogi, które – jedne po drugich – znajdowały się w stanie bezpośredniego zagrożenia. Traf chciał, że właśnie PZL Hydral był jednym z pierwszych wrocławskich zakładów całkowicie zniszczonych przez transformację. Była tam sześciotysięczna załoga o wysokich kwalifikacjach i wyrobionych nawykach współdziałania, która oczywiście protestowała, lecz bez skutku – jej odosobniony sprzeciw musiał przegrać z Wielką Zmianą. Duża część fachowców z Hydralu wyemigrowała za pracą do Czech lub gdzie indziej; inni rozproszyli się, szukając ratunku gdzie się da.

Brak skoordynowanego oporu społecznego umożliwił przeprowadzenie Wielkiej Zmiany, ale sam przez się nie czynił jej polityczną koniecznością. Na tym, jaką drogę obrał polski rząd, a wkrótce po nim władze innych krajów, w których zawalił się komunizm, zaważył dominujący na Zachodzie w czasach globalizacji nurt neoliberalnej myśli i neokonserwatywnej polityki. Opanował on bez reszty środowisko ekspertów i decydentów Międzynarodowego Funduszu Walutowego, ukształtował sposób myślenia i postępowania rządu USA nie tylko w czasach Reagana, ale i w czasach Clintona, nie mówiąc już o administracji Busha, a także rządu brytyjskiego nie tylko w czasach Margaret Thatcher, ale i Tony'ego Blaira. Równali w prawo, chcąc nie chcąc, także francuscy socjaliści oraz niemieccy socjaldemokraci. Nurt ten płynął do nas z Zachodu z przemożną siłą. Polskie elity intelektualne, zwłaszcza zaś skłonne do uznawania Zachodu za swoją Mekkę środowiska antykomunistycznej inteligencji, przyjmowały liberalne wyznanie wiary z gotowością.

Czasem wymagało to przewartościowania poglądów. Tadeusz Kowalik, jeden z niewielu zgryźliwych krytyków polskiej transformacji, przypomniał słowa Waldemara Kuczyńskiego z roku 1987: „Zdziwienie budzi zapał, z jakim nasza opozycja liberalna (...) atakuje idee państwa opiekuńczego (...). Nie ma żadnego powodu, by perspektywa pełnego powrotu do mechanizmów ekonomicznych typowych dla Zachodu wymagała jednoznacznego opowiedzenia się za Friedmanem przeciwko Keynesowi, za kapitalizmem amerykańskim przeciwko kapitalizmowi szwedzkiemu". Przed powrotem do Polski Waldek zmienił jednak opcję, kierując się zarówno realizmem („wtedy był czas liberałów" – napisał niedługo później), jak i autentyczną rewizją własnych poglądów.

Przykład Kuczyńskiego jest szczególnie pouczający, był on bowiem blisko związany (także emocjonalnie) z robotniczą rewolucją pierwszej „Solidarności", a w 1989 r. przekonał Mazowieckiego do powierzenia Balcerowiczowi steru przemian gospodarczych, następnie zaś jako zaufany doradca premiera zapewniał jego harmonijną współpracę z wicepremierem-ministrem finansów. To bardzo ważna, politycznie kluczowa rola. Znamy się z Waldkiem dobrze i od dawna. Mam prawo określić nasze wzajemne relacje jako przyjazne i jestem całkowicie pewny, że zmiana ekonomicznych poglądów nie była w jego wypadku zwrotem koniunkturalnym. Poza tym wysoko cenię upartą publicystyczną walkę, jaką toczy on od lat obronie polskiej demokracji. W swoim dzienniku z lat 1989–1993 (*„Solidarność" u władzy*, Gdańsk 2010) zanotował on pod datą 7 grudnia 1989 r. moje nazwisko. Nie zapisał żadnych szczegółów – powodu spotkania ani tematu rozmowy. Ale ja pamiętam. Zapewne pod przykrym wrażeniem moich krytycznych wypowiedzi na poświęconym planowi Balcerowicza posiedzeniu OKP Waldek podjął próbę przekonania mnie do swoich (i rządu) racji. Sam był o nich tak dalece przekonany, że nie dostrzegał w swoich słowach tego, co musiało mnie zrazić. Mówił z wielkim zapałem, jakby sam do siebie, o tym, jak znakomitym pomysłem jest popiwek. To pułapka, która uniemożliwi państwowym przedsiębiorstwom rekompensowanie inflacji podwyżkami płac: jeżeli dyrekcje ustąpią pod presją związkowców, „to załogi same ugryzą się w dupę".

Ten soczysty zwrot zapamiętałem dosłownie, bo był dla mnie wstrząsem. Waldek zawsze mówił zamaszyście, tym razem jednak odczytałem w jego słowach kompletne odwrócenie emocjonalnego ładu. W czasach wielkiej „Solidarności" zaklinaliśmy się na załogi wielkich zakładów przemysłowych. Łączyły nas z tymi środowiskami społecznymi nienaruszalne, jak się zdawało, liny kotwiczne bezwzględnej lojalności. W moim wypadku więzi te były zresztą dużo starsze, na długo przed 1980 r. kształtowała je zawiła historia, o której opowiadam w tej książce. Waldek zaangażował się w Balcerowiczowską transformację, więc bierny opór rad pracowniczych, związków zawodowych oraz dyrekcji wielkich przedsiębiorstw państwowych był dla niego irytującą przeszkodą na drodze do wielkiego celu. Logika sytuacji sprawiała, że reformatorzy postrzegali załogi fabryczne jako przeciwnika, właściwie nawet jako wroga. Rady pracownicze, związki zawodowe i dyrekcje nazywano w ekipie rządzącej „trójkątem bermudzkim", bo w tym trójkącie mógł utkwić na mieliźnie i przepaść bez wieści statek wielkiej reformy. Rady Pracownicze – resztówka naszych sukcesów z 1981 r. – działały w interesie załóg i starały się chronić swoje przedsiębiorstwa. Reformatorzy – wręcz przeciwnie. Nic dziwnego, że samorządność pracownicza znalazła się na celowniku wicepremiera i jego ekipy. Reforma nie odwołała się do partnerskiej aktywności środowisk zakładowych, bo była sprzeczna z elementarnym interesem załóg.

Wszystko to niby wiedziałem, ale Waldek swoimi entuzjastycznymi słowami dodatkowo utwierdził mój sprzeciw. Nie nazwałbym tego nawet zderzeniem racji. Za sprzecznymi racjami kryło się zderzenie przeciwstawnych wartości. Mój sprzeciw wobec neoliberalnej reformy był konserwatywny w tym sensie, że obstawałem przy swojej, a nie tak dawno jeszcze naszej wspólnej, tradycyjnej hierarchii wartości. Lojalność wobec nieznajomych ludzi z wielkich państwowych fabryk stawiałem wyżej od lojalności wobec moich kolegów i przyjaciół z opozycji demokratycznej, którzy teraz zabrali się do rządzenia i uznawali te fabryki wraz z załogami za złomowisko socjalizmu. Proszę mnie nie pouczać, kto miał w tym sporze rację – każdy miał swoją. Zwycięstwo tych, przeciw którym występowałem, było jednak przesądzone, bo nie pojawiła się alternatywna siła polityczna.

Formacja zwana dziś Sojuszem Lewicy Demokratycznej wzorowała się na zachodnich socjaldemokratach. Podobnie jak Labour Party za Blaira czy SPD za Schroedera, SLD równał do liberalnego sposobu myślenia. Zarówno Aleksander Kwaśniewski, jak i Leszek Miller wyrażali przekonanie, że nie wymyślono nic lepszego niż wolny rynek. Nie po prostu rynek, ale właśnie wolny. Nie wiem, czy powtarzając ten frazes, liderzy polskiej lewicy mieli na myśli samoregulację rynkową wolną od wszelkiego interwencjonizmu państwa, ale trudno rozumieć inaczej termin (a może tylko zawołanie), którym się posługiwali. Leszek Miller opowiedział się nawet swego czasu za podatkiem liniowym, jakby chciał zrealizować neoliberalny ideał, który Balcerowicz bezskutecznie usiłował wprowadzić w życie podczas rządów koalicji AWS–UW. Nie oznacza to wcale, że SLD nie różnił się od neoliberałów. Formacja Kwaśniewskiego i Millera zawsze była pragmatyczna, daleka od doktrynerstwa. W latach 1993–1997, gdy SLD w koalicji z ludowcami sprawował władzę, udało się z pożytkiem dla kraju skorygować pewne skrajności poprzedników. Była to jednak raczej korekta niż alternatywa.

Zanim jeszcze „wojna na górze" spowodowała rozłam w OKP, podjąłem próbę skrzyknięcia posłów i senatorów wywodzących się z pierwszej „Solidarności", którzy do neoliberalnej strategii naszego rządu odnosili się krytycznie. Udało mi się – nie bez trudu – namówić Ryszarda Bugaja, by stanął na czele tego zalążka nowego ugrupowania. Deklarację założycielską podpisało początkowo dwudziestu dziewięciu posłów i senatorów; wszyscy oni należeli do OKP. Dwudziestu dziewięciu parlamentarzystów to na początek nie tak mało, choć na drodze do stworzenia nowego ruchu społecznego mógłby to być – tak myślałem – zaledwie pierwszy maleńki krok. Komisja Krajowa „Solidarności", która w tym czasie „trzymała parasol nad trudnymi reformami" rządu Mazowieckiego, odmówiła nam jednak błogosławieństwa i prawa do posłużenia się nazwą, którą chciała zastrzec wyłącznie dla związku, a większość sygnatariuszy naszej deklaracji założycielskiej odpłynęła w czasie „wojny na górze" do Unii Demokratycznej lub Porozumienia Centrum. Po niedługim czasie zarejestrowaliśmy się jako stowarzyszenie „Solidarność Pracy", które wystartowało w wyborach parlamentarnych 1991 r., zdobywając 2% głosów i 5 mandatów. Ja już wtedy ani później nie kandydowałem, postanowiłem bowiem nieodwołalnie zająć się pracą na Uniwersytecie, a nie polityką. Wspierałem jednak „Solidarność Pracy", przekształconą następnie – przez połączenie z grupą działaczy Polskiej Unii Socjaldemokratycznej – w Unię Pracy. Przez pewien czas firmowałem nawet UP jako jej honorowy przewodniczący, dopóki wiosną 1995 r. nie wystąpiłem z tej partii, zasilając ostatecznie szeregi bezpartyjnych. Szczegółowej relacji o tych doświadczeniach oszczędzę sobie i czytelnikom, nie wydają mi się bowiem istotne. UP odniosła relatywny sukces w wyborach 1993 r., uzyskując prawie 7,5% głosów i 41 mandatów. W nowym sejmie Unia Pracy była czwartą siłą polityczną, nie była to jednak siła solidnie zakorzeniona w społeczeństwie. Słabe zakorzenienie było wprawdzie i jest ogólną bolączką polskiej sceny politycznej, ale dla ugrupowania, które ma ambicję sformułowania i przeprowadzenia alternatywnej strategii przekształceń ustrojowych, zdolność do wywołania aktywności społecznej i nawiązania organicznej więzi ze swoją społeczną bazą jest sprawą kluczową.

To się nie udało. Sam wybrałem pozycję outsidera, więc nie wypada mi obwiniać działaczy. Myślę w każdym razie, że główną przyczyną niepowodzenia był niski poziom społecznej aktywności utrzymujący się w Polsce niezmiennie od czasu zmiażdżenia wielkiej „Solidarności" przez stan wojenny. W dodatku środowiska, do których chcieliśmy się odwołać, czyli załogi wielkich fabryk, wyszły z transformacji osłabione, w znacznej mierze rozproszone, z poczuciem krzywdy, ale bez poczucia siły. Unia Pracy nie podzielała wprawdzie fascynacji SLD liberalizmem, ograniczyła się jednak do zastrzeżeń i wołania o korekty w programie transformacji, nie zdobyła się zaś na sformułowanie alternatywy. Zamknęło ją to w ramach rutynowej gry parlamentarno-politycznej, w których obracała się aż do wyborów 1997 r.; wtedy nie przekroczyła progu i w rezultacie uległa marginalizacji. „Traumę wielkiej zmiany" – jak nazwał znakomity socjolog Piotr Sztompka stan ducha wielkiej rzeszy Polaków poszkodowanych przez transformację – zagospodarowali prawicowi populiści, a nie lewica. To duża różnica.

* * *

Transformacja zmodernizowała Polskę, ale społeczny koszt tej modernizacji okazał się bardzo wysoki, a co ważniejsze – bardzo trwały. Pod względem rozpiętości dochodów i skali nierówności społecznych jesteśmy w ścisłej czołówce Europy. Są to nierówności trwałe, dziedziczone z pokolenia na pokolenie. Wielkiemu zróżnicowaniu dochodów odpowiadają coraz głębsze różnice w zakresie opieki zdrowotnej, dostępu do wykształcenia i szans awansu kolejnych pokoleń. W rezultacie różnice te mają charakter bez mała niezmiennego podziału przywilejów i upośledzeń. Równość szans pozostaje w sferze marzeń. Dzieci i wnuki tych, których okręt neoliberalnej modernizacji zostawił za burtą, w większości już się nie wdrapią na pokład. Wywiera to na ich sposób postrzegania wolnej Polski znacznie większy wpływ niż umoralniająca dydaktyka. Rzecz nie sprowadza się do zróżnicowania płac i dochodów. Najistotniejszym bodaj czynnikiem traumy Wielkiej Zmiany jest masowe i trwałe bezrobocie.

Liczba rejestrowanych bezrobotnych w Polsce wahała się w ciągu ostatniego dwudziestolecia między dwoma a trzema milionami osób. Przeważająca ich część nie ma już prawa do zasiłku, gdyż jest to najczęściej bezrobocie długotrwałe. Ale to wierzchołek góry lodowej. W 2007 r. Mieczysław Kabaj oceniał, że Polska jest na ostatnim lub przedostatnim miejscu w Europie pod względem odsetka ludności zawodowo aktywnej. Według jego szacunków potwierdzonych przez Leszka Gilejkę „w latach 1990–2005 zlikwidowano blisko 5 milionów miejsc pracy, a ludność w wieku produkcyjnym zwiększyła się o ponad 2 miliony osób". Stopa zatrudnienia wynosiła w ostatnich latach PRL 80%, dziś wynosi 53%. Jest to wynik dezindustrializacji spowodowanej przez Wielką Zmianę. Ludzie zbędni z punktu widzenia neoliberalnej racjonalności jakoś oczywiście żyją. Chłoporobotnicy powrócili na wieś, gdzie mają przynajmniej co jeść, a szczytem ich marzeń jest bodaj najlichsza renta. Znaczną część ludzi zbędnych w przekształconej gospodarce upchnięto na przyznawanych lekką ręką rentach inwalidzkich lub wcześniejszych emeryturach. Obciążyło to bardzo budżet państwa, chyba jednak nie zapewniło wolnej Polsce głębokiego przywiązania i wdzięczności tych ludzi. Wielu ima się dorywczych zajęć i zarabia „na czarno", w wiecznym lęku o jutro. Bezrobocie wśród młodzieży – rzecz jasna tylko to rejestrowane, więc uchwytne – sięga 35% lub 40% i jest najważniejszą przyczyną masowej emigracji zarobkowej. Młodzi Polacy, którzy jadą do Anglii, zakładają tam rodziny, rodzą i wychowują tam dzieci, w większości już nie wrócą do kraju. W okresach dekoniunktury, zwłaszcza zaś w obecnym globalnym kryzysie, lęk przed bezrobociem jest najważniejszą emocją negatywną kształtującą postawy społeczne także wśród tych młodych ludzi, którzy jakoś sobie radzą w nowej rzeczywistości i jesienią 2007 r. nawoływali się esemesami, by pójść do lokali wyborczych i zapewnić Platformie zwycięstwo nad PiS. Dziś ta młodzież jeszcze sobie radzi, ale ma powody do niepokoju.

Ci, co sobie radzą i mogą oceniać, że transformacja zmieniła ich życie na lepsze, są wciąż jeszcze w większości. Liczbę tych, których modernizacja zostawiła za burtą, szacuje się na jakieś 25–30% polskiego społeczeństwa. Między zaradnymi a poszkodowanymi nie ma już braterskiej miłości. Inteligencja znalazła się na ogół po słonecznej stronie, w strefie tzw. klasy średniej, ale docierają do niej irytujące odgłosy gniewu, rozgoryczenia, frustracji i agresji ze strony poszkodowanych współbraci. Gdy ludowa frustracja i agresja wybiły na powierzchnię w czasach kampanii prezydenckiej 1990 r., a potem z okazji rozmaitych społecznych protestów, zwłaszcza blokad organizowanych przez stronników Leppera przy wtórze okrzyku „Balcerowicz musi odejść", opiniotwórcze kręgi polskiej inteligencji stanęły po stronie Balcerowicza. Jak w każdym konflikcie, starcie nakręcało i zmieniało emocje.

W tej książce zdarza mi się oceniać krytycznie wyniki działań własnych, a także działań mojego środowiska i moich przyjaciół, z którymi nie zawsze się zgadzałem. Niech mi wybaczy Olga Lipińska, której prawie nie znam osobiście, ale podziwiam jako autorkę genialnego kabaretu telewizyjnego, że posłużę się jej przykładem. Na początku lat dziewięćdziesiątych w tym właśnie kabarecie oglądaliśmy chór świetnie ucharakteryzowanych, zapijaczonych, zarośniętych ludzi w kufajkach, gumiakach, uszankach lub berecikach, którzy śpiewali: „A Balcerowicz wyciął nam numer i różnicować dochody chce... Jasne, że musi być kapitalizm – ale nasz zakład schodzi na psy! Zabrać bogatym, domiar dowalić – i rozdać ludziom! Kto ludzie? My!".

Olga Lipińska była zawsze czułym barometrem poglądów i emocji środowisk opiniotwórczych. Aria roboli, którzy są przeciw różnicowaniu dochodów i nie chcą, żeby ich zakład zszedł na psy, cieszyła się w kręgu elity intelektualnej ogromnym powodzeniem, bo trafnie wyrażała słowem i choreografią to, co wtedy grało w duszy polskiego inteligenta. Miałem nieodparte wrażenie, że w środowisku społecznym, które odnajdywało w tym songu własne najgłębsze przekonania, nastąpiło zasadnicze przewartościowanie ładu emocjonalnego. Polska inteligencja była przez cały dwudziesty wiek, i w pewnym stopniu dziś jeszcze pozostaje, spadkobierczynią kultury szlacheckiej. Bagaż szlacheckiej tradycji ma jednak różne, a w dodatku zmienne oblicza. Gdy trzeba było chwytać za szablę, by wszcząć powstanie przeciw zaborcom, szlacheccy rewolucjoniści z nadzieją spoglądali na braci-chłopów, a poeta wyrażał nadzieję zbratania słowami „z szlachtą polską polski lud". Gdy czasy były spokojniejsze, prozie życia odpowiadała raczej *Satyra na leniwych chłopów*. Nieraz też wspominano rabację i Jakuba Szelę, jak to celnie podpatrzył i zapisał Stanisław Wyspiański: „myśmy wszystko zapomnieli – mego dziadka piłą rżnęli". Lata 1980–1981 były czasem nastrojów powstańczych, a stosunek polskiej inteligencji do klasy robotniczej nacechowany był uroczystym poczuciem braterstwa. Dziesięć lat później inteligencja brała rozbrat z ludem. Był to rozbrat wzajemny, a negatywne emocje wystąpiły po obu stronach i do dziś wywierają istotny wpływ na psychiczną kondycję wolnej Polski oraz na jej życie polityczne.

Rachunek za transformację

Nie lubię wyrazu populizm. Źródłosłowem jego jest łacińska nazwa ludu *(populus)*, której znaczenie zapisane w słownikach jest wolne od emocji. Od dłuższego czasu jednak wyraz populizm jest nacechowany rozmaitymi emocjami negatywnymi, wśród których nietrudno dosłyszeć ton salonowej pogardy dla ludu. Lud odwzajemnia tę pogardę uczuciem wrogości do „elit", mamy tu zatem do czynienia z symetrią uczuć. Ze względu na ową symetrię wyraz populizm może być użyteczny w opisie sytuacji psychospołecznej, używa się go jednak powszechnie bez zdefiniowania jego treści pojęciowej, wrzucając do pojemnego worka zjawiska bardzo rozmaite. Tak używane słowo „populizm" staje się wyzwiskiem, a nie pojęciem. Posłużę się jednak tym nielubianym przeze mnie, lecz zadomowionym w potocznej mowie wyrazem, tyle że spróbuję zdefiniować, jak rozumiem jego znaczenie. Rozumiem mianowicie przez populizm taką politykę i taką polityczną retorykę, która stara się wyrazić i wykorzystać ludową wrogość do elit. Przedmiotem tej ludowej wrogości są zarówno elity władzy i pieniądza, jak też elity wykształcenia oraz rozmaite autorytety intelektualne, moralne i zawodowe.

Na scenie politycznej wolnej Polski populizm doszedł po raz pierwszy do głosu podczas wyborów prezydenckich 1990 r. Był to po części głos Lecha Wałęsy i jego komitetów wyborczych utworzonych przez struktury NSZZ „Solidarność", w których zwinięcie związkowego parasola osłaniającego „trudne reformy" przyjęto ze zrozumiałą ulgą, a hasło „Balcerowicz musi odejść" podchwycono z entuzjazmem. Tym większe było rozczarowanie działaczy związkowych, gdy po zwycięstwie Wałęsy (i z jego poparciem) wicepremierem odpowiedzialnym za gospodarkę, a zarazem ministrem finansów pozostał w nowym rządzie Leszek Balcerowicz. Niemniej istotnym zwiastunem narastającego populizmu stał się w tamtych wyborach relatywny sukces Stana Tymińskiego. „Człowiek znikąd", odwołujący się do rozczarowania reformami i apelujący o poparcie do tych, co już nie chcieli „Solidarności", ale nie chcieli też powrotu „komuny", zebrał 22% głosów i wyeliminował w pierwszej turze Tadeusza Mazowieckiego. To, że „nasz premier" nie wygrał z Wałęsą, było tylko porażką, ale przegrana z nikomu nieznanym demagogiem z Kanady stanowiła dla Mazowieckiego prawdziwą prestiżową klęskę. Współobywatele wystawili mu na kartkach wyborczych wysoki rachunek za plan Balcerowicza.

Frustracja i agresja milionów ludzi poszkodowanych przez transformację obracała się przeciw politycznym elitom, które zainicjowały i przeprowadziły Wielką Zmianę. W decydującej fazie przekształceń reformatorzy posłużyli się mitem „Solidarności" jako polityczną osłoną. Była to osłona skuteczna, ale nie ma tu nic za darmo. Mit został zużyty – pozostał uraz ludzi, którzy poczuli się oszukani. To oni (a dziś już należałoby raczej powiedzieć: ich ojcowie i starsi bracia) stanowili niegdyś ostoję wielkiej „Solidarności". W stanie wojennym większość z nich dała za wygraną w obliczu przemocy, nie wszyscy głosowali w wyborach 1989 r., ale po tych wyborach prawie wszyscy poczuli smak zwycięstwa: „No, jednak wygraliśmy". Po czym zaczęli przegrywać: tracić na zarobkach, tracić pracę, tracić zakorzenienie w społeczności likwidowanych zakładów, pewność jutra i społeczny prestiż. Musieli zadawać sobie pytanie: „Jak to jest? My wygraliśmy, a ja i moi koledzy jesteśmy przegrani. Kto nam ukradł nasze zwycięstwo? Oni. Wdrapali się do władzy po naszych plecach, a potem weszli w niejasne układy z obcymi i rozkradają nasz narodowy dobytek". Kradzież zwycięstwa – kategoria ściśle polityczna – łączyła się w tym wyobrażeniu z kradzieżą mienia, dokonywaną do spółki z kapitałem zagranicznym w toku „przekształceń własnościowych". Prywatyzacja przeprowadzana w tempie ekspresowym polegała w znacznej mierze na wyprzedaży majątku narodowego po bardzo zaniżonych cenach, co rzeczywiście stwarzało okazje do nadużyć. W oczach ludu była to prywatyzacja złodziejska. Warto wsłuchać się w głos zdesperowanych ludzi, których plajta przedsiębiorstwa wyrzucała na bruk – lub którym miesiącami nie płacono należnych wynagrodzeń. Szli oni pod ważne budynki publiczne, siedziby rozmaitych władz i skandowali: „Zło-dzie-je! Zło-dzie-je!". Żaden polityk nie wymyślił tego okrzyku, ale niejeden go podchwycił.

Pierwszą partią populistyczną z prawdziwego zdarzenia była na polskiej scenie politycznej Samoobrona. Jej założyciel Andrzej Lepper był w tej kategorii prawdziwym samorodkiem. Ludowy demagog pełną gębą, zaczynał swoją karierę od przemówień wygłaszanych na wiejskich targowiskach, gdzie skrzynka po owocach służyła mu za trybunę, a także od czynów w postaci blokad dróg i wysypywania importowanego zboża na tory. Początkowo Samoobrona zarejestrowała się jako związek zawodowy, w czym można dopatrywać się inspiracji solidarnościowym wzorem; w wyborach 2001 r. weszła jednak tryumfalnie do sejmu, stała się partią polityczną, a przebrany w elegancki garnitur Andrzej Lepper wołał z sejmowej trybuny do zasiadających w ławach poselskich przedstawicieli establishmentu, którzy mu zarzucali bezceremonialny styl wypowiedzi: „Wam się Wersalu zachciewa? Wersalu już na tej sali nie będzie, bo ludzie na chleb nie mają!".

Populizm może przybierać różne barwy. Może gościć zarówno na prawicy, jak i na lewicy. Wyraźny sentyment do Polski Ludowej, umizgi do Łukaszenki, brak skłonności klerykalnych i praktyczny, a nie ideologiczny charakter głoszonego przez Samoobronę nacjonalizmu pozwalają przypisać jej populizmowi zabarwienie lewicowe. W Polsce jednak przeważa populizm prawicowy. Najbardziej masowy jego odłam nie jest partią, lecz szczególnego rodzaju ruchem społecznym solidnie zakotwiczonym w licznych parafiach – to Rodziny Radia Maryja. Nie mam niestety czasu na to, by słuchać regularnie tej rozgłośni, zdarzyło mi się jednak wysłuchać transmitowanego przez nią wiecu w strajkujących zakładach Tormięs. Strajk został tam podjęty w desperackim proteście przeciwko prywatyzacji, w której robotnicy toruńskich zakładów mięsnych słusznie widzieli zagrożenie dla swoich miejsc pracy. Słuchałem ich wypowiedzi jak zaczarowany – to był dawno niesłyszany, ale dobrze znajomy głos w moim domu. Miałem wrażenie, że czas się cofnął, i że znów jestem na jednym z burzliwych zgromadzeń robotniczych w 1980 r. Od dawna już nie ma wielkiej „Solidarności", ale jej odłamki poniewierają się rozsypane po kraju. Niektóre znalazły się w zasięgu oddziaływania Radia Maryja, które potrafiło je pozbierać i po swojemu zagospodarować.

Rozgłośnia ojca Rydzyka nie jest partią, ale od jej poparcia lub niełaski zależą w niemałej mierze wyniki wyborcze partii prawicowych. Prawo i Sprawiedliwość oraz Liga Polskich Rodzin skorzystały z tego poparcia w wyborach 2005 r. Liberalno-demokratyczne środowiska opiniotwórcze poczuły się po tych wyborach zbulwersowane utworzeniem przez Jarosława Kaczyńskiego koalicji rządowej PiS i LPR-u i Samoobrony. Uważano, że bracia Kaczyńscy sprzeniewierzyli się etosowi opozycji demokratycznej i żoliborskiej inteligencji, wprowadzając na salony władzy populistę Andrzeja Leppera i spadkobiercę tradycji endeckiej Romana Giertycha. Nie podzielałem i nie podzielam tego oburzenia, bo nie uważam sojuszu PiS z Samoobroną i LPR za egzotyczny. Moim zdaniem był to logiczny sojusz między pokrewnymi stronnictwami. Twórcy Prawa i Sprawiedliwości wcześnie dosłyszeli wołanie ludzi poszkodowanych przez transformację: „Złodzieje! Złodzieje!" – i zbudowali swój projekt polityczny jako odpowiedź na ten krzyk rozpaczy: „Tak, to wszystko złodzieje. A my – szeryfowie. My z tymi złodziejami zrobimy porządek". Konsekwencją takiego odzewu na ludowy krzyk bólu było hasło rewolucji moralnej, którą przeprowadzić powinno państwo, używając dla umoralnienia obywateli odpowiednich środków przymusu. Sprawiedliwość każe przyznać, że pierwszym, który chciał zbudować IV Rzeczpospolitą i „szarpać (więc najpierw założyć) cugle demokracji" nie był Jarosław Kaczyński, lecz Jan Maria Rokita, za którym dziś jeszcze wzdycha z sentymentem część posłów PO. Rokita jednak po wyborach i pierwszych konsultacjach między PO i PiS zrozumiał, że to nie on będzie decydować, „kogo należy aresztować o szóstej rano", i stracił serce do idei autorytarnego państwa, podczas gdy Kaczyński – wręcz przeciwnie.

Pełne wyrzutu pytanie kierowane do Kaczyńskiego: „Jak mogłeś sprzymierzyć się z populistą?", wydaje mi się niedorzeczne także w świetle obiegowej podówczas retoryki politycznej. Królowały w niej charakterystyczne epitety: „łże-elity", „fałszywe autorytety", „lumpeninteligencja". Przywódca Samoobrony nieraz wyrażał się bezceremonialnie, ale to nie jego słowa, i to nie on nazwał najznakomitszych prawników, którzy krytykowali represyjną filozofię ekipy rządowej, „frontem obrony przestępców". Wszystkie te soczyste epitety pochodzą z najbardziej miarodajnych ust Prawa i Sprawiedliwości. Andrzej Lepper mógł traktować Jarosława Kaczyńskiego jako niezrównanego mistrza retoryki i polityki opartej na ludowej wrogości do elit.

Istotnym wyznacznikiem populizmu jest także autorytaryzm, czyli skłonność do państwa policyjnego. PiS wygrało wybory, przedstawiając się jako partia sprawiedliwych szeryfów, a po objęciu władzy podjęło trud przebudowy państwa zgodnie z filozofią szeryfa. Nie byłoby to możliwe bez poparcia znacznej części społeczeństwa. Dla ilustracji przypomnieć warto głośny wówczas konflikt między Zbigniewem Ziobro a komisją kodyfikacji prawa karnego. Ziobro był wówczas ministrem sprawiedliwości, prokuratorem generalnym, faktycznym nadzorcą służb specjalnych i prawą ręką Jarosława Kaczyńskiego. Wspomniana komisja, złożona z najwybitniejszych polskich prawników, sprzeciwiła się rządowym projektom, które godziły w zasady państwa prawa. Minister Ziobro nie wdawał się w dyskusje, tylko odwołał przewodniczącego komisji, profesora Stanisława Waltosia. Gdy w odpowiedzi na tę decyzję cała komisja złożyła rezygnację, Ziobro zbeształ panów profesorów i pouczył ich, że to wstyd nie zgadzać się z ministrem sprawiedliwości.

Wielu ministrów w PRL myślało podobnie, ale żaden nie odważył się tego powiedzieć. Dopiero Ziobro miał tę śmiałość. Dopiero w demokracji minister może besztać profesorów jak sztubaków. W przeciwieństwie do ekipy Gomułki lub Gierka ekipa Kaczyńskiego czuła się legitymizowana, nie tylko zresztą przez swój mandat wyborczy. Także po utracie większości parlamentarnej Prawo i Sprawiedliwość może być pewne swego zakorzenienia w tej części polskiego społeczeństwa, która jest głęboko rozczarowana liberalną demokracją. Po konflikcie z profesorami prawa opiniotwórcze media nie pozostawiły na ministrze Ziobro suchej nitki. Przeprowadzone wkrótce potem sondaże nie pozostawiły jednak wątpliwości, że nie umniejszyło to ani trochę popularności krewkiego ministra; zaszkodziło mu dopiero – znacznie później – rozstanie z PiS.

Nieustająca popularność tej formacji mówi wiele o stanie polskiego społeczeństwa. Trwały podział na zwolenników i przeciwników PiS ujawnia coś istotniejszego od zwykłych (i na ogół zmiennych) opcji politycznych. Jest to kulturowe pęknięcie. Z jednej strony mamy ludzi lepiej wykształconych, lepiej sytuowanych, lepiej oceniających bilans polskiej transformacji i swoje własne perspektywy życiowe. To Polska oświecona. Tej Polsce krytyczne opinie o PiS łatwo trafiają do przekonania, głos profesorów prawa ma tu wielką wagę, a decyzje i słowa ministra Ziobro podczas awantury o komisję kodyfikacji prawa budziły politowanie i złość. Po drugiej stronie mamy jednak wielką rzeszę ludzi, których liberalna modernizacja kraju zdegradowała i pozostawiła za burtą. To Polska ludowa (nie mylić z PRL). Tu nie docierają argumenty obrońców liberalnej demokracji. Tu żadna burza medialna nie naruszy pozytywnego obrazu PiS. Polskę ludową dzieli od Polski oświeconej szczelna bariera komunikacyjna, przez którą w jedną ani w drugą stronę nie przenikają oceny, argumenty, informacje. Mamy do czynienia z pęknięciem więzi społecznych i rozbiciem polskiego społeczeństwa na dwie części obce, a nawet wrogie sobie nawzajem. Dla mieszkańców Polski ludowej mieszkańcy Polski oświeconej to złodzieje i zaprzańcy, renegaci obcy prawdziwej polskości. Dla mieszkańców Polski oświeconej mieszkańcy Polski ludowej to „moherowe berety". Daleko odeszliśmy od braterstwa pierwszej solidarności. Chwilami wygląda to nawet tak, jak byśmy tracili świadomość, że stanowimy jeden naród.

W kampanii wyborczej 2005 r. PiS umieściło na swoich sztandarach slogan: „Polska solidarna przeciw Polsce liberalnej". Była to formuła lapidarna, celnie trafiająca w sedno ludowego bólu i zapowiadająca próbę poprawy losu milionów ludzi poszkodowanych przez transformację. Nadzieje tych ludzi na zmianę polityki społecznej mogły budzić także bardziej szczegółowe od samego sloganu wypowiedzi czołowych polityków zwycięskiej formacji, zwłaszcza Lecha Kaczyńskiego, który własne przekonania i wymogi egalitaryzmu traktował bardzo poważnie. Od 1989 r. nikt się w ten sposób nie zwracał do tej części polskiego społeczeństwa. Prawo i Sprawiedliwość nie miało tu konkurentów – weszło na teren niezagospodarowany przez żadną siłę polityczną i zajęło go na długi czas. Zadzierzgniętych związków z pozyskanym wówczas elektoratem nie naruszyło nawet to, że zapowiedź prospołecznej polityki zawarta w sztandarowym sloganie z 2005 r. nie została zrealizowana. Twarzą polityki gospodarczej pod rządami PiS była Zyta Gilowska, bezwzględna zwolenniczka neoliberalnej ortodoksji, a wizytówką tej polityki stała się reforma podatkowa niosąca ulgę najzamożniejszym podatnikom oraz intratna dla pracodawców, ale fatalna dla zabezpieczenia socjalnego i dla budżetu obniżka składki rentowej. Najbardziej wyrobieni politycznie mieszkańcy Polski ludowej musieli to zauważyć, chyba jednak darowali swoim wybrańcom niespełnione obietnice. Ogniwem trwale łączącym poszkodowany lud z Prawem i Sprawiedliwością są nie tyle nadzieje na pozytywną odmianę losu, ile wspólnota emocji negatywnych. Ludzie pokrzywdzeni przez Wielką Zmianę nie za bardzo liczą na to, że PiS po powrocie do władzy poprawi warunki ich życia codziennego; raczej liczą na to, że kolejny rząd Kaczyńskiego wymierzy sprawiedliwość tym sukinsynom, którym się w transformacji powiodło. Doświadczenie lat 2005–2007 daje tym ludowym nadziejom solidną podstawę.

Rzeczywiście Prawo i Sprawiedliwość charakteryzuje się spójnością populistycznej retoryki, politycznej wyobraźni oraz poczucia misji. O populistycznej retoryce była już mowa. Polityczna wyobraźnia liderów PiS opiera się na przekonaniu o wszechobecnym przestępczym, mafijno-korupcyjnym, a w każdym razie głęboko niemoralnym układzie, który oplata nasze życie jak złowroga pajęczyna. Wreszcie misja, którą wypełnić ma PiS po dojściu do władzy, polegać ma na oczyszczeniu życia publicznego od nieprawości przez bardzo śmiałe stosowanie narzędzi policyjno-prokuratorskich. Związane z tym syndromem wyobrażenia i obsesje są nadal żywe w sercach i umysłach polityków tej formacji, o czym mogliśmy się niedawno przekonać dzięki gwałtownym reakcjom osób odpowiedzialnych za tzw. operację Mengele na zarzuty, jakie sformułował wobec CBA i prokuratury sędzia Igor Tuleya. Szczególna wdzięczność należy się ówczesnemu szefowi CBA, dziś wiceprezesowi PiS Mariuszowi Kamińskiemu, gdyż w uniesieniu odsłonił on z wielką szczerością ideowe motywacje, które w jego rozumieniu uświęcają stosowanie „bogatych" policyjnych środków. W sprawie, która zakończyła się skazaniem znanego kardiochirurga za przyjęcie od uratowanych pacjentów kosztownych prezentów w rodzaju pudełka najlepszych cygar lub butelki wytwornego koniaku, przeprowadzono tzw. śledztwo trałowe. Zarzucono sieci szeroko. Przesłuchano tysiące świadków, głównie pacjentów. Wyciągano ich nocą z łóżek, zatrzymywano jak w gangsterskim filmie i wożono na nocne przesłuchania, podczas których prokuratorzy straszyli ich, że sami mogą trafić na ławę oskarżonych i sugerowali złożenie zeznań pasujących do scenariusza śledztwa. Nazwiska pacjentów ze szpitala MSW i dokumentację medyczną objętą tajemnicą lekarską uzyskano dzięki poświęceniu funkcjonariusza CBA, który uwiódł pielęgniarkę i namówił ją do wykradzenia dokumentów; tą drogą trafiły one w ręce śledczych. Bulwersujący kryptonim „Mengele" wyrażał pierwotną myśl przewodnią tej operacji. U jej źródeł leżało przeświadczenie o złowrogim korupcyjnym układzie lekarzy-morderców – mieli oni uśmiercać ludzi, żeby pozyskać organy do transplantacji, a następnie tymi organami handlować. Można sobie wyobrazić zbiorową psychozę, jaką wywołałyby takie rewelacje. Góra urodziła mysz w postaci cygar i koniaków doktora Garlickiego, ale Mariusz Kamiński bronił się z ogniem w oczach, że to też korupcja. Korupcja zaś jest straszną plagą, więc walka z nią usprawiedliwia zastosowane środki. Podobnie mówił z wielką żarliwością Zbigniew Ziobro. Ich pogląd jest zresztą zbieżny z obiegowym stereotypem: „pokaż lekarzu, co masz w garażu". Tylko Jarosław Kaczyński miał dość rozumu, by milczeć. Prokuratura, występując jako sędzia we własnej sprawie, orzekła, że nocne przesłuchania były wprawdzie niepotrzebne, ale zgodne z prawem. Odpowiedzialności za to orzeczenie dzisiejszych stróżów prawa nie da się już zrzucić na PiS.

Rząd Kaczyńskiego upadł w następstwie skandali związanych z nadużyciami policyjnej władzy, w szczególności zaś wskutek nieudolnej i nieudanej prowokacji zmontowanej przez CBA przeciwko wicepremierowi tego rządu Andrzejowi Lepperowi. Roman Giertych zrozumiał w lot, że będzie następny w kolejce i wraz z Samoobroną opuścił koalicję, zostawiając PiS na spalonym. Utrata większości parlamentarnej spowodowała dymisję rządu i przedterminowe wybory. Polska oświecona, przerażona wizją IV RP jako państwa policyjnego w budowie, zmobilizowała się i przez masowe głosowanie na Platformę odsunęła Prawo i Sprawiedliwość od władzy. Ten sam motyw zapewnił PO zwycięstwo w kolejnych wyborach: prezydenckich i parlamentarnych. Może się to jednak wkrótce zmienić. Na widoczną w sondażach zmianę wyborczych preferencji większy bodaj wpływ od amnezji oraz zwyczajnej niewiedzy najmłodszych wyborców o skandalach sprzed siedmiu lat wywiera pesymizm związany ze światowym kryzysem i utrata wiary we własną przyszłość wśród dotkniętych lub zagrożonych bezrobociem młodych Polaków. Nasza demokracja jest wciąż podminowana przez społeczne rozdarcie. Apele o cierpliwość w imię dobra wspólnego nie znajdują zrozumienia w Polsce ludowej. Jej mieszkańcy odpowiadają: to wasze dobro jest naszą krzywdą. Gdy liczba tych, co tak czują i myślą, wzrośnie, demokratyczne państwo może utracić stabilność. Wielu moich przyjaciół ubolewa nad skalą nierówności społecznych w III RP, ale pocieszają się: „za to mamy wolność". Nie „za to", lecz mimo to, i dlatego trzeba pamiętać, że to krucha pociecha: j e s z c z e mamy wolność. Bez równości i bez braterstwa jest ona niepewnym darem. Demokracja jest silna poparciem obywateli. Może upaść, gdy zabraknie zgody obywateli co do podstawowych wartości demokracji. Wtedy z wolności pozostanie tylko wolny przepływ globalnego kapitału finansowego.

Skazy na urodzie Niepodległej

Każdy naród dźwiga garb własnej historii. Nie jesteśmy pod tym względem wyjątkiem, choć – jak wiele innych narodów – uważamy się za wyjątek szczególnie ciężko doświadczony, a zarazem jaśniejący wyjątkowymi cnotami. Trzydzieści lat temu nie wyobrażałem sobie, że dożyję wolnej Polski, tym bardziej jednak upiększałem jej przyszłe, domniemane kształty. Gdy nadeszła, czuję się zawiedziony, że wygląda gorzej, niż sobie umyśliłem. Może to niezbyt mądra pretensja, trzeba jednak jakoś się z nią porachować. Na pociechę warto sobie uprzytomnić, że Rosjanie mają gorzej. W tysiącletniej historii ich państwa demokracja trwała osiem miesięcy – od rewolucji lutowej 1917 r. do rewolucji bolszewickiej. Siedemdziesiąt lat później, gdy załamywał się Związek Radziecki, nikt już nie pamiętał tamtych ośmiu miesięcy. Rosjanie znali demokrację z zagranicznych filmów i książek, a nie z własnego doświadczenia. W dodatku znacznie ciężej od nas przeżyli Wielką Zmianę, która łączyła się dla nich z rozpadem wielonarodowego państwa, zerwaniem powiązań kooperacyjnych w gospodarce i utratą mocarstwowej pozycji. Nie mogli nawet pocieszać się, (jak Ukraińcy lub Litwini, albo i my), że zrzucili z karku moskiewskie jarzmo. Gdy ich pouczamy, czym jest parlamentarna demokracja, weźmy pod uwagę, że nasi ojcowie znali ją i praktykowali nie przez osiem miesięcy, lecz przez osiem lat – od 1918 r. do zamachu majowego – a później, pod autorytarnymi rządami sanacji, obowiązywały mimo wszystko swobody obywatelskie, tyle że nie przekładały się one na funkcjonowanie władzy wykonawczej. Ale i to niewiele. Starsze pokolenia Polaków zachowały głównie pamięć o wzorach konformistycznych zachowań z czasów PRL. Miłośnicy muskularnej władzy, których w III RP nie brakowało i nie brakuje, mają do czego nawiązywać. Na ustach mają prawicowe frazesy, a w głowach i w sercach – powszednią komunę.

Należę do pokolenia i środowiska, które nie może się wyprzeć odpowiedzialności za obecny kształt Rzeczpospolitej. Mój rachunek doświadczeń z tego czasu staje się nieuchronnie rachunkiem sumienia. To szczególna buchalteria, powinniśmy bowiem rachować własne, a nie cudze sumienia. Na pięknym obliczu wolnej Polski widoczne są brzydkie skazy wyniesione z historii dawniejszej i tej niedawnej, do której wraz z moimi przyjaciółmi i współbojownikami przyłożyłem rękę. Powinienem zdać z tego sprawę.

Nad sposobem postrzegania politycznych różnic i sporów w wolnej Polsce ciąży głębokie rozdarcie wyniesione ze stanu wojennego. Użycie przemocy na taką skalę musiało pozostawić urazy, które zatruwają dziś polską demokrację. Mieliśmy i mamy w tym swój udział, choć możemy na swoją obronę przytoczyć ważne okoliczności łagodzące. Byliśmy stroną zaatakowaną, ściganą, bitą, więzioną. Zdarzało się, że naszych zwolenników z premedytacją zabijano. Ten, kto wysłał do kopalni „Manifest Lipcowy", a dwa dni później do kopalni „Wujek" pluton specjalny bez tarcz i pałek, wyposażony jedynie w broń palną z ostrą amunicją, działał w bezpośrednim zamiarze zabójstwa strajkujących górników. Nie jest istotne, jakie kalkulacje, a może polityczne rozgrywki doprowadziły do tego mordu. Pułkownik milicji, który najprawdopodobniej rozkazał wysłać przeciwko górnikom pluton zabójców, zdążył jeszcze jakiś czas potem awansować na generała, lecz dziś już nie żyje. Skazanie i osadzenie w więzieniu zabójców z tego plutonu było jednak ze wszech miar usprawiedliwione. Trzeba karać „ślepy miecz"; przemawiają za tym tzw. względy prewencji ogólnej, czyli odstraszająca funkcja kary. Także w naszych czasach może się znaleźć polityk, który każe strzelać do uczestników pokojowego protestu. Funkcjonariusze, którzy dostaną taki rozkaz, muszą wiedzieć, że jest on zbrodniczy, i powinni bać się go wykonać. Przykład żołnierzy plutonu specjalnego odsiadujących karę za zabójstwa w „Wujku" powinien przypominać, że rozkaz nie zwalnia od odpowiedzialności karnej za zbrodnię. Także dziś warto o tym przypominać.

Inicjatorzy stanu wojennego starali się zastraszyć tych, co mogli stawiać opór. W tej intencji generałowie wyreżyserowali przed narodową widownią spektakl na podobieństwo prawdziwej wojny. W gruncie rzeczy sami jakby się prosili, żebyśmy też przyjęli wojenne słownictwo. W ówczesnej sytuacji to się narzucało i było nam przydatne. Nazywaliśmy ich okupantami, wykluczaliśmy ze wspólnoty narodowej, odmawialiśmy im polskości. Ale to nie była wojna prawdziwa, tylko zimna, wewnętrzna, prowadzona między Polakami. W dodatku ta „wojna" się skończyła. Przeniesienie kombatanckich nawyków językowych z czasu zimnej wojny domowej w czas pokoju pociąga za sobą toksyczne skutki: psuje demokrację, niszczy wspólnotę narodową, do której należymy razem z niegdysiejszymi wrogami oraz ich spadkobiercami, godzi w obie strony historycznego konfliktu. Polityczne ugrupowania, które stają do wyborczej walki, muszą być traktowane na równi i muszą wobec siebie nawzajem tę równoprawność respektować – to elementarz demokratycznego ładu.

Próba moralnej delegitymizacji rywali ze względu na ich historyczny rodowód godzi w nas, bo próbując poniżyć przeciwnika, sami narażamy się na znikczemnienie. Gdy w sporze z SLD wypominamy, że Sojusz wywodzi się z PZPR i traktujemy ten aspekt jego tożsamości jako piętno, łatwo wypowiedzieć słowa: „wam mniej wolno". Ale te słowa przecież znaczą, że nam (lub „naszym") wolno więcej. To bardzo śliska ścieżka. Walczyliśmy o wolność, więc teraz mamy prawo, ze względu na nasze zasługi, troszkę tę wolność przydusić? Tak bywało, i to zanim pojawiły się hasła i praktyki IV RP. Lech Wałęsa, znakomity w roli przywódcy naszej wspólnej walki o wolność, po objęciu prezydentury bardzo chciał być silnym człowiekiem, więc starał się skupić w swoim ręku instrumenty siły. Skończyło się na skandalu, gdy podczas wspólnego obiadu z kadrą dowódczą Wojska Polskiego na poligonie drawskim Prezydent RP wezwał generałów do sondażowego głosowania za odwołaniem ministra obrony narodowej. Niechętnie o tym wspominam, bo niezadługo po tym incydencie Wałęsę próbowali opluskwić i sponiewierać kolejni pretendenci do sprawowania silnej władzy (oczywiście to też byli „nasi"); niestety jednak „obiad drawski" zdarzył się naprawdę. Prawdą jest i to, że oficerowie Urzędu Ochrony Państwa, którzy w porozumieniu z oficerem rosyjskiego wywiadu spreparowali oskarżenie premiera Oleksego o szpiegostwo na rzecz Rosji, a także minister spraw wewnętrznych, który to oskarżenie publicznie przedstawił w sejmie, blisko współpracowali z Wałęsą. Głównym dowodem przeciwko Oleksemu miała być odręczna notatka sporządzona w rezydenturze rosyjskiego wywiadu, w której oceniono wiarygodność informacji dostarczanych stronie rosyjskiej przez agenta „O". Rosyjski oficer, który dostarczył tę notatkę polskim kolegom, sugerował, że „O" to sam premier Oleksy; w notatce zaś napisano czarno na białym, że rosyjskiemu agentowi „O" ufał bez zastrzeżeń polski minister spraw wewnętrznych Antoni Macierewicz. Oleksy jak żywy, a Macierewicz, jak zawsze, łatwowierny wobec „czerwonych". Byłaby to może najbardziej komiczna wpadka w dziejach polskich służb specjalnych, gdyby nie to, że preparowanie fałszywych oskarżeń o szpiegostwo jest na naszej szerokości geograficznej spuścizną stalinowską. „Nam wolno więcej"?

Nie obarczam główną ani wyłączną odpowiedzialnością za tę sprawę Lecha Wałęsy. Po zwycięstwie Aleksandra Kwaśniewskiego w wyborach prezydenckich 1995 r. prawie cała „nasza" strona zdawała się tracić równowagę ducha, może nawet rozum. W kulminacyjnym momencie „sprawy Oleksego" opublikowaliśmy wspólnie z Jackiem Kuroniem w „Gazecie Wyborczej" artykuł wzywający do opamiętania. W kierownictwie Unii Wolności, do której Jacek należał, nalegano na niego, by wycofał swój podpis pod naszym wspólnym tekstem. Gdy odmówił, naczelne władze UW ukarały go upomnieniem za niemoralny postępek. W Unii Wolności rozważano wówczas pomysł, by wykorzystać sprawę Oleksego do rozbicia koalicji SLD–PSL i utworzenia rządu wielkiej koalicji przeciw „postkomunistom". Był to pomysł nierealny, ale niezależnie od politycznych kalkulacji panowała wtedy najprawdziwsza histeria. Pewien profesor ekonomii, człowiek skądinąd rozumny i przyzwoity, którego znałem ze wspólnej działalności w senacie pierwszej kadencji, był sprawą Oleksego prawdziwie wstrząśnięty. Spotkałem go w teatrze kilka dni po ujawnieniu oskarżeń; był rozgorączkowany, chwycił mnie za rękę i z przerażeniem mówił o całym obozie politycznym SLD: „To kłębowisko zdrady, istna Targowica"! Jestem pewien, że mój rozmówca nawet nie znał terminu „czerwona pajęczyna" i nigdy nie kumał się z braćmi Kaczyńskimi, którzy zresztą w sprawie Oleksego nie dali się chyba ponieść ogólnemu rozgorączkowaniu.

W myśleniu i działaniu postsolidarnościowej elity, która budowała po roku 1989 zręby wolnej Polski, istotną rolę odegrały doświadczenia i emocje ukształtowane w podziemiu, podczas konspiracyjnej walki z dyktaturą generałów. Były to doświadczenia i emocje czasu wojny, naładowane poczuciem krzywdy i żądzą rewanżu. Chcieliśmy się odegrać, chłodziliśmy swoją bezsilną wściekłość słodkim marzeniem o tym, jak im zrobimy to, co oni robią nam. Nauczyciel wyrzucony z pracy za działalność związkową myślał z lubością, że partyjny dyrektor szkoły, który zalał mu sadła za skórę, po naszym zwycięstwie pożegna się ze stanowiskiem i już nie znajdzie pracy w zawodzie. Związkowy aktywista nachodzony, przesłuchiwany i straszony przez porucznika bezpieki hołubił słodką myśl, że przyjdzie czas, gdy zrobimy ze wszystkich funkcjonariuszy tego resortu, a nawet z lekarzy szpitala MSW pariasów pozbawionych wszelkich praw. To właśnie będzie sprawiedliwość, bo teraz my jesteśmy faktycznie pariasami bez praw. Wielu z nas w swoich słodkich marzeniach nie przepuściło także aktywistom rządzącej partii, co najmniej od szczebla sekretarza POP lub członka gminnej egzekutywy. Póki to my byliśmy prześladowani, żądza odwetu wyrządzała szkodę tylko nam, bo byliśmy niczym więzień, którego najwyższym marzeniem jest pozostać w tym samym więzieniu, żeby zamienić się miejscami ze strażnikiem. Gorzej, gdy okazało się, że nasze jest na wierzchu, a „nasi" są w parlamencie i w rządzie. Więź między współbojownikami sprawy, bohaterami podziemia, którzy wspierali się wzajemnie na zasadzie „jeden za wszystkich, wszyscy za jednego", przekształcała się niepostrzeżenie w swoją karykaturę zwaną „rzeczpospolitą kolesiów". Podziemne urazy i obsesje mogły teraz zmaterializować się w projektach aktów prawnych.

Najdalej szedł senacki projekt ustawy dekomunizacyjnej. Pozbawiał on byłych aktywistów PZPR (od sekretarza Podstawowej Organizacji Partyjnej lub członka egzekutywy gminnej wzwyż) prawa do wykonywania prawniczych zawodów, do sprawowania funkcji kierowniczych w szkołach publicznych, do zajmowania zatwierdzanych przez senat uniwersytetu lub przez Radę Wydziału stanowisk nauczycieli akademickich. Pozbawiał ich też biernego prawa wyborczego. Pomysł ten przypominał wprowadzoną przez bolszewików niebawem po rewolucji kategorię tzw. liszeńców, czyli ludzi pozbawionych praw obywatelskich z tego powodu, że wywodzili się z burżuazji lub ziemiaństwa. Pomysłodawcy tego projektu byli od lat siedemdziesiątych działaczami opozycji demokratycznej. Walczyli oni od dawna o praktyczną realizację zasady, że prawa obywatelskie przysługują wszystkim na równi. Nie dostrzegali jednak sprzeczności między tą zasadą a własnym projektem – przeciwnie, uważali, że ustawowej dyskryminacji „komuchów" wymaga dziejowa sprawiedliwość, która musi być po naszej stronie. Powoływali się też na budujący przykład denazyfikacji w powojennych Niemczech. Chyba nie wiedzieli, że Niemcy były wówczas okupowane przez zwycięskich aliantów, a denazyfikację przeprowadzano z inicjatywy władz okupacyjnych. Projekt dekomunizacyjny nie przeszedł jednak w polskim sejmie. Może zabrakło okupantów.

Przeszła natomiast lustracja. Nie mam zamiaru wdawać się w spory o poszczególne zapisy ustaw lustracyjnych i o ich praktyczne funkcjonowanie. Na ten temat wylano już morze farby drukarskiej, więc chyba nie muszę się fatygować. Zajmę się tylko tym, co z niezrozumiałych dla mnie przyczyn pozostało na uboczu sporów – wpływem lustracji jako widowiska na moralną kondycję widowni.

Nie mam wątpliwości, że praźródłem gorącego pragnienia, by po dobraniu się do papierów bezpieki zająć się przede wszystkim ujawnieniem jej wtyczek w naszych szeregach, była kombatancka obsesja. W podziemiu, a do pewnego stopnia także w opozycji demokratycznej lat siedemdziesiątych, agent wroga wśród nas był zagrożeniem dla pozostałych i dla powodzenia wspólnych działań. Znałem takich, którzy mnóstwo uwagi poświęcali dociekaniom, kto wśród nas może być „kablem". W licznych wewnętrznych sporach pojawiała się niesłychanie poręczna interpretacja, że kto jest innego zdania niż ja, w dodatku zaś próbuje mnie w naszym środowisku zmarginalizować, ten musi być agentem. Obsesje te po przejęciu władzy przez ludzi naszej formacji zostały wniesione do życia publicznego i przybrały postać lustracji. Powoływano się przy tym na potrzebę ochrony niepodległego państwa przed ludźmi podatnymi na szantaż i na agenturalne wiązanie się z rosyjskim wywiadem albo na względy wyższej moralności; naprawdę jednak chodziło tu o żarliwe pragnienie wczorajszych konspiratorów, którzy przejęli władzę nad tajnymi służbami i nad tym, co pozostało z archiwów bezpieki, aby wreszcie złapać szpicla za rękę.

Nie sposób zaprzeczyć, że głośne sprawy lustracyjne pełnią w naszych czasach funkcję igrzysk. Polowanie na człowieka zawsze dostarczało uczestnikom i obserwatorom wielu emocji. Widok osaczonego złoczyńcy, a właściwie grzesznika, który bezskutecznie usiłuje wymknąć się z obławy, od wieków fascynował publiczność. W wypadku lustracji udział w nagonce, lub tylko obserwacja nagonki, jest też szczególnym surogatem rachunku sumienia. Mam na myśli ludzi, którzy byli w PRL dorośli, więc pamiętają czasy dyktatury i mogą, ale nie chcą, zastanawiać się nad rolą, jaka przypadła wówczas im samym.

Komunistyczna dyktatura – pozwolę sobie to powtórzyć – opierała się nie tylko na terrorze, a to, że budziła strach, nie było jedynym ani nawet najistotniejszym powodem uległości obywateli. Kamieniem węgielnym dyktatury był nade wszystko konformizm. Postawy i zachowania konformistyczne były tak rozpowszechnione, że uchodziły za normę. Nawet uczestnicy opozycji demokratycznej, zanim przekroczyli Rubikon buntu, praktykowali powszednie rytuały uległości. Przeciętny obywatel PRL, mimo że nie identyfikował się ideowo z komunizmem, nie widział w tych rytuałach nic hańbiącego. Ale to jego uległość, nawet jeśli pozorowana, była „ostoją mocy i trwałości" reżimu. Po upadku komunizmu, gdy zapanowały nowe kryteria poprawności, nasz domowy konformista uznał je posłusznie i odkrył, że to, co w PRL uważał za normalkę, było w rzeczywistości straszną hańbą.

Życie z brzemieniem takiej hańby jest niekomfortowe. Trzeba przeprowadzić rachunek sumienia, co jest zabiegiem szalenie niemiłym – lub zrzucić ciężar swojej winy na kogoś gorszego. Tylu było przecież gorszych od nas: członek partyjnej egzekutywy, dyspozycyjny dziennikarz, zwłaszcza zaś kapuś – podstępny, zdradziecki, z pozoru jeden z nas, a naprawdę oko i ucho wrażej władzy. Trzeba go wykryć, postawić pod pręgierzem i w ten sposób samemu oczyścić się z hańby. Lustracja ma w sobie coś z autoegzorcyzmów, jakbyśmy wypędzali Złego z siebie samych. Pogońmy więc wspólnymi siłami zdemaskowanego kapusia. Kto pierwszy rzuci w niego kamieniem, ten będzie bez grzechu. Jak w Ewangelii, tylko że na odwrót.

Jest to prastary rytuał kozła ofiarnego. Rozumiem jego funkcje. W czasach, którymi zajmowałem się jako historyk, rytuał kozła ofiarnego był jednym z fundamentów tradycyjnych kultur świata barbarzyńców. W naszych czasach ten rytuał budzi jednak mój głęboki sprzeciw, przede wszystkim dlatego, że jest sposobem ucieczki od rachunku sumienia (własnego oczywiście) i maskuje tę ucieczkę obłudnym moralizatorstwem. Przemożna siła psychospołecznych potrzeb sprawiła, że nie potrafiliśmy tej pułapki uniknąć. Gdy rachuję nasz dorobek, jest to dla mnie jeden z powodów do wstydu.

Wreszcie lustracyjna gorączka podsyca nastroje powszechnej podejrzliwości, z których wyrasta przyzwolenie na wszechogarniającą kontrolę przeszłości i teraźniejszości obywateli. Powszechna podejrzliwość zaś (oczywiście nie tylko na tle lustracyjnym) i przyzwolenie na wszechobecną kontrolę są znakomitą pożywką, na której wyrosnąć nam może państwo policyjne. Jego zarodki są obecne w naszym życiu i stanowią powód nie tylko do wstydu, ale i do niepokoju o losy odzyskanej niedawno wolności.

Pokusy skłaniające polityków do nadużywania służb specjalnych, a służby – do nadużywania uprawnień, pojawiły się już w pierwszych latach wolnej Polski, gdy nikomu jeszcze nie przychodziła do głowy IV RP. Najpierw zaprzęgano do tej roboty pozytywnie zweryfikowanych funkcjonariuszy dawnej bezpieki, gdyż mieli wprawę i należyte rozeznanie. Można tu przypomnieć głośną niegdyś sprawę tzw. inwigilacji prawicy (wymierzoną m. in. w Jarosława Kaczyńskiego), a także sprawę Oleksego, w której fabrykowaniem zarzutów zajął się as wywiadu PRL Marian Zacharski oraz mój stary znajomy funkcjonariusz Biura Śledczego MSW – wówczas kapitan, a dziś generał Wiktor Fonfara. Wkrótce jednak okazało się, że pacyfiści z dysydenckiego ugrupowania Wolność i Pokój, wprowadzeni do Urzędu Ochrony Państwa w 1990 r., też radzą sobie z takimi zadaniami. W toku kampanii prezydenckiej 2000 r., gdy Lechowi Wałęsie zarzucono w postępowaniu lustracyjnym, że był agentem bezpieki, chłopcy z ABW (a byli to już „nasi" chłopcy) potrafili nie dostarczyć sądowi notatki majora Stylińskiego dla generała Kiszczaka, która stanowiła kluczowy dowód w sprawie. W końcu sąd lustracyjny wymusił na służbach dostarczenie tego dowodu i na jego podstawie uniewinnił oskarżonego.

Wszystko to jednak były z pozoru błahe zwiastuny tego, co może nam się przydarzyć. W latach 2005–2007 zwiastuny bardzo się nasiliły. W tragicznej sprawie Barbary Blidy mieliśmy już bogaty zestaw środków: najpierw typowanie oskarżonej zgodnie z przeświadczeniem o postkomunistycznym układzie korupcyjnym; następnie „areszt wydobywczy", w którym trzymano bez końca Barbarę Kmiecik (niedawno uniewinnioną), a nawet aresztowano jej córkę, by wymusić na matce zeznania obciążające Blidę zgodnie ze scenariuszem opracowanym przez prokuraturę; wreszcie zatrzymanie Blidy zaplanowane jako telewizyjny spektakl i oczekujący przed jej domem wóz transmisyjny TVP. Śmierć niedoszłej podejrzanej wywróciła wszystko do góry nogami. Nikt nie twierdzi, że ją zamordowano; nie widać zresztą motywu. Był to zamach samobójczy, a może tylko samobójcza demonstracja, która skończyła się tragicznie. Do takiego finału przyczynił się zapewne skandaliczny brak profesjonalizmu funkcjonariuszy ABW. Zaraz po tragedii, przed przybyciem ekipy śledczej, wszyscy oni umyli ręce, a z rewolweru samobójczyni zniknęły odciski palców. Mimo to łódzka prokuratura orzekła, że nikt nie zacierał śladów i umorzyła śledztwo. Prokurator Generalny RP zaakceptował ostatnio to umorzenie. Zdaje się to potwierdzać powszechną opinię, że prokuratura jest chorym człowiekiem polskiego wymiaru sprawiedliwości.

To tylko jeden z głośnych przykładów, tyle że szczególnie drastyczny, bo przypieczętowany śmiercią człowieka. Przykład ten poucza, że w naszej kulawej demokracji przetrwały zarodniki państwa policyjnego, które mogą jej zagrozić. Nic dziwnego. Żyliśmy w państwie policyjnym znacznie dłużej, niż żyjemy w demokracji. Dziedzictwo tamtych czasów trwa w sposobie myślenia polityków, policjantów i szarych obywateli. „Płodne jest łono, co zrodziło zwierza". Trzeba uważać.

Emocjonalny stosunek Polaków do sąsiednich narodów jest obciążony wspomnieniem doznanych krzywd, odniesionych ran (rzecz jasna tych, które nam zadano, a nie tych, które my zadawaliśmy) oraz rachunkiem poległych i pomordowanych. Łatwo rozdmuchać tlący się żar tej wrogości oraz pragnienie wyrównania rachunku. Robią to czasem politycy dla doraźnego, wyborczego zysku. Taki zysk zmienia się jednak w narodową stratę. Stosunki z sąsiednimi państwami zależą od psychologicznej tkanki stosunków między narodami. Dla każdego polskiego rządu – obojętne czy premierem będzie Kaczyński, czy Tusk – rozniecona wrogość wobec Rosjan, Niemców lub Ukraińców będzie jak kula u nogi, która nie pozwoli na układanie wzajemnych stosunków gospodarczych i politycznych w najlepiej pojętym interesie narodowym. Słono za to zapłacimy.

Nacjonalizm powraca też w Polsce i w Europie w dawno niewidzianej wersji, która żywo przypomina ideologie i ruchy faszystowskie. Nic nie jest dokładnie takie, jak w Republice Weimarskiej, ale nie ma co zaprzeczać podobieństwom i udawać, że to żaden problem. Do tamtego faszyzmu przyczynił się Wielki Kryzys, dzisiejszym odpowiednikom faszyzmu sprzyja kryzys globalny, ogólna niepewność jutra, brak perspektyw życiowych i frustracja młodzieży. Tu również na miejscu wydają się słowa przytoczonej wcześniej przestrogi, którymi Bertolt Brecht zamknął swoją *Karierę Artura Ui*: „Płodne jest łono, co zrodziło zwierza".

Stan umysłów w Polsce budzi troskę poważnych publicystów. Można odnieść wrażenie, że znaczna część społeczeństwa ulega jakimś paranoidalnym urojeniom. Rośnie wiara w smoleńskie brednie o zamachu, o dwóch wybuchach, o trzech ocalałych pasażerach tupolewa. Racjonalna argumentacja nie skutkuje, i nic dziwnego – nie mamy do czynienia z postawą racjonalną, lecz z czymś na kształt zbiorowej psychozy. U jej źródeł można doszukiwać się frustracji i lęków ludzi, którzy czują się przegrani i oszukani, więc gorączkowo szukają winowajców swojego położenia. Polskę trapi syndrom zawiedzionego zaufania – pokłosie mitu „Solidarności" użytego i zużytego jako osłona Wielkiej Zmiany. To także element rachunku, jaki płacimy za transformację. Nie powinniśmy udawać, że nie mamy z tym nic wspólnego.

* * *

Zdaję sobie sprawę, że gorycz obecna w podsumowaniu mojego rachunku doświadczeń może budzić sprzeciw moich przyjaciół. Raniło ich także to, co pisałem o pierwszych rezultatach polskiej transformacji w opublikowanej dwadzieścia lat temu książeczce *Dokąd od komunizmu?* (Warszawa, BGW 1993). Niektórzy z nich byli wychowankami Jacka Kuronia i pozostawali pod urokiem jego osobowości, tym bardziej więc musiało ich boleć, że Jacek dokonał w związku ze swoim udziałem w postsolidarnościowych rządach przewartościowania ocen, bił się (moim zdaniem przesadnie) we własne, nigdy w cudze piersi, a w dodatku zdążył wyartykułować swój rachunek sumienia w rozmaitych publikacjach. Pisał już w 1994 r., że ruch „Solidarności" (a raczej jego symboliczny potencjał) został „zniszczony przez rząd i administrację w latach 1989–1993. (…) Upadek realnego socjalizmu nie przyniósł wcale robotnikom wolności i podmiotowości. Przeciwnie, stracili nie tylko przywileje, ale i prestiż". Odkąd pamiętam, byliśmy z Jackiem bardzo podobni w sposobie wartościowania, środowisko robotnicze było dla nas obu bardzo ważnym układem odniesienia i głównie z tym środowiskiem czuliśmy się związani wymogiem „lojalności wobec nieznajomych". Nic dziwnego, że podobnie podsumowaliśmy nasze doświadczenia. Nasi przyjaciele, którzy zaangażowali się w budowę demokratycznego ładu III Rzeczypospolitej, uważają chyba, że należy jej bronić, bo ma wrogów, a nie rzucać w nią kamieniem.

Też uważam, że trzeba jej bronić, ale nie posłuży temu autocenzura. Społeczne plagi, które deformują i drążą odzyskaną wolność, są dla niej śmiertelnym zagrożeniem, którego nie trzeba przemilczać ani pudrować; trzeba je odsłaniać, żeby zapobiec najgorszemu. Nie dzieli nas stosunek do wolnej Polski, tylko różnice zdań w wielu sprawach, o których trzeba dyskutować.

Epilog

Nie zakończę tej książki własnym politycznym testamentem. Nie śmiałbym go sformułować nawet na swój użytek. Wiem to i owo o przeszłości, ale przyszłości nie znam i nie wierzę, że historia toczy się zgodnie z jakimiś „spiżowymi prawami dziejów", które wystarczy poznać, by świadomie konstruować naszą wspólną przyszłość. Każdy czytelnik może sam wyciągać wnioski z moich politycznych doświadczeń, o ile uzna, że one na to zasługują. Mam zresztą nadzieję, że czytać mnie będą ludzie wyznający różne poglądy na świat i rozmaite hierarchie wartości, więc we wnioskach różnić się będą ode mnie i między sobą nawzajem.

Jest jednak szczególna kategoria czytelników, z którymi chciałbym na zakończenie zamienić kilka słów. To ludzie młodzi, skłonni do buntu przeciw społecznej niesprawiedliwości, których wewnętrzny imperatyw popycha do walki o zmianę porządku świata. Myślę, że spróbują oni naprawić ład społeczny wolnej Polski, który zostawiamy im w spadku, albo może obalić go w drodze rewolucji, by wcielić w życie własne ideały. Na pewno są świadomi tego, że porządek wewnętrzny Polski wpisał się nieodwracalnie w porządek globalny, więc każda kontestacja ma siłą rzeczy globalne uwarunkowania i następstwa. To ich nie powstrzyma, bo chcą zmienić świat. Byłem do nich podobny, więc chyba mogę ich zrozumieć. Należy im się ode mnie parę wyjaśnień.

Tytuł tej książki zaczerpnąłem z wiersza Majakowskiego *Lewą marsz*. Majakowski był genialnym poetą – futurystą, który oddał swój wielki talent i charyzmę na służbę rewolucji bolszewickiej, a w 1930 r. zakończył życie samobójczym strzałem z rewolweru. *Lewą marsz* nie należał do jego najlepszych utworów, ale metafora „zajeździmy kobyłę historii" świetnie oddawała bolszewicką filozofię dziejów. Każda rewolucja usiłuje dosiąść i ujarzmić tego zwierza, jest to jednak trudne rodeo. Kobyła historii jest dzikim, nieujeżdżonym mustangiem. Można wskoczyć na jej grzbiet, a nawet utrzymać się tam przez czas pewien, tyle że nie sposób nią pokierować – w końcu zawsze nas zaniesie tam, gdzieśmy nie zamierzali i nie spodziewali się znaleźć. Tak – w największym skrócie – interpretuję swoje własne życiowe doświadczenie.

Można powiedzieć, że byłem rewolucjonistą w drugim pokoleniu. Ojciec mój był prawdziwym komunistą i starał się w międzywojennej Polsce, wśród górników z Zagłębia i Śląska, następnie zaś wśród polskich górników z francuskiego departamentu Nord działać na rzecz rewolucji proletariackiej, w którą głęboko wierzył. Jego zderzenie z rzeczywistością, która tej wierze zaprzeczała, nastąpiło w więzieniu na moskiewskiej Łubiance i musiało być pod każdym względem bolesne. Nie wiem, jak radził sobie ze swoim rozczarowaniem, gdy wraz z innymi budował Polskę Ludową, bo nigdy ze mną o tym nie rozmawiał;

czasem tylko wyczuwałem w jego zdawkowych wypowiedziach sceptycyzm. Nie była to sytuacja porównywalna z moim lub Kuronia rozczarowaniem w obliczu rozejścia się wolnej Polski z ideałami równości i braterstwa, ale nas też stereotypowe pytanie, czy o to walczyliśmy, stawiało w kłopotliwej sytuacji. Niech się przygotuje z góry na ten kłopot także kolejne pokolenie rewolucjonistów. Tyle mogę im powiedzieć.

Nie będę ich zachęcać ani powstrzymywać od kontestacji. Będą dostawać baty, ale to akurat nie powód, żeby dać za wygraną. Każde pokolenie ma niezbywalne prawo, żeby dostawać w skórę; to jedyne prawo człowieka, którego żaden reżim nie odbierze. Na pewno nie będę im towarzyszył na ich ciernistej drodze, bo jestem na to zwyczajnie za stary. Nie mam już sił ani zdrowia na żadne barykady. Poza tym za dużo wiem. W świetle mojej wiedzy rewolucja jest albo niemożliwa, albo zbyt kosztowna, w każdym zaś razie kończy się nie tak, jakbyśmy chcieli. Rewolucjonista nie może tego wiedzieć. Niewiedza go uskrzydla i pozwala dokonywać rzeczy niemożliwych, dzięki którym zmienia się świat. Będzie on potem rozczarowany lub co najmniej nieusatysfakcjonowany zmianą, do której się przyczynił, ale to już inna sprawa.

Wśród przyszłych rewolucjonistów, do których kieruję te słowa, jest pewnie wielu niewierzących. Ja też nie jestem religijny, ale na pożegnanie chciałbym im powiedzieć: „Szczęść wam Boże". I nam też.

Indeks osób

C

D

E

F

G

L

Ł

M

N

O

P

R

S

Z

Ż

SPIS RZECZY

Druk i oprawa:
Drukarnia Wydawnicza im. W.L. Anczyca
ul. Wrocławska 53, 30–011 Kraków

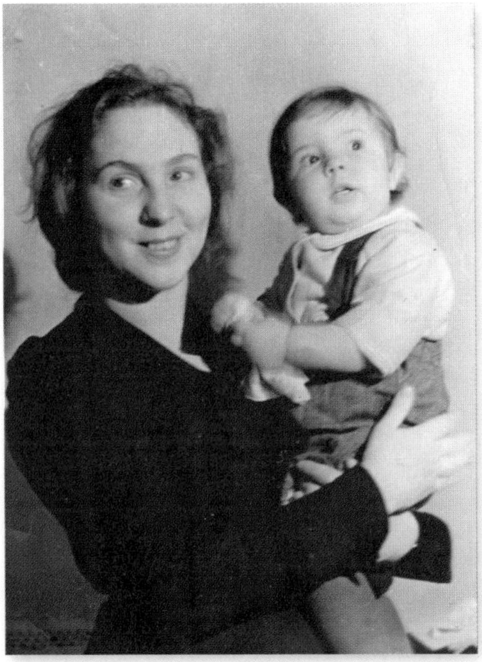

Mama i ja,
Moskwa 1938/1939

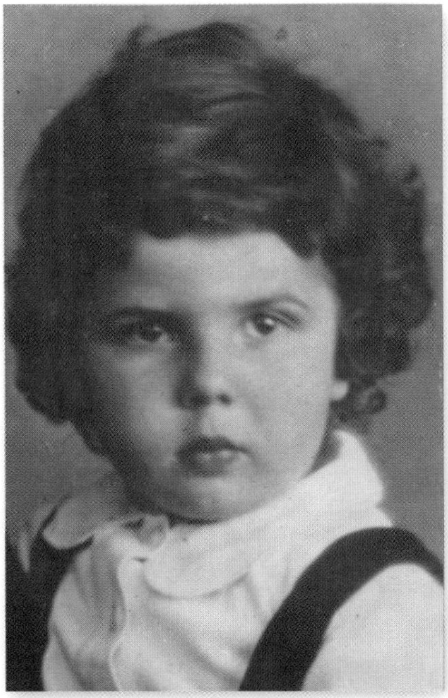

Jedno z moich pierwszych zdjęć,
Moskwa 1940/1941

Aleksander Budniewicz,
mój biologiczny ojciec

Ja z Katią Fiedusiejewą

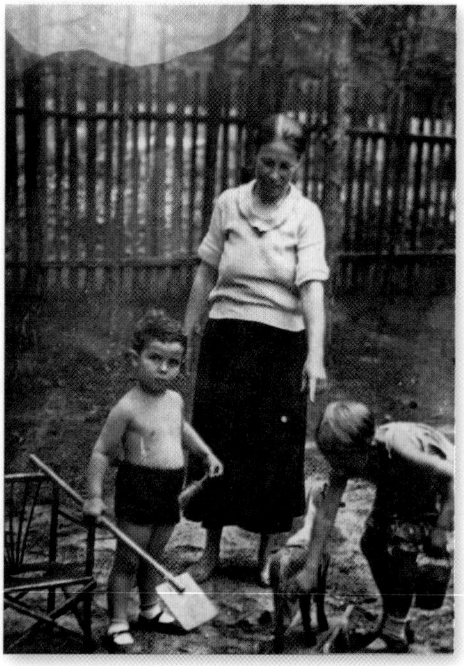

Katia Fiedusiejewa ze mną i Łuszą
w Leśnym Kurorcie

Mama i Zygmunt Modzelewski, styczeń 1944

W drodze na front, moja mama druga od prawej, styczeń 1944

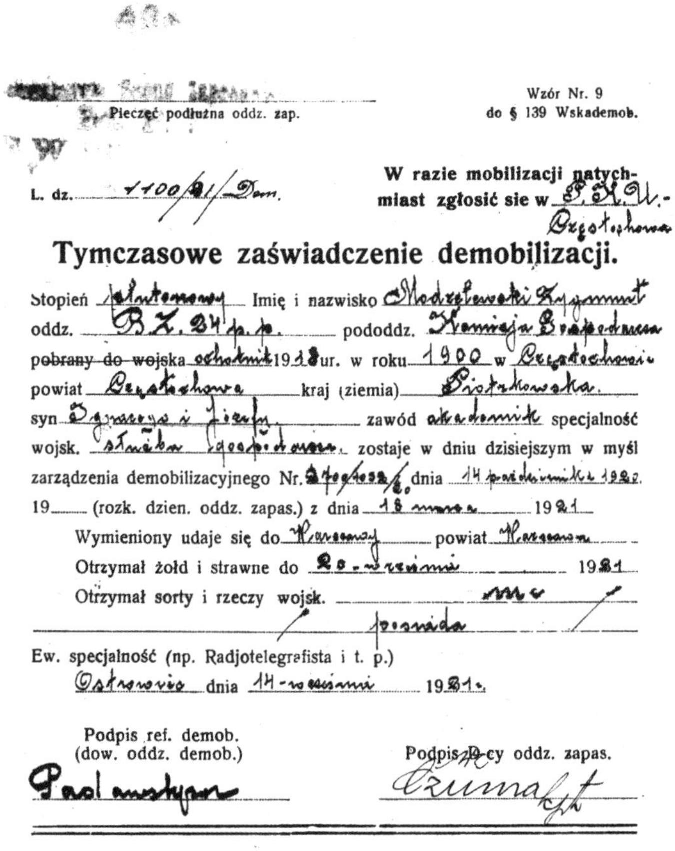

Pieczęć podłużna oddz. zap.

Wzór Nr. 9
do § 139 Wskademob.

L. dz. 1100/21/Dem.

W razie mobilizacji natychmiast zgłosić się w P.K.U. - Częstochowa

Tymczasowe zaświadczenie demobilizacji.

Stopień szeregowy Imię i nazwisko Modzelewski Zygmunt
oddz. B.Z. 24 p.p. pododdz. Komisja Rozpędczowa
~~pobrany do wojska~~ ochotnik 1918 ur. w roku 1900 w Częstochowie
powiat Częstochowa kraj (ziemia) Piotrkowska.
syn Ignacego i Józefy zawód akademik specjalność
wojsk. strzelec zwyczajny zostaje w dniu dzisiejszym w myśl
zarządzenia demobilizacyjnego Nr. 2407/Org. dnia 14 października 1920.
19.... (rozk. dzien. oddz. zapas.) z dnia 18 marca 1921
Wymieniony udaje się do Warszawy powiat Warszawa
Otrzymał żołd i strawne do 20-września 1921
Otrzymał sorty i rzeczy wojsk. nie / posiada

Ew. specjalność (np. Radjotelegrafista i t. p.)

Ostrowiec dnia 14-września 1921 r.

Podpis ref. demob.
(dow. oddz. demob.)
Podolanskyan

Podpis D-cy oddz. zapas.
Czumakt

Zaświadczenie o demobilizacji mojego ojca, Zygmunta Modzelewskiego, po wojnie z bolszewikami

Zygmunt Modzelewski, 1947

Mój ojciec na sesji ONZ, Nowy Jork 1948

Od lewej: Apolonia Borowikowa i Stanisława Modzelewska,
moje ciotki, 1946

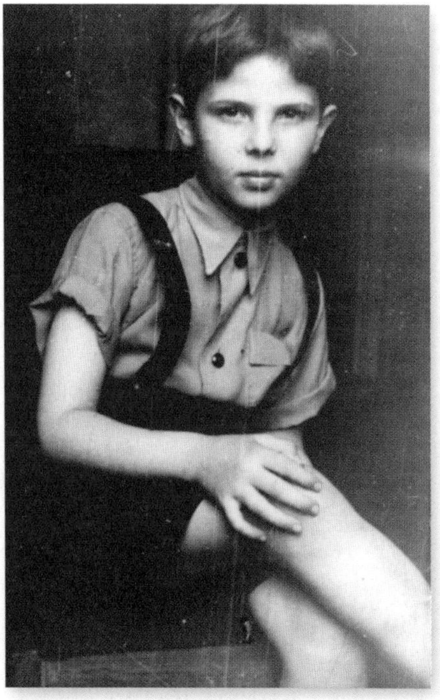
Po przyjeździe do Warszawy, 1946

Uczę się Polski, Warszawa 1946

Z mamą w Warszawie, 1946 (PAP–CAF/ Stefan Kraszewski)

Z córką Ewą, 1963

Z żoną Bogną i córką Ewą po wyjściu z więzienia
(Zdjęcie operacyjne SB – ze zbiorów IPN)

Mój syn Adam Modzelewski z żoną Kasią, 2010

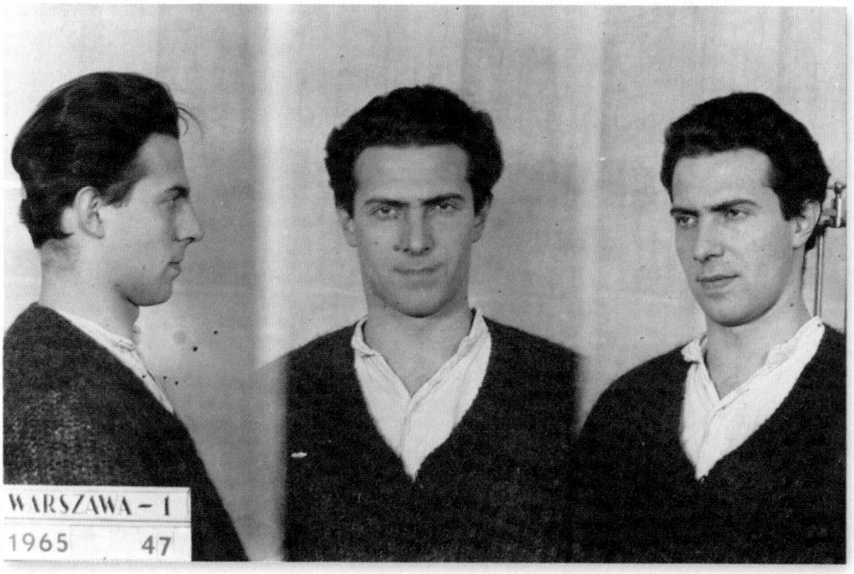

Zdjęcie z więziennej kartoteki, 1965

Spotkanie w Klubie Inteligencji Katolickiej we Wrocławiu.
Od lewej: ja, Adam Michnik, Krzysztof Kozłowski, 1980

Z Lechem Wałęsą w Gdańsku, 1981

Plenarne posiedzenie Krajowej Komisji Porozumiewawczej „Solidarności”, Gdańsk, styczeń 1981 (PAP–CAF/Eugeniusz Wołoszczuk)

Rozmowy z włoskimi związkowcami przed wyjazdem delegacji „Solidarności" do Rzymu.
Od prawej: Tadeusz Mazowiecki, Emilio Gabaglio, Luigi Scricciolo, NN,
Andrzej Gwiazda, NN, ja, Andrzej Celiński, Gdański 1980/1981

Na zjeździe „Solidarności" w Gdańsku, wrzesień 1981 (PAP/Jacek Bednarczyk)

Wiec w zakładach Predom Polar we Wrocławiu, wrzesień 1981

Wiec we Wrocławiu, maj 1981, przemawia Lech Wałęsa (PAP–CAF/Janusz Uklejewski)

Rozmowa z dyrektorem wrocławskich zakładów Predom Polar
(pierwszy z prawej) i członkami Komisji Zakładowej „Solidarności", 1981

We Wrocławiu z Lechem Wałęsą. Od prawej: Andrzej Celiński, Mieczysław Wachowski, Władysław Frasyniuk, Maciej Zięba, NN, NN, Lech Wałęsa, NN, NN, ja, maj 1981

Posiedzenie KKP, lato 1981. Z mikrofonem Janina Jankowska

Więzienie w Wołowie – jego położenie w mieście

Białołęka (Fot. Henryk M. Trębacz)

Internowani w Białołęce. Od lewej: ja, Henryk Wujec, Andrzej Gwiazda, Adam Michnik, 1982 (Fot. Henryk M. Trębacz)

W Białołęce. Od lewej: Anatol Lawina, ja, Adam Michnik, Andrzej Sobieraj, 1982 (Fot. Henryk M. Trębacz)

Jan Rulewski, Jacek Kuroń, Janusz Onyszkiewicz w Białołęce, 1982
(Fot. Hernryk M. Trębacz)

Spacernik w Białołęce, od lewej: Jan Rulewski,
Janusz Onyszkiewicz, lato 1982
(Fot. Henryk M. Trębacz)

Premier Jarosław Kaczyński wręcza mi nagrodę za twórczość naukową,
Warszawa, grudzień 2006 (PAP/Andrzej Wiktor)

Po uroczystości odnowienia doktoratu profesora Henryka Samsonowicza
i odznaczeniu go Orderem Orła Białego – obok nas stoją prezydent Bronisław Komorowski
i rektor Uniwersytetu Warszawskiego profesor Katarzyna Chałasińska-Macukow,
Warszawa, październik 2010 (PAP/Jacek Turczyk)